Paulus Manker

SPURENSUCHE
VATER

Bühnenbildner
Regisseur
Prinzipal

Mit 877 Abbildungen

Christian Brandstätter Verlag

Bilder aus einem Theaterleben, Band 6
Publikationsreihe der Internationalen Nestroy-Gesellschaft
Herausgegeben von der Internationalen Nestroy-Gesellschaft,
zu Ehren ihres Gründungspräsidenten Gustav Manker

1. Auflage

Für den Inhalt verantwortlich: Paulus Manker, Wien
Wissenschaftliche Mitarbeit: Barbara Lipp
Recherche: Beatrix Erber
Korrektorat: Fitore Brahimi
Bildbearbeitung: Manfred Kostal, Pixelstorm Wien
Farbscans: Peter Kurz, Cyberlab
Photoredaktion: Manfred Klimek
Grafik: Martin Ristl

Copyright © 2010
by Paulus Manker und Christian Brandstätter Verlag, Wien

Cover: Gustav Manker und sein Sohn Paulus (1964)
Rückseite: Karl Skraup als „Kampl" (1947), Ensemble „Der Eismann kommt" (1955), Walter Kohut als Franz Moor (1959), Helmut Qualtinger als Zauberkönig (1968), Bühnenbild „Die Räuber" (1959), Kitty Speiser als „Die Unbekannte aus der Seine" (1970), Fritz Muliar und Dorothea Neff in „Mutter Courage und ihre Kinder" (1963), Simultanbühne zu Nestroys „Zu ebener Erde und erster Stock" (1967)

Die Drucklegung erfolgte mit Unterstützung des Bundesministeriums für Wissenschaft und Forschung, des Bundesministeriums für Unterricht und Kunst, der Kulturabteilung der Stadt Wien (Wissenschafts- und Forschungsförderung) sowie der Oesterreichischen Nationalbank.
Gedruckt in der EU

Alle Rechte, auch die des auszugsweisen Abdrucks oder der Reproduktion einer Abbildung, sind vorbehalten. Das Werk einschließlich aller seiner Teile ist urheberrechtlich geschützt. Jede Verwertung ohne Zustimmung des Verlages ist unzulässig. Dies gilt insbesondere für Vervielfältigungen, Übersetzungen, Mikroverfilmungen und die Einspeicherung und Verarbeitung in elektronischen Systemen.

Bibliografische Information der Deutschen Nationalbibliothek
Die Deutsche Nationalbibliothek verzeichnet diese Publikation in der Deutschen Nationalbibliografie; detaillierte bibliografische Daten sind im Internet über http://dnb.d-nb.de abrufbar.

ISBN 978-3-85033-335-1

Christian Brandstätter Verlag, Wien
GmbH & Co KG
A-1080 Wien, Wickenburggasse 26
Telefon (+43-1) 512 15 43-0
E-Mail: info@cbv.at
www.cbv.at

INHALT

	Vorwort	9
1913–1933	Zum Sehen geboren, zum Schauen bestellt	18
1933–1936	Max Reinhardts Privatseminar in Schönbrunn	32
1936–1938	Theater am Vorabend der Katastrophe	62
1938–1945	O diese Zeit hat fürchterliche Zeichen	106
1945–1952	Verdienen denn die Menschen der heutigen Zeit, dass eine Fee ihrer noch gedenke?	224
1952–1968	Applaus für Wiens tapferstes Theater	298
1969–1979	Die Direktion des Volkstheaters	428
	Die neuen Stücke von Bauer und Turrini	452
	Mankers Nestroy-Inszenierungen	476
1980–1989	Alterszeit	492
Anhang	Nachkommen und Vorfahren	496
	Bühnenbildentwürfe	502
	Erinnerungen an Gustav Manker	532

VORWORT

Nichts ist so alt wie die Theatervorstellung vom letzten Abend. Warum also über einen Theatermann schreiben, der über zwanzig Jahre tot ist, dessen Arbeiten bis zu siebzig Jahre zurückliegen?

„Es ist das Höchste, was es gibt, großartiges Theater zu machen. Das Jämmerlichste, wenn es schlecht ist", so Gustav Manker in einem Interview. „Theater ist ein nicht rekonstruierbares Ereignis, das nur für den einen Abend lebt, wo es gespielt wird. Alles andere ist nur eine kleine Reminiszenz. Vor allem für die, die es gesehen haben. Die erinnern sich dann und sagen: Jaja, das war fabelhaft! Aber der, der nicht drinnen war, der sagt: Naja, das ist halt ein Photo. Was ist denn das überhaupt für ein Schauspieler...?" – So gesehen ist dieses Buch wahrscheinlich wirklich nicht mehr als so eine „kleine Reminiszenz".

Zunächst war es nur die Arbeit des Sohnes, der beim Aufräumen alte Kritiken findet, Photos, Interviews und viele Zeichnungen. Dann beginnt das Ordnen Spaß zu machen, langsam wächst das Interesse, die Neugier wird zur Spurensuche. Eigentlich sollte es nur eine Werkliste der Regie- und Bühnenbildarbeiten Mankers werden. Letztlich wurde es eine Rekonstruktion seines Lebens. Der Bogen spannt sich von 1913 bis 1988, darin liegen über 50 Jahre Theaterarbeit.

Dieses Buch verzeichnet 559 Premieren, davon 40 mit Gustav Manker als Schauspieler, 353 mit ihm als Bühnenbildner und 231 Inszenierungen, wobei Manker bei 47 davon auch sein eigener Bühnenbildner war. Das ist eine Menge für ein Leben. Gemessen an der heutigen Theaterpraxis ist es unvorstellbar.

Der Schauspieler Fritz Muliar, der in den 60er Jahren bei Manker am Volkstheater vom Kabarettisten zum Schauspieler reifte, meinte: *„Manker war der einzige Renaissance-Mensch des Theaters."* Gemeint ist der Universalist, aber auch der Renaissance-Mensch ohne sittliche Hemmungen und voller Lebenskraft, der der Realität nicht entweichen, sondern sie besser kennen lernen will. Er steht der Welt interessiert gegenüber, beharrlich fragend und manchmal auch skeptisch. Peter Turrini, den Manker Anfang der 70er Jahre mit „Rozznjogd" als Autor für das Theater entdeckte, witterte hinter dem gebildeten Humanisten auch den Borgia: *„Manker war eine merkwürdige Mischung zwischen einem Repräsentanten des öffentlichen Theaters und einem Stierler und Aufmüpfer und Störer. Eine seltsame Kombination."* Dies gilt wohl speziell für Mankers Direktionsjahre in den Siebzigern, in denen er das Volkstheater für das Neue, ja Radikale öffnete, ohne dass es tatsächlich seinem eigenen ästhetischen Credo entsprochen hätte. *„Ich könnte das nie machen, aber es fasziniert mich"*, gestand er Turrini während einer Probe.

Manker war ein Konservativer, war wohl sogar so etwas wie ein Monarchist. Der Umgang mit politisch Andersdenkenden hat nur einen kurzen Ausflug in die Kommunistische Partei nach dem Krieg zur Folge gehabt. Sein Intellekt hat es ihm ermöglicht, sich mit dem Kommunismus auseinanderzusetzen ohne sich mit ihm zu identifizieren. Doch hat er die Theaterarbeit nie seiner politischen Gesinnung Untertan gemacht. Ideologie war ihm am Theater zuwider. Das ist ungewöhnlich. Mankers politisches und gesellschaftspolitisches Credo scheint sich nie auf die Bühne verirrt zu haben. Erstaunlich eigentlich. Noch erstaunlicher ist die Tatsache, dass jene Politiker, die über seine Bestellung als Theaterdirektor zu entscheiden hatten, sich nicht im Geringsten davon beinflussen ließen. Für sie – es waren Männer wie Anton Benya oder Bruno Kreisky – war Mankers künstlerische Weltsicht, seine Arbeit entscheidend. Wäre das heute noch denkbar?

Dieses Buch ist nicht gleichgewichtig. Es hat sich im Laufe der Arbeit herausgestellt, dass die Spurensuche dort am interessantesten ist, wo die Spuren blass und die Fakten spärlich sind, wo die Schritte schon sehr weit zurückliegen. Besonderes Augenmerk habe ich daher auf die Anfänge gelegt, als Manker als Bühnenbildner und Schauspieler seine Laufbahn begann. Niemand hat ihn mehr spielen gesehen, wenngleich der letzte Auftritt seines Lebens ein schauspielerischer war, in Robert Quittas Film „Gespenster" nach Henrik Ibsen spielte er den alten Kammerherrn Alving.

Ein Schwerpunkt liegt auf Mankers Ausbildungszeit an Max Reinhardts Privatseminar in Schönbrunn, wo man damals noch Schauspiel, Regie und Bühnenbild zugleich studieren konnte, noch dazu bei den namhaftesten Lehrern. Bühnengestaltung lehrten Alfred Roller, der große Revolutionär des Bühnenbilds um Gustav Mahler, und Oskar Strnad, die prägende Persönlichkeit der „Zweiten Wiener Moderne" in der Zwischenkriegszeit. Max Reinhardt lehrte noch persönlich und predigte: *„Raunzen Sie nicht über den Drill in der Kunst, über die Einschränkung der Genialität. Der wirklichen Natur kann nichts geschehen. Wer für seine Natur zittert, hat keine! Seien Sie wahr! Werden Sie wesentlich!"* Manker wird zu Reinhardts Fan. Und wenn dann das eigene Bühnenbild aus zwanzig Entwürfen von Studenten von Reinhardt persönlich zur Realisierung ausgewählt wird, kennt das Glück keine Grenzen.

Das Studium prägt Gustav Manker. Aber auch die Realität des „Ständestaates", der österreichischen Ausformung des Faschismus, greift bereits stark ins tägliche Leben ein. Die Proben zu Hofmannsthals „Jedermann" 1934 am Salzburger Domplatz, bei dem Manker als Student in der Tischgesellschaft mitwirkt, finden nach der Dollfuß-Ermordung *„zwischen Bajonetten und unter trauerbeflaggten Häusern"* statt.

Mankers Abschluss am Seminar mündet 1935 in einen arbeitslosen Sommer, gefolgt von einem Herbst ohne Illusionen, es beginnt für ihn der dornige Weg der Arbeitssuche. Er besucht Berlin in den Wochen vor den Olympischen Spielen – keine Chance auf ein Engagement. Und in Wien erst recht nicht. Wie der gesamte kulturelle Bereich ist auch das Theater dieser Zeit von einer übergreifenden Krise geprägt. Von fünfzehn Wiener Theatern sind sieben geschlossen. 966 KünstlerInnen haben ein Engagement, aber 1000 sind ohne Beschäftigung. Die ersten Arbeiten realisiert Manker an kleinen Avantgardebühnen sowohl jüdischer als auch „arischer" Prägung. Manch Wiener Theater proklamiert damals eine *„bodenständige, von artfremden Einflüssen freie Bühne, um Angehörigen des arischen Schauspielerstandes wieder Möglichkeiten zu künstlerischem Aufstiege zu geben"*, 1935 wird in Gustav Mankers Bühnenbild aber auch Ödön von Horváths Arbeitslosen-Ballade „Kasimir und Karoline" an Wiens „Broadway", im Kleinen Theater in der Praterstraße erstaufgeführt.

Das erste Jahresengagement führt Manker in die Provinz, ans deutschsprachige Theater im polnischen Bielitz und macht ihn dort mit der Situation der deutschen Minderheit und dem Judenhass der Polen bekannt. Der historische Kontext ist wild und dramatisch, und scheint als Geschichte bekannt und geläufig. Als persönliche jedoch nicht. Denn wie verhält sich eins zum anderen, wie gedeiht die Kunst in einer

Zeit fortschreitender Radikalisierung? Wie wirkt sich das auf die Arbeit aus? Als er im Oktober 1937 zum Spielzeitbeginn nach Bielitz fährt, schreibt Manker nach Hause: „Hier ist auch schon alles ruhig, nur zerbrochene Fenster sieht man in Menge." Diese Bemerkung hat mich stutzig gemacht und hat eine wochenlange Recherche ausgelöst, da ich wissen wollte, was mit dieser Bemerung gemeint war. Es stellte sich heraus, dass es in Bielitz zu einem „Pogrom nach Programm" gekommen war, der bereits die „Reichskristallnacht" ein Jahr später vorwegnahm...

Dann der Glücksfall: Nach Provinzdasein und deprimierender Arbeitssuche bekommt der 25jährige Gustav Manker 1938 ein überraschendes Engagement am Deutschen Volkstheater in Wien. Der kulturelle Aderlass, der schon im Ständestaat seinen Anfang genommen hatte, hat in Österreich ein künstlerisches Vakuum hinterlassen – und Arbeitsplätze. Sogar die Eröffnungspremiere des ersten „Kraft durch Freude"-Theaters darf Manker ausstatten, ironischerweise Schillers „Räuber". Gustav Manker wird dem Volkstheater von nun an über 40 Jahre angehören, als Bühnenbildner, Regisseur, Ausstattungs- und Oberspielleiter und zuletzt auch als sein Direktor. Manker wird an diesem Theater 153 Stücke inszenieren und für 206 Stücke das Bühnenbild entwerfen. Bereits in den ersten sechs Jahren zeichnet er für 42 Bühnenbilder verantwortlich, und nebenher entwirft er noch mehr als dreißig weitere für andere Wiener Theater.

Aus dieser Zeit stammen die Bühnenbildzeichnungen Mankers in diesem Buch, die bisher völlig unbekannt waren und unveröffentlicht sind. Aus über 350 Blättern habe ich so viele wie möglich für dieses Buch ausgewählt. Darunter finden sich die großen Dramen von Schiller und Grillparzer, aber auch Propagandastücke und Boulevard sowie die ersten Begegnungen mit Raimund und Nestroy.

In dieser Zeit beginnt Manker seine Arbeit lückenlos zu dokumentieren. In hunderten Fotografien der späteren Architektur-Photographin Lucca Chmel ist jedes der Bühnenbilder festgehalten, dazu kommen künstlerische Porträts von O. W. Fischer, Gert Fröbe, Curd Jürgens, Paul Hubschmid, Inge Konradi, Karl Skraup, Judith Holzmeister – sie alle waren damals am Deutschen Volkstheater engagiert. Wie auch Dorothea Neff, jene außergewöhnliche Frau, die in dieser Zeit eine Jüdin bei sich versteckt hielt. Dazu kommen Mankers Fingerübungen für kleine und kleinste Bühnen, Theater, die es größtenteils gar nicht mehr gibt: das Bürgertheater, die Exl-Bühne, die Komödie in der Johannesgasse, das Renaissance-Theater und die Kammerspiele.

Materialknappheit und finanzielle Not fordern im Krieg künstlerische Beschränkung und lösen einen stilistischen Wandel von der Opulenz zu spartanischen, stilisierten Bühnenräumen aus. Diese Jahre markieren Mankers Entwicklung zum Puristen, was den „Völkischen Beobachter" skeptisch stimmt, da diese Inszenierungen und Mankers Bühnenbilder *„das ostmärkische Empfinden etwas befremden"*. Mankers Jugendfreundin ist Halbjüdin, sie darf nicht arbeiten, er kann sie nicht heiraten.

Der Regisseur Günther Haenel wird für Manker zur prägenden Figur dieser Jahre, er ist Mankers künstlerischer Mentor und Freund, die beiden lassen sich in ihren Aufführungen sogar zu ironischen Kommentaren gegen das NS-Regime hinreißen. 34 Inszenierungen stattet Gustav Manker für Günther Haenel aus, darunter Haenels subversive und NS-kritische Inszenierung von G. B. Shaws „Die heilige Johanna" (1943) mit der blutjungen Inge Konradi und Ferdinand Raimunds „Der Diamant des

Geisterkönigs" (1944), in der das „Land der Wahrheit" sarkastisch mit NS-Deutschland gleichgesetzt wird. Nach dem Krieg, als Haenel Direktor des Volkstheaters wird, folgen „Die letzten Tage der Menschheit" von Karl Kraus, Julius Hays Skandalstück „Haben" und 1946 die Erstaufführung von Jean Anouilhs „Antigone".

Nach dem Krieg tritt endlich auch der Regisseur Manker auf den Plan, nachdem er in der Kriegszeit bereits eine erste kleine Arbeit realisieren durfte und nun – ebenfalls ermutigt von Günther Haenel – seine Regielaufbahn einschlägt. 1947 gibt es bereits den ersten Nestroy, „Kampl" mit Karl Skraup, bald darauf ist Regisseur Manker auch sein eigener Bühnenbildner, erstmals 1948 bei Nestroys komplizierter Simultanposse „Zu ebener Erde und erster Stock".

Anfang der 50er Jahre hält endgültig die Moderne Einzug in Mankers Theaterleben, war sie doch unter den beiden Diktaturen, der österreichischen wie der deutschen, verboten. Große Skandale charakterisieren das Theater der hysterisierten Nachkriegszeit, das Publikum hat noch den direkten Draht zum Faschismus, steht unter Strom, wenn ihm das Ungewohnte oder gar seine eigene jüngste Vergangenheit vor Augen geführt wird. Es lehnt Ödön von Horváths „Geschichten aus dem Wiener Wald" ab – *„Wie komm' ich dazu, dass ich mir anschau', wie sich die Konradi im Nachthemd die Zähne putzt auf der Bühne?!"* – und findet die Moderne überflüssig. Deutlich äußert sich das Publikum über die zeitgenössische Kunst, die in den Wandelgängen des Volkstheaters ausgestellt ist: *„Der Hitler hat doch recht gehabt!"*

Endgültig findet die Moderne ihr Zuhause am Volkstheater unter der Direktion von Leon Epp, der das Haus von 1952 bis 1968 leitet. Als 1955 die „Scala" schließt, an der ein politisch ambitionierter Spielplan mit hoher künstlerischer Qualität Programm ist, füllt das Volkstheater dieses Vakuum und gewinnt ein neues, junges und intellektuelles Publikum. Manker wird die ideale Ergänzung zu Epp, der es ihm ermöglicht, an seiner Seite zum „zweiten ersten Mann" zu werden. Er wird Oberspielleiter und Ausstattungsleiter und neben Epp der entscheidende Regisseur am Haus. Er hat unter Epp freie Hand, alle seine eigenen Intentionen durchzusetzen.

Besondere Pflege lässt Manker dem österreichischen Volksstück von Raimund, Nestroy und Anzengruber angedeihen, wofür ihm mit Karl Skraup, Walter Kohut, Hugo Gottschlich, Fritz Muliar, Kurt Sowinetz, Hans Putz, Hilde Sochor und Paula Pfluger ein ganz besonderes Ensemble zur Verfügung steht. Dabei liegt seine Stärke darin, die Stücke frei von Kitsch und süßlicher Romantik auf die Bühne zu bringen, intellektuell zugespitzt und sprachbetont, alles Biedermeierlich-Gemütliche wird eliminiert. Sukzessive entwickelt Manker daraus seinen ganz persönlichen Stil, einen „Purismus", der bis in die späten Siebziger Jahre dieses Genre prägen wird.

Anfang 1963 beschließt Epp, der gern den Weg des größten Widerstandes geht, mit „Mutter Courage und ihre Kinder", den „Brecht-Boykott" in Wien zu brechen, der das Ergebnis einer antikommunistischen Kampagne ist, die Hans Weigel und Friedrich Torberg vor dem Hintergrund des Kalten Krieges gegen Brecht führen. Der „Blockadebrecherpremiere" im Februar 1963, für deren Absage dem Volkstheater sogar Geld geboten wird und bei der auch der spätere Zadek-Protagonist Ulrich Wildgruber fürs Theater entdeckt wird, folgt ein Jahr später Brechts „Der kaukasische Kreidekreis" mit Hilde Sochor und Fritz Muliar, das erste Stück, das der Autor dieses Buches, 6jährig, in seinem Leben gesehen hat.

Im September 1959 markieren Friedrich Schillers „Die Räuber" Gustav Mankers künstlerischen Zenit. Die Frühfassung des Werkes führt er auf einer Simultanbühne auf, in dramatisch-filmischer Parallelmontage laufen bei ihm die Schicksale der feindlichen Brüder ab. Der Schriftsteller Hans von Flesch-Brunningen schreibt an seinen Cousin Gustav Manker am Tag nach der triumphalen Premiere einen Brief, in dem er ihn ermutigt, Wien zu verlassen, *„ins Herz der Dinge"* zu treten und ins Ausland zu gehen: *„Ist es nicht die höchste Zeit, dass du an einem erwachsenen Theater und in einer erwachsenen Stadt ein großer Regisseur wirst?"* Manker bleibt in Wien.

Es wächst seine Liebe zu Österreich, zur österreichischen Identität und ihrer Spiegelung auf dem Theater. Neben Arthur Schnitzlers Prosekturen und Ferdinand Raimunds Zaubermärchen inszeniert er Ferdinand Bruckner, Richard Billinger, Karl Schönherr, Uraufführungen von Grillparzer und Schnitzler – und natürlich Nestroy. Mit Helmut Qualtinger, mit Kurt Sowinetz und Fritz Muliar, mit Karl Paryla und Hans Putz und bald mit seinen „Nestroyanern", jener eingeschworenen Truppe, die jahrzehntelang mit ihren Aufführungen Standards setzt: Heinz Petters, Herbert Propst, Walter Langer, Brigitte Swoboda, Dolores Schmidinger und Hilde Sochor. Nestroy wird bei Manker ohne Bearbeitung und in der Originalfassung gespielt. An der Sprache wird nicht herumexperimentiert, der Text bleibt unangetastet, die Diktion ist glasklar, es fehlt kein Ton und kein Strich. Sogar den bequemen Rückzug in den Wiener Dialekt lässt Manker nicht gelten, seine Anweisung lautet: „Redet's so hochdeutsch wie's nur geht, wir sind eh wienerisch genug." In den 70er Jahren werden eine Reihe als unspielbar geltende Stücke Nestroys zu wahren Triumphen: „Heimliches Geld, heimliche Liebe", „Das Gewürzkrämerkleeblatt", „Umsonst" und mit Helmut Qualtinger und Brigitte Swoboda als Außenseiterpaar in „Der Talisman" werden sämtliche Sehgewohnheiten auf dieses Stück und seine Rollen zertrümmert.

Ende der 60er Jahre wird Gustav Manker Direktor des Volkstheaters, in der Zeit der Studentenunruhen und des kulturellen Aufbruchs unter Bruno Kreisky. Die Revolution findet in Österreich aber in der Kunst statt und am Theater ist es das Volkstheater, das die entscheidenden Impulse setzt. Die Entdeckung der jungen österreichischen Dramatiker gehört zu den Marksteinen der Direktion Manker. Bereits in der ersten Saison kommt Wolfgang Bauers „Change" zur Uraufführung und begeistert fordert Manker nach dem spektakulären Erfolg Wolfgang Bauer auf, auch weiter für sein Volkstheater zu schreiben: „Johann Wolfgang, das ist ihr Weimar!" 1971 folgt Peter Turrinis erstes Stück „Rozznjogd", dann dessen „Sauschlachten", „Der tollste Tag" und „Die Wirtin" und von Bauer „Silvester oder das Massaker im Hotel Sacher". Manker entdeckt den späteren Kottan-Erfinder Helmut Zenker, er spielt den „Alpensaga"-Autor Wilhelm Pevny und Stücke von Harald Sommer, Helmut Korherr und Wilhelm Pellert, Winfried Bruckner, Walter Wippersberg und Gerhard Roth.

Auch Mankers eigene Texte haben in dieses Buch Eingang gefunden, er äußert sich „Zum zeitgenössischen Bühnenbild" (1944), „Theater ist kein Museum", über das Wiener Volksstück, über Goethes „Faust", über das Wiener Publikum und über die neuen Autoren Wolfgang Bauer und Peter Turrini. Und als ich noch einen kurzen Blick in die Maturaarbeit meines Vaters von 1933 werfe, finde ich da einen überraschend kraftvollen und substantiellen Text: „Das klassische Drama auf der Bühne des 20. Jahrhunderts". Die Arbeit gleicht mehr einer akademischen Abhandlung denn einem Schüleraufsatz, sie musste daher auszugsweise Aufnahme finden.

Paulus Manker (1963)
am Schoß seines Vaters Gustav Manker.

Gustav Manker (1971)
mit seinem Sohn während der Proben zu
Ödön von Horváths „Die Unbekannte aus
der Seine" bei den Bregenzer Festspielen.

Paulus Manker (1988)
als Otto Weininger in „Weiningers Nacht"
von Joshua Sobol am Wiener Volkstheater,
wenige Monate nach Gustav Mankers Tod.

Im Anhang finden Sie Zeugnisse von Wegbegleitern und Freunden, die ihre Erinnerungen an Gustav Manker und ihre Arbeit mit ihm preisgegeben haben: Karlheinz Hackl und Otto Schenk, Kitty Speiser und Brigitte Swoboda, Fritz Muliar, Michael Heltau, Heinz Petters, Ulrich Wildgruber, aber auch Wolfgang Bauer und Peter Turrini – und ein 21jähriger Regieassistent namens Luc Bondy.

Dieses Buch ist als Bilderbuch gedacht. Großzügig und ohne Beschränkung, auf 560 Seiten und nicht auf 150, wie vielleicht ursprünglich geplant. Es soll für die wenigen, die noch erlebt haben, was darin zu sehen ist, eine Erinnerung sein, für die anderen eine Reise auf den Spuren einer verschwundenen Zeit, über Gesichter und Emotionen, durch Stile und Strömungen, zu Berühmten und Vergessenen.

Und so sind die Aufführungen gekennzeichnet:

- ♦ **REGIE (Stücktitel in Rot)**
- • **BÜHNENBILD (Stücktitel in Blau)**
- ♦• **REGIE und BÜHNENBILD (Doppelfunktion)**
- ▶ **DARSTELLER (Gustav Manker als Schauspieler)**

Abkürzungen: GM (Gustav Manker), R (Regie), BB (Bühnenbild), K (Kostüm), M (Musik), ME (musikalische Einrichtung), ML (musikalische Leitung), UA (Uraufführung), ÖEA (Österreichische Erstaufführung), DEA (Deutsche Erstaufführung).

Ich habe meinen Dank ans Ende des Buches gestellt, zu zahlreich sind die Personen, die mir Auskunft gegeben, mir bei der Recherche und Zusammenstellung geholfen haben und Leihgeber der 877 fast gänzlich unveröffentlichten Photos sind. Ich habe darauf verzichtet, jedes einzelne Zitat zu indizieren, die Quellen sind im Anhang verzeichnet, ich habe verwendet, was ich für sinnvoll hielt.

Nehmen Sie dieses Buch als Kulinarium. Wenngleich alle Angaben und Daten genau recherchiert wurden und das Buch daher auch als Nachschlagewerk dienen kann, ist es ein Privatissimum, voll Wertvollem und Sinnlosem, ergänzt durch Parerga und Paralipomena. Denn was ist schöner als der berühmte „Blick hinter die Kulissen"? Vor allem aber soll Schillers berühmten Satz aus dem Prolog zur Eröffnung der Weimarer Schaubühne ein bisschen Lügen gestraft werden: „Schwer ist die Kunst, vergänglich ist ihr Preis – dem Mimen flicht die Nachwelt keine Kränze". Nicht wahr.

Herzlich zugedacht aber ist dieses Buch jenen Weggefährten und MitarbeiterInnen meines Vaters, die ich in den Sechziger und Siebziger Jahren als „Volkstheater-Ensemble" kennen und lieben gelernt habe, in jener schönen Zeit, die prägend für mein eigenes künstlerisches Empfinden gewesen ist.

Wien, im Mai 2010

Paulus Manker

„ZUM SEHEN GEBOREN, ZUM SCHAUEN BESTELLT"

1913

1913–1933
ZUM SEHEN GEBOREN, ZUM SCHAUEN BESTELLT
SCHULZEIT IN ST. PAUL IM LAVANTTAL

Gustav Manker wird am 29. März 1913, einem warmen und sonnigen Samstag, um ¾ 9 Uhr früh in Wien geboren. Das Elternhaus liegt im dritten Bezirk, in der Ungargasse 9. Die Eltern sind Josef und Ludmilla Manker, geborene Flesch.

Von 1928 bis 1933 besucht Manker als Konviktist und Internatsschüler die Mittelschule im Kärntner Benediktiner-Kloster St. Paul im Lavanttal, eines der größten Privatgymnasien Österreichs. Dieses Stiftsgymnasium haben in der Vergangenheit auch Hugo Wolf sowie Attila und Paul Hörbiger besucht.

St. Paul besitzt eine der größten Kunstsammlungen Europas mit Gemälden von Rubens, van Dyck, Dürer, Holbein, Kremser Schmidt, eine Grafiksammlung mit Originalen von Leonardo da Vinci, Dürer und Rembrandt und eine Bibliothek mit über 180.000 Bänden. Eine Gutenbergbibel, die in der Weltwirtschaftkrise in den 30er Jahren an die Kongressbibliothek in Washington verkauft werden musste, dient seither den amerikanischen Präsidenten als Unterlage für ihren Amtseid.

Von seinem Onkel, der Chefdisponent der Wiener Staatsoper ist, bekommt der theaterbegeisterte Gustav Manker schon als Schüler Karten für Oper und Burgtheater geschenkt. Er pilgert zu den Aufführungen mit Ewald Balser, Raoul Aslan und Albert Bassermann, sieht Paul Hartmann als Egmont, Alma Seidler als Käthchen von Heilbronn und Hedwig Bleibtreu als Maria Stuart. Schon als Fünfzehnjährigen fasziniert ihn Goethes „Faust".

Ab der sechsten Klasse nimmt Gustav Manker im Konvikt St. Paul auch am Bühnenspiel teil, seine erste Rolle ist die des Meisters in Calderon de la Barcas Mysterienspiel „Das große Welttheater".

Calderon de la Barca
▶ **DAS GROSSE WELTTHEATER**
GM Darsteller (Der Meister)
21. Juni 1931, Gymnasialkonvikt St. Paul

Ab der siebten Klasse inszeniert Manker die Schulaufführungen in St. Paul auch selbst. Sie können im Gymnasialkonvikt groß in Szene gesetzt werden und werden sogar in der Lokalpresse rezensiert. Dabei spielt Manker meist nicht nur selbst die Hauptrolle, er ist auch der Ausstatter und Kulissenmaler. Im November 1931 kommt Friedrich Schillers „Die Verschwörung des Fiesco zu Genua" zur Aufführung, Manker legt die Titelrolle nach dem Vorbild von Paul Hartmann an, den er im März 1930 am Burgtheater gesehen hat. Die Aufführung ist „ein großes Wagnis, das zu einem vollen literarischen Ereignis" wird, wie die regionale Zeitung vermerkt, die dem Septimaner auch „ausgesprochen gutes schauspielerisches Talent" bescheinigt.

Friedrich Schiller
♦ ▶ **DIE VERSCHWÖRUNG DES FIESCO ZU GENUA**
Regie GM & Darsteller (Fiesco)
15. November 1931, Gymnasialkonvikt St. Paul

In einem Zeitungsinterview erinnert sich Manker später an seine Schulzeit in St. Paul: „So lange ich mich zurückerinnern kann, immer war irgendwie das Theater im Mittelpunkt meines Blickfeldes. Als ich noch lange in die Mittelschule ging, gab es für mich schon nichts andres mehr als diese ‚Welt des Scheins'. Gleichgestimmte Kameraden fanden sich im Nu, und dass wir vor nichts zurückschreckten, erklärt sich aus der jugendlichen Begeisterungsfähigkeit, die wohl irgendwann jeder von uns am eigenen Leib erfahren hat. Was meine Person betrifft, so hatte ich – war dies nun Ehrgeiz oder ein klein wenig Egoismus – von allem Anbeginn alles Wesentliche an mich gerissen; Ich wurde so zum Hauptdarsteller, Spielleiter und gleichzeitig auch Kulissenmaler. Damals gab es für

oben:
Stift St. Paul im Lavanttal

rechte Seite:
Die Verschwörung des Fiesco zu Genua (1931)
Gustav Manker als Fiesco in seiner eigenen Inszenierung im Gymnasialkonvikt St. Paul.

1931 1932

mich nichts andres als einen ‚Götz' oder ‚Fiesco'. Meine Begeisterung für alle diese Disziplinen des Theaterbetriebes ist mir auch in der Folgezeit treu geblieben, und ich habe mir daher, als ich später ins Seminar kam, in jeder ein Gutteil erarbeitet."

Kunsterzieher in St. Paul ist der Benediktinermönch, Maler und Holzschneider Switbert Lobisser, der 1928 das Fresko über die Kärntner Volksabstimmung im Kärntner Landhaus malt, im Stift St. Paul die Wandgemälde in der Kapelle. 1932 tritt Lobisser aus dem Orden aus und lässt sich mit seiner Freundin „Ev" in Klagenfurt nieder, um dort ein weltliches Leben zu führen. Er nähert sich sukzessive der NS-Ideologie an und schreibt: *„Die Partei braucht*

oben:
Switbert Lobisser (1930)
Benediktinermönch, Maler, Holzschneider und Mankers Kunsterzieher in St. Paul.

unten:
Postkarte von Stefan Zweig (1931)
an den 18jährigen Schüler Manker mit der Erlaubnis, seine Erzählung „Die Entdeckung Eldorados" zu dramatisieren.

Arbeiten aus meiner Hand." 1934 wird Adolf Hitler von illegalen österreichischen Nazis sogar eine Mappe mit Lobissers Holzschnitten überreicht. Nach dem „Anschluss" beauftragt Innenminister Wilhelm Frick Lobisser, den Landhaussaal weiter auszustatten. Im Jahr 2000 werden hinter der Holzvertäfelung des Saales die verborgenen Fresken entdeckt, die unter dem Titel „Kärntens Heimkehr ins Reich" den Anschluss Österreichs an Hitlers Reich verherrlichen. Noch zum Muttertag 1988 setzt die „Kronenzeitung" einen Holzschnitt Lobissers auf die Titelseite.

Als der 18jährige Manker bei Stefan Zweig um die Erlaubnis zur Dramatisierung der Erzählung „Die Entdeckung Eldorados" aus dessen „Sternstunden der Menschheit" ansucht, die die Auffindung der Goldminen in Kalifornien 1848 durch Johann August Sutter und seinen Ruin durch den Kalifornischen Goldrausch zum Inhalt hat, schreibt Zweig freundlich zurück: *„Selbstverständlich können Sie den in meiner Arbeit enthaltenen Stoff ‚Entdeckung Eldorados' dramatisieren. Ich habe gar kein Recht darauf, nur möchte ich Sie darauf aufmerksam machen, dass bereits ein Suter-Drama von Cäsar von Arx vorliegt und in Zürich mit ziemlichem Erfolg gespielt wurde. Ihr sehr ergebener Stefan Zweig."*

Wie in ganz Europa hat sich auch in Österreich die wirtschaftliche Situation Ende der 20er Jahre dramatisch verschlechtert. Die Radikalisierung des politischen Klimas nimmt entsprechend zu, der Alltag ist von einer Militarisierung der politischen Lager geprägt, Aufmärsche der rechten Heimwehren und des linken Republikanischen Schutzbundes sowie die anschwellenden Arbeitslosenheere verschärfen die konfliktgeladene Atmosphäre in der jungen Republik. In vielen Ländern Europas etablieren sich in diesen Jahren faschistische Bewegungen und diktatorische Regime, der Nationalsozialismus wird zur Massenbewegung. 1932 verändert sich auch die politische Landschaft in Österreich grundlegend. Bei Regionalwahlen im April verfünffachen die Nationalsozialisten in Wien, Niederösterreich und Salzburg ihre Stimmen, 15 Nazis ziehen in braunen Uniformen in den Wiener Gemeinderat ein.

Am zweiten Fastensonntag 1932, dem sogenannten Volkstrauertag, kommt als Feier für die toten Helden des 1. Weltkriegs das Stück „Achtung! – Parade!" des rechten Avantgarde-Dramatikers Fred Antoine Angermayer in St. Paul zur Aufführung. Manker inszeniert und entwirft das Bühnenbild. Schauplatz ist einer der weiten Kriegsschauplätze in Frankreich mit dem Heldenfriedhof St. Laurent-Blagny an der Westfront. Dort treffen 1920 Deutsche, Franzosen und Engländer aufeinander, um nach den Gräbern ihrer gefallenen Angehörigen zu suchen.

Fred Antoine Angermayer
◆● **ACHTUNG! – PARADE!**
Regie & Bühnenbild GM
21. Februar 1932, Gymnasialkonvikt St. Paul

Zu Ehren Johann Wolfgang von Goethes kommt im April 1932 unter Mankers Regie und mit ihm selbst in der Hauptrolle „Götz von Berlichingen" in St. Paul zur Aufführung. Mit dabei als Knappe Georg ist auch Matthias Schneider, der nach dem Zweiten Weltkrieg Abt Paulus von St. Paul wird.

Johann Wolfgang von Goethe
◆●▶ **GÖTZ VON BERLICHINGEN**
Regie & Bühnenbild GM & Darsteller (Götz)
10. April 1932, Gymnasialkonvikt St. Paul

Am 6. Mai 1932 tritt die österreichische Regierung unter ihrem Bundeskanzler Karl Buresch zurück. Am 20. Mai bildet der bisherige Landwirtschaftsminister Engelbert Dollfuß eine neue Koalitionsregierung aus Christlichsozialer Partei, Landbund und der rechtsgerichteten Heimwehr und geht auf autoritären Kurs.

Johann Wolfgang von Goethe
▶ **BALLADEN / PROMETHEUS**
GM Darsteller (Rezitation) / Leitung: Hans Franke
4. Juni 1932, Urania Wolfsberg

Am 13. November 1932 veranstaltet das Bühnenspiel im Konvikt St. Paul eine Gerhart Hauptmann-Feier zum 70. Geburtstag des Dichters und führt dessen Tragödie „Winterballade" auf. Der 19jährige

Gustav Manker inszeniert und übernimmt die Rolle des grausamen Mörders Sir Archie, eines schottischen Ritters, dessen ersten Worte im Stück sind: *„Der Teufel hol' mich! Heiß! Mir brennt der Schlund, das Maul ist mir voll Galle! Bringt mir etwas zu saufen!"* Sir Archie und zwei weitere schottische Söldner warten in einem schwedischen Hafendorf auf eine Gelegenheit zur Heimreise. In einer Laune überfallen sie den Hof des Pfarrers Arne und töten alle Bewohner. Nur die kleine Elsalil überlebt. Ohne Erinnerung an das Geschehene wird sie wenig später Archies Geliebte. Von Reue und Visionen geplagt, geht Archie, während die anderen Söldner die Heimreise antreten, auf einem zugefrorenen See zugrunde.

Gerhart Hauptmann
♦♦▶ WINTERBALLADE
Regie & Bühnenbild GM & Darsteller (Sir Archie)
Feier zum 70. Geburtstag von Gerhart Hauptmann
13. November 1932, Gymnasialkonvikt St. Paul

Natürlich schreibt der Schüler Manker auch Dramen: die Tragikomödie „Die sinkende Arche", ein Stück über Ulysses und Circe, „Die Juden vor Jericho", und sogar ein kunstvoll illustriertes Epos in zwölf Gesängen, „Julianade". Manker schickt seine Manuskripte an Verlage, und im Januar 1933 antwortet ihm der Gerstel-Verlag: *„Es verrät einen liebenswerten Menschen und große Feinheit in der Beobachtung der seelischen Vorgänge."* Man lädt ihn ein, sich bei einem Besuch in Wien zu melden.

Am 30. Januar 1933 wird Adolf Hitler durch Reichspräsident Paul von Hindenburg zum Reichskanzler ernannt. In der Folge kommt es zur Machtergreifung der Nationalsozialisten in Deutschland und ersten Terrormaßnahmen. In der Nacht zum 28. Februar 1933 brennt in Berlin der Reichstag. Am nächsten Tag wird die Verordnung „zum Schutz von Volk und Staat" erlassen, die die Grundrechte der Weimarer Verfassung außer Kraft und den entscheidenden Schritt zur Errichtung der NS-Diktatur setzt.

Am 19. Februar 1933 wird am Konvikt in St. Paul als Faschingsaufführung Paul Braunshoffs Komödie „Der Hauptmann von Köpenick" aufgeführt. Manker inszeniert das Stück und spielt die *„leider nur kurze Rolle"* des Stadtkassenrevidenten Brause.

oben:
Winterballade (1932)
Gustav Manker (ganz rechts) als Sir Archie, schottischer Ritter und grausamer Mörder, dessen ersten Worte im Stück sind: „Der Teufel hol' mich! Heiß! Mir brennt der Schlund, das Maul ist mir voll Galle! Bringt mir etwas zu saufen!"

rechts:
Gustav Manker (1932)
als Schüler im Konvikt in St. Paul.

1932 1933

rechts:
Gustav Manker in der Studentenverbindung Sponheim St. Paul (um 1932)
Während seiner Schulzeit wird Gustav Manker Mitglied der katholisch-deutschen Studentenverbindung Sponheim St. Paul. 1939 wird sie von den Nationalsozialisten aufgelöst, 1961 in Wolfsberg neu gegründet.

unten:
Achtung! – Parade! (1932)
Mankers Bühne für den Heldenfriedhof St. Laurent-Blagny an der Westfront.

Paul Braunshoff
◆ ● ▶ **DER HAUPTMANN VON KÖPENICK**
Regie & Bühnenbild GM & Darsteller (Revident Brause)
19. Februar 1933, Gymnasialkonvikt St. Paul

Am 4. März 1933 nützt Bundeskanzler Engelbert Dollfuß eine Geschäftsordnungskrise bei einer Parlamentssitzung zu einem Staatsstreich und schaltet die Demokratie aus. Als die Opposition die Geschäfte des Nationalrats wieder aufnehmen will, wird dies mit Polizeigewalt verhindert. Dollfuß regiert diktatorisch per Notverordnungen und begründet so den austrofaschistischen „Ständestaat". Er verkündet, die „braune Welle" sei nur aufzuhalten, „wenn wir das, was die Nazis versprechen und in Deutschland getan haben, selber machen".

In der VIII. Klasse steht im Verzeichnis der Abiturienten bei Gustav Manker: „gewählter Beruf: Philosophie".

Am 8. März 1933 emigriert der jüdische Regisseur Max Reinhardt, Leiter des Deutschen Theaters in Berlin und wichtigster Theatermann seiner Zeit, aus Hitler-Deutschland nach Österreich.

Am 1. April beginnt in Deutschland ein Boykott jüdischer Geschäfte, Ärzte und Rechtsanwälte. SA-Angehörige gehen gewalttätig gegen Juden und gegen Personen vor, die den Boykott ablehnen.

Am Volkstrauertag 1933 spielt Manker im Heroendrama „Schlageter" den Freikorpskämpfer Albert Leo Schlageter, der 1923 wegen Spionage von den Franzosen hingerichtet und in der Weimarer Republik zur Märtyrerfigur gemacht wurde, *„mit packender Natürlichkeit und großem schauspielerischem Talent"*, wie die Unterkärntner Nachrichten vermelden.

oben:
Schlageter (1933)
Gustav Manker (Mitte) als Albert Leo Schlageter, der 1923 wegen Spionage von einem französischen Militärgericht zum Tode verurteilt und hingerichtet wurde.

rechts:
Achtung! – Parade! (1932)
Regisseur Gustav Manker mit einer seiner „Darstellerinnen". Da Mädchen im Konvikt nicht zugelassen sind, werden auch die Frauenrollen von Kommilitonen gespielt.

Josef Eckerskorn
◆●▶ **SCHLAGETER, EIN DEUTSCHER HELD**
Regie & Bühnenbild GM & Darsteller (Patriot Schlageter)
12. März 1933, Gymnasialkonvikt St. Paul

Thema von Mankers Matura-Arbeit ist im Frühjahr 1933 „Das klassische Drama auf der Bühne des 20. Jahrhunderts. Rück-, An- und Ausblicke". Darin formuliert er eine Ablehnung des Naturalismus und tritt für eine neue, reduzierte Wahrhaftigkeit auf der Bühne ein. Er postuliert Oscar Wildes *„art begins where imitation ends"*, erörtert die Darstellung des Übernatürlichen auf der Bühne und beschreibt zeitgenössische Aufführungen wie Albert Bassermanns „Wallenstein" am Burgtheater, Alexander Moissis „Faust" am Volkstheater sowie die Inszenierung Richard Beer-Hoffmanns von „Faust" in dessen Fassung beider Teile für einen Abend mit Ewald Balser und Raoul Aslan und im Bühnenbild Alfred Rollers, die er 1932 zum 100. Todestag Goethes am Burgtheater gesehen hat. Vor allem aber tritt Manker entschieden für ein modernes Drama ein, das neuen Errungenschaften wie Filmprojektionen oder der Simultanität auf der Bühne Rechnung tragen soll.

Am 23. März 1933 wird vom Deutschen Reichstag das Ermächtigungsgesetz beschlossen, dem zufolge die Reichsregierung auch ohne Zustimmung des Reichstages Gesetze beschließen darf. Dies verfestigt die NS-Diktatur.

Am 10. Mai 1933 brennen am Berliner Opernplatz und in 21 deutschen Universitätsstädten die Bücher.

DAS KLASSISCHE DRAMA AUF DER BÜHNE DES 20. JAHRHUNDERTS. RÜCK-, AN- UND AUSBLICKE.
Auszüge aus Gustav Mankers Maturaarbeit (1933)

Wir haben versucht, das moderne Drama zu Ende des 19. Jahrhunderts in ein paar Worten zu charakterisieren. Wir sind hierbei beim Naturalismus, dem großen heißen Rückschlag aus falscher Künstlichkeit zur wahren Natur, stehen geblieben und haben bemerkt, dass auch die Naturalisten in ihrem guten Willen zu weit gingen und ins Extrem verfielen. Schon als Hauptmanns „Sonnenaufgang", seine „Weber" und Ibsen mit seinen Gesellschaftstragödien der deutschen Jugend den richtigen Weg wiesen, hatte man noch nicht ganz vergessen, dass Größere gelebt hatten, die keiner Zeitströmung angehören, die für alle Zeiten sprechen, die ja eigentlich auch jetzt etwas zu sagen haben müssten.

Man brachte im Spielplan neue Klassikaufführungen, neu sowohl was Inszenierung als auch Darstellung betraf, die aber unter dem terroristischen Banne des Naturalismus standen. Was man bis jetzt auf diesem Gebiete gesehen hatte, waren verstaubte, in alter Besetzung belassene, auseinanderfallende Aufführungen, an denen keine Spur mehr von künstlerischer Zusammenarbeit zu bemerken war. Da fand man nun ein neues Feld, um seine naturfanatischen Gelüste austoben zu lassen. Man inszenierte „naturalistisch". Die Epoche ist verhältnismäßig kurz und unklar zu erkennen. Vielen dürfte sie ganz entgangen sein. Es ist die Zeit, in der Reinhardt noch nicht Reinhardt war, der Naturalismus jedoch schon herrschte. Diese kurze Zeit wird meistens verdunkelt durch das napoleonische Auftreten Reinhardts, der dieser Epoche ein rasches Ende bereitete und seine Grundsätze und Reformen zum vollen Sieg führte.

Gustav Manker (1930)
als Schüler in St. Paul.

ÜBERWINDUNG DES NATURALISMUS

Nun wollen wir uns ein Beispiel der naturalistischen Inszenierung ansehen. Nehmen wir ein krasses, um seine Fehler voll aufleuchten lassen zu können, denn dass man damit nur Altes vertilgte – oft nicht einmal Schlechtes, aber nichts künstlerisch Neues baute, ist wohl klar, wenn wir das Wesen des Naturalismus kennen.

Man inszenierte in Hamburg die „Räuber" neu, unter einem gewissen Herrn Nerten, dessen Namen die Theatergeschichte mit Recht vergessen hat. Zuerst wollen wir noch bemerken, dass man in dieser Epoche am dichterischen Texte selbst nichts Bedeutendes zu ändern wagte, wie dies in den nächsten Jahren geschehen ist. Diese Schonung des Textes kann man gut und schlecht nennen, denn Gutes und Schlechtes blieb stehen aus Ehrfurcht vor der Persönlichkeit des Dichters.

Der Bühnenbildner hat vom Regisseur den Auftrag, nach seinen vorher besprochenen Inszenierungsideen den Rahmen der Handlung zu schaffen, der Regisseur gibt die Angabe bis ins Kleinste und lässt der künstlerischen Persönlichkeit des Bühnenarchitekten keine Freiheit, sodass fast nichts übrig bleibt, als die Ausführung der manuellen Arbeit. Die Tyrannis der Regisseure, wo gleichmäßiger Zusammenklang am Platze wäre.

REGIE IST BILDHAUEREI

Wie sieht nun dieses Bühnenbild aus? Einige kurze Beispiele: „Saal beim alten Moor": Eine Gemäldegalerie (die Idee wurde bereits viele Jahre früher im Mannheimer Nationaltheater um 1790 einmal ausgeführt) verbunden mit Bibliothek; etwa 20 Kopien von Rubens und Rembrandt in prunkenden Goldrahmen aufs Genaueste ausgeführt hängen an den Brokattapeten. Dazwischen Bücherregale, plastisch gebaut, nicht gemalt, mit echten Büchern. Dicke Schweinslederbände, malerisch durcheinander geworfen. Links ein Schreibtisch mit allen Utensilien, als da sind: Federn, Papier, nochmals aufgeschlagene Bücher, ein Kruzifix, womöglich ein Totenkopf (wie sinnig), rechts dann eine Ottomane, drei Prunkstühle, ein Tischchen, genau im selben Stile eigenst dazu angefertigt. Im Hintergrund die Tür mit dem Ausblick auf eine Terrasse, von Blumen umwachsen. Die Türflügel aus Holz, vergoldet, durchbrochen, mit altertümlichem Schloss; reiche Teppiche, ein Glockenzug, Armleuchter in Menge. Eine kleine Aufzählung nur des Details. Und was geht vor in diesem Zimmer, das es gar nicht geben kann? Man könnte es vergessen vor der Fülle des zu Sehenden. Eine widerliche, abstoßende Handlung, dunkel und unrein: ein Sohn betrügt seinen Vater. Welche Kontrastwirkung!

Ein anderes Bild: die Räuberszenen. Zerlumpte Gestalten, schmutzstarrend, keiner unter 1 Meter 90, wild am Boden herumgelagert, mit Messer, Pistole, Gewehr und Säbel, bis zu den Zähnen bewaffnet. Sie treten nur in großer Zahl auf, essen echtes Brot und echte Suppe aus zerbeulten Töpfen und Fleisch, das sie an den Lagerfeuern in großen, siedenden (zu hören) Kesseln gar kochen. Es wird geschossen, nicht etwa ein paar entfernte Schüsse, sondern volle fünf Minuten rasendes Feuern mit blinden Patronen; das Publikum wird halb taub dabei, aber „in Wirklichkeit ist es auch nicht anders".

Ist ein solches Beginnen gerechtfertigt? Nein, denn erstens kommt das Publikum nicht ins Theater, um sich eine Unmasse an genau kopierten, wirklichkeitsgetreuen Einzelheiten wie in einem Panoptikum vorführen zu lassen, sondern um sich geistig zu bilden, um auf den Gang der Handlung und seine sittlichende Substanz zu achten, und deswegen vor allem auf ihren Vermittler: die Person des Schauspielers.

Was hat nun der Regisseur mit ihm gemacht? Was war der Schauspieler vorher, was ist er jetzt? Der Regisseur hat sich seiner angenommen, hat ihm seine Auffassung gleichsam suggeriert, ihn genau den Weg gewiesen, genauer als die Rolle es vorzeichnet. Darf er das? Der Regisseur ist der Bildhauer, der den Entwurf eines anderen ausarbeitet, wobei er Material und Arbeitstechnik nach Belieben verwenden und die künstlerischen Absichten des Urkünstlers, wie schon erwähnt, nach Ermessen hervorheben und zurücktreten lassen kann. Nie aber ist es einem Spielleiter erlaubt, über seine Machtbefugnis hinauszugehen, etwa das Drama so unkenntlich zu machen, dass eine künstlerische Tendenz zum Vorteil der Persönlichkeit des Regisseurs ganz zurücktritt und der Darsteller in jeder Geste und in jedem Wort sklavisch auf die Angabe des „Meisters" angewiesen ist. Es muss, abgesehen vom Geiste der Dichtung, der Persönlichkeit eines jeden Schauspielers möglichst freie Bahn gelassen werden: es muss sich derselbe jedoch in die Grenzen des Aufführungsstiles vollkommen einfügen, die der Regisseur sehr weit stecken muss. Dieser Stil, diese Inszenierungsidee wird vorher mit allen Darstellern durch besprochen, damit bei den Proben den Temperamenten des Einzelnen die Zügel nicht mehr störend angelegt werden müssen, wenn er sich beim Studium der Rolle eine andere Auffassung beigelegt hat.

STILBETRACHTUNGEN

Kehren wir nun zu unseren Stilbetrachtungen zurück; wir fanden die zu weit geführte, darum nichtssagende Stilisierung und daneben den Realismus. Der Stil jener Jahrhunderte war die Stillosigkeit, man möchte sagen, die bewusste, gewollte Stillosigkeit. Man dekorierte, um zu dekorieren. Man suchte sich Spielmotive aus allen Zeiten und setzte sie zusammen. Übereinander und nebeneinander. Die Dekorationen von Hallen, Schlössern, mittelalterlichen Gemächern, die Möbel, Stoffe, Beleuchtungs-körper, die man ihnen gab, waren nur der Ausdruck eines Auges, dass es niemals in kunstgeschichtlicher Weise an dem Stil der Epochen geübt und vertieft hatte, sondern völlig ohne Rücksicht auf die Echtheit der Nachahmung darauf los arbeitete. Auch hier war die Verbindung der Stilmotive, die man sich heraussuchte, mit den Bedürfnissen oder dem Geschmack der Neuzeit die denkbar unglücklichste Stilehe.

Man stellte sich vor, dass ein „gotisches Gemach" etwa des 14. Jahrhunderts so ausgesehen habe, wie es der Fall wäre, wenn jeder einzelne Gegenstand, Kamin, Decke, Wände, Tische und Stühle, Truhen, Ampel, Fensterrahmen, usw. in recht auffallender Weise mit gotischen Faltwerk, Spitzbogen, schlusssteinartigen Verzierungen, usw. versehen wäre. „Alles zueinander passend", wie der Möbellieferant zu sagen pflegt.

Wo hatten wohl jene „Künstler" der Dekoration je Derartiges gesehen? Hatten sie sich die einzelnen Stücke aus den Museen zusammengesucht oder nach Stilmotiven vielleicht höchst eigenhändig entworfen? Solche Gemächer waren die reinsten Sonderausstellungen oder Musterkollektionen der neogotischen Einbildungskraft. Sie hatten mit der grandiosen, einfachen, gotischen Kunst und dem Lebensstil, wie er uns entgegentritt, wenn wir in einem alten Kloster an einer vergessenen, farblosen Wand in einer Bogennische einen sanften Heiligen und als einziges Beiwerk eines solchen Bruchstückes der Epoche eine höchst einfache Truhe oder einen bäuerlichen Abendmahltisch vor uns sehen, nicht das Geringste zu tun. Möglichst getreue, bis ins kleinste Detail gehende Kopie der nachkonstruierten Stile war das Ziel.

ART BEGINS WHERE IMITATION ENDS

Mit dem bald eintretenden Verebben des Realismus konnte erst wieder die Theaterdekoration zu einem Felde schöpferischer Kunstbetätigung werden. Und es entstand unser neuer Stil. Sein Charakteristikum ist, dass er die notwendige Anlehnung an die alten Stile in ganz anderer Weise, als es bisher geschehen war, suchte. Nicht mehr um eine Nachbildung handelt es sich heute, um ein Klischee mit anderen, schlechten, tatsächlich untauglichen Materialien und Farbenwirkungen, sondern um ein Herausholen der wirklich künstlerisch bedeutenden Eigenheiten und Besonderheiten der alten Stile und ihrer Umformung zu einem modernen Kunstempfinden. *„Art begins where imitation ends",* könnte man auch hier mit Oscar Wilde sagen.

Vor allem: das Neue besteht darin, dass die Stilisierung der Dekoration nicht mehr durch die oben gekennzeichnete Kopierung ganzer Einrichtungen und Gehäuse, sondern lediglich durch die Hervorhebung bestimmter, mit feinem Epochenverständnis erwählter Bruchstücke des Zeitstiles geschieht. Eine Kirche wird nicht mehr in ihren sämtlichen Details mit schlecht nachgeschnitzten Kirchenbänken, grellen Butzenscheiben oder Glasmalereien, verschnörkelten Ampeln und langarmigen Wandleuchtern dargestellt, es genügt eine gewölbte Nische, in die etwas mattes Tageslicht fällt mit einem einzigen, aber wirklich stilechten Gebetstuhl, um den viel „echteren" Eindruck auszulösen. Es genügt eine Wand mit einfacher ungemusterter Tapete und einem gewundenen Kanapee aus Mahagoni mit violettem, ebenfalls ungemustertem Moirebezuge, einem runden Spiegel darüber, gleichem Tisch und zwei Stühlen, einem von zwei weiten, auf halber Höhe gerafften weißen Mullvorhängen flankierten halbhohen Fenster, um ein Zimmer der 50er oder 60er Jahre zu markieren und es sogar schön zu gestalten, während man früher einen halben Möbelwagen von Dingen dazu gebraucht haben würde, ohne den gleichen Effekt zu erzielen. Ein großer Brokatvorhang mit ein oder zwei schön geformten Rokokosesseln und einem jener unendlich graziös geschnitzten vergoldeten Holzspiegel wird immer genügen, ein ganzes Rokokogemach zeitgemäß zu illustrieren.

PARS PRO TOTO

Man möge mir hier einen Vergleich gestatten: wir wissen, dass die auserlesensten Firmen in Großstädten ihre Schaufenster nur mit ganz wenigen Stücken dekorieren. Ein ausgesuchter Silberfuchs, eine besonders gewählte Balltoilette genügt den Fenstern der Kenner. Man überlässt es den Warenhäusern, jeden kleinen Raum mit Sehenswürdigkeiten zu spicken, für Mittelklasse, bei den ersten Firmen illustriert die Andeutung alles. Der Theatermaler sollte ähnlich empfinden.

Dieser „pars-pro-toto"-Stil der Bühnendekoration wäre aber wohl undenkbar gewesen, wenn ihm nicht das Absterben des sozialen Realismus auf der Bühne zugute gekommen wäre. Denn dieser hat die Dekoration schlechthin der Tendenz in Stücken untergeordnet, welche auf eine Wiedergabe des sozialen Lebens hinausgingen, während nunmehr die Dekoration neben dem angewendeten, einen Selbstzweck erhielt: die künstlerische Wirkung. Ein spießbürgerliches Bürgerzimmer braucht nicht unästhetisch, nicht der künstlerischen Gestaltungsgabe bar zu sein, ebenso wenig wie untergeordnete Personen des sozialen Lebens, selbst in Zeiten des stärksten Realismus, kein falsches Deutsch zu sprechen brauchen. In dem Augenblicke, wo man den Bühnen-zeichner davon entbindet zu photographieren, wird die Bahn für seine höchste Aufgabe frei, selbst das in der Wirklichkeit Hässliche künstlerisch umzuwerfen und umzuformen. Es gilt also für den Bühnenzeichner nunmehr wieder dasselbe, wie für jeden Künstler: aus allem die Gestalt und Linie des Künstlerischen herauszulösen und wiederzugeben. Ein Amerikaner-Ofen, gewiss das fabrikmäßigste Möbel der Neuzeit, kann mit langem Ofenrohr eine Silhouette von verblüffend malerischer Art werden.

DICHTER HERAUS!

Ein kurzer Blick noch auf das auf das technisch vollkommene Bild der heutigen Bühne und ihrer ungeheuren Möglichkeiten. Über die Gerüste der Bühne, über die Spielflächen huscht heute bereits auf Gazeschleifen die lebendige Photographie des Films. Das gesprochene Wort des heutigen Dramas vermittelt uns nur die Privatschicksale einzelner Menschen, der Film aber führt das große Schicksal aller auf: den Krieg mit Schützengräben, Kanonen, Leichenfeldern; Hungersnot, Auflauf der Massen, Demonstration, verlumpte Bevölkerung, Zeitungsausschnitte, Plakate, Schlagworte in Riesenschrift, Aufrufe, Fanfaren des Kampfes – das alles flirrt in monumentalen Zeichen über die Bühne.

Auch direkt in die Handlung greift bereits der Film. Er spielt auf einer hinter der Szene aufgespannten Gazewand. Vorn ist im Allgemeinen das große Geschehen projiziert, wenigstens bei Piscator, der der heutige Hauptvertreter dieser Richtung ist. Vom hinteren Apparat aus wird Hintergrund angedeutet. Hinter den offenen Gefängniszellen z.B. erscheint in vielfacher Menschengröße ein Pickelhaubensoldat, geht auf und ab als leibhaftiger Götze des Militarismus. Ein neues dramatisches Prinzip ermöglicht sich auch durch die neben- oder übereinanderliegenden Spielkammern: Die Gleichzeitigkeit verschiedener Handlungen. Die Simultanbühne der Mysterien des Mittelalters scheint wieder gebildet von jeder Szene, die nebeneinander aufgebaut, durch einen Schein-werferkegel jedes Mal das Spiel heraushebt. Gleichzeitige Vorgänge des Dramas spielen auch gleichzeitig und nebeneinander.

Auch der Film unterstützt diese Verdichtung der Zeit. Während im „Rasputin" von Wolff z.B. die Zarin noch auf die Verteidigung des Schlosses durch die Leibwache hofft, sieht man im Film bereits die Erstürmung des Haupttors durch die revolutionären Truppen. Aus dieser Vielfalt der Bilder und Eindrücke wird auf diesen Bühnen eine neue Einheit des Ortes und der Zeit geschaffen, von der Aristoteles, Racine oder Schiller noch nichts ahnen konnten.

Auch die Dauer der Zeit wird auf Piscators Bühnen zur bildlichen Realität. In der Geschichte vom Soldaten Schwejk liegt quer, der Rampe parallel, der Bühnenboden als ein laufendes Band, auf dem dann der arme Musketier von Russland her nach Deutschland läuft und läuft: sichtlich läuft! Nicht mit Bühnenschritten, wie vor Wagners Parsifal-Wanddekoration, sondern mit erschlafften Beinen läuft er daher, während der Film die Steppen, Schneefelder, die Tannen, Berge und Dörfer an der endlosen Straße vorüberschnellt. Dem Drama vom Ewigen Juden wäre hier die erste realistische Szene geschenkt. Die Maschinerie wird zum Erreger vollkommen neuer dramatischer Möglichkeiten.

Mittelalterliche Mysterienbühne
Mysterienspiel im Spätmittelalter mit den drei Ebenen Himmel, Erde und Hölle auf einer Simultanbühne.

Dichter heraus! Denn die Piscator-Methode muss sich maschinell wiederholen, schematisieren und entgeisten, wenn nicht dichterische Phantasie für dieses neue Instrument die Melodie erfindet. Wie Orgel und Klavier aus der Eigenart ihrer Technik einen musikalischen Orgelstil oder Klavierstil erzeugten, so muss auch hier aus dem Instrument der neue Rahmenstil für Wort und Spiel erfunden werden. Piscator will den Untergang des alten Dramas, vielmehr der alten szenischen Form. Er verlangt aber nach dem geistigen Dichter für seine Form, der aus Rohstoff feste Körper baut und der das knappe, sachliche Wort findet, zu dieser Szenik des Unmittelbaren, der dem Schauspieler wieder Sprache gibt, sodass er sich auch auf Piscators Maschinenwelt nicht zur Puppe degradieren lässt.

Denn noch wirkt der Film mit seinen allgemeinen Inhalten überwältigend, über den spröden Text des neuen Dramas. Der Film offenbart das große Schicksal aller. Diese Filme von Krieg und Tod und Massenelend werden eigentlich das Pathos des antiken Chores, zu dem die Einzelsprecher auf der Bühne nur kleine Dinge zu entgegnen haben. Georg Kaiser hat sie vorskizziert, es muss eine starke Sprache sein.

Der Sieg der Technik auf der Bühne muss vom Sieg des Menschen über die Technik erhöht werden, denn Technik vergisst leicht, dass sie zu dienen hat. Der Mensch lässt sich von ihr befehlen und er ist willig. Die ungeheure geistige Arbeit der Zeit ist es, eine Methodik im Gebrauch von Maschinen zu finden. Die Aufgabe ist hier dem Dichter gestellt. Ohne Hass auf die Maschine hat er ihr Anrecht auf den Menschen zu verneinen. Wenn aus der allbeherrschenden Bühnentechnik – mit oder ohne Piscatorform – einst der redende Schauspieler wieder als Herrscher und Vermittler des Wortes heraustritt, dann haben wir wieder ein Drama aus dem Geiste.

Der szenische Raum ist geschaffen. Keine Erinnerung des alten Theaters herrscht im Piscatorraum. Illusion und Romantik sind verdrängt. Licht darf leuchten über den Bildern der Welt. Nur fehlt noch der Mensch dieses neuen Stils. Dichter heraus!

oben:
Hoppla, wir leben! (1927)
Bühnenbildentwurf von Traugott Müller zu Erwin Piscators Inszenierung von Ernst Tollers „Hoppla, wir leben!" am Berliner Theater am Nollendorfplatz.

rechts:
Sturmflut (1926)
Filmprojektion in Erwin Piscators Inszenierung von Alfons Paquets „Sturmflut" an der Berliner Volksbühne.

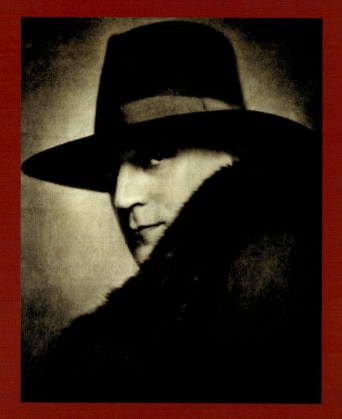
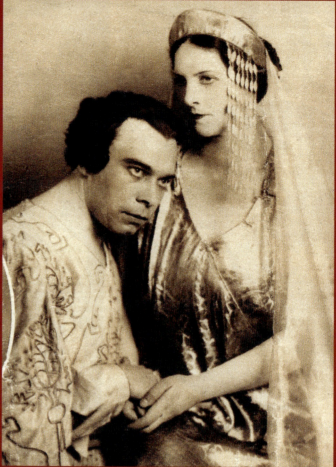

linke Seite:
Raoul Aslan (privat), Ewald Balser und Else Wohlgemuth als Faust und Helena, Paul Hartmann als Fiesco, Albert Bassermann als Wallenstein.

rechte Seite:
Ewald Balser als Faust, Ewald Balser und Raoul Aslan als Faust und Mephisto, Werner Krauss als Neithard von Gneisenau.

DIE HELDEN DER JUGEND
IDOLE AM WIENER THEATERHIMMEL

Schon mit 15 Jahren sieht Gustav Manker im Burgtheater Goethes „Faust" und zu Allerheiligen Richard Wagners „Parsifal" in der Oper. Der Onkel ist Betriebsdirektor in der Staatsoper, er versorgt den Schüler mit Karten. Manker bewundert Paul Hartmann als Egmont, als Tellheim und Fiesco, er sieht Alma Seidler als Käthchen von Heilbronn und als Franziska in „Minna von Barnhelm" sowie Hedwig Bleibtreu in Schillers „Maria Stuart" an der Seite von Else Wohlgemuth. Er pilgert zu Werner Krauss in „Wallenstein", „Cyrano von Bergerac", „Gyges und sein Ring" und sieht Albert Bassermanns berühmten Striese in „Der Raub der Sabinerinnen" wie auch dessen legendären „Wallenstein".

Vor allem aber bewundert er Raoul Aslan und Ewald Balser, als König Ottokar und Rudolf von Habsburg in Grillparzers „König Ottokars Glück und Ende", als Gegenspieler in Franz Werfels „Juarez und Maximilian" und natürlich 1932 als Mephisto und Faust in der Festaufführung zu Goethes 100. Todestag. Aslan spielt auch Torquato Tasso, Ödipus und Richard II., er ist der Herzog in „Maß für Maß", Metternich in „1848", der König in Hofmannsthals „Salzburger großem Welttheater" und Arthur Schnitzlers „Anatol". Ewald Balser sieht Manker auch als Henrik Ibsens „Peer Gynt".

In allen diesen Aufführungen kann Manker aber auch die Entwicklung des modernen Bühnenbilds durch Alfred Roller und Oskar Strnad mitverfolgen, die beide wenig später seine Lehrer werden. Roller stattet „Minna von Barnhelm" aus, „Ein Sommernachtstraum", „Egmont", „Wallenstein", „Maß für Maß", „Hamlet" und „Faust", Oskar Strnad entwirft die Bühne zu „Romeo und Julia", „Fiesco", „Juarez und Maximilian" und „Zu ebener Erde und erster Stock". Unter all diesen Eindrücken entscheidet sich Gustav Manker, zum Theater zu gehen.

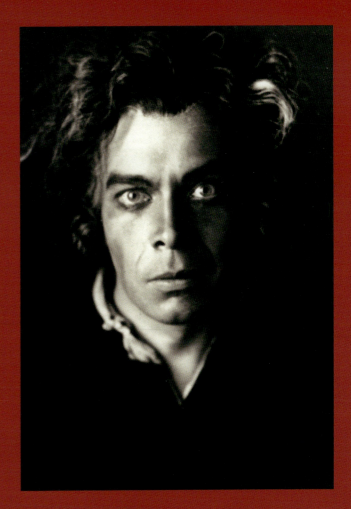

„ICH KOMME VOLL ERGEBENHEIT, EINEN MANN ZU KENNEN, DEN ALLE MIR MIT EHRFURCHT NENNEN"

Goethe, Faust I

1933–1935

1933

1933–1935
ICH KOMME VOLL ERGEBENHEIT…
AN MAX REINHARDTS PRIVATSEMINAR IN SCHÖNBRUNN

Nach der Matura beginnt Gustav Manker auf Wunsch des Vaters ein Jus-Studium, meldet sich am 15. September 1933 aber auch parallel zur Aufnahmeprüfung an Max Reinhardts privates „Schauspiel- und Regieseminar" im Schönbrunner Schlosstheater in Wien an. Dort finden neben den Aufführungen auch, in einigen kleineren Räumen im vorderen Schlosstrakt, die Unterrichtsstunden statt, wobei Reinhardt bis 1937 auch persönlich lehrt. Das Programm der Schule propagiert eine allumfassende Ausbildung, die nicht nur die übliche schulmäßige Ausbildung des Schauspielers umfasst. „Auch der künftige Theaterleiter und Regisseur, der Dramaturg und Dramatiker hat im Seminar Gelegenheit, sich mit dem Wesen des Theaters von Heute von Grund auf vertraut zu machen und so in den immer dringender geforderten, lebendigen Zusammenhang mit der Bühne und ihren Notwendigkeiten zu treten. Zugleich werden die Hörer mit den Notwendigkeiten des Films und des Tonfilms vertraut gemacht und erfahren tänzerische, akrobatische und allgemein geisteskritische Ausbildung." Am 27. September 1933 um 17 Uhr ist die Prüfung. Manker besteht. Die Statuten des Seminars zitieren Max Reinhardts Eröffnungsansprache vom April 1929:

„Raunzen Sie nicht über den Drill in der Kunst, über die Einschränkung der Genialität. Der wirklichen Natur kann nichts geschehen. Sie ist immer bereit und entschlossen, sie nimmt alles auf, was in ihr wachsen kann. Wer für seine Natur zittert, hat keine! Wir sind alle leidenschaftliche Naturliebhaber, Menschenfresser, Feueranbeter. Seien Sie wahr! Wenn Sie gute Komödianten werden wollen, dürfen Sie weder auf der Bühne noch im Leben Komödie spielen. Werden Sie wesentlich!"

Max Reinhardt (1873–1943)
Der bedeutendste Theatermann seiner Zeit und Begründer des Schauspiel- und Regieseminars im Schönbrunner Schlosstheater.

Reinhardts Schule bietet eine Gesamtausbildung und es wird als das Wichtigste erachtet, dass die Schüler sofort „spielen". Die eigentliche Leitung hat Emil Geyer inne, der Direktor des Theaters in der Josefstadt. Von dort kommen auch viele Lehrer, die durch ihre Arbeit Max Reinhardt verbunden sind: Hans Thimig, Paul Kalbeck, Joseph Gregor, Iwan Schmith, Zdenko Kestranek, dazu Erhard Buschbek, Emil Kläger und Friedrich Schreyvogl. Ausstattung, Kostüm und Maske wird von Alfred Roller unterrichtet, Bühnengestaltung von Oskar Strnad und ab 1935 auch von Otto Niedermoser. Der Bühnenbild-Unterricht wird in der Akademie für angewandte Kunst am Stubenring abgehalten. Regie lehren Paul Kalbeck, Otto Preminger und gelegentlich auch Max Reinhardt selbst.

Während des Studiums führt Manker Regie, spielt kleinere und größere Rollen und entwirft Bühnenbilder. Unter seinen StudienkollegInnen befinden sich Hortense Raky, Stefan Skodler, Lisl Kinast, Otto Wilhelm (O.W.) Fischer, Erich (Eric) Pohlmann, Marianne Gerzner, und später Marianne Schönauer (Schifferes), die 1945 Mankers erste Frau wird.

Klabund
• **DAS KIRSCHBLÜTENFEST**
Bühnenbild GM / Kollektivarbeit der Regiehörer der Max Reinhardt Schule unter der Leitung von Walter Hoesslin
16. Dezember 1933, Schönbrunner Schlosstheater

Sling (Paul Schlesinger)
▸ **DER DREIMAL TOTE PETER**
GM Darsteller (Trauergast / zweiter Gerichtsschreiber) /
Regie: Peter Winner (Oberleitung: Hans Thimig)
22. Februar 1934, Schönbrunner Schlosstheater

Im Februar 1934 kommt es zwischen dem Schutzbund der Sozialdemokratischen Arbeiterpartei auf der einen Seite und der Heimwehr des austrofaschistischen „Ständestaates" zum Bürgerkrieg mit hunderten Toten, der das Verbot der Sozialdemokratischen Partei und die Auflösung der Gewerkschaften und des Verfassungsgerichtshofs zur Folge hat.

Oscar Wilde
♦ **BUNBURY – EINE TRIVIALE KOMÖDIE FÜR SERIÖSE LEUTE**
Regie GM (Oberleitung: Paul Kalbeck)
mit Hubert Chaudoir, Hans Czerny, Fritz Grünne (Grünhut), Nives Novy, Hans Georg Marek, Judith Lipscomp, Jane Archer
24. März 1934, Schönbrunner Schlosstheater

Den Studenten der Reinhardt-Schule ist es gestattet, Proben des Theaters in der Josefstadt zu besuchen, wo sie, am ersten Rang sitzend, im März 1934 Max Reinhardt bei der Arbeit zu Schillers „Maria Stuart" mit Helene Thimig sowie zu „Sechs Personen suchen einen Autor" von Luigi Pirandello beobachten können. Das Bühnenbild stammt von Oskar Strnad, den Theaterdirektor spielt Hans Thimig.

Hannibal – Sklavenmarkt (1934/35)
Mankers Bühnenbildentwurf zu Christian Dietrich Grabbes historischer Tragödie.
Marktplatz in Carthago. Ausrufer, Marktweiber, Kaufherrn, Sklavenhändler.

Ausrufer: Kauft! Hier Neger! Negerinnen! Mädchen, Weiber, Männer, Witwen, Ammen, Kinder, alle bester Sorte!
Zierbengel: Da, die beiden schwarzen Mädchen – allerliebst!
Zweiter: Kohlen, die brennen wollen.
Erster: Moloch! Sie brennen schon! Ganze Feuerherde auf den Lippen!

1934

oben:
Die deutschen Kleinstädter (1934)
Mankers Bühnenbild zum 4. Akt: Die Straße vor dem Hause des Bürgermeisters. Der Entwurf Mankers wird von Max Reinhardt persönlich unter 20 Entwürfen zur Realisierung ausgesucht.

unten:
Die Studenten des Jahrgangs 1933/34
vor dem Schönbrunner Schlosstheater, in dem der Unterricht stattfindet. Gustav Manker in der Mitte im Hintergrund, in Anzug und Krawatte.

Anlässlich des fünfjährigen Bestehens des Seminars leitet Max Reinhardt im April 1934 persönlich die Aufführung von August von Kotzebues Schwank „Die deutschen Kleinstädter", eines der erfolgreichsten Stücke des 19. Jahrhunderts, das er selbst zuvor in Berlin inszeniert hat. Aus zwanzig Arbeiten wählt er Gustav Mankers Entwurf für das Bühnenbild im Schönbrunner Schlosstheater aus, was den 21jährigen Studenten mit großem Stolz erfüllt.

Die meist nächtlichen Proben mit Max Reinhardt hinterlassen bei Manker einen starken Eindruck: „Reinhardt war für uns Schüler furchtbar aufregend, weil er zu seinen Proben nie zur rechten Zeit kam. Den ganzen Tag haben wir mit einem der Regieschüler gearbeitet, bis wir hundsmüde waren.

Aber ausruhen gab es nicht. Am Abend sollte ja der Professor kommen. Aber er kam nicht. Elf Uhr war's oder Mitternacht, da endlich tauchte er auf, in seinem weißen Horch, weiß behandschuht, umgeben von einem Stab von Assistenten. Und dann haben wir geprobt, bis in die frühen Morgenstunden. – Er konnte Menschen durchschauen, konnte ihnen mit zwei, drei Worten ihren Weg weisen. Es stand zwar alles bis ins kleinste Detail in seinem Regiebuch, nach dem seine Assistenten die Komödie mit uns einzustudieren hatten. Doch dann kam er selbst, und ihm hat das alles nicht mehr gefallen, wenn er es auf der Probebühne gesehen hat. Dann hat er etwas ganz anderes daraus gemacht. ‚Ich kann es viel besser beurteilen, wenn ich es sehen kann', hat er gesagt."

August von Kotzebue
 DIE DEUTSCHEN KLEINSTÄDTER
Bühnenbild GM (Oberleitung: Walter Hoesslin) / Regie: Peter Winner (Oberleitung: Max Reinhardt)
mit Lisl Kinast, Hortense Raky, Hans Czerny, Martin Lang
27. April 1934, Schönbrunner Schlosstheater

Bei der Premiere sitzt Unterrichtsminister Kurt von Schuschnigg gemeinsam mit Max Reinhardt und Helene Thimig in der Kaiserloge, unter den Gästen befinden sich der Autor Richard Beer-Hofmann, die Tänzerin Grete Wiesenthal und Sektionschef Hans Pernter, der spätere Unterrchtsminister. Für den Empfang nach der Premiere *„dieser in ihrer Art einzigartigen Institution"* werden die Salons des Schlosstheaters eigens mit Teppichen und Blumen geschmückt. Die Presse schreibt: *„Es gab im bezauberndsten Theaterraum nicht nur Wiens, sondern vielleicht ganz Europas, ein richtiges Fest, in dessen Mittelpunkt Max Reinhardt stand."* In der Besetzung findet sich auch die 16jährige Hortense Raky, die

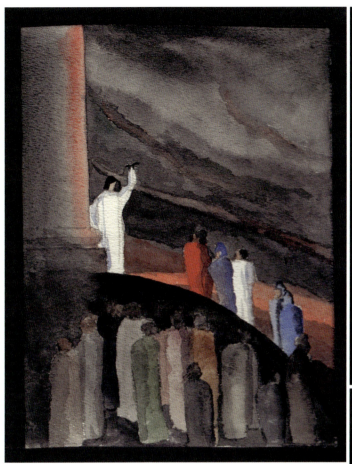

Kaiser und Galiläer (1934/35)
Entwürfe zu Henrik Ibsens Mammutwerk in zehn Akten, dessen Handlung im Römischen Reich während des 4. Jahrhunderts spielt.

1934

Mit ihr wird das System des Austrofaschismus festgeschrieben. Die im Mai 1933 gegründete „Vaterländische Front" fungiert dabei als Einheitspartei nach faschistischem Vorbild mit Monopolstatus. Dollfuß regiert mit diktatorischen Vollmachten.

Unter den Gasthörern an Max Reinhardts international orientierter Schule finden sich Engländer, Finnen, Schweden, Russen, Japaner, Schweizer und Holländer, deren Schulgeld für das Seminar überlebenswichtig ist. Es finden sogar englischsprachige Aufführungen statt, um die Schüler auf eine internationale Karriere vorzubereiten.

In Mankers Bühnenbild inszeniert die amerikanische Schülerin Jane Archer im Mai 1934 Molières satirische Komödie „Die gelehrten Frauen".

Molière
▸ **DIE GELEHRTEN FRAUEN**
Bühnenbild GM (unter der Oberleitung von Walter Hoesslin) / Regie: Jane Archer (unter der Oberleitung von Emil Geyer)
16. Mai 1934, Schönbrunner Schlosstheater

Ludwig Holberg
▸ **DER ELFTE JUNI**
GM Darsteller (Ochsentreiber / Polizist) / Regie: Vahe Kouyoumdjian (unter der Oberleitung von Paul Kalbeck)
21. Juni 1934, Schönbrunner Schlosstheater

• **EINAKTERABEND**
EINE FLORENTINISCHE TRAGÖDIE (Oscar Wilde)
DER HÄUSLICHE FRIEDE (Georges Courtline)
DIE MUTTERLIEBE (August Strindberg)
TROPEN (Hans Herbert)
IN EWIGKEIT AMEN (Anton Wildgans)
Bühnenbild GM (Oberleitung: Walter Hoesslin) / Regie: Glory Leppänen und Hans Georg Marek (Oberleitung: Emil Geyer)
28. Juni 1934, Schönbrunner Schlosstheater

spätere Frau Karl Parylas. Das „Journal" vermerkt am nächsten Tag: *„Gustav Manker gestaltete einen Bühnenraum, der im letzten Akt erstrangige Theaterbildnerei war, die alle Gerüche und Lichter der biedermeierlichen Kleinstadt hervorbrachte."*

Am 1. Mai 1934 verkündet Österreichs Bundeskanzler Engelbert Dollfuß eine neue Verfassung, die sich am Modell des faschistischen Italien orientiert.

oben:
Der elfte Juni (1934)
Gustav Manker als Polizist in der Seminaraufführung von Ludwig Holbergs Komödie „Der elfte Juni".

rechts:
Unterricht im Max Reinhardt Seminar (1934/35)
Gustav Manker (3. von links, im Mantel) mit seinen Mitschülern und dem Sekretär und späteren Leiter des Seminars, dem Opportunisten und NSDAP-Mitglied Otto Niederführ (ganz rechts, sitzend), der 1938 auch für die „Entjudung" des Seminars verantwortlich ist.

Mysterienspiel (1934/35)
Bühnenbildentwurf für ein Mysterienspiel des katholischen Schriftstellers und Reformpädagogen Leo Weismantel.

1934

oben:
Jedermann (1934)
Dagny Servaes als Buhlschaft und Paul Hartmann als Jedermann am Salzburger Domplatz, zwischen ihnen Gustav Manker als Mitglied der Tischgesellschaft.

unten:
Max Reinhardt (1934)
bei den Proben zu Goethes „Faust" in der Salzburger Felsenreitschule.

Durch Vermittlung von Max Reinhardt wirkt Gustav Manker im Sommer 1934 bei den Salzburger Festspielen mit: als Handwerksbursche in Goethes „Faust" in der Felsenreitschule mit Ewald Balser als Faust, Max Pallenberg als Mephisto und Paula Wessely als Gretchen und in der Tischgesellschaft im „Jedermann" mit Paul Hartmann in der Titelrolle. Das Honorar beträgt 100 Schilling.

In Salzburg sind die Seminaristen eines Nachmittags bei Max Reinhardt und dessen Frau Helene Thimig in Schloss Leopoldskron zum Tee eingeladen, ein Ereignis, das aufgrund von Reinhardts fast königlicher Hofhaltung bei Gustav Manker einen starken Eindruck hinterlässt.

Am 25. Juli 1934 wird Bundeskanzler Engelbert Dollfuß von Nationalsozialisten ermordet. Der anschließende Putschversuch kann jedoch niedergeschlagen werden. Neuer Bundeskanzler wird überraschender Weise der 37jährige klerikale Unterrichtsminister Dr. Kurt von Schuschnigg von der Christlichsozialen Partei. Benito Mussolini lässt italienische Truppen am Brenner aufmarschieren.

Am 28. Juli 1936, drei Tage nach dem Putsch, schreibt Manker am Tag vor der „Jedermann"-Premiere in Salzburg nach Hause: *Persönlich geht es mir gut, abgesehen von den Verhältnissen, die hier nach den letzten Ereignissen herrschen. In der Umgebung wird hier jede Nacht geschossen und ist alles voll von Militär und Heimatschutz. Unsere Bewachung bei den Proben grenzt ans Unwahrscheinliche. Wir singen und tanzen da eigentlich zwischen Bajonetten und unter trauerbeflaggten Häusern, nur spät in der Nacht, wobei niemand zuschauen darf. Es sieht oft gespenstisch aus."*

Hugo von Hofmannsthal
▶ **JEDERMANN**
GM Darsteller (Tischgesellschaft) / Regie: Max Reinhardt
mit Paul Hartmann (Jedermann), Dagny Servaes (Buhlschaft), Luis Rainer (Tod/Teufel), Fred Liewehr (Guter Gesell), Wilhelm Diegelmann (Dicker Vetter), Richard Eybner (Dünner Vetter), Frieda Richard (Mutter), Raul Lange (Mammon), Marianne Walla (Glaube)
29. Juli 1934, Salzburger Festspiele (Domplatz)

Am Tag nach der „Jedermann"-Premiere beginnen die „Faust"-Proben, was Gustav Manker Gelegenheit gibt, Max Reinhardt bei der Arbeit zuzusehen: *„Er hat sich lange, lange mit den einzelnen Szenen auseinandergesetzt. Wochen zum Beispiel probierte er nur Auerbachs Keller, differenzierte diese vier Leute immer mehr. Und erfand ständig neu, was alles diese Saufbrüder Lustiges zu machen, wie sie verschieden betrunken zu sein hatten."*

Johann Wolfgang von Goethe
▶ **FAUST**
GM Darsteller (Handwerksbursch) / Regie: Max Reinhardt / BB: Clemens Holzmeister / M: Bernhard Paumgartner
mit Ewald Balser (Faust), Max Pallenberg (Mephisto), Paula Wessely (Gretchen), Fred Liewehr (Valentin), Helene Thimig (böser Geist), Marianne Schifferer/eigtl. Schönauer (Bürgermädchen), Gustav v. Manker (Handwerksbursch)
7. August 1934, Salzburger Festspiele (Felsenreitschule)

Hannibal (1934/35)
Entwurf zu Christian Dietrich Grabbes Tragödie.

1935

Ein Deutsches Weihnachtsspiel (1935)

oben:
Gustav Manker, der auch für die Kostüme zeichnet, als Sprecher (5. von rechts, stehend im Mantel).

unten:
Bundeskanzler Kurt von Schuschnigg zwischen Frau und Sohn bei der Sonderaufführung im Studio des Messepalastes am 6. Januar 1935.

Da zwei Studien nicht zu koordinieren sind, gibt Manker nach zwei Semestern das Jus-Studium auf.

Am 25. Oktober 1934 sucht Gustav Manker, der sportlicher Betätigung abgeneigt ist, bei der Seminarleitung um Befreiung vom Turnunterricht an, was ihm auch gewährt wird, allerdings „*mit Ausnahme des Tanzunterrrichts in der Tanzschule Ellmayer*". Dort lernt er „Anstandslehre und Tanz".

Für Otto Falckenbergs viel gespieltes „Deutsches Weihnachtsspiel" entwirft Manker die Kostüme. Die staatliche Kunststelle, die ausgewählte Vorstellungen zu günstigen Preisen anbietet, erwirbt Kartenkontingente, was für das Reinhardt Seminar finanziell von großer Bedeutung ist.

Auf Einladung von Herma Schuschnigg, der Frau des Bundeskanzlers, wird die Aufführung am 6. Januar 1935 als Abschluss eines pompösen Sternsingerzuges des Alt-Wien-Bundes zur Selbstinszenierung des „Ständestaates" im Studio des Messepalastes gezeigt. Der Dank ist wenige Wochen später eine staatliche finanzielle Zuwendung an Max Reinhardts Theaterschule.

Otto Falckenberg
▶ **EIN DEUTSCHES WEIHNACHTSSPIEL**
GM Darsteller (Sprecher) & Kostüme (gemeinsam mit Alfred Rudolf Hahn) / Regie: Hans Herbert / BB: Kollektivarbeit der Regiehörer unter Leitung von Walter von Hoesslin
19. Dezember 1934, Schönbrunner Schlosstheater
6. Januar 1935, Studio des Messepalastes

Friedrich Schiller
♦ **KABALE UND LIEBE**
Regie GM & Inspizienz (Oberleitung: Paul Kalbeck)
14. Februar 1935, Schönbrunner Schlosstheater

Gotthold Ephraim Lessing
♦ **MINNA VON BARNHELM**
Regie GM (unter der Oberleitung von Emil Geyer)
mit Stefan Skodler, Helga v. Amann, Hans Czerny
22. März 1935, Schönbrunner Schlosstheater

Ben Hecht
▶ **REPORTER**
GM Darsteller (Bensinger) / Regie: H. H. Janka (unter der Oberleitung von Otto Ludwig Preminger)
mit Karl Guttmann, Hans Czerny, Gustav Manker
9. Mai 1935, Schönbrunner Schlosstheater

Märchenspiel (1934/35)
Entwurf zu einem Drama von August Strindberg.

1935

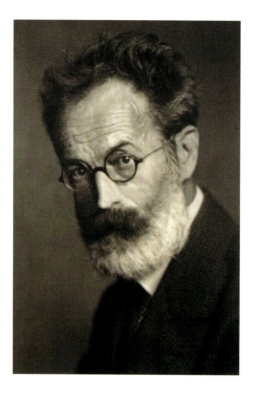

rechts:
Alfred Roller (1864–1935)
Begründer des modernen Bühnenbilds und Gustav Mankers Lehrer am Max Reinhardt Seminar.

oben rechts:
Oskar Strnad (1879–1935)
Gustav Mankers bewunderter Bühnenbildlehrer.

unten:
Mankers Skizzenbuch (1934/35)
für den Bühnenbild-Unterricht bei Alfred Roller und Oskar Strnad, mit Notizen zum Auftritt von Hamlets Geist (dunkles Schloss): „Der menschliche Geist ist eine Art Danaidenfaß: wenn es voll ist, rinnt es langsam wieder aus und zerbricht dann, oder es zerbricht schon während des Füllens."

Im Studienjahr 1934/35 wird an Max Reinhardts Seminar unter der Leitung von Alfred Roller und Oskar Strnad eine Abteilung für Bühnengestaltung eingerichtet. Der Lehrplan umfasst Stilkunde in Bau-, Einrichtungs- und Bekleidungswesen, Psychologie der Bühnengestaltung, Beleuchtungswesen, Technik der Bühne, Grundriss- und Detailzeichnen, Modellarbeiten, Malen, Modellieren, Gießen sowie die „Ausführung der Entwürfe der Studierenden in den Werkstätten und Einrichtung auf der Bühne für öffentliche Aufführungen des Seminars".

Alfred Roller gilt als der große Reformator der Oper im Sinne des Gesamtkunstwerks als Zusammenwirken von Raum, Farbe und Licht mit Musik, Wort und Gestus. 1903 von Gustav Mahler an die Wiener Hofoper geholt, beginnt mit Rollers Ausstattung zu Richard Wagners „Tristan und Isolde" und Mozarts „Don Giovanni" eine neuer Ära der Theatedekoration. Auch mit Max Reinhardt verbindet Roller eine enge Zusammenarbeit. 1920 gründet er gemeinsam mit ihm, Hugo von Hofmannsthal, Richard Strauss und Franz Schalk die Salzburger Festspiele und gestaltet erstmals die Bühne für „Jedermann" am Domplatz. Ab 1929 lehrt Alfred Roller am Max Reinhardt Seminar, wo er eine genaue Kenntnis von räumlichen und technischen Voraussetzungen von seinen Studenten verlangt. In den Anfangsjahren des Seminars sind die Studenten sogar verpflichtet, eine einheitliche Arbeitskleidung zu tragen, die von Roller entworfen wird. Bei ihm lernt Gustav Manker innerhalb des Kostümunterrichts unter anderem dreißig verschiedene Arten, muslimische Turbane zu binden.

Der Architekt und Bühnenbildner Oskar Strnad gehört zu den prägendsten Persönlichkeiten der „Zweiten Wiener Moderne" der Zwischenkriegszeit. Infolge seiner Bekanntschaft mit Alfred Bernau, dem Direktor des Deutschen Volkstheaters, stattet er erstmals 1918 eine Aufführung aus, Walter Hasenclevers „Antigone", der mehr als 50 Bühnenbilder für dieses Haus folgen. Strnad beginnt sich auch für den Theaterbau zu interessieren und konzipiert mehrere ringförmige Bühnen, von denen allerdings keine zur Realisierung gelangt.

Strnads Kontakte mit der Welt des Theaters vertiefen sich noch durch seine Freundschaft mit Max Reinhardt und dem Dirigenten Bruno Walter. Legendär werden seine Arbeiten in den großen Zirkusarenen. Strnad, der jüdischer Abstammung ist, entwirft Bühnenbilder für die Salzburger Festspiele, die Staatsoper und für Theater von New York bis Moskau und ist auch Innenarchitekt von Filmen wie „Maskerade" (1934) und „Episode" (1935). Strnad erweitert die Grenzen, die die Bühne durch Alfred Roller noch trägt, im Sinne eines Raumbühnen-Gedankens und erweitert das Bühnen-Bild zum Bühnen-Raum. Voraussetzung dafür bildet eine detaillierte Kenntnis geschichtlicher Grundlagen, des Materials und der Technik, die er auch seinen Studenten im Unterricht vermittelt. Die populärste Arbeit Strnads ist das Bühnenbild zu Stefan Kamares „Der junge Baron Neuhaus" (1934), für das er glanzvoll Schloss Schönbrunn nachbaut, ein Bühnenbild, das noch jahrelang im Fundus erhalten bleibt und das Gustav Manker bei seiner eigenen Inszenierung dieses Stückes 1956 am Volkstheater wieder verwendet. Strnad stirbt mit 56 Jahren am 3. September 1935 in Bad Aussee.

Hermione (1934/35)
Entwurf zu August Strindbergs Historiendrama, 2. Bild: Agora.

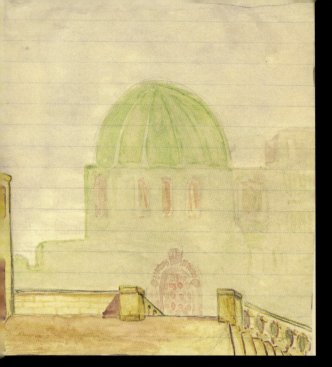

Entwürfe zu Dramen von Calderon de la Barca (1934/35)

Des Gomez Arias Liebchen
Die Brücke von Mantible
Der Maler seiner Schmach

rechte Seite:
Die Andacht zum Kreuze (1934/35)
Entwurf zu Calderon de la Barcas Schauspiel

Peer Gynt (1934/35)
Entwürfe zu Henrik Ibsens Schauspiel

Brautraub
Trollhöhle
Neblige Berglandschaft

Kaiser und Galiläer (1934/35)
Entwurf zu Henrik Ibsens Historiendrama

Die Andacht zum Kreuze (1934/35)
Entwurf zu Calderon de la Barcas Schauspiel

rechte Seite:
Mysterienspiel (1934/35)
Entwurf für ein Mysterienspiel von Leo Weismantel

Die beiden Veroneser (1934/35)

Zimmer
Platz
Palast in Mailand

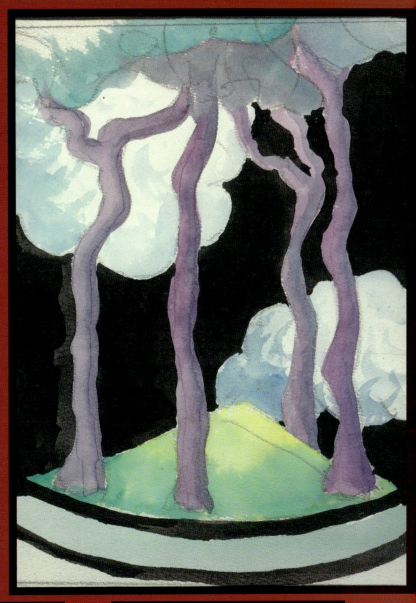

Die beiden Veroneser (1934/35)

Wald
Platz in Verona
Palast

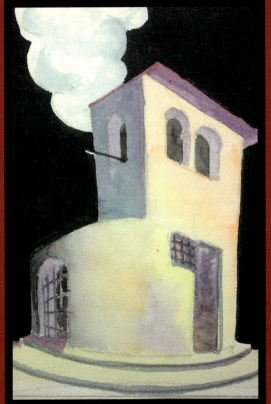

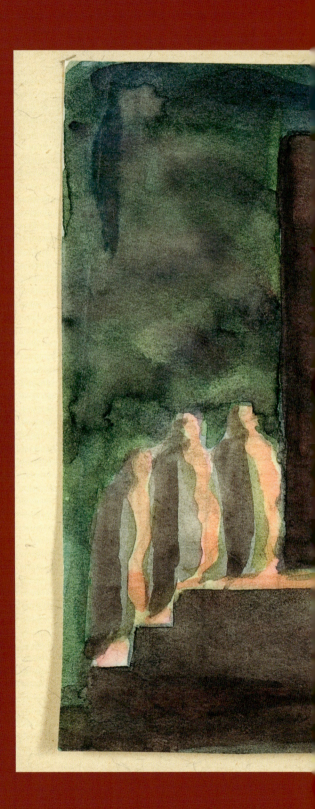

Othello (1934/35)
Entwürfe für ein 3-4 Quadern-System für Kleinbühnen
Straße
ohne Titel
Schlafgemach

Othello (1934/35)
Konzept eines 3-4 Quadern–Systems, speziell für Kleinbühnen
Platz am Hafen

HEBBARE SPIELSCHEIBE

HEBBARE SPIELSCHEIBE.

1935

Die Kulturpolitik im austrofaschistischen „Ständestaat" ist den vor Hitler in Österreich Exil Suchenden feindlich gegenüber eingestellt. Auch der christlich-soziale Antisemitismus erreicht eine neue Intensität. Sehr treffend hat Sigmund Freud die Situation beschrieben: *„Die Zukunft ist ungewiß, entweder ein österreichischer Faschismus oder das Hakenkreuz. Im letzteren Falle müssen wir weg; vom heimischen Faschismus wollen wir uns allerlei gefallen lassen, da er uns kaum so schlecht behandeln wird wie sein deutscher Vetter. Schön wird es auch nicht sein, aber in der Fremde ist es auch nicht schön."* Die Situation für Exilanten wird besonders schwierig, als Anfang 1934 das „Inländerarbeiterschutzgesetz" auf „höheres Kunstpersonal" ausgedehnt und 1934 der „Ring österreichischer Bühnenkünstler" gegründet wird, der durch die Einführung eines Berechtigungsscheins über die formalen Voraussetzungen für ein Engagement an einem Theater bestimmt. Dafür wird jetzt eine eigene Prüfung verlangt, die Mitgliedschaft beim „Ring der Bühnenkünstler" und ein Unbescholtenheitszeugnis.

Am 31. Mai 1935 legt der 22jährige Gustav Manker diese Eignungsprüfung beim „Ring der österreichischen Bühnenkünstler" ab.

unten:
Mankers Abschlusszeugnis (1935)
am Schauspiel- und Regieseminar in Schönbrunn mit Max Reinhardts Unterschrift.

rechte Seite:
Gustav Manker (1935)
hält Siesta im Salzburgischen.

Am Pfingstmontag 1935 wird im Schweizerhof der Wiener Hofburg unter dem Protektorat von Kardinal Theodor Innitzer ein Festspiel von Joseph Gregor (der am Seminar Theatergeschichte lehrt) über die Wunder des Kapuzinermönchs Marco d'Aviano aufgeführt, bei dem neben Gustav Manker auch die jungen Seminaristen Fred Liewehr, Stefan Skodler und Vilma Degischer mitwirken.

Joseph Gregor
▶ **DIE WUNDER DES MARCO D'AVIANO**
GM Darsteller (Der Fremde) / Regie: Paul Kalbeck / Choreographie: Fritz Klingenbeck
mit Fred Liewehr (Stimme Gottes), Vilma Degischer (Prolog), Stefan Skodler (D'Aviano), Gustav Manker (Der Fremde)
Festspiel im Rahmen der Pater Markus von Aviano-Feierlichkeiten unter dem Protektorat von Kardinal Theodor Innitzer
8. Juni 1935, Schweizerhof der Hofburg

In der 100. Aufführung seit dem 6jährigen Bestehen des Reinhardt-Seminars gibt Manker in Kurt Götz' Einakter „Der Mörder" *„seine beste Leistung"*, wie die Presse vermerkt, und stattet en gespenstischen Apotheker mit *„diabolischen Pallenberg-Tönen"* aus.

Kurt Götz
▶ **DER MÖRDER**
GM Darsteller (Apotheker) / Regie: Hans Czerny (unter der Oberleitung von Emil Geyer)
mit Rita Ray, Gustav Manker, Stefan Skodler, Hans Rainer
100. Aufführung seit Bestehen des Reinhardt-Seminars
28. Juni 1935, Schönbrunner Schlosstheater

Am 31. August 1935 schließt der 22jährige Gustav Manker sein Studium mit einem Zeugnis von Max Reinhardt ab: *„Herr Gustav v. Manker absolvierte mein Schönbrunner Seminar in den Studienjahren 1933/34 und 1934/35. Herr v. Manker bewährte sich als Regisseur, auf dem Gebiete der Bühnengestaltung, wie in verschiedenen Rollen. Herr Manker führte selbstständige Regie bei ‚Bunbury', ‚Kabale und Liebe' und ‚Minna von Barnhelm'. Die szenische Gestaltung führte Herr Manker durch bei ‚Die deutschen Kleinstädter', ‚Die gelehrten Frauen' und bei einem Einakter-Abend (Courtline, ‚Der häusliche Friede', Strindberg, ‚Die Mutterliebe', Wildgans, ‚In Ewigkeit Amen', Hans Herbert, ‚Tropen'). Nebst kleineren Rollen in Sling, ‚Der dreimal tote Peter' und Holberg, ‚Der elfte Juni' spielte Herr v. Manker in Ben Hecht ‚Reporter' den Bensinger, den Apotheker in Kurt Götz, ‚Der Mörder' und den Spielansager in Falckenberg, ‚Ein deutsches Weihnachtspiel'. Ebenso konnte Herr v. Manker in kleineren Rollen bei den Salzburger Festspielen 1934 verwendet werden".*

Gustav Mankers Abschluss am Max Reinhardt Seminar mündet in einen arbeitslosen Sommer, gefolgt von einem Herbst ohne Illusionen. Es beginnt für ihn der dornige Weg der Arbeitssuche. Von 15 existierenden Wiener Theatern sind 1933 sieben geschlossen. 966 KünstlerInnen haben ein Engagement, aber über 1000 sind ohne Beschäftigung. Wie der gesamte kulturelle Bereich ist auch das Theater der 30er Jahre von einer übergreifenden Krise und hoher Arbeitslosigkeit geprägt.

THEATER AM VORABEND DER KATASTROPHE

1935–1938

1935

1935–1938
THEATER AM VORABEND DER KATASTROPHE
AN JÜDISCHEN UND „ARISCHEN" BÜHNEN

Da es unmöglich ist, ein Engagement an einem großen Theater zu bekommen, schließt Gustav Manker ab 31. Oktober 1935 einen Vertrag am „Kleinen Theater in der Praterstraße" ab. Die Praterstraße im traditionell jüdischen zweiten Wiener Bezirk beherbergt in den 30er Jahren zahlreiche Theater und wird deshalb der „Broadway von Wien" genannt. Das kleine Avantgardetheater auf Nr. 60 (ehemals die „Jüdische Bühne") wird von Ernst Lönner geleitet, ein Schüler Erwin Piscators, der als Jude nach der Machtergreifung Hitlers 1933 Deutschland verlassen und mit teilweise anderen Emigranten in Wien dieses Theater gegründet hat. Dort wird Manker als Bühnenbildner, Schauspieler, Dramaturg und persönlicher Vertreter des künstlerischen Leiters verpflichtet. Auf dem Spielplan stehen Stücke von André Gide, Franz Theodor Csokor, Ödön von Horváth, Jaroslav Hašek und František Langer. Die Kartenpreise betragen von 80 Groschen bis 4,10 Schilling, inklusive Garderobe und Programm.

Der „Broadway von Wien", Die Praterstraße im 2. Bezirk. Auf Nummer 60 befindet sich das „Kleine Theater in der Praterstraße", ein Avantgardetheater des Juden Ernst Lönner, der nach der Machtergreifung Hitlers Deutschland verlassen hat. Gustav Manker entwirft für ihn Bühnenbilder und spielt in den Aufführungen selbst auch mit.

Als Eröffnung zeigt das Kleine Theater in der Praterstraße nach einem Umbau im Oktober 1935 in der Regie von Ernst Lönner die Uraufführung von Jaroslav Hašeks „Die Moldau-Schiffer", an der das ganze Ensemble beteiligt ist, darunter auch Carl Merz, der spätere Co-Autor von Helmut Qualtinger, die spätere Volkstheater-Schauspielerin Marianne Gerzner und Gustav Manker.

Jaroslav Hašek
▶ **DIE MOLDAU-SCHIFFER** (UA)
GM Darsteller / Regie: Ernst Lönner
mit Bea Conorsa, Marianne Gerzner, Edith Hatzka, Eveline Königstein, Hilde Maria Kraus, Christl Moißl, Stella Sanders, Lizzy Schneck, Trudl Sommer, Ruth Suschinsky, Hans Blum, Hans Czerny, Hermann Gottwald, Gustav Manker, Carl Merz, Egon Sala, Ferry Schalk, Fritz Schrecker, Gustav Zillinger
8. Oktober 1935, Kleines Theater in der Praterstraße

Im November 1935 tritt Gustav Manker in einem Ensemble ganz anderer Prägung auf. Im Rahmen einer Schiller-Feier des „Deutschen Theaters" in den Kunstspielen in der Riemergasse (dem späteren Rondell-Kino) spielt er in Friedrich Schillers „Kabale und Liebe" die Rolle des intriganten Sekretärs Wurm. Das „Deutsche Theater" ist ein von Nationalsozialisten geführtes „arisches" Dilettantenensemble, das unter der Leitung des illegalen Nazis Karl Zeman das Ziel proklamiert,

„*eine bodenständige, von artfremden Einflüssen freie Bühne zu schaffen und zugleich vielen hunderten Angehörigen des arischen Schauspielerstandes, die unter dem Zwange der gegenwärtigen Verhältnisse sich jeder Betätigung beraubt sehen, wieder Möglichkeiten zu künstlerischem Aufstiege zu geben*".

Friedrich Schiller
▶ **KABALE UND LIEBE**
GM Darsteller (Wurm) / Regie: Karl Zeman
mit Karl Zeman (Präsident Walter), Werber Albrich (Ferdinand), Traute Larsen (Luise), Kurt Kent (Miller), Cäcilia Bourqui (Millerin), Dagmar Schumy (Lady Milford), Carl Felmar (Kalb), Gustav Manker (Wurm), Axel Skumanz (Kammerdiener)
11. November 1935, Deutsches Theater in den Kunstspielen (Riemergasse 11)

Zurück am Kleinen Theater in der Praterstraße folgt im November 1935 eine Uraufführung des jungen jüdischen Autors Robert Lantz, der später nach Hollywood emigriert und zum Agenten von Stars wie Elisabeth Taylor und Leonard Bernstein wird.

Robert Lantz
● **SEHNSUCHT NACH HENRY** (UA)
Bühnenbild GM / Regie: Ernst Lönner
mit Marianne Gerzner, Hilde M. Kraus, Gustav Zillinger
18. November 1935, Kleines Theater in der Praterstraße

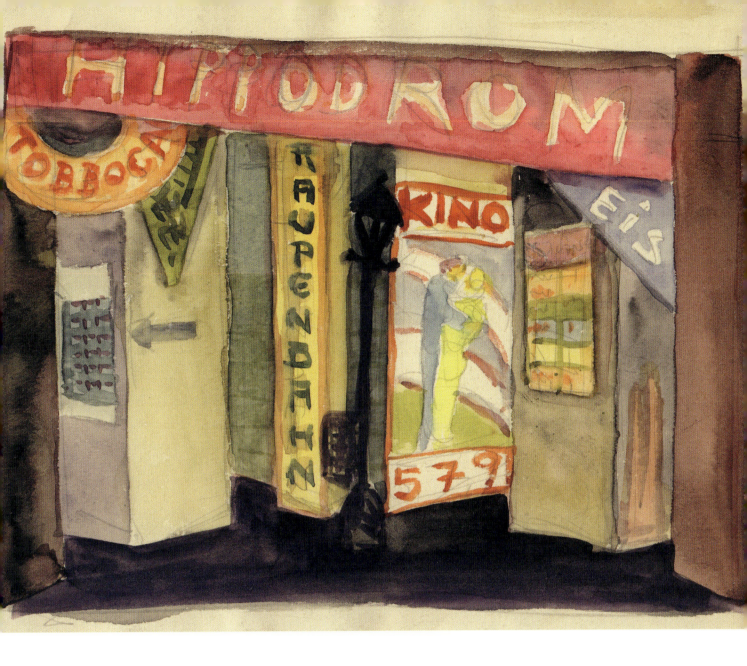

Kasimir und Karoline (1935)
Gustav Mankers Bühnenbild für die österreichische Erstaufführung am Kleinen Theater in der Praterstraße. Ödön von Horváth schreibt dazu: „Als ich von der erfolgreichen Aufnahme meines Stückes ‚Kasimir und Karoline' in Wien erfuhr, habe ich mich sehr gefreut, denn ich habe es immer gehofft und geahnt, dass meine Stücke gerade in Wien Verständnis finden müssten."

Armin Friedmann / Ludwig Nerz
• ▶ **DR. STIEGLITZ**
Bühnenbild GM & Darsteller (Leo) / Regie: Fritz Schrecker
mit Carl Merz, Stella Sanders, Hans Czerny, Fritz Schrecker, Marianne Gerzner, Gustav Manker (Leo Vriess von Vriessheim)
26. November 1935, Kleines Theater in der Praterstraße

Das Volksstück „Kasimir und Karoline" des in Österreich noch nicht sehr bekannten Autors Ödön von Horváth ist durch die „Gruppe Ernst Lönner" am 4. Februar 1935 bereits im Theater Die Komödie in der Johannesgasse zur österreichischen Erstaufführung gelangt und ist ab 9. Februar in den Kammerspielen in der Rotenturmstraße gezeigt worden. Wegen des großen Erfolges wird die Aufführung im November 1935 dann auch in die neue Spielstätte in der Praterstraße 60 übernommen. Gustav Manker entwirft das Bühnenbild und spielt als „Sprecher" auch selbst mit. Neben Lönners Freundin Marianne Gerzner und Fritz Grünne, einem ehemaligen Mitschüler Mankers am Max Reinhardt Seminar, spielen Carl Merz den Landgerichtsdirektor Speer und Hans Czerny den Kommerzienrat Rauch.

Ödön von Horváth
• ▶ **KASIMIR UND KAROLINE** (ÖEA)
Bühnenbild GM & Darsteller (Sprecher) / Regie: Ernst Lönner / Worte zur Musik: Georg Alfred & Ernst Lönner / Musik und am Klavier: Josef Carl Knaflitsch
mit Fritz Grünne (Kasimir), Marianne Gerzner (Karoline), Hans Czerny (Rauch), Carl Merz (Speer), Egon Sala (Merkel Franz), Lizzy Schneck (Erna), Fritz Schrecker (Schürzinger), Wilfried Krafft (Elli), Hermann Gottwald (Eismann), Hans Blum (Sanitäter), Gustav Manker (Sprecher)
Übernahme aus der Komödie und den Kammerspielen
29. November 1935, Kleines Theater in der Praterstraße

Die Wiener Inszenierung mit dem schlichten Untertitel „Volksstück" wird von der Presse besser aufgenommen als 1932 die deutsche Uraufführung, das Gros der Kritiker ist begeistert, man spricht sogar von einem *„sensationellen Erfolg"*. Der für das „Kleine Theater" neu adaptierten Fassung wird die Idee eines Musicals zu Grunde gelegt, die einzelnen Szenen sind musikalisch miteinander verbunden, Couplets von Josef Carl Knaflitsch mit Zusatztexten des Regisseurs Lönner und Georg Alfred werden

1935 | 1936

unten:
Onkel Emil, Onkel Kuno und der Onkel Hannibal (1935)
Bühnenbildzeichnungen für die Aufführung am Kleinen Theater in der Praterstraße.

rechte Seite:
Kabale und Liebe (1936)
Manker als Sekretär Wurm in den Kunstspielen in der Riemergasse.

von vier SängerInnen zum Klavier gesungen. Die Presse vergleicht das Stück mit Franz Molnárs Vorstadtballade „Liliom" und nennt es *„eine in den Prater transponierte Dreigroschenoper"*. Aus dieser Zeit stammt ein Briefentwurf Ödön von Horváths (wohl an die Direktion des Kleinen Theaters), in dem er die Berliner Inszenierung des Stückes kritisch beurteilt und mit der Wiener Aufführung seine ursprüngliche Intentionen, die er dort nicht durchzusetzen vermochte, bewahrt sieht: *„Als ich vor einem halben Jahr von der erfolgreichen Aufnahme meines Stückes ‚Kasimir und Karoline' in Wien erfuhr, habe ich mich sehr gefreut, denn ich habe es immer gehofft und geahnt, dass meine Stücke gerade in Wien Verständnis finden müssten. (...) Als mein Stück 1932 in Berlin uraufgeführt wurde, schrieb fast die gesamte Presse, es wäre eine Satyre auf München und auf das dortige Oktoberfest – ich muss es nicht betonen, dass dies eine völlige Verkennung meiner Absichten war, eine Verwechslung von Schauplatz und Inhalt; es ist überhaupt keine Satyre, es ist die Ballade vom arbeitslosen Chauffeur Kasimir und seiner Braut mit der Ambition, eine Ballade voll stiller Trauer, gemildert durch Humor, das heisst durch die alltägliche Erkenntnis: ‚Sterben müssen wir alle!'"*

Die Weihnachtspremiere 1935 am Kleinen Theater in der Praterstraße ist das Aktiengesellschaftsspiel „Onkel Emil, Onkel Kuno und der Onkel Hannibal" von Kurt Braun, eine Mischung aus Satire, Groteske, Lustspiel und Posse, wieder mit der Schlagermusik des Hauskomponisten J.C. Knaflitsch und in der Ausstattung Gustav Mankers. Die Aufführung beginnt mit einem Zeichentrickfilm von Tim. Manker nützt die Projektionsfläche, die sich immer wieder zu den einzelnen Szenen öffnet, und ergänzt diese durch Zeichnungen angedeuteter Dekorationen.

Kurt Braun
• **ONKEL EMIL, ONKEL KUNO UND DER ONKEL HANNIBAL**
Bühnenbild GM / Regie: Ernst Lönner / M: J. C. Knaflitsch
mit Fritz Schrecker, Egon Sala, Carl Merz, Franz Westen, Hans Blum, Hans Czerny, Lilly Karoly, Marianne Gerzner
23. Dezember 1935, Kleines Theater in der Praterstraße

Nach der Machtergreifung der Nationalsozialisten in Deutschland ist Österreich seit 1933 zum Asyl- und Transitland für SchriftstellerInnen, Künstler und Intellektuelle geworden. Da jedoch die Fremdengesetze sehr restriktiv sind und besonders linksgerichteten Kritikern die Einreise nahezu unmöglich gemacht wird, bleibt die Zahl deutscher Exilanten in Österreich relativ gering, nur knapp 20 Autoren entscheiden sich für Österreich als „Asylland wider Willen", der bekannteste davon ist Carl Zuckmayer. Auch der renommierte Bermann-Fischer Verlag wählt Wien bis 1938 als Standort. Lediglich in den Bereichen Film, Theater und Kabarett bieten sich in Österreich Arbeitsmöglichkeiten für deutsche Emigranten und es entwickelt sich trotz exilfeindlicher Verordnungen eine lebhafte Subkultur.

Die nächste Premiere am Kleinen Theater in der Praterstraße ist eine musikalische Clownkomödie im Zirkusmilieu, „Tross und Tobby" von Norbert Garai, einem der erfolgreichsten jüdischen Theaterautoren Wiens der 20er und 30er Jahre. Die Chansons sind wieder vom Komponisten Josef Carl Knaflitsch, Carl Merz (eigentlich Carl Czell) spielt den weichen, kindlich-gütigen Clown Tobby.

Norbert Garai / Richard Arvay
• **TROSS UND TOBBY**
Bühnenbild GM / Regie: Ernst Lönner
mit Fritz Schrecker (Tross), Carl Merz (Tobby), Lisl Ettl, Hilde Maria Kraus, Hermann Lang, Egon Sala, Stella Sanders
21. Januar 1936, Kleines Theater in der Praterstraße

Erhard Buschbeck, der stellvertretende Direktor des Burgtheaters, stellt Gustav Manker im März 1936 eine Erlaubnis für den Besuch von Proben des Burgtheaters aus.

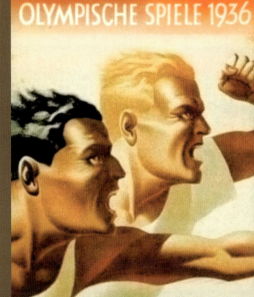

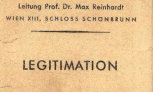

1936

Im Frühsommer 1936 reist Gustav Manker zur Arbeitssuche nach München – nach den Anfängen Hitlers und der NSDAP seit 1935 „Hauptstadt der Bewegung" genannt – und klappert dort Intendant um Intendant ab, spricht vor, zeigt seine Entwürfe, bekommt aber kein Engagement.

Manker geht viel ins Theater und sieht, trotz akuter Geldknappheit, am Residenztheater Shakespeares „Sturm" mit Gustav Waldau als Gonzalo, „Thomas Paine" in der Regie von Jürgen Fehling mit Eugen Klöpfer und Bernhard Minetti, die judenfeindliche Komödie „Rothschild siegt bei Waterloo" von Eberhard Wolfgang Möller in der Regie von Otto Falckenberg und Shakespeares „Der Widerspenstigen Zähmung" in der Regie von Hans Schweikart. *„Bin hier in den Museen gewesen und in allen Theatern, in denen sie Karten mit Ermäßigungen haben (60 Cent ein sehr schöner Platz)."*

Nach diesen Enttäuschungen reist Manker weiter nach Berlin, das in diesen Wochen in hektischen Vorbereitungen zu den Olympischen Spielen steht, um sich auch dort bei den Theatern zu bewerben, *„auch lässt sich vielleicht für übernächstes Jahr bezüglich Engagement etwas machen. Ich bin schon sehr gespannt, wie die Verhältnisse in Berlin sein werden. Wenn auch so hoffnungslos, dann weiß ich nicht mehr ein noch aus."*

Aber auch in der Reichshauptstadt bessert sich die Situation nicht: *„Ich sitze in Berlin, habe mit Mühe und Not ein billiges Zimmer gefunden. Ein Loch. Aber wegen der Olympiade ist jetzt alles sehr voll und teuer. Die Monatsmiete muss man vorausbezahlen, was ich denn auch seufzend tat. Meine einzige Beschäftigung sind die Museen und das Theater."* Manker sieht Paula Wessely als Shaws „Heilige Johanna" am Deutschen Theater in der Inszenierung von Heinz Hilpert, den großen Heinrich George in „Der Nobelpreis" in der Regie von Detlef Sierck, dem späteren Hollywood-Regisseur Douglas Sirk, Käthe Dorsch in der musikalischen Komödie „Das kleine Hofkonzert" und Agnes Straubs legendäre „Neuberin" im Stück von Günter Weisenborn in ihrem eigenen „Theater am Kurfürstendamm". Die Situation wird immer ausweisloser: *„Bitte schick gelegentlich den Plan von Berlin, sonst finde ich mich in dem Chaos nicht zurecht. Und bitte Geld!!!"* Von Mankers Mutter kommt aus dem fernen Wien eine Empfehlung: *„Lass dir jetzt deine Hemden und Strümpfe waschen, sonst fangst an zu stinkeln und das ist beim Vorsprechen nicht sehr empfehlenswert."* In Berlin gelingt es Manker, am preußischen Staatstheater am Gendarmenmarkt Lothar Müthels neue

oben:
Berlin zur Zeit der Olympiade (1936)
Das Brandenburger Tor im Olympia-Schmuck. Manker besucht Berlin im Juni 1936, um sich bei den dortigen Theatern um Arbeit zu bewerben. Die Stadt steht in Vorbereitungen zur Olympiade.

oben rechts:
Gustaf Gründgens als Hamlet (1936)
Bei seiner Arbeitssuche in Berlin sieht Manker im Sommer 1936 die brandneue „Hamlet"-Inszenierung von Lothar Müthel am Staatstheater am Gendarmenmarkt.

„Hamlet"-Inszenierung vom Januar 1936 mit Gustaf Gründgens als Hamlet und Käthe Gold als Ophelia in der archaischen Dekoration von Rochus Gliese zu sehen, die zum Ausgangspunkt für massive Angriffe aus nationalsozialistischen Kreisen um den Parteiideologen Alfred Rosenberg geworden ist, da Gründgens' Darstellung des Hamlet die Tragödie eines vereinsamten Intellektuellen inmitten eines verbrecherischen Staates hervorzuheben scheint. Er schreit, flüstert in seiner Rolle und trägt Sätze wie *„Die Zeit ist aus den Fugen"* und *„Dänemark ist ein Gefängnis"* merklich tendenziös vor.

Ende Mai 1936 endlich erreicht Gustav Manker über die Agentur Hofmann in Wien ein Angebot des Stadttheaters in Bielitz, des einzigen deutschsprachigen Theaters in Polen, als jugendlicher Liebhaber und Bühnenbildner. Das malerische Bielitz liegt am Fuße der Beskiden, im südlichen Polen, wo wohlhabende Bürger für ihre deutsche Sprachenklave bereits 1890 ein eigenes Dreispartentheater ge-

gründet haben, das sogar als bestes „österreichisches" Sprechtheater außerhalb Wiens gilt.
Die Gage beträgt 160 Zloty (ca. 220 Schilling).

Im Mai 1936 wird die „Vaterländische Front" zur einzigen politischen Partei in Österreich erklärt. Ihr Symbol ist das Kruckenkreuz, ihr Gruß „Front heil!". Am 11. Juli 1936 wird zwischen Österreich und Deutschland das so genannte „Juliabkommen" geschlossen, das die *„freundschaftlichen Beziehungen"* Österreichs mit dem NS-Regime wieder herstellen soll, da Hitler kurz vor den olympischen Spielen Imagepolitur betreiben möchte. Die 1000-Mark-Sperre, eine wirtschaftliche Blockade, nach der jeder Deutsche vor einer Reise nach Österreich 1000 Reichsmark zahlen muss, wird aufgehoben, rund 17 000 inhaftierte illegale Nationalsozialisten werden amnestiert. Österreich schlägt nun einen Kurs ein, der als „deutscher Weg" bekannt wird. Mit Fahnen, Symbolen und Totenkult um den ermordeten Dollfuß versucht sich der „Ständestaat" als Kopie von Hitlers Nationalsozialisten und Mussolinis Faschisten in Italien. Bundeskanzler Schuschnigg versucht Österreichs Souveränität als zweiten deutschen Staat aufrecht zu erhalten.

Manker nutzt noch ein paar Tage die Gelegenheit, *„auf billige Art die Berliner Theaterverhältnisse kennenzulernen, die sehr interessant sind und ungeheuer vielseitig..."*, dann reist er – in der Tasche das ersehnte erste Engagement – zurück nach Wien.

Im Sommer 1937 wirkt Gustav Manker erneut bei den Salzburger Festspielen mit. Im „Faust" in der Felsenreitschule skandiert er wieder im Chor der Handwerksburschen: *„Wir gehn hinaus / aufs Jägerhaus."* Auch Mankers 17jährige Freundin Marianne Schönauer ist als Bürgermädchen beim Osterspaziergang mit dabei. In der Tischgesellschaft spielt Manker neben Attila Hörbiger, der in diesem Jahr den Jedermann gibt. Pauschal gibt es für beide Stücke 150 Schilling.

Hugo von Hofmannsthal
▶ **JEDERMANN**
GM Darsteller (Tischgesellschaft) / Regie: Max Reinhardt
mit Attila Hörbiger (Jedermann), Dagny Servaes (Buhlschaft)
Fred Liewehr (guter Gesell), Josef Danegger (dicker Vetter), Richard Eybner (dünner Vetter), Kurt von Lessen (Tod), Raul Lange (Stimme des Herrn/Mammon), Frieda Richard (Mutter), Ludwig Stössel (Teufel), Mariane Walla (Gute Werke), Helene Thimig (Glaube)
26. Juli 1936, Salzburger Festspiele (Domplatz)

Johann Wolfgang von Goethe
▶ **FAUST**
GM Darsteller (Handwerksbursch) / Regie: Max Reinhardt
mit Ewald Balser (Faust), Max Pallenberg (Mephisto), Paula Wessely (Gretchen), Lotte Medelsky (Marthe), Frieda Richard (Hexe), Vilma Degischer (Lieschen), Fred Liewehr (Valentin), Helene Thimig (Böser Geist), Marianne Schifferer/Schönauer (Bürgermädchen), Gustav v. Manker (Handwerksbursch)
30. Juli 1936, Salzburger Festspiele (Felsenreitschule)

Mankers Begeisterung für Goethes „Faust" und seine Bewunderung für Reinhardts Inszenierung drücken sich in einer genauen Beobachtung der Schauplätze in Clemens Holzmeisters Bühnenbild aus, der eine 20 Meter hohe „Fauststadt" in die Felsenreitschule hineingebaut hat, in Anlehnung an die mittelalterlichen Mysterienspiele, neben- und übereinander. Beim Prolog im Himmel sieht man in der höchsten Galerie die drei Erzengel, die Stimme des Herrn tönt rechts vom Kirchturm herüber, Mephisto sitzt in den Felsen und unter ihm zündet Faust in seiner Studierstube gerade die Lampe an, während die himmlischen Mächte über ihn beschließen. Während im Mittelalter die Schauplätze in einem Rund auf dem Marktplatz aufgebaut waren und die Zuschauer wie beim Kreuzweg die Stationen durchwanderten, sitzen sie in Salzburg und folgen den einzelnen Szenen, die jeweils mit Scheinwerfern herausgeleuchtet werden, während die übrigen Spielorte im Dunkel bleiben. Manker nummeriert akribisch die Spielorte und trägt sie in eine Postkarte ein.

oben:
Gustav Manker und Marianne Schönauer (1936)
Manker und seine Freundin „Mandy" auf einer Probe bei den Salzburger Festspielen.

rechts:
Telegramm aus Wien (1936)
Das erste Engagement führt Gustav Manker für umgerechnet 220 Schilling ans Stadttheater in Bielitz, dem einzigen deutschsprachigen Theater in Polen.

1934

Faust I (1934)

Nach Max Reinhardts Ideen baut Clemens Holzmeister eine mittelalterliche „Fauststadt" in die Felsenreitschule. Rechts begrenzt der Dom das Spielfeld, links ein Lindenbaum. Dazwischen bauen sich auf mehreren Ebenen zuunterst Auerbachs Keller und der Zwinger auf, darüber Fausts Studierstube, Gretchens Zimmer und Marthe Schwerdtleins Wohnung mit Balkon. Auch die Galerien werden ins Spiel mit einbezogen, dort erscheinen die Engel, es toben die Hexen in der Walpurgisnacht und vom Dom ertönt die Stimme des Herrn herüber. Das Bühnenbild ist bis zu 20 Meter hoch, durch ein kompliziertes System von Gängen und Treppen hinter der Front sind die Schauplätze untereinander verbunden.

Gustav Manker, der als Schauspielschüler beim Osterspaziergang mit dabei ist, nummeriert akribisch die verschiedenen Spielorte:

1. Prolog
2. Nacht
3. Osterspaziergang
4. Erste Mephistoszene
5. Zweite Mephistoszene
6. Auerbachs Keller
7. Hexenküche
8. Straße – Mein schönes Fräulein
9. König von Thule, Schatz
10. Schatzerzählung Mephistos
11. Bei Marthe
12. Garten
13. Wald und Höhle
14. Meine Ruh' ist hin
15. Versprich mir (Religionsgespräch)
16. Lieschen
17. Ach Neige, du Schmerzensreiche
18. Valentin
19. Dom
20. Walpurgisnacht
21. Kerker

BIELITZ – DAS „KLEINE WIEN" IN POLEN

Das polnische Bielitz (Bielsko) liegt im Dreieck der polnisch-tschechisch-slowakischen Grenze in der Woiwodschaft Schlesien, etwa 60 km südlich von Kattowitz am Flusse Biala, einem Nebenfluss der Weichsel. Bielitz ist innerhalb Polens die einzige mehrheitlich von Deutschen bewohnte Stadt, hat eine mehr als 400jährige Geschichte als deutsche Sprachinsel und bis 1930 sogar eine deutsche Stadtverwaltung. Bielitz ist evangelisch geprägt, besitzt daher auch das einzige Luther-Denkmal Polens und war noch im 18. Jahrhundert die einzige evangelische Stadt in der gesamten Habsburgermonarchie. 1928 belegen die Wahlen zum polnischen Parlament den starken deutschen Einfluss: 64,5 % deutsche, 21% polnische und 14,7 % jüdische Stimmen.

Kulturell ist Bielitz von engen Beziehungen zu Wien geprägt: Heinrich Ferstl, der Architekt der Wiener Universität, baut hier die evangelische Kirche, Ludwig Schöne die Synagoge, Leopold Bauer die große Nikolaikirche und der Otto Wagner-Schüler Max Fabiani wird mit der Stadtentwicklung beauftragt und baut das Gebäude des Café „Europa". All das schlägt sich signifikant im Stadtbild nieder, Bielitz wird bald „Klein-Wien" genannt.

Der Reichtum der Stadt gründet sich auf die berühmte Tuchmacherei, als „schlesisches Manchester" ist Bielitz das Zentrum der Wollindustrie, das neben dem österreichischen auch starken internationalen Absatz hat. In den 30er Jahren wird Bielitz zur wohlhabendsten Stadt Polens. Ein Gemisch von Webern und Tuchmachern, vornehmen Bürgern und reichen Fabrikbesitzern sowie galizischer Armut und expandierender Tuchindustrie charakterisiert das Leben der Stadt. Die Silhouette wird von den Fabriksschloten geprägt, dahinter liegen die Berge der Beskiden.

Aus Bielitz stammen der Schriftsteller Hugo Huppert, die Opernsängerin Selma Kurz, der Kunsthistoriker Josef Strzygowski sowie Heinrich Conried (eigentlich Cohn), der spätere Direktor der Metropolitan Opera in New York.

Da die Deutschen traditionell an ein ständiges deutsches Theater gewöhnt sind und Berufsbühnen infolge der weiten Zerstreuung kein ausreichendes Publikum finden, haben Idealismus und Freude nach 1918 zahlreiche deutschsprachige Liebhaberbühnen entstehen lassen. Als einzige deutsche Berufsbühne in Polen aber besteht die ganze Zeit hindurch das Deutsche Stadttheater in Bielitz.

oben:
Die St. Nikolai Kathedrale, 1908/10 von Leopold Bauer, einem Schüler Otto Wagners, umgebaut. Der charakteristische Glockenturm wird im Stil des Campanile in Venedig ausgeführt. Secessionist Ottmar Schimkowitz entwirft die Glasmalereien.

unten:
Panorama von Bielitz-Biala mit den Schornsteinen der vielen Wollfabriken. Im Hintergrund liegen die Berge der Beskiden, das spätere Auschwitz liegt nur dreißig Kilometer entfernt.

rechte Seite:
Der Theaterplatz mit dem Deutschen Stadttheater, Schlossgraben, Hauptpost, Straße des ersten Mai, Basar und dem Schloss des Fürsten Sulkowski aus dem 14. Jahrhundert, das 1855/57 vom Wiener Architekten Jan Pötzelmeyer erneuert wird.

1889/90 auf Initiative der kulturbeflissenen Bielitzer Bürger errichtet, ist das Bielitzer Stadttheater das früheste deutsche Theater der Region. Der Entwurf stammt vom Wiener Architekten Emil Ritter von Förster, dem Erbauer des Wiener Technischen Museums und des Hotel Regina. Bekannte Wiener Künstler wie der Theatermaler Jan Kautsky arbeiten an der Gestaltung des Theaterinneren mit. 1905 wird das Innere durch die Architekten-Compagnie Helmer und Fellner, die auch das Wiener Volkstheater errichtet hat, umgebaut.
Die Fassade zeigt Statuen der Musen Apollo, Melpomene und Thalia, die Kurtine einen „Tanz der Nymphen".

Für die Ausstattung erwirbt man die Dekorationen des alten Wiener Hofburgtheaters am Michaelerplatz, darunter sogar den alten Vorhang. Sowohl wegen seiner Architektur als auch in Hinblick auf das Repertoire ist das Bielitzer Theater ein Symbol der engen kulturellen Beziehungen zwischen Bielitz und Wien. Das Theater gilt Jahre hindurch sogar als bestes österreichisches Sprechtheater außerhalb Wiens.

Das Theater wird von Anfang an als Dreispartentheater geführt, ein Stammpublikum gibt ihm durch Abonnements einen festen finanziellen Rückhalt. Die Schauspieler sind zumeist Angehörige österreichischer Bühnen. Vor dem Ersten Weltkrieg treten hier Stars wie Alexander Girardi, Alexander Moissi und Adele Sandrock auf, 1918 debütiert hier die jüdische Schauspielerin und Begründerin der Hamburger Kammerspiele, Ida Ehre.

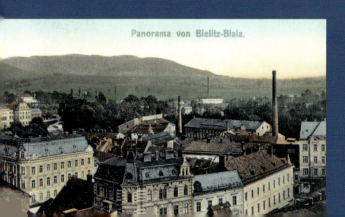

1936

unten:
Das Deutsche Stadttheater in Bielitz (1933)

ganz unten:
Neun Offiziere (1936)
Gustav Manker (in weiß) als Dino Lombardo, Fähnrich der italienischen Kriegsmarine.

rechte Seite:
Gustav Manker (1937)
mit seiner Kollegin Renée von Zartos auf der Promenade am Schlossgraben auf dem Weg ins nahegelegene Theater.

SAISON 1936/1937

Am 14. September 1936 tritt Gustav Manker sein Engagement am Deutschen Stadttheater in Bielitz an. Sein Vertrag unter der Direktion des aus Wien stammenden Rudolf Loewe läuft bis Ende März 1937, da die Saison immer schon an Palmarum (Palmsonntag) zu Ende ist. Mankers Aufgaben sind laut Vertrag „Schauspieler nach Individualität und Bühnenbildner mit Ateliertätigkeit", die Gage beträgt 160 Zloty, umgerechnet etwa 220 Schilling.

Mankers Empfang in Bielitz ist vielversprechend: „Ein großer Springbrunnen vor dem Theater war beleuchtet und eine Unmenge von Leuten hat uns empfangen. Heute früh war ich schon im Theater. Es wird schon an Dekorationen gearbeitet."

Mankers Wohnung liegt in unmittelbarer Nähe des Theaters, im Schlossgraben (Zamkova), „etwa fünf Minuten zu gehen, im 3. Stock. Alle Zimmer gehen auf einen langen Gang, sehr geräumig, nett und gut geheizt. Ich habe ein großes Zimmer für mich mit Schreibtisch und Stehlampe schon zum Zeichnen vorbereitet." Unmittelbar vor seinem Fenster liegt allerdings – in Bielitz als ehemals drittgrößtem Wollzentrum der Monarchie mit über hundert Manufakturen keine Seltenheit – eine Fabrik mit „dumpfem Rauschen Tag und Nacht" und bei offenem Fenster „Rußkörnchen überall".

Bereits am 20. September 1936 feiert Manker, nur eine Woche nach seiner Ankunft, in Georg Frasers Schauspiel „Neun Offiziere" seinen Einstand. Er entwirft die Bühne und spielt zugleich – in schmucker weißer Uniform – Dino Lombardo, einen Fähnrich der italienischen Kriegsmarine. Das Programm vermerkt „die neuen Dekorationen nach Entwürfen von Gustav v. Manker", die Teppiche dazu liefert die Bielitzer Teppichfabrik Carpet. Da nicht alle Bühnenbilder neu angefertigt werden können, behilft sich Manker aus dem Fundus, der teilweise noch aus dem alten Hofburgtheater in Wien stammt.

Der Autor Fraser (eigentlich August Hermann Zeiz), Journalist am regimekritischen „Berliner Tageblatt", der mit Flugblättern und kleinen Brandbomben gegen die nationalsozialistische Zensur kämpfte, wird nach Hitlers Machtergreifung von den Nazis vertrieben und geht als Chefdramaturg zu Rudolf Beer an die „Scala" in Wien, wo im Oktober 1936 auch sein Stück „Neun Offiziere" aufgeführt wird.

Georg Fraser
• ▶ **NEUN OFFIZIERE** (UA)
Bühnenbild GM & Darsteller (Dino Lombardo, Fähnrich in der italienischen Kriegsmarine) / Regie: Otto Waldis
mit Hans Forrer, Walther Clarmann, Werner Hammer, Gustav v. Manker, Arthur Popp, Ludwig Soewy, Norbert Kammil, Otto Waldis, Karl Guttmann, Fritz Schönja, Kurt König, Heinrich Gassner, Erwin Lehndorff, Ernst Richling, Harry Pawlik
20. September 1936, Deutsches Stadttheater Bielitz

Zwei Tage nach „Neun Offiziere" folgt bereits die nächste Premiere in Bielitz, die Komödie „Liebe ist nicht so einfach" des ungarischen Juden Ladislaus Fodor: „Bei dem Bild, wo ein erleuchteter Schlafwagenschnellzug aus der Südbahnhalle ausfährt (in natürlicher Größe) mit Menschen besetzt, haben die Leute zu applaudieren angefangen. Das Publikum ist hier sehr dankbar für solche neuen Sachen."

Das Bielitzer Theater muss sich starker Konkurrenz stellen, da Wien – näher gelegen als Warschau – infolge der vorzüglichen Eisenbahnverbindungen für die Bielitzer leicht erreichbar ist. Jeden Freitag fährt in nur 4½ Stunden ein Direktzug nach Wien und bringt das kulturbeflissene Bürgertum ins Burgtheater und in die Staatsoper, wobei ein halber Waggon nur den noblen Abendroben der Damen vorbehalten ist. Nur ein gutes Theater kann unter

1936 1937

diesen Umständen die Hochkultur in Wien entbehrlich machen, entsprechend ambitioniert ist daher auch der Spielplan. Neben den obligaten Komödien und Operetten wird auch Goethes „Faust" gezeigt, Hofmannsthals „Jedermann", Schillers „Don Carlos" und „Maria Stuart" sowie Dramen von Nikolai Gogol, Gerhart Hauptmann und Hermann Sudermann.

Die Arbeit im Theater beansprucht Manker Tag und Nacht, fast jede Woche muss jetzt eine neue Produktion herausgebracht werden: *„Also in dieser Woche hatten wir Premiere von ‚Rose Bernd'. Hat dem Publikum gefallen. Jetzt kommt am Mittwoch ‚Das Glück wohnt nebenan', dann eine Operette ‚Olly-Polly', dann ‚Sextett' und dann endlich ‚Der König mit dem Regenschirm', der ganz neu ausgestattet wird, mit einem großen Porzellansuppentopf, in dem alles spielt, als Festaufführung zum Staatsfeiertag am 10. November. Man kommt kaum zu Atem. Heute begannen die Malerarbeiten. Ich renne immer von der Bühne zur Werkstatt und von dort in den Malersaal und zum Magazin und sollte mit einem Hintern auf 3 Kirtagen tanzen. Aber es macht großen Spaß. Hauptsächlich darum – es darf kosten, was es will und lässt sich fein arbeiten."*

Ralph Benatzkys Lustspiel „Der König mit dem Regenschirm", entstanden 1935 im Schweizer Exil, spielt während der Regierung des französischen Bürgerkönigs Louis-Philippe und persifliert geschickt die Bevölkerungspolitik des Dritten Reichs. Frauenheld Percy propagiert als Ministerpräsident in seinem Regierungsprogramm „Das Kinderkriegen ist ein Kinderspiel!" – und so gewinnt das Stück eine unmerkliche politische Dimension, ironisch gebrochen durch Benatzkys nonchalante Musik.

Ralph Benatzky
▶▶ DER KÖNIG MIT DEM REGENSCHIRM
Bühnenbild GM & Darsteller (Robert, Aushilfsbeamter) / Regie: Werner Hammer / Dirigent: Franz Reinisch
mit Otto Waldis (Louis Philippe), Ernst Richling (Percy), Norbert Kammil, Karl Guttmann, Gustav v. Manker (Aushilfsbeamter)
10. November 1936, Deutsches Stadttheater Bielitz

Mankers Einfall für das Bühnenbild ist ein Porzellan-Suppentopf, der eine Reihe kleiner Empire-Zimmer beherbergt, die, zur Melodie einer Spieluhr durch die Drehbühne wie ein Karussell angetrieben, Handlung und Musik zuammenführen. Zur festlichen Premiere am 10. November 1936 kommen die Spitzen der militärischen und zivilen Behörden der beiden Schwesternstädte Bielsko und Biala, die in unmittelbarer Nachbarschaft liegend nur vom Fluss Biala getrennt sind. Sie feiern wie jährlich die wiedererlangte Unabhängigkeit Polens.

Mankers Bühnenbild wird von der Presse als *„zweifellos des Beste des Abends"* gelobt, der Direktor des Hauses bedankt sich per Billet für die *„wirklich künstlerisch vollendeten Arbeiten"*, das technische Personal überreicht dem jungen Bühnenbildner *„für das gute Gelingen der Dekoration"* sogar eine Flasche polnischen Schnaps.

Die Aufführung wird dennoch teilweise abgelehnt, denn, wie Manker nach Hause schreibt, *„sie sind hier sehr politisch eingestellt. Und da Benatzky ein Jude ist, muss er verrissen werden."* Manker entdeckt den ausgeprägten polnischen Judenhass: *„Du machst dir übrigens keine Vorstellung, was für ein starker Judenhass hier in polnischen Kreisen herrscht. Sie boykottieren jedes Geschäft und auf allen Universitäten von Krakau bis Warschau sind wilde Schlägereien. Wobei es heißt, dass viel mehr gegen die Juden vorgegangen wird, als in Deutschland."*

Da Manker der einzige Bühnenbildner am Haus ist, liegt die Verantwortung für 34 Produktionen in seinen Händen. Die meisten davon sind Operetten und Lustspiele, doch kommen auch ambitionierte Produktionen auf den Spielplan wie Schillers „Don Carlos", Gerhart Hauptmanns „Rose Bernd" und Karl Schönherrs „Erde". An drei Tagen der Woche wird in Bielitz gespielt und einmal in der nahen Grenzstadt Teschen. Die Presse bemerkt: *„Schon anlässlich früherer Aufführungen konnten wir darauf hinweisen, dass heuer ein besonders begabter Bühnenbildner am Werke ist."* 1936/37 entwirft Manker am Theater in Bielitz 34 Bühnenbilder:

- Neun Offiziere (UA) (Schauspiel von Georg Fraser)
- Liebe ist nicht so einfach (Komödie von Ladislaus Fodor)
- Das tapfere Schneiderlein (Märchen von Albin Bauer)
- Der Schneider im Schloss (Lustspiel-Operette von Armont und Marchant, Musik von Alexander Steinbrecher)
- Rose Bernd (Schauspiel von Gerhart Hauptmann)
- Das Glück wohnt nebenan (Lustspiel von Franz Gribitz)
- Olly-Polly (Operette von Arnold und Bach)
- Der Lügner und die Nonne (ein Theaterstück von Curt Goetz)
- Das Glück im Winkel (Schauspiel von Hermann Sudermann)
- Der König mit dem Regenschirm (Operette von Ralph Benatzky)
- Freie Bahn dem Tüchtigen (Lustspiel von August Hinrichs)
- Firma (DEA) (Komödie von Marian Hemar)
- Schwarzwaldmädel (Operette von Neidhart und Jessel)
- Regen und Wind (ein Spiel von Merton Hodge / Detlef Sierck)
- Sensationsprozess (Spiel von Edward Wool)
- Axel an der Himmelstür (Lustspiel-Operette von Ralph Benatzky, Morgan und Schütz, Liedtexte von Hans Weigel)
- Zwangseinquartierung (Schwank von Arnold und Bach)
- Die Heimkehr des Matthias Bruck (Schauspiel von S. Graff)
- Lieber reich – aber glücklich (Operette von Arnold und Bach)
- Don Carlos (Dramatisches Gedicht von Friedrich v. Schiller)
- Das lebenslängliche Kind (Lustspiel von Robert Neuner)
- Der gestiefelte Kater (Kindermärchen von Albin Bauer)
- Mascottchen (Operette von Walter Bromme / G. Okonkowski)
- Kind im Kampf (Schauspiel von Leonhard Wegener)
- Der Chauffeur der gnädigen Frau (Lustspiel von Leo Lenz)
- Zwölftausend (Schauspiel von Bruno Frank)
- Der Revisor (Komödie von Nikolai Gogol)
- Mein Sohn, der Minister (Lustspiel von André Birabeau)
- Don Juans Regenmantel (Lustspiel von Gregor Schmitt)
- Erde (eine Komödie des Lebens von Karl Schönherr)
- Matura (Lustspiel von Ladislaus Fodor)
- Warum lügst Du, Cherie? (Lustspiel von Siegfried Tisch / Hans Lengsfelder / Leonhard K. Maerker, nach Mary Lucy)
- Michael Kramer (Drama von Gerhart Hauptmann)
- Zwei glückliche Tage (Schwank von Franz Schönthan und Gustav Kadelburg)

rechte Seite:
Der König mit dem Regenschirm (1936)
Entwürfe zur Operette von Ralph Benatzky, in der Manker die verschiedenen Szenen in einem Porzellan-Suppentopf ansiedelt, der von der Drehbühne zur Melodie einer Spieluhr wie ein Karussell gedreht wird.

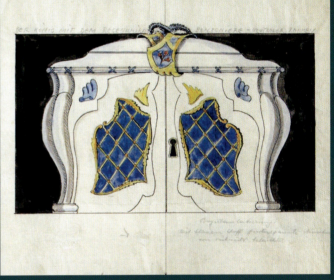

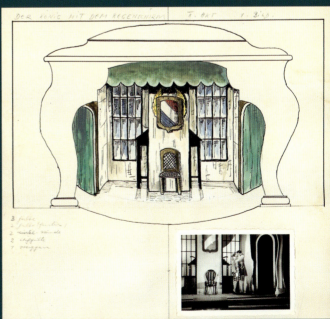

1937

Trotz knapper Gage möchte sich Manker die Vorteile der örtlichen Wollindustrie nicht entgehen lassen: *„Ich werde nächsten Monat besondere Sparmaßnahmen verfügen, um mir einen Anzug machen lassen zu können. Ich habe hier gelernt, wie immens wichtig es für einen Schauspieler ist, eine anständige Garderobe zu haben. Ich tue mir mit meinen paar alten Sachen sehr schwer."*
Im Januar 1937 ist Mankers Anzug bereits in Arbeit und wird sogar überraschend gesponsert: *„Mein Anzug wird schon genäht – 2reihig – kein Sportanzug. 85 Zloty. Ich lasse ihn hier beim ersten Schneider machen. Der Direktor kam irgendwie dahinter, dass ich mir das Frühstück gestrichen habe, seit der Zeit bekomme ich auf Theaterkosten in der Früh täglich Kaffee und Buttersemmel ins Zimmer!"*

oben:
Bielitzer Mode
Herbst- und Winterkollektion der Bielitzer Tuchfabrik Jankowski, in der 1820 zum ersten Mal mit Dampf betriebene Webstühle eingesetzt werden.

Don Carlos (1937)
Mankers erstes Bühnenbild für einen Klassiker.

rechte Seite:
Galerie / Zimmer der Königin / Kerker.

nächste Doppelseite:
Garten in Aranjuez / Audienzsaal / Galerie (Carlos – Page) / Kabinett (Carlos – Eboli) / Zimmer Philipp.

Im Januar 1937 kommt mit Friedrich Schillers „Don Carlos" Mankers erstes Bühnenbild für einen Klassiker zur Ausführung, stilisiert und in starker Vereinfachung. Er ist überzeugt: *„Es wird das beste Bühnenbild, das ich bisher hier gemacht habe. Aber ich glaube sicher, dass es die Leute nicht verstehen werden."*

Friedrich Schiller
● ▶ DON CARLOS
Bühnenbild GM & Darsteller (Page der Königin & Don Ludwig Merkado, Leibarzt der Königin) / Regie: Otto Waldis
mit Otto Waldis (Philipp II.), Walther Clarmann (Don Carlos), Karl Guttmann (Marquis Posa), Maria Manz (Elisabeth), Hilde Mertens (Eboli), Norbert Kammil (Domingo), Paula Nova (Olivarez), Renée Zartos (Mondekar), Gustav v. Manker (Page der Königin / Leibarzt Don Ludwig Merkado)
19. Januar 1937, Deutsches Stadttheater Bielitz

Die Resonanz auf „Don Carlos" lässt zu wünschen übrig, eine gute Besprechung fällt, wie häufig, der Zensur zum Opfer: *„Die Kritiken von Carlos sind ziemlich fad. Eine sehr gute war in der Kattowitzer Zeitung, die wurde am selben Tag konfisziert und ich habe sie leider nicht mehr bekommen."*

Deutsche Zeitungen und Zeitschriften in Polen werden zu dieser Zeit häufig von den polnischen Behörden zensuriert oder beschlagnahmt, sind sie doch ein wichtiges, für Polen höchst unbequemes Instrument im Kampf der deutschen Minderheit um politische Rechte – insbesondere in jenen Landesteilen, die wie Schlesien vor dem Ersten Weltkrieg zu Deutschland gehört haben. Die deutsche Minderheit hat sich seit der nationalsozialistischen Machtübernahme 1933 weitgehend mit der neuen Reichsregierung in Berlin identifiziert und erhält auch finanzielle Unterstützung für die Bildung eigener deutschbewusster und deutsch-freundlicher Organisationen in Politik, Verbandswesen und Presse. Blätter wie die „Kattowitzer Zeitung", der „Oberschlesische Kurier", die „Bielitzer-Bialer Deutsche Zeitung", die „Schlesische Zeitung" oder „Das Freie Wort" unterliegen daher häufig der polnischen Zensur, da ohne diese Zeitungen keinerlei antipolnische Minderheitenpolitik organisiert werden kann, kein deutscher Politiker Einfluss nehmen und keine Partei Lebensfähigkeit erlangen kann.

Seit 1921 besteht als Partei der deutschen Minderheit in Polen der nach sudetendeutschem Vorbild gegründete „Deutsche nationalsozialistische Verein Polens", der 1931 den unverfänglicheren Namen „Jungdeutsche Partei Polens" (JdP) angenommen hat. Diese Partei entwickelt sich, stark von nationalsozialistischen Einflüssen aus dem Deutschen Reich geprägt, rasch zur stärksten Kraft der deutschen Minderheit. Größte Unterstützung findet sie unter der jüngeren Stadtbevölkerung und unter den Bauern. Mitte der 1930er Jahre haben diese Jungdeutschen fast 50.000 Mitglieder. Im Sog des zunehmenden Erfolges der NSDAP hat die Partei einen gewaltigen Aufschwung erlebt, ihr Einfluss ist enorm. Proforma erklärt man zwar die Loyalität zum polnischen Staat, arbeitet de facto aber auf dessen Zerschlagung hin. Publizistisches Organ ist die seit 1933 in Kattowitz erscheinende Tageszeitung „Der Aufbruch". Der Bielitzer Raum bildet eines der wichtigsten Zentren der deutschsprachigen Presselandschaft in Polen wie auch der antisemitischen Parteipresse.

Im Februar 1937 wird Manker mit der Rolle des Martin Schalanter in Ludwig Anzengrubers „Das vierte Gebot" besetzt. Die Produktion muss jedoch abgesagt werden, da die Partei gegen den jüdischen Regisseur protestiert: *„Da beim ‚4. Gebot' ein jüdischer Gastregisseur bei uns arbeiten sollte, regte sich die nationalsozialistische Partei hier gewaltig auf, das Stück und der Regisseur wurden abgesagt, ‚Der Revisor' wieder angesagt. Ich stehe momentan in den gewaltigsten Proben, denn es ist die Titelrolle, die ich spiele – ein gewaltiger Brocken."*

Don Carlos.

Don Carlos

I,1 Garten in Aranjuez

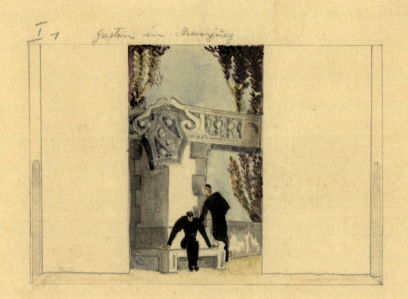

Orchester Maypen
Bank (2-teilig)
Säumrteile (fangend) 2
Parabet mit — voll

I,2 Garten in Aranjuez

Parabet mit —
Parabet voll (2 m + 3 m)
Trempiller (6 m droa) 2
2 Säulen (Stufen)
Lammersch (grp.) 2
Steintruhen mit Stamm
Steinbank gerade

II,1 Audienzsaal (Klein)

volle Wand ausgehau
Stiegenbrett (4 m) Hintergrund
Parabet voll
gerade Maypenbrüstung
Wenig
Sockel für Thron
Gitterfenster im Hintergrund
(Klein)

Don Carlos

II 2 Galerie (Carlos–Page)

1 Meter Gitteraufsatz als dunkle Verlängerung.
kleine Hintersetzer

II 3 Kabinett (Carlos–Eboli)

Gitterfenster (dunkel)
runde Teppendekoration über
Fenstern als Abschluss (dunkel)
Tisch
roter Teppich

III 1 IV 2 IV 6 Zimmer Philipps.

Bretz
Holzaufsatz für Nische
Gitterfenster.
Fachbretter für Bücher.

1937

Nikolai Gogol
• ▶ DER REVISOR

GM Bühnenbild & Darsteller (Chlestakow) / Regie: Otto Waldis
mit Arthur Popp (Stadthauptmann), Renée Zartos (Tochter),
Erwin Lehndorf (Richter), Walter Clarmann (Schulinspektor),
Paula Nova (seine Frau), Norbert Kammil (Rastakowskij),
Gustav v. Manker (Chlestakow, Beamter aus Petersburg),
Otto Waldis (Ossip, sein Diener), Karl Guttmann (Abdulin)
24. Februar 1937, Deutsches Stadttheater Bielitz

Die Aufführung gerät wohl etwas zu outriert, die Schauspieler gestalten ihre Figuren laut Kritik wie „Figuren aus einem Kuriositätenkabinett", einzig Manker „wusste seine Gestalt zum Unterschiede von vielen anderen auf charakterisierenden Boden zu stellen und war beinahe ein Labsal im Wust der ‚komischen Figuren' mancher anderer". Die Zeitung moniert außerdem: „Die Kaufleute waren durchwegs als russische Juden gezeichnet, als ob es in Russland keine anderen Kaufleute gäbe."

Mankers Freundin Marianne Schönauer ist in dieser Zeit im nahen Mährisch-Ostrau engagiert. Die Stadt an der Oder liegt nur zehn Kilometer südlich der polnischen Grenze, was Besuche erleichtern würde, jedoch „einigermaßen anstrengend" ist, da man durch die „grotesken Bahnverhältnisse" nur eine 3/4 Stunde wirklich fährt, „während man den Rest der Zeit an der Grenzstation herumsteht". Das Ostrauer Theater hat als deutschsprachige Bühne unter Theaterkennern einen ausgezeichneten Ruf, an ihm sind in diesen Jahren auch Ernst Waldbrunn, Karl Farkas, Robert Lindner und Gretl Schörg engagiert.

Mankers Entscheidung, in welche Richtung er sich beruflich wenden soll, steht zu diesem Zeitpunkt zwar noch nicht fest, er tendiert aber deutlich zur Schauspielerei: „Ich entwickle mich ganz eindeutig zum Komiker. Es ist hier so weit, dass die Leute lachen, wenn ich auftrete. Im letzten Stück ‚Das Glück wohnt nebenan' hab ich schon wieder einen vertrottelten Grafen gespielt, eine Spezialität von mir!" In den Komödien zeigt sich offenbar auch sein komisches Talent, das sich in Stil und Aussehen an Heinz Rühmann orientiert: „Ein Schlager für sich ist Gustav von Manker in seiner köstlich gestalteten Rolle als Primaner Kurt. Eine prächtige Maske, die schon durch ihr Erscheinen auf der Bühne gelöstes Lachen auf das Gesicht aller setzte." (Dezember 1936, „Freie Bahn dem Tüchtigen") Bald scheint die Entscheidung getroffen: „Entweder spielen oder Dekoration. Also immer viel zu tun. Aber ich habe die Überzeugung bekommen, dass ich ein Schauspieler bin." In seiner ersten Saison in Bielitz tritt Gustav Manker in insgesamt 22 Rollen auf:

- Dino Lombardo, Fähnrich der Kriegsmarine (Neun Offiziere)
- Zweiter Gymnasiast (Liebe ist nicht so einfach)
- Der Prinz Zitterwohl (Das tapfere Schneiderlein)
- Baron Denis (Der Schneider im Schloss)
- Xandi (Das Glück wohnt nebenan)
- Udo (Der Lügner und die Nonne)
- Aushilfsbeamter (Der König mit dem Regenschirm)
- Primaner Kurt (Freie Bahn dem Tüchtigen)
- Dorfbursche Theobald (Schwarzwaldmädel)
- Student John Williams (Regen und Wind)
- Ausstattungschef beim Film (Axel an der Himmelstür)

Der Revisor (1937)
Gustav Manker (rechts) in der Titelrolle von Nikolai Gogols „Der Revisor" mit Arthur Popp als Stadthauptmann in Mankers eigenem Bühnenbild am Bielitzer Stadttheater, seine größte Rolle während des Engagements.

- Neffe Gerhard (Zwangseinquartierung)
- Der Jungknecht (Die Heimkehr des Matthias Bruck)
- Page der Königin / Leibarzt Merkado (Don Carlos)
- Baron Rähnitz (Das lebenslängliche Kind)
- Haushofmeister Immernacheuch (Der gestiefelte Kater)
- Faucitt, englischer Unterhändler (Zwölftausend)
- Chlestakow, Beamter aus Petersburg (Der Revisor)
- Der Jungknecht, genannt „Das Knechtl" (Erde)
- Charlie (Warum lügst Du, Cherie?)
- Quantmayer, Gast bei Bänsch (Michael Kramer)
- Sohn Edgar (Zwei glückliche Tage)

Durch Vermittlung von Direktor Loewe ergibt sich für Manker als Zubrot die innenarchitektonische Umgestaltung einer Hotelbar: *„Ich bin schon mitten im Entwerfen – besonders die Bar soll sehr nett werden – so à la Montmartre. Der Direktor hat mir übrigens gesagt, er habe noch so eine Sache für mich. Bin neugierig – diese erste bringt mir 100 Zloty."* Die Situation in Bielitz ist für Manker dennoch unbefriedigend: *„Seit Monaten kein gutes Theater, keine gute Musik – es geht auf die Dauer doch sehr ab. Hier im Theater geht's eben über das Handwerksmäßige nicht hinaus."* Und zu Saisonende klagt er, der leichten Kost schon überdrüssig: *„Wir haben jetzt die letzten Proben zu ‚Zwei glückliche Tage' – ein peinlicher Dreck!"*

Im April 1937 kehrt Gustav Manker nach Wien zurück und entwirft für das „Theater für 49" am Schottentor das Bühnenbild für eine Uraufführung des russischen Autors, Übersetzers und Kunst-

Waldemar Jollos
- **DIE VERGELTUNG** (UA)
Bühnenbild GM / Regie: Elias Jubal
mit Rudolf Weiss, Charlotte Kollerth, Ludwig Blaha, Emy Wendt, Johannes Braun, Hans Schwarz, Hans Pall
18. Mai 1937, Theater für 49 am Schottentor

Im Sommer 1937 wirkt Gustav Manker wieder bei den Salzburger Festspielen mit, diesmal aber als technischer Assistent der Bühneninspektoren. Sein Entgelt beträgt 300 Schilling.

Manker besucht die Aufführungen von Richard Strauss' „Elektra" unter Hans Knappertsbusch und Mozarts „Die Hochzeit des Figaro" unter Bruno Walter, beides im Bühnenbild seines ehemaligen Lehrers Alfred Roller, sowie Mozarts „Don Giovanni" im Bühnenbild von Oskar Strnad.

Als glühender Verehrer des italienischen Dirigenten Arturo Toscanini gelingt es Manker, dessen streng abgeschirmten Proben zu Beethovens „Fidelio", Mozarts „Die Zauberflöte" und Richard Wagners „Die Meistersinger von Nürnberg" im Großen Festspielhaus beizuwohnen, indem er sich im weißen Arbeitsmantel offen sichtbar auf die Bühne stellt, in den Orchestergraben grüßt – und für den Hausinspektor gehalten wird. Toscanini grüßt freundlich zurück. Ein Jahr später wird Toscanini, der 1937 bereits Bayreuth fernbleibt, aus Protest gegen den Nationalsozialismus auch die Teilnahme an den Salzburger Festspielen absagen.

kritikers Waldemar Jollos, „Die Vergeltung". Die kleinen konzessionslosen Wiener „Theater für 49 Personen", deren Fassungsraum unter 50 Zuschauern liegen muss, stellen in einer Phase katastrophaler Arbeitslosigkeit eine wichtige Arbeits- und Verdienstmöglichkeit für Schauspieler dar. Direktor des Theaters und Regisseur der Uraufführung ist der Jude Elias Jubal (Benno Neumann) ein ehemaliger Reinhardt-Seminarist, der 1934 das „Theater für 49" gegründet hat und zugleich der Erfinder der zusammenlegbaren Matador-Bühne ist. Sein Spielplan ist wagemutig und experimentierfreudig, der junge Fritz Hochwälder kommt bei ihm ebenso zur Aufführung wie Ödön von Horváths „Glaube Liebe Hoffnung".

Salzburger Festspiele (1937)

oben:
Arturo Toscanini auf der Probe.

rechts:
Gustav Manker als Bühneninspektor beim Eingang am Neutor. Als Verehrer Toscaninis verschafft er sich in diesem Outfit Zutritt zu dessen streng abgeschirmten Proben im großen Festspielhaus.

1937

SAISON 1937/1938

Von 1. Oktober 1937 bis 1. März 1938 ist Gustav Manker erneut am Deutschen Stadttheater in Bielitz engagiert. In seiner zweiten Saison entwirft der 25jährige Manker insgesamt 33 Bühnenbilder:

- Versprich mir nichts (Komödie von Charlotte Rissmann)
- Das grüne Kleid (Lustspiel von Christine Jope–Slade)
- Parkstraße 13 (Kriminalstück von Axel Ivers)
- Die Wildente (Tragikomödie von Henrik Ibsen)
- Liebe – nicht genügend (Lustspiel von Bus-Fekete)
- Garten der Jugend (EA) (Komödie von Thaddäus Rittner) Festvorstellung zum Nationalfeiertag Polens
- Kleines Bezirksgericht (Voksstück von Otto Bielen)
- Aschenbrödel (Märchen mit Gesang von Robert Bürkner)
- Ich liebe dich (Lustspiel von Roman Niewiarowicz)
- Hanneles Himmelfahrt (Traumdichtung von Gerhart Hauptmann, zum 75. Geburtstag des Dichters)
- Hilde und die Million (Lustspiel von Herbert Ertl)
- Bunter Abend (Don Carlos Parodie, Chansons)
- Faust I (Tragödie von Johann Wolfgang von Goethe)
- Pariserinnen (Lustspiel von Ralph Benatzky)
- Wenn der Hahn kräht (Volksstück von August Hinrichs)
- Delila (Lustspiel von Franz Molnár)
- Bessie, Bob & Co. (Lustspiel von Lawrence E. Huxley)
- Lauter Lügen (Lustspiel von Hans Schweikart)
- Zwei Dutzend rote Rosen (Lustspiel von Aldo de Benedetti)
- Der kleine Muck (Märchen von Waldfried Burggraf)
- Johannisfeuer (Schauspiel von Hermann Sudermann)
- Familie Schimek (Schwank von Gustav Kadelburg)
- Schwarzrote Kirschen (Schauspiel von Alex Hunyadi)
- Geschäft mit Amerika (Lustspiel von Paul Frank)
- Via Mala (Volkstümliches Drama von John Knittel)
- X Y Z (Ein Spiel zu Dreien von Klabund)
- Maria Stuart (Trauerspiel von Friedrich von Schiller)
- Jugendfreunde (Lustspiel von Ludwig Fulda)
- Schneewittchen (Kindermärchen von E. A. Görner)
- Der Blaufuchs (Komödie von Franz Herczeg)
- George und Margaret (Lustspiel von Gerald Savory)
- Jedermann (Mysterienspiel von Hugo von Hofmannsthal)
- Dr. med. Hiob Prätorius (Lustspiel von Curt Goetz) Gesamt-Benefiz für das darstellende Personal am 9. April

Als Manker Anfang Oktober 1937 zum Saisonstart nach Bielitz zurückkehrt, berichtet er sogleich nach Hause: *"Habe mein altes Zimmer, auch die Kollegen scheinen nett zu sein, jedenfalls ein furchtbar vornehmes Ensemble; die Hälfte ist ‚von'. Hier ist auch schon alles ruhig, nur zerbrochene Fenster sieht man in Menge."* Diese kurze Bemerkung Mankers hat einen dramatischen Hintergrund: In Bielitz ist es am 18. September 1937, am Vorabend des jüdischen Sukkoth-Festes, zu einem Pogrom gekommen, der als „Pogrom nach Programm" schon die „Reichskristallnacht" ein Jahr später vorwegnimmt. Die „Jüdische Presse" schildert die Ereignisse: *"Am 18. September dringt eine Gruppe von Antisemiten in ein jüdisches Restaurant in Bielitz ein, lässt sich Spirituosen ausfolgen und weigert sich, zu zahlen. Der Besitzer holt die Polizei, die Störenfriede werden abgeführt, am Kommissariat aber sofort wieder freigelassen.*

Entwürfe für Faust II (1937)
1. Akt. Weitläufiger Saal.
Mummenschanz.

Sie kehren ins Restaurant zurück und demolieren die gesamte Einrichtung. Plötzlich fällt ein Schuss – einer der Eindringlinge ist auf der Stelle tot. Ohne Beweise wird ein jüdischer Angestellter der Tat beschuldigt. Als sich das Gerücht verbreitet, dass ein Jude einen Christen getötet habe, werden an mehreren Punkten der Stadt Fensterscheiben jüdischer Wohnungen eingeschlagen, Läden demoliert, Waren geraubt. Auch die Synagoge der Schwesternstadt Biala wird angegriffen. Am nächsten Tag nehmen über 10.000 Menschen am Begräbnis des getöteten Arbeiters teil, im Anschluss stürmen die aufgeheizten Massen in die von Juden bewohnten Straßen, schlagen Passanten nieder, demolieren Wohnungen und Läden. Juden werden durch Steinwürfe, Glassplitter und Schläge verletzt. Die Polizei ist machtlos. Erst in den Abendstunden trifft aus Krakau und Kattowitz Verstärkung ein, die wieder Ruhe herstellt."

Am 24. September wird Bielitz erneut Schauplatz eines Pogroms, dem vierten in einer einzigen Woche. Nach einer Protestversammlung für einen angeblich verletzten Reserveleutnant ziehen die Teilnehmer durch die Straßen und zertrümmern in sämtlichen jüdischen Geschäften die Auslagen. Dienstboten und Hausmeister zeigen dem Mob bereitwillig die jüdischen Wohnungen, das Plündern dauert bis 1 Uhr früh. Während der Sukkoth-Feiertage greifen die Ausschreitungen dann auch auf Warschau und andere polnische Städte über. Über hundert jüdische Familien verlassen in der Folge Bielitz.

Manker schildert seiner Mutter die missliche Lage am Bielitzer Theater: *"Der Besuch ist miserabel, Geld ist keins da, grad dass wir unsre Gagen bekommen."* Und mit Bezug auf seine Zukunft: *"Die Sache mit Graz steht leider sehr schlecht. Ohne Protektion ist es halt im Grazer Theater sehr schwer – wir sind ja in Österreich."* Manker beklagt auch erneut die Zensur der deutschsprachigen Zeitungen durch die polnischen Behörden: *"Mit den Kritiken habe ich ein eigenes Pech. Bis jetzt hatte ich vier gute, kann Dir aber nur eine schicken, da alle Zeitungen konfisziert waren, bevor ich sie kaufen konnte, was hier sehr häufig passiert."*

Als Ausgleich zu seiner unbefriedigenden Arbeit in Bielitz arbeitet Gustav Manker ab November 1937 an einer Serie von 24 großformatigen Zeichnungen zum zweiten Teil von Goethes „Faust", die er bei seinen weiteren Bewerbungen vorzulegen gedenkt:

"Übrigens arbeite ich schon, wenn ich nur eine freie Minute habe, an Skizzen zu einem großen Projekt für ‚Faust II', die etwas ganz Neues, Besonderes werden müssen. Außer Zeichnungen will ich auch ein ganz präzises Modell anfertigen, mit kleinen Beleuchtungskörpern und allen Finessen. Ich habe keine Lust, ein drittes Jahr hier zu sitzen und denke daran, Material für das Frühjahr anzufertigen."

Faust II. 1. Akt. Weitläufiger Saal.

1937

BERGSCHLUCHTEN.

CHOR UND ECHO
Waldung, sie schwankt heran,
Felsen, sie lasten dran,
Wurzeln, sie klammern an,
Stamm dicht an Stamm hinan.
Woge nach Woge spritzt,
Höhle, die tiefste, schützt.
Löwen, sie schleichen stumm
freundlich um uns herum,
Ehren geweihten Ort,
Heiligen Liebeshort.

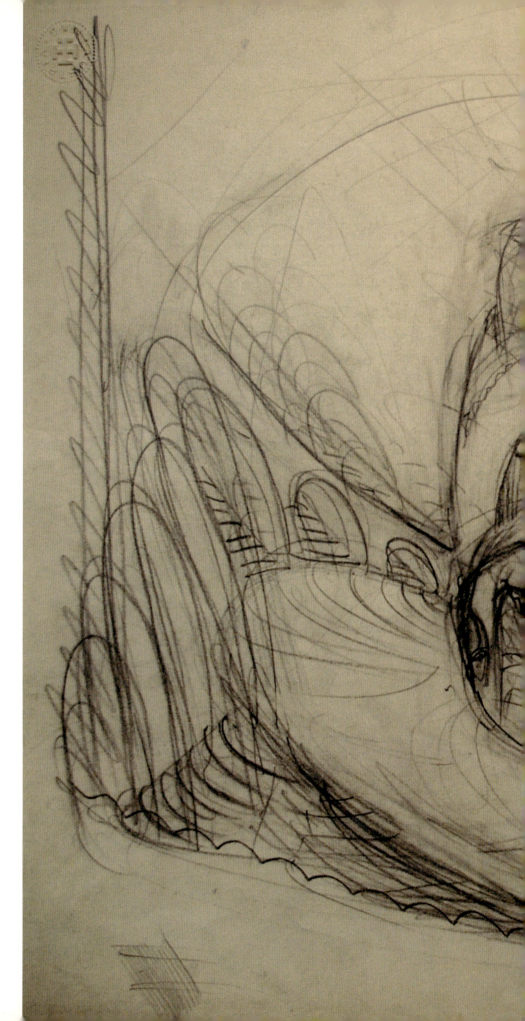

Entwürfe für Faust II (1937)
5. Akt. Bergschluchten.

Entwürfe für Faust II (1937)

oben:
1. Akt. Mephisto und die Hofdamen.

rechte Seite:
2. Akt. Pharsalische Felder.

nächste Doppelseite:
4. Akt. Hochgebirge.
2. Akt. Studierstube.
1. Akt. Helena Beschwörung.
5. Akt. Grosser Vorhof. Grablegung.

Faust II. 4. Akt. Hochgebirge.

Faust II. 2. Akt. Studierstube.

1937

GRABLEGUNG.
Der gräuliche Höllenrachen tut sich auf.

MEPHISTOPHELES
Eckzähne klaffen; dem Gewölb des Schlundes
Entquillt der Feuerstrom in Wut,
Und in dem Siedequalm des Hintergrundes
Seh' ich die Flammenstadt in ewiger Glut.
Die rote Brandung schlägt hervor bis an die Zähne,
Verdammte, Rettung hoffend, schwimmen an;
Doch kolossal zerknirscht sie die Hyäne,
Und sie erneuen ängstlich heiße Bahn.
In Winkeln bleibt noch vieles zu entdecken,
So viel Erschrecklichstes im engsten Raum!
Ihr tut sehr wohl, die Sünder zu erschrecken;
Sie halten's doch für Lug und Trug und Traum.

Entwürfe für Faust II (1937)
5. Akt. Grablegung.

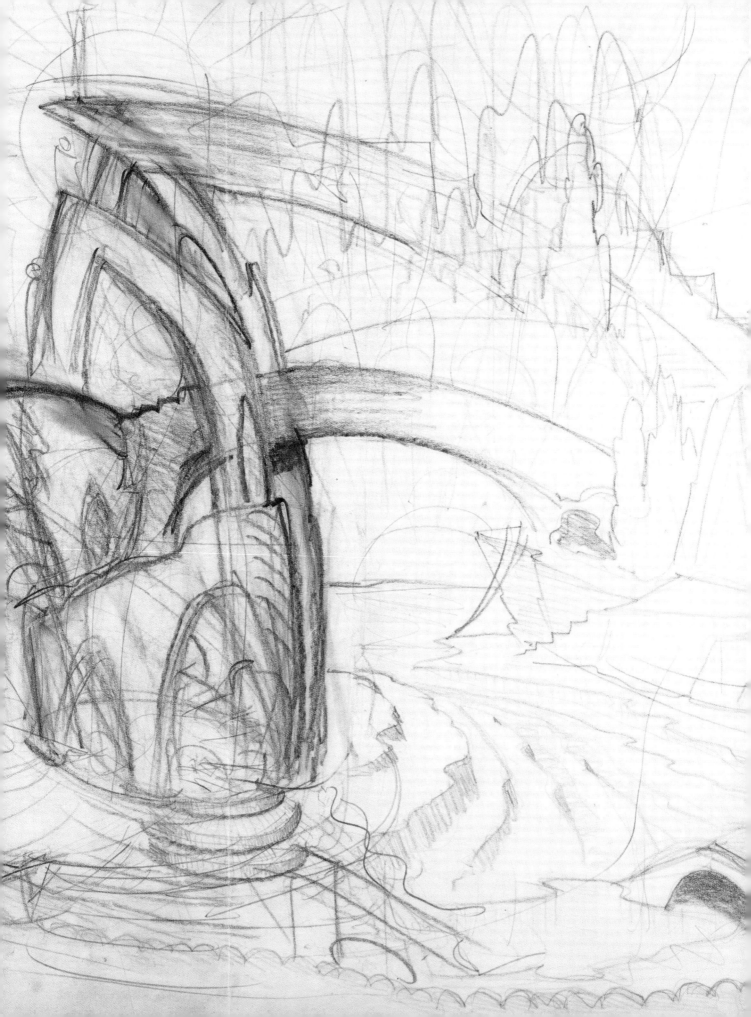

1937

AUF DEM VORGEBIRG.
Trommeln und kriegerische Musik von unten.
Des Kaisers Zelt wird aufgeschlagen.

OBERGENERAL

Noch immer scheint der Vorsatz wohlerwogen,
Dass wir in dies gelegene Tal
Das ganze Heer gedrängt zurückgezogen;
Ich hoffe fest, uns glückt die Wahl.

KAISER

Wie es nun geht, es muss sich zeigen;
Doch mich verdrießt die halbe Flucht, das Weichen

OBERGENERAL

Schau hier, mein Fürst, auf unsre rechte Flanke!
Solch ein Terrain wünscht sich der Kriegsgedanke:
Nicht steil die Hügel, doch nicht allzu gänglich,
Den Unsern vorteilhaft, dem Feind verfänglich;
Wir, halb versteckt, auf wellenförmigem Plan;
Die Reiterei, sie wagt sich nicht heran.

KAISER

Mir bleibt nichts übrig, als zu loben;
Hier kann sich Arm und Brust erproben.

Entwürfe für Faust II (1937)

rechte Seite:
4. Akt. Vorgebirge.

nächste Doppelseite:
5. Akt. Palast.

Vorgebirge.

Faust II. 5. Akt. Palast.

1937

Faust I (1937)

rechts:
Prolog im Himmel
Gustav Manker (links) als Erzengel Gabriel, Erwin Cudek als Raphael und Karl Guttmann als Michael in Mankers Bühnenbild.

unten:
Osterspaziergang
Richard Eggartner als Faust und Norbert Kammil als Wagner.

rechte Seite:
Fausts Studierzimmer
Mankers Bühnenbild verwendet drei große gotische Bögen als Grundelemente, die immer wieder umgeformt und verändert werden.

Höhepunkt von Gustav Mankers künstlerischer Arbeit in Bielitz ist im Dezember 1937 das Bühnenbild zu Goethes „Faust I" mit Regisseur Richard Eggartner in der Titelrolle und Manker als Erzengel Gabriel und als Schüler, eine Aufführung, die von der Kritik als *„einer der schönsten Theaterabende langer Jahre"* gefeiert wird. *„Zwei feinsinnige Künstler haben sich zu dieser neuen Inszenierung zusammengefunden"*, heißt es über Manker und Eggartner, die Aufführung wird als *„ein Ereignis"* gepriesen, *„das weit über die Grenzen dieser Stadt hinaus als bedeutsame künstlerische Tat verzeichnet zu werden verdient."*

Johann Wolfgang von Goethe
• ▶ **FAUST I**
Bühnenbild GM & Darsteller (Erzengel Gabriel und Schüler) / Regie: Richard Eggartner
mit Richard Eggartner (Faust), Jan van Hamme (Mephisto), Gustav v. Manker (Erzengel Gabriel/Schüler), Ewin Cudek (Raphael/Frosch), Karl Guttmann (Michael/Brander), Norbert Kammil (Wagner), Barbara v. Uth (Gretchen)
18. Dezember 1937, Deutsches Stadttheater Bielitz

Mankers Bühne ist *„von strenger Gotik beherrscht, die schon den Prolog im Himmel in eine eigenartige Form kleidet, die Studierstube stilecht gestaltet, aber in außerordentlich eindrucksvoller Weise auch allen anderen Bildern ihre besondere Note gibt"* und wirkt *„wie ein Symbol dichterischer Größe"*. Manker vermeidet Realismus und verwendet drei große gotische Bögen als stilprägendes Element, die immer wieder modifiziert werden. Er verzichtet auf *„kleinliches Beiwerk, das so gerne die Blicke ablenkend auf sich zieht"*, sodass alle Bilder in rascher Verwandlung entstehen können. Die Presse scheint bereits Mankers eigene Regieambitionen zu ahnen: *„Der geniale Aufbau der Szenen Mankers, ein Aufbau, der einen flüssigen und reibungslosen Wechsel der vielen Szenen möglich machte, war an und für sich schon ein Meisterwerk der Regie."*

Mankers Leidenschaft für Goethe schlägt sich offenbar auch in seiner schauspielerischen Leistung nieder: *„Die Schülerszene war ein kleines Kunstwerk für sich. Gustav Manker als Schüler traf so feindurchfühlt den Ton, der in diesen Versen liegt, wusste so stark sein Inneres auszuspielen, dass man diese Szene zu den besten der Aufführung rechnen muss."*

Studierzimmer.

1938

In seinem zweiten Jahr in Bielitz spielt Manker in 16 Stücken, darunter den Theologen Molvig in Henrik Ibsens „Wildente" und den dünnen Vetter in Hofmannsthals „Jedermann". Er brilliert auch wieder im komischen Fach: *Gustav von Manker stellte einen derb komischen Toni Pimpflberger auf die Beine und fand seine Lacher schon auf seiner Seite, wenn er nur die Szene betrat und den Mund zu einer Frage oder Antwort öffnete* („Wenn der Hahn kräht"). Sein Schauspielrepertoire 1937/38 umfasst 16 Rollen:

- 2. Reporter (Versprich mir nichts)
- Molvig und Lohndiener Jensen (Die Wildente)
- Rudi (Liebe – nichtgenügend)
- Edelmann Thomas (Garten der Jugend)
- Besucher Blaschek (Kleines Bezirksgericht)
- Der Bursch (Aschenbrödel)
- Dorfschneider (Hanneles Himmelfahrt)
- Erzengel Gabriel und Schüler (Faust I)
- Toni Pimpflberger (Wenn der Hahn kräht)
- Rechtsanwalt (Delila)
- Gebrauchsgrafiker Theobald (Lauter Lügen)
- Stadtschreiber Brumm (Der kleine Muck)
- Kommissär und Leutnant (Schwarzrote Kirschen)
- Davison (Maria Stuart)
- Otto, Begleiter des Prinzen (Schneewittchen)
- Dünner Vetter (Jedermann)
- Dr. Dagobert (Dr. med. Hiob Prätorius)

Am 12. Februar 1938 wird durch das „Berchtesgadener Abkommen" zwischen Kurt Schuschnigg und Adolf Hitler die NSDAP in Österreich wieder legalisiert. Zur Durchführung einer Volksbefragung über die Unabhängigkeit Österreichs, die durch Unterstützung der noch immer verbotenen Sozialdemokratischen Partei eine breite Zustimmung ermöglichen könnte, kommt es nicht. Dies besiegelt nicht nur das Ende des Austrofaschismus, sondern auch das Ende eines eigenständigen österreichischen Staates. In Österreich witzelt man: *„Imbiss in Berchtesgarten: Selbst eingebrockte braune Suppe – dann Braten, den er gerochen hat, mit eigenem Kohl, und als Dessert Grausbirnen."*

Am 12. März 1938 erfolgt der Anschluss Österreichs ans Deutsche Reich. Hitler lässt Soldaten der deutschen Wehrmacht und Polizisten, insgesamt rund 65.000 Mann, mit teils schwerer Bewaffnung, in Österreich einmarschieren. Es fällt kein Schuss. Am 15. März verkündet der Führer auf dem Heldenplatz unter dem Jubel zehntausender Menschen *„den Eintritt meiner Heimat in das Deutsche Reich"*. Der Österreicher gießt seine Hoffnungen in Reime: *„Der Kurt ist fuart, jetzt geht's uns guart!"*

Im polnischen Bielitz ist die Stimmung gespannt und keineswegs nur deutschfreundlich. Ein Parteibonze ordnet an, den „Ausbruch einer neuen Zeit" am Theater festlich zu begehen. Er bestellt bei Direktor Rudolf Loewe eine Galavorstellung, jedoch mit der Bedingung, dass kein Jude darin mitwirken dürfe. Mit Müh und Not wird eine „arische" Besetzung zusammengestellt und pünktlich zum geforderten Termin geht das Schauspiel „Zwölftausend", das bereits im Februar 1937 in einer geschlossenen Vorstellung der Partei vorgeführt wurde, präzise nach Autor und Titel bestellt, in Szene. Verfasser ist allerdings Bruno Frank, und der ist Jude – welch ein „Versehen". Prompt liefern die Zeitungen hämische Kommentare, der selbstherrliche Parteifunktionär fällt in Ungnade.

Nach Schillers „Don Carlos" und Goethes „Faust" kommt es im April 1938 bei Schillers „Maria Stuart" zu einer weiteren Beschäftigung Mankers mit der deutschen Klassik, die in der Presse Beachtung findet: *„Unser Theater ist heuer in der glücklichen Lage, in Gustav von Manker einen Bühnenbildner mit ausgeprägtem Stilgefühl zu besitzen und diese Tatsache zeitigt ihre schönsten Früchte bei den Klassikern, welche sonst gewöhnlich die Klippe des Spielplans an Provinzbühnen sind."*

Friedrich Schiller
• ▶ MARIA STUART
Bühnenbild GM & Darsteller (Staatssekretär Davison) / Regie: Walter Gynt
mit Barbara v. Uth (Maria Stuart), Hilde Mertens (Elisabeth), Harry Just (Lester), Ewin Cudek (Okelly), Karl Guttmann (Mortimer), Norbert Kammil (Paulet), Gustav v. Manker (Wilhelm Davison, Staatssekretär)
April 1938, Deutsches Stadttheater Bielitz

Manker ist nach zwei Jahren Bielitz desillusioniert und entschlossen, das Provinztheater zu verlassen: *„Im Großen und Ganzen hab ich den ganzen Provinzbetrieb schon satt. Es besteht die Gefahr, dass man sich im Allgemeinen verzettelt, besonders wenn so gespart wird wie hier. Ich bin entschlossen, nächstes Jahr nicht mehr herzugehen und zu versuchen, in Wien festen Fuß zu fassen, wenn sich nicht ein größerer Betrieb in der Provinz findet."*

Hitler lässt sich die Annexion Österreichs durch eine Volksabstimmung am 10. April 1938 absegnen, die nach amtlichen Angaben eine Zustimmung von 99,73 % erzielt und von zahlreichen Künstlern *„mit begeisterten Worten"* befürwortet wird, darunter Paula Wessely, Paul Hörbiger, Hilde Wagener, Friedl Czepa, Ferdinand Exl, Rolf Jahn und Staatsoperndirektor Erwin Kerber. *„Wer dieser Tat unseres Führers nicht mit einem hundertprozentigen Ja zustimmt, verdient nicht, den Ehrennamen Deutscher zu tragen"*, lautet die offiziell sanktionierte Wortspende des Dirigenten Karl Böhm.

Rolf Jahn, der Direktor des Deutschen Volkstheaters, hat noch am Tag von Hitlers Einmarsch in vorauseilendem Gehorsam alle jüdischen und politisch nicht mehr tragbaren Personen an seinem Haus entlassen. Betroffen davon sind Albert und Else Bassermann und Heinrich Schnitzler, die vor den Nazis bereits nach Österreich geflohen waren, Lily Darvas, Hans Jaray, Margarete Fries, Adrienne Gessner, Oskar Karlweis, Leopoldine Konstantin, Fritz Kortner, Karl Paryla, Luise Rainer und Ida Roland – sie alle können, wie viele andere, emigrieren. Theodor Grieg, Fritz Eckhardt und Gustav Mankers Freundin Marianne

oben:
Gustav Manker (1938)

rechte Seite (von oben nach unten):
Opfer und Vertriebene
Rudolf Beer (Tod durch Selbstmord)
Luise Rainer (Emigration)
Margarete Fries (Emigration)
Carl Forest (Tod durch Euthanasie)
Leopoldine Konstantin (Emigration)
Oskar Karlweis (Emigration)

rechte Seite:
Der „Anschluss" am 12. März 1938
Adolf Hitler spricht am Heldenplatz zur österreichischen Bevölkerung.

Schönauer werden mit Arbeitsverbot belegt, die Schauspielerin Tilla Durieux und der Dramaturg und Autor Franz Theodor Csokor schließen sich in Jugoslawien der Widerstandsbewegung an, der Regisseur Friedrich Rosenthal wird nach Auschwitz deportiert, der Schauspieler Carl Forest im Rahmen des sogenannten Euthanasieverfahrens ermordet.

Das NS-Regime nimmt sich nun in großem Stil des Theaters an, das zum Mittel wird, um politische Macht und Selbstbewußtsein zu demonstrieren. NS-Betriebszellenorganisationen haben schon vor dem Anschluss die Belegschaften an den großen Theatern ideologisch unterwandert und führen nun sukzessive die Absetzung unliebsamer Theaterdirektoren durch. Die kommissarisch eingesetzten Theaterleitungen führen ihre Ämter aber meist nur interimistisch, bis von oberster Stelle NS-konforme Personen eingesetzt werden.

Ende April 1938 kehrt Gustav Manker aus Polen nach Wien zurück, wo sich die Lage drastisch verändert hat. Sofort nach Hitlers Einmarsch haben Säuberungen im Kultur- und Theaterleben eingesetzt, die Zeitungen veröffentlichen Listen jüdischer Schauspieler, Theaterstücke werden nach der Rassenzugehörigkeit ihrer Autoren beurteilt, es wird sogar eine Statistik „*autorenverjudeter*" Bühnen erstellt. Hunderte Regisseure, Bühnenbildner und SchauspielerInnen haben das Land verlassen, alle weiterhin am Theater tätigen Personen müssen bis zum 30. September ihren Abstammungsnachweis vorlegen. Dieser „Exitus der Kultur", der schon im „Ständestaat" seinen Anfang genommen hat, hinterlässt in Österreich ein künstlerisches Vakuum – und Arbeitsplätze. Die Lücken, die durch Emigration, Flucht und Ausschluss unliebsamer Personen am Theater entstanden sind, werden von den zahlreichen bis dahin arbeitslosen Theaterschaffenden wieder gefüllt.

Am 23. April 1938 wird der frühere Direktor des Deutschen Volkstheaters, Rudolf Beer, neben Max Reinhardt der bedeutendste Theatermann seiner Zeit in Wien, während einer Vorstellung von Calderons „Der Richter von Zalamea", mit dem das Berliner Schillertheater im Theater in der Josefstadt gastiert, vom NS-Betriebszellenleiter, dem Schauspieler Erik Frey, und dem kommissarischen Leiter des Theaters, Robert Valberg, aus seiner Loge nach draußen gebeten. Er soll zur Einvernahme in die Josefstädterstraße 39. Von dort wird Beer auf die Höhenstraße gefahren. Im Wienerwald werfen die Nazi-Schläger den schwer misshandelten Mann aus dem Auto. Am 9. Mai dreht Rudolf Beer in seiner Wohnung am Lerchenfelder Gürtel den Gashahn auf.

Am 18. Mai 1938 empfiehlt die Theateragentur Starka den „*hochbegabten Gustav v. Manker*" dem Direktor des Deutschen Volkstheaters, Rolf Jahn.

Am 14. Juli 1938 erhält Gustav Manker am Deutschen Volkstheater einen Vertrag als Bühnenbildner und Assistent der drei anderen Ausstatter. Seine Gage beträgt 250 Reichsmark.

Gustav Manker wird dem Volkstheater von nun an über 40 Jahre angehören, als Bühnenbildner, Regisseur, Ausstattungs- und Oberspielleiter und zuletzt von 1969 bis 1979 auch als sein Direktor. Manker wird an diesem Haus 155 Stücke inszenieren und für 207 die Bühnenbilder entwerfen, in einem Stück tritt er 1943 auch als Darsteller auf.

DAS DEUTSCHE VOLKSTHEATER

Am Ende des 19. Jahrhunderts gehen in Wien nicht weniger als drei Theater in Flammen auf: 1881 das berühmte Ringtheater, dann ein kleines Theater am Kai und schließlich 1884 das Stadttheater Heinrich Laubes (das spätere Ronacher) in der Seilerstätte. Ein Polizeibericht konstatiert 1887: *„Von allen verschwundenen Theatern wird das Laubesche Stadttheater vom kunstsinnigen Publikum am schwersten vermisst und hat bisher keinen Ersatz gefunden."* Diese Lücke soll das Deutsche Volkstheater füllen.

1889 wird es vom Dichter Ludwig Anzengruber gemeinsam mit kunstsinnigen Bürgern begründet, um ein Gegenstück zum kaiserlichen Hofburgtheater zu schaffen. Erster Präsident wird der Stuhlfabrikant Franz Thonet. In Unterscheidung zu den anderen Nationalitäten der Monarchie wird es „Deutsches Volkstheater" genannt. Besonders das Volksstück soll der breiten Bevölkerung kostengünstig nahe gebracht werden, dafür ist ein großer Zuschauerraum mit nur wenigen Logen nebst niedrigen Preisen Voraussetzung. Als Bauplatz wird der Weghuberpark zwischen den kaiserlichen Stallungen und dem Palais Trautson ausgewählt, und natürlich sind die Wiener sofort dagegen: „So weit draußen?! Wer soll denn da hingehen?" Begeisterung aber erregt der Bau selbst. Das Architektenduo Helmer und Fellner gehört von da an zu den gefragtesten Theaterarchitekten der Monarchie, viele ihrer Theater werden nach diesem Muster gebaut, sogar das Hamburger Schauspielhaus und das Budapester Vígszínház. Leider betrifft das nur Fassade und Zuschauerraum, hinter dem eisernen Vorhang hört die Begeisterung auf. Die Bühne ist ohne jede technische Raffinesse, die Garderoben sind nicht der Rede wert und auf die Toiletten hat man, wie schon beim Carl-Theater und dem neuen Opernhaus am Ring, gleich ganz vergessen. Vieles muss nachjustiert werden, bereits ein Jahr nach der Eröffnung wird das Bühnenhaus vergrößert, 1907 kommt ein Pausenfoyer hinzu, 1911 weitere Nebenräume. Das Deutsche Volkstheater ist das erste Theater, das ausschließlich elektrisch beleuchtet wird, da es den Sicherheitsvorschriften nach dem Ringtheaterbrand 1881 genügen muss. Das Deckengemälde von Eduard Veith zeigt die Krönung des Dichters Ferdinand Raimund, der von Johann Nestroy und Ludwig Anzengruber flankiert wird. Die Eröffnung findet am 14. September 1889 mit Anzengrubers „Der Fleck auf der Ehr' " statt. Da in dem Stück ein Sarg auf die Bühne kommt, sieht man das gleich als böses Omen – nur drei Monate später stirbt Gründungsvater Ludwig Anzengruber.

Welche Missverständnisse die bis heute unglückliche Bezeichnung „Deutsches Volkstheater" hervorruft, beweist schon das erste Gastspiel in den 90er Jahren in Berlin. Die Moderne, die man den Berlinern bietet, wird kühl abgelehnt, von einem aus Wien kommenden „Volkstheater" hat man sich natürlich etwas völlig anderes erwartet, nämlich das Wiener Volksstück. Hals über Kopf muss ein Dialektensemble mit Ludwig Tyrolt an der Spitze nachreisen, um das Defizit auszugleichen. Noch 1914 beklagt Tyrolt, dass das Theater nicht, wie ursprünglich geplant, die Volksstückpflege betreibe. Er wirft den Gründern vor, das Haus Pächtern zu überlassen, die ein rein privates Erwerbs- und Geschäftstheater daraus machen. Den Direktionsvertrag aber, in dem der Volkstheaterverein sogar Mitsprache bei Besetzungen und Repertoire fordert, kann laut Hugo Thimig nur ein „Hochstapler" unterschreiben.

Bereits vor der Eröffnung gibt es eine Direktionskrise. Denn der erste Direktor, Emerich von Bukovics, ist gar nicht der „richtige" Bukovics. Der Bukovics, dem das Theater verpachtet werden soll, weilt nämlich in Paris, und da er selbst nicht kommen kann, schickt er kurzerhand seinen Bruder. Wie wenig dieser seinem Theater traut, zeigt sich daran, dass das Geld schon vor der Eröffnung knapp wird. Jede Spule Zwirn, die für die Kostüme benötigt wird, muss hart erkämpft werden, und als der Schneider einmal gar Knopflochseide haben will, meint Bukovics, das sei denn doch „ein bisschen viel verlangt".

Stolz betrachten das Bürgertum und der eben hochgekommene Geldadel das Deutsche Volkstheater als ihr Haus und treten damit in Opposition zu den Hoftheatern, die der Aristokratie gehören. Gleich nach der Eröffnung erfährt man, dass die Hofintendanz, die schon seit langem den Plan hegt, ein zweites Schauspielhaus zu eröffnen, dies nun im Deutschen Volkstheater gefunden zu haben glaubt – man will nur warten, bis das Theater so heruntergekommen ist, dass es billig zu kaufen ist. Dazu kommt es nicht, denn das neue Haus feiert Erfolg um Erfolg. Dabei bleibt lange Zeit hindurch das französische Lustspiel und das ihm verwandte Genre seine Domäne. Dafür steht mit Helene Odilon auch eine Darstellerin *„mit 1 000 Facetten"* zur Verfügung. Und in Rosa (Albach) Retty, der Großmutter Romy Schneiders, besitzt das Deutsche Volkstheater eine der entzückendsten „Naiven", die je auf einer Wiener Bühne stand.

Der Zuschauerraum des Deutschen Volkstheaters ist mit seinen ursprünglich 1900 Sitzen der größte des deutschen Sprachraums. Er hat auch nach dem Umbau von 1938 immer noch 1533 Plätze, ist also größer als das Wiener Burgtheater mit seinen 1193 Plätzen. Bei der Generalsanierung 1980/81 wird die Sitzplatzanzahl noch weiter auf 1148 Plätze verkleinert, sodass das Volkstheater nach dem Hamburger Schauspielhaus und dem Wiener Burgtheater nun das drittgrößte deutschsprachige Theater ist.

1935–1938 | THEATER AM VORABEND DER KATASTROPHE | 103

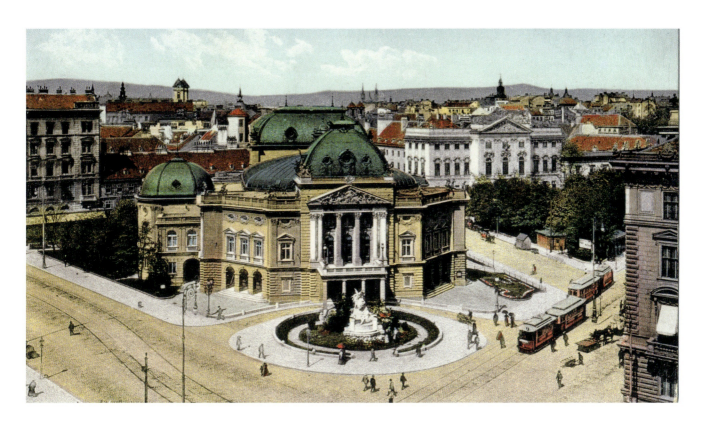

Das Deutsche Volkstheater am Weghuberpark, zwischen den kaiserlichen Stallungen und dem Palais Trautson, liegt an der Grenze vom ersten zum siebten Bezirk. 1889 vom Architektenduo Helmer & Fellner errichtet und in Abgrenzung zu den anderen Nationalitäten der Donaumonarchie „Deutsches Volkstheater" genannt, soll es ein bürgerliches Gegenstück zum Hofburgtheater bilden.

Die junge Adele Sandrock gehört damals ebenso zum Ensemble wie Rudolf Tyrolt, Ludwig Martinelli, Joseph Giampietro und Alexander Girardi. Stars wie sie dürfen nicht nur über die Wahl ihrer Partner entscheiden, sie müssen sich laut Vertrag nicht einmal an die Anweisungen des Regisseurs halten.

Der zweite Direktor, der vermögende Schauspieler Adolf Weisse, wendet sich der zeitgenössischen Dramatik zu, er spielt Hauptmann und Wedekind, Schnitzler, Shaw, Maeterlinck und Karl Schönherr. Jener Dichter aber, dem man vor dem Theater sogar ein Denkmal errichtet hat, findet am wenigsten Beachtung: Ferdinand Raimund. Von Nestroy werden sechs Stücke neu inszeniert, von Raimund jedoch keines. Mit Karl Wallner, der das Haus während des Ersten Weltkriegs leitet, kommt es zu Konflikten, als er einer Schauspielerin rät, mit mehreren Männern ein Verhältnis einzugehen, um damit ihre Attraktivität auf der Bühne zu steigern. Alfred Polgar nennt ihn in Kunstdingen *„eine garantierte Null".*

Künstlerische Höhepunkte erlebt das Deutsche Volkstheater in den 1920er Jahren unter Alfred Bernau und Rudolf Beer. Mit Bernau hält ab 1918 der Expressionismus Einzug und die Lockerung der Zensur ermöglicht die Aufführung wichtiger Gegenwartsstücke wie Schnitzlers „Professor Bernhardi" und 1921 sein skandalisierter „Reigen" in den angeschlossenen Kammerspielen. Stücke von Ernst Toller und Walter Hasenclever spiegeln eine pazifistische Geisteshaltung wider. Wichtigster Partner Bernaus ist der Bühnenbildner Oskar Strnad, der das Haus mit einer Drehbühne ausstattet.

Unter Rudolf Beer, der das Haus von 1924 bis 1932 leitet, ist das Deutsche Volkstheater noch mit dem Raimund-Theater fusioniert, der Spielplan ist stark an den Berliner Bühnen orientiert. Beer forciert Gastspiele mit Stars wie Elisabeth Bergner, Asta Nielsen, Fritzi Massary, Alexander Moissi, Hans Albers, Heinz Rühmann und Emil Jannings. Eine Elevenschule legt ab 1931 auch Augenmerk auf junge Talente und entdeckt Karl Paryla und Paula Wessely. Wichtigster Regisseur ist Karlheinz Martin, der viele bahnbrechende Inszenierungen schafft. Pro Monat finden durchschnittlich fünf bis sechs Premieren statt, Misserfolge werden sofort abgesetzt. Triumphe feiert Ferdinand Bruckners „Elisabeth von England" auf einer Simultanbühne. Kein Erfolg ist jedoch dem Wiener Volksstück beschieden, das trotz eines Autoren-Wettbewerbs 1927 beim Publikum nicht ankommt. Zu einer Aufführung von Nestroys „Das Mädel aus der Vorstadt" kommen im 1900-Plätze-Theater ganze 57 Zuschauer.

1932 setzt sich Rolf Jahn gegen Otto Preminger und Otto Falckenberg als Direktor durch. Sein Spielplan ist von leichter Unterhaltung geprägt, die meisten Stücke fallen in die Kategorien sentimentaler Kitsch, historischer Bilderbogen oder Boulevardkomödie. Das Alt-Wiener Volkstheater verkommt in dieser Zeit zu *„Heurigenabenden"* (O. M. Fontana) und erlebt nur ganz wenige Aufführungen. Im Februar 1937 schreibt Jura Soyfer über die Wiener Theaterszene: *„Ein künftiger Theaterhistoriker wird diese Epoche mit ein paar bedauernden Worten abfertigen müssen."* In diesem Zustand findet der 25jährige Gustav Manker im April 1938 auch das Deutsche Volkstheater vor.

„O DIESE ZEIT HAT FÜRCHTERLICHE ZEICHEN"

Goethe, Die natürliche Tochter

1938–1945

1938–1945
O DIESE ZEIT HAT FÜRCHTERLICHE ZEICHEN
DAS NIEDRE SCHWILLT, DAS HOHE SENKT SICH NIEDER

1938

oben:
Gustav Manker und Intendant Walter Bruno Iltz (1938)
Der neue Intendant vertraut dem 25jährigen Manker die Ausstattung seiner Eröffnungspremiere an.

rechte Seite:
Panamaskandal (1938)
Entwurf zum 1. Bild: Das Theater als Versammlungsraum, quer über den Vorhang ein Schriftstreifen: „Zeichnet für den Panamakanal!"

Der Direktor des Deutschen Volkstheaters, Rolf Jahn, gehört zu den wenigen Theaterdirektoren in Wien, die nicht gleich nach Hitlers Einmarsch im März 1938 abgesetzt werden. Bereitwillig übernimmt er alle Aufgaben, die sonst von den neu eingesetzten kommissarischen Leitern besorgt werden. Intensiv bemüht er sich, den neuen Machthabern zu gefallen, hat er doch dem deutschen Botschafter Franz von Papen bereits im Februar 1938 zugesichert, sein Theater „in Personal und Spielplan nach nationalsozialistischem Gedankengut umzuorganisieren". Jetzt behauptet er, dass ihm jüdische Autoren und Schauspieler an seinem Theater von einer „jüdischen Kulturlobby" diktiert worden seien, eifrig wirkt er bei der Überführung des Theaters in das NS-Freizeit-Programm „Kraft durch Freude" mit.

Die Organisation „Kraft durch Freude" hat als Unterorganisation der Deutschen Arbeitsfront die Aufgabe, die Freizeit der deutschen Bevölkerung zu gestalten, zu überwachen und gleichzuschalten. Mit dem Amt für Reisen, Wandern und Urlaub ist „KdF" zugleich auch der größte Reiseveranstalter im Dritten Reich. Beim Deutschen Volkstheater in Wien tritt „KdF" erstmals auch als Theaterbetreiber auf.

Gustav Mankers erste Arbeit am Deutschen Volkstheater sind die Entwürfe zu „Panamaskandal", einem Stück des NS-Autors Eberhard Wolfgang Möller, dem späteren Mitverfasser des Drehbuchs zum Hetzfilm „Jud Süß". Möller ist seiner eigenen Einschätzung nach einer der „verantwortlichsten Mitarbeiter des Führers" und hat sogar die Aufgabe, Hitlers Biographie zu schreiben. Sein Stück aus dem Jahr 1930 hat einen berühmten Bestechungsskandal zur Zeit der dritten französischen Republik zum Inhalt. Mit der Beschreibung eines „jüdischen Systems" von Korruption und Missbrauch politischer Macht denunziert Möller darin die Weimarer Republik und betont die Notwendigkeit einer „nationalen Erneuerung". Sein Tendenzstück ist ein Zeitbild der Pariser Welt um 1889 mit ihren großen Bankhäusern und noblen Salons. Die Produktion kommt jedoch nicht zustande, da Rolf Jahn trotz seiner Treueide auf Hitler und Zeitungsartikel über die „Sendung des Deutschen Volkstheaters" abgelöst und durch Walter Bruno Iltz ersetzt wird.

Eberhard Wolfgang Möller
• **PANAMASKANDAL**
Bühnenbild GM
Frühjahr 1938, Deutsches Volkstheater (nicht aufgeführt)

Der neue Intendant Walter Bruno Iltz, Jahrgang 1886, ist zuvor zehn Jahre lang Generalintendant der Städtischen Bühnen in Düsseldorf gewesen. Von dort ist er nach Kontroversen mit der örtlichen NSDAP geschieden, obwohl Propagandaminister Goebbels seine schützende Hand über ihn hält. 1932 hat sich Iltz geweigert, die Personalpolitik der NSDAP an seinem Theater durchzuführen, denn, so seine Begründung, „gerade in den reproduzierenden Künsten gibt es zahlreiche Juden, die mit aufrichtiger Liebe und Bewunderung dem deutschen Wesen zugetan sind, und die sich in den Dienst deutscher Kunstwerke stellen." 1933 wird Iltz sogar der Eintritt in die NSDAP verwehrt, da ihm vorgeworfen wird, daß er eine „projüdisch-demokratisch oder liberal zu nennende Geistes-

PANAMASKANDAL
DEUTSCHES
VOLKSTHEATER.

1. BILD.

G. v. MANKER

1938

"PANAMASKANDAL" 2. BILD.   G. v. MANKER 1938.
DEUTSCHES VOLKSTHEATER

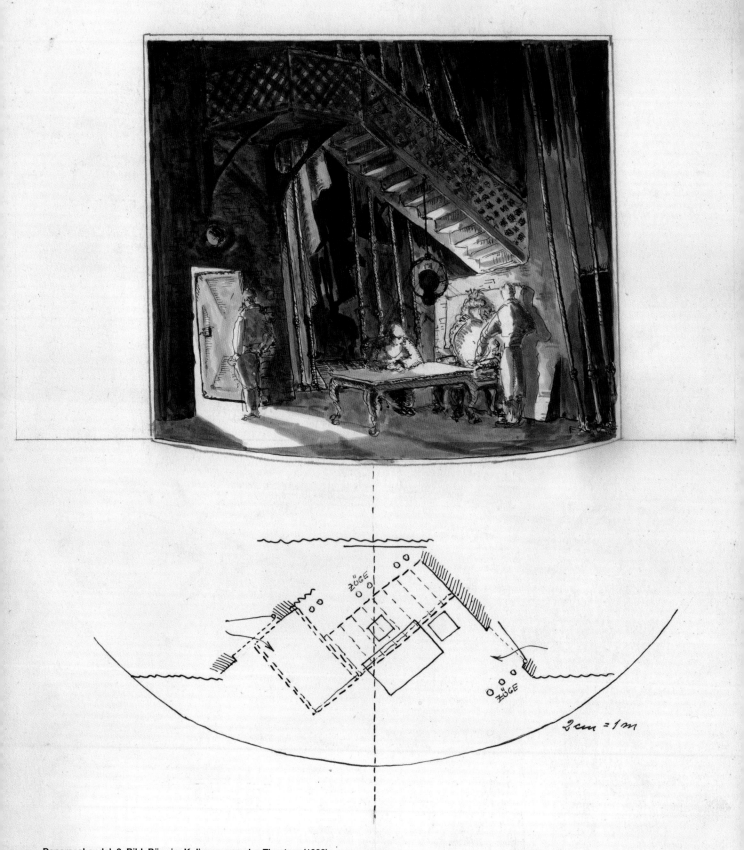

Panamaskandal, 2. Bild. Büro im Kulissenraum des Theaters (1938)
Tür mit Blick in den Bühnenraum. Baron Reinach, am Tisch, unbeweglich. Thomson, an der Tür, hat die Rede der ersten Szene verfolgt, lacht fett und ungeniert.

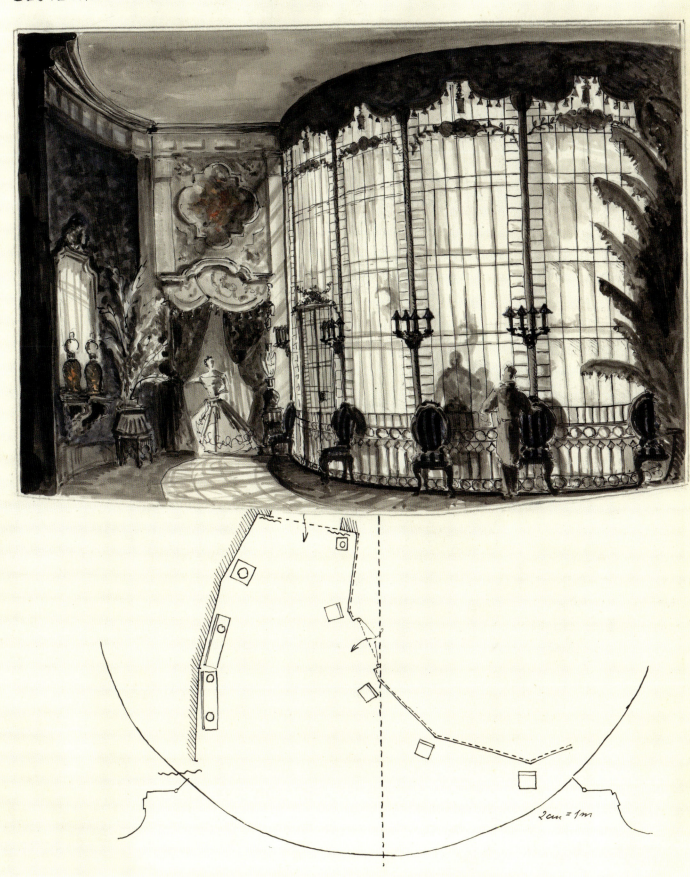

Panamaskandal, 3. Bild. Salon im Hause Lesseps (1938)
Große Tür in festlich erleuchtete Säle. Eine riesige Glaswand mit einer Tür. Spiegel, Palmen, Stuck. Über allem die Unruhe großer Gesellschaft, aber merkwürdig lautlos.

"PANAMASKANDAL" 4. BILD.   G. v. MANKER 1938.

DEUTSCHES VOLKSTHEATER

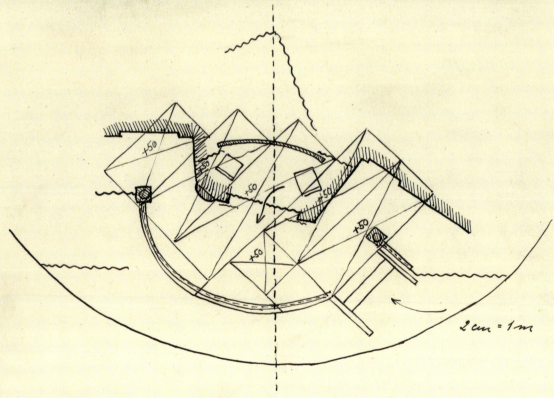

Panamaskandal, 4. Bild. Kabarett (1938)
Korridor vor einem Logeneingang, der zu Anfang von einer dichten Portiere verschlossen wird. Nur sehr gedämpft Fetzen des Programms: Worte, Musik, Beifall.

PANAMASKANDAL 5. BILD.
DEUTSCHES VOLKSTHEATER.

G. v. MANKER 1938.

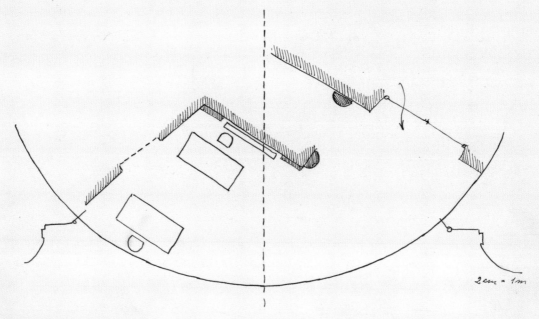

Panamaskandal, 5. Bild. Büro im Haus der Panamakompanie (1938)
Eine mächtige Schiebetür im Hintergrund zum Arbeitszimmer des Grafen Lesseps. Marschmusik aus der Ferne und das dumpfe Getöse einer Menschenmenge.

"PANAMASKANDAL" 7. BILD. G. v. MANKER 1938.
DEUTSCHES VOLKSTHEATER.

Panamaskandal. 7. Bild. Bankhaus Reinach. Kassenraum (1938)
Eine Schalterreihe. Der Hintergrund eine große Glasscheibe. Es gießt in Strömen. Der Raum ist ganz dunkel. Erst nacheinander werden die Glaslampen angesteckt.

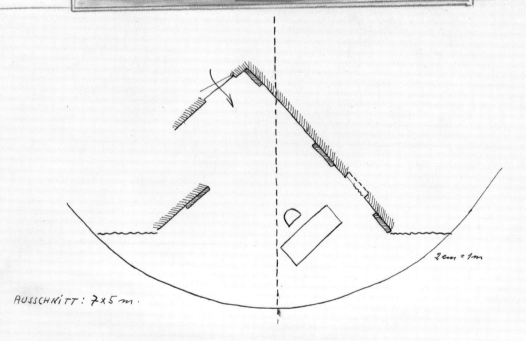

Panamaskandal, 8. Bild. Arbeitszimmer des Grafen Lesseps (1938)
Unpersönlicher Saal, in dem verloren ein Schreibtisch steht. Lesseps am Tisch, unbeweglich, die Augen geschlossen, den schneeweißen Kopf in die Hände gestützt.

Das Deutsche Volkstheater (1938)
während des Umbaus in das erste KdF-Theater im Sommer 1938: Pausenfoyer, Fundus, Zuschauerraum.

Der Umbau des Deutschen Volkstheaters in das erste KdF-Theater (1938)
Fassadenschmuck und Figuren werden entfernt, das Raimund-Denkmal wird an die Seite versetzt.

richtung" zeige und sich nicht hinreichend *„mit dem NS-Geiste in Einklang gebracht habe"*. Iltz wird vom Propagandaministerium dennoch zu den *„stärksten künstlerischen Persönlichkeiten des Deutschen Theaterlebens"* gezählt, zu seinen erfolgreichsten Arbeiten gehört 1936 die Inszenierung von Grabbes „Die Hermannsschlacht".

Die erste Saison des neuen Intendanten kann erst im Oktober 1938 beginnen, da das Theater aufwändig erneuert und im Inneren umgebaut wird. Die Plastiken werden entfernt, die Fassade wird mit einem grauen Spritzputz überdeckt, der Goldschmuck wird übertüncht, die Stuckfiguren werden abgeschlagen und die beiden Deckengemälde im Zuschauerraum werden übermalt. Das Stehparterre wird aufgelöst und eine neue Bestuhlung mit breiteren Sitzreihen wird angeschafft. Das verringert die Sitzplatzanzahl von 1900 auf 1533 Plätze. Aus den Seitenlogen werden die Trennwände entfernt und für einen geplanten Besuch Adolf Hitlers wird sogar ein eigenes „Führerzimmer" eingerichtet. Das Denkmal des Dichters Ferdinand Raimund wird vom Haupteingang auf die rechte Seite des Gebäudes vor den Bühneneingang versetzt.

Bitte, nicht so drängen,
denn in jedem Falle:
In den KdF.-Theatern
gibt es Platz für alle!

1938

Intendant Walter Bruno Iltz übernimmt Gustav Mankers noch mit Rolf Jahn abgeschlossenen Vertrag nicht, behält Manker aber für ein Probejahr als Assistent der anderen Ausstatter am Haus und lässt ihn Bühnenbildentwürfe für Friedrich Schillers „Die Räuber" anfertigen, um sich einen ersten Eindruck seines Könnens zu verschaffen. Da dieses Stück aber als Eröffnungspremiere vorgesehen ist und kurz vor Probenbeginn noch kein Bühnenbildner dafür feststeht, wird dem erst 25jährigen Manker plötzlich die Ausstattung dafür übertragen, da seine Entwürfe in der Direktion bereit liegen und Walter Bruno Iltz gefallen. Iltz selbst inszeniert, in der Besetzung finden sich Karl Skraup als Schufterle, der junge O. W. Fischer als Kosinsky, Paul Hubschmid als Diener Hermann und Robert Valberg, Landesleiter der Reichstheaterkammer als Graf Moor. Hans Frank spielt den Karl, Adolf Rebel den Franz.

Zur Premiere am 7. Oktober 1938 erscheint die gesamte Nazi-Prominenz Wiens, Gauleiter Odilo Globocnik hält die Festansprache und eröffnet das Deutsche Volkstheater als erstes „Theater des Volkes" mit „*dreifachen Sieg-Heil-Rufen auf den Führer*". Dieser hält sich an diesem Abend auch tatsächlich in Wien auf, besucht aber in der Staatsoper seine Lieblingsoper „Tiefland" von Eugen d'Albert.

Die Räuber (1938)

unten:
Intendant Walter Bruno Iltz inszeniert die Räuberbande.

rechte Seite:
Adolf Rebel als Franz Moor und Maria Lußnigg als Amalia.

Friedrich Schiller
• **DIE RÄUBER**
Bühnenbild GM / Regie: Walter Bruno Iltz
mit Hans Frank (Karl), Adolf Rebel (Franz), Robert Valberg (Graf Moor), Theo Frisch-Gerlach (Spiegelberg), Karl Skraup (Schufterle), Herbert Brunar (Schweizer), Lars Doddenhof (Roller), Benno Smytt (Grimm), Robert Horky (Razmann), Otto Altendorfer (Schwarz), Maria Lußnigg (Amalia), Eduard Spieß (Daniel), Kurt von Lessen (Pater), Paul Hubschmid (Hermann), Otto Wilhelm Fischer (Kosinsky)
7. Oktober 1938, Deutsches Volkstheater

„Die Räuber" sind ein Riesenerfolg und Gustav Mankers Bühnenbilder werden als „*wesentliches Positivum der Aufführung*" in allen Zeitungen als „*imposant*" gelobt und als „*besonders schön, stimmungs- und stilecht*" bezeichnet. „*Besonders gelungen in Stimmung die optisch überaus eindrucksvollen Bühnenbilder Gustav v. Mankers. Die Bühnenbilder schufen allein schon jene wunderbare Atmosphäre der Größe, die das Werk braucht. Um die jungen Darsteller war unendlich viel Luft: ein großer Himmel überdachte sie und all den Sturm der Sprache.*" (Neues Wiener Journal)

Mankers Dekorationen, auf die Drehbühne gebaut, sind in ihrer historischen Genauigkeit eine Referenz an seinen ehemaligen Bühnenbildlehrer Oskar Strnad.

Die Räuber (1938)

Karl Moor:
„*Und nur eine Mauer gewesen zwischen mir und Amalia – Nein! Sehen muss ich sie – muss ich ihn – es soll mich zermalmen! Wie wird mir? Was ist das, Moor? Sei ein Mann! – Todesschauer – –* "

Die Räuber (1938)
Die böhmischen Wälder.

Karl Moor (indem er seinen Degen zieht): *„Mein Handwerk ist Wiedervergeltung – Rache ist mein Gewerbe!"*

Eines der eindrucksvollsten Bilder ist Mankers Schlossgalerie im letzten Akt, wobei die große Vorhänge von Ventilatoren angeblasen werden und so ein unruhiges, theatralisch gespenstisches Bild entwerfen. Regisseur Walter Bruno Iltz lässt seine Darsteller im Dunkel untertauchen und holt sie in entscheidenden Augenblicken zu den hellen Stellen der Bühne. Auf bewegtes Licht wird verzichtet, die oft genug störenden Scheinwerferkegel fehlen. Das Spiel wird *„vom Licht her gesteigert"*.

Am 15. Oktober 1938 erteilt die Reichstheaterkammer Manker die Genehmigung, sich an *„reichsdeutschen Bühnen"* um Engagements zu bemühen. Für die Aufnahme wird der Ariernachweis sowie ein polizeiliches Führungszeugnis verlangt.

Ende Oktober 1938, nach einer Fahrt an der Seite Adolf Hitlers, übermittelt der Reichsleiter der NSDAP, Martin Bormann, *„die Kritik des Führers an der Fassade des Deutschen Volkstheaters (KdF-Theater)"*. Wie die Akten der Parteikanzlei der NSDAP vermerken, äußert Hitler die Absicht, *„in nächster Zeit mit Ley hierüber zu sprechen."* Was genau Hitler an der Fassade stört, ist nicht überliefert, es mag der mangelnde NS-Schmuck sein, denn außer zwei schmale Fahnenstangen mit kleinen KdF-Symbolen an der Spitze weist nichts auf die Zugehörigkeit des Deutschen Volkstheaters zur KdF-Organisation im Dritten Reich hin.

In der Nacht vom 9. auf den 10. November 1938 werden in Wien in der sogenannten „Reichskristallnacht" 42 Synagogen niedergebrannt, viertausend Wohnungen und Geschäfte geplündert, zerstört und zum Teil in Brand gesetzt, mehr als 80 Menschen werden schwer verletzt und 27 werden ermordet.

Walter Bruno Iltz gelingt es am Deutschen Volkstheater ein ruhiges Arbeitslima zu schaffen, sein Ensemble in Kriegszeiten sogar zu schützen. Er engagiert O. W. Fischer, Curd Jürgens, Gert Fröbe, Paul Hubschmid, später Judith Holzmeister und Inge Konradi, dazu kommen noch Dorothea Neff, Annie Rosar, Lotte Lang und Robert Lindner.
Iltz will *„bestes Theater und ein hervorragendes Ensemble"*, wie er gegenüber O. W. Fischer erklärt.

Iltz ist kein sturer Parteifunktionär, sondern Künstler und in den Theateridealen von Max Reinhardt, Otto Brahm und Leopold Jessner groß geworden, die er in seiner Arbeit auch nachlebt. Er bringt es fertig, seinen Spielplan *„nach politischem Proporz zu teilen"* (Oliver Rathkolb) und richtet sich zunächst noch genau nach der „Reichsdramaturgie" des Ministeriums für Volksaufklärung und Propaganda in Berlin: Von den 21 Premieren der ersten Spielzeit sind drei Klassiker, vier NS-Tendenzstücke, sieben deutsche Gegenwartsdramen (davon vier Ur- und zwei Erstaufführungen), meist Komödien, fünf ältere Stücke sowie zwei Stücke ausländischer Autoren.

1938

Die Räuber (1938)
Entwurfszeichnung zum 5. Akt. Aussicht von vielen Zimmern. Finstere Nacht. Die nächtliche Galerie mit dem von Albträumen verfolgten Franz Moor ist eines der theatralisch eindrucksvollsten Bilder in Mankers Ausstattung, die Vorhänge an den riesigen Fenstern werden von Ventilatoren angeblasen und erzeugen so ein unruhiges und gespenstisches Bild.

Franz Moor (im Schlafrock hereingestürzt): *„Verraten! Geister ausgespien aus Gräbern – Losgerüttelt das Totenreich aus dem ewigen Schlaf brüllt wider mich: Mörder! – Wer regt sich da? – Wer heißt euch schlafen? Es soll niemand schlafen in dieser Stunde. Alles soll auf sein – in Waffen – alle Gewehre geladen!"*

oben:
Die Räuber (1938)
Adolf Rebel als Franz Moor, nachdenkend in seinem Zimmer:
*„Es dauert mir zu lange – der Doktor will, er sei im Umkehren –
das Leben eines Alten ist doch eine Ewigkeit!"*

rechte Seite:
Die Räuber (1938)
Entwurfszeichnung für den 2. Akt.
Zimmer des Franz Moor.

1938

Das Deutsche Volkstheater (1938)

Ende Oktober 1938, nach einer Fahrt an der Seite Adolf Hitlers, übermittelt der Reichsleiter der NSDAP, Martin Bormann, „die Kritik des Führers an der Fassade des Deutschen Volkstheaters (KdF-Theater)". Wie die Akten der Parteikanzlei der NSDAP vermerken, äußert Hitler die Absicht, „in nächster Zeit mit Ley hierüber zu sprechen." Was genau Hitler an der Fassade stört, ist nicht überliefert, es mag aber der mangelnde NS-Schmuck sein, denn außer zwei schmale Fahnenstangen mit kleinen KdF-Symbolen an der Spitze weist nichts auf die Zugehörigkeit des Theaters zur Organisation „Kraft durch Freude" im Dritten Reich hin.

1944 werden Kuppel und Foyer durch Bomben zerstört.

1945 wird das Gebäude wieder hergestellt, auf den Wiederaufbau der Kuppel und des Giebelfelds an der Fassade wird aber verzichtet. Erst 1980/81 wird das Theater generalsaniert und der Originalzustand wiederhergestellt.

1938 | 1939

In seiner ersten Spielzeit am Deutschen Volkstheater entwirft Gustav Manker nach den „Räubern" gleich noch acht weitere Bühnenbilder, bis zur Schließung des Theaters 1944 werden es insgesamt 41 an diesem Haus sein. Dazu kommen noch 14 Arbeiten für die Exl-Bühne, 6 für Leon Epps Komödie in der Johannesgasse und je eines für die Kammerspiele, das Bürgertheater und das Renaissancetheater, also insgesamt 66 Bühnenbilder in sieben Jahren.

Am 25. November 1938 wird Manker mit der Nummer 72626 in die Reichstheaterkammer aufgenommen.

Mankers zweite Arbeit am Deutschen Volkstheater ist das Kinderstück „Robinson soll nicht sterben" von Friedrich Forster, die Geschichte des greisen Daniel Defoe. Regie führt der neu engagierte 33jährige Leon Epp. Manker gelingt mit seiner Ausstattung ein „schöner, stimmungsvoller Wurf", er verwendet leuchtende Transparente in einem gleichbleibenden stilisierten Rahmen und erzeugt so eine „eigenartige Märchenstimmung". Diese Arbeit bringt Mankers erstes Zusammentreffen mit Leon Epp, dem späteren Direktor des Volkstheaters, für den Manker bis zu dessen Tod im Jahr 1968 insgesamt 32 Bühnenbilder entwerfen wird. Epp wird, gemeinsam mit Günther Haenel, der 1941 ans Volkstheater kommt, Mankers wichtigster künstlerischer Partner.

Mankers dritte Arbeit am Deutschen Volkstheater ist zu Silvester 1938 Shakespeares „Ein Sommernachtstraum" in der Regie von Walter Ullmann, dem Hauptregisseur des Theaters, der gegenüber neuen szenischen Lösungen sehr aufgeschlossen ist. Manker benutzt die Drehscheibe, auf der unter einer Laubkuppel aus Schleiern und Transparentzweigen Hügel und Wege aufgebaut sind, die effektvoll beleuchtet werden. „*Mit der äußeren Form des Bühnenbildes, das verblüffende Effekte durch die Transparenz der von innen beleuchteten Kulissenstücke erzielt, hat Manker seine große Begabung für malerische Wirkung wieder gezeigt.*" O. W. Fischer und Paul Hubschmid spielen Lysander und Demetrius, die junge Olly Holzmann Hermia und Karl Skraup den Puck.

oben:
Robinson soll nicht sterben (1938)
Kurt von Lessen als Daniel Defoe und Lisl Kinateder als Maud.

rechte Seite:
Ein Sommernachtstraum (1938)
Mankers Bühne verwendet eine Laubkuppel aus Schleiern und Transparentzweigen, unter der Hügel und Wege aufgebaut sind, die effektvoll beleuchtet werden.

folgende Doppelseiten:
Mankers Entwurfszeichnungen.

Friedrich Forster
• ROBINSON SOLL NICHT STERBEN
Bühnenbild GM / Regie: Leon Epp
mit Kurt von Lessen (Daniel Defoe), Lisl Kinateder (Maud), Hans Frank (Herr im rotgoldenen Rock), Fritz Lehmann (Bob), Hanns Obonya (Drinkwater), Paul Hubschmid (Wachposten)
28. November 1938, Deutsches Volkstheater

William Shakespeare
• EIN SOMMERNACHTSTRAUM
Bühnenbild GM / Regie: Walter Ullmann
mit Hans Frank (Oberon), Valerie Rückert (Titania), Karl Skraup (Puck), Paul Hubschmid (Demetrius), O. W. Fischer (Lysander), Olly Holzmann (Hermia), Lotte Koch (Helena), Erhard Siedel (Zettel), Benno Smytt (Schnock), Adolf Rebel (Squenz), Egon v. Jordan (Theseus), Maria Lußnigg (Hippolyta)
31. Dezember 1938, Deutsches Volkstheater

Curt Langenbeck
• DER HOCHVERRÄTER (DER KAMPF UM NEUYORK / JAKOB LEISLER)
Bühnenbild GM / Regie: Walter Ullmann
mit Wilhelm Klitsch (Jakob Leisler), O. W. Fischer (Nicolls), Maria Lußnigg (Meisje), Benno Smytt (Sergeant), Robert Valberg (Gouverneur), Theo Frisch-Gerlach (Major), Paul Hubschmid (Leutnant), Hans Frank (Dalanoy), Adolf Rebel
6. März 1939, Deutsches Volkstheater

1939

Karl Schönherr
• **GLAUBE UND HEIMAT**
Bühnenbild GM / Regie: Kurt von Lessen
mit Wilhelm Klitsch (Rott), Hans Frank (Kaiserlicher Reiter), Kurt von Lessen (alter Rott), Maria Waldner (Rottin), Robert Valberg (Englbauer), Adolf Rebel (Peter), Karl Kalwoda (Unteregger), Paul Hubschmid (Kesselflick-Wolf), Olly Holzmann (Straßentrapperl)
3. April 1939, Deutsches Volkstheater

Für „Glück und Glas", einem Intrigenstück aus der fridericianischen Zeit, stellt Manker, *„dessen Talent sich immer reicher entfaltet"* (Friedrich Schreyvogl) ein *„wahrhaft prunkvolles"* goldenes Schloss auf die Bühne des Deutschen Volkstheaters.

Heinz Steguweit
• **GLÜCK UND GLAS**
Bühnenbild GM / Regie: Erhard Siedel
mit Egon von Jordan (Herzog Eugen), Eva Maria Duhan (Herzogin), O. W. Fischer (Springwittel, Musikus), Paula Pfluger (seine Frau), Lisl Kinateder (Prinzessin), Benno Smytt (Oberst von Lüderitz)
21. April 1939, Deutsches Volkstheater

Im Mai 1939 arbeitet Manker das erste Mal für die Exl-Bühne, eine Tiroler Theatergruppe, die mit Aufführungen von Volks- und Bauernstücken sowie der Pflege von Karl Schönherr und Ludwig Anzengruber in Österreich und im Ausland große Bekanntheit erlangt hat. Die Exl-Bühne dient vor dem Anschluss gelegentlich auch als Schauplatz propagandistischer Kundgebungen und als Treffpunkt NS-naher Kreise. Manker entwirft insgesamt 14 Bühnenbilder für die Exl-Bühne, zunächst im Frühjahr 1939 im Theater an der Wien und ab April 1941 in der neuen Spielstätte in der Praterstraße 25.

Ridi Walfried
• **DAS GLÜCK FÄLLT VOM HIMMEL** (UA)
Bühnenbild GM / Regie: Eduard Köck
mit Ilse Exl, Franz Ludwig, Herta Agostini, Ilse Hanel
5. Mai 1939, Exl-Bühne im Theater an der Wien

Mit Paul Helwigs Lustspiel „Flitterwochen" mit Annie Rosar stattet Manker im Mai 1939 erstmals ein zeitgenössisches Stück aus: *„Es macht mir besonders Spaß, weil es mich aus der ‚Welt des Scheins' in die Realistik unserer Tage entlässt, weil es eben eine Sache angeht, die mehr Persönliches von mir verlangt, die also mit einem Wort ohne Distanz zu unserer Zeit steht. Deshalb konnte ich auch die Mansarde meines Architekten so bauen, wie ich selbst wünschte, wohnen zu können."*

Paul Helwig
• **FLITTERWOCHEN**
Bühnenbild GM / Regie: Erhard Siedel
mit Annie Rosar (Frau Justizrat Senden), Herbert Brunar (Architekt), Valerie Rückert (Innenarchitektin), Lisl Kinateder (Photographin)
22. Mai 1939, Deutsches Volkstheater

Franz Hauptmann
• **NÄCHTLICHE EINKEHR** (UA)
Bühnenbild GM / Regie: Fritz Holl
mit Benno Smytt (Bauer), Maria Lußnigg (Bäurin), Robert Valberg (Kurfürst), O. W. Fischer (Ritter), Egon v. Jordan (Bruder Johannes)
19. Juni 1939, Deutsches Volkstheater

Glück und Glas (1939) Entwurf.

1939

Als letzte Premiere der Saison 1938/39 kommt ein Stück im Wiener Lokalkolorit mit Annie Rosar als Witwe eines Postbeamten und Paula Pfluger zur Aufführung: "Goldene Wolken". *"Der Bühnenbildner Gustav v. Manker hatte das Wienerische im Bild noch besser getroffen als Autor und Regisseur, weil er mit den reichen, ihm zu Gebote stehenden Mitteln sparsamer umzugehen verstand."*

Fritz Gottwald
• **GOLDENE WOLKEN**
Bühnenbild GM / Regie: Erhard Siedel
mit Annie Rosar (Betty Neubauer), Lisl Kinateder (Tochter), Paula Pfluger (Gusti), Hans Frank (Speiseträger), Egon von Jordan (Direktor), Theo Frisch-Gerlach, Benno Smytt (Straßensänger)
20. Juli 1939, Deutsches Volkstheater

Der Komet (1939)
O. W. Fischer als Herzog Moritz, Kurfürst von Sachsen.

Als Gustav Manker eines Abends vor der Vorstellung die Garderobe von O. W. Fischer betritt, sieht er diesen vor dem Schminkspiegel sitzen, gebannt sein Spiegelbild betrachten und hört ihn leise zu sich selbst sagen: "Wie kann ein Mensch sooo schön sein…?!!"

rechte Seite:
Szenenbilder mit O. W. Fischer.

übernächste Doppelseite:
Bühnenbildentwurf.

Am 1. September 1939 greifen deutsche Truppen Polen an. Frankreich und Großbritannien erklären zwei Tage nach dem Einmarsch dem Deutschen Reich den Krieg. Der Zweite Weltkrieg beginnt.

SAISON 1939/1940

Walter Bruno Iltz eröffnet seine zweite Spielzeit – die fünfzigste seit Bestehen des Deutschen Volkstheaters, ein Jubiläumsjahr – mit der Uraufführung des Historiendramas "Der Komet" von Rudolf Kremser mit O. W. Fischer als Kurfürst Moritz von Sachsen, Curd Jürgens als Kurfürst von Brandenburg und Gert Fröbe als Markgraf von Brandenburg.

Rudolf Kremser
• **DER KOMET**
Bühnenbild GM / Regie: Walter Ullmann
mit O. W. Fischer (Moritz, Kurfürst von Sachsen), Angela von Courten (Agnes), Robert Valberg (Kaiser Karl V.), Benno Smytt (Vetter), Dorothea Neff (Königin von Ungarn), Hans Frank (Alba), Adolf Rebel (Lukas Cranach), Curd Jürgens (Kurfürst von Brandenburg), Egon von Jordan (Melanchthon), Gert Fröbe (Markgraf), Kurt von Lessen (Landgraf)
27. September 1939, Deutsches Volkstheater

Am 28. September 1939 eröffnet in der Johannesgasse in der Wiener Innenstadt das alte Boulevardtheater "Die Komödie" mit der Erstaufführung von Manfred Hausmanns "Lilofee". Das kleine Theater im heutigen Metro-Kino wird von Leon Epp gemeinsam mit Rudolf Haybach geleitet. Epp hat zuvor schon das Theater "Die Insel" am Parkring 6 geleitet, das 1938 von der SS besetzt und im Juni 1938 geschlossen wurde. Haybach, bisher ohne Erfahrung am Theater, pachtet "Die Komödie" und investiert Privatvermögen. Er tritt als Direktor und Bühnenbildner auf, Epp ist künstlerischer Leiter. Programm ist *„die Uraufführung ostmärkischer Dichter"* und *„anspruchsvolle Dichtung aus der Vergangenheit, die zu Unrecht vergessen wurde"*. Zum Ensemble gehören Elisabeth Epp, Hans Brand, Helmut Janatsch und der junge Josef Meinrad. Bis zum März 1940 spielt "Die Komödie" insgesamt 241 Vorstellungen und bringt zehn Uraufführungen heraus. Manker wird immer wieder vom Volkstheater für Bühnenbilder ausgeliehen, was die künstlerische Beziehung zu Leon Epp vertieft und eine Freundschaft mit Rolf Haybach begründet.

Rudolf Haybach ist eine schillernde Figur der Wiener Kunstszene. Er ist Maler, Verleger, Schriftsteller, Theaterdirektor, Erfinder, Ausstellungsmacher und wird später Direktor der Wiener Sezession, deren Wiederaufbau er nach dem Krieg organisiert. Er ist auch kommissarischer Leiter der ständestaatlichen Publikumsorganisation "Österreichische Kunststelle", zeitweilig Stellvertreter der NS Kulturgemeinde in Österreich und ab 1938 Leiter der Abteilung "Kunst und Theater" in der NS-Organisation "Kraft durch Freude". Heimito von Doderer und Albert Paris Gütersloh bezeichnen Haybach, ihren späteren Verleger, als *„Euphoriker"* und *„barocke Romanfigur"*. Mit ihnen verbindet NSDAP-Mitglied Haybach auch die ideologische Nähe zum Nationalsozialismus.

Manfred Hausmann
• **LILOFEE** (EA)
Bühnenbild GM / Regie: Leon Epp
mit Maria Kindl (Lilofee), Hans Brand (Herr Smolk von Brake), Josef Meinrad (Hulle), Emilie Giesrau (Frau Klindvoort)
28. September 1939, Die Komödie in der Johannesgasse

Die Arbeit an der "Komödie" stellt Manker vor die Herausforderung, im Gegensatz zum finanziell und räumlich großzügig ausgestatteten Deutschen Volkstheater auf kleinstem Raum und mit geringsten Mitteln auszukommen: *„Obwohl die geringe*

oben:
Der Komet (1939)
Entwurf zum 3. Bild. Schloss zu Halle.

Der Komet (1939)
2. Bild. Schloss zu Halle. Fahnen und Rüstungen auf dem Pfeiler.

1939

Tiefen- und Breitenausdehnung der Bühne keine hemmungslose Entfaltung der Phantasie erlaubt, erweist sich der junge Bühnenbildner als ein Meister der Raumausnützung, dem es sogar gelingt, aus der Beschränkung besondere Stimmungswerte zu holen. Die durch ein Stufenpodest erfolgende Zweiteilung der Spielfläche wird in allen Bildern festgehalten und wirkt als architektonischer Akzent."

Auch für die Kammerspiele in der Rotenturmstraße entwirft Gustav Manker Bühnenbilder, das erste Mal im November 1939 für die Komödie „Drei Paar Schuhe" mit Lotte Lang als Schuhmacherfrau Leni.

Tilde Binder / Ernst Friese
• DREI PAAR SCHUHE
Bühnenbild GM / Regie: Hans Schott-Schöbinger
mit Lotte Lang (Leni), Hans Unterkircher, Elfi Gerhart
3. November 1939, Wiener Kammerspiele

Für Shakespeares „Viel Lärm um Nichts" entwirft Manker auf Basis der Shakespeare-Bühne sein erstes Simultanbühnenbild, einen Renaissancepalast mit drei Stockwerken, auf denen alle Schauplätze vereint sind und auf denen auch gleichzeitig gespielt werden kann. Die Simultanbühne bietet die ideale Lösung für die Vielzahl der sich überschneidenden Handlungen, etwa wenn im zweiten Stock die Hochzeit stattfindet, während abseits im dritten Stock die Verschwörer agieren.

William Shakespeare
• VIEL LÄRM UM NICHTS
Bühnenbild & Kostüme GM / Regie: Fritz Holl
mit Susanne Engelhard (Beatrice), O. W. Fischer (Claudio), Gert Fröbe (Borachio/Konrad), Egon von Jordan (Don Pedro)
10. November 1939, Deutsches Volkstheater

Hermann Bahr
• DIE KINDER
Bühnenbild GM / Regie: Walter Ullmann
mit Wilhelm Klitsch (Hofrat), Olly Holzmann (Anna), Robert Valberg (Gandolf), O. W. Fischer (Conrad), Otto Osthoff
8. Dezember 1939, Deutsches Volkstheater

Im Januar 1940 eröffnet das Deutsche Volkstheater als *„Wendepunkt in der kulturellen Betreuung der Arbeiterschaft"* (Völkischer Beobachter) eine Filialbühne in Floridsdorf mit 500 Plätzen, die „Werkbühne des Kreises X", die als erstes ständig spielendes Theater in diesem Bezirk mit 200.000 Einwohnern die Aktion „Volkstheater in den Außenbezirken" vorwegnimmt, mit der das Theater ab 1954 durch die Bezirke Wiens tourt. Bei der Eröffnung tritt in der Komödie „Die vier Gesellen" der 25jährige Curd Jürgens auf, der 1938 ans Deutsche Volkstheater engagiert worden ist.

Jochen Huth
• DIE VIER GESELLEN
Bühnenbild GM / Regie: Robert Valberg
mit Curd Jürgens, Klaramaria Skala, Karl Bachmann, Lisl Czap, Rita Gallos, Robert Horky, Lisl Kinateder, Lia Landt
11. Januar 1940, Deutsches Volkstheater in der Werkbühne des Kreises X in Floridsdorf (Vereinshaus Brünnerstraße 20)

Viel Lärm um nichts (1939)

oben:
Auf Basis der Shakespeare-Bühne entwirft Manker sein erstes Simultanbühnenbild, die Fassade eines Renaissancepalastes mit drei Stockwerken, auf denen alle Schauplätze vereint sind und auf denen gleichzeitig gespielt wird.

rechts
Szenenphoto.

linke Seite oben:
Drei Paar Schuhe (1939)
Lotte Lang als Leni Flink, Frau des Schuhmachermeisters.

linke Seite unten:
Der junge Curd Jürgens (1938)
im Lustspiele „Liebe ist zollfrei". Jürgens ist von 1938–1941 gemeinsam mit O. W. Fischer, Paul Hubschmid und Gert Fröbe am Deutschen Volkstheater engagiert.

1940

Am 9. Januar 1940 kann über den Stadtkommandanten von Wien ein Einberufungsbefehl Mankers buchstäblich in letzter Minute abgewendet werden.

Leon Epps „Die Komödie" in der Johannesgasse bringt im Februar 1940 mit der Erstaufführung von Heinrich Zerkaulens „Der Reiter", einem Stück über Hexenwahn und Aberglauben, *„einen der interessantesten und eindrucksvollsten Theaterabende der Spielzeit"* heraus. Das Arbeiten im beschränkten Raum und mit geringen Mitteln hat Manker bereits am Stadttheater in Bielitz erproben können, dies kommt ihm jetzt zu Gute: *„Als glänzende Lösung muss das Bühnenbild gelten, Gustav von Manker ist es auf dem ihm zur Verfügung stehenden winzigen Raum gelungen, mit ein paar feststehenden Bogen und einigen wenigen Versatzstücken nicht nur die vollendete Illusion einer Ratsstube, eines Verlieses und eines kaiserlichen Prunkraumes zu geben, sondern darüber hinaus die Stimmung der Aufzüge visionär eindrucksvoll zu untermalen."* (Weltbild)

Heinrich Zerkaulen
• **DER REITER** (EA)
Bühnenbild GM / Regie: Leon Epp
mit Franz Westen (Der Reiter), Hans Brand (Bürgermeister), Leon Epp (Rudolf II.), Richard Bohne (Tycho Brahe), Hugo Riedl (Ratsschreiber), Josef Meinrad (Geschützmeister)
14. Februar 1940, Die Komödie in der Johannesgasse

Rolf Haybach stellt für „Die Komödie" ein Ansuchen um Einsatz als Frontbühne und kann im Juli 1940 mit „Der Reiter" eine dreiwöchige Wehrmachtstournee nach Danzig und durch das Weichselgebiet antreten.

Zum 50jährigen Jubiläum des Deutschen Volkstheaters inszeniert Walter Bruno Iltz im Februar 1940 Franz Grillparzers Österreich-Drama „König Ottokars Glück und Ende". Eduard Wandrey spielt den Ottokar, Wilhelm Klitsch Rudolf von Habsburg, O. W. Fischer den Rosenberg und Dorothea Neff Margarethe von Österreich. Beim Loblied auf Österreich, gesprochen vom Dramaturgen Otto Emmerich Groh, kommt es wiederholt zu ostentativem Beifall: *„'S ist möglich, dass in Sachsen und beim Rhein es Leute gibt, die mehr in Büchern lasen; Allein, was Noth thut und was Gott gefällt, der klare Blick, der offne, richt'ge Sinn, da tritt der Oesterreicher hin vor Jeden, denkt sich sein Theil, und lässt die Andern reden!"* Dass es gerade in jener Zeit keine Stärke ist, zu schweigen, während andere handeln, fällt in Österreich nur wenigen auf. Gustav Mankers Bühnenbilder sind von *„äußerster, schmuckloser, arabeskenfreier Konzentration"*.

Franz Grillparzer
• **KÖNIG OTTOKARS GLÜCK UND ENDE**
Bühnenbild GM / Regie: Walter Bruno Iltz
mit Eduard Wandrey (König Ottokar), Wilhelm Klitsch (Rudolf von Habsburg), O.W. Fischer (Rosenberg), Dorothea Neff (Margarethe von Österreich), Robert Valberg (Kanzler), Kurt von Lessen (Benesch), Otto Emmerich Groh (Ottokar von Horneck), Gert Fröbe (Abgesandter des Reichstags)
15. Februar 1940, Deutsches Volkstheater

Julius Pohl
• **DIE EISHEILIGEN (SCHACH DER EVA)**
Bühnenbild GM / Regie: Karl Bachmann
mit Karl Bachmann (Maler), Georg Lorenz (Hampl), Tonio Riedl (Neffe), Klara-Maria Skala (Hilde), Willi Schumann
13. April 1940, Deutsches Volkstheater in der Werkbühne des Kreises X in Floridsdorf (Vereinshaus Brünnerstraße 20)

Sein erstes Bühnenbild für ein Alt-Wiener Zaubermärchen entwirft Gustav Mankers im Juni 1940 für Ferdinand Raimunds „Der Bauer als Millionär". Kurt von Lessen spielt die Titelrolle, Karl Skraup das hohe Alter, Lia Lange die Jugend, O. W. Fischer den Karl Schilf und das junge NSDAP-Mitglied Gert Fröbe Wurzels Freund Musensohn. Zwei Wolkensäulen zur Rechten und Linken, mit dem jeweiligen Prospekt dahinter, bilden den Rahmen für Mankers Barocktheater mit Feenpalästen und durchsichtigen Schleiern, das er unter *„Beibehaltung eines üppigen Zauberapparates"* in *„revuehafter Pracht"* gestaltet (Völkischer Beobachter). Die Phantastik triumphiert, selbst die irdischen Bilder der Handlung sind in die Welt der Zauberer und Feen hineingestellt, die das Geschehen der Erdlinge bestimmen. Die zwei Parallelebenen von romantischer Zauberwelt und irdischem Dasein kommen Mankers Vorliebe für Simultanbühnen entgegen.

Ferdinand Raimund
• **DER BAUER ALS MILLIONÄR**
Bühnenbild GM / Regie: Walter Bruno Iltz
mit Kurt von Lessen (Fortunatus Wurzel), Lia Lange (Jugend), Karl Skraup (Hohes Alter), Paula Pfluger (Zufriedenheit), O.W. Fischer (Karl Schilf). Egon von Jordan (Bustorius), Valerie Rückert (Lacrimosa), Karl Bachmann (Zenobius), Erhard Siedel (Ajaxerle), Hans Frank (Haß), Adolf Rebel (Neid), Liesl Kinateder (Lottchen), Karl Kalwoda (Lorenz), Gert Fröbe (Musensohn), Benno Smytt (Afterling)
Im Rahmen der Raimund-Festwoche 1940
2. Juni 1940, Deutsches Volkstheater

Zwei Tage nach „Der Bauer als Millionär" hat mit „Moisasurs Zauberfluch" eine weitere Raimund-Arbeit Mankers Premiere, diesmal in der „Komödie" und unter der Regie von Leon Epp, der selbst auch den Genius der Vergänglichkeit spielt. Manker benutzt eine kleine Drehscheibe mit drei Bögen, dreikantige, drehbare Türme zu beiden Seiten der Bühne und eine Praktikabelbahn, um auf kleinstem Raum den Raimund richtig *„hineinzuzaubern"* und findet mit der *„fast primitiven Technik des Puppentheaters"* zu einem *„höheren Realismus"*. Wieder kontrastiert die vorgegebene Beschränkung der kargen Mittel mit dem barocken Reichtum am großen Haus des Deutschen Volkstheaters.

Ferdinand Raimund (Bearbeitung: Joseph Gregor)
• **MOISASURS ZAUBERFLUCH**
Bühnenbild & Kostüme GM / Regie: Leon Epp
mit Leon Epp (Genius der Vergänglichkeit), Elisabeth Epp (Genius der Tugend), Hans Brand (Moisasur), Paula Nova (Alzinde), Hugo Riedl (Gluthahn), Josef Meinrad (Carambuco)
Im Rahmen der Raimund-Festwoche 1940
4. Juni 1940, Die Komödie in der Johannesgasse

Der Bauer als Millionär (1940)
Nobles Gemach in Fortunatus Wurzels Haus, an der Seite ein bronzierter Kleiderschrank (der später aufspringt und sich in eine transparente Laube mit einem Rasensitz verwandelt), rechts ein Fenster neben dem Schlafgemach Wurzels. Zwei Wolkensäulen, dahinter der jeweilige Prospekt, schaffen den Rahmen für Gustav Mankers barockes Schautheater mit Feenpalästen, Leuchtern und durchsichtigen Schleiern.

König Ottokars Glück und Ende (1940)

oben und links:
Kirchhof von Götzendorf. Haus des Küsters mit Glockenturm.

rechte Seite:
Susanne Engelhart als Kunigunde und Angela von Courten als Kammerfräulein.

nächste Doppelseite:
Bühnenbildzeichnung.

1940

Der Richter von Zalamea (1940)

rechts:
Entwurf für Pedro Crespos Haus. Mankers Bühnenbild arbeitet mit strengem Kontrast weißer Mauern im schwarzen Raum.

unten:
NS-Autor Wilhelm von Scholz, von dem die Bearbeitung stammt, Bühnenbildner Gustav Manker und Intendant Walter Bruno Iltz.

rechte Seite:
Szenen vor Crespos Haus und am freien Platz vor dem Rathaus.

SAISON 1940/1941

Für Calderons „Der Richter von Zalamea" baut Gustav Manker 1940 ein Bühenbild, das mit dem Kontrast weißer Mauern im schwarzen Raum arbeitet und so dramatisch ist *„wie die Vorgänge, die es beherbergt."* Es rückt die Geschehnisse auf der Drehbühne *„aus allem Naturalistischen ins Poetische"* (Neueste Nachrichten). Die Bearbeitung stammt vom NS-nahen Autor Wilhelm von Scholz, der zur Premiere nach Wien reist.

Calderon de la Barca (Bearbeitung: Wilhelm von Scholz)
• **DER RICHTER VON ZALAMEA**
Bühnenbild GM / Regie: Walter Ullmann
mit Egon von Jordan (Philipp II.), Eduard Wandrey (General), Otto Osthoff (Hauptmann), Wilhelm Klitsch (Pedro Crespo), Waltraud Klein (Isabell), Gert Fröbe (Soldat), Eva Maria Duhan
21. September 1940, Deutsches Volkstheater

Ab der Spielzeit 1940/41 steht in den Programmen des Volkstheaters eine Anweisung für den Luftschutz: *„Bei Fliegeralarm Ruhe bewahren! Es ist Vorsorge getroffen, dass alle Besucher entsprechenden Platz in den Luftschutzräumen des Theaters finden. Die Besucher aller Orchester- und Parkettsitze werden in die Luftschutzräume im Theatergebäude gewiesen. Die Besucher des I. und II. Ranges sowie der Logen werden in den Luftschutzraum des schräg gegenüberliegenden Justizpalastes geführt. Richtungspfeile beachten! Die Sitzplätze ohne Hast verlassen und allen Anordnungen der Luftschutzorgane unbedingt Folge leisten! Die Garderobe wird erst nach der Entwarnung ausgegeben! Die nächsten öffentlichen Luftschutzräume sind außerdem in den beiden Gebäuden des Naturhistorischen und Kunsthistorischen Museums."*

Im Oktober 1940 kommt das Lustspiel „Trenck der Pandur" von Otto Emmerich Groh mit O. W. Fischer in der Titelrolle und Dorothea Neff als Kaiserin Maria Theresia am Deutschen Volkstheater zur Aufführung,

DER RICHTER VON ZALAMEA

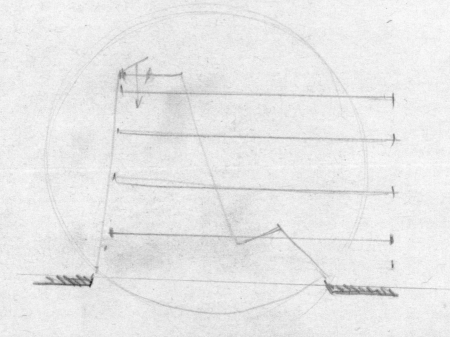

DER RICHTER VON ZALAMEA

Baron Trenck der Pandur (1940)

oben:
O.W. Fischer (auf der Treppe) als Baron Trenck, Major in österreichischen Diensten, im Lustspiel des NS-Autors und Dramaturgen Otto Emmerich Groh.

rechte Seite:
O.W. Fischer als Franz Freiherr von der Trenck und Valerie Rückert als Gräfin St. Croix.

das im selben Jahr mit Hans Albers verfilmt wird und bereits fünf Jahre zuvor am Burgtheater zu NS-Kundgebungen geführt hat. Sätze der Kaiserin wie „Ich beuge mich den Interessen des Deutschen Reiches – vor Frankreich beuge ich mich nicht!" und Trencks „Die Polizei hat den Kopf verloren" waren 1935 demonstrativ beklatscht worden.

Otto-Emmerich Groh
• **BARON TRENCK DER PANDUR** (EA)
Bühnenbild GM / Regie: Otto Emmerich Groh
mit O.W. Fischer (Trenck), Dorothea Neff (Kaiserin Maria Theresia), Otto Osthof (Khevenhüller), Hans Frank (Laudon), Lia Lange (Prinzessin Deinhartstein), Valerie Rückert (Gräfin St. Croix), Egon von Jordan (Stabsauditor), Oskar Wegrostek, Benno Smytt (Khevenhüller), Gert Fröbe (Baron Jelacic)
16. Oktober 1940, Deutsches Volkstheater

Der Autor Otto Emmerich Groh (1905–1978) ist seit 1933 NSDAP-Mitglied, war illegaler Nazi und Fachberater für Theater in der Landesleitung der NSDAP in Österreich. Gemeinsam mit Mirko Jelusich gründet er 1934 das „bodenständige und arische" Deutsche Theater in Wien, das Karl Zeman leitet und an dem Manker 1935 als junger Mann in Schillers „Kabale und Liebe" auftritt. Groh ist Dramaturg am Deutschen Volkstheater und tritt dort auch als Schauspieler auf (er spricht ironischerweise die Rede auf Österreich in „König Ottokars Glück und Ende").

Anton Tschechow
• **ONKEL WANJA**
Bühnenbild GM / Regie: Leon Epp
mit Hans Brand (Wanja), Hans Frank (Astrow), Elisabeth Epp (Helene), Josef Stiegler (Serebriakow), Elfriede Kuzmany (Sonja)
1. November 1940, Die Komödie in der Johannesgasse

Die Erstaufführung von „Suezkanal", einem „Weltgeschehen in 9 Bildern" über Ferdinand de Lesseps, den Erbauer des Suezkanals, und den „Dämon Aktie" zeigt Weltgeschichte aus NS-Sicht. Basierend auf seinem erfolgreichen Hörspiel kommt der 39-jährige Autor Hans Rehberg damit erstmals in Wien zu Wort und ist auch bei der Premiere anwesend.

Hans Rehberg
• **SUEZKANAL** (EA)
Bühnenbild GM / Regie: Walter Ullmann
mit Franz Michael Alland (Ferdinand v. Lesseps), Maria Waldner (Frau Delamalle), Valerie Rückert (Kaiserin Eugenie), Egon von Jordan (Kaiser Napoleon III.), Kurt von Lessen (Disraeli), Ernst Pröckl (Lionel Rothschild), Wilhelm Klitsch (Lord Palmerston), Oskar Wegrostek (Ismail Pascha), Benno Smytt (Graf Welewski), Hans Frank (türkischer Botschafter)
8. November 1940, Deutsches Volkstheater

Mankers Bühnenbild setzt einen Vorhang ein, auf dem eine große geografische Karte auf die weltpolitischen Zusammenhänge hinweist und verwendet plakartig projizierte Untertitel zu den einzelnen

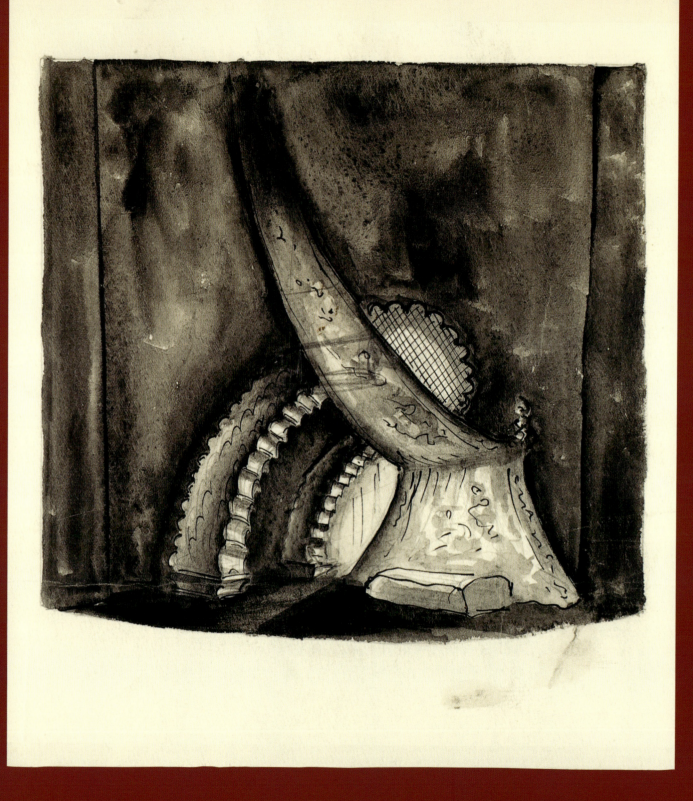

Suezkanal (1940)
3. Aufzug: In Kairo beim Vizekönig Ismail Pascha.

Suezkanal (1940)
Entwurf zum 2. Aufzug: Bankschalter.

Suezkanal (1940)

oben:
Gustav Manker mit dem Bühnenmeister und Oskar Wegrostek (Vizekönig Ismail Pascha).

rechte Seite:
3. Akt, letzte Szene. Im Haus des Lionel Rothschild, Chef der Londoner Rothschild-Bank, der 1858 als erster ungetaufter Jude ins Unterhaus einzieht.

Turenne: *Sie glauben, ich sei ein Schwärmer, Herr Rothschild. Sie täuschen sich. Bedenken Sie doch, dass Sie der erste Jude sind, der im britischen Parlament sitzt. Zehnmal hat das Parlament abgelehnt, beim elften Mal haben Sie gesiegt, Lionel Rothschild. War das keine Schwärmerei?*
Rothschild: *Das war Beharrlichkeit.*
Turenne: *Nun, das ist die jüdische Art zu schwärmen. – Beharrlichkeit!*

Der monumental strahlende Davidstern in Mankers kühnem Entwurf für Rothschilds Büro scheint der Zensur zum Opfer gefallen zu sein, in der Aufführung bleibt nur die Menora.

Das goldene Vliess (1941)
Oskar Werner, 19jährig, zwischen Josef Wichart (Milo) und Tonio Riedl (Jason) als Argonaut bei seinem Debüt in Leon Epps „Komödie" in der Johannesgasse.

Szenen, die den Reportage-Charakter des Stückes betonen. Die Bilder stehen als gewaltige malerische Impressionen gegen einen dunklen Hintergrund und erzielen *„ein Höchstmaß an künstlerischer Eindringlichkeit"*. Mit einfachen Mitteln erreicht der 4. und 5. Akt *„große Wirkung"*, während sich im 6. und 7. Bild *„eine hinreißende Farbenpracht"* entfaltet. Walter Ullmann inszeniert das Stück *„propagandistisch schlagend"* unter Zuhilfenahme von Lautsprechern und Scheinwerfern.

Anlässlich der Grillparzer-Festwoche 1941 entwirft Manker die Bühne zu „Ein treuer Diener seines Herrn" mit Dorothea Neff und O. W. Fischer.

Franz Grillparzer
• EIN TREUER DIENER SEINES HERRN
Bühnenbild GM / Regie: Walter Bruno Iltz
mit Eduard Wandrey (Bancbanus), Klaramaria Skala (Erny), F. M. Alland (König Andreas von Ungarn), Dorothea Neff (Gertrude), O. W. Fischer (Herzog Otto von Meran), Hans Frank (Graf Simon), Otto Osthoff (Graf Peter), Gert Fröbe (Edelmann), Benno Smytt (Befehlshaber), Auguste Welten (Kammerfrau), Wolf Floderer (Diener), Adolf Rebel (Arzt), Oskar Wegrostek (Hauptmann)
Festaufführung im Rahmen der Grillparzer-Woche 1941
19. Januar 1941, Deutsches Volkstheater

Manker wählt eine Kulissenbühne, auf deren Seiten Holztürme drei Gassen bilden. Dazwischen verlaufen Querbalken, in den Zügen verstellbar, und gegenüber drei Waagrechte, die sich zu einem Dachgebälk zusammensetzen. Durch das Einfügen von Wänden werden Räume gebildet, die den hölzernen Burgen in Frühungarn entsprechen. In diese stilisierte Linie, die von den schrägen Balken und düsteren Farben beherrscht wird, fällt einmal von links, dann wieder von oben ein Lichtkegel, der *„gerade die wichtigsten Personen in ein bezeichnendes Zwielicht"* taucht. Die Größe und Kargheit der Räume ist von *„atembeklemmender Wucht"* und verstärkt die *„mystisch-herbe Welt"* der ungarischen Wehrburgen im 13. Jahrhundert. Sie schließt mit einer monumentalen Waldlandschaft im letzten Akt. *„Das eigenartige Bühnenbild schuf Gustav von Manker. Schräg gelegte Dachsparren über stilisierter Szenenausstattung waren das beharrende bildliche Moment. Dieser optische Hinweis auf eine strenge Linie trug mit dazu bei, den düster spanischen Charakter der Inszenierung zu unterstreichen."*

Am 20. Januar 1941 debütiert in Franz Grillparzers „Das goldene Vließ" als erster Argonaute der 19jährige Oskar Werner in der „Komödie". Leon Epp inszeniert, Manker entwirft das Bühnenbild, Tonio Riedl, der Lebensgefährte Raoul Aslans, spielt den Jason.

Franz Grillparzer
• DAS GOLDENE VLIESS
Bühnenbild GM / Regie: Leon Epp
mit Paula Nova (Medea), Tonio Riedl (Jason), Hans Brand (Aietes), Regine Hendel (Gora), Oskar Werner (1. Argonaute)
20. Januar 1941, Die Komödie in der Johannesgasse

Im März 1941 erhält die Schauspielerin Dorothea Neff unerwartet Besuch von der jüdischen Modesalonbesitzerin Lilli Wolff aus Köln, die sie von ihrem Engagement vor dem Krieg kennt und die in Köln von den Nationalsozialisten enteignet worden ist. Als Wolff im Oktober von der Gestapo aufgefordert wird, sich für ihre Deportation fertig zu machen, entschließt sich Neff, die Jüdin bei sich zu verstecken. Wolff lebt von da an als „U-Boot" in Neffs Wohnung in der Annagasse 8, im ersten Stock. Da sie sich ihre Lebensmittelkarte mit Wolff teilen muss, magert Neff dramatisch ab und wiegt bei einer Größe von 1,75 m nur 48 kg, Lilli Wolff kaum über 40 kg. Beim notwendigen Schwarzhandel für zusätzliche Lebensmittel profitiert Neff von ihrer Popularität. Als Neff im Frühjahr 1945 medizinische Hilfe für Lilli Wolff braucht, wendet sie sich hilfesuchend an einen Medizinstudenten im vierten Stock. Es ist der spätere Psychiater Erwin Ringel, der ihr zur Seite steht und Wolff die notwendigen Spritzen verabreicht. Dorothea Neff wird für ihren Mut 1979 vom Yad Vashem in Israel die Ehrenmedaille der „Gerechten der Völker" verliehen.

Stefan Kamare
• **KÜHE AM BACH** (EA)
Bühnenbild GM / Regie: Fritz Holl
mit O. W. Fischer (Hoteldiener), Eduard Wandrey (Frederic), Benno Smytt (Rechnungsrat), Egon von Jordan (von Stupitz)
21. März 1941, Deutsches Volkstheater

Am 1. April 1941 rückt Manker als Kanonier zur Grundausbildung in die Stabsbatterie Stockerau ein.

Mit dem am 6. April 1941 beginnenden Balkanfeldzug greift das Deutsche Reich Jugoslawien und Griechenland an. Dabei wird es von italienischen und ungarischen Armeen unterstützt. Die jugoslawischen Streitkräfte kapitulieren am 17. April, Griechenland am 23. April. Hitler legt daraufhin den Überfall auf die Sowjetunion auf den 22. Juni 1941 fest.

Im Frühjahr 1941 eröffnet die „Exl-Bühne" ihre neue Spielstätte in der Praterstraße 25 (der vormaligen „Rolandbühne", nach dem Krieg das „Wiener Künstlertheater"). Ilse Exl übernimmt die Direktion von ihrem Vater Ferdinand, der das Eröffnungsstück „Vroni Mareiter" inszeniert. Gustav Manker setzt seine Zusammenarbeit mit der Truppe fort und entwirft 1941/42 zwölf Bühnenbilder für die Exl-Bühne.

Franz Karl Franchy
• **VRONI MAREITER**
Bühnenbild GM / Regie: Ferdinand Exl
mit Ilse Exl (Vroni Mareiter), Ferdinand Exl, Leopold Esterle, Anna Exl, Hans Kratzer, Hertha Agostini, Ludwig Auer
5. Februar 1941, Exl-Bühne

Julius Pohl
• **SCHACH DER EVA**
Bühnenbild GM / Regie: Ludwig Auer
mit Hans Dengel (Maler), Hans Hais (Lustspieldichter), Ludwig Auer (Hampl), Ralph Boddenhuser (Kanitzer), Leopold Esterle
7. März 1941, Exl-Bühne

oben:
Ein treuer Diener seines Herrn (1941)
O. W. Fischer als Otto von Meran und Dorothea Neff als seine Schwester Gertrude.

rechts:
Gustav Manker als Kanonier (1941)
während der Grundausbildung in der Stabsbatterie Stockerau.

EIN TREUER DIENER SEINES HERRN.

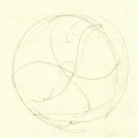

1.

1941

„Via Mala" nach John Knittels Bestseller aus dem Jahr 1934 über eine Familie, die ihren grausamen Vater tötet, ein Stück, zu dem Manker schon 1938 in Bielitz das Bühnenbild entworfen hat, wird in der Erstaufführung an der Exl-Bühne ein außergewöhnlicher Erfolg und steht über hundert Mal auf dem Spielplan. Die Presse fordert daraufhin: *„Man muss die Exl-Bühne um Himmels willen aus dieser Unglücksbude in der Praterstraße holen und sie wie Könige im Triumph in ein würdigeres Haus geleiten, das dann zu einem Hort und Wahrzeichen reifster Theatertradition werden könnte."*

Es spielen Annie Rosar die Donata Opferkuch, Dorothea Neff die Haushälterin, Klaramaria Skala die Anuschka und der neu engagierte Rolf Kutschera den Tony. Als Magd Lisl ist die 17jährige Schauspielschülerin Inge Konradi mit dabei.

Richard Billinger
• **DER GIGANT** (EA)
Bühnenbild GM / Regie: Walter Ullmann
mit Klaramaria Skala (Anuschka), Franz Michael Alland (Dub), Annie Rosar (Donata Opferkuch), Rolf Kutschera (Tony), Karl Skraup (Heiligtag, Stromer), Dorothea Neff (Wirtschafterin),

John Knittel
• **VIA MALA** (EA)
Bühnenbild GM / Regie: Hans Hais
mit Margarete Lachner a. G. (Sylvia), Ilse Exl (Hanna), Ralph Boddenhuser (Aktuar), Leopold Esterle (Richter), Anna Exl
10. April 1941, Exl-Bühne

Richard Billingers Drama „Der Gigant" über die Sehnsucht eines Bauernmädchens nach dem Moloch der Großstadt Prag kommt im April 1941 am Deutschen Volkstheater zur Erstaufführung und dient ein Jahr später als Vorlage für „Die Goldene Stadt" mit Kristina Söderbaum und Kurt Meisel, den zweiten deutschen Farbfilm. Die barock angelegten Stücke Billingers mit ihrer Mischung aus dämonischer Sinnesfreude und Gläubigkeit machen ihn neben Carl Zuckmayer zum meistgespielten Bühnenautor seiner Zeit. Gustav Mankers Bühnenbild betont den Gegensatz zwischen der Großstadt Prag als *„Moldaubabel"* und dem Dorf als zwei Welten, die gegeneinander stehen, was in den Dorfbildern mit *„klobiger Wucht"* geschieht und in der Prager Wohnung, *„mit groteskem Realismus"*.

Angela von Courten (Braut), Lisl Kinateder (Magd Julie), Hans Frank (Felix), Else Föry (Kindermagd), Eduard Spieß (Pelikan), Adolf Rebel (Dorflehrer), Karl Kalwoda (Portier), Auguste Welten (Fürbitterin), Inge Konradi (Lisl, Magd)
25. April 1941, Deutsches Volkstheater

Ende April 1941 kann Rudolf Haybach den Betrieb an der „Komödie" in der Johannesgasse finanziell nicht mehr aufrechterhalten und muss das Haus ans Deutsche Volkstheater angliedern, Eigentümer wird die Deutsche Arbeitsfront. Die „Komödie" wird zum zweiten KdF-Theater in Wien, Haybach wird dort bis August 1943 Vertreter des Generalintendanten Walter Bruno Iltz.

Am 22. Juni 1941 greift die Deutsche Wehrmacht mit drei Millionen deutschen Soldaten und 600.000 Soldaten aus den verbündeten Staaten die Sowjetunion an. Das „Unternehmen Barbarossa" beginnt. Es ist der größte Truppenaufmarsch aller Zeiten.

Am 10. Juli 1941 wird Gustav Manker nach hundert Tagen wieder aus der Wehrmacht entlassen.

oben:
Der Gigant (1941)
Annie Rosar als Donata Opferkuch, Rolf Kutschera als Tony und Klaramaria Skala als Anuschka.

rechte Seite:
Der Meineidbauer (1941)
6. Bild: Ärmliche Hütte.
Im Vordergrund eine Mitteltür, rechts eine Holztreppe, die auf den Boden führt, links ein Kachelofen. Im Vordergrund ein Tisch, ein Großvaterstuhl.

DER MEINEIDBAUER 6. BILD.

1941

SAISON 1941/1942

Ein Merkblatt des Intendanten Walter Bruno Iltz ordnet für das Deutsche Volkstheater an: *„Bei einem Terrorangriff, der das geschlossene Stadtgebiet Wien betrifft, haben sich die Gefolgschaftsmitglieder nach einem Nachtangriff bis 10 Uhr vormittags, nach einem Tagesangriff längstens 4 Stunden nach Entwarnung an ihrem Dienstort einzufinden. Sollte das betreffende Gebäude durch Totalschaden ausgeschaltet worden sein, so sind die Ausweichstellen aufzusuchen. Es wird besonders darauf hingewiesen, dass es streng verboten ist, im Katastrophenfalle ohne Einwilligung des Intendanten Wien zu verlassen. Der gesamte Einsatz ist Kriegsdienst an der Heimat."*

Bei Anzengrubers Volksstück „Der Meineidbauer" verblüfft *Gustav* Mankers „*hypermoderne*" Bühne im Herbst 1941 die Presse: *„Die wie aus der Finsternis eines Nirwanas hervorwachsende Szene, sie selbst in Licht getaucht, ist durch zwei schief gestellte Wände angedeutet. Auf den Bauernstuben lastet die Leere. Es gibt kein Dach, nur trostlos ins Nichts ragende Sparren und Balken. Aus dem Hintergrund schimmert ein überwältigendes Eisgebirge, Himalaja-Dimensionen verratend, in den Raum."* (Neues Wiener Tagblatt) Die nach oben offenen Interieurs, die von der gespenstisch erleuchteten Eiswelt der Berge überhöht werden, unterstreichen die Absicht der Aufführung, statt bäuerlichem Naturalismus ein *„melodramatisch umwobenes Gruselmärchen"* auf die Bühne zu stellen. Der bäuerliche Alltag ist nur mit sparsamen Einzelheiten gegenwärtig. Die NS-Presse urteilt reserviert über die untypische Aufführung: *„Die Bühnenbilder von Gustav Manker geben der stilisierten Inszenierung, die unser ostmärkisches Empfinden etwas befremdet, den Rahmen."*

Ludwig Anzengruber
• DER MEINEIDBAUER
Bühnenbild GM / Regie: Fritz Holl
mit Klaramaria Skala (Vroni), Willy Rösner (Kreuzwegbauer), Annie Rosar (Baumahm), Oskar Wegrostek (Höllerer), Robert Lindner (Toni), Karl Kalwoda (Großknecht), Hanns Kraßnitzer (Franz), Georg Lorenz (Jakob), Inge Konradi (Rosl)
4. September 1941, Deutsches Volkstheater

Während des Zweiten Weltkriegs übernehmen die Theater immer mehr die Funktion von Unterhaltung und Ablenkung, die Besucherzahlen erreichen in diesen Jahren Höchstwerte. Neben den großen ästhetischen Lösungen für NS-Monumentaldramen und Klassiker entwirft Gustav Manker auch zahlreiche Gebrauchsbühnenbilder für Boulevardstücke

Der Meineidbauer (1941)

oben:
Robert Lindner (Toni), Klaramaria Skala (Vroni), Willy Rösner (Mathias Ferner, der Kreuzwegbauer).

rechte Seite:
4. und 7. Bild: Stübchen der Vroni in Ottenschlag. Seitentüre links. Im Hintergrund rechts das Bett, mehr links das Fenster, Aussicht, im späteren Bild sichtbar, auf die Berge. Ein Tisch vorne links.

DER MEINEIDBAUER   4. u. 7. BILD.

1941

oben:
Gert Fröbe (1942)
als Vagabund in Gerhart Hauptmanns „Die Jungfern vom Bischofsberg".

oben rechts:
Paul Hubschmid (1940)
als Leander in Grillparzers „Des Meeres und der Liebe Wellen".

rechte Seite:
Die Königin Isabella (1941)
Dorothea Neff als Isabella von Kastilien und Willy Rösner als Ferdinand von Aragon.

und Komödien, so auch im Herbst 1941 für „Aphrodite ist meine Frau" in der Komödie in der Johannesgasse, die als kleines Haus ab da dem Deutschen Volkstheater angeschlossen ist.

Hanns Menzel
• **APHRODITE IST MEINE FRAU** (UA)
Bühnenbild GM / Regie: Fritz Holl
mit Paula Pfluger (Nelly), Friedl Haerlin (Brigitte), Karl Fochler
6. September 1941, Deutsches Volkstheater in der Komödie

Den Beginn einer Entwicklung weg vom Realismus bezeichnet im Oktober 1941 Mankers Bühnenbild zu Hans Rehbergs Historiendrama „Die Königin Isabella", mit dem er erneut in Widerspruch zur vorherrschenden Stil-Tendenz gerät. Aus einem grau schillernden Plafond von etwa drei Metern im Quadrat, der frei in den Bühnenraum gehängt ist, kommen Scheinwerferapparate herunter, die dem Raum den Eindruck eines Operationssaales verleihen. Der Plafond ist eine Begrenzung, die *„über das Schauspiel gehängt ist wie ein Zelt dach über eine imaginäre Plattform. Auf diese schmale Plattform sind Scheinwerfer aus dem Unendlichen gerichtet."* Die in gespenstig-dunklen Farben gehaltenen Prospekte, die die Seiten und die Decke abschließen, schaffen in bewusster Irrealität eine *„auf den Vorgängen düster lastende Atmosphäre, die sich in der makabren Schlussszene fast zur Greifbarkeit verdichtet."* (Wiener Neueste Nachrichten) Neun Mal wechselt der Schauplatz, der die Zuschauer mit *„unentrinnbarem Zwang"* in Stimmung und Atmosphäre versetzt. In der Titelrolle feiert Dorothea Neff einen großen Erfolg.

Hans Rehberg
• **DIE KÖNIGIN ISABELLA** (EA)
Bühnenbild GM / Regie: Walter Ullmann
mit Dorothea Neff (Isabella), Robert Lindner (Infant), Willy Rösner (Ferdinand von Aragon), Auguste Welten (Königswitwe Mutter), Traute Manz (Juana), Hanns Kurth (Großinquisitor), Karl Blühm (Herzog von Burgund), Hans Frank (Feldherr), Hans Richter (Christobal Colombo), Inge Konradi (Hofdame)
21. Oktober 1941, Deutsches Volkstheater

Nach einem Umbau des Zuschauerraums eröffnet die Exl-Bühne die Spielzeit 1941/42 mit den drei Episoden Naz (Geiz), Med (Trägheit) und Giggl (Hochmut) aus Franz Kranewitters Einakterzyklus „Die sieben Todsünden", einer wuchtigen Dokumentarreihe über menschliche Verderbtheit und Leidenschaftlichkeit in einer Dorfgemeinschaft. Die Titelfiguren sind mit Schuld beladene Menschen.

Franz Kranewitter
• **DIE SIEBEN TODSÜNDEN (DER NAZ, DER MED, DER GIGGL)**
Bühnenbild GM / Regie: Eduard Köck
mit Ludwig Auer (Naz), Anna Exl (Annalies), Ernst Auer (Med), Leonhard Auer (Zischg), Eduard Köck (Tod)
15. November 1941, Exl-Bühne

Rudolf Kremser
• **SPIEL MIT DEM FEUER**
Bühnenbild GM / Regie: Fritz Holl
mit O. W. Fischer (Zar Alexander I.), Valerie Rückert (Heloise), Hans Unterkircher (Metternich), Paula Pfluger (Lisette), Benno Smytt (Talleyrand), Hanns Kraßnitzer (Baptiste Graf Brissot)
16. November 1941, Deutsches Volkstheater in der Komödie

Die Königin Isabella (1941)

oben:
Bühnenbildentwurf.

links:
Dorothea Neff (links) mit Traute Manz als Juana und Karl Blühm als Herzog von Burgund und (rechts von ihnen) Hans Frank als Feldherr Gonzalo.

rechte Seite:
Bühnenbildentwurf. Aus einem grau schillernden Plafond, der frei in den Bühnenraum gehängt ist, kommen Scheinwerferapparate herunter, die dem Raum das Aussehen eines Operationssaales verleihen.

DIE KÖNIGIN ISABELLA — MANKER

1941 | 1942

Frau Warrens Gewerbe (1942)

oben:
Annie Rosar als Kitty Warren und Klaramaria Skala als ihre Tochter Vivie im Deutschen Volkstheater in der „Komödie".

rechte Seite:
Mankers Bühnenbildentwürfe.
1. und 2. Akt. Landhaus südlich von Haslemere in Surrey.
3. Akt. Garten des Pfarrhauses.

oben rechts:
Der Elfte aus der Reihe (1942)
Georg Alexander als Stephan Klapka in seiner eigenen Inszenierung in der „Komödie".

Friedrich Hedler
• **DER FLOH IM OHR** (UA)
Bühnenbild GM / Regie: Eduard Köck
mit Eduard Köck (alter Bauer), Anna Exl (Witwe), Ilse Exl (Resl), Franz Ludwig (Großknecht), Leopold Esterle (Knecht)
27. November 1941, Exl-Bühne

Ab 1. Dezember 1941 wohnt Manker im ersten Stock des Seitentraktes von Schloss Pötzleinsdorf, in der Geymüllergasse im 18. Bezirk. Die Wohnung wird ihm von der Stadt Wien zur Verfügung gestellt. Zuvor hat Manker in seinem Elternhaus in der Ungargasse 9 im dritten Bezirk gewohnt.

Am 7. Dezember 1941 überfällt Japan die amerikanische Flotte in Pearl Harbor. Vier Tage später erklärt das Deutsche Reich Amerika den Krieg.

Anton Hamik
• **DER VERKAUFTE GROSSVATER**
Bühnenbild GM / Regie: Ludwig Auer
mit Franz Ludwig (Kreithofer), Leopold Esterle (Lois), Eduard Köck (Haslinger), Ludwig Auer (Großvater), Ernst Auer (Martl)
30. Dezember 1941, Exl-Bühne

George Bernard Shaw
• **FRAU WARRENS GEWERBE**
Bühnenbild GM / Regie: Walter Ullmann
mit Annie Rosar (Kitty Warren), Klaramaria Skala (Vivie), Willy Rösner (Crofts), Ernst Pröckl (Praed), Benno Smytt (Samuel Gardner), Erland Erlandsen (Frank)
7. Februar 1942, Deutsches Volkstheater in der Komödie

Zum 75. Geburtstag von Karl Schönherr führt die Exl-Bühne am 24. Februar 1942 dessen Komödie „Erde" mit Eduard Köck in seiner Paraderolle als alter Grutz auf, der bedingungslos die Treue zum Tiroler Boden als dämonisches Heimatsymbol hält.

Karl Schönherr
• **ERDE**
Bühnenbild GM / Regie: Eduard Köck
mit Eduard Köck (Grutz), Leopold Esterle (Hannes), Anna Exl (Mena), Mimi Auer-Gstöttner (Trine), Ludwig Auer (Eishof)
24. Februar 1942, Exl-Bühne

Der Filmstar Georg Alexander tritt im März 1942 in der „Komödie" in der Kriminalkomödie „Der Elfte aus der Reihe" auf und inszeniert das Stück auch selbst.

Bruno Corra / Giuseppe Achille
• **DER ELFTE AUS DER REIHE**
Bühnenbild GM / Regie: Georg Alexander
mit Georg Alexander a. G. (Klapka), Valerie Rückert (Margit), Robert Lindner (Max), Oskar Wegrostek, Benno Smytt
25. März 1942, Deutsches Volkstheater in der Komödie

Ende März 1942 feiert die Exl-Bühne mit einer Festwoche ihr 40jähriges Bestehen. Gegründet wurde sie im Jahr 1902 von Ferdinand Exl als „Erste Tiroler Bauernspiel-Gesellschaft" im heutigen Innsbrucker Stadtteil Wilten. Mit „Das Dorf und die Menschheit" kommt ein Stück der viel gespielten Tiroler Dramatikerin und Drehbuchautorin Juliane Kay auf den Jubiläums-Spielplan.

Juliane Kay
• **DAS DORF UND DIE MENSCHHEIT**
Bühnenbild GM / Regie: Eduard Köck
mit Ilse Exl, Leonhard Auer, Edith Habtmann, Hans Kratzer, Maria Wiesinger, Anna Zötsch, Eduard Köck, Leopold Esterle
Jubiläumswoche zum 40jährigen Bestehens der Exl-Bühne
30. März 1942, Exl-Bühne

1942

Den Höhepunkt des Jubiläums der Exl-Bühne bildet am 31. März 1942, dem Jahrestag der Gründung, die Aufführung von Ludwig Anzengrubers „Der ledige Hof", die von zahlreichen Ehrengästen aus Partei, Staat und Wehrmacht besucht wird.
Das Publikum feiert das Ensemble mit Ovationen.

Ludwig Anzengruber
• DER LEDIGE HOF
Bühnenbild GM / Regie: Eduard Köck
mit Ilse Exl (Agnes Berhofer, Bäuerin vom „ledigen Hof"), Anna Exl (Therese), Leopold Esterle (Großknecht), Eduard Köck
Jubiläumswoche zum 40jährigen Bestehens der Exl-Bühne
31. März 1942, Exl-Bühne

Als Schillers „Jungfrau von Orleans" debütiert Ende März 1942 die 22jährige Judith Maria Holzmeister am Deutschen Volkstheater, neben ihr spielt O.W. Fischer den Lionel und Egon von Jordan den Dauphin. Die Inszenierung von Walter Bruno Iltz sieht in dem Stück weniger das nationale Schauspiel als die religiöse Legende. Manker gibt seiner Bühne einen gotischen Flügelaltar als Rahmen. Die Prospekte sind auf der weit in die Tiefe reichenden Bühne wie Tafelbilder eingesetzt, die Schauplätze bewusst malerisch ausgeführt. Die wenigen Einzelstücke, die zur Verwendung gelangen, verstärken in der Sparsamkeit ihrer Verwendung den Eindruck des stilisierten Tafelbildes.

Friedrich Schiller
• DIE JUNGFRAU VON ORLEANS
Bühnenbild GM / Regie: Walter Bruno Iltz
mit Judith Maria Holzmeister (Johanna), O.W. Fischer (Lionel), Egon von Jordan (Dauphin), Traute Manz (Agnes Sorel), Curt von Lessen (Talbot), Ludwig Hillinger (Graf Dunois), Karl Blühm (Raoul), Hans Frank (Philipp der Gute), Dorothea Neff (Königin Isabeau), Hanns Kraßnitzer (La Hire), Erland Erlandsen (Herold)
31. März 1942, Deutsches Volkstheater

Julius Pohl
• DIE FÜNF KARNICKEL
Bühnenbild GM / Regie: Ernst Auer
mit Ludwig Auer (Klops), Anna Exl (Großmutter Klops), Hans Dengel (Bäckermeister), Hertha Agostini (Varietésängerin)
Jubiläumswoche zum 40jährigen Bestehens der Exl-Bühne
2. April 1942, Exl-Bühne

Im April 1942 erfolgt mit der Uraufführung einer Revue die Eröffnung des Bürgertheaters im dritten Bezirk unter der Direktion des Nazis Robert Valberg. Für die Musik zeichnen sieben Komponisten verantwortlich, es spielt das bekannte Boheme-Quartett. Die 16 Revue-Bilder entwirft Gustav Manker. In der Hauptrolle ist der Autor Hans Schott-Schöbinger zu sehen, neben ihm spielen Publikumslieblinge wie Hans Olden, Mimi Shorp oder Lia Lange. Trotz negativer Kritiken erfreut sich das Stück großer Beliebtheit: im September 1942 berichtet die Presse von beinahe 200 en suite Aufführungen.

Die Jungfrau von Orleans (1942)
Manker gibt seiner Bühne einen gotischen Flügelaltar als Rahmen, dessen Himmel in Goldgrund gestaltet ist. Die Prospekte sind auf der weit in die Tiefe reichenden Bühne wie Tafelbilder eingesetzt.

Die Jungfrau von Orleans (1942)
Bühnenbildentwurf. Manker verwendet einen gotischen Flügelaltar als Rahmen.

Die Jungfrau von Orleans (1942)
Dorothea Neff als Königin Isabeau und Judith Holzmeister als Johanna von Orleans.

Die Jungfrau von Orleans (1942)
Judith Holzmeister als Johanna und O. W. Fischer als Lionel.

1942

Rudolf Weys / Hanns Schott-Schöbinger
- **RINGSTRASSEN-MELODIE** (UA)
Bühnenbild GM / Regie: Robert Valberg / Kompositionen: J. C. Knaflitsch, Hans Lang, Karl Loubé, Heinz Sandauer, Alexander Steinbrecher, Bruno Uher, Ferry Wunsch
mit Hans Olden, Lia Lange, Hanns Schott-Schöbinger, Robert Valberg, Robert Horky, das Boheme-Quartett
17. April 1942, Bürgertheater

Das Bühnenbild zu Nestroys „Der Zerrissene" ist im April 1942 Mankers erste Begegnung mit diesem Autor, der mit über 40 Inszenierungen zum prägenden Dramatiker seines Lebens wird. Manker wird das Stück mehrmals in seinem Leben auch selbst inszenieren, 1962 mit Veit Relin, 1972 mit Walter Schmidinger und 1984 ist es die letzte Inszenierung seines Lebens.

Johann Nestroy
- **DER ZERRISSENE**
Bühnenbild GM / Regie: Friedrich Neubauer
mit Curt von Lessen (Lips), Karl Skraup (Krautkopf), Karl Kalwoda (Gluthammer), Camilla Weber (Kathi), Maria Waldner (Mme Schleyer), Erland Erlandsen (Sporner), Karl Jirka (Wixer)
28. April 1942, Deutsches Volkstheater

Bei „Frühlingswind" beginnt im Mai 1942 eine langjährige und prägende Zusammenarbeit Gustav Mankers mit dem Regisseur Günther Haenel, der von Walter Bruno Iltz nach dem Abgang des betont nationalsozialistisch agierenden Oberspielleiters Erhard Siedel ans Deutsche Volkstheater engagiert wird, obwohl er einen kommunistischen Background hat. Einem Berufsverbot entgeht Haenel nur, weil er Träger des Eisernen Verdienstkreuzes aus dem 1. Weltkrieg ist. Haenel hat mit der Machtübernahme der Nationalsozialisten in Deutschland beschlossen, nur mehr Regie zu führen, denn „*in dieser Funktion konnte ich Sätze streichen, Sätze gegen das Regime spielen lassen, während ich mich als Schauspieler den Anordnungen der Regisseure hilflos ausgeliefert sah.*" Um Haenel schart sich bald ein Kreis von KünstlerInnen, die dem NS-Regime ablehnend gegenüberstehen und die dies auch vorsichtig auf der Bühne zum Ausdruck zu bringen bereit sind. Manker wird in den nächsten 15 Jahren insgesamt 34 Bühnenbilder für Haenel entwerfen, darunter G. B. Shaws „Die Heilige Johanna" und Ferdinand Raimunds „Der Diamant des Geisterkönigs" sowie nach 1945, als Haenel Direktor des Volkstheaters wird, „Die letzten Tage der Menschheit" von Karl Kraus, Julius Hays „Haben" und die Erstaufführung von Jean Anouilhs „Antigone".

Johann von Bokay
- **FRÜHLINGSWIND**
Bühnenbild GM / Regie: Günther Haenel
mit Alfred Gerasch a. G. (Faber), Klaramaria Skala (Jo), Ernst Pröckl (Franz), Robert Lindner (Ulli), Erland Erlandsen (Herbert)
21. Mai 1942, Deutsches Volkstheater in der Komödie

Der Zerrissene (1942)

unten:
Karl Skraup als Krautkopf.

rechte Seite:
Gustav Mankers Bühnenbilder.
1. Akt. Landhaus des Herrn von Lips. Eleganter Gartenpavillon mit Balkon, Aussicht auf eine pittoresk-gigantische Felsengegend.
2. Akt. Krautkopfs Pachthof. Getreidespeicher mit drei Falltüren, im Hintergrund ein Tor, welches zur Dreschtenne führt.
3. Akt. Stube in Krautkopfs Pachthof. Im Hintergrund ein Bett, das mit Vorhängen geschlossen ist.

Georg Alexander

Komödie
INTENDANT WALTER BRUNO ILTZ

WIEN

SPIELJAHR 1941/42

DEUTSCHES VOLKSTHEATER
INTENDANT WALTER BRUNO ILTZ

Christl Mardayn

Bei Fliegeralarm Ruhe bewahren!

Die Sitzplätze ohne Hast verlassen und allen Anordnungen der Luftschutzorgane unbedingt Folge leisten!

Richtungspfeile beachten, die den Weg zum Luftschutzraum weisen!

Die Garderobe wird erst nach der Entwarnung ausgegeben!

Luftschutzraum im Hause!

Deutsches Volkstheater

Ein Sommernachtstraum
Von William Shakespeare
Deutsch von August Wilhelm von Schlegel
Musik von Ludwig Maurich

Theseus, Herzog von Athen	Egon v. Jordan
Hippolyta, Königin der Amazonen, mit Theseus verlobt	Maria Lußnigg
Egeus, Vater der Hermia	Kurt v. Lessen
Lysander, Liebhaber der Hermia	Otto Wilhelm Fischer
Demetrius	Paul Hubschmid
Hermia, Tochter des Egeus, in Lysander verliebt	Olly Holzmann
Helena, in Demetrius verliebt	Lotte Koch
Philostrat, Aufseher der Lustbarkeiten am Hofe des Theseus	Eduard Spieß
Oberon, König der Elfen	Hans Frank
Titania, Königin der Elfen	Valerie Rüchert
Puck, ein Elfe	Karl Skraup
Eine Elfe	Jutta Bornemann
Squenz, der Zimmermann	Adolf Nebel
Zettel, der Weber	Erhard Siedel
Flaut, der Bälgenflicker	Robert Hochy
Schnauz, der Kesselflicker	Ernst Pröckl
Schlucker, der Schneider	Lars Doddenhof
Schnock, der Schreiner	Benno Smytt
Prologus	Adolf Nebel
Pyramus	Erhard Siedel
Thisbe	Robert Hochy
Wand	Ernst Pröckl
Mondschein	Lars Doddenhof
Löwe	Benno Smytt

Elfen, Jagdgefolge, Diener

1. Bild: Palast des Theseus. 2. Bild: Werkstatt des Squenz. 3. Bild: Wald. 4. Bild: Ankleideraum der Rüpel im Palast des Theseus. 5. Bild: Festsaal

Inszenierung: Walter Ullmann   Bühnenbilder: Gustav von Manker

Musikalische Leitung: Ludwig Maurich

Nach dem dritten Bild eine größere Pause

Anfang 19 Uhr   Ende 22 Uhr

Technische Einrichtung: Inspektor Franz Unger

Deutsches Volkstheater
NS-Gemeinschaft „KRAFT DURCH FREUDE"
Intendant Walter Bruno Iltz

Spielzeit-Eröffnung
Samstag den 21. September 1940
Erstaufführung

Der Richter von Zalamea
Schauspiel in drei Akten (acht Bildern) von Calderon
Freie Nachdichtung von Wilhelm v. Scholz

Inszenierung: Walter Ullmann   Bühnenbild: Gustav v. Manker

Philipp der Zweite, König von Spanien	Egon v. Jordan
Don Lope de Figueroa	Eduard Wandrey
Don Alvaro de Ataybe, Hauptmann	Otto Ofthoff
Pedro Crespo, ein reicher Bauer	Wilhelm Klitsch
Juan	Wolf Floderer
Isabell } dessen Kinder	Waltraut Klein
Ines, ihre Muhme	Traudl Thuma
Rebolledo, Soldat	Gert Fröbe
Chispa, Marketenderin	Eva Maria Duhan
Ein Sergeant	Franz Haas
Ein Fahnenträger	Kurt Wolff
Ein Soldat	Lars Doddenhof
Ein Gerichtsschreiber	Eduard Spieß

Gefolge des Königs, Soldaten, Bauern

Das Stück spielt in und bei Zalamea, einem Dorfe Estremaduras

Kassen-Eröffnung 19 Uhr   Anfang 19.30 Uhr   Ende 22 Uhr

Samstag, den 22. September. Anfang 19.30 Uhr: Der Bauer als Millionär
Montag, den 23. September. Anfang 19.30 Uhr: Der Bauer als Millionär
Dienstag, den 24. September. Anfang 19.30 Uhr: Onkel Theodor
Mittwoch, den 25. September. Anfang 19.30 Uhr: Onkel Theodor
Donnerstag, den 26. September. Anfang 19.30 Uhr: Der Richter von Zalamea
Freitag, den 27. September. Anfang 19.30 Uhr: Der Richter von Zalamea
Samstag, den 28. September. Anfang 19.30 Uhr: Der Bauer als Millionär
Sonntag, den 29. September. Anfang 19.30 Uhr: Der Bauer als Millionär

Vorverkauf für alle Vorstellungen an der Tageskasse (Fernsprecher B-31-0-37 u. B-39-2-86) von 10 bis 15 Uhr u. 18 bis 18.45 Uhr, außerdem in allen Theaterkartenbüros zu Kassenpreisen

---

Festvorstellung im Rahmen der Grillparzer-Woche zum 150. Geburtstag Franz Grillparzers

Das goldene Vließ
Dramatisches Gedicht

Inszenierung: Leon Epp   Bühnenbilder: Gustav v. Manker

I. Teil: Der Gastfreund
Ein Aufzug

Rolle	Darsteller	Rolle	Darsteller
Aietes, König v. Kolchis	Hans Brand	Eine Jungfrau Medeens	Gerti Schweng
Medea, seine Tochter	Paula Nova	Phryxus	Franz Messen
Gora	Regine Hendel	1. Kolcher	Erich v. Mottoni
Peritta	Helene Lochner	2. Kolcher	Lois Pollinger

II. Teil: Die Argonauten
Vier Aufzüge (7 Bilder)

Rolle	Darsteller	Rolle	Darsteller
Aietes	Hans Brand	Jason	Tonio Riedl
Medea	Paula Nova**	Milo, sein Freund	Josef Wichart
Absyrtus	Kurt Ludescher	1. Argonaute	Oswar Werner
Gora	Regine Hendel	2. Argonaute	Gustav Schweighofer
Peritta	Helene Lochner	3. Argonaute	Rudolf Leutner
Jungfrau Medeens	Gerti Schweng	4. Argonaute	Erich v. Mottoni, Lois Pollinger

* vom Deutschen Volkstheater, Wien   ** Mitglied der städt. Bühnen in Graz

Die Handlung spielt in Kolchis

Eine größere Pause nach dem 4. Bild der Argonauten

Die Kostüme wurden angefertigt in der Werkstätte des Theaters von Mary Kratzer
Technische Einrichtung: Karl Ullmann   Beleuchtung: Karl Leithner
Alte Waffen Orientalisches Kunstgewerbehaus Franz Horel, I., Kärntnerstraße 23
Die Radio- und Lautsprecheranlage von der Radiofirma Ernst Berndt, V/55, Margaretengürtel 124

Deutsches Volkstheater
NS-Gemeinschaft „KRAFT DURCH FREUDE"
Intendant Walter Bruno Iltz
Mittwoch, den 12. Januar 1944
Ausverkauft

Maria Stuart
Trauerspiel in 5 Aufzügen (7 Bildern) von Friedrich Schiller

Inszenierung: Otto Burger

Bühnenbild: G. v. Manker   Kostüme: Ilse Richter

Elisabeth, Königin von England	Dorothea Neff
Maria Stuart, Königin von Schottland	Judith Holofernster
Robert Dudley, Graf von Leicester	Ludwig Hillinger
Georg Talbot, Graf von Shrewsbury	Benno Smytt
Wilhelm Cecil, Baron von Burleigh, Großschatzmeister	Hans Frank
Graf von Kent	Franz Haas
Davison, Staatssekretär	Kamilert Gensichen
Amias Paulet, Hüter der Maria	Hans Richter
Mortimer, sein Neffe	Andreas Wolf
Graf Aubespine, französischer Gesandter	Georg Matthes
Graf Bellievre, außerordentlicher Botschafter von Frankreich	Lars Doddenhof
Okelly, Mortimers Freund	Albert Kunz
Drugeon Drury, zweiter Hüter der Maria	Rolf Karl Gerbel
Melvil, Haushofmeister der Maria	Joseph Stiegler
Burgoyn, Arzt der Maria	Emil Otterwalter
Hanna Kennedy, Amme der Maria	Valiy v. Benessis
Margareta Kurl, Kammerfrau der Maria	Margot Jahnen
Offizier der Leibwache	Walter Sodra
Alix	Erni Reiask
Rosamund } Kammerfrauen der Maria	Herta Roack
Gertrud	Rose Lischkutin
Sheriff	Franz Tamele
Page	Louis Hauser

1. Bild: Im Schloß zu Fotheringhay. 2. Bild: Palast zu Westminster. 3. Bild: Park zu Fotheringhay.
4. Bild: Vorzimmer im Westminster Palast. 5. Bild: Zimmer der Königin Elisabeth. 6. Bild: Im Schloß
zu Fotheringhay. 7. Bild: Zimmer der Königin Elisabeth. Technische Einrichtung: Franz Unger

Die Kostüme und Dekorationen wurden in den Werkstätten des Deutschen Volkstheaters hergestellt

Pause nach dem dritten Akt

Anfang 17.45 Uhr   Ende 21 Uhr

Donnerstag, 13. Januar. Anfang 17 Uhr: Der Unbedeutende. Vorstellung für die Wehrmacht
Freitag, 14. Januar. Anfang 18.30 Uhr: Der Unbedeutende. Vorstellung für das Amt Heer
Samstag, 15. Januar. Nachmittags 15 Uhr: Der Unbedeutende. Geschlossene Vorstellung für die NS.-Gemeinschaft „Kraft durch Freude". Abends 18.30 Uhr: Der Unbedeutende. Kein Kartenverkauf
Sonntag, 16. Januar. Nachmittags 15 Uhr: Der Unbedeutende. Abends 18.30 Uhr: Das Deutsche Große Welttheater
Montag, 17. Januar. Anfang 17.45 Uhr: Maria Stuart
Dienstag, 18. Januar. Anfang 17.45 Uhr: Maria Stuart
Mittwoch, 19. Januar. Anfang 17.45 Uhr: Maria Stuart. Zuspätkommende erhalten nur Einlaß nach dem ersten Bild (Lichtpause)

Beginn der Abendvorstellung pünktlich 17.45 Uhr.

Collage of Viennese theatre programmes and playbills (1939–1944):

- Das Deutsche Volkstheater, Wien, Spielzeit 1939/40 / Drittes Heft
- Wiener Kammerspiele, Theater in der Rotenturmstraße, Leitung: Hanns Schott-Schöbinger
- EXL-BÜHNE, Direktion: Ilse Exl — Aus Franz Kranewitters Einakterfolge: Die Sieben Todsünden, 1. Abend: Der Naz (Geiz), Der Med (Trägheit), Der Giggl (Hochmut)
- Das Theater Die Komödie, Leitung: Rudolf Haybach – Leon Epp, Wien I., Johannesgasse 4 — Eröffnungsvorstellung Donnerstag, 28. September 1939, 20 Uhr: „Lilofee", dramatische Ballade von Manfred Hausmann mit Musik von Ludwig Roselius
- Hans Rohrberg (Zeichnung von Vivienne Kontor-Just) — Deutsches Volkstheater, Intendant Walter Bruno Iltz, Wien, Spieljahr 1941/42
- Theater an der Wien, Direktion: Ferdinand Exl — EXL-BÜHNE, Freitag den 5. Mai 1939, 20 Uhr, Uraufführung: Das Glück fällt vom Himmel, Ein ländliches Singspiel in drei Aufzügen von R. Wolfried, Musik von F. Klamert
- Deutsches Volkstheater, NS-Gemeinschaft „Kraft durch Freude", Intendant Walter Bruno Iltz — Sonntag, den 23. April 1944, 18.30 Uhr, Erstaufführung: Der Diamant des Geisterkönigs, Ein Zauberspiel in acht Bildern von Ferdinand Raimund
- Das Theater Die Komödie, Leitung: Rudolf Haybach – Leon Epp, Wien I., Johannesgasse 4 — Der Reiter, Schauspiel in 5 Aufzügen von Heinrich Zerkaulen, Inszenierung: Leon Epp, Bühnenbilder: Gustav v. Manker
- Deutsches Volkstheater, NS-Gemeinschaft „Kraft durch Freude", Intendant Walter Bruno Iltz — Wegen Kohlenersparnis geschlossen
- Wiener Bürgertheater, III. Gigergasse 8, Direktion: Robert Valberg — „Ringstraßen-Melodie", Revuekomödie in 16 Bildern von Rudolf Weys und Hanns Schott-Schöbinger

Demetrius (1942)

oben:
O. W. Fischer als Demetrius mit Hans Kurth als Patriarch und (rechts) Hans Frank und Oskar Wegrostek als Bojaren Fürst Schuskoi und Basmanow.

rechte Seite:
Dorothea Neff als Zarin und Heinrich Ortmayr als Otrepiep, Hetman der Saporogischen Kosaken.

Baldur von Schirach, Hitlers Reichsstatthalter in Wien, veranstaltet vom 31. Mai bis 7. Juni 1942 eine Friedrich Hebbel-Woche, „Hebbel und Wien", an der sich alle Wiener Theater beteiligen. Die Exl-Bühne spielt eine Wiener Fassung des Lustspiels „Der Diamant", das Deutsche Volkstheater bringt Hebbels letztes Werk „Demetrius", mit O. W. Fischer in der Titelrolle zur Wiener Erstaufführung. Beide Male entwirft Gustav Manker das Bühnenbild.

Friedrich Hebbel (Bearbeitung: Wilhem Heim)
• **DER DIAMANT** (UA)
Bühnenbild GM / Regie: Eduard Köck
mit Ernst Auer (Dichter), Ilse Exl (Muse), Ludwig Auer (Jakob), Anna Exl (seine Frau), Wilhelm Heim (Dr. Pfeffer)
Im Rahmen der Hebbel-Festwoche „Hebbel und Wien"
1. Juni 1942, Exl-Bühne

Mit „Demetrius" erfüllt sich Intendant Walter Bruno Iltz einen persönlichen Wunsch, für den er bei der „Reichsdramaturgie" um eine Sondergenehmigung ansuchen muss, da seit dem Russlandfeldzug sämtliche russischen Stoffe verboten sind. Manker nutzt im Bühnenbild die gesamte Tiefe der Bühne, verwendet erstmals in Wien die Schräge und arbeitet mit Treppen, Absätzen, Vorsprüngen und Mauern, über die beim Einzug nach Moskau nur die Fahnen, Speerspitzen und Baldachine des Zarenzuges ragen.

Friedrich Hebbel
• **DEMETRIUS**
Bühnenbild GM / Regie: Walter Ullmann
mit O. W. Fischer (Demetrius), Dorothea Neff (Marfa, Witwe Iwan des Schrecklichen), Annie Rosar (Barbara), Eduard Wandrey (Mniczek), Waltraut Klein (Marina), Robert Lindner (Odowalski), Hans Kraßnitzer (Poniatowski), Egon von Jordan (Kardinallegat), Heinrich Ortmayr (Otrepiep), Karl Kalwoda (Petrow), Benno Smytt (Jesuit), Hans Richter (Zar Boris Godunow), Hans Kurth (Patriarch von Moskau)
6. Juni 1942, Deutsches Volkstheater

E. A. Iberer / Bruno Hardt-Warden
• **EINE KLEINE LIEBELEI** (UA)
Bühnenbild GM / Regie: Herbert Brunar
mit Wolf Martini, Inge Rosenberg, Heinz Fischer-Karwin
3. Juli 1942, Exl-Bühne

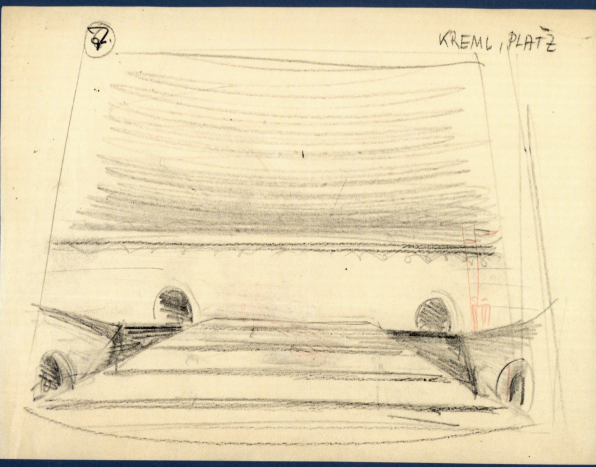

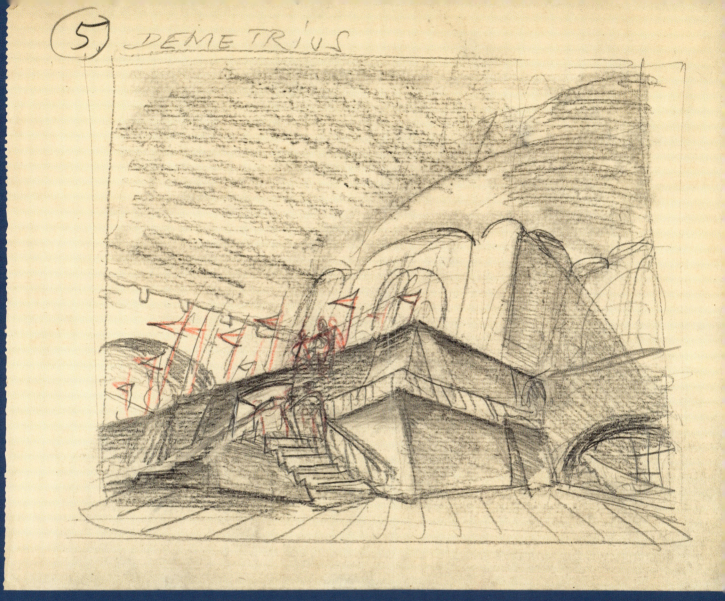

Demetrius (1942)

oben:
Feierlicher Einzug des Demetrius.

rechts:
Kreml.

linke Seite oben:
Schlachtfeld vor Nowogorod.

Demetrius: Mein Volk ist feig!

Poniatowsky: Nein, Herr, du bist nur tapfer, sie fochten besser, als ich's je gesehn.

linke Seite unten:
Kreml. Großer Platz.

Basmanow: Die Republik der Polen in Waffen für den Schatten eines Knaben, von dessen Knochen nicht das kleinste Stäubchen mehr übrig ist!

Schuiskoi: Was gibt es denn in Moskau?

Basmanow: Nichts Neues, Moskau ist vollkommen ruhig, doch diese Ruhe scheint mir fast zu groß.

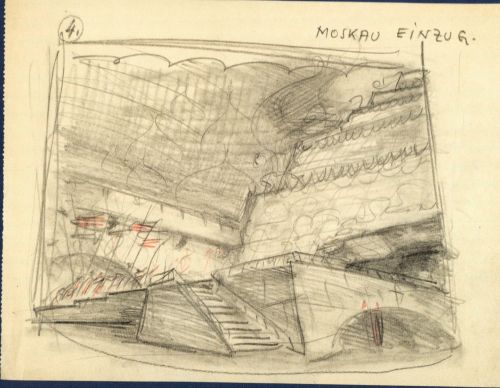

Demetrius (1942)

oben:
Großer Audienzsaal.

links:
Einzug des Demetrius.

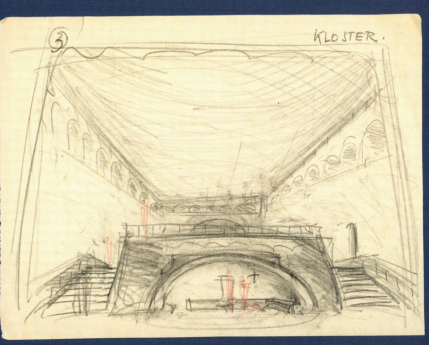

Demetrius (1942)

oben:
Vorspiel. Sendomir 1605. Hof. Odowalsky und Poniatowsky, polnische Edelleute, treten auf.

rechts:
Kloster zu Wyks.

Marfa: Auf der Erde ist nichts, was mich noch reizt, und legte man die Zarenkrone wieder vor mich hin: Ich höbe sie so wenig auf, wie du ein Spielzeug, das man dir als Kind entriß.

1942

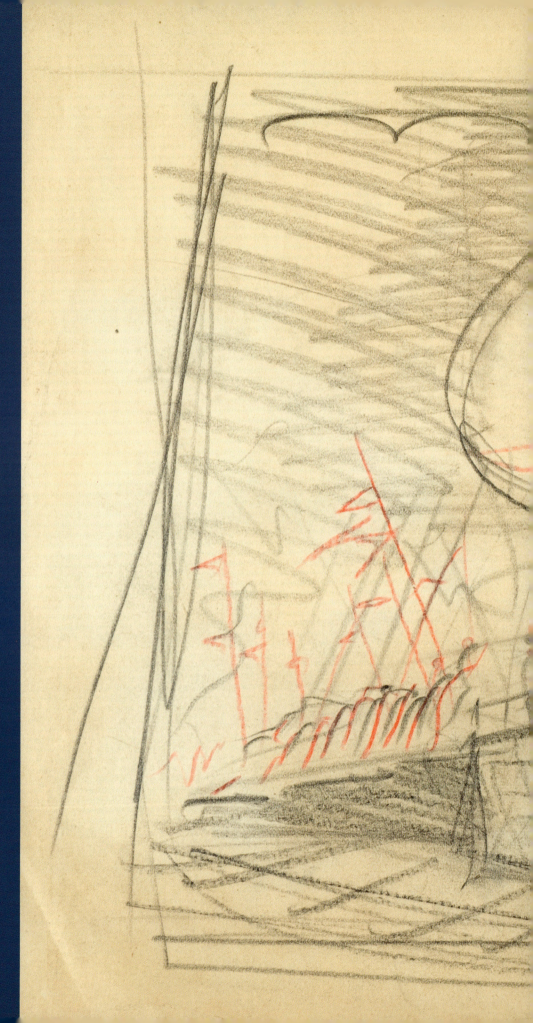

Demetrius (1942)
Einzug des Demetrius in Moskau.

Manker nutzt im Bühnenbild die gesamte Tiefe der Bühne, verwendet erstmals in Wien die Schräge und arbeitet mit Treppen, Absätzen, Vorsprüngen und Mauern, über die beim Einzug nach Moskau nur die Fahnen, Speerspitzen und Baldachine des Zarenzuges ragen.

Rurik:
Ja, Kameraden, nun gibt's Fest auf Fest! Der neue Zar zieht ein, der alte aus, wir können uns nach Herzenslust ergötzen! Wer jubeln will, der stellt sich auf bei uns, hier kommt der große Krönungszug vorbei!
Wer lieber flucht, der geht zum blauen Kloster, wo Godunow den letzten Umzug hält. Hier goldne Wagen, Ehrenpforten, Kränze, und dort ein Sarg, den man mit Kot bewirft, man hat die Wahl und kann's nicht besser wünschen, ein jeder findet was für sein Gemüt!

Die reizende Wirtin (1942)
Manker stellt ein Spielgerüst aus Zimmern, Galerien und Balkonen mit praktikablen Treppen und Türen auf die Drehbühne, das schnelle Szenenwechsel ermöglicht.

SAISON 1942/1943

Mit seinem Bühnenbild zu Gerhart Hauptmanns „Rose Bernd" widerspricht Manker den üblichen Vorstellungen von diesem Stück und stellt statt wogender Ährenfelder eine Natur auf die Bühne, in die bereits Technik und Industrialisierung Einzug gehalten haben. Telegraphenmaste, Traktoren und Sägemühlen haben die Natur verändert, das Geräusch einer Bretterschneidemaschine zieht sich durch alle Akte, die geschnittenen Latten liegen geschlichtet da. Ein hoher Straßendamm dominiert die Szene, statt wie im Stück zwischen Äckern und Wiesen „in einer ebenen, fruchtbaren Landschaft" ist der Blick ins Freie geschwunden. Und statt der stillen Quelle unter dem alten Birnbaum steht ein Chausseebrunnen auf der Bühne.

Gerhart Hauptmann
• **ROSE BERND**
Bühnenbild GM / Regie: Walter Ullman
mit Klaramaria Skala (Rose Bernd), Inge Konradi (Marthel), Ludig Hillinger (Flamm), Dorothea Neff (Frau Flamm), Karl Kalwoda (Bernd), Willy Rösner (Streckmann), Benno Smytt
12. September 1942, Deutsches Volkstheater

Im September 1942 inszeniert Günther Haenel Carlo Goldonis „Mirandolina" in der Bearbeitung des nazitreuen Hausdramaturgen Otto Emmerich Groh, ein Stück, das Haenel kurz zuvor auch am Theater in der Josefstadt inszeniert hat. Manker stellt ein Spielgerüst auf die Drehbühne, das aus Zimmern, Galerien und Balkonen mit praktikablen Treppen und Türen besteht, und das in vier unterschiedlichen Positionen schnelle Szenenwechsel ermöglicht. Christl Mardayn spielt die Mirandolina, Karl Skraup, Egon von Jordan und Oskar Wegrostek sind ihre adeligen Verehrer.

Carlo Goldoni (Bearbeitung: Otto Emmerich Groh)
• **DIE REIZENDE WIRTIN (MIRANDOLINA)**
Bühnenbild GM / Regie: Günther Haenel
mit Christl Mardayn (Mirandolina), Karl Skraup (Rippafratta), Egon von Jordan (Forlipopoli), Oskar Wegrostek (Albafiorita)
20. September 1942, Deutsches Volkstheater

Zur Ästhetik seines Bühnenbildes schreibt Manker: *„Es war uns nicht darum zu tun, eine genaue Abbildung des Schauplatzes auf die Bühne zu bringen. ‚Die reizende Wirtin' spielt in Venedig, und ich kann mir vorstellen, dass gerade Venedig zu manchen dekorativ-malerischen Ausfällen verlocken könnte. Jede verzärtelte Süßlichkeit, jede malerische Verspieltheit wurde auch im Dekorativen bewusst vermieden. Ich war restlos bemüht, durch Andeutung weniger charakteristischer Elemente, wohl die Vorstellung des Schauplatzes zu erwecken, aber in erster Linie Spielmöglichkeit für die Schauspieler zu schaffen. Das Bühnenbild darf ja niemals Selbstzweck sein, sondern immer nur Regieunterstützung!"* Dies nimmt bereits jenen Purismus vorweg, der später für Mankers Nestroy-Inszenierungen charakteristisch werden wird.

Rose Bernd (1942)
Die Szenerie dominiert ein Straßendamm. Das Geräusch einer Bretterschneidemaschine zieht sich durch alle Akte, die geschnittenen Bretter liegen auf der Bühne. Telegraphenmaste, Sägemühlen und Traktoren prägen das Bild. Anstelle wogender Ährenfelder sieht man die vertechnisierte Natur, in die bereits die Industrialisierung Einzug gehalten hat.

1942

Im Herbst 1942 tritt in G. E. Lessings „Minna von Barnhelm" die 18jährige Inge Konradi als Kammerzofe Franziska ihr Engagement am Deutschen Volkstheater an, die schon während ihrer Schauspielausbildung hier gespielt hat. Sie wird schnell zur prägenden jungen Schauspielerin an diesem Haus.

Gotthold Ephraim Lessing
• **MINNA VON BARNHELM**
Bühnenbild GM / Regie: Otto Burger
mit Judith Holzmeister (Minna), Karl Blühm (Tellheim), Inge Konradi (Franziska), Oskar Wegrostek (Just), Hans Frank (Werner), Georg Lorenz (Wirt), Egon von Jordan (Riccaut)
17. Oktober 1942, Deutsches Volkstheater

Bei Richard Billingers „Melusine" an der „Komödie" kann Manker erneut seine Geschicklichkeit im Umgang mit bescheidenen Mitteln unter Beweis stellen. Regie führt Walter Ullmann, mit dem Manker schon mehrfach zusammengearbeitet hat.

Richard Billinger
• **MELUSINE**
Bühnenbild GM / Regie: Walter Ullmann
mit Anna Usell (Alma Utecht), Klaramaria Skala (Tochter), O. W. Fischer (Aurelio Türk), Karl Kalwoda (Fischer), Ernst Pröckl
6. November 1942, Deutsches Volkstheater in der Komödie

Zum 80. Geburtstag von Gerhart Hauptmann werden 1942 an den Wiener Theatern Festtage veranstaltet, zu denen das Deutsche Volkstheater das Lustspiel „Die Jungfern vom Bischofsberg" beisteuert. Hauptmann besucht persönlich die Premiere und wird vom Publikum stürmisch gefeiert. In der Pause huldigen ihm die vier jungen Darstellerinnen der Jungfern mit Geburtstagsversen von Otto Emmerich Groh.

Gerhart Hauptmann
• **DIE JUNGFERN VOM BISCHOFSBERG** (EA)
Bühnenbild GM / Regie: Günther Haenel / K: Erni Kniepert
mit Inge Konradi (Ludowike), Judith Holzmeister (Agathe), Lucie Bittrich (Sabine), Karl Skraup (Oberlehrer), Robert Lindner (Kranz), Curt von Lessen (Gustav), Gert Fröbe (Vagabund)
19. November 1942, Deutsches Volkstheater

Gustav Mankers erste Regiearbeit ist im Dezember 1942 „Der getreue Johannes" nach einem Märchen der Gebrüder Grimm in der „Komödie" in der Johannesgasse, die als zweite KdF-Bühne dem Deutschen Volkstheater angeschlossen ist.

Walter Hans Boese (nach den Gebrüdern Grimm)
• **DER GETREUE JOHANNES**
Regie GM / BB: Max Frey / K: Ilse Richter / M: Ludwig Maurick
mit Karl Blühm (Johannes), Bernhard Nölly (König), Traute Manz (Prinzessin), Wolf Floderer (Karl), Oskar Wegrostek (Kuno), Inge List (Lisette), Lars Dobbenhof (alter Rabe), Gert v. Habermann (Fisch), Franz Pokorny (Seehund), Willy Schuffenhauer (Haushofmeister), Erni Rehak (Hofdame)
5. Dezember 1942, Deutsches Volkstheater in der Komödie

Günther Haenel schreibt Manker zu seiner ersten Inszenierung: *„Ich bin glücklich, Sie, die Oase in der Wüste, gefunden zu haben. Und wünschen möchte ich mir, dass Sie mir nie wieder entschwinden."*

oben:
Minna von Barnhelm (1942)
Egon von Jordan als Glücksritter Riccaut und Inge Konradi als Kammerzofe Franziska.

rechte Seite:
Melusine (1942)
O. W. Fischer als Aurelio Türk, Klaramaria Skala als Christine und Anna Usell als Mutter in Richard Billingers Stück über die Doppelliebe eines reichen jungen Mannes zu Mutter und Tochter.

oben:
Der getreue Johannes (1942)
Gustav Mankers erste Regiearbeit an der „Komödie" in der Johannesgasse mit Karl Blühm (Johannes), Bernhard Nölly (König), Traute Manz (Prinzessin), Lars Dobbenhof (alter Rabe), Gert v. Habermann (Fisch), Franz Pokorny (Seehund) und Oskar Wegrostek (Kuno).

rechte Seite:
Intendant Walter Bruno Iltz mit Gustav Manker (1942)
bei einer Kostümbesprechung

1942　1943

Heinrich Zerkaulen
- **DER SPRUNG AUS DEM ALLTAG** (EA)
Bühnenbild GM / Regie: Friedrich Neubauer
mit Ludwig Auer (Bürgermeister), Hertha Agostini (Liesl), Leopold Esterle (Flößer), Ernst Auer (Gemeindesekretär)
17. Dezember 1942, Exl-Bühne

Paul Sarauw
- **DER KLUGE MANN**
Bühnenbild GM / Regie: Eduard Köck
mit Eduard Köck (Erasmus), Ernst Auer (Jörg), Franz Ludwig (Kreisarzt), Lotte Katscher (Ofelia), Hans Kratzer
18. Dezember 1942, Exl-Bühne

Zur Premiere von „Samurai", einem Tendenz-Stück des Autors und Kulturnazis Mirko Jelusich, das als *„Hohelied männlichster Männlichkeit"* die Waffenbrüderschaft Deutschlands mit Japan unterstreichen soll, erscheint Reichsleiter Baldur von Schirach und weitere *„namhafte Persönlichkeiten aus Partei, Staat und Wehrmacht sowie Vertreter der Wiener japanischen Gesellschaftskreise"* zur Premiere.

unten:
Die reizende Wirtin (1942)
Karl Skraup als Rippafratta und Christl Mardayn als Mirandolina.

Fluglegende (1943)
rechte Seite:
Bühnenbildentwurf.

nächste Doppelseite:
Bühnenbildzeichnungen.

Mirko Jelusich
- **SAMURAI** (UA)
Bühnenbild GM / Regie: Walter Bruno Iltz
mit Willy Rösner (Fürst Kotsuke), Kurt von Lessen (Oischi), Benno Smytt (Tschikai, Samurai), Karl Skraup (alter Diener)
20. Dezember 1942, Deutsches Volkstheater

Mankers Bühnenbild bietet ein stilisiertes Japan mit Bambusstangen und überdimensionalen Buddhas. Visionär werden Bänder mit japanischen Schriften projiziert. Das Teehaus hinter einem transparenten Schirm ist nur in Schatten sichtbar. *„Gustav Manker baut Bilder, die an sich sparsam in der Andeutung und doch von stärkster Suggestivität sind."* (Mittag)

Am 18. Februar 1943 propagiert Joseph Goebbels in einer Rede im Berliner Sportpalast den „totalen Krieg".

Im Lustspiel „Das Protektionskind" von Gustav Davis, dem Begründer der Kronenzeitung, tritt Manker im Februar 1943 das einzige Mal auch als Schauspieler am Deutschen Volkstheater auf und spielt den Grafen Döhnfurt als *„richtiges Bürokraten-Ekel"* (Montagsblatt). An seiner Seite brilliert Karl Skraup als subalterner Wahrheitsfanatiker Bohrmann, Karl Kalwoda als Bürofaktotum, Robert Lindner als schüchterner Liebhaber und Egon von Jordan, der auch die Spielleitung inne hat. Im Mai 1943 gastiert das Stück gemeinsam mit „Samurai" am kroatischen Staatstheater in Agram, dessen Oberspielleiter Vojmil Rabdan für das Deutsche Volkstheater den Roman „Herdfeuer" von Mile Budak dramatisiert.

Gustav Davis
▶ **DAS PROTEKTIONSKIND**
GM Darsteller (Graf Döhnfurt) / Regie: Fritz Holl
mit Karl Skraup, Valerie Rückert, Ludwig Hillinger, Robert Lindner, Benno Smytt, Egon v. Jordan, Gustav v. Manker
20. Februar 1943, Deutsches Volkstheater

Heinrich von Kleist
- **DER ZERBROCHENE KRUG**
Bühnenbild GM / Regie: Herbert Brunar
mit Eduard Köck (Adam), Anna Exl (Marthe Rull), Ilse Exl (Eve), Leopold Esterle (Ruprecht), Herbert Brunar (Walter)
5. März 1943, Exl-Bühne

Vojmil Rabdan (nach dem Roman von Mile Budak)
- **HERDFEUER** (DEA)
Bühnenbild GM / Regie: Otto Burger
mit Willy Rösner (Blažic), Dorothea Neff (Manda), Hans Frank (Lukan), Inge Konradi (Barusa), Gert Fröbe (Joso)
11. März 1943, Deutsches Volkstheater

Im April 1943 kommt es mit Robert Lindner in der Hauptrolle zur Uraufführung von „Fluglegende" über die Sehnsucht des Menschen, fliegen zu können.

Johann Karl Ander
- **FLUGLEGENDE** (UA)
Bühnenbild GM / Regie: Walter Ullmann
mit Robert Lindner (Alfons de la Croix), Eduard Wandrey (Jesus von Anjouleme), Hans Frank (von Lichtenfels), Hans Richter (Provokateur), Inge Konradi (ein Mädchen)
24. April 1943, Deutsches Volkstheater

FLUGLEGENJE 3.

FLUGLEGENDE.

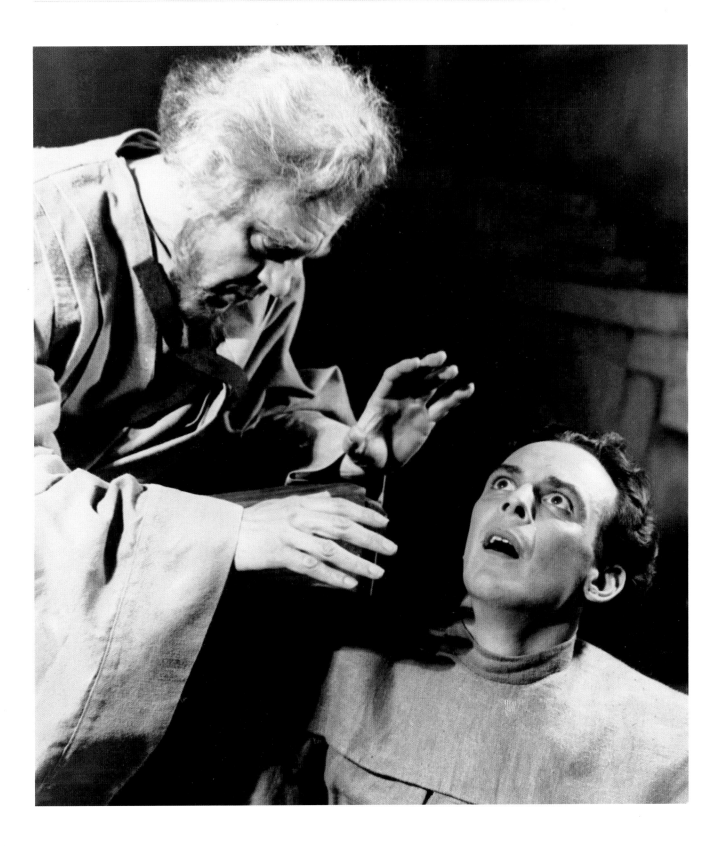

linke Seite:
Samurai (1942)
Willy Rösner als japanischer Feudalherr Fürst Kotsuke,
„ein schwarzer Bösewicht vom Scheitel bis zur Sohle."

oben:
Fluglegende (1943)
Robert Lindner als Ritter Alfons de la Croix und Eduard Wandrey
als fanatischer Prophet Jesus von Anjouleme.

Samurai (1942)
Waldige Gegend. In der Mitte der Szene unter einer Baumgruppe
das Grab des Fürsten Asano, nur ein Stein ohne Hügel.

Samurai (1942)
Inneres des Tempels der Göttin Kwannon. Ein ebenso schmuckloser Raum wie alle anderen, der nur durch das Ebenmaß seiner Architektur wirkt. Im Hintergrund das vergoldete, unterlebensgroße Standbild der Göttin.

1943

George Bernard Shaw
• **FRAU WARRENS GEWERBE**
Bühnenbild GM / Regie: Walter Ullmann
mit Maria Waldner (Kitty), Klaramaria Skala (Vivie), Hanns Kurth (Crofts), Hugo Riedl (Pastor), Erland Erlandsen (Frank)
25. Mai 1943, Deutsches Volkstheater

Franz und Paul von Schönthan
• **DER RAUB DER SABINERINNEN**
Bühnenbild GM / Regie: Hanns Horak
mit Hans Herrmann-Schaufuss (Striese), Hans Ziegler (Prof. Gollwitz), Luise Wilmers (Friederike), Hansi Prinz (Paula)
1. Juni 1943, Exl-Bühne

Günther Haenes Inszenierungen von G. B. Shaws „Die heilige Johanna" und Ferdinand Raimunds „Der Diamant des Geisterkönigs", beide im Bühnenbild Gustav Mankers, formulieren in den letzten Kriegsjahren für aufmerksame Zuschauer einen erkennbaren theatralischen Widerstand.

In Shaws „Die heilige Johanna" betont Günther Haenel weniger die von Propagandaminister Joseph Goebbels so geschätzte *„treffliche Darstellung der englischen und französischen Psyche"*, sondern den kompromisslosen Weg einer Einzelnen in einem starren Machtgefüge. Eine entbehrliche Textstelle über die Geschäftstüchtigkeit der Juden bleibt zwar als Provokation im Stück enthalten, der Satz *„Ich würde keinen Juden in der Christenheit am Leben lassen, wenn es nach mir ginge"* wird jedoch gestrichen. Bei dem Satz *„Die Juden geben gewöhnlich, was die Sache wert ist. Ich habe die Erfahrung gemacht, dass Menschen, die etwas umsonst haben wollen, immer Christen sind."* verlassen bei der Premiere SS-Männer den Saal.

George Bernard Shaw
• **DIE HEILIGE JOHANNA**
Bühnenbild GM / Regie: Günther Haenel
mit Inge Konradi (Johanna), Kunibert Gensichen (Dauphin), Karl Blühm (Dunois), Egon von Jordan (Warwick), Hans Richter (Erzbischof), Bruno Hillinger (Gilles de Rais), Robert Lindner (Poulengey), Hans Frank (Inquisitor), Mihai Popescu (Bruder)
18. Juli 1943, Deutsches Volkstheater

Die Arbeit an Shaws „heiliger Johanna" bedeutet für Manker einen entscheidenden Schritt hin zu einem modernen Theaterstil. Er verzichtet auf jegliche Illusion und schafft eine völlig abstrakte Szenerie. Die Bühne ist von drei großen weißen Prospekten begrenzt, auf denen eine alte Pergamentschrift aufgemalt ist sowie Zeichnungen im Stil mittelalterlicher Handillustrationen. Vier kleine Türme, mannshoch und gebaut wie Schachfiguren, mit einer ebenso kleinen Zugbrücke, stellen die Burg dar. Für die Gegend an der Loire genügt ein kleines Podium mit drei Türmen, aus denen die Bastion gebildet ist, und ein kleiner blauer Streifen am Bühnenboden, auf dem „Loire" zu lesen ist. Den Thronsaal bilden fünf Türme, in jedem von ihnen stehen starr und unbeweglich Kardinäle und Ritter. Für das Schlafgemach genügt ein fahrbares Bett auf Rädern, das mitten auf der Bühne aufgestellt ist. Aus einem Tabernakel sehen seitlich und oben Tote hervor. Von den Machthabern verboten wird allerdings Mankers Idee, auf dem Schlachtfeld, das, durch ein Zelt abgeteilt, in der Wirkung fast intim ist, rechts eine Barrikade zu errichten, auf der schön übereinander aufgeschlichtet die Gefallenen der Schlacht liegen sollten.

Die Darstellung der Johanna durch die erst 19jährige Inge Konradi wird allgemein gerühmt, das puristische Bühnenbild Mankers aber wird vom „Völkischen Beobachter" angegriffen, da es mit dem NS-Anspruch nach totaler Illusion nicht konform geht: *„Solch ein Stil gibt sich noch puritanischer als die entsagungsvollste englische Kunst. Und sie verlangt von dem einfachen Beschauer eine Illusionskraft, dessen er kaum fähig ist."*

Die heilige Johanna (1943)

unten:
Schlafgemach und Burg. Mankers Bühnenbild verzichtet auf jegliche Illusion und schafft eine abstrakte Szenerie.

rechte Seite:
Inge Konradi als Johanna und Kunibert Gensichen als Dauphin.

Die heilige Johanna (1943)

oben:
Inquisition mit Inge Konradi (ganz links) als Johanna.

rechts:
Die Darstellung der Johanna durch die erst 19jährige Inge Konradi wird allgemein gerühmt.

linke Seite:
Die Arbeit an G. B. Shaws „Die heilige Johanna" bedeutet für Manker einen entscheidenden Schritt zur Erreichung eines modernen Theaterstils. Er verzichtet auf jegliche Illusion und schafft eine abstrakte Szenerie.

Das puristische Bühnenbild wird vom „Völkischen Beobachter" angegriffen, da es mit dem NS-Anspruch nach totaler Illusion nicht konform geht.

Den Thronsaal bilden fünf Türme, in jedem von ihnen stehen starr und unbeweglich Kardinäle und Ritter.

Carl Laufs
• PENSION SCHÖLLER
Bühnenbild GM / Regie: Günther Haenel
mit Karl Skraup (Philipp Klapproth), Benno Smytt (Schöller), Valerie Brenneis (Ulrike), Dorothea Neff (Schriftstellerin)
31. Juli 1943, Deutsches Volkstheater

SAISON 1943/1944

Im Herbst 1943 stattet Manker für die Exl-Bühne Karl Schönherrs „Frau Suitner" aus. Er wird das Stück 1961 und 1976 selbst am Volkstheater inszenieren, einmal mit Dorothea Neff in der Titelrolle, beim zweiten Mal mit Hilde Sochor, die in der ersten Inszenierung bereits die junge Gretl spielt.

Karl Schönherr
• FRAU SUITNER
Bühnenbild GM / Regie: Eduard Köck
mit Anna Exl (Frau Suitner), Ilse Exl (Gretl), Hans Dengel (Kaspar), Ernst Auer (Rekrut), Anna Zötsch (Zipflmoidl), Mimi Gtöttner-Auer (Latschenbötin), Herta Agostini (Resi)
1. Oktober 1943, Exl-Bühne

In Schillers „Maria Stuart" spielt im Herbst 1943 in Mankers Bühnenbild Judith Holzmeister die Maria Stuart und Dorothea Neff die Königin Elisabeth.

Friedrich Schiller
• MARIA STUART
Bühnenbild GM / Regie: Otto Burger
mit Dorothea Neff (Elisabeth), Judith Holzmeister (Maria Stuart), Andreas Wolf (Mortimer), Ludwig Hillinger (Graf Leicester), Benno Smytt (Shrewsbury), Hans Frank (Burleigh), Kunibert Gensichen (Davison), Hans Richter (Paulet), Franz Haas (Kent), Georg Matthes (Aubespinne), Lars Doddenhof (Bellievre), Vally v. Brenneis (Hanna Kennedy)
2. Oktober 1943, Deutsches Volkstheater

Gustav Manker entwirft für das Stück eine zweigeteilte Simultanbühne. Der stilisierte, hohe Raum ist durch Säulen in eine dunkle und eine helle Hälfte getrennt, deren weiße Seite die Spielhälfte der Maria Stuart umschließt, die schwarze jene der Königin Elisabeth. Ausnahme bildet nur die Parkszene im dritten Akt, die einzige Begegnung der beiden Königinnen im Stück, bei der die beiden Ebenen ineinander fließen. Der Höhepunkt der Zweiteilung wird am Ende des Dramas erreicht, als sich Maria Stuart im Gebet auf den Tod vorbereitet, während auf der anderen Seite Elisabeth die Mitteilung ihrer Hinrichtung erwartet.

Maria Stuart (1943)

links:
Manker verwendet eine Simultanbühne, die durch Säulen in eine dunkle und eine helle Hälfte geteilt ist, deren linke der Königin Elisabeth und deren rechte dem Kerker der Maria Stuart zugeteilt ist. Ausnahme bildet die Parkszene im 3. Akt, in der die beiden Ebenen ineinander fließen.

rechte Seite:
Judith Holzmeister als Maria Stuart.

1943

„Gustav Manker hat das Bühnenbild geschaffen, das – ein bemerkenswerter Zug in der Inszenierungskunst unserer Zeit – auch hier den Raum wieder zum symbolischen Träger des Geistes der Dichtung macht. In eine links dunkel und rechts hell gehaltene Hälfte teilt sich das Bühnenbild, das, durch Vorhänge und Einrichtungsgegenstände nur wenig verändert, stets den gleichen luftig stilisierten, hohen Raum mit seinen schlank emporstrebenden Säulen längs der Mittellinie aufweist, natürlich mit Ausnahme der Parkszene, die allerdings mehr ein Schlosshof als eine baumdurchrauschte Landschaft darstellt." (Neueste Nachrichten)

Mankers über Schiller hinausgehende Konzeption der Simultaneität weist bereits deutlich auf seine berühmte Inszenierung von Schillers „Die Räuber" von 1959 hin und nimmt auch die Raumlösung von Ferdinand Bruckners „Elisabeth von England" vorweg, ein Stück, das Manker 1954 am Volkstheater für Karlheinz Stroux, und ein Jahr später auch am Düsseldorfer Schauspielhaus ausstattet, und bei dem die Simultanbühne vom Autor bereits vorgegeben ist.

Am 31. Oktober 1943 stirbt Max Reinhardt in New York.

Wilhelm von Scholz, NS-Sympathisant und Autor antisemitischer Pamphlete und heroischer Führer-Gedichte, der 1940 schon Calderons „Der Richter von Zalamea" für das Deutsche Volkstheater adaptiert hat, bearbeitet 1943 auch Calderons „Das große Welttheater", wobei er sich von dessen kirchlicher Weltauffassung entfernt, da sie laut Scholz „nicht mehr die unsere ist".

Wilhelm von Scholz
• DAS DEUTSCHE GROSSE WELTTHEATER
Bühnenbild GM / Regie: Walter Bruno Iltz
mit Judith Holzmeister (Das Gewissen), Karl Skraup (Der Bettler), Hans Frank (Der Meister), Dorothea Neff (Die Welt), Ludwig Hillinger (Der König), Hans Richter (Der Weise), Margot Jahnen (Die Schönheit), Willy Rösner (Der reiche Mann), Oskar Wegrostek (Der Landmann), Auguste Welten (Eine Stimme), Ellen Rokahr a. G. (Eine Tänzerin)
12. November 1943, Deutsches Volkstheater

Die Inszenierung bietet *„weltliches, phantastisches Theater"*, zu der Manker *„wohl die einfallsreichste und eindrucksstärkste Bildkomposition aller bisher von ihm gesehenen Entwürfe"* beisteuert, *„mit allem technischen Drum und Dran der modernen Bühne"* und *„glanzvollen Beleuchtungseffekten"* (Volkszeitung). Auch hier wird Realismus vermieden, vor Beginn ist dem Zuschauer ein Blick in die Soffitten des Theaters gestattet. Zu Stückbeginn werden dann Vorhänge eingezogen, die den eigentlichen Spielraum abstecken und seitlich in großen Gerüsten verlaufen, im Hintergrund als kleinere Teile in Türrahmen. Zwei Pfeiler mit Holzträgern, Sonne und Mond darstellend, erweitern die Bühne zum symbolischen Kosmos, das Bühnenbild erhält durch diese Abstraktion etwas von der großen Symbolik in Calderons barockem Spiegel des menschlichen Daseins. Manker wird das Original 1953 in der Wasserkirche in Zürich selbst inszenieren. Karl Skraup spielt die Rolle des Bettlers mit einem *„Fistelton des Schmerzes"* und brilliert mit *einer „schrillen Komik, die Mitleid gleichermaßen hervorruft wie Lachen"*.

Das deutsche große Welttheater (1943): Für die Calderon-Bearbeitung das NS-Dichters Wilhelm von Scholz setzt Manker die gesamte Technik der modernen Bühne ein und arbeitet mit glanzvollen Beleuchtungseffekten.

Frau Suitner (1943)
Programm der Exl-Bühne, einer Tiroler Theatergruppe, die mit Aufführungen von Volks- und Bauernstücken große Bekanntheit erlangt hat, aber auch durch die Pflege von Karl Schönherr und Ludwig Anzengruber. Manker entwirft insgesamt 14 Bühnenbilder für die Exl-Bühne.

oben:
Pension Schöller (1943)
Karl Skraup als Junggeselle Philipp Klapproth in der vermeintlichen Nervenheilanstalt seines Neffen.

rechte Seite:
Das deutsche große Welttheater (1943)
Willy Rösner als reicher Mann, Margot Jahnen als Schönheit und Karl Skraup als Bettler.

Die reizende Wirtin (1942)
Die heilige Johanna (1943)
Hamlet (1944)

ZUM ZEITGENÖSSISCHEN BÜHNENBILD (1944)

Die Arbeit an Shakespeares „Hamlet" im März 1944 nimmt der 31jährige Gustav Manker zum Anlass, das Publikum auf die Entwicklung neuer szenischer Formen vorzubereiten.

Die Neuinszenierung von „Hamlet" in der Bearbeitung von Gerhart Hauptmann gibt den Anlass zu einigen Worten über die szenische Gestaltung dieses und einiger anderer Werke der laufenden Spielzeit des Deutschen Volkstheaters. Wenn auch die Entwicklung einer neuen szenischen Form nicht lauter aufnahmebereite Beurteiler finden kann, so ist es gewiss wichtig, den Weg und das Ziel festzulegen und dadurch Missverständnisse auszuschalten.

Wenn es in den letzten Jahren, dank der Mittel, die den Bühnen zur Verfügung gestellt waren, möglich und beliebt war, den Bühnenraum in aller Realistik mit größter historischer Genauigkeit und gewaltigen, die Bühne ausfüllenden Dimensionen „auszustatten", so zwingen uns heute die kriegsbedingte Materialknappheit und die fehlenden Arbeitskräfte zu einer völlig neuen Einstellung, die der gewohnten Schaulust eine Enttäuschung bereiten muss.

Wir haben es uns zur Aufgabe gemacht, diese Gegebenheit nicht als zeitbedingte Notwendigkeit hinzunehmen, sondern den Anlass wahrzunehmen, unsere bisherige Auffassung zu revidieren.

Meiner Ansicht nach müssen unsere Bestrebungen das Ziel haben, von der bloßen Illustration eines Werkes durch einzelne Schaubilder abzusehen und einen Raum zu schaffen, der die dramatische Substanz, das Grundmotiv des Stückes sichtbar machen kann, und zugleich dem Schauspieler – als wesentlichstem Vermittler des Werkes – die denkbar zweckmäßigste Bewegungsfreiheit zu geben und ihn so von seiner untergeordneten Stellung als Bestandteil eines Bildes, dessen Gesamteindruck stärker als er selbst ist, zu befreien.

So glaube ich, die klare geistige Konzeption von Shaws „Heiliger Johanna" durch die, alten Handschriften gleichenden weißen Pergamentwände verdeutlicht zu haben, zwischen denen nur solche Dekorationsteile – ohne bildhafte Absicht – aufgestellt waren, die der Schauspieler als Handwerkszeug seiner Bewegung benötigt, wie Türen oder Möbel.

Ebenso zeigt das venezianische Gasthaus der „Reizenden Wirtin" nur mehr jene Teile des Hauses, die dem Schauspieler ein Requisit bedeuten, und es gewann an improvisatorischer Leichtigkeit, ohne die Realität zu verlieren.

So hatte auch die in einem einzigen, formstrengen Raum gebundene Formtragödie „Maria Stuart" nur den einen Akzent des gleich zu wertenden Doppelschicksals der beiden Königinnen durch die Zweiteilung des Raumes, der wieder nur die jeweils spielnotwendigen Geräte enthielt.

Und endlich wird auch unser neuer „Hamlet" seinen einheitlichen Bau von der Idee der Shakespeare-Bühne, für die er geschrieben wurde, beziehen und dieser durch die Drehbühne in die gerade zweckmäßigste Stellung dem Publikum zugedreht werden.

Die strenge Konsequenz eines solchen Vorgehens kommt den genannten Stücken besonders entgegen. Die Kunstform der Oper, der Operette, des Konversationsstückes wird solche Wege nur bedingt mitmachen können, dass aber auch hier manches Neue entsteht, wird dem aufmerksamen Zuschauer nicht entgangen sein.

Hamlet (1944)
Die Ausstattung vereinfacht die Szenerie des düsteren Schlosses zu einem konstruktiven Bau, einem Holzgerüst mit zwei Treppen, aus dem sich eine Ober- und Unterbühne ergibt. Die Träger sind mit Schleiern umspannt, die transparent durchleuchtet werden, wie etwa beim Auftritt des Geistes.

Bruno Schuppler
• **LAVENDEL**
Bühnenbild GM / Regie: Otto Burger
mit Egon von Jordan (Cramer), Hans Unterkircher (Gallenberg), Robert Lindner (Peter), Valerie Rückert (Eva), Paula Pfluger
6. Januar 1944, Deutsches Volkstheater in der Komödie

Franz Füssel / Hans Lang
• **VERLIEBTES DREIECK**
Bühnenbild GM / Regie: Hans Olden
mit Fritz Fronz (Oberleutnant von Dreieck), Harry Fuss, (Wilmky), Hans Olden (Kaiser Ferdinand), Evi Servaes (Ilka)
11. Februar 1944, Renaissancetheater

Die Ausstattung zu Shakespeares „Hamlet" ist im März 1944 ein weiterer Schritt Gustav Mankers weg von Illusion und Romantik zu einer Neuorientierung das Theaters, die er auch in einem Aufsatz im Programmheft dem Publikum erläutert. Andreas Wolf spielt den Hamlet, Inge Konradi die Ophelia und Gert Fröbe ist Hamlets Freund Rosenkranz.

William Shakespeare (Bearbeitung: Gerhart Hauptmann)
• **HAMLET**
Bühnenbild GM / Regie: Walter Ullmann
mit Andreas Wolf (Hamlet), Inge Konradi (Ophelia), Willy Rösner (Claudius), Maria Waldner (Gertrud), Hans Richter (Geist), Curt von Lessen (Polonius), Gert Fröbe (Rosenkranz), Erland Erlandsen (Güldenstern), Kunibert Gensichen (Laertes)
8. März 1944, Deutsches Volkstheater

Manker reduziert das düstere Dänenschloss zu einem rein konstruktiven Bau, einem Holzgerüst mit mehreren Treppen, das in Anlehnung an die Shakespeare-Bühne eine Ober- und Unterbühne schafft. Die Träger der Konstruktion sind teilweise von transparenten Schleiern umspannt, die durchleuchtet werden können, etwa beim Erscheinen von Hamlets Geist. Auftritte sind in diesem kargen, rationalistischen Raum schon weithin sichtbar und schneiden dem Schauspieler jeden Hang zu historischem Pathos von vornherein ab.

Am 12. April 1944 erfolgt der erste schwere Luftangriff der alliierten Streitkräfte auf Wien.

Ende April 1944 kommt es bei Ferdinand Raimunds Zaubermärchen „Der Diamant des Geisterkönigs" in der Regie von Günther Haenel und im Bühnenbild Gustav Mankers zu einer erstaunlich deutlichen Demonstration theatralischen Widerstandes am Deutschen Volkstheater, die offenbar weder entdeckt noch verboten wird. Für Raimunds „Land der Wahrheit und der strengen Sitte", in dem tatsächlich aber nur Lügnerinnen zu finden sind, haben sich Haenel und Manker eine geistreiche, aber nicht ungefährliche Parodie einfallen lassen: Sie siedeln Raimunds Märchenland stilistisch im Nazi-Deutschland der Gegenwart an.

Das Bühnenbild erinnert in verschiedenen Details an die neoklassizistische NS-Architektur, Manker zitiert den protzigen Berliner Reichskanzleistil mit Reichsadler, KdF-Rad und im Hintergrund einer kleinen Berliner Siegessäule. Eine Frauenstatue im Stile Arno Brekers hält als Sonne mit Gesicht unmissverständlich das „Kraft durch Freude"-Symbol in der Hand, die Skulptur des Reichsadlers auf der rechten Seite wendet dem Publikum den Rücken zu, er zeigt ihm die kalte Schulter. Das „Land der Wahrheit" erscheint in Haenels Inszenierung wie eine *„Endversion des nationalsozialistischen Paradieses"*.

Der Diamant des Geisterkönigs (1944)
Mankers Bühnenbild parodiert die monumentale NS-Architektur, paraphrasiert das Symbol des KdF-Rades am Palasteingang als Sonnenrad und ironisiert den deutschen Reichsadler, der dem Publikum seinen Hintern zuwendet.

Ferdinand Raimund
• **DER DIAMANT DES GEISTERKÖNIGS**
Bühnenbild GM / Regie: Günther Haenel / K: Elli Rolf / Choreographie: Rosalia Chladek
mit Karl Skraup (Longimanus,), Wilhelm Hufnagel (Florian Waschblau), Inge List (Mariandel), Inge Konradi (Kolibri, ein Genius), Karl Kalwoda (Veritatius, Beherrscher der Insel der Wahrheit), Gertrud Barna (seine Tochter), Benno Smytt (Zephises, ein Magier), Mihai Popescu (Eduard, sein Sohn), Gert Fröbe (Koliphonius, Wächter des Zaubergartens), Lisl Kinateder (Hoffnung), Erland Erlandsen (Pamphilius), Kunibert Gensichen (Aladin), Oskar Wegrostek (Dicker Zauberer)
23. April 1944, Deutsches Volkstheater

Auch Elli Rolfs Kostüme paraphrasieren die bekannte NS-Tracht. Die Mädchen sind wie BDM-Mädchen gekleidet, teutonisch mit Mittelscheitel und langen blonden Zöpfen, die Männer in einer Mischung aus Uniformen von Hitlerjugend und anderen NS-Einheiten mit Gürtel und Dolchen, Pumphosen, weißen Wadenstutzen und flachen Schuhen, wie sie Hitlerjungen tragen. Vor dem Anschluss gehörten weiße Stutzen auch zu den Erkennungsmerkmalen der illegalen Nationalsozialisten in Österreich.

Der Darsteller des Veritatius, Karl Kalwoda, legt seine Interpretation sogar als kühnes Abbild von Adolf Hitler an, spricht in abgehackten Sätzen und liefert

1944

Der Diamant des Geisterkönigs (1944)
Regisseur Günther Haenel (rechts) und sein Bühnenbildner Gustav Manker (links) – Verschworene im Geiste – auf der Probe. Es ist ein Indiz für die erstaunliche Toleranz des Direktors und die Stimmung am Deutschen Volkstheater, dass ihre NS-Parodie ungestört auf die Bühne gebracht werden kann.

in Gestik und Haltung eine unglaubliche Parodie des Führers. Seine Tochter Modestina wird noch dazu von der Tochter des Wiener NS-Bürgermeisters Hanns Blaschke dargestellt. Am Ende der Szene wird für die Abreise im Ballon noch der beziehungsreiche Satz „*Die Zukunft liegt in der Luft!*" hinzugefügt. Das Publikum versteht – und applaudiert. Dennoch bleiben Protest oder Zensur aus.

Mankers Bühnenbild bringt die ganze barocke Theatermaschinerie zum Einsatz, verwendet sie jedoch desillusionistisch und zeigt sie in offenen Verwandlungen. Kleine, ironisierende Details, wie eine kleine Wolke, die zu tröpfeln beginnt, wenn man an einem Seil zieht, weisen auf Raimunds naive Welt hin. Fährt ein Schiff auf den Wogen des Meeres, dreht die Drehbühne aufgemalte Wellen hin und her und liefert so eine naive Illusion der bewegten See. Eine acht Meter lange perspektivische Schräge beherrscht die Bühne, sie wird von drehbaren Kulissen umrahmt, die auf je zwei Seiten mit Stoff bespannt sind, auf der dritten jedoch offen sind und Platz für Figuren bieten. Die Drehtürme (Telari), der perspektivische Steg und die Kulissenbühne beschwören den Geist des Barock, während die Bemalung der Kulissen modern ist und die ästhetischen Zitate der Gegenwart hell, klar und formalistisch. In der Zauberwelt werden diese Türme durch Seitenkulissen ersetzt, mit kahlen Felsen, Wald und Blumen, die realen Bilder außerhalb der Zauberwelt sind lediglich auf Prospekte gemalt. Das „zeitgenössische" Ambiente in diesem „Land der Wahrheit und der strengen Sitte" wird durch Raimunds Text ironisiert: *„Im Lande der Wahrheit ist niemand zu bedauern als der, den die Götter mit Blindheit geschlagen haben, den unbedingten Wert unserer Handlungen nicht einzusehen."* Dies stellt die Verbindung zum Totalitätsanspruch des NS-Regimes dar.

Rudolf Kremser
DER ROTE SALON
Bühnenbild GM / Regie: Walter Ullmann
mit Valerie Rückert (Gloria), Hans Unterkircher (Georg), Eva Baumann (Fanny), Wolfgang v. Rotberg (Felix), Hugo Riedl
23. Mai 1944, Deutsches Volkstheater in der Komödie

In den letzten beiden Jahren der Direktion Walter Bruno Iltz ändert sich der Spielplan am Deutschen Volkstheater, Iltz zeigt mehr Mut und Einsatz abseits der NS-Normen. Neue deutsche Stücke minderer Qualität verschwinden zugunsten literarisch hochwertiger, wenn auch in Parteikreisen umstrittener Werke, vom Spielplan. Als Alibi dienen Iltz jeweils zwei Tendenzstücke pro Saison.

Mit „Gudruns Tod" setzt Walter Bruno Iltz auf Verlangen der NSDAP ein Stück des NS-Autors und Chefdramaturgen des Staatstheaters in Stuttgart, Waffen SS-Mann Gerhard Schumann, auf den Spielplan, das zur Disziplinierung der Gefühle aufruft. Es spielen Klaramaria Skala die Königin Gudrun und der mit Flecktyphus von der Front zurückgekehrte Rolf Kutschera den König von Seeland.

Gerhard Schumann
• GUDRUNS TOD
Bühnenbild GM / Regie: Otto Burger
mit Klaramaria Skala (Gudrun, Königin der Hegelingen), Rolf Kutschera (Herwig, König von Seeland), Annie Rosar (Gerlind, sine Mutter), Hans Richter (Kanzler), Hans Frank (Priester), Wilhelm Hufnagl (Frute, Gudruns Lehrer), Gert Fröbe (Wolfhart, ein Edler), Kunibert Gensichen (Wulf, ein Edler), Bernhard Nölli (Edler), Inge Konradi (Hildburg)
1. Juni 1944, Deutsches Volkstheater

Ironischerweise beendet das KdF-Theater der Deutschen Arbeitsfront seine Tätigkeit mit einer Huldigung an Alt-Österreich. Die letzte Premiere ist am 30. Juni 1944 ein Lebensbild des Komponisten Joseph Haydn. Der Autor Kurt von Lessen spielt Haydn, Hans Frank Kaiser Joseph II. und Inge Konradi ist die Nichte des Orchesterdieners.

Der Diamant des Geisterkönigs (1944)

oben:
Das „zeitgenössische" NS-Ambiente in Raimunds „Land der Wahrheit und der strengen Sitte". Am Ende wird für die Abreise im Ballon noch der beziehungsreiche Satz „Die Zukunft liegt in der Luft!" hinzugefügt. Das Publikum versteht – und applaudiert.

links:
Ballonprobe mit Inge Konradi (in der Gondel) und Intendant Walter Bruno Iltz (hinter ihr), im Hintergrund Regisseur Günther Haenel und Bühnenbildner Gustav Manker.

1944 1945

unten:
Intendant Walter Bruno Iltz (1944)
mit Gustav Manker auf der Probe zu Ferdinand Raimunds „Der Diamant des Geisterkünigs".

rechte Seite:
Herdfeuer (1943)
Die Schauspielerin Dorothea Neff versteckt in den Kriegsjahren die Jüdin Lilli Wolff in ihrer Wohnung. Sie wird in Israel als „Gerechte unter den Völkern" geehrt.

Kurt von Lessen
• **DER KAPELLMEISTER SEINER DURCHLAUCHT** (UA)
Bühnenbild GM / Regie: Kurt von Lessen / Choreographie: Rosalie Chladek
mit Kurt von Lessen (Joseph Haydn), Hans Frank (Joseph II.), Karl Kalwoda (Orchesterdiener), Inge Konradi (seine Nichte), Robert Lindner (Silvio), Hanns Kurth (Esterhazy), Benno Smytt (Geiger), Oskar Wegrostek (Cellist), Hans Richter (Artaria)
30. Juni 1944, Deutsches Volkstheater

Die Bedeutung von Walter Bruno Iltzs liberaler Haltung als Intendant des Deutschen Volkstheaters während der Nazizeit und seine Einstellung zum Ensemble erklärt Ensemblemitglied Inge Konradi:

„Daß das Volkstheater eine Insel für uns war, ist dem großen Einsatz und Mut von Walter Bruno Iltz zu verdanken. Man müßte ihn eigentlich auf ein Podesterl stellen, denn er war der Lebensretter des Volkstheaters. Er hat viele belastete Künstler an seinem Haus gehabt, sie über den Krieg hin beschützt und viele unkündbare Stellungen erreicht. Er hat genau gewußt. welches Risiko er eingeht, wenn er Haenel mit der Regie für ‚Die heilige Johanna" und ‚Der Diamant des Geisterkönigs' beauftragt. Sein persönlicher Mut besitzt Seltenheitswert."

Iltz wird nach dem Krieg 1946 bis 1947 Intendant des Nürnberger Theaters und 1947–1951 Intendant des Staatstheaters in Braunschweig. Er stirbt 1965 im oberbayerischen Rottach-Egern am Tegernsee.

Im Zuge der allgemeinen kriegsbedingten Theatersperre im Großdeutschen Reich wird das Deutsche Volkstheater, wie auch alle anderen Theater, am 1. September 1944 geschlossen. Gustav Manker erhält die Einberufung zur Deutschen Wehrmacht.

Über Intervention des Regisseurs Günther Haenel verhilft das falsche Attest des Oberarztes des Krankenhauses Lainz, der der Widerstandsgruppe „Kreis Bellaria" um die Besitzerin der Konditorei Hornik auf der Bellaria angehört (und an der auch Paul Hörbiger beteiligt sein soll), Gustav Manker zu einem sechsmonatigen Sanatoriumsaufenthalt. Manker erhält seinen Wehrpass mit dem Vermerk „krankheitshalber 3 Monate freigestellt" zurück und ist „Privatpatient" von Primarius Dr. Schneiderbauer. Er hat von ihm die strikte Anweisung, mit niemandem anderem zu sprechen. Plötzlich taucht ein Arzt des Wehrbezirkskommandos auf, Manker steht in Gefahr, entdeckt zu werden. Aber auch dieser Arzt ist Mitglied der Widerstandsgruppe und verlängert Mankers Freistellung um weitere drei Monate. Leopoldine Hornik wird am 2. Dezember 1944 in ihrer Konditorei von der Gestapo verhaftet und ein Monat später unter ungeklärten Umständen und mit falschem Namen tot in ihrer Zelle aufgefunden. Sie hat kein Geständnis abgelegt.

Während der Luftangriffe der Alliierten auf Wien sucht Manker gemeinsam mit anderen Patienten Zuflucht im nahen Tunnel der Verbindungsbahn. Dort trifft er auf „ein blondes, schlankes Bürschchen mit einem Band Rilke unterm Arm". Die Fliegerangriffe dauern lange, die beiden haben gemeinsame Interessen und schliessen Freundschaft. Das „Bürschchen" ist der 17jährige Helmut Qualtinger, der knapp vor der Matura steht.

Am 28. März 1945 überschreiten Truppen der Roten Armee bei Rechnitz die Grenze. Am 6. April beginnen die militärischen Kampfhandlungen um Wien. Am 9. April 1945 marschiert die Rote Armee in Wien ein, am 14. April ist die Schlacht um Wien entschieden.

Am 30. April 1945 begeht Adolf Hitler im Führerbunker in Berlin Selbstmord, am 7. Mai erfolgt die bedingungslose Kapitulation des Deutschen Reichs. Die Nazidiktatur ist zu Ende.

„VERDIENEN DENN DIE MENSCHEN DER HEUTIGEN ZEIT, DASS EINE FEE IHRER NOCH GEDENKE?"

Ferdinand Raimund, Der Barometermacher auf der Zauberinsel

1945–1952

1945

1945–1952
VERDIENEN DENN DIE MENSCHEN DER HEUTIGEN ZEIT,
DASS EINE FEE IHRER NOCH GEDENKE ?

Das zerbombte Volkstheater (1945)
Noch in den letzten Kriegstagen ist das Theater von Bomben getroffen worden, die charakteristische Kuppel und ein Teil der Fassade sind zerstört. Das Ensemble geht nach den Proben mit Schaufeln vor die Tür, um den Schutt wegzuräumen.

Bereits einen Monat nach der Befreiung Wiens durch die Rote Armee wird das durch Bomben beschädigte Volkstheater am 10. Mai 1945 in Eigeninitiative des Ensembles mit „Katakomben" von Gustav Davis wieder in Betrieb genommen, einer Komödie mit Karl Skraup, die unter dem Titel „Das Protektionskind" der größte Publikumserfolg in der NS-Zeit war und zuletzt in der Saison 1942/43 über 120 Mal gespielt wurde. Man möchte unbedingt verhindern, dass das ebenfalls zerbombte Burgtheater das Volkstheater mit Beschlag belegt und als Ausweichquartier benutzt. Das Burgtheater bezieht stattdessen des ehemalige Varieté Ronacher in der Seilerstätte als Spielort, bis das Haupthaus 1955 wieder eröffnet werden kann.

Die Proben im Volkstheater dauern nur bis nachmittags um zwei, dann geht das Ensemble mit Schaufeln vor die Tür, um gemeinsam mit den russischen Befreiungstruppen den Schutt wegzuräumen. Teile des Zuschauerraums bleiben wegen Baufälligkeit jedoch noch gesperrt.

Die Vorstellungen, die mit Genehmigung des sowjetischen Kulturoffiziers Major Lewitas stattfinden, können nur nachmittags abgehalten werden, da weder Beleuchtung noch Verkehrsmittel funktionieren und auf den Straßen das Standrecht herrscht. Es gibt Fälle von Menschenraub und Menschenschmuggel, es ist die Zeit des Films „Der dritte Mann". Dennoch sind alle Vorstellungen ausverkauft. Die gleichmäßige Versorgung mit Strom bleibt dabei für längere Zeit eines der größten Probleme, bei Ausfällen behilft man sich mit zwei Scheinwerfern, die über die Hausanlage betrieben werden.

Die letzte Nacht (1945)
Matinée im Juli 1945 zum Gedächtnis an Karl Kraus mit der Erstaufführung der vier letzten, apokalyptischen Szenen seiner Tragödie „Die letzten Tage der Menschheit".

SAISON 1945

Die erste offizielle Premiere des Volkstheaters ist am Donnerstag, den 7. Juni 1945, die Komödie „Die unentschuldigte Stunde" von Stefan Bekeffi, eine Reprise aus dem Jahr 1936, mit Gusti Wolf in der Hauptrolle. Direktor Rolf Jahn, der das Haus schon vor dem Krieg von 1932 bis 1938 geleitet hat, wird Anfang Juni 1945 erneut als provisorischer Leiter eingesetzt. Seine interimistische Direktionszeit wird jäh beendet, als von ihm verfasste Zeitungsartikel aus dem Jahr 1938 auftauchen, die antisemitische und NS-konforme Inhalte aufweisen.

Höhepunkt der kurzen Direktion Rolf Jahn ist am Sonntag, den 17. Juni 1945, eine Matinée zum Gedächtnis an Karl Kraus mit der Erstaufführung der vier letzten, apokalyptischen Szenen „Die letzte Nacht", dem Epilog zur monumentalen Marstragödie „Die letzten Tage der Menschheit". Auf dem Programmzettel steht Kraus' Zitat: „*Nein, der Seele bleibt keine Narbe zurück. Der Menschheit wird die Kugel bei einem Ohr hinein und beim anderen herausgegangen sein.*" Der kommunistische Kulturstadtrat Viktor Matejka hält eine Gedenkrede.

Karl Kraus
• **SZENEN AUS „DIE LETZTEN TAGE DER MENSCHHEIT" (DIE LETZTE NACHT)**
Bühnenbild GM / Regie: Günther Haenel
mit Dorothea Neff (Mutter), Karl Schellenberg (Hauptmann Prasch), Karl Skraup (Sterbender Soldat), Lucie Bittrich (Weibliche Gasmaske), Walter Sudra (Männliche Gasmaske), Benno Smytt (Erster Kriegsberichterstatter), Edmund Schellhammer (Zweiter Kriegsberichterstatter), Hanns Obonya (Ein Erblindeter), Georg Diersberg (Totenkopfhusar), Ladislaus Hillinger (Nowotny von Eichensieg), Hans Frank (Doktor Ingenieur Abendrot), Oskar Wegrostek (Freßsack), Hans Kurth (Naschkatz), Walter Ladengast (Herr der Hyänen), Hans Jungbauer (Stimme von Oben)
Matinée zum Gedächtnis an Karl Kraus, mit einer Gedenkrede, gehalten von Stadtrat Dr. Viktor Matejka
17. Juni 1945, Volkstheater

Franz Grillparzer
• **DES MEERES UND DER LIEBE WELLEN**
Bühnenbild GM / Regie: Otto Burger
mit Eva Zilcher (Hero), Andreas Wolf (Leander), Hanns Richter (Oberpriester), Inge Konradi (Janthe), Karl Blühm (Naukleros), Benno Smytt (Hüter des Tempels)
20. Juni 1945, Volkstheater

oben:
In Ewigkeit Amen (1945)
Im Juli 1945 vereint Günther Haenel, der neue Direktor des Volkstheaters, Karl Kraus' Epilog „Die letzte Nacht" mit dem Einakter „In Ewigkeit Amen" von Anton Wildgans zu einem regulären Theaterabend. Karl Skraup (links) spielt den Beschuldigten Anton Gschmeidler, Ludwig Hillinger den Untersuchungsrichter.

rechte Seite oben:
Die letzte Nacht (1945)
Mankers Projektions-Bühne zum Epilog von Karl Kraus' Marsdrama „Die letzten Tage der Menschheit".

rechte Seite unten:
Marianne Schönauer (1945)
als reich gewordene junge Witwe Árva Mari in Julius Hays Skandalstück „Haben".

Ab 4. Juli 1945 leitet der 47jährige Günther Haenel das Volkstheater. Er hat zuvor schon seit 1942 als Regisseur am Haus gearbeitet, Gustav Manker ist mit ihm befreundet und hat für ihn bereits die Bühnenbilder für sieben wichtige Inszenierungen entworfen. Haenel wird vom KPÖ-Kulturstadtrat Viktor Matejka gefördert, kann jedoch immer nur monatlich in seinem Amt bestätigt werden, da die Besitzrechte des Hauses nicht geklärt sind. Konzessionen für die Wiener Theater werden grundsätzlich immer nur für ein Jahr vergeben, um Korrekturen in Führung und Spielplangestaltung zu ermöglichen.

Am 9. Juli 1945 kommt es zur Unterzeichnung eines Zonenabkommens zwischen den sowjetischen, amerikanischen, englischen und französischen Besatzungsmächten. Österreich wird unter deren Aufsicht in vier Zonen aufgeteilt, desgleichen Wien.

Mitte Juli 1945 vereint Günther Haenel Karl Kraus' „Die letzte Nacht" in einer erweiterten Fassung der Matinée vom Juni mit dem Einakter „In Ewigkeit Amen" von Anton Wildgans zu einem regulären Theaterabend unter dem Titel „Das menschliche Antlitz". Das Motto lautet: „*Ein Abend zweifachen Weltgerichts: Anklage gegen die Bestialität des Krieges und der menschlichen Gerichtsbarkeit!*"

• **DAS MENSCHLICHE ANTLITZ**
Bühnenbild GM / Regie: Günther Haenel

Anton Wildgans
• **IN EWIGKEIT AMEN**
mit Karl Skraup (Beschuldigter Anton Gschmeidler), Egon von Jordan (Staatsanwalt), Ludwig Hillinger (Untersuchungsrichter), Karl Schellenberg (Schriftführer), Oskar Wegrostek (Zeuge), Paula Pfluger (Zeugin), Franz Pokorny (Kanzlist)
17. Juli 1945, Volkstheater

Karl Kraus
• **DIE LETZTE NACHT**
mit Dorothea Neff (Mutter), Egon von Jordan (Zagorski), Karl Skraup (Sterbender Soldat), Theodor Grieg (Offizier des Kriegsgerichts), Karl Schellenberg (Hauptmann Prasch), Karl Blühm (Verwundeter), Andreas Wolf (Erblindeter), Lucie Bittrich (Weibliche Gasmaske), Walter Sudra (Männliche Gasmaske), Ernst Pröckl (1. Kriegsberichterstatter), Benno Smytt (2. Kriegsberichterstatter), Alexander Diersberg (Totenkopfhusar), Ludwig Hillinger (Nowotny von Eichensieg), Hans Frank (Dr.-Ing. Abendrot), Hanns Kurth (Naschkatz), Oskar Wegrostek (Freßsack), Walter Ladengast (Herr der Hyänen), Walter Gynt (Nörgler), Robert Lindner (Stimme von oben)
17. Juli 1945, Volkstheater

Das Bühnenbild Gustav Mankers für „Die letzte Nacht" verwendet mehrere Podestbahnen, die über die Bühne laufen, davor Schützengräben und Stacheldrahtverhau, dahinter Photoprojektionen.

Am 28. Juli 1945 heiratet Gustav Manker seine langjährige Freundin Marianne Schönauer.

Die Halbjüdin Marianne Schönauer (eigtl. Schifferes) kennt Gustav Manker seit seiner Studienzeit am Max Reinhardt Seminar, wo sie zwei Klassen unter ihm Schauspiel studiert. Gemeinsam wirken sie 1937 bei den Salzburger Festspielen in Max Reinhardts berühmter „Faust"-Inszenierung in der Felsenreitschule mit. Während Mankers erstem Engagement im polnischen Bielitz ist die um sieben Jahre jüngere Schönauer im nahen Ostrau engagiert. 1938 soll „Mandy" Schönauer ein Engagement am Deutschen Volkstheater antreten, ihr Vertrag wird jedoch nach dem „Anschluss" nicht mehr ratifiziert. Da an eine „gemischt-rassige" Ehe nicht zu denken ist, muss 1938 ein Kind abgetrieben werden, eine gemeinsame Zukunft liegt in weiter Ferne. Die nächsten sieben Jahre hat Marianne Schönauer als Halbjüdin Arbeitsverbot. Sie schlägt sich mit diversen Gelegenheitsarbeiten durch und wechselt mehrmals den Namen, um nicht von der Gestapo entdeckt zu werden. Ihr jüdischer Vater emigriert nach Frankreich und stirbt später in Auschwitz. Schönauer wohnt zunächst bei Gustav Manker und dessen Mutter im dritten Bezirk, in der Ungargasse 9, ab Juni 1942 beherbergt Manker sie in seiner Wohnung im Pötzleinsdorfer Schloss. 1945 holt Günther Haenel Marianne Schönauer für die weibliche Hauptrolle in Julius Hays „Haben" doch noch ans Volkstheater, sie bleibt während seiner Direktionszeit am Haus engagiert.

1945

SAISON 1945/46

Ende August 1945 wagt Direktor Günther Haenel mit der Uraufführung von „Haben" des deutsch schreibenden Ungarn Julius Hay in einer bäuerlichen Tragödie über Besitzgier, die bei gutartigen Menschen verborgene Mordlust freisetzt, eine entschiedene Kapitalismuskritik. Dorothea Neff als giftmischende Dorfhebamme Képes, Karl Skraup als Priester, Inge Konradi als lungenleidendes, lahmendes und frühwissendes Mädchen und Marianne Schönauer als ihre junge Stiefmutter Mari sind die Protagonisten.

Julius Hay
• **HABEN**
Bühnenbild GM / Regie: Günther Haenel
mit Marianne Schönauer (Árva Mari), Karl Skraup (Hochwürden), Dorothea Neff (Hebamme Képes), Inge Konradi (Zsófi), Hans Putz (Korporal der Gendarmerie), Benno Smytt (Godó, Tischler), Helene Lauterböck (Tante Rézi), Ernst Pröckl (Arzt), Hans Kurth (Nachbar Dávid), Lucie Bittrich (Witwe Kis), Suzanne Engelhardt (Witwe Biró), Auguste Welten (Witwe Nátli), Rose Lischkutin (Witwe Minácsik)
24. August 1945, Volkstheater

Bei der Premiere kommt es in der hysterisierten Nachkriegszeit zum ersten großen Theaterskandal und sogar zu einer Saalschlacht im Parkett, als die Hebamme während einer Szene unter einer Madonnenstatue Gift versteckt und Schüler des katholischen Piaristengymnasiums und Angehörige der ehemaligen Hitlerjugend Tumulte vom Zaun brechen. Mitgliedern des Theaters und Kulturstadtrat Viktor Matejka gelingt es, die Situation zu beruhigen.

Eine vorne ansteigende Ebene und ein von links in die Tiefe führender Steg bilden den asymmetrischen Grundraum in Gustav Mankers Bühnenbild. Ein Prospekt zeigt weite Ackerfurchen und Felder als Zeichen von Besitz und „Haben". Besonders eindringlich verunstaltet eine Plakatwand mit Elida- und Persil-Werbung und dem Slogan „Dein Geld in die Bodenkreditbank" die Natur, die als Zeuge eines neuen Geistes in die malerische Umgebung eingedrungen ist. Dem gegenüber stehen in Haenels beklemmender Inszenierung die Innenräume: eine prunkvolle Bauernhochzeit und die auf der Schräge spielende Stube der Giftmischerin Képes mit Heiligenbildern, herunterhängenden Würsten und der Madonnenstatue unter dem Glassturz.

Das Wiener Bürgertheater in der vorderen Zollamtstraße im dritten Bezirk, 1905 errichtet und im Beisein von Bürgermeister Karl Lueger eröffnet, ist 1910 in eine Operettenbühne umgewandelt worden, 1926 beginnt eine Ära musikalischer Revuen mit Karl Farkas und Fritz Grünbaum. 1945 übernimmt Franz Stoß die Direktion und arbeitet vermehrt mit Schauspielern des Theaters in der Josefstadt zusammen, das Bürgertheater entwickelt sich zu dessen „volkstümlicher Zweigstelle". Seine erste Saison eröffnet Stoß am 13. September 1945 mit dem Pariser Volksstück „Im sechsten Stock" des Pitoëff-Dramaturgen Alfred Gehri, es spielen Annie Rosar und Guido Wieland. Stoß selbst inszeniert, Gustav Manker entwirft das Bühnenbild.

Alfred Gehri / Kurt Nachmann
• **IM SECHSTEN STOCK**
Bühnenbild GM / Regie: Franz Stoß / M: Wolfgang Russ-Bovelino / Liedertexte: Kurt Nachmann
mit Guido Wieland, Liesl Andergast, Annie Rosar, Wolf Neuber, Kurt Nachmann, Fritz Schmiedel, Gusti Wolf, O. W. Fischer
13. September 1945, Bürgertheater

Johann Wolfgang von Goethe
• **CLAVIGO**
Bühnenbild GM / Regie: Friedrich Neubauer
mit Karl Blühm (Clavigo), Hans Frank (Carlos), Hans Putz (Beaumarchais), Eva Zilcher (Marie Beaumarchais), Benno Smytt (Guilbert), Krista Menhart (Sophie Guilbert)
15. September 1945, Volkstheater

Dank der zahlreichen Theater auf der Praterstraße und in ihrer näheren Umgebung gilt Wiens zweiter Bezirk, die Leopoldstadt, als führender Theaterbezirk und wird „Der Broadway von Wien" genannt. Manker hat hier in seiner Jugend schon für das Kleine Theater auf Nr. 60 und für die Exl-Bühne

Haben (1945)
Dorothea Neff als giftmischende Hebamme Képes (links), und Marianne Schönauer (knieend) als Stiefmutter Árva Mari in Günther Heanels Inszenierug von Julius Hays Skandaldrama, bei dem es zu einer Saalschlacht im Parkett kommt, als in einer Szene von der Hebamme unter einer Madonnenstatue Gift versteckt wird.

Haben (1945)
Eine zentrale Schräge sowie ein in die Tiefe führender Steg bilden den asymmetrischen Grundraum in Mankers Bühnenbild. Der Prospekt zeigt Felder als Zeichen von Besitz und „Haben" und ist eingerahmt von bemalten Soffitten. Eine riesige Plakatwand mit Werbung und dem Slogan „Dein Geld in die Bodenkreditbank" verunstaltet die Natur.

auf Nr. 25 gearbeitet. Im Herbst 1945 versucht der Erziehungswissenschaftler August Christian Riekel, der unter dem Pseudonym Harald Bratt auch die Drehbücher zu den NS-Propagandafilmen „Ohm Krüger" und „Ich klage an" geschrieben hat, den „Leopoldstädter Theatergeist" zu neuem Leben zu erwecken und eröffnet als „Wiener Künstlertheater" jenes Theater, in dem zuvor auch die Exl-Bühne untergebracht war. Manker stattet dort im Herbst 1945 die Uraufführung von Bratts Komödie „Das Hotel der Emigration" aus. Das Stück spielt 1938 in Paris, ist 1938/39 in Wien und am Semmering geschrieben und bleibt während zahlreicher Hausdurchsuchungen in der Nazizeit unentdeckt, da es vom Architekten Karl Jaray, der dem Freundeskreis um Karl Kraus und Adolf Loos angehört, in eine Barockplastik eingeleimt worden ist.

Harald Bratt
• **DAS HOTEL DER EMIGRATION** (UA)
Bühnenbild GM / Regie: Otto Ambros
mit Hintz Fabricius (Ingnacio), Luise Wilmers (Immaculada), Harry Fuss (Wiener), Fritz Widhalm-Windegg (Italiener), Peter Versten (russischer Fürst), Walter Sofka (Gesandter), Alfred Mahr (Wirt), Ludwig Blaha (Fernando Fernandez)
28. September 1945, Wiener Künstlertheater

Harald Bratt schreibt zum Einzug ins neue Haus: *„Wir wollen nicht eine Bühne des ‚Klassischen' sein. Uns interessiert unsere eigene Not, uns interessieren die Probleme unserer unruhigen Tage und die Sorgen unserer Nächte. Uns erfüllt das Verlangen, herauszukommen aus dieser Welt der Qual, der Angst, der Unfreiheit und der brutalen Gewalt, um an der Gestaltung einer neuen, besseren Welt mitarbeiten zu können. Alle Fragen, die sich daraus ergeben, wollen wir auf unserer Bühne zur Diskussion stellen."* Ab 1946 werden dann im Künstlertheater unter der Direktion des Kabarettisten und Schauspielers Fritz Eckhardt vor allem Operetten und Singspiele gezeigt, bis das Haus 1951 schließlich geschlossen wird.

Georg Fraser / Dora Maria Brandt
• **DIE ANUSCHKA**
Bühnenbild GM / Regie: Walter Gynt
mit Inge Konradi (Anuschka, Stubenmädchen), Josef Meinrad (Vornehmer Herr), Karl Skraup (Dr. Virag), Egon Jordan (Baron), Maria Waldner (Köchin), Karl Kalwoda (Chauffeur)
2. Oktober 1945, Volkstheater

Auch nach dem Krieg arbeitet Gustav Manker neben dem Volkstheater noch für zahlreiche andere Wiener

1945 | 1946

Bühnen, darunter das Bürgertheater, die Kammerspiele und auch wieder für Leon Epps „Insel in der Komödie" in der Johannesgasse. Epp möchte sein altes Theater mit Stefan Zweigs „Legende eines Lebens" eröffnen, muss aber auf Wunsch der Sowjets ein russisches Stück zeigen und entscheidet sich für die Wiederaufnahme von Anton Tschechows „Onkel Wanja" aus dem Jahr 1940. Epps „Insel" ist bis 1951 sowohl was das Ensemble der SchauspielerInnen betrifft als auch von der literarischen Qualität der Stücke das beste Theater Wiens. Da es in der Nachkriegszeit extrem schwierig ist, Material für die Ausstattung zu bekommen, ist die Phantasie des Bühnenbildners besonders gefragt.

Anton Tschechow
• ONKEL WANJA
Bühnenbild GM / Regie: Leon Epp
mit Hans Brand (Wanja), Fred Kurt (Serbriakow), Elisabeth Epp (Helene), Klaramaria Skala (Sonja), Alfred Stöger (Astrow)
Übernahme der Produktion aus der Komödie von 1940
18. Oktober 1945, Die Insel in der Komödie

Medea (1946)
Dorothea Neff als Franz Grillparzers Medea, „eigenwillig bis ins Bizarre wird sie getrieben, ja gepeitscht von der Dämone der Rolle, in die sie fast bis zur physischen Erschöpfung hineinwächst."

Am 25. November 1945 finden in Österreich die ersten freien und demokratischen Wahlen seit 1930 statt.

Mit „Der befreite Don Quijote" mit Max Paulsen in der Titelrolle zeigt Günther Haenel im November 1945 ein Stück des sowjetischen Volkskommissars Anatoli Lunatscharski am Volkstheater, was ihm den Vorwurf eines „*kommunistischen Tendenz-Spielplans*" einträgt. Der erste Satz des Stückes „Die Hitze ist unerträglich" sorgt für donnerndes Gelächter im Parkett, da das Publikum in Wintermänteln im eiskalten Zuschauerraum sitzt.

Anatoli Wassiljewitsch Lunatscharski
• DER BEFREITE DON QUIJOTE
Bühnenbild GM / Regie: Günther Haenel
mit Max Paulsen a. G. (Don Quijote), Karl Kalwoda (Sancho Pansa), Hans Putz (Don Balthazar), Marianne Schönauer (Maria Stella), Marianne Gerzner (Mirabella), Egon v. Jordan (Herzog), Martha Dangl (Herzogin), Hans Richter (Leibarzt)
27. November 1945, Volkstheater

Franz Grillparzer
• MEDEA
Bühnenbild GM / Regie: Alfred Solm
mit Dorothea Neff (Medea), Hans Richter (Kreon), Hans Frank (Jason), Auguste Welten (Gora), Lia Ander (Kreusa)
7. Januar 1946, Volkstheater

Günther Haenel, Gustav Manker und der Dramaturg Otto Basil veranstalten in den Wandelgängen des Volkstheaters Ausstellungen von zeitgenössischen Künstlern wie dem Surrealisten Edgar Jené. Dabei zeigt sich, wie stark das Publikum noch immer dem ästhetischen Diktat des Dritten Reichs unterworfen ist. Es äußert sich deutlich: „*Schad' um die schönen Rahmen!*" und „*Hitler hat doch recht gehabt!*"

Trotz der Zurückhaltung internationaler Verlage, die wenig Vertrauen in die österreichische Währung haben, gelingt es Günther Haenel, das Volkstheater als anspruchsvolles Zeittheater zu führen und viele jener Stücke zu zeigen, die dem Publikum während der faschistischen Systeme vorenthalten worden sind. Der Dramaturg Otto Basil schreibt: *„Es gab einen Elan am Haus, der an die wildesten Tage des Expressionismus erinnerte."* Haenel zeigt Jean Anouilhs „Antigone" und „Das Mädchen Thérèse" (La Sauvage), J. B. Priestleys „Gefährliche Wahrheit" und belebt auch die von den Nationalsozialisten verbotene russische Dramatik von Iwan Turgenjew bis Alexander Ostrowski wieder. Gustav Manker gelingt es, einen neuen Weg bei der Interpretation der Stücke des Alt-Wiener-Volkstheaters einzuschlagen, indem er eine realistische Basis für die Werke von Ferdinand Raimund und Johann Nestroy schafft.

Für Ben Jonsons satirische Komödie „Volpone" in der Bearbeitung von Stefan Zweig, der sich 1942 in der Emigration das Leben genommen hat, erhält Manker 1946 seinen ersten Regievertrag am Volkstheater. Theodor Grieg spielt den reichen Kaufmann Volpone, den Fuchs, der sich todkrank stellt, um seine Erbschleicher hinters Licht zu führen, Fritz Schmiedel den Schmarotzer Mosca.

Volpone (1946)

Anfang 1946 erhält Gustav Manker für Stefan Zweigs Bearbeitung von Ben Jonsons „Volpone" den ersten Regievertrag am Volksheater. Die elisabethanische Satire von 1606 geht auf die Tierfabel vom Fuchs zurück, der sich totstellt, um Aasfresser anzulocken, die ihm dann zur leichten Beute werden.

oben links:
Theodor Grieg als „Fuchs" Volpone, der sich todkrank stellt, um seine Erbschleicher zu düpieren.

oben rechts:
Hans Frank als „Geier" Voltore.

Ben Jonson (Bearbeitung: Stefan Zweig)
♦ **VOLPONE (ALLES UM GELD)**
Regie GM / BB & K: Max Meinecke
mit Theodor Grieg (Volpone), Fritz Schmiedel (Mosca), Hans Frank (Voltore), Hans Putz (Corvino), Marianne Gerzner (Canina), Ludwig Hillinger (Corbaccio), Oskar Wegrostek (Leone), Herta Konrad (Colomba), Walter Ladengast (Richter), Benno Smytt (Oberster der Sbirren)
31. Januar 1946, Volksheater

Das „Neue Österreich" nennt Mankers Regiedebüt *„ein geglücktes Wagnis, was bei der künstlerischen Besessenheit und bei dem sicheren Geschmack des genialen Gustav von Manker nicht wundernimmt".* Obwohl Manker noch viele Jahre einer der profiliertesten und „modernsten" Bühnenbildner des Hauses bleiben wird, beginnt er mit 33 Jahren seine zweite Karriere als Regisseur. Dabei ist es Günther Haenel, der ihn ab nun bei dieser neuen künstlerischen Tätigkeit fördert. Noch im selben Jahr inszeniert Manker J. B. Priestleys „Gefährliche Wahrheit", Ferdinand Bruckners „Heroische Komödie" und Franz Molnárs „Der gläserne Pantoffel" und bekommt im Frühjahr 1947 erstmals ein Stück von Nestroy anvertraut, „Kampl", dem im Jahr darauf Franz Grillparzers „Der Traum ein Leben" und Nestroys „Zu ebener Erde und erster Stock" folgen, letzteres erstmals auch in Mankers eigenem Bühnenbild.

Günther Haenel gelingt es, ein exzellentes Ensemble, vielleicht das beste, das je am Volkstheater gespielt hat, um sich zu versammeln. Zu ihm gehören Volksschauspieler großer Popularität wie Annie Rosar und Karl Skraup, aus Max Reinhardts Star-Ensemble kommen Attila Hörbiger, Ernst Deutsch, Hans Thimig und Adrienne Gessner dazu, aus Zürich, der Emigrantenbühne während des Krieges, kommen Karl Paryla und Wolfgang Heinz. Stars der kommenden Jahre wie Oskar Werner, Josef Meinrad und Inge Konradi erringen ihre ersten entscheidenden Erfolge.

Als Regisseure arbeiten, neben Haenel selbst, der aus Amerika zurückgekehrte Walter Firner, der in den 30er Jahren in Wien das Emigrantenensemble „Österreichische Volksbühne" mit vor Hitler geflohenen Schauspielern geleitet hat, Wolfgang Heinz, sowie der Schauspieler und Regisseur Hans Thimig und Gustav Manker. Haenel bindet Mitglieder des Hauses in einem Direktionsrat in Entscheidungen mit ein und nimmt so das Modell des Mitbestimmungstheaters vorweg. Dem Direktionsrat gehören neben Haenel noch Hans Thimig, der Schauspieler Hans Frank (der Sohn der Burgschauspielerin Lotte Medelsky) und Walter Firner an.

Ab 1. März 1946 mietet Gustav Manker eine Wohnung im letzten Stock des Hauses Schulhof 4 im ersten Bezirk, einem Barockhaus im ehemaligen Judenviertel, die er bis zu seinem Tod im Jahr 1988 bewohnen wird. Der dem Schulhof benachbarte Judenplatz war unter dem Namen „Schulhof" bis 1421 der Mittelpunkt der einstigen Judenstadt, dort befand sich die Judenschule, eine der bedeutendsten des deutschsprachigen Raums. Nach ihr führte der Platz damals seinen Namen, „Schulhof". Später wird dieser Name auf den in unmittelbarer Nachbarschaft gelegenen kleineren Platz übertragen, der heute noch so heißt.

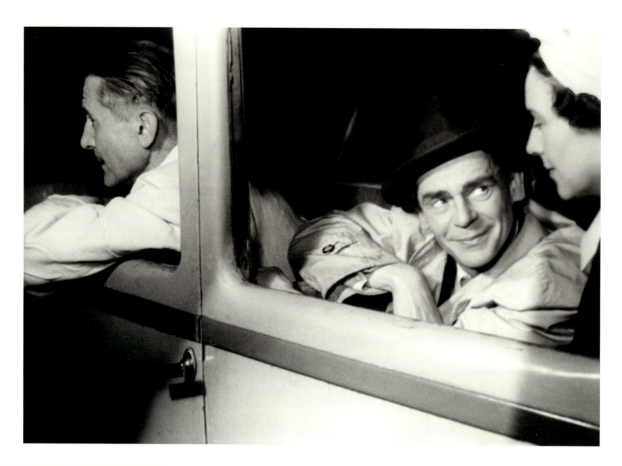

ganz oben:
Jakobowsky und der Oberst (1946)
Hans Jungbauer (Oberst Stjerbinsky), Karl Skraup (Jakobowsky) und Kitty Stengel (Marianne) in der österreichischen Erstaufführung von Franz Werfels Emigrantenkomödie.

oben:
Ausweis der Kommunistischen Partei Österreichs (1945)
Im Mai 1945 ist Gustav Manker (links) der Kommunistischen Partei Österreichs beigetreten.

Der Barometermacher auf der Zauberinsel (1946)
Das Bühnenbild spielt auf die Nachkriegssituation in Österreich an und zeigt Ruinen und einen Misthaufen. Dazu passend lautet der zweite Satz im Stück: „Verdienen denn die Menschen der heutigen Zeit, dass eine Fee ihrer noch gedenke?". Im Hintergrund sieht man die Skyline von Manhattan und die Freiheitsstatue.

In Günther Haenels Inszenierung von Ferdinand Raimunds Zauberposse „Der Barometermacher auf der Zauberinsel" spielt im März 1946 der aus der Emigration zurückgekehrte Karl Paryla mit triumphalem Erfolg den Barometermacher Quecksilber.

Ferdinand Raimund
• **DER BAROMETERMACHER AUF DER ZAUBERINSEL**
Bühnenbild GM / Regie: Günther Haenel
mit Karl Paryla / Fritz Schmiedel (Quecksilber), Inge Konradi (Linda), Theodor Grieg (Tutu), Marianne Schönauer (Zoraide), Friedrich Neubauer (Zadi), Egon von Jordan (Hassan), Eva Baumann (Rosalinde), Karl Kalwoda (Matrose)
1. März 1946, Volkstheater

Gustav Mankers Bühnenbild zeigt das weite Meer, darstellend die Welt. Die verschiedenen Schauplätze im Stück sind als im Wasser schwimmende Inseln auf Podeste gebaut, wobei der Feenpalast auf die Nachkriegssituation in Österreich anspielt und Ruinen und einen Misthaufen zeigt. Dazu passend lautet Raimunds zweiter Satz im Stück: „Verdienen denn die Menschen der heutigen Zeit, dass eine Fee ihrer noch gedenke?" Manker vermeidet in seinem Bühnenbild jede klischeehafte Verniedlichung des Wienerischen und jede falsche Gemütlichkeit, er setzt auf Purismus und Strenge und bereitet damit schon ein Prinzip vor, das bald für seine Nestroy-Inszenierungen charakteristisch werden wird. Im Hintergrund sieht man die Skyline von Manhattan mit der Freiheitsstatue.

Jean Anouilh
• **DAS MÄDCHEN THÉRÈSE**
Bühnenbild GM / Regie: Erich Ziegel
mit Eva Zilcher (Thérèse), Marianne Gerzner (Jeanette), Oskar Wegrostek (Tarde), Helene Lauterböck (Madame du Bazin)
Unter dem Ehrenschutz der Féderation France-Autriche
25. März 1946, Volkstheater

In der Erstaufführung von Franz Werfels Emigrantenkomödie „Jakobowsky und der Oberst" spielt Karl Skraup im April 1946 an den Kammerspielen den polnischen Juden Jakobowsky und Regisseur Hans Jungbauer Oberst Stjerbinsky. Das Stück entsteht 1941/42, nach der waghalsigen Flucht Werfels mit seiner Frau, der Künstlermuse Alma Mahler, die sie nach Beginn des deutschen Angriffs auf Frankreich von Paris an die Atlantikküste geführt hat, und basiert auf den Erzählungen des Stuttgarter Bankiers Jacobowicz, eines Hotelnachbarn des Paares im Wallfahrtsort Lourdes. Initiiert wird es in den USA von Max Reinhardt und dessen Sohn Gottfried, der Ausschau nach einem Broadway-Hit für seinen Vater hält. Werfel nennt es die „Komödie einer Tragödie". Die Premiere inszeniert Elia Kazan 1943 in New York.

Franz Werfel
• **JAKOBOWSKY UND DER OBERST** (ÖEA)
Bühnenbild GM / Regie: Hans Jungbauer
mit Karl Skraup (Jakobowsky), Hans Jungbauer (Oberst), Fritz Horn (Szabuniewicz), Viktor Gschmeidler (tragischer Herr), Kitty Stengel (Marianne), Karl Schellenberg (Der ewige Jude)
3. April 1946, Kammerspiele

1946

In Grillparzers „Weh dem, der lügt" setzt Manker 1946 auf einer barocken Kulissenbühne aus Bögen verschiedene Prospekte ein, deren Zeichnungen im Stil der französischen Surrealisten gemalt sind. Die Weide besteht nur aus aufgemalten Kühen, davor liegt ein plastischer Hügel. Indem die Bilder im Laufe des Stücks immer weiter nach hinten verlegt werden, steht zuletzt die Festung allein in der Tiefe der Bühne da, der Platz vor ihr liegt ganz leer.

Franz Grillparzer
• WEH DEM, DER LÜGT
Bühnenbild GM / Regie: Hans Thimig
mit Hans Frank (Bischof), Carl Bosse (Atalus), Hans Putz (Leon), Hans Richter (Kattwald), Marianne Gerzner (Edrita), Theodor Grieg (Galomir), Oskar Wegrostek (Schaffer), Karl Kalwoda (Pilger), Benno Smytt (Hausverwalter)
17. April 1946, Volkstheater

Für das russische Volksstück „Die lieben Nachbarn und ein Mädchen" stellt Manker für Günther Haenels Inszenierung ein zweistöckiges Moskauer Zinshaus mit realistischem Hinterhof auf die Bühne, das „auf minimalem Raum zu maximaler Räumlichkeit" gerät. (Hugo Huppert, „Österreichische Zeitung")

Wassili Schwarkin
• DIE LIEBEN NACHBARN UND EIN MÄDCHEN
Bühnenbild GM / Regie: Günther Haenel
mit Gusti Wolf (Olja, Dienstmädchen), Oskar Wegrostek (Intellektueller), Ernst Meister (Valentin, Student), Theodor Grieg (Kaschin, Mechaniker), Karl Kalwoda (Hausverwalter), Dorothea Neff (seine Frau), Hans Putz (Nikolai, Student)
10. Mai 1946, Volkstheater

Gustav Mankers zweite Regie am Volkstheater ist im Mai 1946 J. B. Priestleys „Gefährliche Wahrheit", ein Spiel über das Paradoxon, daß die Wahrheit *„eine schlafende Bestie ist, die man nicht wecken soll"*. Hinter der Maske der Bürgerlichkeit verbergen sich in Priestleys Erstlingsdrama von 1932 Laster, Verbrechen, Perversion. Fritz Schmiedel brilliert als perverser Hysteriker und Psychopath, Erna Korhel debütiert als tragische Frau an der Seite ihres ungeliebten Mannes. Eva Gold ist die Ehebrecherin und Carl Bosse der Fanatiker, der dem Zusammenbruch seiner geliebten Scheinwelt nicht gewachsen ist,

J.B. Priestley
• GEFÄHRLICHE WAHRHEIT
Regie GM / BB: Otto Liewehr / K: Elli Rolf
mit Fritz Schmiedel (Whitehouse), Erna Korhel (Freda), Carl Bosse (Robert Caplan), Wera Liessem (Peel), Hans Frank (Stanton), Eva Gold (Betty), Helene Lauterböck (Mockridge)
27. Mai 1946, Volkstheater

Hans Müller (nach Oskar Blumenthal) / Gustav Kadelburg
• IM WEISSEN RÖSSL
Bühnenbild GM / Regie: Hans Thimig
mit Christl Mardayn (Wirtin), Fritz Schmiedel (Leopold), Susi Peter (Klärchen) Carl Bosse (Sülzheimer), Karl Kalwoda (Bettler), Benno Smytt (Gelehrter), Alfred Böhm (Hausknecht)
28. Juni 1946, Volkstheater

Das Bürgertheater beschäftigt in der Direktionszeit von Franz Stoß zwei eigene Hausdichter, Martin Costa und Kurt Nachmann, von dem im Sommer 1946 unter Verwendung von Autoren des Wiener Vormärz die Biedermeier-Posse „Das G'spenst auf der Bastei" nach Karl Meisl zur Uraufführung kommt.

oben:
Gefährliche Wahrheit (1946)
Carl Bosse als Robert Caplan in Gustav Mankers zweite Regiearbeit, ein Fanatiker der Wahrheit, der dem Zusammenbruch seiner Scheinwelt nicht gewachsen ist.

Das G'spenst auf der Bastei (1946)
rechte Seite:
Bühnenbildentwurf von Gustav Manker für das Wirtshaus „Zur Silbernen Sau" in der Biedermeier-Posse von Kurt Nachmann am Wiener Bürgertheater.

folgende Doppelseite:
Bastei und Hiebisches Theater.

1946

oben links:
Heroische Komödie (1946)
Erna Korhel als Madame de Staël, Kämpferin wider Diktatur und Tyrannei, und Carl Bosse als ihr kritischer Verehrer und saturierter Revolutionär Benjamin Constant in Gustav Mankers dritter Inszenierung am Volkstheater.

oben rechts:
Baumeister Solness (1946)
Albert Bassermann als Baumeister Solness und Erika Pelikowsky als seine Buchhalterin Kaja Fosli.

Kurt Nachmann (nach alten Vorlagen)
• **DAS G'SPENST AUF DER BASTEI** (UA)
Bühnenbild GM / Regie: Franz Stoß / Musik: Franz Thurner
mit Wolf Neuber (vazierender Akteur), Hansi Prinz (Aktrice), Karl Neumayer (Spund, Wirt), Kurt Nachmann (Textdichter)
6. Juli 1946, Wiener Bürgertheater

SAISON 1946/1947

Ab der Saison 1946/47 erhält Gustav Manker von Günther Heanel einen Vertrag als Regisseur und Chef des Ausstattungswesens am Volkstheater.

Mankers dritte Regie ist zu Saisonbeginn 1946 die Erstaufführung von Ferdinand Bruckners in der Emigration geschriebenem Drama „Heroische Komödie", die Geschichte der Madame de Staël, Schriftstellerin und Propagandistin gegen die Diktatur zur Zeit Napoleons: *„Keine Macht kann stärker sein als der Wille, sich nicht vor ihr zu beugen."* Napoleons Rückzug aus den Trümmern von Moskau dient Bruckner als Parallele zu Hitlers Niederlage vor Stalingrad. Erneut spielen Erna Korhel und Carl Bosse sowie der junge Hans Putz.

Ferdinand Bruckner
• **HEROISCHE KOMÖDIE** (ÖEA)
Regie GM / BB: Otto Niedermoser
mit Erna Korhel (Germaine de Staël), Carl Bosse (Constant), Hans Frank (Marschall Bernadotte), Hans Putz (Rocca), Egon Jordan (Graf Narbonne), Benno Smytt (Diener)
12. September 1946, Volkstheater

Jean Anouilh
• **ANTIGONE** (ÖEA)
Bühnenbild GM / Regie: Günther Haenel
mit Erika Pelikowsky (Antigone), Wolfgang Heinz (Kreon), Monika Peters (Ismene), Pepi Kramer–Glöckner (Amme)
20. September 1946, Volkstheater

Arthur Schnitzler
• **ZWISCHENSPIEL**
Bühnenbild GM / Regie: Hans Thimig
mit Emil Stöhr (Amadeus Adams), Christl Mardayn (Cäcilie, seine Frau), Fritz Schmiedel (Rhon), Inge Konradi (Marie)
10. Oktober 1946, Volkstheater

Der 83jährige Albert Bassermann, der *„größte Schauspieler deutscher Zunge",* der am 13. März 1938 mit seiner als Jüdin diskriminierten und verfolgten Frau Else freiwillig Wien verlassen hat, kehrt im November 1946 mit einem triumphalen Gastspiel aus der Emigration in den USA zurück. Bassermann gehört zu den wenigen, die den Nazis gegenüber nicht das geringste politische Zugeständnis zu machen bereit waren. Er spielt in Paul Osborns „Der Himmel wartet" (Der Tod im Apfelbaum), in Henrik Ibsens „Baumeister Solness" und – *„zugunsten der politischen Opfer des Naziterrors"* – in Ibsens „Gespenster" jeweils in der Regie von Walter Firner und im Bühnenbild von Gustav Manker. Der Premiere wohnen Bundespräsident Karl Renner, Bundeskanzler Leopold Figl, Wiens Bürgermeister Theodor Körner sowie Vertreter der vier alliierten Besatzungsmächte bei. An Bassermanns Seite debütiert das 7jährige „Wunderkind" Heiki Eis, der Sohn der Schauspielerin Maria Eis.

Antigone (1946)
Wolfgang Heinz (Mitte) als Kreon,
Anton Gaugl als Wächter und
Herta Konrad als Page in Mankers
Bühnenbild für die Erstaufführung
von Jean Anouilhs „Antigone"
in der Regie von Günther Haenel.

Paul Osborn (nach dem Roman von L. E. Watkin)
• **DER HIMMEL WARTET** (EUA)
Bühnenbild GM / Regie: Walter Firner
mit Albert Bassermann (Gramps), Heiki Eis (Pud), Hans Frank (Brink), Else Bassermann (Grany), Dorothea Neff (Tante Demetria Riffel), Theodor Grieg (Arzt Dr. Evans), Heinrich Wilbert (Dr. Grimes), Benno Smytt (Pilbeam), Karl Kalwoda (Gerichtsvollstrecker), Rolf Truxa (Bub)
3. November 1946, Volkstheater

Henrik Ibsen
• **BAUMEISTER SOLNESS**
Bühnenbild GM / Regie: Walter Firner
mit Albert Bassermann (Solness), Else Bassermann (Aline), Marianne Schönauer (Hilde Wangel), Benno Smytt (Doktor Herdal), Hans Frank (Knut Brovik, Assistent), Carl Bosse (Ragnar Brovik), Erika Pelikowsky (Kaja Fosli, Buchhalterin)
11. November 1946, Volkstheater

Die vierte Inszenierung Gustav Mankers ist im November 1946 Franz Molnárs Komödie „Der gläserne Pantoffel" mit der 1935 emigrierten und vom legendären Zürcher Schauspielhaus wiedergekehrten Grete Heger als Dienstmagd Irma – *„eine volkstümliche Komikerin, wie Wien keine hat"* (Otto F. Beer) –, Fritz Schmiedel als Kleinbürger Sipos und Hans Putz als schlacksigem Beau Paul.

Franz Molnár
• **DER GLÄSERNE PANTOFFEL**
Regie GM / BB: Otto Liewehr
mit Grete Heger (Irma), Fritz Schmiedel (Sipos), Hans Putz (Paul), Maria Waldner (Adele), Theodor Grieg (Polizeirat), Oskar Wegrostek (Wachtmeister), Marianne Gerzner (Viola), Susanne Engelhart (Frau Rotits), Karl Kalwoda (Hausmeister), Elfriede Semrau (Hausmeisterin), Hans Radvanyi (Polizeiarzt)
19. November 1946, Volkstheater

1946 | 1947

unten:
Don Carlos (1946)
Emil Stöhr als Don Carlos und Benno Smytt als Domingo in Gustav Mankers Bühnenbild, das von drei riesigen Säulen auf Postamenten beherrscht wird.

rechte Seite:
Vor der Entscheidung (1947)
Attila Hörbiger als Widerstandskämpfer und Siegfried Breuer als Gestapoagent in einer Auseinandersetzung mit tödlichem Ausgang.

In Henrik Ibsens Familiendrama „Gespenster" spielt Albert Bassermann den Pastor Manders, seine Frau Else Bassermann die Frau Alving, Hans Frank den Oswald, Karl Skraup den Tischler Engstrand und Inge Konradi dessen Tochter Regine.

Henrik Ibsen
• **GESPENSTER**
Bühnenbild GM / Regie: Walter Firner
mit Else Bassermann (Frau Alving), Hans Frank (Oswald), Albert Bassermann (Pastor Manders), Karl Skraup (Tischler Engstrand), Inge Konradi (Regine)
7. Dezember 1946, Volkstheater

Für Friedrich Schillers „Don Carlos" nimmt Regisseur Walter Firner Kürzungen und Einfügungen aus anderen Fassungen vor, die das politische Moment in den Vordergrund stellen. In seiner Inszenierung ist es die Staatsraison, die den Figuren ihr Handeln diktiert, ihr Antipode ist die katholische Kirche. Beide Mächte sind in überlebensgroßen symbolischen Figuren auf die Bühne gewuchtet, die eine in Gestalt eines Bischofs, die andere als Moses-ähnlicher Gesetzgeber. Den schwarzen, neutralen Bühnenraum beherrschen drei Säulen auf riesigen Postamenten, die während aller Akte unverändert bleiben, um sie herum werden freistehend die Wände positioniert. Wolfgang Heinz spielt König Philipp II., Emil Stöhr den Don Carlos und Marianne Schönauer die Königin Elisabeth.

Friedrich Schiller
• **DON CARLOS**
Bühnenbild GM / Regie: Walter Firner
mit Wolfgang Heinz (Philipp II.), Emil Stöhr (Don Carlos), Fritz Schmiedel (Marquis Posa), Marianne Schönauer (Elisabeth), Erna Korhel (Prinzessin Eboli), Benno Smytt (Domingo), Hans Frank (Großinquisitor), Heinrich Wilbert (Alba), Hans Radvany (Farnese), Theodor Grieg (Lerma), Oskar Willner (Taxis), Helene Lauterböck (Olivarez), Trude Havel (Mondekar)
16. Dezember 1946, Volkstheater

Der aus dem polnischen Bielitz stammende Hugo Huppert schreibt über Mankers Bühnenlösung: *„Außerordentlich bildstark und suggestiv die säulengefasste Einheitsszene. Sie hält sich in der besten Mitte zwischen Markierung und Ausmalung und lässt viele Traditionen mutig hinter sich zurück."*

Anfang Januar 1947 lassen sich Gustav Manker und seine Frau Marianne Schönauer scheiden.

„Vor der Entscheidung" (Watch on the Rhine), ein antifaschistisches Erfolgsstück von Lillian Hellman, der späteren US-Ikone im Kampf gegen die Intoleranz der McCarthy-Ära, wird 1947 in der Regie von Günther Haenel und im Bühnenbild Mankers mit Attila Hörbiger als Widerstandskämpfer gegen das Nazi-Regime, Siegfried Breuer als rumänischem Gestapoagenten Graf Brancovic und der aus der Emigration heimgekehrten Adrienne Gessner als robuster Witwe Fanni Farelly am Volkstheater aufgeführt. Die Presse titelt: *„Ein Kampfdrama siegt im Wiener Volkstheater!"* Das ehemalige NSDAP-Mitglied Attila Hörbiger hat in der Rolle des Antifaschisten Kurt Müller für ihn ungewohnt moralische Ansichten zu äußern: *„Es gibt nicht mehrere verschiedene Welten. Es gibt nur eine. Das Unrecht, das in diesem Augenblick irgendwo in der Welt geschieht, in einem kleinen Dorf in Thüringen, in einem Haus in Österreich, in einem Lager in Berlin – Fanny, das geht dich an und den Farmer in Kalifornien und den Collegeprofessor in Ohio und den Studenten in der nächsten Schule. Zwischen Recht und Unrecht gibt es keine Ozeane…"* Gustav Manker bringt für die Inszenierung Günther Haenels in seinem Bühnenbild die Halle eines Washingtoner Patrizierhauses *„mit gediegenem Reichtum und solider Eleganz"* auf die Bühne.

Lillian Hellman
• **VOR DER ENTSCHEIDUNG** (DEA)
Bühnenbild GM / Regie: Günther Haenel
mit Attila Hörbiger (Kurt Müller), Adrienne Gessner (Fanny), Siegfried Breuer (Teck, Graf Brancovic), Marianne Schönauer (Marthe, seine Frau), Dorothea Neff (Anise), Carl Bosse (David)
3. Februar 1947, Volkstheater

1947

Für Alexander Ostrowskis Satire „Ein junger Mann macht Karriere" (Eine Dummheit macht auch der Gescheiteste) mit Karl Paryla als Intrigant und Schmeichler Glumow baut Gustav Manker ein nur drei Meter tiefes Podest als „Bühne auf der Bühne", Wandandeutungen und Requisiten kommt keine raumbildende Funktion mehr zu. Auf den Vorhang der Stilbühne sind die Figuren des Stückes aufgemalt, die Glumow manipuliert und vorführt wie Marionetten, hebt sich der Vorhang, stehen die Schauspieler in gleicher Position dahinter.

legt er so den Grundstein für eine moderne und entkitschte Ästhetik dieses Genres, die Manker auch bald selbst als Regisseur weiterführen wird. Für Raimunds dichterische Synthese von ehrgeizigem Dichtertum und gelungener Volkskomik hängt Manker einen Barockplafond frei über die Bühne, durch ein Loch im Himmel kommen die verschiedenen Flugmaschinen herunter, etwa der Pegasus-Wagen ins Land der Poesie. Da die Handlung des Stückes innerhalb einer festgesetzten Frist von 24 Stunden ablaufen muss, wird dies durch eine Sonnenbahn mit vorrückender Sonne angezeigt. Hügel und Wiesen sind von betonter Naivität, wirken hingestellt und wie ausgeschnittene Pappendeckel. Auch die Gäste auf einem Wirtshausbalkon sind nur aufgemalt. Inge Konradi spielt die Phantasie, Emil Stöhr, der Bruder Karl Parylas, den Harfenisten Nachtigall. Mit dabei sind auch schon Mankers zukünftige Nestroy-Protagonisten Walter Kohut als Dichter, Hans Putz als Hirte Amphio und Karl Skraup als Muh, der Narr.

oben:
Ein junger Mann macht Karriere (1947)
Karl Paryla als Intrigant und Schmeichler Glumow, der ein verräterisches Tagebuch führt, und Hans Richter als sein satirierter Moskauer Onkel Mamaew.

rechte Seite:
Die gefesselte Phantasie (1947)
Gustav Mankers Entwürfe für Ferdinand Raimunds Zauberspiel, mit Pegasus, dem geflügelten Pferd der Poesie.

Alexander Nikolajewitsch Ostrowski
• **EIN JUNGER MANN MACHT KARRIERE**
Bühnenbild GM / Regie: Friedrich Neubauer
mit Karl Paryla (Glumow), Helene Lauterböck (Mutter), Hans Richter (Mamaew), Elena Polewitzkaja (Cleopatra, seine Frau), Egon von Jordan (Gorodulin), Theodor Grieg (Krutitzki), Dorothea Neff (Wahrsagerin), Marianne Gerzner (Nichte)
27. Februar 1947, Volkstheater

Für Ferdinand Raimunds „Die gefesselte Phantasie" entwirft Gustav Manker im März 1947 erneut das Bühnenbild für ein Altwiener Zaubermärchen. Er hat für Regisseur Günther Haenel 1944 Raimunds „Der Diamant des Geisterkönigs" und 1946 „Der Barometermacher auf der Zauberinsel" ausgestattet. Bei der Interpretation von Raimunds Zaubermärchen wagt Haenel eine richtungsweisende Neuentwicklung. Gemeinsam mit seinem Bühnenbildner

Ferdinand Raimund
• **DIE GEFESSELTE PHANTASIE**
Bühnenbild GM / Regie: Günther Haenel
mit Inge Konradi (Phantasie), Emil Stöhr (Nachtigall), Hans Frank (Apollo), Marianne Schönauer (Hermione), Karl Skraup (Narr Muh), Fritz Schmiedel (Distichon), Kurt Prade (Affriduro), Ilde Overhoff (Vipria), Marianne Gerzner (Arrogantia), Benno Smytt (Höfling Odi), Hans Putz (Hirt Amphio), Walter Kohut (Ein Dichter), Oskar Wegrostek (Wirt zum Hahn)
14. März 1947, Volkstheater

Da Günther Haenel als Pächter des Volkstheaters mit seinem Privatvermögen haftet, ist er gezwungen, auch „leichte Kost" auf den Spielplan zu setzen, die mit Publikumslieblingen großen Erfolg erzielt. Christl Mardayn spielt die Wirtin im „Weißen Rössl" und Sardous Madame Sans Gêne, Annie Rosar ist als Frau mit zweifelhafter Vergangenheit in „Das Kuckucksei", eine der meistgespielten Komödien der Nachkriegszeit, zu sehen und schließlich gastiert sogar der viel gespielte Komödienautor Curt Goetz mit seiner Frau Valérie von Martens in seinem Klassiker „Das Haus in Montevideo", das 72 Mal am Volkstheater gespielt wird.

Curt Goetz
• **DAS HAUS IN MONTEVIDEO**
Bühnenbild GM / Regie: Curt Goetz
mit Curt Goetz (Prof. Nägler), Valérie von Martens (Marianne), Inge Konradi (Atlanta), Theodor Grieg (Pastor), Benno Smytt (Anwalt), Ursula Lingen (Belinda), Walter Kohut (Briefträger)
9. April 1947, Volkstheater

Der Theaterhistoriker Joseph Gregor spannt im Mai 1947 in „Radio Wien" den Bogen einer *„Wiener Schule des Bühnenbildes"* von Alfred Roller und Oskar Strnad über Emil Pirchan, Heinrich Lefler und Clemens Holzmeister bis zu Otto Niedermoser, Fritz Judtmann und Gustav Manker, dem er *„sehr intensive, von starkem künstlerischen Willen bestimmte Wirkungen"* attestiert.

1947

oben:
Die gefesselte Phantasie (1947)
Bei Raimunds Zaubermärchen vollzieht Regisseur Günther Haenel gemeinsam mit Gustav Manker eine richtungsweisende Neuentwicklung und legt den Grundstein für eine moderne und entkitschte Ästhetik dieses Genres, die Manker noch im selben Jahr als Regisseur weiterführt. Er hängt einen Barockplafond über die Bühne, durch den verschiedene Flugmaschinen herunterkommen, etwa der Pegasus-Wagen im Land der Poesie.

rechte Seite:
Kampl (1947)
Am 4. Juni 1947 hat Mankers erste Nestroy-Inszenierung am Volkstheater Premiere, mit Karl Skraup als Chirurg Kampl, der als ordnende Instanz auf der Seite der Loyalität und das guten Charakters kämpft.

Am Mittwoch, den 4. Juni 1947 hat am Volkstheater Gustav Mankers erste Nestroy-Inszenierung Premiere. Manker wählt die bisher nie gespielte Urfassung von Nestroys Alterswerk „Kampl", das dieser in seinem Testament noch zum Verbrennen bestimmt hatte, und liefert laut Otto Basil im „Neuen Österreich" sein bisheriges „*Meisterstück*" als Regisseur. Es spielen Theodor Grieg, Inge Konradi, Walter Kohut, Paula Pfluger, Hans Olden und Hans Putz, das Ensemble des Volkstheaters mit insgesamt 41 Darstellern wird in seiner Geschlossenheit mit dem Kollektiv des Theaters in der Josefstadt verglichen. Karl Skraup als Chirurg Kampl wird eine „*Sonderleistung Nestroy'scher Urkraft*" attestiert, Otto Basil sieht die Bombenrolle bei Skraup zur „*Atombombenrolle*" wachsen: „*Karl Skraup als Kampl offenbart als hilfreicher Dorfbader mit rasiermesserscharfer und zugleich scharrender Stimme in fahrigen, grotesk verbogenen Gesten nestroysche Urkraft, die Jean Pauls Behauptung vom Humor als ‚das umgekehrt Erhabene' erleben lässt.*"

Johann Nestroy
♦ KAMPL oder DAS MÄDCHEN MIT MILLIONEN UND DIE NÄHTERIN
Regie GM / BB: Otto Niedermoser / K: Elli Rolf
mit Karl Skraup (Kampl), Theodor Grieg (Gabriel Brunner), Inge Konradi (Netti), Karl Kalwoda (Bernhard), Emil Stöhr (Wilhelm), Egon Jordan (Hippolyt Schwamm), Carl Bosse (Ludwig), Susanne Engelhart (Cäcilie), Erika Pelikowsky (Pauline), Helene Lauterböck (Sidonia), Auguste Welten (Mme Müller), Benno Smytt (Doktor Muschl), Josef Hajny (Damian), Fritz Schmiedel (Gerbrand), Oskar Wegrostek (Habmann), Martha Hartmann (Frau Schultzmann), Hans Radvanyi (Pichtl), Walter Kohut (Kommis Fackler)
19. Juni 1947, Volkstheater

Über Nestroys 1852 uraufgeführte volksstückhafte Posse über den idealistischen Landarzt Kampl, der Liebes- und Erbschaftssachen vom Hochadel bis zum Schlosser mit brillanten Bonmots, Metaphern und Raisonnements ins Lot bringen möchte, schreibt der „Sonntag": „*Es ist begrüßenswert, dass Direktor Haenel das reifste Werk des Wiener Dichter-Philosophen, den man eine Zeitlang für einen bloßen Spaßmacher hielt, nur weil er seine bitter ernste Philosophie in den heimischen Dialekt kleidete, in den Spielplan aufnahm. Vielleicht können auch die Naivlinge, die Nestroy und seinen Kampf für naiv halten, noch was lernen!*"

Mankers erster Nestroy-Inszenierung werden in seinem Leben noch insgesamt 43 weitere folgen, darunter in Wien, München, Hamburg, Basel und Zürich. Am Volkstheater folgt bereits in der nächsten Saison „Zu ebener Erde und erster Stock", dann „Der Talisman" (1951), „Das Haus der Temperamente" (1953), „Der Schützling" (1953), „Mein Freund" (1955) und „Lumpazivagabundus" (1957) – allesamt auch in Mankers eigenem Bühnenbild. Mit „Kampl" beginnt auch die Entdeckung jener Stücke Nestroys, die bis dahin als dramaturgisch verfehlt oder unspielbar gegolten haben. Manker gelingt es, mit diesen Inszenierungen einen Stil zu entwickeln, der als „Nestroy pur" bekannt wird, indem er auf Bearbeitungen und Zusätze verzichtet, sie intellektuell zugespitzt präsentiert, den Stücken, auch in der Ausstattung, jede biedermeierliche Färbung nimmt und Nestroy damit – wie seine Frau Hilde Sochor es 2007 bei der Verleihung des „Nestroy" für ihr Lebenswerk ausdrückt – „*aus dem Genre des Possenschreibers zu dem zu machen, was er ist: ein großer österreichischer Dichter*".

1947

Horace Hodges / Wigney Percyval
◆ DER WAUWAU
Bühnenbild GM / Regie: Walter Firner
mit Karl Skraup (Bullivant), Lia Lange (Virginia), Fritz Schmiedel (Jarvis), Laczy Hillinger (McLaren), Benno Smytt (Wolfe), Fritz Drobilitsch (Diener), Ursula Lingen (Zofe), Oskar Wegrostek
27. Juni 1947, Volkstheater

SAISON 1947/1948

Die Filmschauspielerin Magda Schneider, die Mutter von Romy Schneider, tritt im Herbst 1947 unter Gustav Mankers Regie im Lustspiel „Es gibt keine Zufälle" in einem Gastspiel am Volkstheater auf.

Andreas Solt
◆ ES GIBT KEINE ZUFÄLLE
Regie GM / BB: Herbert Ploberger / K: Erika Thomasberger
mit Magda Schneider (Fernande), Benno Smytt (Poncelet), Fritz Schmiedel (Juwelier), Helene Lauterböck (Baronin), Ursula Lingen (Stubenmädchen), Walter Kohut (Boy)
12. August 1947, Volkstheater

Verwirrung der Jugend (1947)
Im Herbst 1947 gibt der 25jährige Oskar Werner in Eugene O'Neills „Verwirrung der Jugend" sein Debüt am Volkstheater. Neben ihm spielt die 19jährige Ursula Lingen die Bardame Belle.

Der 25jährige Oskar Werner gibt im Herbst 1947 in Eugene O'Neills „Verwirrung der Jugend" (Ah Wilderness!) sein Debüt am Volkstheater. In dem Pubertätsspiel lernt der schwärmerische und mit einem empfindungsreichen Seelenleben ausgestattete 17jährige Richard Miller aus Liebeskummer in einer Bar den ersten Rausch, eine Bardame und die Tiefen seelischer Verzweiflung kennen. Franz Tassié urteilt in der Presse: *„Ein Schauspieler mit Atmosphäre. Ungemein konzentriert im Ausdruck. Wahr, echt, ohne Pose oder Verspieltheit. Instinkt und Intelligenz sind gleich stark entwickelt. Ein Schauspieler mit Haltung und Anstand. Sein Debüt war ein einmütiger Erfolg."* Günther Haenel inszeniert, Gustav Manker entwirft das Bühnenbild. Neben Oskar Werner spielt die 19jährige Ursula Lingen, die Tochter des des Filmschauspielers Theo Lingen, die Bardame Belle.

Eugene O'Neill
◆ VERWIRRUNG DER JUGEND
Bühnenbild GM / Regie: Günther Haenel
mit Oskar Werner (Richard Miller), Wolfgang Heinz (Nat Miller), Walter Kohut (Arthur), Theodor Grieg (Sid Davies), Erna Korhel (Lily), Ursula Lingen (Belle), Hans Putz (Barmixer)
16. September 1947, Volkstheater

Im Herbst 1947 arbeitet Manker bei der Uraufführung von Fritz Hochwälders „Meier Helmbrecht", einer mittelalterlichen Bauerngeschichte über Eitelkeit, Überheblichkeit, Mitläufertum und die aktuelle Frage „Wer ist schuld an der Katastrophe?" das erste Mal am Theater in der Josefstadt, an dem er in den kommenden Jahrzehnten immer wieder als Regisseur und Bühnenbildner tätig sein wird. Dort muss er sich gegen den bekannt prächtigen Rokokorahmen des Theaters durchsetzen. Drei weiße Prospekte schaffen den Raum: hoch, weit, nackt. Darauf sind Schriften alter Pergamente gemalt, ein Mittel, das Manker schon 1943 bei G. B. Shaws „Die heilige Johanna" eingesetzt hat. Helmbrechts Haus ist auf einem ansteigenden Podium nur angedeutet und in der Anlage eines Bauernhofes in primitiver Art gezeichnet. Die Figuren wirken klein, ausgeliefert, ohne Halt. Dinge entsprechen nur ihrer Wichtigkeit: die Türe gerade groß genug zum Durchgehen, ein farblos gezeichneter Baum, in Umrissen gesehen, nur das Licht ist farbig. Die Presse sieht ein Bühnenbild *„von bemerkenswerter Meisterschaft"* und bezeichnet Gustav Manker als Bühnenbildner, *„der seinesgleichen nicht so bald findet"* (Franz Tassié).

Bei „Meier Helmbrecht" trifft Manker erstmals mit Kurt Meisel zusammen, mit dem ihn eine langjährige Freundschaft verbinden wird. Ihre gemeinsame Arbeit umfasst Ulrich Bechers „Feuerwasser" (1954) am Volkstheater und Meisels Inszenierung „Bei Anruf Mord" (1954) in den Kammerspielen. 1970 spielt Meisel in Mankers Eröffnungssaison als Direktor des Volkstheaters den Senator in Rolf Hochhuths „Guerillas" und Manker inszeniert seinerseits 1972 in Meisels erster Spielzeit am Residenztheater in München Nestroys „Der Zerrissene". Kurt Meisel heiratet 1953 die Schauspielerin Ursula Lingen.

Meier Helmbrecht (1947)
Franz Pfaudler (links) als Bauer Meier Helmbrecht und Kurt Meisel als sein Sohn, der aus Hoffart und Übermut zum Raubritter wird. Mit seinen Kumpanen verwüstet und brennt er alles nieder, mordet und schändet, bis ihn die Schergen fangen und ihm Hand und Fuß abschlagen. Der Vater sieht den Weg des Sohnes zwar voraus, ist aber nicht stark genug, seinem Treiben Einhalt zu gebieten. Fritz Hochwälders Stück behandelt mit deutlichem Bezug auf die jüngste Vergangenheit „die Verantwortungslosigkeit der älteren Generation, die es verabsäumt hat, die Gewalt im richtigen Augenblick an der Wurzel zu packen und zu vernichten."

Fritz Hochwälder
• **MEIER HELMBRECHT** (UA)
Bühnenbild GM / Regie: Josef Zechell
mit Franz Pfaudler (Meier Helmbrecht), Kurt Meisel (Sohn), Martha Hartmann (Mutter), Grete Zimmer (Tochter), Ludwig Blaha (Ruprecht), Erik Frey (Bauernmeister), Erich Nikowitz
17. September 1947, Theater in der Josefstadt

Im Herbst 1947 deutet Gustav Manker Grillparzers dramatisches Märchen „Der Traum, ein Leben" unter den Aspekten der modernen Traumpsychologie. Grillparzers Märchen, in dem Traum- und Wirklichkeit ineinander verschwimmen und das Calderons Barockdrama „Das Leben ein Traum" zum Vorbild hat, wird bei Manker zum surrealen Angsttraum, interpretiert mit den Mitteln der modernen Psychoanalyse.

Franz Grillparzer
• **DER TRAUM, EIN LEBEN**
Regie GM / BB & K: Heinrich Sußmann
mit Hans Frank (Massud/König), Wera Liessem (Mirza/Gülnare), Karl Blühm (Rustan), Fritz Schmiedel (Zanga, Negersklave), Benno Smytt (Der alte Kaleb), Egon Jordan (Mann vom Felsen), Eduard Cossovel (Karkhan), Susanne Engelhart (Ein altes Weib), Eduard Fuchs (Kämmerer)
25. September 1947, Volkstheater

Irma und Walter Firner
• **DAS KUCKUCKSEI** (DEA)
Bühnenbild GM / Regie: Walter Firner
mit Annie Rosar (Mary Miller), Marianne Schönauer (Betty), Alfred Huttig (Mr. Laughsen), Fritz Schmiedel (Jonny Walles), Emil Stöhr (Fred), Karl Kalwoda (Direktor), Dorothea Neff (Anna)
9. Oktober 1947, Volkstheater

Fritz Hochwälder (nach Guy de Maupassant)
• **HOTEL DU COMMERCE**
Bühnenbild GM / Regie: Wolfgang Heinz
mit Christl Mardayn (Elisabeth Rousset), Hans Frank (Graf), Egon Jordan (Carré, Fabrikant), Theodor Grieg (Weinhändler)
28. Oktober 1947, Volkstheater

Mit Alexander Lernet-Holenias „Die Frau des Potiphar" gelingt der jungen Susanne von Almassy im November 1947 an den Kammerspielen ihr schauspielerischer Durchbruch.

Alexander Lernet-Holenia
• **DIE FRAU DES POTIPHAR**
Bühnenbild GM / Regie: Karl Wessels
mit Rolf Kutschera (Potiphar), Susanne Almassy (Frau des Potiphar), Oskar Hugelmann (Marschall), Walter Stummvoll
19. November 1947, Kammerspiele

1947

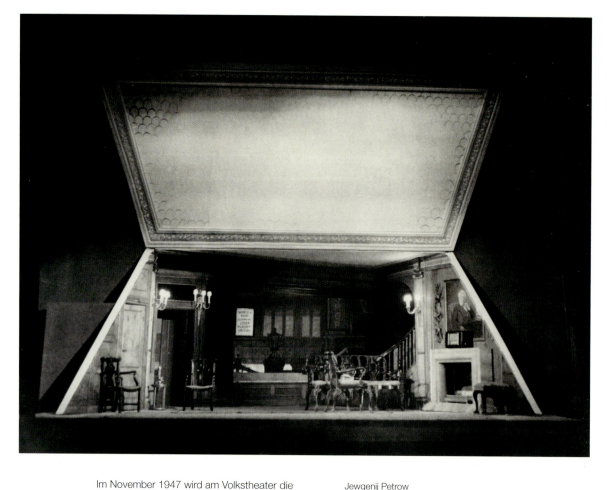

Die Insel des Friedens (1947)
Eine Wohnung als Schutzkapsel, aus Angst vor einem Krieg gegen die Außenwelt errichtet. Auf die hochgeklappte Wand werden Aufnahmen von Militärparaden, Manövern, Flugzeugen und Stacheldraht projiziert.

Im November 1947 wird am Volkstheater die russische Satire „Die Insel des Friedens" des Schriftstellers und Kriegsberichterstatters Jewgenij Petrow, Co-Autor des berühmten Romans „Zwölf Stühle", aufgeführt. Es ist die Geschichte eines reichen amerikanischen Finanzmanns, der in kriegsbedrohten Zeiten aus Angst auf eine idyllische Insel flüchtet, wo er jedoch Erdöl findet, was seiner Zurückgezogenheit ein jähes Ende bereitet. Im zweiten Teil auf der Insel wird der naive Aussteiger-Spleen des Amerikaners aufs Korn genommen. Für Günther Haenels Inszenierung konstruiert Gustav Manker einen als Schutzkapsel gedachten Riesenschrank, der die Angst des Millionärs gegen die Außenwelt widerspiegelt. Die vierte Wand gegen das Publikum wird erst nach Öffnen des Vorhangs nach oben aufgeklappt und bietet Einsicht in den luxuriösen Wohnraum der Millionärsfamilie. Auf die aufgeklappte Wand projiziert Manker Wochenschauaufnahmen von Militärparaden, Manövern, Flugzeugen und Stacheldraht, während parallel beunruhigende Radionachrichten die Insassen in panische Angst vor einem Krieg versetzen. Der Frieden des Hauses wird zusätzlich von Straßenlärm und einer durch die Fenster dringenden grellen Lichtreklame gestört. Theodor Grieg spielt den Finanzmann Joseph Jacobs, Dorothea Neff seine Frau und Walter Kohut deren Sohn Arthur.

Jewgenij Petrow
• DIE INSEL DES FRIEDENS
Bühnenbild GM / Regie: Günther Haenel
mit Theodor Grieg (Finanzmann), Dorothea Neff (Frau), Walter Kohut (Sohn), Egon Jordan (Oberst), Emil Stöhr (Sekretär)
21. November 1947, Volkstheater

Wolf Albach-Retty spielt im Dezember 1947 in Gogols „Der Revisor" an der Renaissance-Bühne in der Neubaugasse den Chlestakow, eine Rolle, die Manker 1937 bei seinem ersten Engagement im polnischen Bielitz selbst gepielt hat. Sein Bühnenbild für Günther Haenels Inszenierung erweckt in fast volksstückhafter Farbigkeit den Eindruck eines russischen Märchens. Durch einen weißen, niedrigen Raum, in dem die Gegenstände ganz unrealistisch sind, wird ein satirischer Ton angeschlagen, der die naive Gemütlichkeit konterkariert. Auf einem schräger Tisch mit Akten ist das Durcheinander vieler Papiere einfach kaschiert.

Nikolai Gogol
• DER REVISOR
Bühnenbild GM / Regie: Franz Pfaudler
mit Wolf Albach-Retty (Chlestakow), Hans Olden (Ossip), Otto Woegerer (Stadthauptmann), Dagny Servaes (Frau), Inge Brücklmeier (Tochter), Peter Gerhard (Bobtschinski), Viktor Gschmeidler (Dobtschinski), Ernst Meister (Kellner)
8. Dezember 1947, Renaissance-Bühne

oben:
Der Revisor (1947)
Ein weißer, niedriger Raum, in dem die Gegenstände unrealistisch sind: auf dem schrägen Tisch ist das Durcheinander der Akten einfach kaschiert.

rechts:
Was iht wollt (1948)
Gustav Manker vor seinem Bühnenbildmodell.

1947 1948

oben:
Es gibt keine Zufälle (1947)
Die Filmschauspielerin Magda Schneider tritt unter Gustav Mankers Regie im August 1947 im Volkstheater in der Komödie „Es gibt keine Zufälle" auf.

rechte Seite:
Ein Volksfeind (1948)
Öffnungen durchdringen die Wände, hinter denen man eine rotierende Druckermaschine als Symbol der „öffentlichen Meinung" sieht. In der Volksversammlung benutzt Manker die Versenkung und führt eine Treppe herauf, als läge der Versammlungsraum im ersten Stock.

Victorien Sardou (Bearbeitung: Hans Weigel)
• **MADAME SANS GÊNE**
Bühnenbild GM / Regie: Hans Thimig
mit Christl Mardayn (Madame Sans Gêne), Wolfgang Heinz (Napoleon), Theodor Grieg (Fouché), Walter Kohut (Friseur), Inge Konradi (Lehrmädchen), Hans Putz (Invalide)
19. Dezember 1947, Volkstheater

Zu Weihnachten 1947 kommt am Volkstheater Piero Rismondos „Grillparzer" zur Aufführung, ein Stück, das 1936 in der Komödie in der Johannesgasse uraufgeführt wurde, in einer Zeit wachsender Bedrohung durch den Nationalsozialismus, worauf der Untertitel „5 Akte aus einem österreichischen Drama" hindeutet. Hans Frank spielt wieder Franz Grillparzer und Benno Smytt (selbst mit „illegitimem Habsburgerblut" in seinen Adern) den Grafen Stadion. Die Rolle der Katti Fröhlich (bei der Uraufführung Margarete Fries) spielt Inge Konradi.

Piero Rismondo
• **DER HERR HOFRAT**
Bühnenbild GM / Regie: Walter Firner
mit Hans Frank (Grillparzer), Benno Smytt (Graf Stadion), Inge Konradi (Katti Fröhlich), Curt Lessen (Kaiser), Theodor Grieg (Schreyvogel), Fritz Schmiedel (Baron), Carl Bosse (Bauernfeld), Egon Jordan (Paumgarten), Helene Lauterböck (Karoline Pichler), Hugo Gottschlich (Bühnenarbeiter)
23. Dezember 1947, Volkstheater

Am Theater in der Josefstadt stattet Manker im Dezember 1947 Hermann Bahrs Ehekomödie „Das Konzert" aus. Rudolf Forster spielt den Pianisten Gustav Heink, Vilma Degischer seine Frau Marie und Karl Paryla und dessen Frau Hortense Raky das Ehepaar Jura. Mit dabei sind auch die junge Erni Mangold als Eva Gerndl, Gustav Waldau als Pollinger und Melanie Horeschovsky, die eine langjährige Freundin der Familie Manker wird.

Hermann Bahr
• **DAS KONZERT**
Bühnenbild GM / Regie: Franz Pfaudler / K: Maxi Tschunko
mit Rudolf Forster (Heink), Vilma Degischer (Marie), Karl Paryla (Jura), Hortense Raky (Delphine), Erna Mangold (Eva Gerndl), Gustav Waldau (Pollinger), Melanie Horeschovsky (Fr. Pollinger)
29. Dezember 1947, Theater in der Josefstadt

In Henrik Ibsens „Ein Volksfeind" erwecken hohe, graue Wände das Gefühl beengenden Zwanges, von Löchern und Öffnungen durchdrungen, hinter denen eine bedrohliche Außenwelt lauert. In der Druckerei arbeitet im Hintergrund eine nur durch Industrieglas sichtbare Druckerpresse, als ständig rotierendes Sinnbild jener öffentlichen Meinung, der der umweltfreundliche Arzt Stockmann am Ende unterliegt. Besonders dramatisch ist in Günther Haenels Regie die Volksversammlung im 4. Akt, bei der jeweils nur einzelne Menschengruppen herausgeleuchtet sind. Hier öffnet Manker die Versenkung und führt eine Treppe herauf, als läge der Versammlungsraum im ersten Stock, was seinen Höhepunkt erzielt, als der überschriene Redner Stockmann geschlagen hinunter steigt und ihm die aufgebrachte Menge Schmährufe nachsendet.

Henrik Ibsen
• **EIN VOLKSFEIND**
Bühnenbild GM / Regie: Günther Haenel
mit Wolfgang Heinz (Stockmann), Dorothea Neff (seine Frau), Hans Frank (Peter Stockmann), Egon Jordan (Aslaksen), Benno Smytt (Morten Kiil), Fritz Schmiedel (Hovstad)
30. Januar 1948, Volkstheater

Samson Raphaelson
• **DIE VOLLKOMMENE EHE** (ÖEA)
Bühnenbild GM / Regie: Karl Wessels
mit Susanne Almassy, Augusta Ripper, Stefan Skodler
4. Februar 1948, Wiener Kammerspiele

Madame Sans Gêne (1947)
Gustav Mankers Ausstattung für die Inszenierung von Hans Thimig am Volkstheater, mit Christl Mardayn als Catherine Lefèbvre, bekannt als „Die Wäscherin des Herrn Bonaparte".

Madame Sans Gêne (1947)
Catherine Lefèbvre war eine aus dem Elsass stammende Wäscherin, die durch Heirat
den gesellschaftlichen Aufstieg schaffte und durch ihren Mann den Titel „Herzogin von Danzig" erhielt.
Durch das Bühnenstück von Victorien Sardou wurde sie als Madame Sans Gêne bekannt.

254 | 1945–1952 | NACHKRIEGSZEIT

Zu ebener Erde und erster Stock (1948)

Bei Nestroys Posse führt Gustav Manker erstmals im eigenen Bühnenbild Regie.

oben:
Erster Stock: Hans Putz (ganz hinten) als Diener Johann, Oskar Wegrostek (Mitte) als Goldfuchs und Susi Peter als Tochter Emilie.
Unten: Karl Kalwoda (stehend) als Tandler Schlucker, Walter Kohut (Adolf), Theodor Grieg (Damian) und Marianne Gerzner (Salerl).

Ende des 1. Aktes. Chor der Gäste: „Vernehme Bräutigam und Braut die Wünsche unsers Herzens laut!"
Zu ebener Erde (zugleich): „Wenn man für uns kein Brot mehr bacht, dann ist's mit uns erst gute Nacht!"

rechte Seite:
Hans Putz als Diener Johann.

Bei Johann Nestroys Posse „Zu ebener Erde und erster Stock" ist Gustav Manker im Februar 1948 erstmals auch sein eigener Bühnenbildner. Nestroy beschreibt das Haus, in dem das Schicksal einer reichen und einer armen Familie als Spielball der „Launen des Glücks" ineinander verwoben sind: *„Die Handlung spielt zugleich in der Wohnung des Herrn von Goldfuchs im ersten Stocke und in Schluckers Wohnung zu ebener Erde in ein und demselben Hause",* was Mankers Vorliebe für Simultanbühnen entgegenkommt. Statt die Zimmer aber wie üblich flach über die Bühnenbreite anzulegen, lässt er sie in einem spitzen Winkel zusammenlaufen und erweitert die Bühne sogar noch: links wird Treppenhaus und Hauseingang hinzugefügt, von dem bei Nestroy nur die Rede ist, dessen Bespielung aber den Wechsel zwischen den Stockwerken sichtbar macht und zusätzliche Pointen liefert. Hans Putz spielt den korrupten Diener Johann, Inge Konradi das Kammermädchen Fanny, Karl Kalwoda den armen Tandler, Theodor Grieg seinen Schwager Damian, Marianne Gerzner die Salerl und Walter Kohut den Stiefsohn Adolf. Oskar Willner verkörpert als grandioser Episodist die Rollen der drei Schicksalsboten Buchhalter Wermuth, Sekretär Wilm und Gerichtsbeamter.

Johann Nestroy

♦• ZU EBENER ERDE UND ERSTER STOCK oder DIE LAUNEN DES GLÜCKS

Regie & Bühnenbild GM / K: Elli Rolf / M: Adolf Müller / Zusatzstrophen: Otto Basil
mit Hans Putz (Johann, Bedienter), Inge Konradi (Fanny), Karl Kalwoda, (Schlucker), Mimi Schwarz (Sepherl), Walter Kohut (Adolf), Theodor Grieg (Damian), Marianne Gerzner (Salerl), Oskar Wegrostek (Goldfuchs), Susi Peter (Emilie), Friedrich Links (Zins), Benno Smytt (Bonbon), Oskar Willner (Wilm/Wermuth/Gerichtsbeamter), Franz Tamele (Anton), Max Friedmann (Friedrich), Hanns Kurth (Aspik), Josef Hajny (Plutzerkern, ein Greisler/Grob, ein Tandler), Eduard Fuchs (Zuwag, Aufhackknecht), Josef Brunner (Zech, Kellner)
13. Februar 1948, Volkstheater

In dieser Aufführung wird eine Ensembleleistung erreicht, die am Volkstheater in den kommenden Jahren für Nestroy unter Gustav Mankers Regie charakteristisch sein wird: *„Die Darsteller folgen geschlossen dem von Manker vorgezeichneten Stil",* heißt es, und *„das Gelingen der Aufführung hängt ganz vom Ensemble, von seiner inneren Einheit, von seinem Zusammenspiel ab – und hier gab es eine Meiserleistung des Volkstheaters, welche den Erfolg dieses Nestroys sichern wird."*

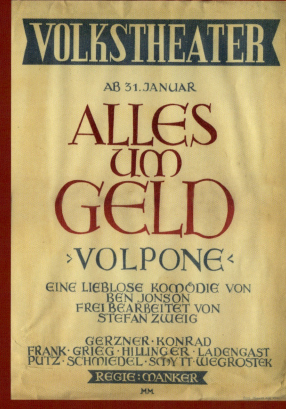

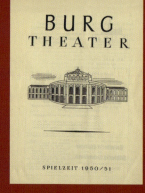
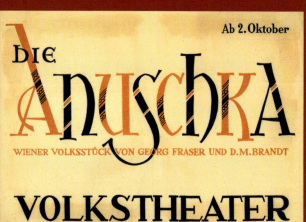

1948

unten:
Der Helfer Gottes (1948)
Ernst Deutsch als Henri Dunant, Gründer des „Roten Kreuzes" und Margarete Fries als Cecile Gräfin Gasparin.

rechte Seite:
Lied aus der Vorstadt (1948)
Hans Putz als Volkssänger Eduard und Inge Konradi als Luise Manhardt, Mitglieder einer Volkssängergesellschaft in der musikalischen Komödie von Georg Fraser und Dora Maria Brandt mit der Musik von Robert Stolz.

Für G. B. Shaws „Mensch und Übermensch", „eine Komödie und eine Philosophie" in Anlehnung an die Idee Friedrich Nietzsches über die Urkraft des Lebens, die die Frau bei der Wahl des Partners intuitiv beeinflusst, um dadurch die Schaffung des Übermenschen zu gewährleisten, gelingt Manker im Frühjahr 1948 bei Leon Epp an der „Insel" in einer beispielhaften Raumlösung eine bis ins Detail genaue Umsetzung von Shaws Anweisungen. Die reale Bühne der „Insel" von nur zwei Metern Tiefe werden durch einen stark perspektivischen Hintergrund und eine schiefe Ebene vergrößert, auf der die Möbel reliefartig aufgestellt sind, als wären sie einem Puppentheater entnommen. Die Verwandlung vom Ruinenfeld der Sierra Madre in Shaws Kernstück „Don Juan in der Hölle" vollzieht sich, indem alle scheinbar feststehenden Teile des Bühnenbildes plötzlich zu schweben beginnen, als wäre ihnen der reale Boden unter den Füßen weggezogen. Alles scheint auf einmal fragwürdig und *bedarf der Untersuchung auf seinen Realwert*.

George Bernard Shaw
• **MENSCH UND ÜBERMENSCH**
Bühnenbild GM / Regie: Leon Epp
mit Josef Zechell (Tanner), Hans Brand (Ramsden), Robert Tessen (Octavius Robinson), Heinrich Trimbur (Mendoza)
8. März 1948, Die Insel in der Komödie

Erstmals nach seiner Emigration ist im März 1948 der Jude Ernst Deutsch wieder am Volkstheater zu sehen. In „Der Helfer Gottes" spielt er Jean Henri Dunant, den Gründer des Roten Kreuzes.

Hans Müller-Einingen
• **DER HELFER GOTTES**
Bühnenbild GM / Regie: Wolfgang Heinz
mit Ernst Deutsch (Henri Dunant), Egon Jordan (Staatsrat), Theodor Grieg (Birnbaum), Margarete Fries (Cecile), Hans Frank (Moynier), Hans Putz (Dr. Appia), Walter Kohut (Kellner)
11. März 1948, Volkstheater

Günther Haenels Spielplan am Volkstheater wird nicht nur von gewerkschaftlicher, sondern auch von US-amerikanischer Seite als pro-kommunistisch eingestuft und mit zunehmender Skepsis verfolgt. Da die Eigentumsverhältnisse des Theaters immer noch nicht geklärt sind, Haenel aber ohne eine rechtliche Grundlage wie einen Pachtvertrag operiert und seit 1945 Verwalter der Republik Österreich an seiner Seite hat, die sich sukzessive in die Führung des Theaters einmischen, wird für ihn die Situation als Direktor des Volkstheaters immer schwieriger.

Irma und Walter Firner
• **DAS KUCKUCKSEI**
Bühnenbild GM / Regie: Walter Firner
mit Annie Rosar (Mary Miller), Marianne Schönauer (Betty), Rolf Kutschera (Dr. Jonny Walles), Hugo Gottschlich (Jan)
Wiederaufführung der Volkstheater-Produktion von 1947
25. März 1948, Wiener Kammerspiele

Aldo de Benedetti
• **ICH KENNE DICH NICHT MEHR**
Bühnenbild GM / Regie: Günther Haenel
mit Erna Korhel (Luise), Carl Bosse (Paul), Ilde Overhoff (Clotilde), Emil Stöhr (Professor), Ursula Lingen (Stenotypistin)
27. März 1948, Volkstheater

Mit der Musik von Robert Stolz wird im April 1948 in Mankers Regie „Lied aus der Vorstadt" mit Inge Konradi, Hans Putz und Grete Heger als Volkssängertrio ein großer Erfolg. Konradi spielt eine Volkssängerin, die nach enttäuschter Liebe eine gefeierte Künstlerin wird, Karriere und Ruhm aber aufgibt, um in die Vorstadt zurückzukehren.

Dora Maria Brandt & Georg Fraser / Robert Stolz
• **LIED AUS DER VORSTADT**
Regie GM / BB: Lajos Horváth / K: Erika Thomasberger / ME: Karl Hudez
mit Inge Konradi (Luise), Hans Putz (Eduard), Grete Heger (Mizzi), Louise Kartousch (Fanny), Karl Kalwoda (Der alte Manhardt), Carl Bosse (Baron Steinhaus), Theodor Grieg (Sperl), Benno Smytt (Safarini, Zauberkünstler)
19. April 1948, Volkstheater

1948

Anfang Mai 1948 unterbreitet der Schauspieler Karl Paryla Gustav Manker das Angebot zum Eintritt in die neu gegründete Sozietät des „Neuen Theaters in der Scala", eine als Mitbestimmungstheater geführte Avantgardebühne engagierter Künstler in der sowjetischen Besatzungszone, darunter Paryla, Otto Taussig, Nikolaus Haenel (der Sohn von Günther Haenel) und Wolfgang Heinz. Das Angebot umfasst die Atelierleitung, sieben Bühnenbilder und eine Regie. Trotz Kompromissversuchen – Verzicht auf die Mitgliedschaft und nur drei Bühnenbilder – scheitert die Zusammenarbeit, da Manker zu sehr seiner Arbeit am Volkstheater verpflichtet ist.

Das Neue Theater in der Scala in einem ehemaligen Varieté im Gebäude des Johann Strauß-Theaters in der Favoritenstraße 8 (1938 als „vornehmstes Wiener Großkino" eröffnet) ist ein progressives Sprechtheater zurückgekehrter Emigranten und engagierter Antifaschisten, viele von ihnen mit kommunistischem Background. Karl Paryla, Otto Taussig, Nikolaus Haenel, Therese Giehse, Arnolt Bronnen, Wolfgang Heinz und Bertolt Brecht tragen zum Ruf des als Sozietät geführten Theaters bei. In vielerlei Hinsicht ist die „Scala" an Brechts „Theater am Schiffbauerdamm" in Berlin angelehnt. Trotz herausragender Leistungen wird die „Scala", die im September 1948 eröffnet wird, aus politischen Gründen durch behördliche Schikanen und von der Presse ins Abseits gedrängt und nach 1955, dem Abzug der Besatzungsmächte aus Österreich, zur Schließung gezwungen. Das Gebäude wird 1959/60 im Zuge des „Wiener Theatersterbens" abgerissen.

Am 7. Mai 1948 stattet Gustav Manker an den Wiener Kammerspielen in der Rotenturmstraße die österreichische Erstaufführung von Jean-Paul Sartres „Die Fliegen" aus. Sartre hat das Stück 1940 verfasst, um die Franzosen nach der Besetzung Frankreichs durch die Deutschen zum Widerstand aufzufordern. Es ist eine politische Parabel über Usurpation und Knechtung eines Volkes, angesiedelt in der griechischen Atridensage.

Sartre äußert sich zu den „Fliegen": *„Nach unserer Niederlage im Jahre 1940 verfielen zu viele Franzosen der Mutlosigkeit oder gaben in ihrem Innern der Selbstverleugnung Raum. Unsere Vergangenheit existierte nicht mehr. Sie war uns in der Hand zerronnen, ohne dass wir Zeit hatten, sie festzuhalten, sie weiterhin zu beachten, um sie zu begreifen. Neu aber war – auch wenn ein feindliches Heer Frankreich besetzt hatte – die Zukunft! Wir hatten Gelegenheit, sie kritisch zu prüfen; es stand uns frei, daraus eine Zukunft der Besiegten zu machen oder – in umgekehrter Richtung – eine Zukunft der freien Menschen, die sich gegen die Behauptung wehren, dass eine Niederlage das Ende alles dessen bedeutet, was das menschliche Leben lebenswert macht. Heute haben die Deutschen das gleiche Problem vor sich. Ich bin überzeugt, dass nicht eine willfährige Selbstverleugnung ihnen jenen Pardon verschafft, den die Welt ihnen gewähren kann."*

Vor der Premiere an den Kammerspielen wird Protest eingelegt, denn ein Monat zuvor ist in Paris Sartres neues Stück „Die schmutzigen Hände" mit großem Erfolg herausgekommen, das aber im Kalten Krieg als Kommunismuskritik umstrumentiert wird. Sartres Werke dürfen in der russischen Besatzungszone Deutschlands daher nicht mehr gepielt werden. Im Wiener Programmheft schreibt Johannes Mario Simmel: „Man hat das Recht, von Sartre begeistert zu sein oder leidenschaftlich ihn abzulehnen. Aber man hat die Aufgabe, ihn kennen zu lernen."

Jean-Paul Sartre
• **DIE FLIEGEN** (ÖEA)
Bühnenbild GM / Regie: Karl Wessels
mit Erich Auer (Orest), Olga Togni (Klytämnestra), Edith Mill (Elektra), Karl Wüstenhagen (Ägist), Karl Fochler (Jupiter), Anton Gaugl (Pädagoge), Eduard Obsieger (Oberpriester)
7. Mai 1948, Wiener Kammerspiele

Mankers Bühne für „Die Fliegen" ist leer und entzaubert, ein gewaltiger Torso als Statue Jupiters, Gott der Fliegen und des Todes, steht in der Mitte. Konstruktivistisch sind die eingesetzten Elemente, die eine erstarrte, versteinerte Welt anzeigen, die „unter der lastenden Drücke der Sonne" darniederliegt, die als schwarz lackierte Kugel mit Strahlen jede Stunde mitwandert. Eine Hand, gemalt in der Manier Picassos, stemmt den Eisernen Vorhang in die Höhe. Nach Mankers Wunsch soll die Szene ganz nackt, nur wie mit Probenlicht ausgeleuchtet werden, wogegen die Lichteffekte der Regie Karl Wessels dieser Wirkung vielfach Abbruch tun.

Noël Coward (Bearbeitung: Curt Goetz)
• **SPUK IM HAUSE CONDOMINE**
Bühnenbild GM / Regie: Valerie Martens
mit Curt Goetz (Condomine, Schriftsteller), Margarete Fries (Ruth), Valerie Martens (Elvira), Egon Jordan (Dr. Bradmann)
13. Mai 1948, Volkstheater

Am 23. Mai 1948 verhandelt Manker mit Hanns Horak und Jürg Medicus über eine gemeinsame Leitung der Kammerspiele in der Rotenturmstraße, für die er schon mehrfach Bühnenbilder entworfen hat. Manker wird künstlerischer Leiter und entwirft auch weiter Bühnenbilder für das Haus, das 1951 dem Theater in der Josefstadt angeschlossen wird.

Das neue Theater in der Scala (1948)
Im September 1948 wird in der Favoritenstraße ein progressives Sprechtheater eröffnet, das sich aus zurückgekehrten Emigranten und engagierten Antifaschisten zusammensetzt, viele davon mit kommunistischem Background. Mit dabei sind Karl Paryla, Nikolaus Haenel, Therese Giehse, Arnolt Bronnen, Wolfgang Heinz und Otto Taussig. Bertolt Brecht persönlich inszeniert hier 1953 sein Stück „Die Mutter". Trotz herausragender Leistungen wird die als Sozietät geführte „Scala" vor dem Hintergrund des Kalten Krieges 1955 zur Schließung gezwungen.

Die Fliegen (1948)

oben:
Erich Auer als Orest, Olga Togni als Klytämnestra und Edith Mill als Elektra vor der Statue des Jupiter, Gott der Fliegen und des Todes.

rechts:
Karl Wüstenhagen als Ägist, Olga Togni als Klytämnestra, Edith Mill als Elektra mit dem Volk von Argos. Die Sonne wandert in der Hitze als schwarz lackierte Strahlenkugel jede Stunde mit.

1948

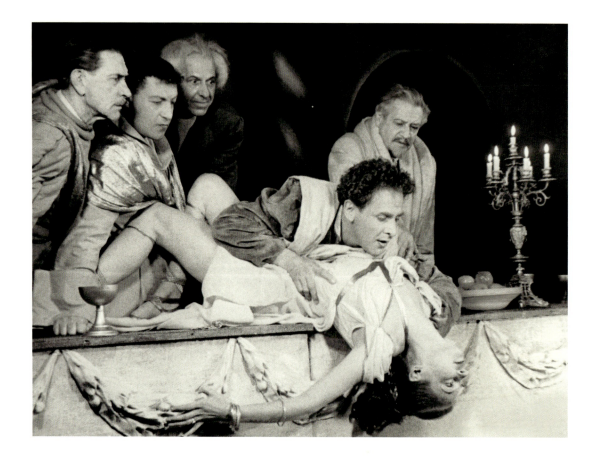

Timon (1948)

oben:
Karl Paryla (seines Temperaments wegen „Schrapnell-Karl" genannt) als Timon und Nadja Tiller als Myrthis. Paryla ist laut Presse ein „grandioser Monomane", der „weder seine Kräfte noch die Nerven der Zuschauer" schont.

rechte Seite:
Die Bühne Mankers trennt das Proszenium mit Hilfe von zwei Stufen deutlich ab und gewinnt dadurch eine eigene Spielfläche für die Volksszenen vor Timons Haus.

Ludwig Anzengruber
• DER G'WISSENSWURM
Bühnenbild GM / Regie: Günther Haenel
mit Eduard Loibner (Grillhofer), Benno Smytt/Theodor Grieg (Dusterer), Inge Konradi (Horlacherlies), Emil Stöhr (Wastl), Walter Kohut (Natzl), Herta Konrad (Annemirl), Karl Kalwoda (Poltner), Oskar Wegrostek (Fuhrknecht), Hella Ferstl (Rosl)
26. Mai 1948, Volkstheater

Für Ferdinand Bruckners historische Tragödie „Timon" am Theater in der Josefstadt im Mai 1948 siedelt Manker die Handlung auf drei Ebenen an: das Volk agiert auf der Bühne, die Aristokratie auf der ersten Stufe und die leicht persiflierte Götterwelt hängt wie die Besatzung eines modernen Bombers in einem Gefährt vom Himmel herab. Mankers herbes Frühbarock zitiert damit die simultane Erzählweise kirchlicher Kreuzwegstationen, wo Himmel und Hölle nebeneinander aufgebaut sind. Bereits seine Stücke „Die Verbrecher" und „Elisabeth von England" hat Bruckner auf parallelen Ebenen konzipiert. An der Seite von Karl Paryla, der als Timon „weder seine Kräfte noch die Nerven der Zuschauer schont", darf die 19jährige Nadja Tiller als Myrthis mit einer kleinen Tanzszene in verführerischer Schönheit „in lustvoller Breite die Abstraktion des Dialoges erfreulicher" machen. Ihre Partner sind Karl Skraup, Angela Salloker, Lotte Lang, Ernst Waldbrunn und Kurt Sowinetz.

Ferdinand Bruckner
• TIMON
Bühnenbild GM / Regie: Franz Pfaudler
mit Karl Paryla (Timon), Nadja Tiller (Myrthis), Karl Skraup (Nikias), Lotte Lang (Aphrodite), Ernst Waldbrunn (Pan), Angela Salloker (Pallas Athene), Peter Preses (Lykos), Kurt Sowinetz (Der Junge), Gandolf Buschbeck (Bürger)
26. Mai 1948, Theater in der Josefstadt

In „100.000 Schilling" brilliert im Juni 1946 Karl Skraup erneut in seiner Paraderolle als Hauptkassier Schlögl der Mistelbrucker Zentralsparkasse, der als Wortführer der Opfer einer Bankspekulation den Verwaltungsrat der Sparkasse mit einem Trick zu sozialen Maßnahmen zwingt und ihn sogar dazu bringt, einen Defraudanten zum zweiten Direktor des Unternehmens zu ernennen.

Alexander Farago
♦ 100.000 SCHILLING (DER HERR SCHLÖGL)
Regie GM / BB & K: Erika Thomasberger
mit Karl Skraup (Hauptkassier Schlögl), Marianne Gerzner (Melanie), Hans Putz/Hans Radvany (Magerl, Beamter), Herta Konrad (Stenotypistin), Oskar Willner (Oberbuchhalter), Egon Jordan (Baron Curtius), Eduard Cossovel (Syndicus), Karl Kalwoda (Diener), Ursula Lingen/Trauti Servi (Tini), Helene Lauterböck (alte Dame), Walter Kohut (Briefträger)
16. Juni 1948, Volkstheater

1948

Günther Haenel erhält 1948 keine Verlängerung seines Vertrages als Direktor des Volkstheaters mehr, da sein politisches Engagement in Zeiten des Kalten Krieges immer weniger Befürworter findet. Als er um Erneuerung seiner Konzession ansucht und gleichzeitig eine Gewerkschaftslösung um Paul Barnay auftaucht, zögert Kulturstadtrat Viktor Matejka, Haenel erneut zu bestätigen. Bürgermeister Theodor Körner spricht die Konzession daraufhin Barnay zu. Viktor Matejka beklagt einen „*Verwaltungsskandal*", ohne aber zu erklären, dass gegen Haenel nichts vorläge, als dass dieser

Kommunist sei und am Volkstheater „Die russische Frage" des sowjetischen Schriftstellers Simonow herausbringen wolle. Zu Haenels Ungunsten wird auch die Tatsache ausgelegt, dass er bereits 1945 von Matejka seine Konzession erhalten hat, dessen Ermächtigung dafür jedoch immer mehr in Frage gestellt wird. Haenel tritt daraufhin von der Direktion des Volkstheaters zurück und wird zum Mitbegründer des „Neuen Theaters in der Scala".

Als Rechtsnachfolger der Deutschen Arbeitsfront erwirbt der österreichische Gewerkschaftsbund die Aktienmehrheit des Volkstheater-Vereins, dessen Aktienpaket sich im Besitz des 1938 emigrierten kunstsinnigen Wirtschaftsmanagers Schechner befand, der es seiner Frau, der Schauspielerin Margarete Fries, überlassen hat; dieser kauft der Gewerkschaftsbund das Paket nun ab. Die Aktiengesellschaft wird in eine „Volkstheater Ges.m.b.H." umgewandelt, das Theater von „Deutsches Volkstheater" in „Volkstheater" umbenannt.

oben:
Der Raub der Sabinerinnen (1948)
Albert Bassermann in seiner Paraderolle als Schmierendirektor Emanuel Striese.

rechte Seite:
Was ihr wollt (1948)
Hermann Erhardt (Tobias Rülp), Maxi Böhm (Bleichenwang), Theodor Grieg (Fabio) und Fritz Schmiedel (Narr).

SAISON 1948/1949

Ab 1. September 1948 wird Paul Barnay, als Jude 1933 aus Deutschland vertrieben und vormals Leiter des Raimundtheaters, neuer Direktor des Volkstheaters und übernimmt das Haus in einer Zeit großer finanzieller Schwierigkeiten. Mit der Gründung der „Volkstheater-Gemeinde", einer Abonnementähnlichen Volksbühne-Organisation, die bald 15.000 Mitglieder zählt, versucht er, die Krise zu meistern.

Barnay hat jedoch Pech, gleich zu Beginn seiner ersten Spielzeit muss Marcel Achards Lustspiel „Die ganze Welt spricht davon" schon nach wenigen Aufführungen abgesetzt werden und wird durch eine Wiederaufnahme von Mankers Inszenierung von Alexander Faragos „100.000 Schilling" mit Karl Skraup als Bankkassier Schlögl ersetzt.

Albert Bassermann, den Gustav Manker bereits in seiner frühesten Jugend am Burgtheater bewundert hat, spielt im August 1948 unter seiner Regie den Theaterdirektor Striese in Schönthans „Der Raub der Sabinerinnen", eine seiner Paraderollen. Die Inszenierung an den Wiener Kammerspielen geht ein Jahr später auch auf Tournee.

Franz und Paul von Schönthan
♦ DER RAUB DER SABINERINNEN
Regie GM / BB & K: Herta Hareiter
mit Albert Bassermann (Striese), Else Bassermann (Rosa), Jürg Medicus (Emil Groß), Erich Ziegel (Gollwitz, Professor), Mirjam Horwitz-Ziegel (Friederike), Grete Heger (Paula), Peter Gerhard (Dr. Neumeister), Erika Ziha (Marianne, seine Frau)
21. August 1948, Wiener Kammerspiele

Für Paul Barnays Inszenierung von Shakespeares „Was ihr wollt" mit Susanne Almassy als Viola, Inge Konradi als Maria, Hans Frank als Malvolio und dem jungen Max (Maxi) Böhm als Bleichenwang stellt Gustav Manker im Herbst 1948 einen komplizierten Irrgarten zwischen illyrischer Realistik und Märchenwelt auf die Drehbühne, ein starkes Farbenspiel auf dem mächtigen Hintergrund bestimmt die Ästhetik. Der verfallene, von einer Mauer umgebenen Barockgarten dient gleichsam als Symbol der Keuschheit.

William Shakespeare
• WAS IHR WOLLT
Bühnenbild GM / Regie: Paul Barnay
mit Susanne Almassy (Viola), Grete Zimmer (Olivia), Inge Konradi (Maria), Carl Bosse (Orsino), Hans Frank (Malvolio), Fritz Schmiedel (Narr), Erich Auer (Sebastian), Max Böhm (Bleichenwang), Hermann Erhardt (Rülp), Eduard Cossovel (Antonio), Theodor Grieg (Fabio), Hans Radvany (Valentin)
24. September 1948, Volkstheater

Gustav Mankers sparsames Bühnenbild zu Schillers „Kabale und Liebe" für Leon Epps „Insel" stellt im Oktober 1948 bewusst das Kammerspiel in den Vordergrund und betont dies in einer zeitgenössischen Stichen nachempfundenen Bühne.

1948

Ein Wintermärchen (1948)
Vilma Degischer als Hermione am Theater in der Josefstadt in der Regie von Rudolf Steinboeck und im Bühnenbild Gustav Mankers.

Friedrich Schiller
• KABALE UND LIEBE
Bühnenbild GM / Regie: Leon Epp
mit Helmut Janatsch (Ferdinand), Klaramaria Skala (Luise), Hans Brand (Präsident Walter), Eva Zilcher (Lady Milford), Erich Ziegel (Miller), Vally Brenneis (Millerin), Heinrich Trimbur (Sekretär Wurm), Gustav Elger (Hofmarschall Kalb), Erne Seder (Sophie), Paul Kemp (Kammerdiener), Rudolf Wessely
4. Oktober 1948, Die Insel in der Komödie

Bei „Parforce", eine Anlehnung an Hermann Bahrs Ehekomödie „Das Konzert" und einem *„Parforceritt gegen die Einrichtung der Ehe"* von Alexander Lernet-Holenia, trifft Gustav Manker im Herbst 1948 in den Wiener Kammerspielen auf die 24jährige Hildegard Sochor, die in dem Stück neben Hans Olden und Lotte Lang als Stubenmädchen Franzi ihr Debüt gibt, und die später seine Frau wird. Sochor stammt aus der Wiener Vorstadt „Breitensee" und studiert, weil sie sich die Schauspielerei zunächst nicht zutraut, Publizistik und Theaterwissenschaft, um Theaterkritikerin zu werden. Gleichzeitig nimmt sie aber am Prayner Konservatorium bei Leopold Rudolf und Wolfgang Heinz Schauspielunterricht und finanziert sich diese Ausbildung als Kasperltheater-Spielerin an diversen Schulen. Erste Erfahrungen als Schauspielerin sammelt sie am „Studio der Hochschulen", an dem auch Helmut Qualtinger, Michael Kehlmann, Werner Kreindl und Alexander Kerst mitwirken. Diese experimentelle Studentenbühne entsteht auf Initiative von Friedrich Langer im Gebäude der österreichischen Hochschülerschaft in der Kolingasse und ist Vorläufer der Wiener Kellertheater und alternativen Theatergruppen. Hildegard Sochor spielt dort Gretchen und Lieschen in Produktionen von Goethes „Urfaust", die Frau Pollinger in Hermann Bahrs „Das Konzert" und Gerhart Hauptmanns Rautendelein in „Die versunkene Glocke". 1948 promoviert Hilde Sochor mit der Arbeit „Der Einfluss des Films auf die Zeitgestaltung in der modernen Dramatik".

Alexander Lernet-Holenia
• PARFORCE (ÖEA)
Bühnenbild GM / Regie: Franz Pfaudler
mit Hans Olden (Goertz), Lotte Lang (Gabrielle), Paula Pfluger (Kucy), Erika Ziha (Fezi), Hildegard Sochor (Franzi)
5. Oktober 1948, Wiener Kammerspiele

Alexander Lernet-Holenias „seltsame Jagd in drei Akten" wird von der Kritik heftig zerzaust, man wirft dem Stück *„Handlungslosigkeit"*, *„leicht gehirnschwachen Dialog"* und *„Graf Bobby-Klischees"* vor. Hans Olden und Lotte Lang retten zwar den Abend, doch *„sie könnten auch ein dramatisiertes*

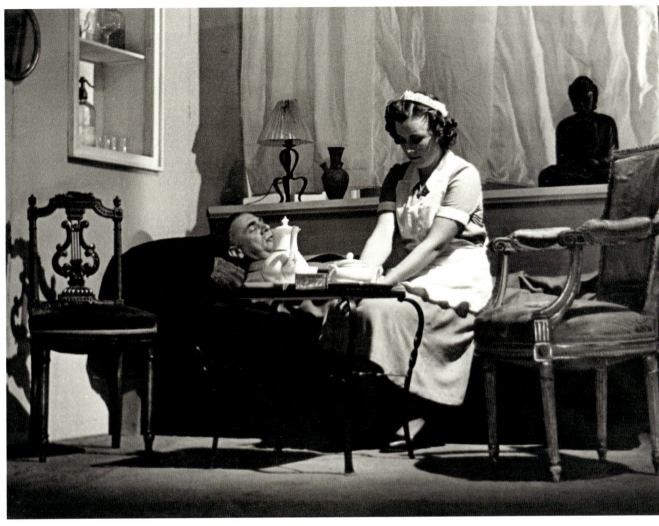

oben:
Parforce (1948)
Die 24jährige Hildegard Sochor als Stubenmädchen Franzi bei ihrem Debüt an den Wiener Kammerspielen neben Hans Olden (am Sofa liegend) als frauenverschlingender Herrenreiter Goertz in Alexander Lernet-Holenias Komödie „Parforce". Sochor feiert einen großen Erfolg und wird um 400 Schilling monatlich an die Kammerspiele engagiert. Hans Olden charakterisiert sich selbst: „Ich bin kein Schauspieler, ich bin ein Liebling!"

rechts:
Die Schauspielerin Hildegard Sochor
Nach ersten Auftritten am „Studio der Hochschulen" und Schauspielunterricht bei Leopold Rudolf und Wolfgang Heinz promoviert sie 1948 mit ihrer Dissertation „Der Einfluss des Films auf die Zeitgestaltung in der modernen Dramatik". Am 20. April 1956 wird sie Gustav Mankers Frau.

1948

Fußbad spielen und gewännen ihm dennoch köstliche Nuancen ab". Die Debütantin Hildegard Sochor kann für sich jedoch einen großen Erfolg verbuchen: *„Der einzige Lichtblick in diesem erotischen Rennstall, in welchem es allzu stark nach Mist riecht – die einzige Gestalt, die man menschlich gernhaben kann, ist die lebensfrische Franzi Hildegard Sochors."* (Der Abend) *„Jeder Ton kommt aus einem tief empfindenden Herzen. Und ihre jugendliche Echtheit wiegt alle Routine ihrer prominenten Partner auf. Es gibt keinen Nachwuchs? O doch, Hildegard Sochor beweist es."*

Ein Mädchen träumt (1948)
Maria Schell als träumende Georgina Allerton, einer mit Unterbewusstsein reich gesegneten 23jährigen, die in 32 Szenen unter der quälenden Selbsterkenntnis lebt und träumt: Mein einziger Fehler ist, dass ich mich immer in den falschen Mann verliebe.

Modern und fast sachlich wirkt im Oktober 1948 Gustav Mankers Bühnenbild für Shakespeares „Ein Wintermärchen" in der Inszenierung von Rudolf Steinböck am Theater in der Josefstadt, das er auf ein ansteigendes Podium stellt, nur mit Türen im Hintergrund als Rahmen. Leopold Rudolf spielt den König Leontes von Sizilien, Vilma Degischer seine Frau Hermione, Dagny Servaes die Paulina, Ernst Stankovski den Florizel, Gustav Waldau den alten Schäfer und Kurt Sowinetz dessen Sohn.

William Shakespeare
• EIN WINTERMÄRCHEN
Bühnenbild GM / Regie: Rudolf Steinboeck
mit Leopold Rudolf (Leontes), Vilma Degischer (Hermione), Aglaja Schmid (Perdita), Ernst Stankovski (Florizel), Dagny Servaes (Paulina), Gustav Waldau (Schäfer), Kurt Sowinetz
26. Oktober 1948, Theater in der Josefstadt

Mit Paul Hörbiger als Fortunatus Wurzel, Inge Konradi als Jugend und Karl Skraup als hohes Alter gelingt Manker im Oktober 1948 mit Ferdinand Raimunds „Der Bauer als Millionär" ein triumphaler Erfolg. Am 14. September 1949 wird diese Inszenierung auch als Festvorstellung zum 60jährigen Jubiläum des Volkstheaters gezeigt und erreicht insgesamt eine Serie von 61 Vorstellungen. Max (Maxi) Böhm spielt den schwäbischen Zauberer Ajaxerle.

Ferdinand Raimund
• DER BAUER ALS MILLIONÄR
Regie GM / BB & K: Erni Kniepert / M: Josef Drechsler / ML: Karl Hudez
mit Paul Hörbiger (Fortunatus Wurzel), Inge Konradi (Jugend), Karl Skraup (Hohes Alter), Susi Peter (Lottchen), Hermann Erhardt (Lorenz), Grete Zimmer (Zufriedenheit), Peter Doppler (Borax), Friedl Haerlin (Lacrimosa), Helene Lauterböck (Antimonia), Max Böhm (Ajaxerle), Erich Auer (Karl Schilf), Benno Smytt (Nigowitz), Fritz Schmiedel (Haß), Hans Frank (Neid), Siegfried Herzberger (Amor), Günther Tabor (Tophan)
29. Oktober 1948, Volkstheater

In Gustav Mankers Inszenierung verwandelt sich Raimunds Zaubermärchen zu einer sehr eigenwilligen Vision gepeinigter und (psychisch) selbst peinigender Gestalten. Seine Regie ist auch hier von Wortwitz und Schärfe geprägt, was ihm Vorwürfe wegen Mangel an *„Wärme und Herzschlag"* einträgt, die jedoch vom enormen Erfolg entkräftet werden: *„Wie Paul Hörbiger nach dem Abschied der ‚Jugend' zum siechen Greis verfällt, wie er über das ‚An-Aschen-Sein' philosophiert, gehört zum Packendsten an echtem Wiener Volkstheater. Dieser Fortunatus Wurzel spielt nicht, sondern er lebt drei Stunden lang das große Problem Hoffart, Neid, Geiz und Zorn im gigantischen Ringen mit Demut, Güte und milder Resignation."* (Wiener Montag) In der nächsten Saison folgt Mankers Inszenierung von Raimunds „Der Verschwender", ebenfalls mit Paul Hörbiger mit 52 sowie 1951 Nestroys „Der Talisman" mit Hans Putz und insgesamt 54 Aufführungen.

Im Dezember 1948 spielt die 22jährige Maria Schell in „Ein Mädchen träumt" des amerikanischen Pulitzer-Preisträgers Elmer Rice (geb. Reizenstein) in der Regie von Hans Thimig an den Kammerspielen die phantasiebegabte Buchhändlerin Georgina Allerton, die in ihren Tagträumen lebt.

Elmer Rice
• EIN MÄDCHEN TRÄUMT
Bühnenbild GM / Regie: Hans Thimig
mit Maria Schell (Georgina Allerton), Stefan Skodler (Clark), Erika Ziha (Miriam), Peter Gerhard (Jim), Peter Weihs (Luigi)
9. November 1948, Wiener Kammerspiele

Der Bauer als Millionär (1948)
Paul Hörbiger als Fortunatus Wurzel und Inge Konradi als Jugend beim Abschieds-Duett „Brüderlein fein".

Ödön von Horváths „Geschichten aus dem Wiener Wald" gerät bei der österreichischen Erstaufführung am 1. Dezember 1948 im Volkstheater zu einem der größten Theaterskandale der Nachkriegszeit. Karl Skraup spielt den Zauberkönig, Inge Konradi seine Tochter Marianne, Harry Fuss den Alfred und Dagny Servaes die Trafikantin Valerie. Das Publikum ist entrüstet und fragt empört: *„Wie komm' ich dazu, dass ich mir anschau', wie sich die Konradi im Nachthemd die Zähne putzt auf der Bühne?!"*

Ödön von Horváth
- **GESCHICHTEN AUS DEM WIENER WALD** (ÖEA)
Bühnenbild GM / Regie: Hans Jungbauer / K: Maxi Tschunko
mit Karl Skraup (Zauberkönig), Inge Konradi (Marianne), Harry Fuss (Alfred), Dagny Servaes (Valerie), Dorothea Neff (Großmutter), Grete Kaiser (Mutter), Egon von Jordan (Rittmeister), Fritz Schmiedel (Hierlinger Ferdinand), Otto Woegerer (Oskar), Eduard Cossovel (Havlitschek), Carl Bosse (Erich), Hans Frank (Beichtvater), Traute Servi (Emma), Christl Gindl (Ida), Benno Smytt (Conferencier), Oskar Wegrostek (Mister), Martha Wallner, Mimi Schwarz, Helene Lauterböck (drei Frauen)
1. Dezember 1948, Volkstheater

Gustav Manker betont in seinem Bühnenbild den Bilderbogen-Charakter des Stücks. Das verwahrloste Vorstadtzimmer in seiner abgegriffenen Realistik, das Billardzimmer im dubiosen Café im 2. Bezirk, der Stephansdom mit einem Beichtstuhl und einem schwebenden Barockengel auf der sonst dunklen Bühne, das Tingeltangel des Maxim mit seinem billigen Flitter werden gespenstisch heraufbeschworen. Die berühmte stille Straße im 8. Bezirk aber wird nur mit einem grob gemalten Prospekt skizziert. Im Gegensatz zur Tristesse der Großstadt umgibt Manker die Landschaftsbilder in der Wachau und an der Donau mit dem lieblichen Rahmen einer Kitschpostkarte, die selbst die Natur noch zu versüßen scheint. Am Ufer der Donau geht zusätzlich ein kitschiger Mond auf.

Publikum und Presse stehen Horváths Vivisektion, von Erich Kästner *„ein Wiener Volksstück gegen das Wiener Volksstück"* genannt, empört gegenüber. Bei der zweiten Vorstellung kommt es im letzten Bild, in der Wachau, sogar zu Tumulten, als Dorothea Neff als Großmutter den von ihr verschuldeten Tod des kleinen Leopold verkündet. Karl Skraup muss die Störer mit extemporierten Sätzen beruhigen. Das Unverständnis ist groß, das Dritte Reich, in dem das Stück 1933 verboten wurde, ist noch zum Greifen nah.

Geschichten aus dem Wiener Wald (1948)

links:
Stille Straße im achten Bezirk.

Draußen in der Wachau. Vor einem Häuschen am Fuße einer Burgruine.

Möbliertes Zimmer im achtzehnten Bezirk. Äußerst preiswert. Um sieben Uhr morgens. Der Tag ist grau, und das Licht trüb.

Geschichten aus dem Wiener Wald (1948)
Harry Fuss als Alfred und Dagny Servaes als Valerie in der stillen Straße im 8. Bezirk.

Valerie: „Was hat man denn in der Puppenklinik verloren?"
Alfred: „Ich wollte dir ein Pupperl kaufen."
Valerie: „Und an sowas hängt man sein Leben."

Die Kritik tobt: *„Diesen Gespensterreigen von Halbtrotteln und Verbrechern ein Volksstück zu nennen, ist eine Anmaßung!"* empört sich die „Montagsausgabe" und der „Ruf der Jugend" schreibt, noch ganz im Stil des Dritten Reichs: *„Besitzen Barnay und das Theater von heute überhaupt das Recht, diese Blasphemie auf ein Wienertum zu dulden, Randfiguren unseres menschlichen Daseins in das grelle Licht der Scheinwerfer zu stellen und ihnen den Stempel des Typischen und Wesentlichen unserer vielgestaltigen Eigenschaften aufzudrücken? Das Volkstheater wird hier zum Tribunal des Volksfeindlichen!"*

Im kommunistischen „Abend" beklagt der aus der Emigration zurückgekehrte Peter Loos sogar *„drei Stunden Menschheitszertrümmerung"*: *„Das Dunkle, Abseitige und Hässliche im Menschen zu beleuchten ist nicht neu und hat auch Dichter beschäftigt. Von ihnen bis zu Ödön Horváth ist ein Weg ohne Ende. Denn was Horváth zum Dichter fehlt, ist das menschliche Herz, das Fühlen. Diese Plakatschicksale, die nicht Geschichten aus dem Wienerwald, sondern Kolportage aus seinen Niederungen erzählen, haben vielleicht alle eine Entschuldigung, dass es so etwas auch im Leben gibt. Aber das Leben besteht Gott sei Dank nicht nur aus alternden Hysterikerinnen, jungen Zuhältern, gemeinen Großmüttern, dummen Fleischhauern und schwachen Geschöpfen. Sonst bliebe nur eines: sich aufzuhängen.*
Die Reaktion des Publikums hat eindeutig bewiesen, dass es sich mit diesem Stück nicht identifiziert. Textstellen wie: ‚Nach jedem zärtlichen Wort muss man ihr eine aufs Maul geben', oder ‚Wenn wir schon von einer Sau reden, – klappt die Geschichte mit dem Mädl eigentlich?' ergeben drei Stunden Zynismus – drei Stunden Menschheitszertrümmerung – und das in der Qualität einer Kabarettrevue um die dreißiger Jahre; das hält niemand aus.
Dass aus diesem unmenschlichen Stück ein paar große Künstler ihre Menschlichkeit gerettet haben, ist ihr und des Regisseurs Verdienst. Das Quartett Dagny Servaes – Harry Fuss – Inge Konradi – Karl Skraup ist auf jeden Fall der einzige und sogar ganz große Gewinn des Abends. Diese vier herrlichen Schauspieler sind wirklich imstande, menschliche Züge, Herz und Leben in Klischeefiguren hinein zu zaubern. Das Stück können sie nicht retten, aber unseren Glauben an das Theater, das auch durch solche Fehlgriffe nicht ruiniert werden kann, wenn man solche Künstler zur Verfügung hat.
Ganz auf der Höhe dieser Leistungen ist das Bühnenbild Gustav Mankers. Wir haben den ‚Bauer als Millionär' noch in guter Erinnerung. Wir wollen uns den Glauben an die Möglichkeiten des Volkstheaters nicht rauben lassen, wenn er auch dieses Mal arg erschüttert wurde."

Geschichten aus dem Wiener Wald (1948)
Kleines Café im zweiten Bezirk.
Im Stephansdom. Vor dem Seitenaltar des hl. Antonius
Maxim, mit einer Bar und Separées; im Hintergrund eine Kabarettbühne mit breiter Rampe.

Geschichten aus dem Wiener Wald (1948)
Inge Konradi als Marianne und Karl Skraup als Zauberkönig im Nachtlokal Maxim.

Marianne: „Weißt du auch, dass ich ein Kind hab –?"
Zauberkönig: „Natürlich!"
Marianne: „Es geht uns sehr schlecht, mir und dem kleinen Leopold – "
Zauberkönig: „Was?! Leopold?! Der Leopold, das bin doch ich! Na, das ist aber der Gipfel! Nennt ihre Schand nach mir!"
Marianne: „Du bist ja betrunken, Papa – "
Zauberkönig: „Also werd nur nicht ordinär, sonst – "

Geschichten aus dem Wiener Wald (1948)

oben:

Karl Skraup (mit Girardi-Hut) als Zauberkönig, die Hand im Haar seiner Tochter Marianne (Inge Konradi), in deren Schoss ihr Bräutigam Oskar (Otto Woegerer) und (rechts vorne) Harry Fuss als Alfred. Im Hintergrund tanzt die Trafikantin Valerie (Dagny Servaes) mit dem deutschen Studenten Erich (Carl Bosse), davor lagern zwei Tanten und kleine weißgekleidete häßliche Kinder.

links:

Inge Konradi als Marianne und Harry Fuss als Alfred.

Die „Wiener Tageszeitung" fragt: „Horváth nennt sein Stück ein Volksstück. Was aber haben diese innerlich durch und durch faulen Lemuren, diese Sumpfblüten, die in jeder Großstadt gedeihen können, mit dem Volk, mit dem Volk von Wien zu tun?"

Geschichten aus dem Wiener Wald (1948)
Oskar Wegrostek als Mister, Karl Skraup als Zauberkönig und
Dagny Servaes als Trafikantin Valerie im Nachtlokal Maxim.

Der Mister: „Wien soll leben! Die Heimat! Und die schönen Wiener Frauen!
Und der Heimatgedanke! Und wir Wiener sollen leben – alle, alle!"

Paul Barnay ist ein Theaterprinzipal alten Stils, sein Ziel ist es, „von ‚erlaubt ist, was gefällt' bis zum ‚erlaubt ist, was geziemt' zu gelangen", wie er im August 1948 dem „Abend" anvertraut. Er meint: „*Unser Weg ist es, beim breiten Publikum jenes Interesse am Theater zu erwecken, das heute z.B. das Freistilringen hervorruft.*" Da Paul Barnay kein Anhänger avantgardistischer Wege ist, sind Stücke, die aktuelle Probleme oder gar die unmittelbare Vergangenheit zum Inhalt haben, am Volkstheater kaum zu sehen. Das Publikum, durch den strapaziösen Nachkriegsalltag erschöpft, sehnt sich nicht nur im Kino nach der „guten alten Zeit". Stücke mit alt-österreichischem oder wienerischem Inhalt werden daher besonders gern gesehen, der Spielplan konzentriert sich auf Lustspiele und bewährte Erfolge. Die Uraufführung von Richard Duschinskys Mayerling-Drama „Kronprinz Rudolf" mit dem aus Amerika zurückgekehrten Vorkriegsstar Hans Jaray in der Titelrolle und Inge Konradi als Ballettänzein Mizzi Kasper verschafft dem Volkstheater zu Weihnachten 1948 den erwarteten Erfolg.

Der Pfarrer von Kirchfeld (1949)
Die 25jährige Hildegard Sochor als Anna Birkmeier an der Seite von Hans Jaray bei ihrem Debüt im Januar 1949 am Volkstheater. Die arme Waise Anna Birkmeier wird in Ludwig Anzengrubers Volksstück vom Pfarrer Hell als Haushälterin aufgenommen. Durch die Verleumdungen des Wurzelsepp verliert der Pfarrer das Vertrauen der Gemeinde.

Richard Duschinsky
• **RUDOLF** (UA)
Bühnenbild GM / Regie: Walter Firner
mit Hans Jaray (Kronprinz Rudolf), Karl Skraup (Kammerdiener), Inge Konradi (Mitzi Kasper, Ballettänzerin), Egon Jordan (Kaiser Franz Josef I.), Margarete Fries (Kaiserin Elisabeth), Lotte Tobisch (Stephanie), Carl Bosse (Johann Salvator), Fritz Schmiedel (Wilhelm II.), Grete Zimmer (Mary Vetsera), Susanne Almassy (Gräfin), Karl Kalwoda (Ketterl), Martha Wallner (Ballettmädchen), Oskar Wegrostek (Bratfisch, Fiaker)
23. Dezember 1948, Volkstheater

Hans Jaray wird anschließend auch für die Titelrolle von Anzengrubers „Der Pfarrer von Kirchfeld" verpflichtet. An seiner Seite debütiert die 25jährige Hildegard Sochor als Anna Birkmeier. Sie wird dem Haus von da an über 60 Jahre lang angehören.

Ludwig Anzengruber
• **DER PFARRER VON KIRCHFELD**
Bühnenbild GM / Regie: Friedrich Lichtneker
mit Hans Jaray (Hell), Hildegard Sochor (Anna Birkmeier), Karl Skraup (Wurzelsepp), Hans Frank (Graf Finsterberg), Arthur Duniecki (Lux), Mimi Schwarz (Brigitte), Erich Auer (Michael Berndorfer), Karl Kalwoda (Vetter), Benno Smytt (Schulmeister), Eduard Cossovel (Wirt), Grete Kaiser (sein Weib), Günther Tabor (Thalmüller Loisl), Erika Fischer (seine Braut), Hans Radvany, Herbert Fuchs (Burschen)
31. Januar 1949, Volkstheater

In der „Europäischen Rundschau" erkennt Hans Weigel in Hilde Sochor „*eine verheißungsvolle neue Kraft, erfreulich fern vom allzusüßen Klischee vergangener Soubrettenherzigkeit*" und in Karl Skraups „*genialischem*" Wurzelsepp den Gewinn des Abends. Hans Jaray jedoch spricht er die Glaubwürdigleit des Priesters ab und meint mit Bezug auf dessen Rolle in „Kronprinz Rudolf" sarkastisch: „*Hat man ihm das Milieu der Offiziersmesse zur Not geglaubt, so war das Milieu der heiligen Messe in mehrfacher Hinsicht problematisch, umsomehr da der Träger der Titelrolle mit Kölnischwasser geweiht zu sein schien.*"

Im Februar 1949 gibt Gustav Manker unter dem Titel „Das moderne Bühnenbild" ein Bekenntnis zu einer zeitgenössischen Interpretation auf dem Theater ab: „*Das Bühnenbild muss als Teil einer Inszenierung den Gegebenheiten des Schauplatzes, dem Ort der Handlung, dem Charakter der Nationalität, der Klasse der Hauptpersonen Rechnung tragen, die Grundidee des Autors hervorheben, indem es dessen Absicht mit der Gesamtheit von Szene und Kostüm wechselseitig ergänzt. Diese Vielfalt von Farbe, Form und Ausmaß soll aber gleichsam mit unseren heutigen Augen gesehen sein. Die Antike zum Beispiel war für Sophokles seine augenblickliche Umgebung, Goethe hingegen sieht sie in seiner ‚Iphigenie' von der Warte seines individuellen, linearen Humanismus aus und Gerhart Hauptmann in ‚Bogen des Odysseus' oder in seinen Iphigenie-Dramen nähert sich wiederum der antiken Welt vom Naturalismus her. So wie sich die Auffassung der Antike in Jahrhunderten geändert hat, haben sich auch die einzelnen Komponenten des Theaters entwickelt: Der griechische Chorführer*

Die schöne Helena (1949)
Karl Skraup als König Menelaus.

wurde zum Stegreifkomödianten und dann zum modernen Schauspieler. Der Arrangeur, der Rollenabhörer zum psychologisch-geschulten Regisseur – und in unserem Falle – der Maler eines Hintergrundbildes, der Dekorateur, wurde zum modernen Bühnen r a u m bildner, der sozusagen plastische ‚Turngeräte' für die Schauspieler baut und mit Hilfe des Lichtes Atmosphäre erzeugt. Um den Schauspieler, den wir heute als b e w e g t e n K ö r p e r empfinden, voll zur Wirkung zu bringen, müssen wir ihn in eine Raumbühne stellen, die sich von der flächenhaften Kulissenbühne oder Reliefbühne von früher wesentlich unterscheidet. Das scheint mir ein Hauptmerkmal unseres gegenwärtigen optischen Empfindens. Die Arbeit des Bühnenbildners ist Einfügen ins Ganze. Theater ist ein Kollektiv zur Versinnbildlichung der Visionen des Autors, eine symphonische Realisierung in Ton, Form, Farbe und Licht."

Jacques Offenbachs Operette „Die schöne Helena" bringt im März 1949 die erste Zusammenarbeit des Regisseurs Gustav Manker mit seiner späteren Frau Hilde Sochor, die in der Aufführung neben Christl Mardayn als Helena, Fritz Imhoff als Hohepriester Calchas, Karl Skraup als „Simandl" Menelaus und Inge Konradi als Orestes die Dienerin Bacchis spielt. Die Kostümbildnerin Erni Kniepert hat für die Zofen Tüllröckchen mit hohen schwarzen Stiefeln vorgesehen. Als Sochor damit auftritt, ertönt aus dem Dunkel des Zuschauerraum die Stimme des Regisseurs: „Wer ist denn dieses rosa Meerschweinchen?!"

Mankers Inszenierung, eine Mischung aus wilder Zirkusbuntheit und feinsinnigem Humor, reißt das Publikum zu Beifallsstürmen hin. Abend für Abend steht das Ensemble gebannt in der Kulisse, wenn Karl Skraup als König Menelaus in seiner Rede an das griechische Volk extemporierend aktuelles Wiener Tagesgeschehen in seinen Text einbaut.

Jacques Offenbach / Henri Meilhac / Ludwig Halevy
♦ **DIE SCHÖNE HELENA**
Regie GM / BB: Stefan Hlawa / K: Erni Kniepert / ML: Frank Fox / Choreographie: Rosalia Chladek
mit Christl Mardayn (Helena), Karl Skraup (Menelaus), Fritz Imhoff (Calchas), Theodor Grieg (Agamemnon), Carl Bosse (Achilles), Inge Konradi (Orestes), Erich Rolf Arnold (Paris), Karl Kalwoda (Ajax I), Oskar Wegrostek (Ajax II), Dorothea Neff (Klytämnestra), Hildegard Sochor (Bacchis)
1. März 1949, Volkstheater

Bereits im Oktober 1945 ist die durch Bomben beschädigte „Komödie" in der Johannesgasse von Leon Epp als „Die Insel in der Komödie" mit einer Konzession von Stadtrat Viktor Matejka wieder eröffnet worden. Zum Ensemble gehören Klaramaria Skala, Elisabeth Epp, Eva Zilcher, Heinrich Trimbur, Helmut Janatsch, Anni Maier und der junge Josef Meinrad. Bei „Schiffer nächst Gott", der Geschichte des Emigrantenschiffes „Exodus", das die britische Mandatsregierung 1947 nicht in Palästina landen ließ, arbeitet auch Gustav Manker im April 1949 wieder als Bühnenbildner am neuen Haus. Dort spielt auch der 23jährige Ernst Meister, der bald zu den Protagonisten des Volkstheater-Ensembles zählt.

Jan de Hartog
♦ **SCHIFFER NÄCHST GOTT**
Bühnenbild GM / Regie: Leon Epp
Heinrich Trimbur (Kapitän), Guido Török (Rabbiner), Helmut Janatsch (Dr. Richters), Ernst Meister (Dr. Willemse, Arzt)
1. April 1949, Die Insel in der Komödie

Für Mankers Inszenierung von „Die Saat ist grün", ein Bergarbeiterstück des walisischen Dramatikers und Schauspielers Emlyn Williams, in dessen Mittelpunkt eine Lehrerin steht, die in einer Kohlestadt einen einfachen Bergarbeiterjungen zum Schulabschluss bringt (in den USA dargestellt von Ethel Barrymore, im Film von Katharine Hepburn und Bette Davis), zeigt Mankers Bühnenbild das Haus der Lehrerin, das später zur Schule wird, indem er durch das aufgerissene Balkendach Einblick ins Innere gewährt.

1949

unten:
Eine charmante Frau (1949)
Susanne Almassy als Juwelendiebin Mrs. Cheney und Wolf Albach-Retty als Lord Dilling.

rechte Seite oben:
Kolportage (1949)
Mankers Ritterhalle in Schloss Stjernenhö erntet bei der Premiere Szenenapplaus.

rechte Seite unten:
Der junge Medardus (1950)
Wien im Jahr 1809 im Abwehrkampf gegen Napoleon.

Emlyn Williams
♦ • DIE SAAT IST GRÜN
Regie & Bühnenbild GM / K: Maxi Tschunko
mit Margarete Fries (Lehrerin), Erich Auer (Morgan Evans), Marianne Gerzner (Miß Ronberry), Susanne Engelhart (Mrs. Watty), Theodor Grieg (John Jones), Susi Peter (Bessy), Karl Kalwoda (Tom), Hans Frank (Treverby), Mimi Schwarz (Sarah)
2. Mai 1949, Volkstheater

Franz und Paul von Schönthan
♦ • DER RAUB DER SABINERINNEN
Regie & Bühnenbild GM
mit Albert und Else Bassermann
Tournee der Aufführung aus den Kammerspielen 1948
16. Mai 1949, Schauspielhaus Zürich

Bei der Gesellschaftskomödie „Eine charmante Frau" geht Manker dem realistischen Innenraum aus dem Wege und gestaltet die gedämpft soignierte Atmosphäre eines noblen Monte Carlo-Salons unnaturalistisch, indem er statt der Zimmerwände nur ein Halbrund aufstellt, das nach oben durch Stoffdraperien abschließt. Neben Susanne von Almassy als Juwelendiebin Mrs. Cheney (im Film verkörpert von Norma Shearer und Joan Crawford) spielt Wolf Albach-Retty den Lord Arthurt Dilling.

Frederick Lonsdale
• EINE CHARMANTE FRAU (MRS. CHENEY'S ENDE)
Bühnenbild GM / Regie: Paul Barnay
mit Susanne Almassy (Mrs. Fay Cheney), Wolf Albach-Retty (Lord Arthur Dilling), Carl Bosse (Charles, Kammerdiener) Lotte Tobisch (Kitty Wynton), Max Böhm (George, Page)
21. Mai 1949, Volkstheater

Für das 3. internationale Musikfest in Wien entwirft Gustav Manker 1949 für Paul Hindemiths Ballett „Vier Temperamente" und für Sergei Prokofjews „Peter und der Wolf" den szenischen Rahmen im Konzerthaus. Auf dem großen Podium stehen nur zwei ungleich hohe Leitern, zwischen beiden ein Brett. Die Einstellung der Scheinwerfer projiziert die Schatten auf die Hinterwand, sodass sich das Märchen als Schattenspiel wiederholt. Dem Ballett dienen mächtige, in ihrer Konstruktion offene geometrische Körper, die, von unsichtbaren Händen bewegt, den Raum der Tänzerin einengen oder freigeben. Die improvisatorische Art ist modern und „verblüffend in ihrer Anlage".

Paul Hindemith / Sergei Prokofjew
• TANZABEND: VIER TEMPERAMENTE / PETER UND DER WOLF
Bühnenbild GM / Choreographie: Rosalia Chladek
mit Josef Meinrad, Dagmar Thomas, Wiener Symphoniker
Aufführung des Konservatoriums der Stadt Wien im Rahmen des 3. internationalen Musikfestes (15.–28. Juni 1949)
18. Juni 1949, Großer Konzerthaussaal

Am Ende der Saison 1948/49 wird Georg Kaisers „Kolportage" am Volkstheater ein „Bombenerfolg" für die Direktion Paul Barnay. Mankers große Halle in Schloss Stjernenhö mit Ritterrüstungen, Ahnenbildern, schweren Lehnstühlen, umlaufender Galerie und Blick in den Park trifft in ihrem „gedämpften Surrealismus" „aufs Haar" die Kolportage, ihr forcierter Gartenlaubestil ist „tödlich richtig" und erntet bei der Premiere „verdienten Sonderbeifall".

Georg Kaiser
• KOLPORTAGE
Bühnenbild GM / Regie: Paul Barnay
mit Annie Rosar (Erbgräfin), Egon Jordan (Graf Stjernenhö), Margarete Fries (Karin), Max Böhm/Erich Auer (Sohn), Benno Smytt (Baron Barrenkrona), Fritz Schmiedel (Lindström), Marianne Gerzner (Appleblom), Dorothea Neff (Miss Grove)
25. Juni 1949, Volkstheater

SAISON 1949/1950

Hermann Bahr
• DER QUERULANT
Bühnenbild GM / Regie: Hans Frank
mit Karl Skraup (Mathias Gunglbauer, Wegmacher), Theodor Grieg (Pfarrer), Annie Rosar (Sophie Lidauer), Hildegard Sochor (Marie), Otto Woegerer (Richter), Benno Smytt (Arzt), Oskar Wegrostek (Forstmeister), Karl Kalwoda (Diurnist), Carl Bosse (Agent), Erich Auer (Knecht), Martha Wallner (Magd)
1. September 1949, Volkstheater

1949 | 1950

Zum 60jährigen Bestehen des Volkstheaters im September 1949 spielt Paul Hörbiger in Ferdinand Raimunds „Der Verschwender" den Valentin. Paula Pfluger spielt die Rosa, Otto Woegerer den Verschwender Flottwell und Karl Skraup den Bettler und dienstbaren Geist Azur. Egon von Jordan ist zum ersten Mal Chevalier Dumont und Pepi Kramer-Glöcker das Holzweiberl. Mit dabei auch die spätere Opernballlady Lotte Tobisch als Präsidententochter Amalie und Hilde Sochor als Stubenmädchen Betti. Manker verlegt das Stück ins Salzkammergut, Flottwell tritt in der Erzherzog-Johann-Tracht auf und die Fee Cheristane als Landmädchen à la Anna Plochl. Der Dialog ist auf eine vom Intellekt bestimmte Schärfe zugespitzt, die der Naivität des Alt-Wiener Zaubermärchens entgegen wirkt. Die Phantastik einiger Szenen und die makabre Bildhaftigkeit der Arrangements wirken durch Mankers Inszenierung gespenstisch und beklemmend.

Ferdinand Raimund
• DER VERSCHWENDER
Regie GM / BB & K: Erni Kniepert / M: Conradin Kreutzer / Choreographie: Rosalia Chladek
mit Paul Hörbiger (Valentin), Otto Woegerer (Flottwell), Karl Skraup (Azur, dienstbarer Geist), Paula Pfluger (Rosa), Hans Frank (Wolf, Kammerdiener), Egon von Jordan (Chevalier Dumont), Pepi Kramer-Glöcker (Holzweiberl), Susi Peter (Fee Cheristane), Eduard Cossovel (Präsident von Klugheim), Lotte Tobisch (Amalie, seine Tochter), Rolf Kutschera (Baron Flitterstein), Oskar Wegrostek (Sockel, Baumeister), Oskar Willner (Gründling, Baumeister/Arzt), Carl Bosse (Herr von Helm), Hermann Laforét (Herr von Pralling), Theodor Grieg (Johann), Günther Tabor (Fritz), Benno Smytt (Juwelier), Karl Kalwoda (Gärtner), Hildegard Sochor (Betti, Kammermädchen)
14. September 1949, Volkstheater

Für Leon Epps „Insel in der Komödie" stattet Gustav Manker im September 1949 Henrik Ibsens „Die Wildente" aus. Das erste Bild im Hause des Konsul Werle zeigt einen luxuriösen Salon mit blauen Samtvorhängen, rotem Sofa und einem großen Kandelaber. Im Kontrast dazu ist das Photoatelier Hjalmar Ekdals eine nackte Mansarde mit Holzträgern und einem Ausblick auf Fabrikschlote. Zur Außentüre führen trotz Mansarde Stufen hinauf, sodass jeder Besucher zu den Bewohnern erst herunter steigen muss. Bei Ibsen geht die Tür ins Paradies der kleinen Hedwig mit ihrer Wildente nach hinten auf, Manker aber lässt auf das Grau des Tores einfach einen dürren Nadelbaum projizieren, als Symbol der Dürftigkeit des dahinter Verborgenen und doch so hoch Geschätzten.

Henrik Ibsen
• DIE WILDENTE
Bühnenbild GM / Regie: Leon Epp
mit Heinrich Trimbur (Hjalmar), Helmut Janatsch (Gregers), Anni Maier (Gina), Eva Peyrer (Hedwig), Karl Bachmann (Werle), Hans Brand (Relling), Elisabeth Epp (Frau Sörby), Viktor Gschmeidler (Molvik), Rudolf Wessely (Jensen)
28. September 1949, Die Insel in der Komödie

Karl Schönherr
• GLAUBE UND HEIMAT
Bühnenbild GM / Regie: Paul Barnay
mit Hermann Erhardt (Rott), Dagny Servaes (Rottin), Otto Woegerer (Kaiserlicher Reiter), Heiki Eis (Spatz), Hans Frank (Bruder), Theodor Grieg (Alt-Rott), Pepi Kramer-Glöcker (Mutter), Karl Skraup (Sandperger), Dorothea Neff (Sandpergerin), Inge Konradi (Straßentrapperl)
17. Oktober 1949, Volkstheater

In G. B. Shaws „Pygmalion" spielt Hans Jaray 1949 unter Mankers Regie den Professor Higgins, Inge Konradi die Eliza Doolittle, Theodor Grieg ihren Vater und Egon Jordan den Oberst Pickering.

George Bernard Shaw
• PYGMALION
Regie GM / BB: Max Meinecke
mit Hans Jaray (Henry Higgins), Inge Konradi (Eliza Doolittle), Theodor Grieg/Hermann Erhardt (Vater Doolittle), Egon Jordan (Oberst Pickering), Grete Bukovics (Mutter), Dorothea Neff (Miss Pearce), Susanne Engelhart (Eysford Hill), Lotte Tobisch (Clara, ihre Tochter), Günther Tabor (Freddy, ihr Sohn), Benno Smytt (Bummler), Hermann Laforét (sarkastischer Zuschauer), Martha Wallner (Stubenmädchen)
18. November 1949, Volkstheater

Joseph Glücksmann, der in der Emigration in den USA als Filmregisseur gearbeitet hat, ist am Volkstheater in der Direktion Barnays als Regisseur und Dramaturg tätig. Gustav Manker entwirft während dieser Jahre zwölf Bühnenbilder für ihn.

unten:
Die Wildente (1949)
Zu Hjalmars Photoatelier, einer nackten Mansarde mit Dachsparren, führen Stufen hinunter, sodass die Besucher zu den Bewohnern erst herabsteigen müssen.

rechte Seite:
Der Verschwender (1949)
Paul Hörbiger als Valentin.

William Somerset-Maugham
• **FINDEN SIE, DASS CONSTANZE SICH RICHTIG VERHÄLT?**
Bühnenbild GM / Regie: Joseph Glücksmann
mit Susanne Almassy (Constanze), Carl Bosse (John), Erich Auer (Kersal), Erni Mangold (Marie-Louise), Martha Wallner
12. Dezember 1949, Volkstheater

Arthur Schnitzler
• **DER JUNGE MEDARDUS**
Bühnenbild GM / Regie: Paul Barnay
mit Hans Jaray (Medardus), Karl Skraup (Uralter Herr), Otto Woegerer (Eschenbacher), Karl Kalwoda (Drechsler), Dagny Servaes (Klähr), Martha Wallner (Agathe), Hildegard Sochor (Anna), Margarete Fries (Herzogin), Erich Auer (François)
12. Januar 1950, Volkstheater

Nicht nur zurückgekehrte Emigranten holt Paul Barnay wieder ans Volkstheater, er gibt auch Hans Olden eine Chance, der als „Ehemaliger" zu den wenigen gehört, die ihre Nazi-Vergangenheit nicht verleugnen und dafür Bombenschutt wegräumen muss. In Nestroys „Einen Jux will er sich machen" spielt er neben Inge Konradi den Weinberl.

Johann Nestroy
• **EINEN JUX WILL ER SICH MACHEN**
Bühnenbild GM / Regie: Joseph Glücksmann
mit Hans Olden (Weinberl), Inge Konradi (Christopherl), Karl Skraup (Melchior), Theodor Grieg (Zangler), Annie Rosar (Frl. Blumenblatt), Marianne Gerzner (Mme Knorr), Paula Pfluger (Frau von Fischer), Trauti Servi (Marie), Erich Auer (August)
10. Februar 1950, Volkstheater

1950

Im März 1950 kommt am Volkstheater die Brooklyn-Fabel „Der Gangster" des Broadway-Erfolgsautors Irwin Shaw zur Erstaufführung. Karl Skraup spielt den jüdischen Glasschleifer Jonah Goodman, Karl Kalwoda seinen Freund, den griechischen Koch, und Otto Woegerer den Nobelgangster Harold Goff.

Irwin Shaw
◆• DER GANGSTER (THE GENTLE PEOPLE) (DEA)
Regie & Bühnenbild GM
mit Karl Skraup (Jonah Goodman), Karl Kalwoda (Philipp Anagnos), Otto Woegerer (Harold Goff), Susanne Engelhart (Frau Goodman), Grete Zimmer (Stella Goodman), Günther Tabr (Billy Lieber), Oskar Wegrostek (Lammaniwitz), Benno Smytt (Richter), Theodor Grieg (Magruder, Polizist), Helene Lauterböck (Angelina Esposito), Eduard Cossovel (Pole)
10. März 1950, Volkstheater

In einem Interview in der „Neuen Wiener Tageszeitung" mit dem Titel „Theater ist kein Museum" verteidigt Gustav Manker anlässlich der Premiere von „Der Gangster" seine Inszenierungen, denen vom Interviewer vorgeworfen wird, sie seien zu „intellektualisiert", in Fällen gar „kalte Künsteleien": „Ich betrachte jedes Stück so, als ob es jetzt geschrieben worden wäre. Jedes Drama muss n e u gesehen und n e u gehört werden, denn wir sehen und hören anders, als die, die Jahrzehnte, Jahrhunderte v o r uns ins Theater gingen. Theater ist keine museale Angelegenheit. Ich kann, wenn ich ein Bild male, damit rechnen, dass es, wenn auch nicht jetzt, so doch vielleicht später einmal seine Bewunderer finden wird. Eine Theateraufführung hingegen lebt immer nur einen Abend lang und kann nur im Augenblick wirken."

Franz Molnárs Salonkomödie „Der Schwan" und Bayard Veillers Gerichtsstück „Der Fall Mary Dugan", das bereits in der Zwischenkriegszeit enormen Erfolg verbuchen konnte, zählen mit zu den erfolgreichen Spitzenreitern der Saison 1949/50.

Franz Molnár
• DER SCHWAN
Bühnenbild GM / Regie: Paul Barnay
mit Annie Rosar (Prinzessin Beatrix), Hans Frank (Hyatinth), Margarete Fries (Alexandra), Erich Auer (Hans Agi), Egon Jordan (Prinz Albert), Dagny Servaes (Maria Dominika)
4. April 1950, Volkstheater

Die Uraufführung von Hans Schuberts „Stadtpark" wird am Volkstheater zum Überraschungserfolg der Spielzeit 1949/50. Das Stück wird nicht nur in der darauffolgenden Saison wieder aufgenommen, sondern wird auch mit denselben Protagonisten von Hubert Marischka verfilmt.

Hans Schubert
• STADTPARK
Bühnenbild GM / Regie: Joseph Glücksmann
mit Annie Rosar (Sesselfrau), Hilde Sochor (Franziska), Karl Skraup (Landesgerichtsrat), Paula Pfluger (Alice), Erich Auer
5. Mai 1950, Volkstheater

Bayard Veiller
◆• DER FALL MARY DUGAN (DER PROZESS MARY DUGAN)
Regie & Bühnenbild GM / K: Maxi Tschunko
mit Grete Zimmer (Mary Dugan), Harry Fuss (Jimmy), Hans Frank (Eduard West), Fritz Schmiedel (Staatsanwalt), Dagny Servaes (Marie Ducrot), Margarete Fries (Frau Rice), Egon Jordan (Richter), Eduard Cossovel (Polizeiinspektor), Oskar Wegrostek (Jan Krupski), Hildegard Sochor (May Harris)
27. Mai 1950, Volkstheater

Marcel Pagnol
• DER GOLDENE ANKER
Bühnenbild GM / Regie: Paul Barnay
mit Otto Woegerer (Obermaat), Karl Skraup (Bettler), Inge Konradi (Muschelverkäuferin), Erich Auer (Marius), Hans Frank
12. Juni 1950, Volkstheater

Maurice Hennequin / Pierre Veber
• HABEN SIE NICHTS ZU VERZOLLEN?
Bühnenbild GM / Regie: Joseph Glücksmann
mit Carl Bosse (Graf Robert), Susi Peter (Paulette), Egon Jordan (Gerichtspräsident), Hildegard Sochor (Ernestine)
1. Juli 1950, Volkstheater

Bei den Bregenzer Festspielen stattet Gustav Manker im Sommer 1950 Paul Barnays Inszenierung von Henrik Ibsens „Nora" mit Käthe Gold, Hans Frank und Dagny Servaes aus. Für den erkrankten Karl Skraup spielt Josef Zechell den Krogstad.

Henrik Ibsen
• NORA
Bühnenbild GM / Regie: Paul Barnay
mit Käthe Gold (Nora), Hans Frank (Helmer), Dagny Servaes (Frau Linde), Egon Jordan (Rank), Josef Zechell (Krogstad), Grete Bukovics (Kinderfrau), Martha Wallner (Hausmädchen)
8. August 1950, Bregenzer Festspiele (Sporthalle)

SAISON 1950/1951

Für Bruno Franks bekannte Komödie „Sturm im Wasserglas" mit Annie Rosar und Karl Skraup entwirft Manker im September 1950 satirisch die Wohnung eines kleinlichen Stadtrats. Die Presse konstatiert: „Genau so unwohnlich-protzig in ‚kaukasisch Nuß' und mit einer ‚gemütlichen Ecke' wohnt die Hautevolée von Wiener-Altstadt bis Vöcklafeld."

Bruno Frank
• STURM IM WASSERGLAS
Bühnenbild GM / Regie: Joseph Glücksmann
mit Annie Rosar (Frau Vogl), Karl Skraup (Magistratsdiener), Joseph Hendrichs (Burdach), Hildegard Sochor (Lisa)
1. September 1950, Volkstheater

Nach der Uraufführung von „Der Bockerer" von Ulrich Becher und Peter Preses 1948 an der „Scala" kommt im Herbst 1950 am Volkstheater in Gustav Mankers Regie und Bühnenbild ein weiteres Stück dieses Autorenduos zur Aufführung, „Der Pfeifer von Wien", ein Bilderbogen der Pestzeit in Wien im Jahr 1679. Karl Skraup spielt den lieben Augustin.

Der Gangster (1950)
Steeplechase Pier in Coney Island bei New York. Karl Skraup als jüdischer Glasschneider Jonah Goodman bei seiner Lieblingsbeschäftigung, dem Angeln, Grete Zimmer als seine Tochter Stella und Günther Tabor als Billy Lieber.

Ulrich Becher / Peter Preses
♦ • DER PFEIFER VON WIEN
Regie & Bühnenbild GM / K: Maxi Tschunko
mit Karl Skraup (Augustin Sackpfeifer), Martha Wallner (Luzi), Hermann Erhardt (Hufschmid), Dorothea Neff (Mme Jasmin), Marianne Gerzner (Kreszentia, Magd), Egon Jordan (Baron), Hans Frank (Geheimer Polizeirat), Hilde Sochor (Lintscherl)
29. September 1950, Volkstheater

Henrik Ibsen
• DIE STÜTZEN DER GESELLSCHAFT
Bühnenbild GM / Regie: Leon Epp
mit Hans Brand (Konsul Bernick), Elisabeth Epp (Schwester), Hannes Schiel (Tönnesen), Viktor Gschmeidler (Hilmar)
13. Oktober 1950, Die Insel in der Komödie

Im Herbst 1950 spielt Inge Konradi am Volkstheater erneut G. B. Shaws „Die heilige Johanna", ihren grossen Erfolg von 1943, diesmal mit Karl Skraup als Dauphin und in der Regie von Joseph Glücksmann.

George Bernard Shaw
• DIE HEILIGE JOHANNA
Bühnenbild GM / Regie: Joseph Glücksmann
mit Inge Konradi (Johanna), Karl Skraup (Dauphin), Egon Jordan (Beauchamp), Otto Woegerer (Kaplan), Erich Auer (Dunois), Hans Frank (Cauchon), Michael Kehlmann (Inquisitor), Theodor Grieg (Bischof von Reims), Carl Bosse (Gilles de Rais)
27. Oktober 1950, Volkstheater

Im November 1950 inszeniert Berthold Viertel am Akademietheater den Broadway-Erfolg „Frankie" von Carson McCullers, die Tennessee Williams *„die bedeutendste Autorin Amerikas, wenn nicht der Welt"* nennt, und der sie zur Dramatisierung ihres autobiographischen Romans über den Reifeprozess eines 12jährigen Mädchens angeregt hat. Manker entwirft die Bühne, Johanna Matz spielt das Mädchen Frankie.

Carson McCullers
• FRANKIE UND DIE HOCHZEIT
Bühnenbild GM / Regie: Berthold Viertel
mit Johanna Matz (Frankie), Werner Kreindl (Jarvis), Hilde Mikulicz (Janice), Maria Eis (Köchin), Lilly Karoly (Sis Laura)
23. November 1950, Akademietheater

Edmund Wolf
• ZWEI ZU DRITT?
Bühnenbild GM / Regie: Paul Barnay
mit Inge Konradi (Stella Mason), Joseph Hendrichs (Strong), Gretl Bukovics (Mrs. Strong), Carl Bosse (Sascha Borodetzky)
24. November 1950, Volkstheater

oben:
Der Zaun (1951)
Harry Fuss als Poldl, „ein Freund wie wenige", in der Uraufführung von Hans Holts „drei Akten aus dem Leben eines Sündenbocks".

rechte Seite:
Pygmalion (1949)
Hans Jaray als Henry Higgins.

Hans Müller-Schlösser
• SCHNEIDER WIPPL
Bühnenbild GM / Regie: Paul Barnay
mit Franz Böheim (Wippl), Paula Pfluger (Mali), Martha Wallner (Bänkelsängerin), Theodor Grieg (Wirt), Erich Auer (Weidner)
22. Dezember 1950, Volkstheater

Samuel Nathaniel Behrmann
♦ • LUSTSPIEL IN MOLL (DER ELFENBEINTURM) (ÖEA)
Regie GM / BB: Willy Bahner
mit Vilma Degischer (Linda Easterbrook), Karlheinz Böhm (Pympernell Lovell), Erik Frey (Gay Easterbrook, Bühnenautor), Grete Zimmer (Amanda Smith), Erich Nikowitz (Philo Smith, Bankier), Gisa Wurm (Hausmädcehn), Eduard Sekler (Diener)
8. Januar 1951, Theater in der Josefstadt (Kammerspiele)

Georg Kaisers 1937–1941 ahnungsvoll in der Emigration geschriebene Tragikomödie „Napoleon in New Orleans", in der ein falscher Napoleon für Hitler steht und sich als Objekt blinder Herrscherverehrung am Ende nur als simpler Gauner herausstellt, wird im Februar 1951 unter Mankers Regie und in seinem Bühnenbild am Volkstheater aufgeführt. Hans Putz spielt den falschen Napoleon Youyou, Hans Frank den blindgläubigen Baron.

Georg Kaiser
• NAPOLEON IN NEW ORLEANS
Regie & Bühnenbild GM / K: Maxi Tschunko
mit Hans Frank (Hector Dergan), Hans Putz (Youyou), Susi Peter (Gloria), Marianne Gerzner (Pepa), Theodor Grieg (Quatresous), Franz Böheim (Carotte), Hilde Sochor (Polly)
2. Februar 1951, Volkstheater

Friedrich Schiller
• KABALE UND LIEBE
Bühnenbild GM / Regie: Joseph Glücksmann
mit Otto Woegerer (Präsident Walter), Erich Auer (Ferdinand), Martha Wallner (Luise), Karl Skraup (Miller), Margarete Fries (Milford), Elisabeth Neumann (Millerin), Joseph Hendrichs (Wurm), Egon Jordan (Kalb), Karl Kalwoda (Kammerdiener)
10. Februar 1951, Volkstheater

Im Winter 1951 kommt es bei T. S. Eliots „Die Cocktail Party" zur zweiten Arbeit Mankers mit dem Regisseur Berthold Viertel. Es spielen Attila Hörbiger, Alma Seidler und Rosa Albach-Retty. Die Herakles-Figur im Stück, das auf Euripides' Drama „Alkestis" basiert (bei der Uraufführung 1949 von Alec Guiness gespielt), ist Ewald Balser. Manker schneidet die vierte Wand gegen die Zuschauer wie ein Fenster aus und entfernt das Spiel aus der gewohnten Nähe, indem er die Bühne perspektivisch zurückverlegt und in die Unbestimmtheit eines silbergrauen Lichts taucht.

T.S. Eliot
• DIE COCKTAIL PARTY
Bühnenbild & Kostüme GM / Regie: Berthold Viertel
mit Attila Hörbiger (Chamberlayne), Alma Seidler (Lavinia), Ewald Balser (Gast), Rosa Albach-Retty (Julia), Eva Zilcher
24. Februar 1951, Akademietheater

Im März 1951 entwirft Gustav Manker an den Kammerspielen die Ausstattung für die Uraufführung von Hans Holts „Der Zaun", der selbst auch die Hauptrolle spielt. Mit ihm spielen Harry Fuss, Kurt Sowinetz und Bibiana Zeller. Regie führt Peter Preses, der Co-Autor von „Der Bockerer".

1951

Hans Holt
• DER ZAUN (UA)
Bühnenbild GM / Regie: Peter Preses
mit Hans Holt, Bibiana Zeller, Harry Fuss, Kurt Sowinetz
1. März 1951, Theater in der Josefstadt (Kammerspiele)

Für die Saison 1950/51 gelingt es Manker, Direktor Barnay zur Annahme der Erstaufführung von Albert Camus' „Die Gerechten" zu bewegen, die im März 1951 eine der seltenen Auseinandersetzungen der Direktion Barnay mit dem zeitgenössischen Drama darstellt. Als liebende Terroristin Dora Dulebow feiert Inge Konradi einen großen Erfolg.

Albert Camus
• DIE GERECHTEN (ÖEA)
Regie GM / BB: Maxi Tschunko
mit Inge Konradi (Dora), Margarete Fries (Großfürstin), Erich Auer (Iwan), Joseph Hendrichs (Boris), Carl Bosse (Alexis Voinov), Egon Jordan (Skutatov), Otto Woegerer (Foka)
22. März 1951, Volkstheater

Jaroslav Hašek / Max Brod / Hans Reimann
• DIE ABENTEUER DES BRAVEN SOLDATEN SCHWEJK
Bühnenbild GM / Regie: Guido Wieland
mit Karl Skraup (Schwejk), Oskar Willner (Bretschneider), Benno Smytt (Wirt vom ‚Kelch'), Marianne Gerzner (Palivec), Oskar Wegrostek (Militärarzt), Otto Woegerer (Bautze), Carl Bosse (Lukasch), Egon Jordan (General Schwarzburg)
7. April 1951, Volkstheater

William Somerset-Maugham
• VIKTORIA
Bühnenbild GM / Regie: Joseph Glücksmann
mit Hans Putz (William, ein Held), Carl Bosse (Frederick), Ursula Schult (Viktoria), Egon Jordan (netter Schieber), Susi Peter (Manikure), Theodor Grieg (Anwalt), Marianne Gerzner (Scheidungsgrund), Hildegard Sochor (resolute Person)
4. Mai 1951, Volkstheater

Im Mai 1951 schreibt Hans Weigel einen „Wiener Theaterbrief", in dem er den Spielplan des Volkstheaters unter Direktor Barnay als *„Repertoire aus zweiter Hand"* kritisiert, das Theater aber als die einzig dastehende europäische Bühne bezeichnet, *„in der Geist und Gesicht allein den Dekorationen vorbehalten bleiben, die dank Gustav Manker stets ebenso eigenartig und persönlich wie überzeugend sind"*.

Für eine Wiener Fassung von Carl Zuckmayers Seiltänzerstück „Katharina Knie" mit Inge Konradi in der Titelrolle entwirft Gustav Manker im Juni 1951 *„gespenstisch schimmernde Lichter aus der Nacht, in der der Tod den Schauplatz betritt"*.

Carl Zuckmayer
• KATHARINA KNIE
Bühnenbild GM / Regie: Paul Barnay / Übertragung ins Wienerische: Felix Hubalek
mit Inge Konradi (Katharina Knie), Hans Frank (Vater Knie), Carl Bosse (Fritz), Günther Tabor (Lorenz), Hans Putz (Trampolin), Karl Skraup (Clown), Pepi Kramer-Glöckner (Kasse)
1. Juni 1951, Volkstheater (Wiener Festwochen)

Im ehemaligen Varieté Ronacher, das bis zur Wiedereröffnung 1955 als Ausweichquartier für das zerbombte Burgtheater dient, stattet Gustav Manker 1951 Leon Epps Inszenierung von Richard Billingers „Traube in der Kelter" aus, die Geschichte der „häßlichen" Tiroler Gräfin Maria Maultasch, die dem Bergwirt Zwipp hörig ist. Es spielen Maria Eis, Ewald Balser, Hedwig Bleibtreu und Albin Skoda.

Richard Billinger
• TRAUBE IN DER KELTER
Bühnenbild GM / Regie: Leon Epp / K: Herta Hareiter / Choreografie: Rosalia Chladek
mit Maria Eis (Maria Maultasch), Ewald Balser (Zwipp), Albin Skoda (Pilger), Annemarie Düringer, Fred Hennings, Dorothea Neff, Hedwig Bleibtreu, Lilly Karoly, Blanka Glossy
16. Juni 1951, Burgtheater (im Ronacher) (Festwochen)

Peter Hansen
• DER GROSSE GAST (UA)
Bühnenbild GM / Regie: Joseph Glücksmann
mit Carl Bosse (Rakowsky, Pianist), Margarete Fries (Dame), Paula Pfluger (Lili), Eva Kerbler (Alma), Hildegard Sochor (Toni)
29. Juni 1951, Volkstheater

Louis Verneuil
• MEINE COUSINE AUS WARSCHAU
Regie GM / BB: Herta Hareiter
mit Susanne Almassy (Sonja), Erik Frey (Carteret), Peter Preses (Archibald), Hilde Sochor (Lucienne)
17. Juli 1951, Theater in der Josefstadt

unten:
Die Gerechten (1951)
Inge Konradi als Dora und Joseph Hendrichs als Boris in der Erstaufführung von Albert Camus' Terroristen-Drama, das sich mit der Problematik der Selbstjustiz auseinandersetzt.

rechte Seite:
Napoleon in New Orleans (1951)
Hans Putz als Gangster Youyou.

1951

SAISON 1951/1952

Alejandro Casona
• ILLUSIONEN (BÄUME STERBEN AUFRECHT)
Bühnenbild GM / Regie: Paul Barnay
mit Annie Rosar (Großmutter), Traute Wassler (Maria-Isabella), Eva Kerbler (Stenotypistin), Louis Soldan (Felix), Hans Frank (Balboa), Günther Tabor (der Andere), Otto Woegerer (Jäger)
31. August 1951, Volkstheater

Im Herbst 1951 bietet Gustav Mankers Inszenierung von „Menschen im Hotel" nach Vicky Baums Erfolgsroman von 1929 (mit Greta Garbo in Hollywood verfilmt) einen rasanten Querschnitt durch ein mondänes Berliner Großhotel mit „*riesigen Beleuchtungskörpern von phantastischer Geschmacklosigkeit, die in fieberhaftem Rhythmus zucken*". Er inszeniert die 16 Szenen als bunte Show einer versunkenen Zivilisation mit Schlagern und Umbauten auf offener Szene „*sub specie Piscatoris, auch ist ihm der Meyer-hold*", wie das „Neue Österreich" in Anspielung auf die Theaterrevolutionäre Erwin Piscator und Vsevolod Meyerhold vermerkt, und nennt den Abend eine „*Galavorstellung im Zirkus Barnay & Bailey. Das Publikum rast.*" Margarete Fries spielt die Tänzerin Grusinskaja, Inge Konradi die Stenotypistin Flaemmchen, Karl Skraup den todgeweihten Buchhalter Kringelein, Otto Woegerer den betrügerischen Generaldirektor Preysing und Carl Bosse den Gentleman-Ganoven Baron von Gaigern.

Vicki Baum
♦• MENSCHEN IM HOTEL
Regie & Bühnenbild GM / K: Maxi Tschunko
mit Margarete Fries (Grusinskaja), Carl Bosse (Baron von Gaigern), Otto Woegerer (Direktor Preysing), Karl Skraup (Kringelein), Inge Konradi (Flaemmchen), Rudolf Rhomberg (Impressario), Hans Frank (Dr. Otternschlag), Benno Smytt (Portier), Hans Christian (Volontär), Egon Jordan (Justizrat), Theodor Grieg (Gerstenkorn), Karl Kalwoda (Syndikus), Oskar Willner (Eintänzer), Joseph Hendrichs (Witte), Ernst Meister (Schweimann), Helene Lauterböck (Inspectrice), Hugo Speiser (Hausdiener), Traute Wassler (Telefonistin), Otto Schenk (Amerikaner), Hilde Sochor (Stubenmädel Anna)
28. September 1951, Volkstheater

Im Oktober 1951 inszeniert Leon Epp im Bühnenbild Gustav Mankers am Theater in der Josefstadt Hugo von Hofmannsthals Komödie „Christinas Heimreise", eine Episode aus den Lebenserinnerungen Giacomo Casanovas, mit Aglaja Schmid als Christina und Robert Lindner als ihr Verführer Florindo.

Hugo von Hofmannsthal
• CHRISTINAS HEIMREISE
Bühnenbild GM / Regie: Leon Epp
mit Aglaja Schmid (Christina), Robert Lindner (Florindo), Lotte Lang (Magd), Erich Nikowitz (Schiffskapitän), Hugo Gottschlich (Pedro, Diener), Kurt Sowinetz (Wirtssohn), Traute Servi (Antonia), Helly Servi (Teresa), Franz Böheim (Hausknecht), Bibiana Zeller (Küchenmädchen)
1. Oktober 1951, Theater in der Josefstadt

oben:
Lustspiel in Moll (1951)
Vilma Degischer und Erik Frey.

rechte Seite:
Menschen im Hotel (1951)
Inge Konradi als Stenotypistin Flaemmchen.

1951 | 1952

Als Paul Barnay, der Direktor des Volkstheaters, der auch Schauspieler ist, sich verleiten lässt, in Friedrich Schillers „Don Carlos" selbst den König Philipp zu spielen und das Ergebnis mehr als dürftig ist, reift bei den offiziellen Stellen der Entschluss, den glücklosen Direktor auszuwechseln.

Friedrich Schiller
• **DON CARLOS**
Bühnenbild GM / Regie: Joseph Glücksmann
mit Paul Barnay (Philipp II.), Traute Wassler (Elisabeth), Erwin Strahl (Don Carlos), Louis Soldan (Marquis Posa), Grete Zimmer (Eboli), Hans Frank (Großinquisitor), Carl Bosse (Alba), Joseph Hendrichs (Domingo), Hans Christian (Farnese), Theodor Grieg (Lerma), Oskar Willner (Feria), Egon Jordan (Medina Sidonia), Marianne Gerzner (Olivarez), Otto Schenk (Offizier der Leibwache)
26. Oktober 1951, Volkstheater

Am Theater in der Josefstadt inszeniert Gutav Manker im November 1951 die österreichische Erstaufführung von Daphne du Mauriers Roman „Rebecca", ein weltweiter Bestseller aus dem Jahr 1938, von Alfred Hitchcock in Hollywood mit Laurence Olivier und Joan Fontaine verfilmt. Robert Lindner spielt den wohlhabenden Witwer Maxim de Winter, Aglaja Schmid Mrs. de Winter und Adrienne Gessner die dämonische Haushälterin.

Daphne du Maurier
• **REBECCA** (ÖEA)
Regie GM / BB: Otto Niedermoser
mit Robert Lindner (Maxim de Winter), Aglaja Schmid (Mrs. de Winter), Adrienne Gessner (Mrs. Danvers), Elisabeth Markus (Beatrice Lacy), Kurt Heintel (Frank Crawlwy), Guido Wieland (Jack Favell), Franz Pfaudler (Colonel), Erich Nikowitz (William Tab), Wolfgang Hebenstreith (Giles Lacy), Eduard Sekler
26. November 1951, Theater in der Josefstadt

Als Weihnachtspremiere kommt im Dezember 1951 in Mankers Regie und in seinem eigenen Bühnenbild Nestroys „Der Talisman" am Volkstheater heraus, mit Hans Putz als Titus Feuerfuchs, Inge Konradi als Salome Pockerl und Karl Skraup als Bierversilberer Spund. Die Aufführung markiert den letzten großen Erfolg der nur vierjährigen Direktion Paul Barnays. Manker wird das Stück ein Jahr später am Zürcher Schauspielhaus erneut inszenieren, wieder mit Hans Putz in der Hauptrolle, dann 1960 bei den Luisenburg Festspielen mit Heinrich Schweiger und 1969 am Volkstheater mit Helmut Qualtinger als Titus.

Johann Nestroy
♦• **DER TALISMAN**
Regie & Bühnenbild GM / K: Maxi Tschunko / M: Adolf Müller / ME & ML: Karl Hudez
mit Hans Putz (Titus Feuerfuchs), Inge Konradi (Salome Pockerl), Paula Pfluger (Flora Baumscher), Rudolf Rhomberg (Plutzerkern), Lola Urban-Kneidinger (Constantia), Egon von Jordan (Monsieur Marquis), Margarete Fries (Cypressenburg), Traute Wassler (Emma), Karl Skraup (Spund, Bierversilberer), Hugo Speiser (Konrad, Bedienter), Oskar Wegrostek (Georg, Bedienter), Oskar Willner (Herr von Platt), Hans Christian, Alfred Czerny, Otto Schenk (Bauernburschen)
21. Dezember 1951, Volkstheater

George Bernard Shaw
♦• **HELDEN**
Regie & Bühnenbild GM / K: Maxi Tschunko
mit Harry Fuss (Bluntschli), Hermann Erhardt (Major Petkoff), Dorothea Neff (Katharina), Susi Peter (Raina), Otto Woegerer (Sergius, bulgarischer Major), Paula Pfluger (Louka), Rudolf Rhomberg (Nicola), Oskar Willner (russischer Offizier)
25. Januar 1952, Volkstheater

Bertolt Brecht / Kurt Weill
• **DIE DREIGROSCHENOPER**
Bühnenbild GM / Regie: Paul Barnay
mit Hans Putz (Mackie Messer), Theodor Grieg (Peachum), Dorothea Neff (Mrs. Peachum), Inge Konradi (Polly), Anni Maier (Jenny), Oskar Wegrostek (Brown), Eva Kerbler (Lucy), Oskar Willner (Moritatensänger/Kimball), Otto Schenk (Filch), Benno Smytt (Hakenfingerjakob), Rudolf Rhomberg (Münzmatthias), Joseph Hendrichs (Sägerobert), Hans Frank (Trauerweidenwalter), Hugo Speiser (Ede), Emil Ottenwalter (Jimmy), Rudy Bachheimer (Molly), Hermann Laforét (Smith)
29. Februar 1952, Volkstheater

John Patrick
• **KOMISCHE LEUTE**
Bühnenbild GM / Regie: Joseph Glücksmann
mit Inge Konradi (Fairy May), Rudolf Rhomberg (Hannibal), Susi Peter (Florence), Carl Bosse (Jeffrey), Otto Woegerer (Titus), Lotte Tobisch (Lily Belle), Lotte Lang (Edna)
2. April 1952, Volkstheater

unten:
Rebecca (1951)
Adrienne Gessner als dämonische Haushälterin Mrs. Danvers und Aglaja Schmid als Mrs. de Winter.

rechte Seite:
Der Talisman (1951)
Hans Putz als Titus und Karl Skraup als Bierversilberer Spund.

1952

oben:
Juarez und Maximilian (1952)
Otto Schenk als Kriegsberichterstatter Clark vom New York Herald und Ernst Meister als Lizentiat Elizea, Sekretär des Präsidenten Juarez.

rechte Seite:
Mein Sohn, der Minister (1952)
Hans Moser als Amtsdiener Gabriel mit (oben) Friedl Czepa als Silvie Marines und (unten) Johann Sklenka als Faucache.

Nach jahrelanger Abstinenz von der Bühne feiert Hans Moser 1952 in Birabeaus „Mein Sohn, der Herr Minister" unter der Regie von Gustav Manker sein Comeback am Theater in der Josefstadt. Es ist eine Rolle, die er bereits 1937 im gleichnamigen Film von Veit Harlan gespielt hat.

André Birabeau
• **MEIN SOHN, DER MINISTER**
Regie GM / BB: Willy Bahner / K: Herbert Schill
mit Hans Moser (Gabriel), Hans Ziegler (Julien Marines), Friedl Czepa (Silvie), Carl Bosse (Robert), Johann Sklenka (Faucache), Eva Kerbler (Annette), Kurt Jaggberg (Vaccarès)
29. April 1952, Theater in der Josefstadt

Raimund Berger
• **DER SCHELM VON LIMBURG** (UA)
Bühnenbild GM / Regie: Joseph Glücksmann
mit Karl Skraup (Niklas Jupiter), Paula Pfluger (Mme Jupiter), Ursula Schult (Jo), Rudolf Rhomberg, Hilde Sochor (Griet)
30. April 1952, Volkstheater

Hans Weigel schreibt im April 1952 in der „Neuen Literarischen Welt" einen Artikel zu „Größe und Problematik einer Theaterstadt", in dem er das Volkstheater unter der Direktion Paul Barnay erneut scharf kritisiert, da es „an Stelle der Uraufführung die Uralt-Aufführung" bevorzuge und sich „nach den Kassenrapporten der zwanziger und dreißiger Jahre" inspiriere. Er nimmt Mankers Inszenierungen von „Der Gangster" und „Napoleon in New Orleans" aus und schreibt: „Einsam und isoliert ist hier nur ein Mann am Werk, dem zuliebe der Besuch des Hauses lohnend wird: Gustav Manker, Österreichs größter und eigenwilligster schöpferischer Bühnenbildner, dessen Arbeit oft jenseits von Form und Inhalt der Vorstellung des Regisseurs lebt und gelegentlich wie eine Polemik gegen sie wirkt."

Ernst Nebhut
• **DER MANN MIT DEM ZYLINDER**
Bühnenbild GM / Regie: Karl Farkas
mit Harry Fuss (Boubou), Egon Jordan (Louis Napoleon), Paula Pfluger (Gräfin), Karl Skraup (Cicero, Polizeichef)
27. Mai 1952, Volkstheater

Franz Werfel
• • **JUAREZ UND MAXIMILIAN**
Regie & Bühnenbild GM / K: Maxi Tschunko
mit Egon Jordan (Maximilian), Traute Wassler (Charlotte), Hans Frank (Erzbischof), Karl Skraup (Leibarzt), Rudolf Rhomberg (Thomas Meja), Joseph Hendrichs (Herzfeld), Oskar Wegrostek (Wimberger), Otto Woegerer (Marschall Bazaine), Johann Sklenka, Hans Putz (Porfirio Diaz), Kurt Sowinetz (Yatipan), Otto Schenk (Kriegsberichterstatter), Ernst Meister (Lizentiat Elizea, Sekretär), Ursula Schult (Salm-Salm), Kurt Jaggberg (Riva Palacio), Günther Tabor (Pierron), Robert Werner (Kanonikus), Karl Schellenberg (Mariano Escobedo), Louis Soldan (Oberst Miguel Lopez)
30. Mai 1952, Volkstheater (Wiener Festwochen)

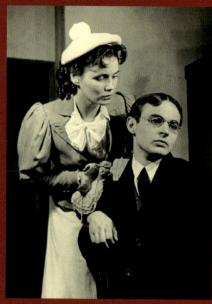

GUSTAV MANKER AM BURG- UND AKADEMIETHEATER

Mehrfach gastiert Gustav Manker auch am Burg- und Akademietheater und entwirft Bühnenbilder für Berthold Viertels Inszenierungen von „Frankie und die Hochzeit" (1950) und „Die Cocktail Party" (1951) im Akademietheater und Gerhart Hauptmanns „Die Ratten" (1952) im Burgtheater-Ausweichquartier im Ronacher. Auch für Leon Epps Inszenierung von Richard Billingers „Traube in der Kelter" (1951), ebenfalls im Ronacher, entwirft Gustav Manker das Bühnenbild. 1968 führt Manker bei der Uraufführung von Lotte Ingrischs „Die Wirklichkeit und was man dagegen tut" im Akademietheater Regie.

oben:
Traube in der Kelter (1951)
Maria Eis und Ewald Balser

rechts:
Die Wirklichkeit und was man dagegen tut (1968)
Susi Nicoletti und Hanns Obonya

linke Seite:
Frankie und die Hochzeit (1950)
Maria Eis und Johanna Matz

Die Cocktail Party (1951)
Alma Seidler, Attila Hörbiger, Eva Zilcher

Die Ratten (1952)
Annemarie Düringer (Walburga) und
Heinrich Schweiger (Erich Spitta)
Albin Skoda (Bruno Mechelke)
Maria Eis (Sidonie Knobbe)

"APPLAUS FÜR WIENS TAPFERSTES THEATER"

Ernst Lothar, Morgen Express, 27. April 1964

1952–1968

1952–1968
APPLAUS FÜR WIENS TAPFERSTES THEATER
DIE DIREKTION LEON EPP AM VOLKSTHEATER

Das Wiener Volkstheater
In den 50er und 60er Jahren wird das Volkstheater, das mit 1533 Plätzen das größte Theater des deutschen Sprachraums ist, unter Direktor Leon Epp zum wichtigsten Theater in Wien.

Am 1. September 1952 übernimmt Leon Epp nach dem Rücktritt von Paul Barnay die Direktion des Volkstheaters. 1905 geboren, hat Epp vor dem Krieg die „Insel" am Parkring geleitet, bereits während des Kriegs inszeniert er am Volkstheater und leitet von 1939 bis 1941 gemeinsam mit Rudolf Haybach die „Komödie" in der Johannesgasse und in der Nachkriegszeit dasselbe Haus als „Die Insel in der Komödie" mit ethischer Überzeugung und zähem Ehrgeiz. Sein Leitspruch lautet: „Es muss gewagt werden!"

Am Volkstheater löst Epp die Aufgabe, den Geschmack des Publikums zu treffen und zugleich das künstlerische Niveau des Hauses zu heben, indem er neben dem Hauptabonnement ein „Sonderabonnement" mit drei Stücken pro Spielzeit auflegt, das neue Werke in Ur- und Erstaufführungen präsentiert, wobei Epp auch Stücke wählt, die von anderen Theatern aus Furcht vor Misserfolgen oder gar Skandalen gar nicht gespielt werden. Als 1955 auch noch die „Scala" schließt, an der ein politisch sehr ambitionierter Spielplan mit hoher künstlerischer Qualität Programm ist, füllt Epp auch dieses Vakuum und gewinnt so ein neues, junges und intellektuelles Publikum. Seinen außergewöhnlichen Ruf erreicht das Volkstheater unter Epps Direktion vor allem durch die Aufführungen dieses Sonderabonnements, die konservative „Normalkost" sichert die wirtschaftliche Basis.

Auf der Suche nach dem Innovativen und Neuen beweist Leon Epp großes Gespür und einen sicheren Instinkt für die brisanten Themen der Zeit: Als erster in Wien lässt er Václav Havel zu Wort kommen. Sein Faible für französische Autoren bringt Eugéne Ionesco, Jean-Paul Sartre, Albert Camus, Jean Cocteau und Jean Genet, aber auch Tennessee Williams, Thornton Wilder, Sean O'Casey, William Faulkner, James Baldwin und John Osborne sowie Friedrich Dürrenmatt, Max Frisch und Heinar Kipphardt zählen zu den Autoren, die, oft erstmals, am Volkstheater gezeigt werden. Obwohl das Sonderabonnement ein Minderheitenprogramm für nur etwa 1000 Abonnementen ist, prägt es Epps Direktionszeit und lässt das Volkstheater zum wichtigsten und *„tapfersten"* Theater Wiens werden.

Besondere Pflege lässt Epp auch dem österreichischen Volksstück von Raimund, Nestroy und Anzengruber angedeihen, die allesamt von Manker inszeniert werden, dem mit Karl Skraup, Hans Putz, Hugo Gottschlich, Fritz Muliar, Walter Kohut, Kurt Sowinetz, Paula Pfluger und Hilde Sochor ein erstklassiges Ensemble dafür zur Verfügung steht. Dabei liegt seine Stärke darin, die Stücke frei von Kitsch und süsslicher Romantik sozialkritisch und unter Betonung der Volkskomödie auf die Bühne zu bringen. Sukzessive entwickelt Manker daraus einen ganz persönlichen Inszenierungsstil, der bis in die späten 70er Jahre dieses Genre prägen wird. Auch die österreichische Moderne von Arthur Schnitzler bis Ödön von Horváth, von Ferdinand Bruckner bis Franz Molnár und die Uraufführung von Helmut Qualtingers „Die Hinrichtung" liegen bei Epp in Mankers Händen.

Eine wichtige Initiative setzt Leon Epp mit einem Frank Wedekind-Zyklus, der den damals selten gespielten Autor der Vergessenheit entreißt und eine Renaissance einleitet. In Anwesenheit von Tilly Wedekind, der Witwe des Dichters, findet 1960 unter Mankers Regie eine denkwürdige Aufführung von „Die Büchse der Pandora" statt. Es folgen „Frühlings Erwachen" (1961), „Musik" (1962), „König Nicolo oder so ist das Leben" (1964) und zuletzt 1966 „Der Marquis von Keith", alle unter Mankers Regie.

Anfang 1963 beschließt Epp, der gern den Weg des größten Widerstandes geht, mit „Mutter Courage und ihre Kinder", den sogenannten „Brecht-Boykott" zu brechen, der das Ergebnis einer Kampagne ist, den ein Teil der Wiener Kritik, namentlich Friedrich Torberg und Hans Weigel, vor dem Hintergrund des Kalten Krieges gegen den Kommunisten Brecht führt. Der „Blockadebrecherpremiere" im Februar 1963, für deren Absage dem Theater sogar Geld geboten wird, folgen noch „Der kaukasische Kreidekreis" (1964), „Die heilige Johanna der Schlachthöfe" (1965) und „Der gute Mensch von Sezuan" (1968).

Das vierte Gebot (1952)
Leon Epps Eröffnungspremiere mit Hans Putz als Martin, Karl Skraup als alter Schalanter und Dagny Servaes als seine Frau Barbara.

Gustav Manker ist die ideale Ergänzung zu Epp, der ihm ermöglicht, an seiner Seite zum „zweiten ersten Mann" zu werden. Manker hat unter Epp völlig freie Hand, seine eigenen Interessen und Intentionen am Theater durchzusetzen, er wird Oberspielleiter und Ausstattungsleiter und neben Epp der entscheidende Regisseur am Haus. In Epps Direktionszeit inszeniert er 15 Stücke für das Sonderabonnement und entwirft für 14 weitere das Bühnenbild. Noch in der ersten Saison inszeniert er im eigenen Bühnenbild die Erstaufführung von Albert Camus' „Der Belagerungszustand".

Als Rolf Hochhuths „Der Stellvertreter" 1963 bei der Berliner Uraufführung enormen Staub aufwirbelt und Polemiken über das Verhalten Papst Pius' XII. gegenüber Hitler-Deutschland auslöst, gelingt es Leon Epp, das Stück dem Volkstheater zu sichern. Während der Aufführung kommt es 1964 zu tumultartigen Szenen, sogar zu Handgreiflichkeiten im Parkett des Volkstheaters. Epp erscheint bei offenem Vorhang auf der Bühne und verteidigt seine Wahl des Stückes: *„Jeder, der dieser Aufführung beiwohnt, möge sich doch fragen, ob er nicht an den hier geschilderten Dingen irgendwie mitschuldig gewesen ist."*

SAISON 1952/1953

Leon Epp beginnt seine Direktion am Volkstheater mit „Das vierte Gebot" von Ludwig Anzengruber, dem Mitbegründer des Theaters von 1889. Im Bühnenbild Gustav Mankers spielen Karl Skraup, Dagny Servaes, Martha Wallner und Hans Putz die Familie Schalanter, Ernst Meister den Priester Eduard.

Ludwig Anzengruber
• **DAS VIERTE GEBOT**
Bühnenbild GM / Regie: Leon Epp
mit Karl Skraup (Schalanter), Dagny Servaes (Barbara), Hans Putz (Martin), Martha Wallner (Josepha), Pepi Kramer-Glöckner (Großmutter), Hans Frank (Hutterer), Erna Korhel (Sidonie), Traute Wassler (Hedwig), Benno Smytt (Jakob Schön), Grete Wagner (Anna), Ernst Meister (Eduard, Priester), Carl Bosse (Stolzenthaler), Joseph Hendrichs (Johann), Albert Fortelni (Robert Frey), Oskar Wegrostek (Mostinger), Walter Kohut (Vagabund)
29. August 1952, Volkstheater

Unter Leon Epp erhält Gustav Manker erstmals einen Vertrag als Ausstattungsleiter, Bühnenbildner und Oberregisseur am Volkstheater. Der Vertrag wird jährlich, ab 1956 jedes zweite Jahr verlängert.

oben:
Der Prozess (1952)
Leon Epps zweite Regie in seiner Direktionszeit ist zugleich die Eröffnung des Sonderzyklus „Dichtung der Gegenwart", mit dem Epp das konservative Wiener Theaterpublikum an die moderne Dramenliteratur heranführt.

rechte Seite:
Frau Warrens Gewerbe (1952)
Hilde Sochor als Vivie und Otto Woegerer als Sir George Crofts, ehrenwerter Aristokrat und Nutznießer von Frau Warrens Bordellen.

George Bernard Shaw
◆ **FRAU WARRENS GEWERBE**
Regie GM / BB: Otto Liewehr / K: Maxi Tschunko
mit Dagny Servaes (Kitty Warren), Hilde Sochor (Vivie), Otto Woegerer (Crofts), Egon Jordan (Praed), Karl Skraup (Pastor Gardner), Harry Fuss (Frank)
7. September 1952, Volkstheater

Die Titel der Programmhefte des Volkstheaters lässt Leon Epp von zeitgenössischen österreichischen Künstlern gestalten, darunter Albert Paris Gütersloh, Kurt Moldovan, Hans Fronius, Wander Bertoni, Hubert Aratym, Wolfgang Hutter und Paul Flora. Epp propagiert durch diese Aktion „den nahen Zusammenhang aller werktätigen Künste".

Seine Visitenkarte als Regisseur legt der neue Direktor Leon Epp im September 1952 mit der Inszenierung von Franz Kafkas „Der Prozess" in der kurz zuvor in Paris herausgekommenen Dramatisierung von André Gide und Jean-Louis Barrault ab. Manker entwirft das Bühnenbild.

Diese Premiere ist zugleich die Eröffnung des neu eingeführten Sonderabonnements „Dichtung der Gegenwart", das im Lauf der Jahre unterschiedliche Untertitel wie „Spiegel der Zeit", „Kompromissloses Theater" oder „Konfrontationen" erhält.

André Gide / Jean-Louis Barrault (nach Franz Kafka)
• **DER PROZESS**
Bühnenbild GM / Regie: Leon Epp
mit Joseph Hendrichs (K.), Martha Wallner (Leni), Karl Skraup (Block), Walter Kohut (Kubich), Hans Putz (Student), Otto Schenk (Gerichtsdiener), Hilde Sochor (Wäscherin)
26. September 1952, Volkstheater (Sonderabonnement)

Im Herbst 1952 gastiert Gustav Manker am Burgtheater, das zu dieser Zeit noch kriegsbedingt im Ausweichquartier des Varieté Ronacher spielt. Für Berthold Viertels Inszenierung von Gerhart Hauptmanns „Die Ratten" entwirft er Bühnenbild und Kostüme. Käthe Dorsch und Ewald Balser spielen das Ehepaar John, Inge Konradi, die das Volkstheater verlassen hat, debütiert als Pauline Piperkarcka, Albin Skoda spielt Bruno Mechelke.

Gerhart Hauptmann
• **DIE RATTEN**
Bühnenbild & Kostüme GM / Regie: Berthold Viertel
mit Käthe Dorsch (Frau John), Ewald Balser (John), Inge Konradi (Piperkarcka), Albin Skoda (Bruno), Attila Hörbiger (Hassenreuter), Annemarie Düringer (Walburga), Heinrich Schweiger (Erich Spitta), Heinz Moog (Pastor Spitta), Maria Eis (Sidonie Knobbe), Gusti Wolf (Selma Knobbe), Lilly Karoly
Vorfeier zum 90. Geburtstag von Gerhart Hauptmann
27. September 1952, Burgtheater (im Ronacher)

1952

Im Oktober 1952 inszeniert Gustav Manker Carlo Goldonis Komödie „Frau Wirtin" (Mirandolina) am Volkstheater, die Geschichte der selbstbewussten Wirtin eines Florentiner Wirtshauses, ein Stück, für das er bereits 1942 in der Inszenierung von Günther Haenel das Bühnenbild entworfen hat. Paula Pfluger spilet diesmal Mirandolina, erneut spielen Karl Skraup, Egon Jordan und Oskar Wegrostek ihre männlichen Verehrer, Hilde Sochor spielt die Schauspielerin Dejanira.

Carlo Goldoni
♦♦ FRAU WIRTIN (MIRANDOLINA)
Regie & Bühnenbild GM / K: Maxi Tschunko
mit Paula Pfluger (Mirandolina), Karl Skraup (Cavaliere di Ripafratta), Egon Jordan (Marchese di Forlipopoli), Oskar Wegrostek (Graf von Albafiorita), Harry Fuss (Fabrizio), Hilde Sochor (Dejanira, Schauspielerin), Hilde Rom (Ortensia, Schauspielerin), Robert Rober (Diener des Cavaliere)
30. Oktober 1952, Volkstheater

Gerhart Hauptmann
• DER WEISSE HEILAND
Bühnenbild GM / Regie: Leon Epp
mit Claus Clausen (Montezuma), Otto Woegerer (Cortez), Ernst Meister (Guatemotzin), Martha Wallner (Marina)
16. Dezember 1952, Volkstheater

Im Dezember 1952 gastiert Gustav Manker als erster österreichischer Regisseur nach dem Krieg am Zürcher Schauspielhaus und inszeniert als Silvesterpremiere Johann Nestroys „Der Talisman". Hans Putz spielt wie im Jahr zuvor in Wien den Titus Feuerfuchs. Teo Otto entwirft das Bühnenbild.

Johann Nestroy
♦ DER TALISMAN
Regie GM / BB: Teo Otto / M: Adolf Müller / ML: Rolf Langnese
mit Hans Putz (Titus Feuerfuchs), Grete Heger (Salome), Margaret Carl (Flora), Hermann Brand (Plutzerkern), Traute Carlsen (Cypressenburg), Angelica Arndts (Constantia), Willem Holsboer (Marquis), Hermann Wlach (Spund)
31. Dezember 1952, Schauspielhaus Zürich

Eine am Theater in der Josefstadt geplante Inszenierung Gustav Mankers von Clifford Odets' „Ein Mädchen vom Lande" (1954 mit Grace Kelly verfilmt und Oscar-prämiert) kommt wegen Erkrankung von Paula Wessely nicht zustande.

Clifford Odets
♦ EIN MÄDCHEN VOM LANDE
Regie GM
mit Paula Wessely, Gerhard Riedmann, Helmut Wlassak, Kurt Heintel, Hans Ziegler, Robert Lindner
1952, Theater in der Josefstadt (nicht aufgeführt)

Josef Luitpold
• MICHAEL SERVETUS
Bühnenbild GM / Regie: Leon Epp
mit Ernst Meister (Servetus), Karl Skraup (Schuhmacher), Otto Woegerer (Fresnol, Verleger), Otto Schenk (Inquisitor)
23. Januar 1953, Volkstheater (Sonderabonnement)

Im Januar 1953 inszeniert Gustav Manker am Bürgertheater im dritten Bezirk, das von Direktor Franz Stoß als zweite Spielstätte des Theaters in der Josefstadt mit vorwiegend leichter Kost

oben:
Frau Wirtin (1952)
Egon Jordan als Marchese von Forlipopoli, die Karikatur eines alten, abgewirtschafteten, venezianischen Aristokraten in Carlo Goldonis Komödie über die Florentiner Wirtin Mirandolina.

rechte Seite:
Der gestrige Tag (1953)
Hilde Sochor als Hedi Klein und Otto Schenk als Kellner Gert Menzel.

1953

Der Belagerungszustand (1953)

oben:
Albert Fortelni und Hilde Sochor als Victoria und Diego und Elfe Gerhart als Sekretärin in Gustav Mankers Regie und Bühnenbild.

rechte Seite:
Hilde Sochor und Albert Fortelni mit Elfe Gerhart und trauernde Frauen.

programmiert wird, Sidney Kingsleys amerikanisches Ärztedrama „Menschen in Weiß" mit Kurt Heintel, Anton Edthofer und Ernst Waldbrunn. Mit dabei auch der ehemalige Nationalsozialist Robert Valberg, ehemals Landesleiter der Reichstheaterkammer und Kulturbeirat der Stadt Wien.

Sidney Kingsley
• **MENSCHEN IN WEISS**
Regie GM / BB: Herta Hareiter
mit Kurt Heintel (Dr. Ferguson), Anton Edthofer (Dr. Perrins), Ernst Waldbrunn (Dr. Levine), Grete Zimmer, Bibiana Zeller, Erna Korhel, Franz Messner, Karl Fochler, Bruno Dallansky, Robert Valberg, Fritz Eckhardt, Elisabeth Danielkar
27. Januar 1953, Bürgertheater (Gastspiel des Theaters in der Josefstadt)

Gustav Freytag
• **DIE JOURNALISTEN**
Bühnenbild GM / Regie: Günther Haenel
mit Hans Frank (Oberst Berg), Otto Woegerer (Senden), Karl Skraup (Piepenbrink), Walter Kohut (Bellmaus), Martha Wallner (Adelheid Runeck), Otto Schenk (Schmock)
27. Februar 1953, Volkstheater

Georg Huttner
• **DER GESTRIGE TAG** (UA)
Bühnenbild GM / Regie: Joseph Glücksmann
mit Fritz Eckhardt (Müller), Hilde Sochor (Hedi), Otto Schenk (Kellner), Walter Kohut (Straßenkehrer), Karl Skraup (Vater)
8. März 1953, Volkstheater

Im März 1953 kommt in Mankers Regie im Zyklus „Dichtung der Gegenwart" als österreichische Erstaufführung Albert Camus' „Der Belagerungszustand" heraus, Metapher über die Mechanismen von Machtergreifung und Widerstand, die Camus gemeinsam mit Jean-Louis Barrault unter dem Einfluss der Teilung Frankreichs im 2. Weltkrieg fünf Jahre zuvor verfasst hat. Oskar Wegrostek spielt die Pest, Elfe Gerhart seine Sekretärin, Hilde Sochor und Albert Fortelni sind das Liebespaar.
„*Die südlichen Plätze sind wirklich und unwirklich zugleich, sie sprechen das Raumgefühl sehr stark an, die Beleuchtung schafft überaus reizvolle Wirkungen*", schreibt Karl Maria Grimme in der „Tageszeitung" und Friedrich Heer urteilt: „*Die Aufführung verdient hohes Lob. Dass sie unsere Zeitlichkeit so deutlich sichtbar macht, verdankt sie nicht zuletzt den Bühnenbildern Mankers und der Musik Arthur Honeggers.*"

Albert Camus
• • **DER BELAGERUNGSZUSTAND** (ÖEA)
Regie & Bühnenbild GM / K: Maxi Tschunko / M: Arthur Honegger / ML: Robert Leukauf
mit Oskar Wegrostek (Pest), Elfe Gerhart (Sekretärin), Hilde Sochor (Victoria), Albert Fortelni (Diego), Otto Woegerer (Richter), Margarete Fries (Frau des Richters), Hans Frank (Gouverneur), Traute Wassler (Chorführerin), Anton Gaugl (Nada), Theodor Grieg (Alkalde), Otto Schenk (Der Arme), Ernst Meister (Fischer), Lotte Ledl (junge Frau), Marianne Gerzner (Fischverkäuferin), Walter Kohut (4. Mann)
31. März 1953, Volkstheater (Sonderabonnement)

1953

Das Haus der Temperamente (1953)

oben:
Finale mit Hans Putz (oben Mitte) als Friseur, Hugo Gottschlich und Paula Pfluger (unten rechts) als Kleiderputzer und Stubenmädchen und den Familien Braus (cholerisch, oben links), Trüb (melancholisch, unten links), Fad (phlegmatisch, oben rechts) und Froh (sanguinisch, unten rechts).

Die Wiederentdeckung von Nestroys „genialem Opus" reißt Publikum und Kritik zu Begeisterung hin: „Man darf und muss sagen, Nestroy seit Jahren nicht so in seinem Geiste, Stile und Herz dargestellt gesehen zu haben. Hier ist eine Vollendung erreicht."

rechte Seite:
Hans Putz als Friseur Schlankel und Otto Woegerer als cholerischer Herr von Braus.

Im Mai 1953 bringt Gustav Manker Nestroys „Das Haus der Temperamente" am Volkstheater heraus, ein Stück, das er in seinem Leben noch drei weitere Male inszenieren wird. Das Stück ist selten gespielt, Max Reinhardt hat es zweimal geplant, 1924 und 1937, hat es einmal sogar bis zur Hauptprobe geführt, dann aber nicht herauskommen lassen.

Nestroy zeigt in seiner Posse im Querschnitt eines Wohnhauses vier Familien, deren Charaktereigenschaften durch ihre Temperamente gekennzeichnet sind: In den Parterre-Wohnungen wohnen die Familien Froh und Trüb, welche das sanguinische und melancholische Temperament vertreten. Im ersten Stock haust Herr von Braus als Choleriker und Herr von Fad als Phlegmatiker. Verwicklungen und Intrigen werden vom Kleiderputzer Hutzibutz und dem Friseur Schlankel raffiniert eingefädelt.

Die Fassung stammt von Helmut Qualtinger und Carl Merz, die als Schriftsteller eine arbeitsteilige Partnerschaft bilden. Ihre Adaption steht am Beginn einer Reihe von Stücken für den Hörfunksender „Rotweißrot" und Kabarettrevuen wie „Brettl vor dem Kopf" oder „Hackl vor'm Kreuz" und gipfelt 1961 im genialen Monodrama „Der Herr Karl". Ihre Bearbeitung nimmt auf die Nachkriegs-Situation während des jahrelangen Ringens Österreichs um den Abschluss des Staatsvertrages Bezug, die vier Bräutigame im Stück werden zu den Vertretern der vier Besatzungsmächte. Das Konfliktpotential der Zeit im Auge nennen Qualtinger und Merz sie Giftshipple (Amerikaner), Melancholenkow (Russe), Sleepwell (Engländer) und Bonheur (Franzose).

Johann Nestroy (Helmut Qualtinger / Carl Merz)
♦• **DAS HAUS DER TEMPERAMENTE**
Regie & Bühnenbild GM / K: Maxi Tschunko / M: Adolf Müller, bearbeitet und ergänzt von Karl Hudez
mit Hans Putz (Schlankel), Hugo Gottschlich (Hutzibutz), Paula Pfluger (Isabella), Otto Woegerer (Braus), Harry Fuss (Robert), Maria Gabler (Walburga), Eduard Loibner (Fad), Otto Schenk (Edmund), Hilde Sochor (Agnes), Oskar Willner (Trüb), Walter Kohut (Guido), Traute Wassler (Irene), Oskar Wegrostek (Froh), Robert Rober (Felix), Lotte Ledl (Marie), Carl Bosse (Giftshipple, Amerikaner), Hans Frank (Sleepwell, Engländer), Benno Smytt (Melancholenkow, Russe), Egon Jordan (Bonheur, Franzose), Erna Schickel (Korbheim), Hermann Laforét (Finster), Helene Lauterböck (Nachtschatten), Dorothea Neff (Brigitte, Haushälterin)
31. Mai 1953, Volkstheater (Wiener Festwochen)

Das Publikum feiert die Wiederentdeckung der unbekannten Nestroy-Posse mit „orkanartigem Beifall" und die gesamte Presse urteilt euphorisch: *„Gespielt wurde so gut, dass man nicht weiß, wo man beginnen soll. Hans Putz beherrschte den Abend mit seinem bösartig-gefährlichen Wiener Typus. Denn eine gefährliche Kreatur ist dieser Friseur, wie wir sie alle im Wiener Leben kennen. Er brachte die Nestroy-Zeit so nahe, dass einem manchmal der Atem wegblieb"* (Kurier).

„Man glaubte Nestroy wirklich und gründlich zu kennen und nun sah man eine seiner vergessenen, abgelegten Possen und erlebte eine grenzenlose Überraschung, einen der allerstärksten Eindrücke. In den 2 Akten mit der viergeteilten Bühne erlebt man geradezu – überfallsweise! – Nestroys Weltbild.

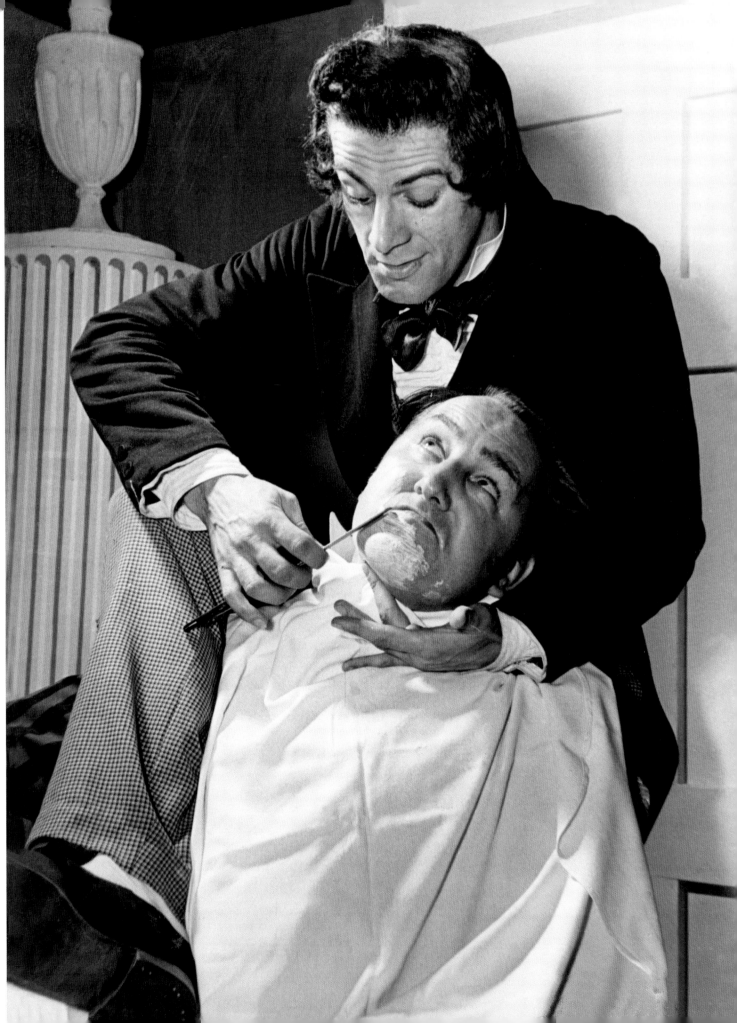

1953

In einer schier überströmenden Fülle von Gestalten; man muss sagen: in einem Monumentalgemälde des Wiener Volkslebens. Gustav Mankers Bühnenbild, vor allem aber sein unerhörtes Ensemble-Studium sind außerordentlich und bewundernswert. Man müsste den Raum haben, eigentlich jede Gestalt, und sei es ein Lakai oder Stubenmädel, die nur den Kopf zur Türe hereinstecken, zu kennzeichnen und zu spezifizieren. Solche Lachorkane brausten schon lange nicht durch das Volkstheater.

In mancher Szene wurden die Schauspieler unterbrochen und das Publikum kam außer Atem. Mit dieser Aufführung feiert das Wiener Theater ein Fest." Mankers viergeteiltes Simultanbühnenbild bietet mit nur sparsam angedeuteten Symbolen *„den richtigen analytischen Raum für das psychologische Kolleg Nestroys und zugleich die richtige Pawlatschen für ‚entfesseltes Theater'"*.

Robert Stolz / Ulrich Becher / Peter Preses
• **DAS SPIEL VOM LIEBEN AUGUSTIN**
Bühnenbild GM / Regie: Peter Preses
mit Paul Hörbiger (Augustin), Martha Wallner (Luzi), Fritz Imhoff (Hufschmied), Erik Frey (Baron), Bruno Dallansky
1. Juni 1953, Arkadenhof Rathaus (Wiener Festwochen)

Axel Breidhal
♦ **AUFRUHR IM DAMENSTIFT**
Regie GM / BB: Herta Hareiter / K: Maxi Tschunko
mit Maria Urban, Pepi Kramer-Glöckner, Elisabeth Markus, Eva Sandor, Grete Bukovics, Melanie Horeschovsky
23. Juni 1953, Theater in der Josefstadt

Im Juli 1953 gastiert Mankers Inszenierung von „Das Haus der Temperamente" bei den Ruhrfestspielen in Recklinghausen. Manker schlägt vor, den starken Wiener Dialekt „anzuheben", da er um die Verständlichkeit fürchtet. Das Ensemble entscheidet: „Es hat keinen Sinn, dann verstehen sie's halt nicht!" Am Volkstheater hat die Aufführung pro Abend bis zu 40 begeisterte Szenenapplause, zur Überraschung aller aber gibt es in Recklinghausen, trotz – oder wegen – authentischem Dialekt noch mehr Lacher und Applaus als zu Hause in Wien.

Johann Nestroy (Helmut Qualtinger / Carl Merz)
♦♦ **DAS HAUS DER TEMPERAMENTE**
Regie & Bühnenbild GM
Gastspiel des Volkstheaters bei den Ruhrfestspielen Recklinghausen mit der Besetzung vom Mai 1953
22. – 27. Juli 1953, Städtischer Saalbau Recklinghausen

rechts:
Das Haus der Temperamente (1953)
Eduard Loibner (Herr von Fad),
Otto Schenk (Edmund) und
Hilde Sochor (Agnes).

unten:
Liliom (1953)
Martha Wallner (Julie), Hilde Sochor (Marie), Otto Schenk (Wolf Beifeld) und Lotte Ledl (Luise).

Johann Nestroy
♦ **HEIMLICHES GELD, HEIMLICHE LIEBE**
Regie GM (Rundfunkfassung)
mit Hans Putz (Kasimir Dachl), Jane Tilden (Witwe Lärminger), Rudolf Rhomberg (Pfanzer, Hausmeister), Bibiana Zeller (Leni, Köchin), Melanie Horeschovsky (Frau Körbl)
11. August 1953 (Sendedatum), Sender Rot-Weiß-Rot

Der 23jährige Schauspieler Otto Schenk, der am Volkstheater nicht wohl gelitten ist und sich dort in seinem ersten Engagement gar nicht wohlfühlt, erfährt in seiner Anfangszeit Unterstützung und Zuspruch lediglich von Gustav Manker. Die beiden teilen sich Humor und Heimweg. Als Schenk 1953 bei einer Ensembleversammlung Kritik an Leon Epps innovativem Projekt „Volkstheater in den Außenbezirken" äußert und auf den flammenden Appell Leon Epps „Ja, vertraut ihr mir denn nicht?!" ein lapidares „Nein, Herr Direktor!" verlauten lässt, wird er zum nächst möglichen Zeitpunkt entlassen. Er beginnt eine überregionale Karriere.

Das Haus der Temperamente (1953)

oben:
Hans Putz (Schlankel) mit Paula Pfluger (Isabella) und den Töchtern Lotte Ledl (sanguinisch), Maria Gabler (cholerisch), Hilde Sochor (phlegmatisch) und Traute Wassler (melancholisch).

rechts:
Hugo Gottschlich als Kleiderputzer Hutzibutz, Paula Pfluger als Stubenmädchen Isabella und Hans Putz als Friseur Schlankel.

oben:
Der Parasit (1953)
Helmut Qualtinger als Selicour und Erich Nikowitz als Narbonne. Die Inszenierung am Theater in der Josefstadt ist Mankers erste Zusammenarbeit mit Qualtinger.

rechte Seite:
Liliom (1953)
Hans Putz als Liliom und Paula Pfluger als Frau Muskat.

SAISON 1953/1954

William Shakespeare
• **KÖNIG LEAR**
Bühnenbild GM / Regie: Leon Epp
mit Claus Clausen (Lear), Hans Frank (Gloster), Joseph Hendrichs (Edgar), Carl Bosse (Edmund), Otto Woegerer (Kent), Anton Gaugl (Narr), Margarete Fries (Goneril), Marianne Gerzner (Regan), Traute Wassler (Cordelia)
29. August 1953, Volkstheater

Im Herbst 1953 kommt es am Theater in der Josefstadt bei Friedrich Schillers Lustspiel „Der Parasit" zur ersten Zusammenarbeit Mankers mit Helmut Qualtinger, der in den nächsten 20 Jahren noch acht weitere folgen werden, darunter 1962 Johann Nestroys „Eine Wohnung zu vermieten", 1965 die Uraufführung von Qualtingers gemeinsam mit Carl Merz verfasstem Stück „Die Hinrichtung", der Soldat in Arthur Schnitzlers „Reigen" (1966, Schallplattenaufnahme), der Zauberkönig in Ödön von Horváths „Geschichten aus dem Wiener Wald" (1968), der Untersuchungsrichter Porfiri in Dostojewskis „Raskolnikoff" (1969) und 1969, im ersten Jahr von Mankers eigener Direktion am Volkstheater, Nestroys „Der Talisman".

Friedrich Schiller (nach dem Französischen des Picard)
♦• **DER PARASIT oder DIE KUNST, SEIN GLÜCK ZU MACHEN**
Regie & Bühnenbild GM / K: Maxi Tschunko
mit Helmut Qualtinger (Selicour), Erich Nikowitz (Narbonne), Eva Sandor (Madame Belmont), Eva Kerbler (Charlotte), Franz Messner (La Roche), Viktor Stefan Görtz (Firmin), Kurt Heintel (Karl Firmin), Karl Ehmann (Michel), Heribert Aichinger (Robineau), Rudolf Weitlaner (Diener des Ministers)
2. September 1953, Theater in der Josefstadt

Für Günther Haenel stattet Manker im Herbst 1953 Franz Molnárs Vorstadtballade „Liliom" aus. Hans Putz spielt die Titelrolle, Martha Wallner die Julie, Hilde Sochor Julies Freundin Marie, Paula Pfluger die Frau Muskat, Hugo Gottschlich den Ficsur und Otto Schenk Maries Bräutigam Wolf Beifeld. Manker wird das Stück 1971, ebenfalls mit Hans Putz in der Titelrolle, selbst am Volkstheater inszenieren.

Franz Molnár
• **LILIOM**
Bühnenbild GM / Regie: Günther Haenel
mit Hans Putz (Liliom), Martha Wallner (Julie), Paula Pfluger (Frau Muskat), Hugo Gottschlich (Ficsur), Hilde Sochor (Marie), Dorothea Neff (Frau Hollunder), Walter Kohut (Der

1953

junge Hollunder), Otto Schenk (Wolf Beifeld), Theodor Grieg (Der Polizeikonzipist), Ernst Meister (Stephan Kadar, der Ärmlichgekleidete), Hermann Laforêt (Dr. Reich), Benno Smytt (Linzmann), Lotte Ledl (Luise), Oskar Wegrostek (Der Stadthauptmann), Franz Pfister (Berkovics), Hugo Speiser (Ein alter Schutzmann), Peter Brand (1. berittener Polizist), Emil Ottenwalter (2. berittener Polizist), Oskar Hugelmann (Ein Polizist), Hannes Schiel (Arzt), Oskar Willner (Detektiv), Ineborg Weirich (Ein Dienstmädchen)
6. September 1953, Volkstheater

Zu Saisonbeginn 1953 inszeniert Manker im eigenen Bühnenbild im Sonderabonnement Friedrich Dürrenmatts – von der Kritik ziemlich zerpflückte – Komödie „Die Ehe des Herrn Mississippi" als eine Mischung aus Groteske und Lustspiel. Die Ausstattung ist expressionistisch, mit schiefen Wänden. Otto Woegerer spielt den Mississippi, Margarete Fries Anastasia und Günther Haenel den Grafen Bodo von Übellohe-Zabernsee.

Die Ehe des Herrn Mississippi (1953)
unten:
Günther Haenel als Graf Bodo von Übellohe-Zabernsee und Otto Woegerer als Florestan Mississippi.
rechte Seite:
Günther Haenel als Graf Bodo.

Friedrich Dürrenmatt
♦• DIE EHE DES HERRN MISSISSIPPI
Regie & Bühnenbild GM / K: Maxi Tschunko
mit Otto Woegerer (Mississippi), Margarete Fries (Anastasia), Karl Skraup (Frédéric René Saint-Claude), Günther Haenel (Graf Bodo von Übellohe-Zabernsee), Egon Jordan (Minister Diego), Rosemarie Isopp (Dienstmädchen), Benno Smytt (Professor Überhuber), Oskar Wegrostek (Mann im Regenmantel, die rechte Hand in der Tasche)
25. September 1953, Volkstheater (Sonderabonnement)

Marcel Pagnol / Paul Nivoix
• SCHIEBER DES RUHMS
Bühnenbild GM / Regie: Leon Epp
mit Franz Pfaudler, Dorothea Neff, Fritz Eckhardt, Hans Frank, Otto Woegerer, Hans Putz, Egon Jordan, Hugo Gottschlich
6. November 1953, Volkstheater

Für Calderons Mysterienspiel „Das große Welttheater" in der Zürcher Wasserkirche, ein Stück, für das er 1944 bereits die Bühne entworfen hat, verfasst Manker im Winter 1953 ein Bekenntnis zur Klarheit von Calderons Original: *„Seit seiner spanischen Uraufführung hat ‚Das große Welttheater' in vielen Ländern und auf den verschiedensten Schauplätzen immer wieder neue Inszenierungen erfahren. Es ist in Theatern gegeben worden, auf freien Plätzen, vor Kirchen – zum Beispiel Einsiedeln – und auch in der Kirche selbst. Max Reinhardt hat es bei den Salzburger Festspielen in der Kollegienkirche auf einem Holzgerüst spielen lassen, in einer Fassung, die Hugo von Hofmannsthal unter dem Titel ‚Das Salzburger große Welttheater' eigens zu diesem Zweck geschaffen hatte. Er versucht das Original psychologisch zu vertiefen und schafft eine eigene Spielhandlung aus seinem modernen Weltbild, die in den Calderon'schen Rahmen nicht ganz organisch eingebaut erscheint. Der großartige, in wenigen festen Strichen umrissene formale Aufbau wurde zerstört. Nichts Wesentliches aber dafür gewonnen. Und wir spielen in der Wasserkirche, einem unendlich reinen und klaren Bau, der uns die Form der Inszenierung von vorneherein diktiert hat. So haben wir uns für die Übersetzung Joseph von Eichendorffs entschieden, die in ihrer Schönheit dem Original am nächsten kommt. Wir vermeiden die üblichen barocken und visuellen Ergänzungen. Die Sprache allein – die geistige Auseinandersetzung mit den Dingen in Zeit und Ewigkeit, im Leben und nach dem Tode, in den Beziehungen der Menschen zueinander und zu Gott, soll in voller Klarheit zum Ausdruck kommen. Jedes szenische Beiwerk, das die Weihe des Raumes und vor allem den geistigen Inhalt der Dichtung Calderons stören müsste, soll vermieden werden."*

Calderon de la Barca
• DAS GROSSE WELTTHEATER
Regie GM / Übersetzung: Joseph von Eichendorff
mit Leopold Biberti (Meister), Marianne Hediger (Gesetz der Gnade), Margarete Fries (Welt), Fred Tanner (Tod), Fritz Delius (König), Anne-Marie Blanc (Schönheit), Walter Plüss (Kavalier), Eugen Jensen (Mönch), Herbert Geyer (Landmann), Alfred Lohner (Bettler)
10. November 1953, Wasserkirche Zürich

1953 | 1954

George Bernard Shaw
• ANDROKLUS UND DER LÖWE
Bühnenbild GM / Regie: Günther Haenel
mit Karl Skraup (Androklus), Otto Woegerer (Ferrovius), Otto Schenk (Spintho), Walter Kohut (Lentulus), Hans Frank (Kaiser)
18. Dezember 1953, Volkstheater

Als Weihnachtspremiere 1953 kommt mit Nestroys „Der Schützling" in Mankers Regie und Bühnenbild eine weitere Rarität dieses Autors zur Aufführung. Hans Putz spielt die Nestroy-Rolle Gottlieb Herb, Theodor Grieg die Wenzel Scholz-Rolle Pappinger und Hilde Sochor die Putzwäscherin Nanny.

Johann Nestroy
✦• DER SCHÜTZLING
Regie & Bühnenbild GM / K: Maxi Tschunko / M: Adolf Müller, bearbeitet von Robert Leukauf / Einrichtung der Gesangstexte: Jörg Mauthe
mit Hans Putz (Gottlieb Herb), Theodor Grieg (Pappinger), Walter Kohut (Martin), Hilde Sochor (Nanny), Paula Pfluger (Witwe Billdorf), Pepi Kramer-Glöckner (Hausmeisterin), Eduard Loibner (Waldbrand), Maria Gabler (Pauline), Oskar Willner (Kammerdiener), Joseph Hendrichs, (Werling), Otto Schenk (August Zollfeld), Oskar Wegrostek (Fum), Peter Brand (Bart), Viktor Gschmeidler (Dr. Schwarz)
23. Dezember 1953, Volkstheater

Sean O'Casey
• DER PREISPOKAL
Bühnenbild GM / Regie: Leon Epp
mit Theodor Grieg (Sylvester), Karl Skraup (Simon Norton), Otto Woegerer (Teddy Foran, Otto Schenk (Korporal)
29. Januar 1954, Volkstheater (Sonderabonnement)

Da die kommunistisch orientierte „Scala" auch außerhalb ihres Stammhauses für die Arbeiterschaft spielt und die Arbeiterkammer vermeiden will, dass ihre klassische Zielgruppe von den Kommunisten abgeworben wird, plant sie 1954, die Subventionen für das Volkstheater einzustellen und anderweitig zu verwenden. Leon Epp begründet daraufhin auf Idee von Franz Senghofer die Spielreihe „Volkstheater in den Außenbezirken", im Zuge derer Aufführungen des Volkstheaters durch die Bezirke Wiens touren. Die Künstler der „Scala" kritisieren das ambitionierte Unternehmen als *„Filzpatschentheater"*, Hans Weigel jedoch nennt das Experiment eine *„theatergeschichtlich bedeutsame Tat"*. In den ersten 25 Jahren verzeichnet diese Spielreihe über eineinhalb Millionen Besucher in mehr als 4 000 Vorstellungen mit 200 Premieren. Das Repertoire reicht von der Klassik über das Wiener Volksstück bis zur Moderne. Die zweite Premiere ist 1954 Gerhart Haupmanns Komödie „Der Biberpelz" in Günther Haenels Regie.

Gerhart Hauptmann
• DER BIBERPELZ
Bühnenbild GM / Regie: Günther Haenel
mit Dorothea Neff (Frau Wolff), Egon Jordan (Wehrhahn), Günther Haenel (Krüger), Susi Peter, Lotte Ledl (Töchter)
4. Februar 1954, Volkstheater (Außenbezirke)

Ladislaus Fodor
✦ HELLER WAHNSINN (MIAU) (UA)
Regie GM / BB: Herta Hareiter
mit Hans Holt (George Merlin), Manfred Inger (David), Lotte Tobisch (Colette), Grete Zimmer, Erni Mangold (eine Katze)
1. März 1954, Theater in der Josefstadt (Kammerspiele)

oben:
Heller Wahnsinn (1954)
Hans Holt und Erni Mangold.

rechte Seite:
Der Schützling (1953)
Hans Putz als Gottlieb Herb.

1954

Molière
- **TARTÜFF**
Regie GM / BB & K: Maxi Tschunko
mit Heinrich Trimbur (Tartüff), Oskar Willner (Orgon), Walter Kohut (Damis), Elisabeth Epp (Elmire), Hans Frank (Cleant), Helmi Mareich (Marianne), Hilde Sochor (Dorine)
4. März 1954, Volkstheater (Außenbezirke)

Ulrich Becher
- **FEUERWASSER**
Bühnenbild GM & Mitarbeit an der Bühnenfassung / Regie: Heinz Hilpert
mit Kurt Meisel (Charlie Brown), Louise Martini (Rosalind), Karl Skraup (Maurice), Otto Schenk (Kaugummikauer)
13. März 1954, Volkstheater

Im „Sonderabonnement" kommt im März 1964 in Mankers Regie und Bühnenbild Jean Cocteaus Tragikomödie „Bacchus" mit Herbert Prodinger in der Titelrolle zur Aufführung.

Jean Cocteau
- **BACCHUS**
Regie & Bühnenbild GM / K: Maxi Tschunko
mit Egon Jordan (Kardinal), Herbert Prodinger (Hans, der Bacchus), Walter Kohut, Günther Haenel, Traute Wassler
26. März 1954, Volkstheater (Sonderabonnement)

Kurt Meisel inszeniert an den Kammerspielen in Mankers Bühnenbild das Kriminalstück „Bei Anruf Mord", was zu einem Wiedersehen Mankers mit seiner ersten Frau Marianne Schönauer führt.

Frederick Knott
- **BEI ANRUF – MORD**
Bühnenbild GM / Regie: Kurt Meisel
mit Kurt Heintel, Marianne Schönauer, Michael Toost, Manfred Inger, Franz Pfaudler
12. April 1954, Theater in der Josefstadt (Kammerspiele)

Aristophanes
- **LYSISTRATA**
Regie & Bühnenbild GM / K: Maxi Tschunko / M: Paul Kont und Hans Münster
mit Elfe Gerhart (Lysistrata), Louise Martini (Kalonike), Hilde Sochor (Myrrhine), Traute Wassler (Anaxagora), Lotte Ledl (Lampito), Dorothea Neff (Chorführerin), Hugo Gottschlich (Kinesias), Peter Brand (Manes), Oskar Willner (Herold), Theodor Grieg (Kallapigos), Egon Jordan (Offizier)
30. Mai 1954, Volkstheater (Wiener Festwochen)

SAISON 1954/1955

Ferdinand Raimund
- **DER ALPENKÖNIG UND DER MENSCHENFEIND**
Bühnenbild GM / Regie: Leon Epp
mit Otto Woegerer (Astragalus), Theodor Grieg (Rappelkopf), Elisabeth Epp (seine Frau), Hugo Gottschlich (Habakuk), Hilde Sochor (Lieschen), Gottfried Pfeiffer (Dorn), Maria Emo (Malchen), Benno Smytt (Kohlenbrenner), Helene Lauterböck (Köhlerin), Lotte Ledl (Salchen), Bert Fortell
31. August 1954, Volkstheater

16 Jahre nach Ödön von Horváths Tod kommt im September 1954 am Volkstheater dessen Komödie „Ein Dorf ohne Männer" zur Uraufführung, die zur Zeit der Türkenkriege am Hofe des ungarischen Königs Corvinus spielt. Das Bühnenbild stammt von Horváths Bruder Lajos von Horváth.

Ödön von Horváth
- **EIN DORF OHNE MÄNNER** (UA)
Regie GM / BB: Lajos von Horváth / K: Maxi Tschunko / M: Robert Leukauf
mit Karl Skraup (Statthalter), Herbert Prodinger (Graf), Carl Bosse (Hofbeamter), Fritz Eckhardt (Bader), Walter Kohut (Wirt), Joseph Hendrichs (Corvinus), Louise Martini (Rote)
11. September 1954, Volkstheater

Johann Nestroy
- **UNVERHOFFT**
Regie & Bühnenbild GM / K: Maxi Tschunko / M: Adolf Müller / ME: Robert Leukauf
mit Eduard Loibner (Ledig), Ludwig Blaha (Walzl), Marianne Gerzner (Gabriele), Ernst Nadherny (Falk), Gustl Weishappl (Arnold), Karl Blühm (Berg), Susi Peter (Marie Falk)
30. September 1954, Volkstheater (Außenbezirke)

Ein Dorf ohne Männer (1954)
Herbert Prodinger als Graf von Hermannstadt und Louise Martini als Die Rote.

oben:
Bei Anruf – Mord (1953)
Michael Toost, Manfred Inger, Marianne Schönauer, Kurt Heintel und Franz Pfaudler.

rechts:
Bacchus (1954)
Herbert Prodinger als Hans, der Bacchus, mit Traute Wassler als Christine, Tochter des Herzogs, und Benno Smytt als Syndikus.

Der Alpenkönig und der Menschenfeind (1954)

ALPENKÖNIG UND MENSCHENFEIND T 1

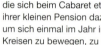

Gerhart Hauptmann
• ROSE BERND
Bühnenbild GM / Regie: Günther Haenel
mit Martha Wallner (Rose Bernd), Theodor Grieg (Bernd), Otto Woegerer (Flamm), Hans Putz (Arthur), Ernst Meister (August)
30. Oktober 1954, Volkstheater

George Bernard Shaw
♦ FRAU WARRENS GEWERBE
Regie GM / BB & K: Maxi Tschunko
mit Dorothea Neff (Kitty Warren), Hilde Sochor (Vivie), Oskar Wegrostek (Sir George Crofts), Egon Jordan (Pread), Oskar Willner (Pastor Samuel Gardner), Günther Bauer (Frank)
Überernahme der Inszenierug aus dem Haupthaus 1952
9. November 1954, Volkstheater (Außenbezirke)

In Ferdinand Brucknes „Elisabeth von England" ist Käthe Dorsch, die dem Burgtheater den Rücken gekehrt hat, im Dezember 1954 zu Gast am Volkstheater. Rudolf Forster spielt König Philipp II. Regie führt Karlheinz Stroux, der während der Proben zum Nachfolger von Gustaf Gründgens am Düsseldorfer Schauspielhaus ernannt wird. Manker entwirft eine Simultanbühne, die in dem wildbewegten Geschichtspanorama über Religion, Nation und Macht für die gleichzeitigen Handlungen in England und Spanien mit einer genauen Überblendungstechnik vom Autor schon vorgesehen ist. Die gemeinsame Gebetsszene um den Sieg etwa findet auf zwei Ebenen statt, Königin Elisabeth und Philipp II. beten auf der ansteigenden Bühne vor ein und demselben Kreuz.

Ferdinand Bruckner
• ELISABETH VON ENGLAND
Bühnenbild GM / Regie: Karlheinz Stroux
mit Käthe Dorsch (Elisabeth), Rudolf Forster (Philipp II.), Hans Borsody (Southampton), Otto Woegerer (Cecil), Egon Jordan (Bacon), Else Bassermann (Lady Anne), Hans Frank (Coke), Friedrich Palkovits (Suffolk), Margarete Fries (Isabella)
22. Dezember 1954, Volkstheater

Thornton Wilder
• UNSERE KLEINE STADT
Bühnenbild GM / Regie: Günther Haenel
mit Harry Fuss (Spielleiter), Kurt Sowinetz (George), Oskar Wegrostek (Gibbs), Elisabeth Epp, Günther Haenel (Willard)
5. Januar 1955, Volkstheater (Außenbezirke)

Kurt Klinger
• ODYSSEUS MUSS WIEDER REISEN
Bühnenbild GM / Regie: Peter Fürdauer
mit Karl Blühm (Odysseus), Margarete Fries (Penelope), Walter Kohut (Telemach), Martha Wallner (Melantho, Magd)
28. Januar 1955, Volkstheater (Sonderabonnement)

Rudolf Oesterreicher / Rudolf Bernauer
♦ DER GARTEN EDEN
Regie GM / BB: Willi Bahner / K: Maxi Tschunko / M: Robert Leukauf
mit Traute Wassler (Tilly), Lotte Lang (Garderobiere Rosa), Carl Bosse (Direktor Glessing), Friedrich Palkovits (Gebhard von Werneck), Egon Jordan (Hofrat), Kurt Sowinetz (Kellner)
31. Januar 1955, Volkstheater

Ladislaus Fodor
• REICHSEIN IST ALLES
Bühnenbild GM / Regie: Fritz Peter Buch
mit Harry Fuss (Jim Merril), Helmi Mareich (Penny), Margarete Fries (Phyllis), Hilde Sochor (Hazel), Kurt Sowinetz (Hopkins)
6. März 1955, Volkstheater

Mit der österreichischen Erstaufführung von Eugene O'Neills düsterem Schauspiel „Der Eismann kommt" feiert das Volkstheater-Ensemble in Gustav Mankers Regie und in seinem Bühnenbild im März 1955 einen großen Erfolg. Das ganze männliche Ensemble ist aufgeboten, darunter Karl Skraup, Hans Putz, Günther Haenel, Kurt Sowinetz, Walter Kohut und Otto Woegerer sowei Maria Emo, Susi Peter und Marianne Gerzner. Hans Weigel schreibt von einem „Triumph des Volkstheater-Ensembles": „Kein bequemes Theaterstück, ein Alterswerk, monumental, brutal, absonderlich und doch faszinierend für jeden, der von der Kunst mehr erwartet als billige Vortäuschung. Dem Volkstheater gelingt eine unvergessliche, beispielhafte Aufführung mit Szenen und Bildern von atemberaubender Großartigkeit. Das Volkstheater war gestern genau das, was die ‚Burg' zu sein vorgibt."

Der Garten Eden (1955)
Lotte Lang als Garderobiere Rosa, die sich beim Cabaret etwas zu ihrer kleinen Pension dazuverdient, um sich einmal im Jahr in den Kreisen zu bewegen, zu denen sie einmal gehört hat, und Traute Wassler als Cabaret-Sängerin Tilly.

Elisabeth von England (1954)
Käthe Dorsch als Königin
Elisabeth von England und
Otto Woegerer als Cecil.

Eugene O'Neill
•• **DER EISMANN KOMMT** (ÖEA)
Regie & Bühnenbild GM / K: Maxi Tschunko
mit Theodor Grieg (Harry Hope, Barbesitzer), Karl Skraup (Ed Mosher), Viktor Gschmeidler (Pat McGloin), Friedrich Palkovits (Willie Oban), Oskar Willner (Piet Wetjoen), Egon Jordan (Cecil Lewis), Günther Haenel (James Cameron, ehemaliger Berichterstatter), Benno Smytt (Hugo Kalinar), Otto Woegerer (Larry Slade), Walter Kohut (Nachtkellner Rocky Pioggi), Kurt Sowinetz (Don Parrit), Susi Peter (Pearl), Maria Emo (Margie), Marianne Gerzner (Cora), Herbert Prodinger (Chuck Morello), Hans Putz (Theodore Hickman), Karl Blühm (Moran), Peter Brand (Lieb)
29. März 1955, Volkstheater (Sonderabonnement)

Georg Kaiser
• **KOLPORTAGE**
Bühnenbild GM / Regie: Peter Fürdauer
mit Hans Frank (Graf Stjernenhö), Eva Zilcher (Karin), Bert Fortell (Erik), Dorothea Neff (Miss Grove), Hintz Fabricius (Baron)
5. April 1955, Volkstheater (Außenbezirke)

James Matthew Barrie
• **JOHANNISNACHT** (ÖEA)
Bühnenbild GM / Regie: Günther Haenel
mit Karl Skraup (Lob), Otto Woegerer (Matey), Theodor Grieg (Coade), Harry Fuss (Will), Martha Wallner (Alice), Carl Bosse (Jack), Hilde Sochor (Joanna), Maria Emo (Lady Laney)
29. April 1955, Volkstheater

Der Eismann kommt (1955)
Eugene O'Neills „elende Geschöpfe" in Gustav Mankers Inszenierung am Volkstheater:
Hans Putz, Kurt Sowinetz, Friedrich Palkovits, Oskar Willner, Egon Jordan,
Marianne Gerzner, Benno Smytt, Herbert Prodinger, Otto Woegerer, Maria Emo,
Susi Peter, Walter Kohut, Viktor Gschmeidler, Karl Skraup und Theodor Grieg.

1955

Am 15. Mai 1955 wird im oberen Belvedere in Wien von Vertretern der alliierten Besatzungsmächte USA, UdSSR, Großbritannien und Frankreich mit der österreichischen Regierung unter Bundeskanzler Leopold Figl der Staatsvertrag unterzeichnet.

Carl Zuckmayer
• **ULLA WINBLAD oder MUSIK UND LEBEN DES CARL MICHAEL BELLMANN** (ÖEA)
Bühnenbild GM / Regie: Leon Epp
mit Hans Putz (Bellmann), Otto Woegerer (Baron), Karl Skraup (Vater Movitz), Friedrich Palkovits (Sven), Ernst Meister (Graf), Hugo Gottschlich (Korporal), Kurt Sowinetz (Kanonikus)
5. Juni 1955, Volkstheater (Wiener Festwochen)

Im Sommer 1955 arbeitet Gustav Manker zum ersten Mal bei den Luisenburg Festspielen im oberfränkischen Wunsiedel, wo er die nächsten 13 Jahre alljährlich Stücke von Nestroy, Raimund und Anzengruber inszeniert. Hugo Gottschlich, Walter Kohut und Harry Fuss sind das liederliche Kleeblatt.

Johann Nestroy
• **DER BÖSE GEIST LUMPAZIVAGABUNDUS oder DAS LIEDERLICHE KLEEBLATT**
Regie GM / BB & K: Elmar Albrecht
mit Hugo Gottschlich (Knieriem), Walter Kohut (Leim), Harry Fuss (Zwirn), Ruth Schmidt (Pepi), Wilhelm Graf (Hobelmann), Rolf Ederer (Strudl), Helene Grundmann (Palpiti), Karl Sladek (Lumpazivagabundus)
9. Juli 1955, Luisenburg Festspiele Wunsiedel

Am 27. Juli 1955 beginnt der Abzug der alliierten Besatzungstruppen aus Österreich, der mit 23. Oktober 1955 abgeschlossen ist.

Otto Schenk, der dem Volkstheater seit 1951 als Schauspieler angehört und es 1954 im Unfrieden mit Leon Epp verlassen hat, holt Gustav Manker im Herbst 1955 als Bühnenbildner für seine eigene Inszenierung von Nestroys „Umsonst" mit Leopold Rudolf und Heinz Conrads ans Theater in der Josefstadt. Gleichzeitig inszeniert Manker am Volkstheater Nestroys „Mein Freund" mit Walter Kohut, Karl Skraup und Hugo Gottschlich (der den Spitznamen „Scheissi" trägt). Im *Nestroy-Wettstreit* der beiden Theater titelt der Bild-Telegraph:
„Nestroy kam – Wien sah – Gottschlich siegte!"

Johann Nestroy
• **UMSONST**
Bühnenbild GM / Regie: Otto Schenk
mit Leopold Rudolf (Arthur), Heinz Conrads (Pitzl), Helly Servi (Sali), Franz Pfaudler (Sauerfaß), Fritz Holzer (Ignaz)
30. August 1955, Theater in der Josefstadt

Johann Nestroy
•• **MEIN FREUND**
Regie & Bühnenbild GM / K: Maxi Tschunko / M: J. C. Stenzel / ML: Robert Leukauf / Zusatzstrophen: Carl Merz
mit Walter Kohut (Julius Fint), Harry Fuss (Schlicht), Hugo Gottschlich (Schippl, Ladendiener), Karl Skraup (Hochinger, Maurer), Eva Sandor (Theres), Hilde Sochor (Marie, Tochter), Hugo Speiser (Hummer), Erich Dörner (Stein, Juwelier), Traute Wassler (Frau von Stein), Susi Peter (Klementine), Marianne Gerzner (Mme Sauvegarde), Peter Brand (Anton), Liesl Ehringer (Lisette), Viktor Gschmeidler (Felber, Schreiber), Dolf Karsten (Bedienter), Gretl Wagner (Köchin), Peter Göller (Jakob), Hermann Laforét (Traiteur), Emil Ottenwalter (Ein Herr), Benno Smytt (Kogl), Helene Lauterböck (Eva)
31. August 1955, Volkstheater

oben:
Umsonst (1955)
Heinz Conrads in Gustav Mankers Bühnenbild als Provinzkomödiant Pitzl in Otto Schenks Inszenierung am Theater in der Josefstadt.

rechte Seite:
Mein Freund (1955)
Harry Fuss als Schlicht und Hugo Gottschlich als Schippl in Gustav Mankers Inszenierung. Im „Wiener Nestroy-Wettstreit" titelt der Bild-Telegraph: „Nestroy kam – Wien sah – Gottschlich siegte!"

1955 | 1956

SAISON 1955/1956

Gerhart Hauptmann
• **FUHRMANN HENSCHEL**
Bühnenbild GM / Regie: Günther Haenel
mit Otto Woegerer (Henschel), Martha Wallner, Walter Kohut
9. September 1955, Volkstheater

Ferdinand Bruckner
• **ELISABETH VON ENGLAND**
Bühnenbild GM / Regie: Karlheinz Stroux
mit Käthe Dorsch (Elisabeth), Rudolf Forster (Philipp von Spanien), Ernst Stahl-Nachbaur (Cecil), Karl Maria Schley (Bacon), Martin Benrath (Northumberland), Ernst Stankovski (Suffolk), Hans von Borsody (Plantagenet), Gerda Maurus (Lady Anne), Imo Moskowicz (Tajo)
18. September 1955, Schauspielhaus Düsseldorf

Bei Jean-Paul Sartres „Kean" trifft Gustav Manker im Herbst 1955 am Theater in der Josefstadt mit Paul Hoffmann, Ernst Waldbrunn, Nicole Heesters und Helmut Qualtinger zusammen, der den Prinzen von Wales spielt. Regie führt Hans Jaray.

Jean-Paul Sartre (nach Alexandre Dumas)
• **KEAN oder DIE UNORDNUNG DER DINGE**
Bühnenbild GM / Regie: Hans Jaray
mit Paul Hoffmann (Kean), Helmut Qualtinger (Prinz von Wales), Nicole Heesters (Mary Damby), Marianne Schönauer (Elena), Ernst Waldbrunn (Salomon), Grete Bukovics
18. Oktober 1955, Theater in der Josefstadt

oben:
Kean (1955)
Helmut Qualtinger als Prinz von Wales und Paul Hoffmann als Kean am Theater in der Josefstadt.

rechte Seite:
Mensch und Übermensch (1955)
Otto Woegerer als Teufel.

Am 23. Oktober 1955 verlässt der letzte alliierte Soldat österreichischen Boden. Am 26. Oktober beschließt der Nationalrat die immerwährende Neutralität Österreichs und erfüllt damit die Voraussetzungen des Staatsvertrages vom 15. Mai.

Otto Bielen
• **KLEINES GENIE**
Bühnenbild GM / Regie: Günther Haenel
mit Karl Skraup (Erfinder), Kurt Sowinetz, Hugo Gottschlich
29. Oktober 1955, Volkstheater

Ferdinand Raimund
♦ **DER VERSCHWENDER**
Regie GM / BB: Adi Fuchs
mit Richard Tomaselli (Valentin), Martha Jenisch (Rosa), Susanne Schönwiese (Cheristane), Ludwig Geiger (Azur), Friedrich Georg Richter (Flottwell), Gerhard Hofer (Wolf), Georges Müller (Dumont), Rose Erburg (Holzweiberl)
30. Oktober 1955, Landestheater Salzburg

Aiden Nash
• **DER REGENMACHER** (ÖEA)
Bühnenbild GM / Regie: Günther Haenel
mit Karl Skraup (Curry), Bert Fortell (Noah), Kurt Sowinetz (Bill)
16. Dezember 1955, Volkstheater

George Bernard Shaw
♦ • **MENSCH UND ÜBERMENSCH**
Regie & Bühnenbild GM / K: Maxi Tschunko
mit Ernst Meister (Tanner/Don Juan), Otto Woegerer (Mendoza/Teufel), Egon Jordan (Ramsden/Statue), Hilde Sochor (Violet), Dorothea Neff (Susanne), Günther Bauer (Octavius), Benno Smytt (Anarchist), Helene Lauterböck (Whitefield), Traute Wassler (Ann/Donna Anna), Theodor Grieg (Malone), Friedrich Palkovits (Hector Malone, sein Sohn), Hannes Schiel (Chauffeur), Peter Brand (Offizier)
Zum 100. Geburtstag von George Bernard Shaw
30. Dezember 1955, Volkstheater

Tennessee Williams
♦ • **CAMINO REAL** (ÖEA)
Regie & Bühnenbild GM / K: Maxi Tschunko / M: Robert Leukauf
mit Otto Woegerer (Don Quichote), Toni Kern (Sancho Pansa), Oskar Wegrostek (Gutman), Günther Bauer (Überlebender), Mimi Schwarz (Rosita), Edd Stavjanik (Kilroy), Lil Dagover (Marguerite Gautier), Egon Jordan (Casanova), Peter Brand (Uniformierter), Elisabeth Epp (La Madrecita), Kurt Sowinetz (Pfandverleiher), Benno Smytt (Baron), Rudi Brecht (Lobo), Fritz Platzer (Der Träumer), Helene Lauterböck (Prudence), Friedrich Palkovits (Lord Byron), Dorothea Neff (Zigeunerin), Rosl Sladek-Dressler (Olympe), Traute Wassler (Esmeralda), Peter Göller (Addullah), Herbert Prodinger (Kellner), Bert Fortell (Navigator), Oskar Willner (Dozent), Inga Orsell (Eve)
27. Januar 1956, Volkstheater (Sonderabonnement)

Maxwell Anderson
• **WINTERWENDE** (ÖEA)
Bühnenbild GM / Regie: Leon Epp
mit Heinrich Trimbur, Ernst Meister, Kurt Sowinetz
23. März 1956, Volkstheater (Sonderabonnement)

1956

Camino Real (1956)
Oskar Wegrostek (links) als Traumgestalt Gutman, Peter Brand (rechts) als Uniformierter und Edd Stavjanik als ausrangierter Preisboxer Kilroy.

In Tennessee Williams' Drama hat Kilroy einen verfolgungswahnsinnigen Traum und befindet sich ständig auf der Flucht. In Gustav Mankers Inszenierung muss Edd Stavjanik dabei aus einer Balkonloge hinunter auf die Bühne springen und von dort quer durch den Zuschauerraum fliehen. Im Mittelgang soll er haltmachen, einen dort sitzenden Zuschauer beim Arm packen und ihn in panischer Angst fragen: „Wo ist der Ausgang?! Um Gottes willen, sagen Sie mir, wo ist hier der Ausgang?!!" Einmal, während einer Vorstellung, packt Stavjanik einen nichtsahnenden Abonnenten beim Arm und schreit: „Wo ist hier der Ausgang?!" Der Angesprochene erhebt sich von seinem Sitz, deutet nach hinten und antwortet: „Dort hinten. – Warten S', ich komm gleich mit."

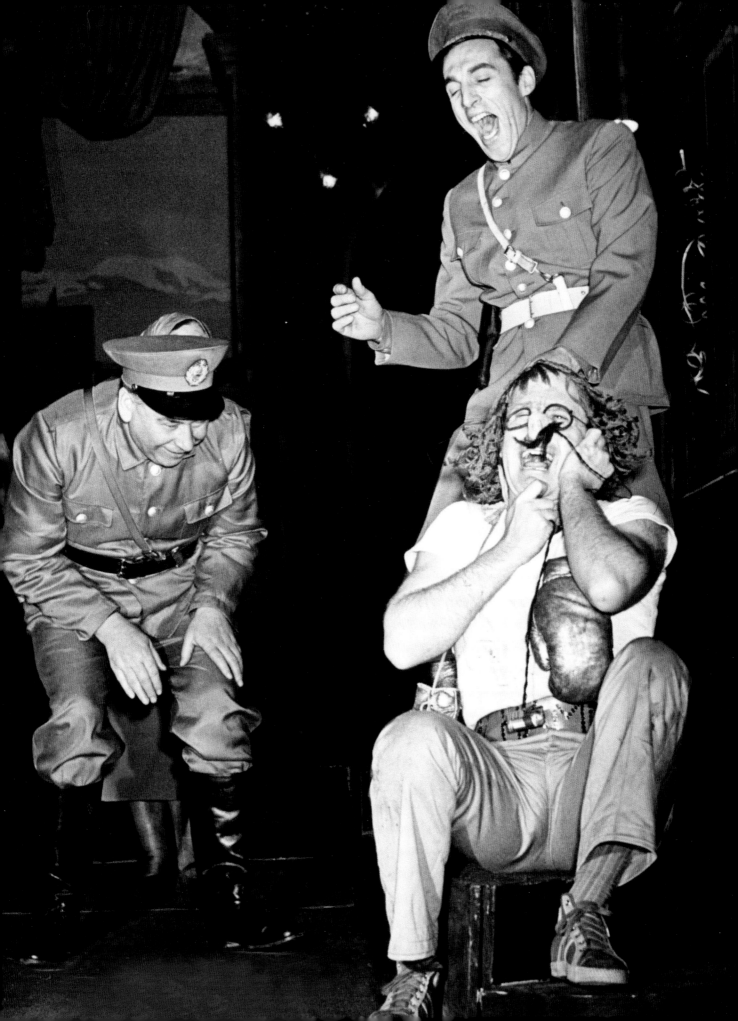

1956

Johann Wolfgang von Goethe
• **CLAVIGO**
Regie GM / BB & K: Maxi Tschunko
mit Friedrich Palkovits (Clavigo), Carl Bosse (Carlos), Peter Neusser (Beaumarchais), Traute Wassler (Marie), Rosl Sladek (Sophie), Oskar Willner (Guilbert), Herbert Fux (Buenco)
3. April 1956, Volkstheater (Außenbezirke)

Am 20. April 1956 heiratet Gustav Manker die Schauspielerin Hilde Sochor. Die kirchliche Trauung findet am 16. Juni im steirischen Maria Schutz statt.

Otto-Emmerich Groh
• • **DIE FAVORITIN** (UA)
Regie & Bühnenbild GM / K: Maxi Tschunko / M: Robert Leukauf
mit Margarete Fries (Maria von Medici), Egon Jordan (Heinrich IV.), Theodor Grieg (Franz von Guise), Marianne Gerzner (Charlotte von Condé), Otto Woegerer (Charles de Biron), Friedrich Palkovits (Graf von Chamvallon), Karl Blühm (Olivarez), Ernst Meister (Ribera), Dorothea Neff (Wirtin), Elfe Gerhart (Philippette), Hugo Gottschlich (Nicolas, Hausknecht)
5. Mai 1956, Volkstheater

Marianne Hoppe spielt im Juni 1958 in der Festwochenproduktion von Wilhelm Faulkners „Requiem für eine Nonne" die Temple Stevens, die sich eingestehen muss, ihr eigenes Kind getötet zu haben.

William Faulkner
• **REQUIEM FÜR EINE NONNE** (ÖEA)
Bühnenbild GM / Regie: Günther Haenel
mit Marianne Hoppe (Temple Stevens), Matthias Wiemann (Verteidiger), Benno Smytt (Richter), Martha Wallner (Nancy), Heinrich Trimbur (Gowan), Egon Jordan (Gouverneur)
3. Juni 1956, Volkstheater (Wiener Festwochen)

SAISON 1956/1957

Am 29. August 1956 wird Gustav Mankers Tochter Katharina (Maria, Ludmilla, Hildegard) geboren.

Günther Buxbaum
• **DAS LIED DER STUMMEN** (UA)
Bühnenbild GM / Regie: Günther Haenel
mit Walter Kohut (Philou, Totostellenbesitzer), Paula Pfluger (Lucienne), Kurt Sowinetz (Belbèze), Maria Gabler (Celia)
31. August 1956, Volkstheater

Friedrich Dürrenmatt
• **DER BESUCH DER ALTEN DAME** (ÖEA)
Bühnenbild GM / Regie: Leon Epp
mit Dorothea Neff (Claire Zachanassian), Oskar Pouché (ihre Gatten VII-IX), Otto Woegerer (Ill), Peter Göller (sein Sohn), Hans Frank (Bürgermeister), Joseph Hendrichs (Pfarrer), Kurt Sowinetz (2. Bürger), Ernst Meister (Pressemann)
8. September 1956, Volkstheater

Ira Levin
• **WER WILL UNTER DIE SOLDATEN…?** (EA)
Bühnenbild GM / Regie: Fritz Schulz
mit Heinz Conrads, Fritz Imhoff, Guido Wieland, Fritz Holzer, Aladar Kunrad, Franz Messner, Karl Fochler, Karl Mittner, Johann Sklenka, Hermann Kutscher
15. September 1956, Theater in der Josefstadt

Max Frisch
• **DIE CHINESISCHE MAUER** (ÖEA)
Regie GM / BB: Georg Schmid / K: Maxi Tschunko
mit Walter Kohut (Der Heutige), Theodor Grieg (Kaiser), Hedwig Trottmann (Mee Lan), Dorothea Neff (Mutter), Martha Bokuvka (Dienerin), Edd Stavjanik (Prinz), Benno Smytt (Napoleon), Oskar Willner (Zeremonienmeister), Elisabeth Reichmann (Julia), Günther Bauer (Romeo), Hans Frank (Pontius Pilatus), Viktor Gschmeidler (Columbus), Kristin Hausmann (Inconnue de la Seine), Herbert Prodinger (Don Juan Tenorio), Ludwig Blaha (Philipp II.), Elisabeth Anton (Cleopatra), Ernst Meister (Brutus), Oskar Wegrostek (Frack)
28. September 1956, Volkstheater (Sonderabonnement)

Jean Sarment (Bearbeitung: Peter Loos)
• **IHR 106. GEBURTSTAG**
Regie GM / BB & K: Alfred Kunz
mit Johanna Terwin-Moissi (Cecile Mouret), Benno Smytt (Sohn), Joseph Hendrichs (Apotheker), Carlo Böhm (Pièrre), Alfred Böhm (Frederic), Edd Stavjanik (Zirkusdirektor)
27. Oktober 1956, Volkstheater

oben:
Requiem für eine Nonne (1956)
Marianne Hoppe als Temple Stevens und Matthias Wiemann als Verteidiger in William Faulkners Stück über Sünde, Strafe und Buße.

rechte Seite:
Die chinesische Mauer (1956)
Walter Kohut (Der Heutige) und Hedwig Trottmann (Mee Lan).

oben:
Der junge Baron Neuhaus (1956)
Das berühmte Bühnenbild von Oskar Strnad aus dem Jahre 1934 baut prunkvoll Schloss Schönbrunn nach. Gustav Manker verwendet die Ausstattung seines ehemaligen Lehrers zwanzig Jahre später auch bei seiner eigenen Inszenierung.

rechte Seite:
Othello (1957)
Otto Woegerer als Othello und Heinrich Trimbur als Jago in Gustav Mankers Bühnenbild für Leon Epps Inszenierung.

Stefan Kamares Lustspiel „Der junge Baron Neuhaus" gibt Gustav Manker 1956 die Gelegenheit, in den berühmten Bühnenbildern seines Lehrers Oskar Strnad zu inszenieren, die dieser 1934 für das Deutsche Volkstheater geschaffen hat. Ein glücklicher Umstand schützt die kostbaren Dekorationen im Depot des Theaters vor der Vernichtung im Krieg und setzt Manker in die Lage, das Stück in der ihrer besonderen Schönheit wegen berühmt gewordenen Original-Ausstattung zu inszenieren. *„Mit dem Ernst eines alten Werkmeisters"* legte Strnad seinen Stolz darein, die Ornamentik der Türen und Öfen von Schönbrunn und die Stickereien der alten Fräcke zu imitieren. Lotte Tobisch spielt die Kaiserin Maria Theresia, der neu engagierte 29jährige Rudolf Strobl den jungen Baron Neuhaus.

Stefan Kamare
♦ DER JUNGE BARON NEUHAUS
Regie GM / BB & K: Oskar Strnad
mit Lotte Tobisch (Maria Theresia), Rudolf Strobl (Neuhaus), Karl Skraup (Stockel), Susi Peter (Nannette), Hilde Sochor (Toni Wambacherin), Hans Frank (Kaunitz), Karl Blühm (sein Sekretär), Egon Jordan (Khevenhüller), E. A. Georges
21. Dezember 1956, Volkstheater

Im Februar 1957 inszeniert Manker mit Friedrich Palkovits und Aladar Kunrad Goethes „Urfaust" in den Außenbezirken des Volkstheaters, bevor er im Mai desselben Jahres Faust I und II in der Fassung für einen Abend am Salzburger Landestheater zur Aufführung bringt.

Johann Wolfgang von Goethe
♦URFAUST (FAUST IN URSPRÜNGLICHER GESTALT)
Regie GM / BB & K: Maxi Tschunko
mit Friedrich Palkovits (Faust), Aladar Kunrad (Mephisto), Hedwig Trottmann (Margarete), Dorothea Neff (Marthe), Peter Göller (Student), Oskar Willner (Wagner), Robert Werner (Valentin), Marha Boruvka (Lieschen), Elisabeth Epp (Böser Geist), Hermann Laforét (Erdgeist), Karl Hellmich (Frosch)
7. Februar 1957, Volkstheater (Außenbezirke)

William Shakespeare
♦ OTHELLO
Bühnenbild GM / Regie: Leon Epp
mit Otto Woegerer (Othello), Traute Wassler (Desdemona), Heinrich Trimbur (Jago), Rudolf Strobl (Cassio), Walter Kohut (Rodrigo), Paula Pfluger (Emilia), Lotte Ledl (Bianca)
27. Februar 1957, Volkstheater

1957

Das vor dem geschichtlichen Hintergrund der Ermordung des Zaren Paul I. spielende Drama „Der Patriot" von Alfred Neumann, ursprünglich eine Novelle und 1928 von Ernst Lubitsch mit Emil Jannings verfilmt, kommt im März 1957 in der Inszenierung Günther Haenels mit Paul Dahlke als Graf Peter von der Pahlen im Volkstheater zur Aufführung. Gustav Manker entwirft die Bühnenbilder, eine Reihe von Zimmern und Korridoren in St. Petersburg und Moskau.

Alfred Neumann
• **DER PATRIOT**
Bühnenbild GM / Regie: Günther Haenel
mit Paul Dahlke (Graf Peter von der Pahlen), Hans Rüdgers (Zar Paul), Friedrich Palkovits (Zarewitsch), Aladar Kunrad (Stepan), Elfe Gerhart (Anna Petrowna), Joseph Hendrichs (Graf Panin, Vizekanzler), Ludwig Blaha (Flügeladjudant)
15. März 1957, Volkstheater

Jean Anouilh
• **DER PASSAGIER OHNE GEPÄCK**
Bühnenbild GM / Regie: Peter Fürdauer
mit Ernst Meister (Gaston, der Mann ohne Gedächtnis), Viktor Gschmeidler (möglicherweise sein Bruder), Maria Waldner (möglichweise seine Mutter), Fritz Holzer (Kurator), Helmi Mareich (Valentine), Susanne Engelhart (Herzogin)
4. April 1957, Volkstheater (Außenbezirke)

Truman Capote
• **DIE GRASHARFE** (ÖEA)
Bühnenbild GM / Regie: Heinrich Schnitzler
mit Susi Peter (Dolly), Elisabeth Epp (Verena), Peter Göller (Collin), Dorothea Neff (Creek), Hans Frank (Richter), Ludwig Blaha (Dr. Ritz), Henriette Hiess (Maude), Marianne Gerzner (Miss Baby), Edgar Melhardt (Pastor), Oskar Willner (Friseur)
5. April 1957, Volkstheater (Sonderabonnement)

William Shakespeare
• **WAS IHR WOLLT**
Regie GM / BB & K: Maxi Tschunko / M: Robert Leukauf
mit Friedrich Palkovits (Orsino), Brigitte Antonius (Olivia), Greta Putz (Viola), Kurt Sowinetz (Narr), Oskar Wegrostek (Rülps), Walter Kohut (Bleichenwang), Hilde Sochor (Maria), Ludwig Blaha (Malvolio), Michael Gert (Sebastian), Peter Göller (Fabio), Ernst Nadherny (Curio), Herbert Prodinger (Antonio), Peter Brand (Kapitän), Hugo Speiser (Priester)
6. Mai 1957, Volkstheater (Außenbezirke)

Im Mai 1957 inszeniert Gustav Manker am Salzburger Landestheater Goethes „Faust" in einer Fassung beider Teile für einen Abend. Er propagiert für die Aufführung im Programm eine einfache Pawlatschenbühne, einen „Volks-Faust", mit der Dreiteilung des mittelalterlichen Freilichtmysteriums, Himmel, Hölle und Erde, eine Lösung, die er 1976 am Volkstheater wieder aufgreifen wird.

Der Patriot (1957)
Paul Dahlke (sitzend) als Graf Peter von Pahlen und Aladar Kunrad als Stepan.

Der Patriot (1957)

oben:
Entwurf für den 1. Akt:
Pahlens Arbeitszimmer
in St. Petersburg.

rechts:
Bühnenbild für den 1. Akt.
Pahlens Arbeitszimmer.

1957

„Seit die bis dahin noch unveröffentlichten Teile der Faust-Dichtung nach Goethes Tod aus dem Nachlass bekannt wurden, haben die Versuche, diese an Ausdehnung und Gehalt größte Tragödie des deutschen Sprachraums für die Bühne zu gewinnen, nicht aufgehört. Die ursprüngliche Meinung der Philologen, dass es sich hier um ein geistiges Vermächtnis, die Ernte eines ganzen Lebens handle, das in seiner weit ausgreifenden Form die Möglichkeiten jeder Bühne weit überschreite und nur als Buch-Drama zu werten sei, forderte seit jeher den Widerspruch derer heraus, die die eminente theatralische Wirksamkeit des gesamten Werkes zu empfinden vermochten. Es ist in neuerer Zeit vor allem das Verdienst Hofmannsthals und Joseph Gregors, die Verarbeitung und Wiedererweckung fast aller historischen Theaterformen darin nachgewiesen zu haben, die ein Realisierung auf der Bühne nicht nur möglich erscheinen lassen, sondern zu seiner vollen Wirkung sogar voraussetzen. (Mysterienspiel, Shakespearedrama, Haupt- und Staatsaktion, Barocktheater, antike Tragödie)

Die praktische Durchführung einer möglichst allen Teilen des Werkes gerecht werdenden Bühnenfassung hat zu den verschiedensten Lösungen geführt. Die in sich geschlossene Einheit des Ganzen, gegeben durch die Wette Gottes mit dem Teufel um die Seele des irrenden Menschen Faust, und das am Ende gefällte Urteil, wurde in Aufführungen von zwei, drei, ja vier Abenden deutlich zu machen versucht.

Im Goethejahr 1932 schließlich hat der österreichische Dichter Beer-Hofmann eine Fassung für einen Abend hergestellt, die am Burgtheater unter seiner Regie aufgeführt wurde. Die fünf Stunden dauernde Vorstellung hinterließ einen unvergesslichen Eindruck. Auch Max Reinhardt plante später hier in Salzburg, im Rahmen der Festspiele, einen großen, möglichst umfassenden Faust auf eigens dafür errichteter Bühne – es kam jedoch nur mehr zu einer Darstellung des ersten Teiles.

Wenn wir heute neuerlich mit einer Fassung für einen Abend vor Sie treten, so sind wir uns klar, dass es sich um einen Versuch handeln muss, der aber immerhin zu neuen Gesichtspunkten führen kann. In wenigen Worten gesagt, beruht meine Konzeption auf zwei Punkten:

Erstens:
Der Jahrhunderte lang im Volksbewusstsein weiterlebende Fauststoff, der seinen Niederschlag im „Volksbuch vom Dr. Faust" gefunden hatte, das auch Goethe in stärkerem Maße in seiner Dichtung verarbeitete, als es auf den ersten Blick scheinen mag, sollte wieder herausgearbeitet, das in den zweiten Teil hineingetragene überreiche Bildungsgut – Goethe verwendete in seinen letzten Jahren den Faust als wahren Abladeplatz für die verschiedensten Fragestellungen sogar seiner wissenschaftlichen Arbeiten – weggelassen werden.

Zweitens:
Alles, was nicht unmittelbar zu Fausts Läuterungsweg beiträgt, was also auf die Wette keinen direkten Bezug hat, sollte ausgeschieden werden. Also vor allem die ersten drei Akte des zweiten Teiles: das Erlebnis mit Helena und dessen Vorbereitung am Hof des Kaisers und in der klassischen Walpurgisnacht. Es ist ein durchaus geistig abstraktes Erlebnis – sicher von besonderer Schönheit –, aber ohne jeden Einfluss auf Fausts Streben nach dem ‚rechten Weg'.

Es bleiben also: der ganze erste Teil mit wenig mehr als den üblichen Strichen und die beiden letzten Akte des zweiten Teiles erhalten; die Wette, Fausts Pakt mit dem Teufel, die beiden großen Abenteuer seines Lebens: in der kleinen Welt, Gretchen, in der großen Schlacht für den Kaiser und die damit beabsichtigte Belehnung mit dem Strand und sein aufbauendes Wirken, sein Tod und das Urteil, das mit Hilfe der ‚allesverzeihenden Liebe' gegen den Teufel ausfällt. Also: ‚Das Spiel vom Leben und Sterben des strebenden Mannes' – wenn Sie wollen. Ein ‚Volks-Faust', aber durchaus nicht als Simplifizierung des Werkes verstanden. Ein Holzgerüst, ähnlich der Jedermann-Bühne, aber in der alten Dreiteilung, Himmel, Hölle und Erde symbolisierend, soll uns die ständige Gegenwart der beiden Wettpartner nicht vergessen und das Geschehen ohne zeitraubende Schauplatzänderungen abrollen lassen.

Es ist hier nicht der Raum, Einzelheiten zu berühren – lassen Sie die Dichtung, so wie wir sie spielen, auf sich wirken. Gerade hier in Salzburg sollte dieses Werk immer wieder zur Diskussion stehen, es sollte immer wieder aufgenommen werden, und wenn so mit der Zeit und unter der Mitwirkung vieler einmal ein ‚Salzburger Faust' entsteht – so wie Sie ja schon einen spanischen Stoff, das ‚Salzburger große Welttheater', neu gewonnen haben, und einen englischen, den ‚Salzburger Jedermann' –, wenn immer wieder neu daran gearbeitet wird und der Stoff nicht zur Ruhe kommt, dann hat diese Aufführung ihren Zweck erreicht."

Johann Wolfgang von Goethe
◆ FAUST I UND II
Regie GM / BB: Adi Fuchs / K: Ingrid Jorissen
mit Karl Blühm a. G. (Faust), Otto Collin (Mephisto), Michael Kiurina (Stimme des Herrn), Lotte Medelsky (Böser Geist/Baucis), Ursula Wondrak (Gretchen), Charlotte Scheier-Herold a. G. (Marthe), Hardo Hesse (Kaiser), Fritz Suppan (Lynkeus), Hubert Kronlachner (Hexe/Raufebold)
31. Mai 1957, Landestheater Salzburg

Ludwig Anzengruber
◆ DER G'WISSENSWURM
Regie GM / Bühnenmusik: Adolf Müller
mit Leopold Esterle (Grillhofer), Karl Meixner (Dusterer), Martha Strohschneider (Horlacherlies), Helmut Oeser, Rolf Straub, Gundel Dwinger, Gustav Dieffenbacher (Poltner)
30. Juni 1957, Luisenburg Festspiele Wunsiedel

---

rechte Seite:
Gustav Manker (1953)
als Oberspielleiter und Ausstattungschef des Wiener Volkstheaters.

nächste Doppelseite:
Programme der Direktion Leon Epp (1952–1968)
Epp lässt die Titel der Volkstheater-Programme von zeitgenössischen Künstlern gestalten: Hans Fronius, Wolfgang Hutter, Kurt Moldovan, Albert Paris Gütersloh, Paul Flora, Wander Bertoni, Gerhard Swoboda, Walter Eckert und Jean Cocteau.

1957

SAISON 1957/1958

Zu Saisonbeginn 1957 kommt in Mankers Regie und Bühnenbild Johann Nestroys Zauberposse „Lumpazivagabundus oder Das liederliche Kleeblatt" am Volkstheater heraus, mit Fritz Muliar als Knieriem, Harry Fuss als Zwirn und Walter Kohut als Leim. Karl Skraup spielt den Hobelmann, Hilde Sochor seine Tochter Pepi. Helmut Qualtinger und Carl Merz schreiben die Zusatzstrophen zu den Couplets. Manker greift auf Nestroys Urfassung „Der Feenball oder Tischler, Schuster, Schlosser" zurück, die auf das Happy End verzichtet und mit der Höllenfahrt des Schneiders und des Schusters endet. Er schreibt:

oben:
Lumpazivagabundus (1955)
Gustav Manker mit Hugo Gottschlich (Knieriem), Walter Kohut (Leim) und Harry Fuss (Zwirn) bei den Sommerfestspielen in Wunsiedel.

rechte Seite:
Lumpazivagabundus (1957)
Fritz Muliar als Schuster Knieriem, Harry Fuss als Schneider Zwirn, Walter Kohut als Tischler Leim in Mankers Inszenierung am Wiener Volkstheater, mit Carlo Böhm als böser Geist Lumpazivagabundus, der dem liederlichen Kleeblatt das Gewinn bringende Los verkauft.

„Die Zauberposse ‚Der böse Geist Lumpazivagabundus' wurde am 10. April 1833 uraufgeführt. Knapp davor (nach der Datierung des Manuskriptes ebenfalls im Jahre 1833) schrieb Nestroy eine Faschingsposse ‚Der Feenball' oder ‚Tischler, Schneider und Schlosser'. Sie wurde niemals aufgeführt und deckt sich in allen Handwerkerszenen mit ‚Lumpazivagabundus'. Die Rahmenhandlung jedoch, bestehend aus der Wette des Lumpazi mit Fortuna um die Läuterung der drei Gesellen, ist bedeutend straffer durchgeführt und durch wiederholtes Auftauchen der beiden Wettpartner an den entscheidenden Stellen des Stückes stark in den Vordergrund gerückt. Wir haben sie in unsere Inszenierung übernommen. Außerdem fehlt in der ‚Urfassung' der unorganisch gewaltsame Schluss mit der am Ende doch noch stattfindenden Verbürgerlichung aller drei Gesellen und es bleibt bei einem Guten und zwei Verdammten, die einen spaßhaften Weg in die Hölle antreten. Auch dieser Schluss wurde von uns übernommen.

Das erste Stück zeigt auch Zwirns glanzvolles Leben in Reichtum nicht in Prag, sondern in Italien, und die Einführung zweier Gauner, ‚Parmesano' und ‚Maccaroni', durch die er sein ganzes Geld wieder verliert, demonstriert uns viel deutlicher die Leichtgläubigkeit und Weltunerfahrenheit Zwirns. Sie werden in unserer Inszenierung auch diese Szenen sehen und wir glauben mit diesen Verschmelzungen den Aufbau des Stückes im Sinne Nestroys stärker herausgearbeitet zu haben."

Johann Nestroy
✦• DER BÖSE GEIST LUMPAZIVAGABUNDUS oder DAS LIEDERLICHE KLEEBLATT

Regie & Bühnenbild GM / K: Maxi Tschunko / M: Adolf Müller / ME: Robert Leukauf / Zusatzstrophen: Helmut Qualtinger und Carl Merz / Couplet „Die Welt ist ein Komödienhaus": Johann Baptist Moser / Tanzgestaltung: Rudi Bachheimer
mit Fritz Muliar (Knieriem), Harry Fuss (Zwirn), Walter Kohut (Leim), Karl Skraup (Hobelmann), Hilde Sochor (Pepi), Hans Frank (Stellaris, Feenkönig), Margarete Fries (Fortuna), Kristin Hausmann (Brillantine), Hugo Speiser (Mystifax, ein alter Zauberer), Hans Günther Borek (Hilaris), Peter Göller (Fludribus), Carlo Böhm (Lumpazivagabundus, ein böser Geist), Helene Lauterböck (Palpiti), Louise Martini (Camilla), Hilde Längauer (Laura), Viktor Gschmeidler (Parmesano), Herbert Prodinger (Maccaroni), Ludwig Blaha (Pantsch), Edgar Melhardt (Spaziergänger), Aladar Kunrad/Rudolf Strobl (Fassl, Oberknecht), Gerti Gunsam (Sepherl), Anni Schönhuber (Hannerl), Peter Brand (Tischlergesell), Hans Normann (Strudl), Liesl Ehringer (Anastasia, Nichte), Martha Hartmann (Gertraud), Susi Peter (Reserl), Oskar Willner (Maler), Julius Habermann (1. Bediensteter), Kurt Woloch (2. Bediensteter), Grete Wagner (Wirtin einer Bauernschenke)
31. August 1957, Volkstheater

Hans Weigel sieht in der Aufführung einen „höchst bedeutsamen Schritt" zur Beantwortung der Frage nach dem rechten Nestroy-Stil, er rückt das Stück sogar in die Reichweite Shakespeares und von Mozarts „Zauberflöte" und sieht Nestroy „in seiner Bedeutung erkannt und anerkannt". In Anspielung auf Calderon und Goethes Vorspiel auf dem Theater in „Faust" nennt er es ein „großes Pawlatschen-Welttheater", in dem der Lebensweg der tragikomischen Clowns des liederlichen Handwerker-Kleeblatts „vom Himmel durch die Welt zur Hölle" beschritten wird. Fritz Muliar als Knieriem bescheinigt er einen „sensationellen Einbruch vom Kabarett in die Sphäre des Schauspiels" und Walter Kohut als Leim „rückt von Gnaden der Darstellung eine blasse Randfigur ins Zentrum und gewinnt ungeahnte Perspektiven." (Bild-Telegraf)

Zum Bühnenbild Mankers schreibt Hans Weigel: *„Dekorationen und Requisiten sind reduziert, die Spielfläche ist in einen konstanten Bühnenrahmen gefasst, der in höchst moderner Manier auf sehr alte Formen zurückgreift. Noch nie wurde die längst fällige Ent-Zeitlichung Nestroys so radikal versucht."*

1957 | 1958

Ein Ausgangstag (1957)
Annie Rosar (Mitte) mit Peter Göller, Helmi Mareich, Edd Stavjanik und Gustav Dieffenbacher.

Im September 1957 hat unter Mankers Regie „Sonnenfinsternis" von Sidney Kingsley nach dem Roman von Arthur Koestler Premiere, ein zeitdokumentarisches Reportagestück über Stalinismus und die staatskommunistische Lage in der UdSSR. Günther Haenel, der in der darauf folgenden Saison ans Burgtheater wechselt, spielt den Angeklagten Rubaschow, der zermürbender Einsamkeit ausgesetzt ist, nur unterbrochen durch nicht weniger zermürbende Verhöre und spärliche Mahlzeiten. Er wird dafür mit der Kainz-Medaille ausgezeichnet.

Sidney Kingsley (nach dem Roman von Arthur Koestler)
♦• **SONNENFINSTERNIS**
Regie & Bühnenbild GM / K: Maxi Tschunko
mit Günther Haenel (Rubaschow), Ludwig Blaha (Iwanoff), Aladar Kunrad (Gletkin), Karl Blühm (Aufseher), Hans Günther Borek (302), Viktor Gschmeidler (402), Evi Servaes (Luba), Ernst Meister (Richard), Herbert Prodinger (Bogrow), Erich Margo (Albert), Walter Kohut (Luigi), Peter Brand (André)
27. September 1957, Volkstheater (Sonderabonnement)

Tennessee Williams
• **DIE GLASMENAGERIE**
Bühnenbild GM / Regie: Hermann Kutscher
mit Maria Urban, Elisabeth Epp, Karl Blühm, Rudolf Strobl
5. November 1957, Volkstheater (Außenbezirke)

Im November 1957 tritt Johannes Heesters in dem Boulevardstück „Mein Bruder Jacques" von André Gillois gemeinsam mit Alexander Moissis Witwe Johanna Terwin-Moissi am Volkstheater auf.

André Gillois (Maurice Diamant-Berger)
• **MEIN BRUDER JACQUES**
Bühnenbild GM / Regie: Günther Haenel
mit Johannes Heesters (Jacques), Johanna Terwin-Moissi (Charmante), Fritz Holzer (Chauffeur), Oskar Wegrostek
16. November 1957, Volkstheater

Der Filmstar Willy Birgel spielt im Winter 1957 am Theater in der Josefstadt in der Komödie „Der schönste Tag". Seine Partner sind Guido Wieland, Lotte Lang, Leopold Esterle und Maria Emo.

Umberto Morucchio
• **DER SCHÖNSTE TAG**
Bühnenbild GM / Regie: Werner Kraut
mit Willy Birgel (Maffeo Tiscornia), Guido Wieland, Franz Messner, Wolfgang Hebenstreith, Lotte Lang, Ursula Schult, Karl Fochler, Maria Emo, Leopold Esterle, Eduard Sekler
26. November 1957, Theater in der Josefstadt

Beim Schauspiel „Ein Ausgangstag" des dänischen Erfolgsautors Otto Leck-Fischer arbeitet Manker erstmals auch als Regisseur mit Annie Rosar zusammen, die er seit seinen Anfängen am Volkstheater kennt.

Otto Leck Fischer
♦• **EIN AUSGANGSTAG**
Regie & Bühnenbild GM / K: Maxi Tschunko
mit Annie Rosar (Mutter), Gustav Dieffenbacher (Vater), Edd Stavjanik (Erich), Paula Pfluger (Ida), Helmi Mareich (Inge), Peter Göller (Karli), Aladar Kunrad (Verwalter), Paola Loew
3. Januar 1958, Volkstheater

Sonnenfinsternis (1957)

oben:
Bühnenbild von Gustav Manker.

rechts:
Günther Haenel als ehemaliger Volkskommissar Rubaschow und Aladar Kunrad als junger Genosse Gledkin, Typus des skrupellosen Revolutionärs.

1958

Am 25. Januar 1958 wird Gustav Mankers Sohn Paulus (Philipp Josef Ernst Maria) geboren.

Gotthold Ephraim Lessing
♦ MISS SARA SAMPSON
Regie GM / BB & K: Gerd Richter
mit Liselotte Rau (Sara), Willy Reichmann (Mellefont), Ingrid Aring (Marwood), Monika Käser (Arabella), Ludwig Anschütz (Sampson), Ferry Dittrich (Waitwell), Kurt Haars (Norton)
30. Januar 1958, Württembergisches Staatstheater Stuttgart

„Faszinierend und verführerisch" gestaltet Manker im Februar 1958 Jean-Paul Sartres von der katholischen Kirche auf den Index gesetztes Stück „Der Teufel und der liebe Gott" mit Otto Woegerer als Goetz und Kurt Sowinetz als *„abgründig interessante Figur"* Karl.

Jean-Paul Sartre
♦ DER TEUFEL UND DER LIEBE GOTT
Regie GM / BB: Georg Schmid / K: Maxi Tschunko
mit Otto Woegerer (Götz), Aladar Kunrad (Nasty), Gustav Dieffenbacher (Heinrich), Egon Jordan (Erzbischof), Benno Smytt (Bischof), Kurt Sowinetz (Karl), Margarete Fries (Hilda), Elisabeth Epp (Schulmeisterin), Fritz Holzer (Schmidt), Paola Loew (junges Mädchen), Hannes Schiel (Hüne), Peter Göller
28. Februar 1958, Volkstheater

Eugene O'Neill
• SELTSAMES ZWISCHENSPIEL
Bühnenbild GM / Regie: Leon Epp
mit Egon Jordan (Marsden), Karl Skraup (Professor Leeds), Eva Zilcher (Nina), Heinrich Trimbur (Edmund), Dorothea Neff
7. März 1958, Volkstheater

Am 7. März 1958 bekommt Gustav Manker vom Bundespräsidenten Adolf Schärf den Titel „Professor" verliehen.

Dylan Thomas (Nachdichtung von Erich Fried)
♦ UNTER DEM MILCHWALD
Regie GM / BB: Christof Heyduck / K: Maxi Tschunko / M: Robert Leukauf
mit Heinrich Trimbur (Erzähler), Otto Woegerer (Kapitän Cat), Helmi Mareich (Rosie), Joseph Hendrichs (Edwards), Susi Peter (Mayfanwy), Karl Skraup (Prediger Eli Jenkins), Edd Stavjanik (Waldo), Annemarie Schmid (Waldos Frau), Erna Schickel (Waldos Mutter), Dorothea Neff (Ogmore), Gustav Dieffenbacher (Mr. Ogmore), Eva Zilcher (Gossamer), Viktor Gschmeidler (Pritchard), Kurt Sowinetz (Willy Nilly), Hilde Sochor (Polly Garter), Paola Loew (Bessy), Harry Fuss (Dai Brot), Oskar Willner (Orgel Morgan), Paula Pfluger (Frau Morgan), Ernst Meister (Reiseführer), Hella Ferstel (Smalls), Herbert Prodinger (Sindbad), Peter Brand (Boyo Nichtsnutz), Lia Lange (Nachbarin), Oskar Wegrostek (Metzger)
12. April 1958, Volkstheater (Sonderabonnement)

„Sonnenfinsternis" gastiert im April 1958 bei der „Woche des Gegenwartstheaters" in Münster, wo Leon Epp von 1957 bis 1960 gleichzeitig mit dem Wiener Volkstheater die Städtischen Bühnen leitet.

Sidney Kingsley (nach dem Roman von Arthur Koestler)
♦♦ SONNENFINSTERNIS
Regie & Bühnenbild GM
Gastspiel bei der „Woche des Gegenwartstheaters" der Städtischen Bühnen Münster (Intendanz Leon Epp)
26. April 1958, Städtische Bühnen Münster

Der schönste Tag (1957)
Willy Birgel (am Tisch sitzend) mit (von rechts) Leopold Esterle, Guido Wieland, Eduard Sekler, Franz Messner, Ursula Schult, Lotte Lang und Karl Fochler.

oben:
Hamlet in Wittenberg (1962)
Bühnenbild.

rechts:
Winterwende (1956)
Bühnenbild.

oben:
Der Bauer als Millionär (1958)
Hans Mahnke (Hohes Alter) und Fritz Imhoff (Fortunatus Wurzel) in der Szene, in der das Hohe Alter nach dem Abschied der Jugend in Wurzels Leben einzieht.

rechte Seite:
Blick zurück im Zorn (1958)
Walter Kohut als Jimmy Porter, der in monologischen Hasstiraden die etablierten Institutionen angreift.

Im Sommer 1958 inszeniert Gustav Manker Ferdinand Raimunds „Der Bauer als Millionär" am Württembergischen Staatstheater in Stuttgart, Fritz Imhoff spielt den Fortunatus Wurzel, Hans Mahnke das hohe Alter. Imhoff wird zwei Jahre später unter Mankers Regie noch „Die Zwillingsbrüder" spielen, nachdem er am Volkstheater schon 1949 in Offenbachs „Die schöne Helena" als Hohepriester Kalchas aufgetreten ist.

Ferdinand Raimund
♦ DER BAUER ALS MILLIONÄR
Regie GM / BB & K: Christof Heyduck / M: Joseph Drechsler, in der Bearbeitung von Karl Hudez
mit Fritz Imhoff (Wurzel), Hans Mahnke (Hohes Alter), Liselotte Rau (Zufriedenheit), Hannelore Schulz-Pickard (Jugend), Karl Renar (Lorenz), Rolf Hasselbrink (Habakuk), Paul Robert (Karl Schilf), Steffy Helmar (Lottchen), Maria Wiecke (Lacrimosa)
4. Juni 1958, Württembergisches Staatstheater Stuttgart

Ferdinand Raimund
♦ DER ALPENKÖNIG UND DER MENSCHENFEIND
Regie GM / BB: Johannes Waltz
mit Leopold Esterle (Rappelkopf), Erich Aberle (Astragalus), Hugo Gottschlich (Habakuk), Maria Urban (Malchen), Martha Strohschneider (Lischen), Else Parto (Sophie), Josef Fröhlich/ Karl Streck (August Dorn), Charlotte Minkwitz (Großmutter)
29. Juni 1958, Luisenburg Festspiele Wunsiedel

SAISON 1958/1959

Im August 1958 inszeniert Gustav Manker im eigenen Bühnenbild die österreichische Erstaufführung von John Osbornes Welterfolg „Blick zurück im Zorn", das den Autor 1956 über Nacht berühmt gemacht und das Schlagwort von den „zornigen jungen Männern" geprägt hat. Walter Kohut spielt Jimmy Porter, der in sprachlich brillanten, monologischen Hasstiraden alle etablierten Institutionen angreift: Bildungssystem, Kirche, englisches Königshaus und die allgemeine Apathie der kleinen Leute.

John Osborne
♦ • BLICK ZURÜCK IM ZORN (ÖEA)
Regie & Bühnenbild GM / K: Maxi Tschunko
mit Walter Kohut (Jimmy Porter), Edd Stavjanik (Cliff Lewis), Traute Wassler (Alison Porter), Evi Servaes (Helena Charles), Egon Jordan (Colonel Redfern)
30. August 1958, Volkstheater

Als Ereignis von theaterhistorischem Format kommt im Herbst 1958, 150 Jahre nach seiner Entstehung, Franz Grillparzers Erstlingswerk „Blanka von Kastilien" in Gustav Mankers Regie zur Uraufführung. In Mankers fast surrealistischen Bühnenbildern debütiert der 27jährige Sieghardt Rupp als Don Pedro am Volkstheater.

1958

Blanka von Kastillien (1958)
Sieghardt Rupp als König von Kastilien und Aladar Kunrad als Guzman in der Uraufführung von Grillparzers Jugendwerk.

Franz Grillparzer
♦ • BLANKA VON KASTILIEN (UA)
Regie & Bühnenbild GM / K: Maxi Tschunko
mit Sieghardt Rupp (Don Pedro, König von Kastilien), Traute Wassler (Blanka von Bourbon), Aladar Kunrad (Fedriko de Guzman), Otto Woegerer (Rodrigo, Minister), Erna Korhel (Maria, seine Schwester), Hans Frank (Fernando Gomez), Günther Borek (Alonzo Lara), Hans Rüdgers (Kämmerer), Martha Hartmann (Gesellschafterin), Hannes Schiel (Hauptmann), Benno Smytt, Ludwig Blaha, E. A. Georges (3 Höflinge)
26. September 1958, Volkstheater (Sonderabonnement)

Ludwig Anzengruber
♦ DIE KREUZELSCHREIBER
Regie GM / BB: Willi Bahner / K: Maxi Tschunko / M: Adolf Müller, bearbeitet von Robert Leukauf
mit Rudolf Strobl (Anton Huber), Hilde Sochor (Josepha), Fritz Muliar (Steinklopferhannes), Helene Lauterböck (Martha), Oskar Wegrostek (Großbauer), Benno Smytt (Brenninger), Brigitte Antonius (Liesl, Kellnerin), Carlo Böhm (Sepp)
8. November 1958, Volkstheater

1958 inszeniert Gustav Manker Nestroys Posse „Das Haus der Temperamente" zum zweiten Mal, diesmal als Silvesterpremiere am Zürcher Schauspielhaus und in seiner eigenen Fassung. In ihr sind die Straßburger Particuliers Sturm, Schlaf, Schmerz und Glück im zweiten Teil, väterliche Jugendfreunde, denen die Töchter der vier Familien versprochen sind, gestrichen, da Manker sie im Schema des Aufeinandertreffens verschiedener Temperamente dem ersten Teil als zu ähnlich sieht. Mankers Frau Hilde Sochor wird diese Fassung kurz nach Mankers Tod 1989 am Volkstheater inszenieren.

Johann Nestroy
♦ • DAS HAUS DER TEMPERAMENTE
Regie & Bühnenbild & Fassung GM / M: Adolf Müller, bearbeitet und ergänzt von Karl Hudez / Text Chanson Schlankel: Fridolin Tschudi / ML: Rolf Langnese
mit Kurt Beck (Schlankel), Robert Freitag (Hutzibutz), Friedl Jary (Isabella), Walter Kiesler (Braus), Robert Dietl (Robert), Grete Heger (Walburga), Carl Kuhlmann (Fad), Otto Mächtlinger (Edmund), Anneliese Betschart (Agnes), Alfred Schlageter (Trüb), Fritz Lehmann (Guido), Eva Zilcher (Irene), Erwin Parker (Froh), Wolfgang Stendar, (Felix) Elisabeth Wenger (Marie), Editha Zaar (Frau von Korbheim)
31. Dezember 1958, Schauspielhaus Zürich

Mit klar durchkonzipierten, oft auf komödiantische Überraschungseffekte abzielenden Inszenierungen, die immer auch die Hand eines „der interessantesten Bühnenbildners von Wien" verraten, setzt Manker starke stilistische Impulse. Das Wiener Theaterjahrbuch schreibt 1958: „Der optische Effekt seiner Inszenierungen ist immer sehr bewusst und manchmal sehr raffiniert. Er gruppiert die Schauspieler eindrucksvoll und malerisch und seine Aufführungen haben immer ganz besonderen Stilwillen. Manker ist ein ausgesprochen intellektueller Regisseur, klar und präzis arbeitet er den gedanklichen Hintergrund eines Werkes scharf heraus."

Josef Luitpold
• GEORG FORSTER – DER MANN ZWISCHEN DEN NATIONEN (UA)
Bühnenbild GM / Regie: Leon Epp
mit Heinrich Trimbur (Forster), Traute Wassler, Egon Jordan, Aladar Kunrad, Sieghardt Rupp, Ernst Meister, Walter Kohut
30. Januar 1959, Volkstheater (Sonderabonnement)

Mein Bruder Jacques (1957)
Johannes Heesters als Jacques.

1959

In Hermann Bahrs Napoleon-Parodie „Josephine", „eine der graziösesten Entheroisierungen des neueren deutschen Lustspiels", spielt Blanche Aubry im Februar 1959 Napoleons wilde Gattin Josephine Beauharnais. Walter Kohut spielt Bonaparte. Bahr erklärt in seinem Tagebuch: „*Im Übermut meiner Jugend schien mir einst Napoleon als rein komische Gestalt: als einer, der sein erotisches Versagen kriegerisch entladet, um es an der Welt zu rächen*" und meint: „*Es genügt nicht, ein Held zu sein – man muss auch gelernt haben, es zu scheinen!*"

Hermann Bahr
♦ JOSEPHINE
Regie GM / BB: Otto Niedermoser / K: Maxi Tschunko
mit Blanche Aubry (Josephine), Walter Kohut (Bonaparte), Gottfried Herbe (Beauharnais), Ludwig Blaha (Barras), Egon Jordan (Talma), Oskar Willner (Gesandter), Susi Peter (Muse), Hilde Sochor (Louise, Cameriste), Dorothea Neff (Marketenderin), Herbert Prodinger (Oberst), E. A. Georges (Abbé Brebillon), Oskar Wegrostek (Corporal Moustache), Günther Borek (Adjudant), Rosemarie Strahal (Zofe)
28. Februar 1959, Volkstheater

oben:
Joseph – Der Revolutionär (1959)
Helmi Mareich als Josepha und Joseph Hendrichs als Joseph II.

rechte Seite:
Josephine (1959)
Blanche Aubry als Napoleons wilde Gattin Josephine Beauharnais.

Hermann Bahrs Leitmotiv ist die tiefe seelische Kluft zwischen Mann und Frau, die er 1897 so charakterisiert: „*Das Weib will spielen, Abwechslung haben, veränderlich sein, der Mann gedeiht in der Einförmigkeit, das Weib verzweifelt daran.*"

Mankers Leidenschaft für die Werke Hermann Bahrs, dessen Stücke der geistreichen, schlagfertigen und prägnanten Wortkunst Arthur Schnitzlers und Hugo von Hofmannsthals verwandt sind, manifestiert sich in Mankers weiteren Inszenierungen dieses Autors, „Wienerinnen" (1960 und 1977) und „Das Konzert" (1971), sowie einer umfassenden Sammlung von Erstausgaben der Dramen, Prosa, Tagebücher und Essays Hermann Bahrs, die Manker zeitlebens mit bibliophiler Leidenschaft zu komplettieren sucht.

Guido Weinberger
♦ JOSEPH – DER REVOLUTIONÄR
Regie GM / BB & K: Maxi Tschunko / M: Robert Leukauf
mit Joseph Hendrichs (Joseph II.), Maria Waldner (Maria Theresia), Susi Peter (Maria Christine), Maria Urban (Isabella), Karl Blühm (Rosenberg), Karl Ehmann (Störk), E. A. Georges (Martini), Anton Gaugl (Ropbauer), Helmi Mareich (Josepha), Egon Jordan (Kaunitz), Ernst Nadherny (Starhemberg), Rudolf Strobl (Colloredo), Sieghardt Rupp (Podstatzky), Aladar Kunrad (Kardinal), Kurt Sowinetz (erste Maske), Ernst Meister (De Grez), Elisabeth Epp (Clary), Helene Lauterböck (Kinsky), Heinrich Trimbur (ungarischer Graf), Edd Stavjanik (zweite Maske), Hans Rüdgers (Rauttenstrauch), Anton Gaugl (Ropbauer), Helmi Mareich (Josepha), Oskar Willner (belgischer Bischof), Herbert Prodinger (Gildemeister)
2. April 1959, Volkstheater (Sonderabonnement)

1959

Gustav Mankers Bearbeitung von G. E. Lessings „Miss Sara Sampson" komprimiert 1959 das Stück und streicht alle kontemplativen Elemente. Auch lässt sie Melfont nicht nach dem Dolch zum Selbstmord greifen, sondern am Leben.

Gotthold Ephraim Lessing
◆ MISS SARA SAMPSON
Regie GM & Einrichtung / BB & K: Maxi Tschunko
mit Traute Wassler (Sara), Aladar Kunrad (Melfont), Dita Zaar (Marwood), Hans Frank (Sampson), Edd Stavjanik (Norton), E. A. Georges (Waitwell), Helene Lauterböck
4. Mai 1959, Volkstheater (Außenbezirke)

Ferdinand Raimund
◆ DER VERSCHWENDER
Regie GM / BB: Hans Joachim Weygold
mit Walter Kohut (Valentin), Eva Petrus (Rosa), Norbert Ecker (Flotwell), Fritz Haneke (Wolf), Kristin Hausmann (Cheristane), Gustav Dieffenbacher (Juwelier)
28. Juni 1959, Luisenburg Festspiele Wunsiedel

1959 entwirft Gustav Manker bei den Salzburger Festspielen für Hofmannsthals „Der Turm" in der Felsenreitschule das Bühnenbild. Es ist nach 25 Jahren eine Wiederkehr an jenen Ort, an dem er unter Max Reinhardt als Student in Goethes „Faust" einen Handwerksburschen gespielt hat. Unter der Regie von Ernst Lothar spielen Maximilian Schell den Sigismund und Ernst Ginsberg den König. Die Cinemascope-Inszenierung setzt sogar Bundesheereinheiten als Statisten ein.

Hugo von Hofmannsthal
• DER TURM
Bühnenbild GM / Regie: Ernst Lothar
mit Maximilian Schell (Sigismund), Ernst Ginsberg (König Basilius), Ullrich Haupt (Gouverneur), Matthias Wiemann (Arzt), Peter Broglé (Kinderkönig), Kurt Sowinetz (Simon), Ernst Meister, Erich Auer, Martha Wallner, Adrienne Gessner
31. August 1959, Salzburger Festspiele (Felsenreitschule)

Gustav Manker (1959)
In Salzburg entwirft Manker ein Bühnenbild für die Felsenreitschule, in der er als Schauspielschüler 1934 unter Max Reinhardt aufgetreten ist.

Der Turm (1959)
Maximilian Schell als Prinz Sigismund und Ernst Ginsberg als König in Ernst Lothars Inszenierung in der Salzburger Felsenreitschule.

1959

SAISON 1959/1960

„Die Räuber" in der „Mannheimer Fassung" des erst 20jährigen Friedrich Schiller markiert im Herbst 1959 einen Einschnitt im Leben des 46jährigen Gustav Manker, der mit dieser Aufführung seinen bis dahin größten Erfolg feiert. Als Prolog spricht Sieghardt Rupp in der Maske Friedrich Schillers Teile der Vorrede der Buchausgabe von 1781, und während er die Charaktere der beiden feindlichen Brüder Franz und Karl entwirft, hebt sich erst rechts, dann links der Vorhang und man sieht einleitende Monologteile der beiden. Erst dann beginnt das eigentliche Stück. In Mankers Simultan-Bühnenbild ist die rechte Seite Franz und den Schlossszenen, die linke Karl und den Räubern zugeordnet. Im letzten Akt wird die Trennung aufgelöst, sodass beim Angriff der Räuber auf das Schloss die beiden Ebenen ineinander fließen.

Die Räuber (1959)

unten:
Gustav Mankers Simultanbühne, deren rechte Seite Franz Moor und dem Schlosss, die linke Karl Moor und den Räubern zugeordnet ist.

rechte Seite:
Walter Kohut als Franz Moor.

Friedrich Schiller
♦ • **DIE RÄUBER**
Regie & Bühnenbild GM (Neueinrichtung unter Verwendung der „Mannheimer Fassung" von 1781) / K: Maxi Tschunko
mit Aladar Kunrad (Karl), Walter Kohut (Franz), Traute Wassler (Amalia von Edelreich), E. A. Georges (Der alte Moor), Ernst Meister (Spiegelberg), Edd Stavjanik (Roller), Herbert Prodinger/Rudolf Kautek (Schweizer), Klaus Höring (Grimm), Peter Göller (Razmann), Harry Fuss (Schufterle), Gottfried Herbe (Schwarz), Kurt Sowinetz (Hermann), Benno Smytt (Daniel), Hans Frank (Pastor Moser), Viktor Gschmeidler (Magistratsperson), Sieghardt Rupp (Vorrede)
Zur Feier des 200. Geburtstages Friedrich von Schillers
13. September 1959, Volkstheater

Der Schriftsteller Hans von Flesch-Brunningen schreibt seinem Cousin Gustav Manker am Tag nach der erfolgreichen Premiere einen Brief, in dem er ihn ermutigt, Wien zu verlassen um „*ins Herz der Dinge*" zu treten: „*Ich glaube, du hast dich mit dieser Inszenierung in die erste Reihe der Regisseure gestellt. Und der Bühnenbildner. Ich habe seit der Reinhardt-Inszenierung anno 1911 (!) die ‚Räuber' noch nie so lebendig und mitreißend gesehen! Der Vorspann, nach der schillerischen Einleitung, war ein genialer Gedanke. Ebenso genial die Inszene mit der ‚Magistratsperson' und die Schüsse in den Zuschauerraum. Wunderbar auch die Idee, den Franz im Gespräch mit Hermann in ein üppiges Bett zu legen. Überhaupt fand ich es totrichtig, den jungen Schiller als das darzustellen, was er in Bezug auf die Weiblichkeit auch war: als einen unerfahrenen Sex-Maniaken. Man lese nur seine schwuelen Gedichte an die Frau Kalb!*

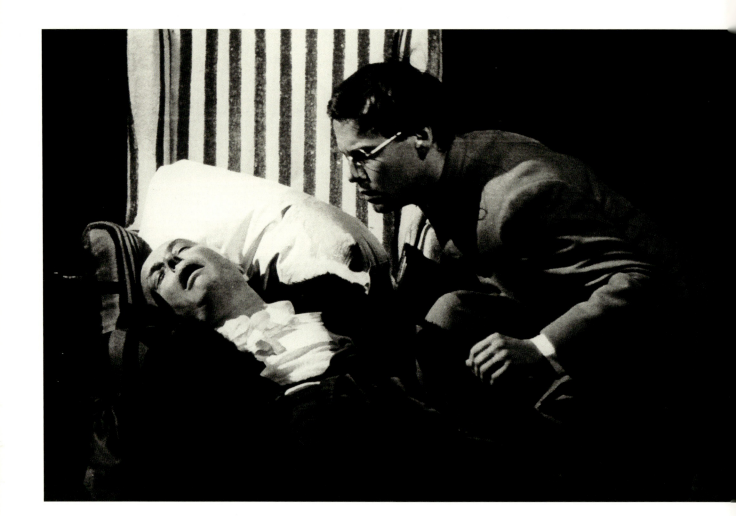

Die Räuber (1959)

oben:
Walter Kohut (Franz Moor) und E. A. Georges (Alter Moor).

rechte Seite:
Aladar Kunrad (Karl Moor) mit Klaus Höring (Grimm), Herbert Prodinger (Schweizer) und der Räuberbande Ernst Meister, Peter Göller, Harry Fuss, Edd Stavjanik und Gottfried Herbe.

Auch die Zweiteilung der Bühne, die erst dann in Eines zusammenfließt, war ausgezeichnet. Wie gut auch die Striche, wie klar herausgearbeitet der ganze Plan, wenn man den Kosinski und den Pater weglässt! – Wunderbar, aufregend und ganz vortrefflich also. Das Einzige, was mich persönlich gestört hat und worüber man sprechen könnte, war die Auffassung des Spiegelberg als jüdischen Bösewicht. Mag es aus dem Text herauszulesen sein oder nicht – ich glaube, es ist im Jahre 1959 noch zu gefährlich, in einem Gewerkschaftstheater in Wien den Juden als den Anstifter alles Bösen und Verräterischen hinzustellen. Jedenfalls ist es originell, ich habe es noch niemals gesehen. Ist es nicht die höchste Zeit, dass du an einem erwachsenen Theater und in einer erwachsenen Stadt ein großer Regisseur wirst? Denn man mag Wien und auch dem Volkstheater alles Gute nachsagen – ein Platz für Erwachsene sind sie nicht. Da ist alles in dieser Stadt bubenhaft, weiberhaft, kleinlich und auch ein wenig abseits. Ultima Thule im deutschen Sprachraum. Ein Vorposten, sehr ehrenhaft, vielleicht einmal sogar eine Brücke, wenn es Torberg und Weigel zulassen – Du gehörst ins Herz der Dinge, glaube mir!"

Am 2. Oktober 1958 stirbt der Schauspieler Karl Skraup kurz nach seinem 60. Geburtstag bei Dreharbeiten in München. Gustav Manker hat seit 1938 über 50 Mal mit ihm zusammengearbeitet, darunter 1948 bei seiner ersten Nestroy-Inszenierung „Kampl" und bei Nestroys „Der Talisman", „Mein Freund" und „Lumpazivagabundus"; Skraup war der Buchhalter Kringelein in „Menschen im Hotel", der Pastor in „Frau Warrens Gewerbe", er spielte den dienstbaren Geist Azur in Raimunds „Der Verschwender" und das hohe Alter in „Der Bauer als Millionär".

Jean-Paul Sartre
♦ **DAS SPIEL IST AUS** (ÖEA)
Regie GM / BB: Georg Schmid / K: Maxi Tschunko / M: Paul Kont / Bearbeitung: Günther Fleckenstein
mit Traute Wassler (Eve Charlier), Egon Jordan (Eves Vater), Aladar Kunrad (André Charlier), Kurt Sowinetz (Buckliger), Dorothea Neff (Madame B), Hans Rüdgers (Diktator), Rudolf Strobl (Milizführer), Maria Urban (Lucette), Gustav Dennert (Diener), Lia Lange (Dame), Viktor Gschmeidler (Dixonne), Heinrich Trimbur (Pierre), Oskar Willner (Landrieu), Peter Göller (junger Mann), Klaus Höring (Paolo), Carlheinz Friese (Ausrufer), Helene Lauterböck (Vornehme Dame)
30. Oktober 1959, Volkstheater

Vorspiel

Franz: Ich habe große Rechte über die Natur ungehalten zu sein und, bei meiner Ehre, ich will sie geltendmachen.

Karl: Mir ekelt vor diesem tintenklexenden Säkulum, wenn ich in meinem Plutarch lese, von großen Menschen.

Spiegelberg: Den Josephus mußt Du lesen.

Franz: Warum bin ich nicht der Erste aus Mutterleib gekrochen, warum nicht der Einzige? Wer hat der Natur die Vollmacht gegeben, jenem dieses zu verleihen und mir vorzuenthalten? Warum ging sie so parteiisch zu Werke?

Karl: Der Lohe Lichtfunke Prometheus' ist ausgebrannt, dafür nimmt man jetzt Theaterfeuer, das keine Pfeife Tabak anzündet. Da krabbeln, wie die Ratten auf der Keule des Herkules und studieren sich das Mark aus dem Schädel, was das für ein Ding sei, das er in seinem Hoden geführt hat. Ein französischer Abbé doziert Alexander sei ein Hasenfuß gewesen, ein schwindsüchtiger Professor, hält sich bei jedem Wort ein Fläschchen Salmiakgeist vor die Nase und liest ein Kollegium über die Kraft. Kerls, die in Ohnmacht fallen, wenn sie einen Buben gemacht haben, kriteln über die Taktik des Hannibal — feuchtohrige Buben greinen über die Siege des Scipio, weil sie sie exponieren müssen.

Spiegelberg: Das ist ja recht alexandrinisch geflennt.

Karl: Schöner Preis für Euren Schweiß in der Feldschlacht, dass Ihr jetzt in Gymnasien

---

VORSP.

Man nehme dieses Schauspiel für nichts anderes als eine dramatische Geschichte, die die Vorteile der dramatischen Methode, die Seele gleichsam bei ihren geheimsten Operationen zu ertappen, benutzt.

Die Ökonomie desselben machte es notwendig, dass mancher Charakter auftreten mußte, der das feinere Gefühl beleidigt. Jeder Menschenmaler ist in diese Notwendigkeit versetzt, wenn er anders eine Kopie der wirklichen Welt und keine idealischen Affektationen will geliefert haben. Wer sich den Zweck vorgezeichnet hat, das Laster zu stürzen und Religion, Moral und bürgerliche Gesetze an ihren Feinden zu rächen, ein solcher muss das Laster in seiner nackten Abscheulichkeit enthüllen.

Ich habe versucht, von einem Mißmenschen dieser Art ein treffendes, lebendiges Konterfei hinzuwerfen und die vollständige Mechanik seines Lastersystems auseinander zu gliedern. Aber noch mehr. Dieser unmoralische Charakter musste von gewissen Seiten glänzen, ja oft von Seiten des Geistes gewinnen, was er von Seiten des Herzens verliert. Wenn es mir darum zu tun ist, ganze Menschen hinzustellen, so muß ich auch ihre Vollkommenheiten mitnehmen, die auch den Bösesten nie ganz fehlen.

Nächst an diesem stehet ein anderer, ein Geist, den das äußerste Laster nur reizet, um der Größe willen, die ihm anhänget, um der Kraft willen, die es erheischet, um der Gefahren willen, die es begleiten. Ein merkwürdiger, wichtiger Mensch, ausgestattet mit aller Kraft notwendig entweder ein Brutus oder ein Catilina zu werden. Unglückliche Konjunkturen entscheiden für das Zweite und erst am Ende einer ungeheuren Verirrung gelangt er zu dem Ersten. Falsche Begriffe von Tätigkeit und Einfluss, Fülle von Kraft, die alle Gesetze übersprudelt, mußten sich natürlicherweise an bürgerlichen Verhältnissen zerschlagen, und zu

GUSTAV MANKERS SIMULTAN-BÜHNENBILDER

Simultane Schauplätze, auf denen unterschiedliche Handlungen gleichzeitig ablaufen können, lassen sich in Gustav Mankers Bühnenbildern bereits sehr früh als eine Vorliebe erkennen. Diese Ideen stehen deutlich unter dem Einfluss des jungen Medium Films, das sich der Parallelmontage und Split Screens bedient, Montage und Gegenmontage verwendet und sich so die Zeit zum Untertan macht. Schon in der Maturaarbeit zeigt Manker eine Faszination für die neuen Möglichkeiten, die er bei Erwin Piscator in Berlin bereits in Anwendung weiß und die er mit der Mysterienbühne des Mittelalters vergleicht, bei der Himmel, Erde und Hölle gleichzeitig zu sehen sind.

Die Vollendung einer solchen Idee erreicht Gustav Manker 1959 bei seiner berühmten Inszenierung von Schillers „Die Räuber", für die er selbst das Bühnenbild entwirft. Erst nach einem Vorspiel beginnt die Handlung auf einer zweigeteilten Bühne, deren rechte Seite Franz Moor und den Schlossszenen, die linke Karl Moor und den Räubern zugeordnet ist. In der Schlussszene, beim Angriff der Räuber auf das Schloss, wird das Prinzip aufgelöst, es fließen die beiden Ebenen ineinander. In dieser Inszenierung, die zu seinen größten Erfolgen zählt, wird auch Schillers Text diesem Konzept untergeordnet und Teile der Vorrede zur Buchausgabe von 1781 als Prolog vorangestellt.

Bevor das Stück beginnt, tritt in der Maske Friedrich Schillers Sieghardt Rupp vor den Vorhang und spricht diese Vorrede:

„Man nehme dieses Schauspiel für nichts Anderes, als eine dramatische Geschichte, welche die Vorteile der dramatischen Methode, die Seele gleichsam bei ihren geheimsten Operationen zu ertappen, benutzt. Die Ökonomie desselben machte es notwendig, dass mancher Charakter auftreten musste, der das feinere Gefühl der Tugend beleidigt und die Zärtlichkeit unserer Sitten empört. Jeder Menschenmaler ist in diese Notwendigkeit gesetzt, wenn er anders eine Kopie der wirklichen Welt und keine idealischen Affektationen will geliefert haben. Wer sich den Zweck vorgezeichnet hat das Laster zu stürzen und Religion, Moral und bürgerliche Gesetze an ihren Feinden zu rächen, ein solcher muss das Laster in seiner nackten Abscheulichkeit enthüllen."

Und während nun die Charaktere der feindlichen Brüder Karl und Franz Moor beschrieben werden, hebt sich erst rechts, dann links der Vorhang, zeigt die Schauplätze von Franz' und Karls Welt und man hört Monologteile der beiden, die in den Prolog eingebettet sind:

Franz Moor:
„Ich habe große Rechte, über die Natur ungehalten zu sein, und, bei meiner Ehre! Ich will sie geltend machen."

Der Prolog setzt fort:
„Ich habe versucht, von einem Missmenschen dieser Art ein treffendes, lebendiges Konterfei hinzuwerfen, die vollständige Mechanik seines Lastersystems auseinander zu gliedern. Aber noch mehr. Dieser unmoralische Charakter musste von gewissen Seiten glänzen, ja oft von Seiten des Geistes gewinnen, was sie von Seiten des Herzens verliert. Wenn es mir darum zu tun ist, ganze Menschen hinzustellen, so muss ich auch ihre Vollkommenheiten mitnehmen, die auch dem Bösesten nie ganz fehlen. – Nächst an diesem steht ein Anderer..."

Karl Moor:
„Mir ekelt vor diesem tintenklecksenden Säkulum, wenn ich in meinem Plutarch lese von großen Menschen."

Prolog:
„...ein Geist, den das äußerste Laster nur reizet um der Größe willen, die ihm anhänget; um der Kraft willen, die es erheischet; um der Gefahren willen, die es begleiten. Ein merkwürdiger, wichtiger Mensch, ausgestattet mit aller Kraft, nach der Richtung, die diese bekommt, notwendig entweder ein Brutus oder ein Catilina zu werden. Unglückliche Konjunkturen entscheiden für das Zweite, und erst am Ende einer ungeheuren Verirrung gelangt er zu dem Ersten."

Die Räuber (1959)

links oben:
Simultanbühnenbild.

links unten:
Regiebuch mit Prolog und den Monologteilen von Franz und Karl Moor.

Zu ebener Erde und erster Stock (1967)
Verbindung der beiden Ebenen durch das Fenster.

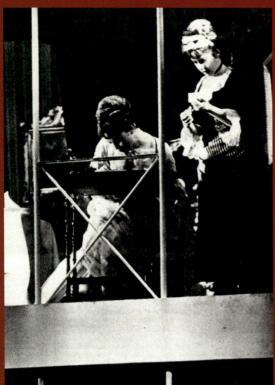

Zehn Jahre zuvor hat Gustav Manker eine ganz andere Simultanbühne entdeckt: Johann Nepomuk Nestroy verwendet bereits 1835 ein zweigeteiltes Bühnenbild. In seiner Posse „Zu ebener Erde und erster Stock", in der die Handlung zugleich in ein und demselben Hause in der Wohnung des Spekulanten Goldfuchs im ersten Stock und in der Wohnung der armen Tandlerfamilie Schlucker im Erdgeschoss spielt, dient sie als Vorlage für burleske Verwicklungen und Intrigen zwischen oben und unten, zwischen arm und reich. Die beiden Schauplätze sind durch ein Fenster an der Front verbunden, über das Liebesbriefe ausgetauscht und Verwechslungen initiiert werden. Durch die „Launen des Glücks" ändern sich die Konstellationen im Laufe des Stücks, der Spekulant verarmt, die Tandler gewinnen im Lotto, die beiden Familien tauschen Wohnungen. Bei Manker ist sogar dies sichtbar, er fügt den beiden Schauplätzen noch ein Stiegenhaus hinzu, dessen Bespielung nicht nur den Wechsel zwischen den Stockwerken sichtbar macht, sondern auch zusätzliche Pointen liefert.

Dieses komplizierte Spiel der Gleichzeitigkeit nutzt Nestroy genial zur Darstellung eines Querschnitts des Lebens, das den „Launen des Glücks" unterworfen ist. Die kommunistische Volksstimme nennt dies eine „monströse Etagenordnung" und sieht bereits die Revolution von 1848 heraufdämmern. Die Sensation eines solchen Bühnenbildes war zu Nestroys Zeiten so enorm, dass das Publikum das Theater stürmte, nur um diese aufregende, für sie neue Bühnenlösung zu sehen. Gustav Manker inszeniert das Stück erstmals 1949 im eigenen Bühnenbild am Volkstheater, 1967 wird er dies erneut tun.

Noch komplizierter geht es bei Nestroys zwei Jahre später geschriebenen Posse „Das Haus der Temperamente" zu: hier ist die Bühne sogar viergeteilt, die Wohnungen sind unter vier Familien aufgeteilt, wie sie unterschiedlicher nicht sein können: sie verkörpern mit jeweils Vater, Tochter und Sohn die menschlichen Temperamente cholerisch, phlegmatisch, melancholisch und sanguinisch. Es versteht sich von selbst, dass sich die Kinder der jeweils gegensätzlichen Temperamente ineinander verlieben und eine Fülle grotesker Situationen hervorrufen. Mit mathematischer Präzision verzahnt Nestroy die Schicksale, er komponiert ein psychologisches Kolleg in einem „überfallsartigen Weltbild". Verbunden sind diese Komplikationen durch die Hausangestellten Friseur, Kleiderputzer und Stubenmädchen. Gut möglich, dass das große Interesse an seinem Simultanstück „Zu ebener Erde und erster Stock" Nestroy dazu bewogen hat, noch eine „geometrische Komödie" als theatertechnisches Experiment zu schreiben. Zu lesen ist das Manuskript fast gar nicht, zu verstehen kaum, aufzuführen nur schwer. Max Reinhardt hat es zweimal versucht, zur Aufführung kam es nie. Die Konfusion geht so weit, dass sich Schauspieler im Erdgeschoss wundern, warum das Publikum über sie lacht, weil sie nicht ahnen, dass über ihnen im ersten Stock eine andere Szene der Grund dafür ist. Viermal wagt sich Gustav Manker in seinem Leben an diese Symphonie aus Rhythmus und grotesker Komik, die mehr eines Dirigenten denn eines Regisseurs bedarf. Nestroys Szenenanweisungen kommen außerdem Mankers Purismus entgegen:

hochrot das Zimmer der Choleriker, lichtgelb die Malerei des phlegmatischen Zimmers, grau mit dunkler Verzierung und „so düster als möglich" die Melancholiker. Sanguinisch: die Malerei ist himmelblau oder rosenrot. Hippokrates erklärt die vier Temperamente: Sanguiniker (*sanguis* für Blut), Phlegmatiker (*phlegma* für Schleim), Choleriker (*cholé* für gelbe Galle) und Melancholiker (*melan cholé* für schwarze Galle).

Bereits in seiner Maturaarbeit begrüßt der 19jährige Schüler Manker 1933 begeistert die Möglichkeiten der Gleichzeitigkeit verschiedener Handlungen auf neben- und übereinander liegenden Spielkammern und erklärt es zum „neuen dramatischen Prinzip" für eine Umsetzung des modernen Dramas:

„Die Simultanbühne der Mysterien des Mittelalters scheint wieder gebildet von jeder Szene, die nebeneinander aufgebaut, durch einen Scheinwerferkegel jedes Mal das Spiel heraushebt. Gleichzeitige Vorgänge des Dramas spielen auch gleichzeitig und nebeneinander. Auch der Film unterstützt diese Verdichtung der Zeit. Aus dieser Vielfalt der Bilder und Eindrücke wird auf diesen Bühnen eine neue Einheit des Ortes und der Zeit geschaffen, von der Aristoteles, Racine oder Schiller noch nichts ahnen konnten!"

Die Simultanbühne war die dominierende Bühnenform der geistlichen Mysterienspiele im Mittelalter, wo zeitlich aufeinander folgende Szenen wie Himmel und Hölle nebeneinander aufgebaut werden, meist rund um einen Marktplatz. Es werden dafür eigene Schaugerüste aufgebaut, auf denen die Mysterienspiele zur Aufführung gelangen. Jedes Gerüst stellt einen anderen Ort dar, sodass die einzelnen Stationen der Heilsgeschichte räumlich gegliedert werden. In der Regel wird ein Schauplatz chronologisch nach dem anderen benutzt, aber auch gleichzeitige Aktionen sind möglich. Akteure und Zuschauer bewegen sich dabei von Ort zu Ort, sodass kein Auf- und Abtreten der Schauspieler vonnöten ist. Auf diese Weise entsteht der Eindruck eines ganzheitlich geordneten Kosmos, der öffentliche Raum wird zu einem Panorama, in dem etwa die Darstellung des Sündenfalls mit der Versuchung Christi korrespondiert.

Im 20. Jahrhundert entstehen im Zuge der Infragestellung der Guckkastenbühne bald neue Formen der Simultanbühne. Wie Piscator in Berlin, so sieht auch Bertolt Brecht in der Simultantechnik der neuen Bühnenform die Möglichkeit einer umfassenden Information des Publikums mittels Spruchband, Projektion oder Schrifttafel, um das politische Bewusst-sein dialektisch-distanzierend zu schärfen.

1934 erhält Gustav Manker durch Eintritt in Max Reinhardts Schauspiel- und Regieseminar Gelegenheit, selbst in einem der berühmtesten Simultanbühnenbildern seiner Zeit aufzutreten: Reinhardt rekrutiert seine Studenten für die Salzburger Festspiele und Manker betritt im Osterspaziergang Clemens Holzmeisters Fauststadt, eine Darstellung des polyphon-urbanen mittelalterlichen Lebens in der Felsenreitschule. Genauestens studiert Manker den Bühnenbau und notiert

Das Haus der Temperamente (1953) Nestroys vier-geteilte Bühne beherbergt in komplizierter Dramaturgie die vier menschlichen Temperamente.

die Choreographie der Szenen auf einer Postkarte. 25 Jahre später wird Manker für Hugo von Hofmannsthals „Der Turm" in der Felsenreitschule das Bühnenbild für Ernst Lothar entwerfen und dafür seine eigene kleine Stadt aufbauen.

Natürlich ist auch die Shakespeare-Bühne eine Simultanbühne. Besonders die vertikale Gliederung, die bis zu fünf Spielebenen einsetzt, inklusive Unterbühne und Musikerbalkon, lässt sich bereits in den Dialogen erkennen, am berühmtesten in der Balkonszene von „Romeo und Julia". Für Shakespeares „Viel Lärm um Nichts" entwirft Manker 1939 sein erstes Simultanbühnenbild, die Fassade eines Renaissancepalastes mit drei Stockwerken auf Basis der Shakespeare-Bühne, auf denen alle Schauplätze vereint sind und auf denen natürlich auch gleichzeitig gespielt werden kann. Diese Simultanbühne bietet die ideale Lösung für die Vielzahl sich überschneidender Handlungen, etwa wenn im zweiten Stock die Hochzeit stattfindet, während abseits im dritten Stock die Verschwörer agieren.

Ein weiteres Simultanbühnenbild (vom lateinischen simul: zugleich) entwirft Manker 1943 bei Schillers „Maria Stuart", wobei er jeder der feindlichen Königinnen eine Hälfte der Bühne zuteilt und schwarz und weiß gestaltet, links die Regentin, rechts die Gefangene. Ein Höhepunkt der Zweiteilung ergibt sich am Ende des Stückes, als sich Maria Sruart im Gebet auf den Tod vorbereitet, während auf der anderen Seite Elisabeth die Mitteilung ihrer Hinrichtung erwartet. Nur einmal verschmelzen die beiden Welten miteinander: in der Parkszene, der einzigen Begegnung der Königinnen im Stück, bilden die beiden Räume ein Ganzes. Die Konzeption der über Schiller hinausgehenden Simultaneität weist deutlich Parallelen zu Ferdinand Bruckners Drama „Elisabeth von England" aus dem Jahr 1931 auf, bei dem die Zweiteilung vom Autor bereits vorgesehen ist. Die Simultaneität in Schillers Drama wird aber auch später noch als Bühnenlösung verwendet, bei Ingmar Bergman im Jahr 2000 im Dramaten in Stockholm verläuft die Teilung zum Beispiel horizontal, auf einer Ober- und Unterbühne, auf der Elisabeth und Maria immer in Hörweite voneinander sind.

Für „Mirandolina" entwirft Manker für den Regisseur Günther Haenel bereits 1942 ein simultanes „Spielgerüst" auf der Drehbühne, das aus Türen und Zimmern, Galerien, Balkonen und praktikablen Treppen besteht, das in vier Einstellungen rasche Szenenwechsel ermöglicht.

Vor Mankers Haustür hat der österreichische Ärztedichter Karl Schönherr in seinem Stück „Her Doktor, haben Sie zu essen?" von 1933, das der 20jährige Gustav Manker, gerade dem Gymnasium entwachsen, am Burgtheater sieht, die Bühne bereits vielfach aufgeteilt: in seinem Ärztedrama sind die verschiedenen Schauplätze *„wie die Laden eines Apothekerschreins"* aneinandergefügt. Im ersten Stock dominiert ein großer Einheitsraum, der zunächst das Büro eines Rechtsanwaltes, dann den Festsaal der Universität beherbergt. Darunter sind drei kleine Zimmerchen angefügt, die eine Arztpraxis, die Wohnung der Kurpfuscherin und eine Studentenbude zeigen, im zweiten Teil ein Laboratorium, das Prüfungszimmer der Universität und den Versammlungsraum. Der Bühnenbildner ist Remigius Geyling, Ausstattungschef des Burg-theaters und Erfinder der Bühnenprojektion, der, wie die Presse begeistert schreibt, die einzelnen Szenen effektvoll *„aufglühen und erlöschen"* lässt. Anzunehmen, dass Manker diese meisterliche Umsetzung seiner Ideen beeindruckt hat. Erwin Piscator, der Ideengeber, und dessen Bühnenbildener Traugott Müller waren weit, in Berlin, und deren bahnbrechende Arbeiten lagen auch schon einige Jahre zurück. Hier war, in einem zeitgenössischen, österreichischen Drama, dem Prinzip der Gleichzeitigkeit zu einem glänzenden Sieg verholfen.

Maria Stuart (1943)

Zu ebener Erde und erster Stock (1948)

Herr Doktor, haben Sie zu ess

Da die Guckkastenbühne immer noch der leidigen Zentralperspektive unterworfen ist, sind die Möglichkeiten für Simultanität in landläufigen Theaterbauten gering, dennoch sehen zeitgenössische Autoren sie in ihren Stücken vor. Ferdinand Bruckner tut dies bereits 1928 mit seiner Theatersensation „Die Verbrecher", die er sogar auf einer siebengeteilten Bühne ansiedelt. Bruckner stellt Personen einer Mietergemeinschaft in seine Bühnenzellen, die sich im Laufe des Stückes schuldig machen. Die eigentlichen Verbrecher aber, die mit „Bequemlichkeit des Herzens", „Trägheit des Verstandes" und „Verleugnung des Gemeinschaftsgedankens" den Ursprung der Verbrechen bilden, werden nicht bestraft. Bruckners Großstadthaus beherbergt Erpresser, Diebe, Zuhälter, Ausgestoßene, Verirrte. Das Stück, einer der größten Erfolge der Theatermetropole Berlin, in dem Hans Albers für die Bühne entdeckt wird, bietet ein Zeitbild im Querschnitt, das durch Verwendung und Erneuerung der mittelalterlichen Simultanbühne gezeigt wird. Durch Herausleuchten einzelner Schauplätze wird die Konzentration jeweils auf eine bestimmte Spielkammer gerichtet, erst am Aktschluss verdichtet sich das Geschehen zu einer gleichzeitigen Aktion. Um die Grundidee noch mehr zu unterstreichen, lässt Bühnenbildner Oskar Strnad bei Aufgehen des Vorhanges, noch während die Zuschauer ihre Plätze einnehmen, eine geschlossene Hausfront sehen. Erst nach dem Dunkelwerden wird sie hochgezogen und gibt den Blick frei auf „*die blutenden Eingeweide des Hauses*". Felix Salten nennt Bruckners Idee eine *"gleichsam orchestrierte oder doch vielstimmig instrumentalisierte Bühne"*. Der Reiz des Ungewöhnlichen findet lückenlos Beachtung, es fällt der Ausdruck vom „*Verbrecher-Film*". Das „Kleine Volksblatt" berichtet spitz, man hätte die Stockwerkbühne „*immer nur schluckweise*" erhellt. In der Anordnung der Räume geht Strnad einen anderen Weg, als Bruckner ihn vorschreibt. Er nimmt zwei Schauplätze vom optisch ungünstigen 3. Stockwerk herunter und belässt nur die wenig bespielte Mansarde in der letzen Etage. Den links und rechts frei gewordenen Platz kaschiert er mit Brettervorschlägen, die den Eindruck der Ärmlichkeit noch verstärken. Der französische Regisseur Georges Pitoëff staffelt 1929 Bruckners Räume noch etwas anders, nämlich asymmetrisch verschachtelt und in sich abgestuft. Manker inszeniert „Die Verbrecher" 1963 als „*wirkliche Theatertat*" am Volkstheater, die Presse beschreibt den „*faszinierenden Abend*" so: „*Licht, Dunkel, Schrei und Flüstern, Musik und Stille werden auf siebenfach sich überschneidenden Ebenen aufeinander eingestimmt.*"

1931 kommt dann Bruckners „Elisabeth von England" in Berlin heraus. Hier zeigt die Zweiteilung den Kampf der beiden Weltmächte Spanien und England, Protestantismus und Katholizismus. Wenn im Escorial zu Madrid Philipp II. gegen die protestantische Ketzerin Elisabeth den Krieg beschließt, kämpft diese gleichzeitig im Kronrat zu London um den Frieden. An anderer Stelle flehen Engländer und Spanier, die einen in der Paulskirche in London, die anderen in der Basilika San Lorenzo in Madrid, simultan um den Sieg. So erfahren beide im selben Moment von der Vernichtung der spanischen Armada. Manker entwirft 1954 für „Elisabeth von England" für Karlheinz Stroux am Volkstheater das Bühnenbild, und ein Jahr später noch einmal an Stroux' eigenem Düsseldorfer Schauspielhaus.

In Bruckners historischer Tragödie „Timon" am Theater in der Josefstadt siedelt Manker 1948 die Handlung auf drei Ebenen an: das Volk agiert auf der Bühne, die Aristokratie auf der ersten Stufe und die leicht persiflierte Götterwelt hängt wie die Besatzung eines modernen Bombers in einem Gefährt vom Himmel herab. Mankers herbes Frühbarock zitiert hier die simultane Erzählweise der kirchlichen Kreuzwegstationen, auf denen das Simultantheater seinen Anfang genommen hat.

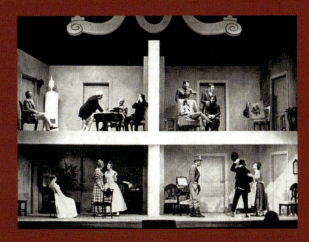

Das Haus der Temperamente (1965)

Die Verbrecher (1929)

oben:
70 Jahre Volkstheater (1959)
Gustav Manker (1. Reihe Mitte) und das Ensemble des Volkstheaters während der Festveranstaltung zum 70jährigen Bestehen des Hauses.
1. Reihe: Harry Fuss, Margarete Fries, Otto Woegerer, Gustav Manker, Dorothea Neff, Unterrichtsminister Heinrich Drimmel und Bürgermeister Franz Jonas.
2. Reihe: Herbert Propst, Ernst Meister, Paola Loew, Klaus Höring, Albert Rolant, Erika Mottl, Helene Lauterböck und Ludwig Blaha.
3. Reihe: Erna Fettinger (Leiterin der Schneiderei), Franz Taberschack (Bühne), Trude Ullmann, Kurt Wolloch (Inspizient), Charlotte Fritz (Souffleuse) und (rechts außen) Heinz Petters.

links:
Glückliche Tage (1963)
Im Frühjahr 1963 inszeniert Gustav Manker (rechts) bei Veit Relin (links) am Ateliertheater am Naschmarkt Samuel Becketts „Glückliche Tage" mit Emanuel Schmied (2. von rechts) und Erika Ziha. Als Gage erbittet er nur einen kostbaren Kunstband, da an Relins Avantgarde-Bühne das Geld knapp ist.

rechte Seite:
Gustav Manker (1960)
Siesta bei den Luisenburg Festspielen in Wunsiedel.

1960

Anlässlich der Inszenierung von Hermann Bahrs „Wienerinnen" bricht im Januar 1960 eine öffentliche Kontroverse los, da ein Teil der Presse den versnobten Salonlöwen „Mohn" im Stück als jüdischen „Kohn" zu erkennen glaubt und Manker Antisemitismus vorwirft. Manker betont, seine Kritik gelte dem allgemeinen Snobismus und Kunstgeschwätz, und jenen, „*die um eines Witzes Willen ein Werk lächerlich machen und damit entwerten – jedoch ohne jede Untersuchung nach Konfession oder Rasse*" und schickt aus Salzburg, wo er sich zur Inszenierung von Mozarts „Die Entführung aus dem Serail" aufhält, ein Telegramm ans Ensemble: „*Bravo, Kinder. Genau die, gegen die es ging, jaulen vor Zorn. Fangt nur nicht an, vornehm zu werden. Reißt Euch zusammen, Kinder, wir spielen fürs Publikum.*" Das Ensemble kabelt zurück: „*Dem liebsten Regisseur innigen Dank für Aufmunterung. War sehr nötig. Sind aber wieder obenauf.*"

Hermann Bahr
♦ WIENERINNEN
Regie GM / BB & K: Erika Thomasberger
mit Harry Fuss (Architekt Josef Ullrich), Maria Urban (Daisy), Hilde Sochor (Marie Fischl), Kurt Sowinetz (Max Billitzer), Peter Göller (Fritzl), Iris Cramon (Risa), Helene Lauterböck (Emmy von Elsinger), Sieghardt Rupp (Ingenieur Eduard Stöhr), Oskar Willner (Mohn), Erna Schickel (Frau von Kanitz), Nina Semona (Frau von Reimann), Rosl Sladek-Dressler (Frau von Wallis), Lia Lange (Frau von Adel), Gerda Maren (Miss Cook), Evamaria Lubusch (Fräulein Seelig)
7. Januar 1960, Volkstheater

Mankers Telegramm gelangt an die Presse, die sich in ihren Vermutungen bestätigt fühlt und ihre Aggressivität steigert. Am 27. Januar formuliert Gustav Manker daraufhin eine Erwiderung:

„*Zu den im Anschluss an unsere Aufführung von Hermann Bahrs ‚Wienerinnen', in ‚Neues Österreich', ‚Arbeiter Zeitung', ‚Express' und ‚Heute' erschienenen Glossen und Pamphleten ist folgendes festzustellen:*
‚*Wienerinnen' wurde anfangs Dezember angesetzt und zu probieren begonnen als Ersatz für ein Stück mit Frau Rosar, die gerade zu Probenbeginn erkrankte. Die Gründe dafür waren:*
1. Wir haben ‚Wienerinnen' vor drei Jahren mit großem Presse- und Publikumserfolg in den Randgemeinden gespielt und fünf Rollen konnten mit den gleichen Schauspielern besetzt werden, was eine große Erleichterung für die besonders knapp gewordene Probezeit bedeutete.
2. Hermann Bahr wurde im Volkstheater mit sechs Stücken uraufgeführt (darunter auch ‚Wienerinnen'). Es schien uns richtig, ihn auch im Jubiläumsjahr zu Wort kommen zu lassen. Der Publikumserfolg, von dem Sie sich täglich überzeugen können, gibt uns recht.
3. Antisemitische Tendenzen waren darin weder bei der Akademietheater- (1932) noch Josefstadt- (1951) noch bei unserer Randgemeinden-Vorstellung festgestellt worden.
Was nun mein Telegramm an die Schauspieler nach der Premiere betrifft, welches Sie (allerdings nur im Auszug) zu veröffentlichen für nötig befanden, so bin ich der Meinung, dass es korrekt gewesen wäre, bei mir anzufragen, was ich damit sagen wollte, bevor Sie ihm eine Auslegung unterschieben, die in ihrer Absurdität ihresgleichen sucht.
Im Einzelnen: Die Bemerkung ‚Fangt nur nicht an ‚vornehm' zu werden' bezog sich auf einige Kritiken, die uns vorwarfen, das Milieu nicht nobel genug dargestellt zu haben. Ich bin gegen eine falschverstandene Noblesse, die glaubt, sie sei mit Durch-die-Nase-Reden hinlänglich dokumentiert. Wir wollten das vermeiden. Trotz der Kritik bei dieser Einstellung zu bleiben, war meine Aufforderung an die Schauspieler, die mich trotz der im Telegramm fehlenden Anführungszeichen verstanden haben.
Ferner: wer ist mit der Bemerkung ‚die, gegen die es ging, jaulen...' zu verstehen? Nicht nur ‚die Gassenbuben der guten Gesellschaft' (Bahr), sondern alle jene, die um eines Witzes willen ein Werk oder eine künstlerische Arbeit lächerlich machen und damit abwerten – jedoch ohne jede Untersuchung nach Konfession oder Rasse! Es ist dies eine alte Wiener Angewohnheit, denken sie an Van der Nüll und Siccardsburg (Oper), an Klimt, an Loos (Michaelaplatz), usw. Hofmannsthal (kein Antisemit) sagt: ‚Die Atmosphäre in Wien ist neidig, nörgelnd und stagnierend.' Wenn sich da auch der eine oder andere Herr von der Presse getroffen fühlte – bitte sehr. Aber warum diese Empfindlichkeit über diese kleine Spitze? Wir müssen uns jahraus, jahrein noch ganz andere Sachen von Euch sagen lassen, die weiß Gott nicht immer sachlich sind. (siehe Kritiken und Glossen zu ‚Wienerinnen'). Dass das Ganze durchaus nichts mit Antisemitismus zu tun hat, ist jedem Wohlmeinenden klar.
Ich finde Ihren Angriff auf mich und das Haus durchaus unberechtigt und in einem Ton geführt, der eher dazu angetan ist, das Ansehen der Presse als meines zu beschädigen. Wobei ich die in der letzten Nummer des ‚Heute' gebrachten hysterisch lausbübischen Exzesse ignorieren möchte."

Abschließend schreibt Gustav Manker an Kurt Kahl, den Redakteur der Zeitung „Heute":

„*1. In ‚Wienerinnen' kommt kein Jude vor. ‚Ihr seid das Unglück unseres Landes' bezieht sich auf die Nörgler und Spotter – ohne Hinweis auf Konfession oder Rasse. Das Wort ‚Chuzpe', das zu Missverständnissen Anlass gegeben hat, kommt in einem ganz anderen Zusammenhang, in einer anderen Szene vor und ist seit der dritten Vorstellung gestrichen.*
2. Ich empfehle Herrn Nenning sich endlich die Aufführung anzusehen und stehe zur Kartenbeschaffung zur Verfügung.
3. Eine Vertretung der jüdischen Glaubensgemeinschaft Wiens hat auf Wunsch die Vorstellung zur Information besucht und uns danach versichert, sie fände nicht den geringsten Anhaltspunkt, dass die Aufführung antisemitische Tendenzen zum Ausdruck bringen wolle. Diese Meinung ist mir kompetent."

rechte Seite:
Gustav Manker (1960)
während der Direktion von Leon Epp am Volkstheater.

1960

Am 24. Februar 1960 hat Gustav Mankers erste Operninszenierung, Mozarts „Die Entführung aus dem Serail", im eigenen Bühnenbild am Salzburger Landestheater Premiere.

W. A. Mozart
♦• DIE ENTFÜHRUNG AUS DEM SERAIL
Regie & Bühnenbild GM / K: Marlene Kirchner
mit Otto David (Selim Bassa), Marie Daveluy (Konstanze), Christine Mainka (Blonde), Oscar Steiger (Belmonte), Gale Doss (Pedrillo), David Couzyn (Osmin)
Salzburger Mozart-Woche 1960
24. Januar 1960, Landestheater Salzburg

In der 70-Jahr-Jubiläumssaison des Volkstheaters inszeniert Gustav Manker Ludwig Anzengrubers „Der Fleck auf der Ehr", das Eröffnungsstück von 1889.

Ludwig Anzengruber
♦ DER FLECK AUF DER EHR'
Regie GM / BB: Willi Bahner / K: Erika Thomasberger
mit Ernst Nadherny (Pfarrer Gottwalt), Rose Renée Roth (Seraphine), Leopold Esterle (Andrä Moser), Rudolf Strobl (Philipp Moser), Hilde Sochor (Franzl, sein Weib), Paula Pfluger (Christine), Fritz Muliar (Hubmayr), Oskar Wegrostek (Wirt)
6. März 1960, Volkstheater

Dylan Thomas
• DER DOKTOR UND DIE TEUFEL (ÖEA)
Bühnenbild GM / Regie: Leon Epp
mit Otto Woegerer (Broom), Kurt Sowinetz (Fallon), Paola Loew (Alice), Dorothea Neff (Nelly), Heinrich Trimbur (Rock)
25. März 1960, Volkstheater (Sonderabonnement)

Lord Byron
♦ KAIN (CAIN)
Regie GM / BB & K: Hansheinrich Palitzsch
mit Ludwig Schwartz (Adam), Elfriede Gallmann (Eva), Hanns Otto Ball (Cain), Norbert Hansing (Abel), Dagmar Thomas/Marta Jenisch (Zillah), Priska Stadler (Adah), Fred Ketzer (Lucifer), Hans Faber (Engel des Herrn)
2. April 1960, Landestheater Linz (Kammerspiele)

In der Nacht vom 20. Mai 1960 erleidet Gustav Manker eine Herzattacke. Die Schlussproben zur Festwochenproduktion von Georg Büchners „Dantons Tod" übernimmt sein Assistent Erich Margo, Mankers Proben zur Schulaufführung von Frank Wedekinds „Frühlings Erwachen" am Max Reinhardt Seminar müssen unterbrochen werden.

Georg Büchner
♦ DANTONS TOD
Regie GM / BB: Georg Schmid / K: Maxi Tschunko & Erika Thomasberger
mit Walter Richter (Danton), Kurt Sowinetz (Robespierre), Ernst Meister (St. Just), Friedrich Palkovits (Camille), Paola Loew (Lucile), Margarete Fries (Julie), Annemarie Schmid (Marion), Aladar Kunrad (Lacroix), Edd Stavjanik (Herault), Joseph Hendrichs (Philippeau), Herbert Prodinger (Legendre), Viktor Gschmeidler (Fouquier), Oskar Willner (Mercier), Rudolf Strobl (Collot), Klaus Höring (Barère), Erich Margo (Billaud), E. A. Georges (Chaumette), Heinrich Trimbur (Simon), Marianne Gerzner (Simons Weib), Sonja Marell (Rosalie), Gerda Maren (Adelaide), Hans Richter (Präsident), Egon Jordan (Thomas Payne)
29. Mai 1960, Volkstheater (Wiener Festwochen)

Dantons Tod (1960)
unten:
Ernst Meister als St. Just.
rechte Seite:
Kurt Sowinetz als Robespierre.

1960

1960 spielt Heinrich Schweiger in Wunsiedel unter Gustav Mankers Regie seine erste Nestroy-Rolle, den Titus Feuerfuchs in „Der Talisman".

Johann Nestroy
♦ DER TALISMAN
Regie GM / BB: Hans Joachim Weygold
mit Heinrich Schweiger (Titus Feuerfuchs), Eva Petrus (Salome), Lola Urban-Kneidinger (Frau von Cypressenburg), Peter Göller (Plutzerkern), Leopold Esterle (Bierversilberer Spund), Barbara Galamur (Flora Baumscher), Martha Strohschneider (Constantia), Angela Pschigode (Emma)
26. Juni 1960, Luisenburg Festspiele Wunsiedel

SAISON 1960/1961

Im Herbst 1960 erregt eine „Wiener Fassung" von Joachim Maass' „Die Zwillingsbrüder", die Gustav Manker für seine eigene Inszenierung erstellt, die Wiener Presse. Fritz Imhoff und Lotte Lang spielen *„der Wiener Unterwelt abgelauschte Kraftausdrücke"*, an ihrer Seite steht Harry Fuss als Erpresser und Zuhälter, Hilde Sochor als dessen Geliebte und Kurt Sowinetz als Greißler. Die Wochenpresse titelt: *„Ein furchtbares Aroma"*, „Die Furche" klagt: *„Ordinärer geht es wohl kaum mehr!"* und die Zeitung „Heute" empört sich unter dem Titel *„Extraordinäres"*: *„Was immer man vorher auf einer Wiener Bühne an Ordinärem gehört hat, gewinnt im Vergleich zu dieser Darbietung den reinen Tonfall der Idylle."*

unten:
Der Doktor und der Teufel (1960)
Otto Woegerer und Kurt Sowinetz.

rechte Seite:
Die Büchse der Pandora (1960)
Elfriede Irrall als Lulu und Egon Jordan als Dr. Schön.

Joachim Maass
♦● DIE ZWILLINGSBRÜDER (DAS LEBEN NACH DEM TODE) (UA)
Regie & Bühnenbild & österreichische Fassung GM / K: Maxi Tschunko
mit Fritz Imhoff (Steiniger), Lotte Lang (Lina), Harry Fuss (Horst Schädelbauer), Hilde Sochor (Lizzy), Kurt Sowinetz (Polakowitsch, Greisler), Benno Smytt (Geldbriefträger)
11. September 1960, Volkstheater

Mit „Die Büchse der Pandora" beginnt am Volkstheater ein Frank Wedekind-Zyklus, zu dem in der Folge auch noch „Frühlings Erwachen" (1961), „Musik" (1962), „König Nicolo" (1964) und „Der Marquis von Keith" (1966) gehören werden. Die Presse titelt: *„Den Namen Wedekind wird man sich merken müssen"* und schreibt: *„Wien hat wieder ein Theaterereignis"*. Als Lulu feiert die 22jährige Elfriede Irrall einen großen Erfolg.

Frank Wedekind
♦ DIE BÜCHSE DER PANDORA
Regie GM / BB: Wolfgang Vollhard / K: Maxi Tschunko
mit Elfriede Irrall (Lulu), Egon Jordan (Schön), Ernst Meister (Alwa), Hans Rüdgers (Schigolch), Edd Stavjanik (Schwarz), Elisabeth Epp (Geschwitz), Anton Gaugl (Dr. Goll), Otto Woegerer (Rodrigo), Götz von Langheim (Casti-Piani), Ludwig Blaha (Puntschu), Susanne Engelhart (Magelone), Paola Loew (Kadidja), Erne Seder (Bianetta), Helene Lauterböck (Ludmilla), Herbert Prodinger (Kungu Poti), Oskar Willner (Dr. Hilti), Eduard Fuchs (Jack), Harry Fuss (Tierbändiger)
4. November 1960, Volkstheater

Der Komiker Rudolf Carl ist in Nestroys Frühwerk „Mann, Frau, Kind oder Der Tod am Hochzeitsmorgen", in dem Nestroy biographische Ereignisse verarbeitet hat, mit der Rolle des Dappschädl besetzt, der nach 25 Jahren immer noch den Tod seiner Frau betrauert. Der zweite Teil des Stücks besteht aus Visionen, die Dappschädl von der Traumkönigin Lunara verordnet bekommt: Sie führt ihm vor, dass er als Ehemann ein Weiberheld geblieben wäre und seine Frau und ein mögliches Kind nur unglücklich gemacht hätte. Dabei muss der Darsteller des Dappschädl auch in die Rollen der Frau und des Kindes schlüpfen, was den Witz des Stücks ausmacht. Rudolf Carl realisiert nicht, dass seine Rolle auch die anderen beiden Figuren beinhaltet und möchte die Leseprobe schon nach dem ersten Akt wieder verlassen. Er wird durch Fritz Muliar ersetzt.

Johann Nestroy
♦ MANN, FRAU, KIND oder DER TOD AM HOCHZEITSTAGE
Regie GM / BB: Georg Schmid / K: Maxi Tschunko / Musik nach zeitgenössischen Kompositionen: Gustav Zelibor / ML: Robert Leukauf / Choreografie: Eva Stanzl
mit Fritz Muliar (Dappschädl), Sonja Marell (Mündel), Otto Woegerer (Siegwart), Hilde Sochor (Emilie), Kurt Sowinetz (schwarze Gestalt), Edd Stavjanik (Stixlmann), Paola Loew (Lunara, Traumkönigin), Paula Pfluger (Mme Klang), Peter Göller (Carl), Susi Peter (Sepherl), Susanne Engelhart (Mme Point d'honneur), Frank Dietrich (Räuberhauptmann)
17. Dezember 1960, Volkstheater

1961

rechts:
Mann, Frau, Kind oder Der Tod am Hochzeitstage (1960)
Fritz Muliar als Dappschädl und Paola Loew als Traumgöttin Lunara.

unten:
Die Zwillingsbrüder (1960)
Fritz Imhoff als Steininger und Lotte Lang als seine Frau Lina.

rechte Seite:
Biedermann und die Brandstifter (1961)
Grete Wagner als Witwe Knechtling, Hans Otto Ball als Ringer Schmitz und Kurt Sowinetz als Kellner Eisenring.

Max Frisch
♦• BIEDERMANN UND DIE BRANDSTIFTER
Regie & Bühnenbild GM / K: Maxi Tschunko
mit Otto Woegerer (Biedermann), Margarete Fries (Margarete), Hans Otto Ball (Schmitz), Kurt Sowinetz (Eisenring), Paola Loew (Anna, Dienstmädchen), Ernst Meister (Dr. phil), Ludwig Blaha (Polizist), Grete Wagner (Witwe Knechtling), Herbert Prodinger (Chorführer), Peter Göller, Klaus Höring, Edgar Melhardt, Karl Schuster (Chor der Feuerwehrleute)
24. Februar 1961, Volkstheater

Im Frühjahr 1961 unternimmt Gustav Manker zwei Regie-Gastspiele nach Deutschland, ans Theater am Kurfürstendamm in Berlin und ans Württembergisches Staatstheater in Stuttgart.

Johann Wolfgang von Goethe
♦ DER GROSS-COPHTA
Regie GM / BB & K: Christof Heyduck
mit Friedrich Palkovits (Domherr), Hanns Ernst Jäger (Graf), Hannes Riesenberger (Ritter), Friedrich Schönfelder (Marquis), Friedel Schuster (Marquise), Brigitte Grothum (Nichte), Walther Süssenguth (Oberst), Max Strassberg (Saint Jean), Hans Jürgen Poritz (La Fleur), Max Wittmann (Hofjuwelier)
22. März 1961, Theater am Kurfürstendamm Berlin

Eugene O'Neill
♦ EINES LANGEN TAGES REISE IN DIE NACHT
Regie GM / BB & K: Leni Bauer-Ecsy
mit Paul Hoffmann (James Tyrone), Edith Heerdegen (Mary Tyrone), Wilfried-Jan Meyer (Jamie), Karl Renar (Edmund), Ingrid Mannstaedt (Cathleen, Hausmädchen)
5. Mai 1961, Württembergisches Staatstheater Stuttgart

Hilde Krahl tritt 1961 unter der Regie ihres Mannes Wolfgang Liebeneiner und in Mankers Bühnenbild am Volkstheater als Grillparzers „Libussa" auf.

Franz Grillparzer
• LIBUSSA
Bühnenbild GM / Regie: Wolfgang Liebeneiner
mit Hilde Krahl (Libussa), Wilhelm Borchert (Primislaus), Edd Stavjanik (Lapak), Margarete Fries (Kascha), Elisabeth Epp (Tetka), Aladar Kunrad (Biwoy), Elisabeth Epp (Tetka), Traute Wassler (Dobromila), Edd Stavjanik (Lapak)
28. Mai 1961, Volkstheater (Wiener Festwochen)

Frühlings Erwachen (1961)

oben:
Das Begräbnis von Moritz Stiefel im Bühnenbild von Georg Schmid.

rechte Seite:
Heinrich Eis (vorne) als Moritz Stiefel und Klaus Höring als Melchior Gabor.

SAISON 1961/1962

In „Frühlings Erwachen", der zweiten Produktion des Frank Wedekind-Zyklus, tritt im Herbst 1961 erstmals Nikolaus Paryla, der Sohn Karl Parylas, im Volkstheater auf. Er übernimmt die Rolle des Moritz Stiefel von Heiki Eis. Manker versucht Leon Epp davon zu überzeugen, den talentierten jungen Mann zu engagieren, doch Epp zögert – zu lange. Paryla geht ans Theater in der Josefstadt. Epp rügt den jungen Paryla: *„Sie werden uns untreu, bevor Sie uns treu werden konnten."*

Frank Wedekind
• FRÜHLINGS ERWACHEN
Regie GM / BB: Georg Schmid / K: Maxi Tschunko
mit Klaus Höring (Melchior), Heinrich Eis/Nikolaus Paryla (Moritz Stiefel), Renate Bernhard/Renate Bauer (Wendla), Peter Göller (Hänschen Rilow), Iris Cramon (Ilse), Susi Peter (Ina), Wolfram Dehmel (Ernst), Helmut Hron (Robert), Hedda Egerer (Martha), Erna Schickel (Frau Bergmann), Viktor Gschmeidler (Herr Gabor), Margarete Fries (Frau Gabor), Otto Woegerer (Rektor Sonnenstich), Oskar Willner (Rentier Stiefel), Fritz Muliar (Brausepulver), Herbert Propst (Hungergurt), Benno Smytt (Zungenschlag), Ernst Meister (Fliegentod), E. A. Georges (Knüppeldick), Joseph Hendrichs (Freund Ziegenmelker), Egon Jordan (Vermummter Herr)
2. September 1961, Volkstheater

Carl Sternheim
• 1913
Bühnenbild GM / Regie: Leon Epp
mit Otto Woegerer (Maske), Louis Soldan (Philipp Ernst), Elisabeth Epp (Gräfin), Ernst Meister (Sekretär), Herbert Propst (Friedrich Stadler), Viktor Gschmeidler (Schneider)
1. Oktober 1961, Volkstheater (Sonderabonnement)

Karl Schönherr
• FRAU SUITNER
Regie GM / BB: Willi Bahner / K: Maxi Tschunko
mit Dorothea Neff (Frau Suitner, Krämerin), Otto Woegerer (Kaspar), Hilde Sochor (Gretl), Martha Hartmann (Zipfl-Moidl), Julia Gschnitzer (Latschenbötin), Oskar Wegrostek (Doktor), Ralph Boddenhuser (Nachbar), Rose Renée Roth (Bruggmüller), Iris Cramon (Doktorsmagd), Herbert Prodinger (Gemeindevorsteher), E. A. Georges (Fuhrknecht), Peter Göller (Rekrut), Edgar Melhardt (Fuhrknecht), Erna Schickel (Bibiana), Helene Lauterböck (Angela)
27. Oktober 1961, Volkstheater

Molière
• DER GEIZIGE
Regie GM / K: Erika Thomasberger
mit Viktor Gschmeidler (Harpagon), Hans Christian (Cleant), Hilde Nerber (Elise), Aladar Kunrad (Valère), Henriette Hieß (Marianne), Toni Kern, Kurt Sobotka, Peter Göller
28. November 1961, Theater der Jugend

1961 | 1962

Franz Grillparzer
◆ SAPPHO
Regie GM / BB & K: Maxi Tschunko
mit Erna Korhel (Sappho), Klaus Höring (Phaon), Renate Bernhard (Melitta), Helga David (Eucharis), E.A. Georges (Rhamnes, Sklave), Herbert Prodinger (Landmann)
2. Dezember 1961, Volkstheater (Außenbezirke)

Eugène Scribe
◆ DAS GLAS WASSER
Regie GM / BB & K: Hanna Jordan
mit Paul Hoffmann (Henry von Saint-John), Edith Heerdegen (Herzogin von Malborough), Julia Costa (Königin), K. Lüchler
11. Januar 1962, Württembergisches Staatstheater Stuttgart

Für die szenische Fassung seiner Inszenierung von „Die Jüdin von Toledo" arbeitet Manker im Winter 1962 das in Grillparzers Drama verborgene Radikale heraus. Paola Loew spielt die Rahel, Aladar Kunrad den König Alphons.

Franz Grillparzer
◆ DIE JÜDIN VON TOLDEDO
Regie GM / BB & K: Maxi Tschunko
mit Aladar Kunrad (König Alphons), Traute Wassler (Eleonore von England), Ludwig Blaha (Isaak), Erna Korhel (Esther), Paola Loew (Rahel), Werner Eberhardt (Prinz), Egon Jordan (Manrique, Graf von Lara), Rudolf Strobl (Don Garceran), Rosemarie Strahal (Donna Clara), Peter Göller (Alonso)
23. Februar 1962, Volkstheater

oben:
Die Jüdin von Toledo (1962)
Erna Korhel als Esther und Paola Loew als Rahel.

rechte Seite:
Frau Suitner (1961)
Dorothea Neff in der Titelrolle.

Im Frühjahr 1962 inszeniert Gustav Manker in der Komödie Basel erneut Wedekinds „Lulu", diesmal in der Bearbeitung von Wedekinds Tochter Kadidja, die eine Adaption der Urfassung unter dem Titel „Blendwerk Lulu" herstellt, die auf den Erstentwürfen ihres Vaters beruht und wichtige Nachträge zu Dr. Schöns Tod im dritten sowie zwei zusätzliche Geschwitz-Szenen im vierten Akt beinhaltet. Die komplette Urfassung wird erst 1988 von Peter Zadek am Hamburger Schauspielhaus uraufgeführt.

Frank Wedekind
◆ LULU (DIE BÜCHSE DER PANDORA)
Regie GM / BB: Eugen Goll / K: Rudolf Schütze / Neubearbeitung: Kadidja Wedekind
mit Sonja Schwarz (Lulu), Johannes Killert (Dr. Schön), Werner Englert (Alwa), Joachim Unmack (Schwarz), Armin Waldeck-Süssenguth (Schigolch), Agnes Verena (Geschwitz), Alfred Lohner (Tierbändiger/Casti-Piani), Kurt Bock (Puntschu), Walter Kohutek (Rodrigo), Helmuth Ebbs (Dr. Goll), Charlotte Asendorf (Magelone), Gaby Gasser (Cadega), Barbara Schnurawa (Bianetta), Susanne Rasp (Ludmilla), Fritz Delius (Mr. Hop), Rudolf Gyhr (Bob), Robert Messerli (Kungu Poti), Renato Cibolini (Herr Hilti), Dom de Beern (Jack the Ripper), Walter Langer (Kutscher/Journalist Hellmann)
26. März 1962, Komödie Basel

William Shakespeare
◆ VIEL LÄRM UM NICHTS
Regie GM / BB: Georg Schmid / K: Maxi Tschunko / Einrichtung mit Auswahl Schubertscher Musik: Heinz Hilpert
mit Heinrich Trimbur (Benedikt), Elfriede Kuzmany (Beatrice), Fritz Muliar (Holzapfel), Kurt Sowinetz (Schlehwein), Egon Jordan (Leonato), Oskar Willner (Antonio), Joseph Hendrichs (Don Pedro), Herbert Prodinger (Don Juan), Renate Bernhard (Hero), Klaus Höring (Claudio), Edd Stavjanik (Borachio)
28. April 1962, Volkstheater

Henrik Ibsen
• PEER GYNT
Bühnenbild GM / Regie: Ulrich Erfurth / M: Winfried Zillig
mit Max Eckard (Peer Gynt), Dorothea Neff (Aase), Herbert Prodinger (Aslak), Julia Gschnitzer (Solveig), Hans Richter (Vater), Grete Wagner (Mutter), Egon Jordan (Knopfgiesser), Helmi Mareich (Grüngekleidete), Otto Woegerer (Dovre Alte), Rudolf Strobl (Kapitän), Ernst Meister (fremder Passagier), Viktor Gschmeidler (Eberkopf), Ingrid Capelle (Anitra)
27. Mai 1962, Volkstheater (Wiener Festwochen)

In Gustav Mankers Inszenierung von Nestroys „Der Zerrissene" spielt im Sommer 1962 Veit Relin den Herrn von Lips. Relin hat kurz zuvor die Avantgardebühne „Ateliertheater am Naschmarkt" gegründet, die Stücke von Oskar Kokoschka und Pablo Picasso erstaufführt, und an der Manker 1963 Samuel Becketts „Glückliche Tage" inszeniert.

Johann Nestroy
◆ DER ZERRISSENE
Regie GM / BB & K: Hans Joachim Weygold
mit Veit Relin (Herr von Lips), Leopold Esterle (Krautkopf), Karl Friedrich (Gluthammer), Trude Hajek (Madame Schleyer), Sigrid Haubenhofer (Kathi), Fritz Bischof (Staubmann)
1. Juli 1962, Luisenburg Festspiele Wunsiedel

1962

Eine Wohnung ist zu vermieten (1962)

oben:
Helmut Qualtinger als Cajetan Balsam auf den Schultern des Volkstheater-Requisiteurs Walter Harbich (links).

rechte Seite:
Helmut Qualtinger als Hausmeister Cajetan Balsam, der sich selbst zum „heimlichen Hausherrn" ernennt und durch Trunksucht, fehlende Manieren und ein grobes, selbstherrliches Auftreten auffällt.

SAISON 1962/1963

Zum 100. Todestag von Johann Nepomuk Nestroy kommt im Volkstheater die selten gespielte und von Karl Kraus geschätzte Lokal-Posse „Eine Wohnung ist zu vermieten" in der Bearbeitung von Hans Weigel zur Aufführung. Es spielt fast das ganze Ensemble, die Protagonisten sind Helmut Qualtinger, Fritz Muliar, Hilde Sochor und Paula Pfluger. In einer Szene steht sogar ein echter Fiaker auf der Bühne.

Johann Nestroy (Bearbeitung: Hans Weigel)
♦ EINE WOHNUNG IST ZU VERMIETEN IN DER STADT, EINE WOHNUNG IST ZU VERLASSEN IN DER VORSTADT, EINE WOHNUNG MIT GARTEN IST ZU HABEN IN HIETZING

Regie GM / BB & K: Maxi Tschunko / M: Adolf Müller, bearbeitet und ergänzt von Paul Burkhard / ML: Kurt Werner
mit Helmut Qualtinger (Cajetan Balsam), Fritz Muliar (Gundlhuber), Paula Pfluger (Madame Chaly), Hilde Sochor (Lisette), Ludwig Blaha (Kleefeld), Paola Loew (Luise), Heinrich Eis (Fels), Oskar Wegrostek (Wohlschmack), Peter Göller (Eduard), Herbert Prodinger (Dumont), Oskar Willner (Heuschreck), Helene Lauterböck (Frau von Heuschreck), Maria Urban (Therese), Ernst Nadherny (Notarius), Helmuth Lex (Walter), Maria Waldner (Mme Stoll), Renate Bernhard (Sophie), Rudolf Strobl (Flint), Ralph Boddenhuser (Kutscher)
1. September 1962, Volkstheater

1962–1964 unterrichtet Gustav Manker am Wiener Max Reinhardt Seminar, an dem er selbst in den 30er Jahren bei Reinhardt studiert hat. Zu seinen Schülern zählen die Regisseure Hans Neuenfels und Horst Zankl sowie die SchauspielerInnen Libgart Schwarz, Elisabeth Trissenaar, Monika Bleibtreu, Martin Sperr, Volker Spengler und Ulrich Wildgruber.

Der fünfjährige Bub Helmuth Frodl spielt 1962 in Ferdinand Raimunds „Der Verschwender" Valentins Sohn Pepi. 30 Jahre später tötet er den Tonstudiobesitzer Fritz Köberl in Budapest und zerstückelt ihn mit einer elektrischen Säge.

Ferdinand Raimund
♦ DER VERSCHWENDER

Regie GM / BB & K: Ursula Schöffler
mit Walter Kohut (Valentin), Hilde Sochor (Rosa), Veit Relin (Flottwell), Josef Loibl (Wolf), Peter Göller (Azur), Marianne Schönauer (Cheristane), Maria Waldner (Holzweiberl), Josef Krastel (Dumont), Wolf Eichinger (Flitterstein), Tino Schubert (Klugheim), Doris Wunderlich (Amalie), Rudi Schippel (Herr von Pralling), Günter Tolar (Herr von Helm), Kurt Müller-Walden (Herr von Walter), Georg Corten (Sockel), Toni Kern (Johann), Peter Frick (Fritz), Emanuel Schmied (Gärtner), Norbert Kammil (Juwelier), Franz Lustig (Arzt), Walter Harbich (Kellermeister/Bedienter), Helmuth Frodl (Pepi)
Eröffnung der Intendanz Peter Weihs
28. September 1962, Theater der Jugend (Raimund-Theater)

1962

Im Wedekind-Zyklus kommt in Mankers Regie und in seinem Bühnenbild im November 1962 das Sittengemälde „Musik" mit Hilde Sochor als Klara Hühnerwadel, Otto Woegerer als Gesangspädagoge Reißner, Ernst Meister als Journalist Lindekuh und Dorothea Neff als Frau Oberst Hühnerwadel heraus.

Frank Wedekind
♦ • MUSIK
Regie & Bühnenbild GM / K: Maxi Tschunko
mit Hilde Sochor (Klara Hühnerwadl), Otto Woegerer (Reißner), Maria Urban (Elsa), Ernst Meister (Lindekuh), Dorothea Neff (Frau Oberst), Egon Jordan (Dr. Schwarzkopf), Viktor Gschmeidler (Gefängnisdirektor), Elisabeth Epp (Aufseherin), Herbert Prodinger (Aufseher), Gerti Gunsam (Dienstmädchen)
10. November 1962, Volkstheater

Gerhart Hauptmann
• HAMLET IN WITTENBERG
Bühnenbild GM / Regie: Leon Epp
mit Hans Joachim Schmiedel (Hamlet), Ernst Meister (Rosenkranz), Adolf Wessely (Güldenstern), Klaus Höring (Horatio), Otto Woegerer (Sasteresko) Paola Loew (Felix), Egon Jordan (Melanchthon), Aladar Kunrad (Pedro)
30. Dezember 1962, Volkstheater

Mit Bertolt Brechts „Mutter Courage und ihre Kinder" in der Inszenierung von Gustav Manker bricht Leon Epp am Volkstheater im Februar 1963 den „Brecht-Boykott" in Wien, der vor dem Hintergrund des Kalten Krieges gegen den Kommunisten Brecht viele Jahre aufrecht erhalten worden war.

Die Presse spricht von einer „Blockadebrecher-Premiere" am 22. Februar 1963, nachdem Leon Epp für eine Absage sogar Geld geboten worden ist. Dorothea Neff spielt die Courage und wird dafür mit der Kainz-Medaille ausgezeichnet. Als ihr Sohn Schweizerkas debütiert der 25jährige Ulrich Wildgruber, den Gustav Manker nach dessen Hinauswurf vom Reinhardt-Seminar engagiert hat. Der Brecht-Boykott in Österreich beginnt, als im Herbst 1951 bekannt wird, dass Brecht die österreichische Staatsbürgerschaft erhalten hat. Es ist vom „größten Kulturskandal der Zweiten Republik" die Rede, in der Presse zieht man mit aller Härte gegen Brecht ins Feld. Vor allem Hans Weigel und Friedrich Torberg setzen alles daran, Aufführungen seiner Werke zu verhindern – mit Erfolg, denn zwischen 1952 und 1963 führt kein etabliertes Theater in Wien ein Stück von ihm auf. Im „Forum" stellt Torberg die Frage „Soll Brecht in Österreich gespielt werden?" und auch die Theaterzeitschrift „Bühne" schwenkt in den allgemeinen Anti-Brecht-Kurs ein, indem sie die Weigerungen der Theaterdirektoren Franz Stoß und Ernst Haeussermann, Brecht zu spielen, abdruckt. Die einzige Bühne, die Brecht spielt, ist das „Neue Theater in der Scala". Es gibt daraufhin in Wien nicht nur einen Brecht-Boykott, sondern auch einen „Scala"-Boykott, denn die dort stattfindenden Aufführungen werden von der Presse totgeschwiegen. Im Falle vermeintlicher österreichischer Gesinnungsgenossen Brechts, wie etwa bei Karl Paryla, schreckt Friedrich Torberg sogar vor öffentlichen Diffamierungen nicht zurück.

oben:
Mutter Courage und ihre Kinder (1963)
Dorothea Neff als Mutter Courage und Fritz Muliar als Koch.

rechte Seite:
Musik (1962)
Hilde Sochor Klara Hühnerwadel und Dorothea Epp als ihre Mutter.

1953

Mutter Courage und ihre Kinder (1963)

oben:
Dorothea Neff als Courage und Paola Loew als stumme Kattrin.

rechte Seite:
Ulrich Wildgruber in seiner ersten Rolle als Schweizerkas mit Edgar Melhardt und Herbert Prodinger.

Bertolt Brecht / Paul Dessau
♦ MUTTER COURAGE UND IHRE KINDER
Regie GM / BB: Rudolf Schneider-Manns Au / K: Erika Thomasberger / ML: Kurt Werner
mit Dorothea Neff (Courage), Paola Loew (Kattrin), Klaus Höring (Eilif), Ulrich Wildgruber (Schweizerkas), Leopold Esterle/Fritz Muliar (Koch), Ernst Meister (Feldprediger), Hilde Sochor (Ivette), Kurt Sowinetz/Georg Lhotzky (Werber), Georg Corten (Feldwebel), Herbert Prodinger (Ein anderer Feldwebel), Oskar Wegrostek (Feldhauptmann), Oskar Willner (Zeugmeister), Edgar Melhardt (Der mit der Binde), Viktor Gschmeidler (Obrist), Julia Gschnitzer (Singstimme), E. A. Georges (Schreiber), Albert Rolant (Ein junger Soldat), Helene Lauterböck (alte Frau), Mario Kranz (Ein älterer Soldat), Ralph Boddenhuser (Bauer), Martha Hartmann (Bäuerin), Gottfried Pfeiffer (Ein junger Bauer), Helmut Lex (Fähnrich), Dolf Karsten, Adolf Wessely, Klaus Münster, Karl Krittl, Franz Karasek (Soldaten), Gerti Gunsam (Eine Stimme)
22. Februar 1963, Volkstheater

Im Frühjahr 1963 inszeniert Gustav Manker bei Veit Relin am Ateliertheater am Naschmarkt Samuel Becketts „Glückliche Tage". Als Gage erbittet er lediglich einen kostbaren Kunstband, da an Relins Avantgarde-Bühne das Geld knapp ist.

Samuel Beckett
♦ GLÜCKLICHE TAGE
Regie GM / BB: Konrad Kulke / K: Agnes Laurent
Mit Erika Ziha (Winnie), Emanuel Schmied (Willie)
22. März 1963, Ateliertheater am Naschmarkt

Martin Walser
• EICHE UND ANGORA (ÖEA)
Bühnenbild GM / Regie: Leon Epp
mit Kurt Sowinetz (Alois Grübel), Hilde Sochor (Anna), Otto Woegerer (Kreisleiter), Herbert Propst (Oberstudienrat)
29. März 1963, Volkstheater (Sonderabonnement)

Am 29. März 1963 feiert Gustav Manker während der Proben zu Hofmannsthals „Der Schwierige", das er neben Mozarts „Zauberflöte" zum „österreichischsten" aller Stücke zählt, mit Hans Holt, der den Karl Bühl spielt, in Basel seinen 50. Geburtstag.

Hugo von Hofmannsthal
♦ DER SCHWIERIGE
Regie GM / BB: Eugen Goll / K: Gundula Sigrist
mit Hans Holt (Karl Bühl), Alice Lach (Crescence), Ulli Fessl (Helene), Christoph Geraths (Stani), Judith Melles (Edine), Anna Smolik (Antoinette), Arnim Waldeck-Suessenguth (Altenwyl), Nobert Ecker (berühmter Mann), Walter Kohutek (Vincenz), Walter Langer (Kammerdiener)
15. April 1963, Komödie Basel

Franz Molnár
♦ DER SCHWAN
Regie GM / BB: Ary Pechslin / K: Gundula Sigrist
mit Hans Holt (Prinz Albert), Alice Lach (Prinzessin Beatrix), Judith Melles (Symphorosa), Anna Smolik (Alexandra), Peter Meiner (Georg), Urs Bühler (Arsen), Peter Neusser (Dr. Agi), Walter Langer (Lützen), Joachim Unmack (Caesar)
10. Mai 1963, Komödie Basel

Troilus und Cressida (1963)

oben:
Gustav Manker mit Elfriede Irrall, Michael Heltau und Fritz Muliar auf der Probe.

rechte Seite:
Kurt Sowinetz als Spötter und Lästerer Thersites.

Johann Nestroy
◆ **DIE BEIDEN NACHTWANDLER**
Regie GM / BB & K: Hans Joachim Weygold
mit Karl Friedrich (Sebastian Faden), Leopold Esterle (Brauchengeld), Karl Sladek (Pumpf), Else Ludwig (Theres), Sigrid Haubenhofer (Hannerl), Albrecht Goetz (Wathfield)
3. Juli 1963, Luisenburg Festspiele Wunsiedel.

SAISON 1963/1964

In „Troilus und Cressida" arbeitet Gustav Manker 1963 erstmals mit dem 30jährigen Michael Heltau zusammen, der neben Elfriede Irrall als Cressida und Fritz Muliar als Pandarus in der Aufführung zum 400. Geburtstag von William Shakespeare den Troilus spielt. Paola Loew ist die Cassandra, Ernst Meister Ulysses und Kurt Sowinetz spielt den Lästerer Thersites.

William Shakespeare
◆ **TROILUS UND CRESSIDA**
Regie GM / BB: Georg Schmid / K: Epi Schlüsselberger / M: Robert Leukauf
mit Michael Heltau (Troilus), Elfriede Irrall (Cressida), Fritz Muliar (Pandarus), Paola Loew (Cassandra), Ernst Meister (Ulysses), Kurt Sowinetz (Thersites), Heinrich Trixner (Paris), Klaus Höring (Hector), Oskar Willner (Calchas), Helmi Mareich/Margarete Fries (Helena), Egon Jordan/Heinrich Trimbur (Agamemnon), Herbert Prodinger (Achilles), Viktor Gschmeidler (Nestor), Rudolf Strobl (Diomedes), Gudrun Erfurth (Andromache), Herbert Propst (Ajax), Helmuth Lex (Helenus), E. A. Georges (Priamus), Adolf Wessely (Aeneas)
31. August 1963, Volkstheater

Michael Heltau spielt unter Mankers Regie noch Schillers „Don Carlos" 1966 am Theater in der Josefstadt, 1971 bei den Salzburger Festspielen den Jaromir in Hofmannsthals „Der Unbestechliche" und während Mankers Direktion am Volkstheater 1970 den Hamlet, 1971 den Dr. Jura in Hermann Bahrs „Das Konzert" (Kainz-Medaille) und 1972 Shakespeares Romeo. Als Heltau 2006 auf der Bühne eben dieses Volkstheaters den „Nestroy" für sein Lebenswerk überreicht bekommt, wird er sich dieser Zeit allerdings nicht mehr erinnern…

Henrik Ibsen
◆◆ **GESPENSTER**
Regie & Bühnenbild GM / K: Maxi Tschunko
mit Elisabeth Epp (Frau Alving), Herbert Kucera (Oswald), Joseph Hendrichs (Pastor Manders), Ludwig Blaha (Tischler Engstrand), Hilde Sochor (Regine Engstarnd)
29. September 1963, Volkstheater (Außenbezirke)

1963

oben:
Die Verbrecher (1963)
Hilde Sochor als Ernestine Puschek und Edd Stavjanik als Kellner Tunichtgut.

rechte Seite:
Die Räuber (1963)
Mit Giuseppe Verdis „Il Masnadieri" inszeniert Gustav Manker 1963 als „Räuber-Spezialist" an der Wiener Volksoper seine zweite Oper.

Mit Ferdinand Bruckners „Die Verbrecher" gelingt Manker im November 1963 laut Presse eine „*wirkliche Theatertat, ein faszinierender Abend*". Mit 37 seiner besten Schauspieler schafft er „*den derzeit schillerndsten Theaterabend*" (Arbeiterzeitung). Die siebenfach geteilte Bühne kommt Mankers Vorliebe für Simultanhandlungen entgegen, „*Licht, Dunkel, Schrei und Flüstern, Musik und Stille werden auf siebenfach sich überschneidenden Ebenen aufeinander eingestimmt.*" Hilde Sochor als Ernestine Puschek, ein „*Weibsbild von kompliziert-primitiver Ordinärheit*", bietet ein „*Elementarereignis an Liebe, Haß, Güte und Starrsinn*" (Kurier). An ihrer Seite spielt fast das gesamte Ensemble „*knapp, hart und mit unheimlicher Präzision*", darunter Kurt Sowinetz, Edd Stavjanik, Elisabeth Epp und Ernst Meister.

Ferdinand Bruckner
♦ **DIE VERBRECHER**
Regie GM / BB: Wolfgang Vollhard / K: Maxi Tschunko
mit Hilde Sochor (Ernestine Puschek), Edd Stavjanik (Tunichtgut), Elisabeth Epp (Frau Berlessen), Traute Wassler (Karla Kudelka), Margarete Fries (Frau von Wieg), Oskar Wegrostek (Wieg), Herbert Prodinger (Ben Sim, Boxer), Mario Kranz (Kaks, Friseur), Maria Urban (Olga, Sekretärin), Kurt Jäger (Kummerer, Student), Herbert Kucera (Fischau), Monika Orthofer (Mimi), Albert Rolant (Ottfried), Gudrun Erfurth (Liselotte), Bernhard Hall (Josef), Klaus Höring (Frank), Ernst Meister, Viktor Gschmeidler, Oskar Willner (Vorsitzende), Adolf Wessely, Rudolf Strobl (zwei Staatsanwälte), Joseph Hendrichs (Hausverwalter), Kurt Sowinetz, Gottfred Pfeiffer, Herbert Kersten (Verteidiger), Ralph Boddenhuser (Mordkommission), Elke Claudius (Carla Koch, Dienstmädchen)
9. November 1963, Volkstheater

Maxwell Anderson
♦ **KÖNIGIN FÜR TAUSEND TAGE**
Bühnenbild GM / Regie: Leon Epp
mit Helmut Qualtinger (Heinrich VIII.), Charlotte Oswald, (Anne Boleyn), Klaus Höring (Lord Percy), Hans Rüdgers (Kardinal), Ernst Meister (Cromwell), Aladar Kunrad (Smeaton)
13. Dezember 1963, Volkstheater

Giuseppe Verdis Oper „I Masnadieri" ist 1963 nach der Schiller-Inszenierung von 1959 und den Bühnenbildern zur Eröffnung des Volkstheaters 1938 Mankers dritte Begegnung mit dem Stück.

Giuseppe Verdi
♦ **DIE RÄUBER**
Regie GM / BB & K: Max Röthlisberger
mit Thomas O'Leary (Massimiliano), Jean Corx (Carlo), Marcel Cordes (Francesco), Christine Sorell (Amalia), Herbert Ronge (Arminio), Frederick Guthrie (Moser), Wolfgang Zimmer (Rolla)
21. Dezember 1963, Volksoper

links:
Der kaukasische Kreidekreis (1964)
Hilde Sochor als Grusche.

rechts:
Gustav Mankers Kinder Katharina und Paulus.

Mit Bertolt Brechts „Der kaukasische Kreidekreis" beginnt im April 1964 das Theaterleben von Mankers Kindern Katharina (7) und Paulus (6). In einer Samstagnachmittag-Vorstellung für die Wiener sozialistische Frauenschaft, bei der Bürgermeister Franz Jonas eine Ansprache hält, dürfen sie in der Direktionsloge ein paar Minuten zuschauen, während der Vater noch im Bühnenbildzimmer arbeitet. Da ziemlich staubig und verdreckt, weil sie vom Sandspielen im nahen Volksgarten kommen, dürfen die Kinder erst hinein, als es dunkel ist. Als Vater Gustav sie dann abholen will, um sie nach Hause zu bringen, sind sie aus dem Stück nicht mehr wegzukriegen – und dürfen bis zum Schluss bleiben.

Es gibt wohl wenig Beeindruckenderes für ein Kind von sechs Jahren, als die eigene Mutter um ein Kind im gleichen Alter kämpfen zu sehen, auf der Flucht vor wilden Panzerreitern, durch einen Fluß vom Geliebten getrennt und zuletzt verzweifelt den Richter um das kleine Kind anflehend: „Es ist meins! Ich hab's aufgezogen! Soll ich's zerreissen? Ich kann's nicht."

1964

Friedrich Schiller
• **WILHELM TELL**
Bühnenbild GM / Regie: Ulrich Erfurth
mit Max Eckard (Wilhelm Tell), Aladar Kunrad (Geßler), Egon Jordan (Attinghausen), Friedrich Palkovits (Rudenz), Adolf Spalinger (Stauffacher), Viktor Gschmeidler (Reding), Margarete Fries (Gertrud), Ernst Meister (Parricida)
6. März 1964, Volkstheater

Bertolt Brecht / Paul Dessau
• **DER KAUKASISCHE KREIDEKREIS**
Regie GM / BB: Adolf Mahnke
mit Astrid Kube (Grusche), Hanns Ernst Jäger (Azdak), Jürgen Hilken (Simon), Werner Grossmann (Abaschwili), Heidi Mentz (seine Frau), Heinz Ostermann (Schauwa), Eugen Siemsen (Sänger), Rudolf Melichar (Shalva), Paula Nova (Bäuerin), Dieter Prochnow (Erster Mann / Knecht), Frank Hoffmann (1. Panzerreiter), Roland Kenda (Arzt)
7. April 1964, Städtische Bühnen Dortmund

Nach seiner Inszenierung des Stückes in Dortmund setzt Manker den Brecht-Zyklus am Volkstheater mit „Der kaukasische Kreidekreis" fort und erntet *„einmütigen, fast demonstrativen Applaus für Wiens tapferstes Theater"*, wie Ernst Lothar am 27. April im „Express" vermeldet. *„Wurde die Verbannung Brechts mit ‚Mutter Courage' erstmals unterbrochen, so scheint sie mit dem ‚Kreidekreis' nunmehr aufgehoben"*, schreiben die „Salzburger Nachrichten". „Die Bühne" nennt die Aufführung sogar ein *„Theaterereignis"*. Der „Wiener Montag" jedoch sieht in dem Stück *„eine pure marxistische Lehrdemonstration"* und empört sich: *„Nach dreistündigem ‚Vergnügen' verließ man das Theater eiskalt bis in die Fingerspitzen und angeekelt von derartigen politischen Kundgebungen auf der Bühne"*. Hilde Sochor spielt die Grusche, Edd Stavjanik – kurz vor seinem Weggang ans Burgtheater – den Soldaten Simon Chachava, Kurt Sowinetz ist der Polizist Schauwa, Dorothea Neff die Bäuerin und der Dorfrichter Azdak wird von Fritz Muliar dargestellt, den Ernst Lothar als *„einen der wenigen geborenen Tragikomiker"* bezeichnet und ihn *„fast eine Entdeckung"* nennt.

Bertolt Brecht / Paul Dessau
• **DER KAUKASISCHE KREIDEKREIS**
Regie GM / BB: Georg Schmid / K: Erika Thomasberger / ML: Kurt Werner
mit Hilde Sochor (Grusche Vachnadze), Fritz Muliar (Azdak), Kurt Sowinetz (Schauwa), Edd Stavjanik (Simon), Herbert Kersten (Abaschwili), Erika Ziha (Gouverneurin), Peter Göller (Sänger), Dorothea Neff (Schwiegermutter), Bernhard Hall (Yussup), Herbert Propst (Gefreiter), Joseph Hendrichs (Bruder), Albert Rolant (Shalva), Herbert Prodinger (Kuzbeki), Elisabeth Stiepl (Aniko), Walter Harbich (Holzkopf), Hilde Rom (Köchin), Oskar Wegrostek (Großfürst), Rudolf Strobl (Panzerreiter), Grete Wagner (Alte), Ralph Boddenhuser (Alter), Georg Lhotsky (staubbedeckter Reiter), Herbert Kersten (Hinkender), Elke Claudius (Kinderfrau), Ernst Meister (Arzt / Anwalt), Viktor Gschmeidler (Arzt / Anwalt), E. A, Georges
25. April 1964, Volkstheater

oben:
Der kaukasische Kreidekreis (1964)
Fritz Muliar als Dorfrichter Azdak und Kurt Sowinetz als Schauwa.

rechte Seite:
Gustav Manker (1964)
in seiner Bibliothek.

1964

König Nicolo (1964)

oben:
Günther Lüders als König Nicolo von Umbrien und Elisabeth Schwarz als seine Tochter Alma.

rechte Seite:
Hans Rüdgers als Metzgermeister Pietro Folchi, der den König stürzt.

Zu seiner Regie bei „Der kaukasische Kreidekreis" äußert sich Manker in der Presse: „Ich halte mich an alles, was Brecht vorschreibt, versuche aber doch, obwohl das BB gewiss nicht gern hören würde, auch die meines Erachtens stark lyrischen und poetischen Elemente hervorzukehren. So soll möglichst ein Ausgleich zwischen dem typischen, strengen Brecht-Stil und dem Stimmungshaften des Stücks erreicht werden."

Als vierter Abend des Wedekind-Zyklus kommt in Mankers Regie im Mai 1964 dessen „Bekenntnisdrama" „König Nicolo oder So ist das Leben" mit Günther Lüders in der Titelrolle und der jungen Elisabeth Schwarz als Prinzessin Alma heraus.

Frank Wedekind
♦ KÖNIG NICOLO oder SO IST DAS LEBEN
Regie GM / BB: Helga Schwartzkopff / K: Maxi Tschunko
mit Günther Lüders (Nicolo), Elisabeth Schwarz (Alma), Hans Rüdgers (Folchi), Bernhard Hall (Filipo Folchi, sein Sohn), Herbert Propst (Kunstreiter), Dorothea Neff (Kupplerin), Friedrich Jores (Valori), E. A. Georges (Nardi), Kurt Sowinetz (Pandolfo), Rudolf Strobl (Gutsbesitzer), Gottfried Pfeiffer (Landstreicher), Klaus Höring (Michele), Eduard Springer (Battista), Joseph Hendrichs (Oberrichter), Oskar Willner (Verteidiger), Friedrich Palkovits (Prokurator), Ludwig Blaha (Gerichtsaktuar), Herbert Prodinger (Kerkermeister), Helmuth Lex (Schauspieler), Fritz Muliar (1. Theaterbesitzer), Viktor Gschmeidler (2. Theaterbesitzer), Reinhold Fischer (Söldner), Inge Altenburger (Edelknabe), Edgar Melhardt (Bediener)
24. Mai 1964, Volkstheater (Wiener Festwochen)

Am 29. November 1964 erhält Gustav Manker das Ehrenkreuz für Wissenschaft und Kunst 1. Klasse.

In Nestroys „Das Mädl aus der Vorstadt" an der Komödie Basel spielt Walter Langer unter Gustav Mankers Regie den Gigl, seine erste Nestroy-Rolle.

Johann Nestroy
♦ DAS MÄDL AUS DER VORSTADT
Regie GM / BB: Eugen Goll / K: Gundula Sigrist
mit Walter Langer (Gigl), Peter Göller (Schnoferl), Eva Kinsky (Thekla), Hilde Harvan (Erbsenstein), Helmuth Ebbs (Kauz), Walter Kohutek (Knöpfl), Charlotte Asendorf (Mme Storch)
15. Juni 1964, Komödie Basel

Im Sommer 1964 kommt es bei Johann Nestroys „Einen Jux will er sich machen" in Wunsiedel zur ersten Zusammenarbeit Gustav Mankers mit Heinz Petters, der in den folgenden zwanzig Jahren zum wichtigsten Protagonisten von Mankers Nestroy-Inszenierungen am Volkstheater wird.

Johann Nestroy
♦ EINEN JUX WILL ER SICH MACHEN
Regie GM / BB: Hans Joachim Weygold / K: Ingeborg Schenk / M: Adolf Müller / ME: Alfred Beck
mit Heinz Petters (Weinberl), Klaus Rott (Christopherl), Gustl Bayrhammer (Zangler), Karl Friedrich (Melchior), Silvia Fenz (Marie), Fritz von Friedl (Sonders), Ruth Pistor (Mme Knorr), Susanne Schönwiese (Frau von Fischer), Lola Kneidinger (Blumenblatt), Karl Sladek (Hupfer)
28. Juni 1964, Luisenburg Festspiele Wunsiedel

1964

oben:
Brave Leut' vom Grund (1964)
Joseph Hendrichs als Drechslermeister Lorenz Mittler und Hilde Sochor als Amalie Grund.

rechte Seite:
Das weite Land (1964)
Adolf Wohlbrück als Hofreiter und Heidemarie Hatheyer als Genia.

SAISON 1964/1965

Im August 1964 kommt es in der 75. Jubiläums-Saison des Volkstheaters zur Aufführung von Ludwig Anzengrubers Volksstück „Brave Leut' vom Grund" über den Untergang des alten Wien in einer Mischung aus Idylle und Verwahrlosung, Bauwut und Verfall. Dazu schreibt Gustav Manker:

„Es erscheint uns besonders bemerkenswert, dass hier der Versuch gemacht ist, eine sehr typische geistige und moralische Situation – die der sogenannten ‚Gründerzeit' – im Rahmen eines Theaterstückes sichtbar und verständlich zu machen. Durch das schnelle Anwachsen Wiens zur – im damaligen Sinne – modernen Großstadt, war der biedere, fast ländlich-treuherzige Bürgersinn des ‚alten Wieners' in Gefahr geraten, seine Eigenschaften zu verändern und seine Vorzüge zu verlieren. In der Zerstörung des alten Stadtbildes, insbesondere in den äußeren Bezirken, hat diese Entwicklung sichtbaren Ausdruck gefunden. Anzengruber hat nun diesen einfachen und natürlichen Lebensstil noch einmal – zum letzten Mal – den Wienern vor Augen geführt, als Denkmal, als Mahnung – vergeblich! – die Zeit war darüber hinweggegangen, man hat ihn nicht mehr gehört. Man mag seinen Versuch naiv nennen – der Ernst jedoch, mit dem er seine Sache verficht, die Ehrlichkeit und Überzeugtheit, mit der er sie vorträgt, muss wohl anerkannt werden."

Ludwig Anzengruber
♦ BRAVE LEUT' VOM GRUND
Regie GM / BB: Rudolf Schneider-Manns Au / K: Maxi Tschunko / M: Franz Roth / ME: Robert Leukauf
mit Herbert Prodinger (Grund, Schuldiener), Hilde Sochor (Amalie, seine Schwester), Joseph Hendrichs (Mittler, Drechsler), Harry Fuss (Kranzberger, Fleischer), Helmuth Lex (Eitelberger, Bäcker), Herbert Propst (Ducker, Ziergärtner), Paula Pfluger (Frau Ducker), Rudolf Strobl (Blind, ein Student), Silvia Fenz (Antonie, Tochter), Martha Hartmann (Kathi, Dienstmagd), Susi Peter (Rosa, Näherin), Inge Altenburger (Fanni, Stubenmädchen), Bernhard Hall (Pressinger), Ludwig Blaha (Hameder, Ausflügler), Oskar Wegrostek (Herr Wächter), Grete Wagner (Anna, seine Frau), Günther Nuss (Joseph, deren Sohn), Adolf Wessely (Schwund, ein Gauner), Eduard Springer (Wenzel, Lehrbub)
29. August 1964, Volkstheater

Das „Theater der Jugend" weigert sich, die erfolgreiche Aufführung von „Brave Leut' vom Grund" in sein Jugend-Abonnement aufzunehmen, da in Anzengrubers Stück angeblich zu „triste Familienverhältnisse" vorgeführt würden.

Henrik Ibsen
● PEER GYNT
Bühnenbild GM / Regie: Ulrich Erfurth
mit Max Eckard (Peer Gynt), Lina Carstens (Aase), Julia Costa (Solveig), Hannelore Hoger (Saeterin), Ulrich Matschoss (Dovrealte), Heinz Baumann, Günther Lüders (Passagier)
26. September 1964, Württembergisches Staatstheater Stuttgart (Kleines Haus)

MANCHMAL KOMMT AUCH GUTES NACH. Zumindest eine Teilentschädigung für den Weggang zweier Stützen seines Ensembles erhielt das Volkstheater in der gestrigen Premiere von Gustav Mankers Inszenierung von Nestroys „Liebesg'schichten und Heiratssachen": In Heinz Petters (Nebel) wurde ein bemerkenswerter Nestroy-Spieler entdeckt

Am Hamburger Thalia Theater inszeniert Manker im Herbst 1964 mit Adolf Wohlbrück und Heidemarie Hatheyer „Das Weite Land", seinen ersten Schnitzler, dem in seinem Leben noch 7 weitere folgen werden, darunter „Reigen" (1966, als Schallplatte) „Professor Bernhardi" (1967) sowie Anfang der 70er Jahre die Frühwerke „Freiwild" und „Das Märchen" und als Uraufführung das Nachlassdrama „Zug der Schatten".

Arthur Schnitzler
◆ DAS WEITE LAND
Regie GM / BB: Fritz Brauer
mit Adolf Wohlbrück (Hofreiter), Heidemarie Hatheyer (Genia), Freca-Renate Bortfeldt (Meinhold), Fritz von Friedl (Otto), Alice Lach (Wahl), Gundolf Willer (Gustav), Loni von Friedl (Erna), Karl-Heinz Gerdesmann (Natter), Eleonore Schroth (Adele Natter), Helmut Oeser (Mauer), Helmuth Kolar (Stanzides), Hans Paetsch (Aigner)
Eröffnungsvorstellung der Intendanz Kurt Raeck
10. Oktober 1964, Thalia Theater Hamburg

In Nestroys seit 1930 in Wien nicht mehr gespielter Posse „Liebesg'schichten und Heiratssachen" gibt im November 1964 der 32jährige Heinz Petters sein Debut am Volkstheater. Über ihn, der bisher nur als Geheimtipp unter Wiens Kellertheatern galt, titelt der Kurier „Ein neuer Nestroyaner stellt sich vor" und meint: „Mehr solche Leistungen und Josef Meinrad braucht keine Sorge mehr um die Weitergabe des Iffland-Ringes zu haben." Petters hat Substanz, Rasanz, Schärfe, er ist „das Ereignis des Abends" mit „fast zynischer Unbeweglichkeit der Miene und herausfordernder Angriffslust". An seiner Seite steht Hilde Sochor als mannstoll heiratslustige Lucia Distel und Herbert Probst als fett-glänzender Parvenue.

Johann Nestroy
◆ LIEBESG'SCHICHTEN UND HEIRATSSACHEN
Regie GM / BB: Helga Schwartzkopff / K: Maxi Tschunko / M: Michael Hebenstreit, bearbeitet von Robert Leukauf
mit Heinz Petters (Nebel), Herbert Propst (Florian Fett), Rudolf Strobl (Buchner), Paula Pfluger (Wirtin), Hilde Sochor (Lucia Distel), Silvia Fenz (Fanny), Erika Mottl (Ulrike), Susi Peter (Philippine), Ludwig Blaha (Wirt), Bernhard Hall (Alfred), Egon Jordan (Marchese Vincelli), Oskar Wegrostek (Schneck), Marianne Gerzner (Wirtin), Adolf Wessely (Georg), Herbert Kucera (Gottfried), Dolf Karsten (Hauskn echt), Fritz Widhalm-Windegg (Wächter), Gretl Wagner (Magd), Edgar Melhardt (Niklas, Kellner), E. A. Georges (Kammerdiener)
6. November 1964, Volkstheater

Mankers Regie ist „scharf, gescheit, zügig" (Ernst Lothar), die Aufführung gehört „zu den besten der letzten Jahre". Das Publikum spendet Ovationen. Geradezu revolutionär ist das puristische Bühnenbild: den Rahmen bildet nur eine weiße Schachtel aus drei Wänden, aber mit stilgerechten Türen, stilgerechtem Tisch und realistisch-bunten Kostümen. In der Rückwand öffnet sich fallweise eine Nische aus herunterklappbaren Lamellen. Der kahle Raum gleicht auf den ersten Blick einem Operationssaal. In ihm stellt eine grüne Wand den Garten dar, eine rote den Salon, nur Details verändern den Einheits-

Liebesg'schichten und Heiratssachen (1964)

oben:
Heinz Petters in seiner ersten Nestroy-Rolle am Volkstheater, als Nebel, mit Susi Peter als Philippine.

linke Seite oben:
Heinz Petters als Nebel.

linke Seite Mitte:
Karikatur, in der Heinz Petters die Nestroy-Spieler Kurt Sowinetz und Fritz Muliar, die vom Volkstheater ans Theater in der Josefstadt abgewandert sind, ersetzt.

linke Seite unten:
Heinz Petters als Nebel und Silvia Fenz als Fanny.

schauplatz. Verwandlungen finden in grellem Licht und bei offenem Vorhang statt. Die „Wiener Zeitung" moniert prompt die nackten Wände, „*die alles Biedermeierliche abkühlen*", und nennt sie „*eine Sparsamkeit, an der sogar der Rechnungshof nichts auszusetzen hätte*". Das „Forum" findet die Bühne gar „*rätselhaft missglückt*".

Heinz Petters wird ab da zum wichtigsten Protagonisten in Gustav Mankers Nestroy-Inszenierungen und spielt den Diener Johann in „Zu ebener Erde und erster Stock" (1968), Kasimir Dachl in „Heimliches Geld, heimliche Liebe" (1972), Arthur in „Umsonst" (1974), Weinberl in „Einen Jux will er sich machen" (1976), Wendelin Pfriem in „Höllenangst" (1977) und Willibald in „Die schlimmen Buben in der Schule" (1979), oft mit Herbert Propst in der Wenzel Scholz-Rolle. Er läutet, nach dem Weggang von Hans Putz, Hugo Gottschlich, Fritz Muliar und Kurt Sowinetz an andere Wiener Theater, eine neue Ära von Nestroy-Aufführungen am Volkstheater ein.

Am 16. Dezember 1964 wird Gustav Manker für seine Inszenierungen von Shakespeares „Troilus und Cressida" und „Die Verbrecher" von Ferdinand Bruckner mit der Kainz-Medaille ausgezeichnet.

Friedrich Dürrenmatt
• **ROMULUS DER GROSSE**
Bühnenbild GM / Regie: Leon Epp
mit Heinrich Trimbur (Romulus), Paola Loew (Rea), Herbert Prodinger (Zeno), Albert Rolant (Ämilian), Harry Fuss (Mares)
11. Dezember 1964, Volkstheater

Die „juristische, zoologische und moralische Komödie" „Zoo" des französischen Résistancekämpfers Vercors, die Manker im Januar 1965 inszeniert, behandelt den Mordprozess gegen einen englischen Journalisten, der das Schwurgericht vor die ungewöhnliche Frage stellt: Ist der „Tropi-Säugling", den er vorsätzlich getötet hat, ein Menschenkind gewesen oder nur ein kleiner Affe?

Vercors (Jean Marcel Bruller)
• **ZOO oder DER MENSCHENFREUNDLICHE MÖRDER** (DEA)
Regie GM / BB & K: Helga Schwartzkopff
mit Harry Fuss (Douglas Tempelmore), Hanns Krassnitzer (Richter), Heinz Petters (Obmann der Geschworenen), Aladar Kunrad (Kronanwalt), Bernhard Hall (Verteidiger), Ernst Meister (Staatsanwalt), Herbert Propst (Landarzt), Edd Stavjanik (Crabe, Forscher), Hans Rüdgers (Minister)
22. Januar 1965, Volkstheater (Sonderabonnement)

1965

Von der Antwort hängt das Leben des Journalisten ab, aber auch das Schicksal jener vor kurzem entdeckten „Tropis", über deren Zugehörigkeit zum Tierreich oder zur Menschheit Mediziner, Juristen Anthropologen und Unternehmer erbittert streiten.

„Die Hinrichtung", das erste abendfüllende Stück des Autorenduos Helmut Qualtinger und Carl Merz, von denen das epochale Monodrama „Der Herr Karl" (1961) stammt, kommt 1965 in Mankers Regie am Volkstheater zur Uraufführung. Die schwarze Komödie findet nicht den erhofften Anklang. „Keine Hinrichtung, kein Kabarett, kein Stück" urteilt die Presse und stellt die drei von Qualtinger in einem Interview vor der Premiere apostrophierten „K's" in Frage: den Herrn Karl, Franz Kafka und das Kabarett. Zur Premierenfeier im oberen Stock des Volkstheater-Stammlokals von Josef „Pepi" Fröhlich in der Breitegasse erscheinen nur Direktor Leon Epp, Regisseur Manker mit Frau Hilde Sochor und Qualtinger, der im Stück den Scharfrichter Engel spielt.

Helmut Qualtinger / Carl Merz
♦● DIE HINRICHTUNG (UA)
Regie & Bühnenbild GM / K: Brigitte Brunmayr
mit Helmut Qualtinger (Herr Engel), Joseph Hendrichs (Reindl), Hilde Sochor (Frau Reindl), Hans Olden (Der Herr Doktor), Iris Cramon (Inge), Harry Fuss (Der Boss), Herbert Propst (Ingenieur), Albert Rolant (Zahnarzt), Rudolf Strobl (Horak), Heinrich Trimbur (Blinder), Kurt Woloch (Pfändungsbeamter)
20. Februar 1965, Volkstheater

In Stuttgart inszeniert Gustav Manker im Frühjahr 1965 mit Edith Heerdegen, Hilde Mikulicz und Peter Roggisch als Mortimer Schillers „Maria Stuart".

Friedrich Schiller
♦ MARIA STUART
Regie GM / BB & K: Gerd Richter
mit Edith Heerdegen (Elisabeth), Hilde Mikulicz (Maria), Heinz Baumann (Leicester), Peter Roggisch (Mortimer), Paul Hoffmann (Burleigh), Ludwig Anschütz (Talbot), Peter-Timm Schaufuß (Kent), Johannes Großmann (Davison), Kurt Haars (Paulet), Harald Baender (Graf Aubespine)
20. März 1965, Württembergisches Staatstheater Stuttgart

1965 inszeniert Gustav Manker Nestroys „Das Haus der Temperamente" zum dritten Mal, diesmal für die Wiener Festwochen. Es gelingt ihm, ein uraltes Wiener Tabu zu durchbrechen und Schauspieler von allen drei großen Wiener Bühnen zu besetzen. Die Darsteller kommen aus dem Burgtheater, der Josefstadt und dem Volkstheater, was *„ungemein üppigen Besetzungsglanz"* ergibt: Karl Paryla spielt den Friseur, Hugo Gottschlich den Kleiderputzer, Hilde Sochor das Stubenmädchen. Hermann und Hans Thimig sowie Hans Holt und Hans Olden sind die Väter, Karl Farkas und Maxi Böhm Besatzer.

Da die Wiener Festwochen, die unter dem Motto „Kunst in Freiheit" stehen, das Stück zum zehnten Jahrestag des österreichischen Staatsvertrags 1955 präsentieren, möchten sie, dass die von

Die Hinrichtung (1965)
oben:
Helmut Qualtinger als Scharfrichter vor seiner Guillotine.

rechte Seite:
Helmut Qualtinger als Scharfrichter Engel.

Das Haus der Temperamente (1965)

oben:

1. Stock (von links nach rechts): Friederike Weber (Agnes), Kurt Sowinetz (Edmund), Hermann Thimig (Braus); Karl Paryla (Schlankl), Hans Olden (Fad), Gerti Pall (Walburga), Rudolf Strobl (Robert).
Erdgeschoss: Erna Schickel (Brigitte), Alfred Böhm (Felix), Luzi Neudecker (Irene), Hans Thimig (Trüb); Hugo Gottschlich (Hutzibutz), Hans Holt (Froh), Peter Matic (Guido), Renate Bernhard (Marie).

rechte Seite:

Hugo Gottschlich als Hutzibutz, der Kleiderputzer, Hilde Sochor als Stubenmädchen Isabella und Karl Paryla als Schlankl.

Helmut Qualtinger und Carl Merz in der Bearbeitung von 1953 dazu erfundenen vier Besatzungsmächte im zweiten Teil wieder vorkommen, so dass Manker seine „Züricher Fassung" von 1958 nicht verwenden kann, obwohl er sie für dramaturgisch besser hält. Manker schreibt dazu:

„Die Posse ‚Das Haus der Temperamente' gehört unserer Meinung nach zu Nestroys Meisterwerken. Der dramaturgische Aufbau, aufs Höchste kompliziert durch die fast gleichzeitig geführte vierfache Handlung, ist von Nestroy selbst in solcher mathematischer Prägnanz nicht übertroffen worden. Es wurde aber auch gerade dieses Werk zur festlichen Aufführung gewählt, weil es zu der dem Anlass entsprechenden Aktualisierung besonders geeignet erschien. Die vier bei Nestroy als Ausländer nicht weiter differenzierten Freier wurden in unserer von Karl Farkas geschaffenen Bearbeitung in Vertreter unserer seinerzeitigen Besatzungsmächte verwandelt; in einzelnen Szenen wurde eine freundliche Reminiszenz vergangener Zustände heraufbeschworen. Die Sonderstellung dieser Szenen sollte auch durch die Art der Besetzung dieser Rollen charakterisiert werden. Eine solche Belebung dieser vier bei Nestroy eher schablonenhaft geratenen Figuren schien uns durchaus erlaubt. Die Wirkung auf das Publikum wird uns darüber belehren, ob das Stück gewonnen hat."

Johann Nestroy (Einrichtung: Karl Farkas)
• **DAS HAUS DER TEMPERAMENTE**
Regie GM / BB: Gerhard Hruby / K: Maxi Tschunko / M: Adolf Müller / ML: Norbert Pawlicki
mit Karl Paryla (Schlankl), Hugo Gottschlich (Hutzibutz), Hilde Sochor (Isabella), Hermann Thimig (Braus), Rudolf Strobl (Robert), Gerti Pall (Walburga), Hans Olden (Fad), Kurt Sowinetz (Edmund), Friederike Weber (Agnes), Hans Thimig (Trüb), Peter Matic (Guido), Luzi Neudecker (Irene), Hans Holt (Froh), Alfred Böhm (Felix), Renate Bernhard (Marie), Maxi Böhm (Happy), Karl Farkas (Lamentow), Peter Hey (Nevermind), Richard Eybner (Parbleu), Lotte Tobisch (Frau von Korbheim), Mario Kranz (Cyprian), Erna Schickel (Brigitte)
23. Mai 1965, Theater an der Wien (Wiener Festwochen)

Die Einrichtung von Karl Farkas, der auch selbst den Russen Lamentow (bei Qualtinger/Merz Melancholenkow) spielt, wählt für die anderen Besatzer die Namen Happy, Amerikaner (vorher Giftshipple), Nevermind, Engländer (Sleepwell) und Parbleu, Franzose (Bonheur). Dies führt zu einer Kontroverse mit dem Hauptdarsteller (und Kommunisten) Karl Paryla, der die Verunglimpfung des Russen für „mit seinem Gewissen unvereinbar"

1965

Das Haus der Temperamente (1965)

oben:
Karl Paryla (unterm Tisch) als intriganter Friseur Schlankl, mit den Söhnen Kurt Sowinetz (Edmund), Rudolf Strobl (Robert), Peter Matic (Guido) und Alfred Böhm (Felix).

rechte Seite:
Hugo (mit dem Spitznamen „Scheissi") Gottschlich als Hutzibutz, der Kleiderputzer.

hält und Parallelkritik auch an den anderen Besatzungsmächten einfordert, etwa in Bezug auf den Vietnam-Krieg, Senator McCarthy und den Algerienkrieg. Besonders stört ihn, dass an den Österreichern überhaupt keine Kritik geübt wird: „Was ist mit den Nazis, deretwegen die Alliierten seinerzeit gekommen sind? Gesamtablass?" Er schreibt an den Festwochenintendanten Ulrich Baumgartner einen Brief, in dem er seine Mitwirkung in Frage stellt:

„Ich weiß, dass sich in Wien Kunstgeschmack, vor allem politischer Kunstgeschmack, anders als in aller Welt durchzusetzen beliebt. Die Greislermentalität bei uns ist enervierend und unausrottbar. Sie sagten mit Recht, es wäre zu begrüßen, wenn in Österreich einmal etwas ,gesagt', etwas ,getan' werden würde. Ich bin ausnahmslos Ihrer Meinung. Der Bearbeiter ist einfallsreich, hat Witz, sollte er seinen einfallenden Witz nicht auch auf die drei anderen alliierten Sünder ausdehnen können?! Da bieten sich doch Gelegenheiten genug! Vietnam (Die Weltpresse ist voller Karikaturen gegen die Amerikaner), McCarthy, Algerien, De Gaulle als Heiliger Ludwig der westlichen Demokratie, die freie Welt der Cowboys usw. Einem ,njet' stehen ,no', ,not' und ,non' gegenüber! Wäre da nicht echter Witz zu finden? Und es entspräche der Architektur des Stückes der vier Temperamente. Übrigens wäre es selbst bei gerecht auf die 4 Besatzer verteilter Satire nicht geheuer, wenn – bei aktuellen Bezugnahmen – jede Attacke gegen ,Krähwinkel' und seine ,Freiheit' peinlich vermieden wird, um mit Nestroy zu sprechen. Für das Zusammentreffen mit Österreichern, 10 Jahre später, bieten sich viele Dialogthemen an – Proporz, N e u t r a l i t ä t, Wohlstand, Burgtheater, Nationalgefühl, Fremdenverkehr, EWG – und das Hauptthema: was ist mit den Nazis, deretwegen die Alliierten seinerzeit gekommen sind? Gesamtablass? Ich gehe weiter und sage: Tür und Tor auf, dem politischen Ulk nach allen Richtungen, aber zuletzt den Gästen, in diesen Tagen, nachdem sie die übelsten Rollen spielen mussten, eine freundschaftliche Verabschiedung. Auch sie fehlt. Und sie entspräche den Tatsachen, dem Anlass. In dieser oder in einer dieser entsprechenden Bearbeitung könnte ich nicht mitspielen, selbst wenn mir, dem Schauspieler, nie diffamierende Repliken in den Mund gelegt würden. Mitmachen oder nicht, das war hier immer die Frage. Sie ist es noch."

Das Problem wird gelöst, indem auch die anderen Besatzungsmächte im Stück ironisiert werden.

Johann Nestroy
◆ **LIEBESG'SCHICHTEN UND HEIRATSSACHEN**
Regie GM
Gastspiel der Produktion von 1964 des Volkstheaters bei den Grazer Sommerspielen
21. Juni 1965, Opernhaus Graz

1965 | 1966

Johann Nestroy
♦ DER BÖSE GEIST LUMPAZIVAGABUNDUS oder DAS LIEDERLICHE KLEEBLATT
Regie GM / BB: Hans Joachim Weygold
mit Hugo Gottschlich (Knieriem), Harry Fuss (Zwirn), Rudolf Buzcolich (Leim), Silvia Fenz (Pepi), Ute Lasch (Laura), Erich Renzow (Stellaris), Elke Claudius (Brillantine), Karl Sladek (Mystifax), Rainer Böse (Hilaris), Tana Schanzara (Fortuna)
10. Juli 1965, Luisenburg Festspiele Wunsiedel

SAISON 1965/1966

Als bedeutende literarische Ausgrabung kommt im Herbst 1965 das Drama „Die Kindsmörderin" des 29jährigen Sturm und Drang-Dichters Heinrich Leopold Wagner in Mankers Regie zur Aufführung, das Vorgängerstück zu Goethes Gretchentragödie im „Faust". Ingrid Fröhlich spielt die Titelrolle.

Heinrich Leopold Wagner
♦ DIE KINDSMÖRDERIN
Regie GM / BB & K: Maxi Tschunko
mit Ingrid Fröhlich (Evchen), Herbert Propst (Humbrecht), Hilde Sochor (Frau Humbrecht), Ernst Meister (Magister Humbrecht), Viktor Gschmeidler (Major Lindsthal), Rudolf Strobl (Fiskal), Dorothea Neff (Lohnwäscherin), Bernhard Hall (Grönigseck), Aladar Kunrad (Hasenpoth), Inge Altenburger (Lisbet, Magd), Edgar Melhardt (Ein Fausthammer)
30. August 1965, Volkstheater

Vercors (Jean Marcel Bruller)
♦ ZOO oder DER MENSCHENFREUNDLICHE MÖRDER
Regie GM / BB & K: Helga Schwartzkopff
mit der Besetzung vom Januar 1965; Umbesetzungen: Oskar Wegrostek (Richter), Rudolf Strobl (Obmann der 2. Geschworenen), Walter Langer (Crabe), Ingold Platzer (Dame)
Übernahme der Produktion aus dem Sonderabonnement
10. September 1965, Volkstheater

Mit der österreichischen Erstaufführung von „Die heilige Johanna der Schlachthöfe" setzt das Volkstheater im Oktober 1965 in Gustav Mankers Regie seinen Bertolt Brecht-Zyklus fort.

Bertolt Brecht
♦ DIE HEILIGE JOHANNA DER SCHLACHTHÖFE (ÖEA)
Regie GM / BB: Georg Schmid / K: Birgit Hutter / M: Hans Dieter Hosalla / ML: Kurt Werner
mit Tatjana Schneider (Johanna), Herbert Propst (Mauler), Bernhard Hall (Cridle), Ludwig Blaha (Graham), Ernst Meister (Slift), Oskar Wegrostek (Meyers), Elisabeth Epp (Luckerniddle), Walter Langer (Vorarbeiter), Gerald Florian (Gloomb), Inge Altenburger (Strohhut), E. A. Georges (Mulberry), Friedrich Jores (Viehzüchter), Herbert Prodinger (Aufkäufer)
22. Oktober 1965, Volkstheater

Friedrich Schiller
♦ MARIA STUART
Regie GM / BB: Erich Kondrak / K: Birgit Hutter
mit Elisabeth Epp (Elisabeth), Traute Wassler (Maria), Aladar Kunrad (Leicester), Bernhard Hall (Mortimer), Ernst Meister (Burleigh), Otto Woegerer (Melvil), Joseph Hendrichs (Talbot), Friedrich Haupt (Davison), Maria Waldner (Kennedy), Viktor Gschmeidler (Graf Aubespine), Hanns Krassnitzer (Paulet)
10. Dezember 1965, Volkstheater

1965 erhält Gustav Manker einen Lehrauftrag für Regie am Theaterwissenschaftlichen Institut bei Heinz Kindermann in Wien.

Hans-Günther Michelsen
• HELM
Bühnenbild GM / Regie: Leon Epp
mit Hanns Krassnitzer (Kenkmann), Herbert Propst (Löffler), Heinrich Trimbur (Krukow), Hans Rüdgers (Wefelscheid)
21. Januar 1966, Volkstheater (Sonderabonnement)

Heinar Kipphardt
• JOEL BRAND (ÖEA)
Bühnenbild GM / Regie: Leon Epp
mit Heinrich Trimbur (Brand), Herbert Propst (Becher), Klaus Höring, Walter Langer (Puchinger), Ernst Meister (Bader)
20. Februar 1966, Volkstheater

Am 6. März 1966 muss die Sozialistische Partei Österreichs (SPÖ) die größte Wahlniederlage der Nachkriegszeit hinnehmen, die Österreichische Volkspartei (ÖVP) tritt mit Bundeskanzler Josef Klaus zur ersten Alleinregierung der Zweiten Republik an. Die seit 1945 bestehende konservativ-christlich-soziale Dominanz wird noch bis 1970 andauern und das Kulturklima in Österreich nachhaltig beeinflussen.

Die Kindsmörderin (1965)
oben:
Ingrid Fröhlich als Evchen.

rechte Seite oben:
Herbert Propst (Humbrecht) und Ingrid Fröhlich (Evchen).

rechte Seite unten:
Die Heilige Johanna der Schlachthöfe (1965)
Ludwig Blaha als Graham, Ernst Meister als Makler Slift und Herbert Propst als Chicagos Fleischkönig Mauler.

1966

Im März 1966 hat unter Mankers Regie am Theater in der Josefstadt Friedrich Schillers „Don Carlos" Premiere. Michael Heltau spielt den Don Carlos, Erik Frey König Philipp II., Eva Kerbler die Prinzessin Eboli und Ella Büchi die Elisabeth. Manker möchte die Figur des Großinquisitors streichen, da er diese Figur als „Zwetschgenkrampus" empfindet. Die bereits erfolgte Besetzung von Leopold Rudolf in dieser Rolle verhindert allerdings seine Absicht.

Friedrich Schiller
◆ DON CARLOS
Regie GM / BB & K: Roman Weyl
mit Michael Heltau (Don Carlos), Erik Frey (Philipp II.), Ella Büchi (Elisabeth), Eva Kerbler (Eboli), Gerd Seid (Posa), Leopold Rudolf (Großinquisitor), Peter Gavaida (Farnese), Fritz Schmiedel (Alba), Karl Fochler (Lerma), Michael Toost (Domingo), Erna Korhel (Olivarez), Klaus Wildbolz (Offizier)
30. März 1966, Theater in der Josefstadt

Arthur Schnitzlers zehn Dialoge „Reigen" werden im April und Mai 1966 von Gustav Manker für die Schallplatte aufgenommen, da der Autor testamentarisch verfügt hat, dass das Stück aufgrund von Missverständnissen, die nach der Uraufführung 1921 zum „Reigen-Prozess" geführt haben, nicht mehr gespielt werden darf. Eine Garde österreichischer Schauspieler spricht daher die Dialoge auf Schallplatte, darunter Helmut Qualtinger den Soldaten und die junge Christiane Hörbiger das süße Mädel, Helmut Lohner den Dichter, Blanche Aubry die Schauspielerin und Robert Lindner den Grafen.

Don Carlos (1966)

oben:
Leopold Rudolf (Großinquisitor) und Erik Frey (König Philipp II.).

rechte Seite:
Michael Heltau (Don Carlos) und Michael Toost (Beichtvater Domingo).

Arthur Schnitzler
◆ REIGEN
Regie GM (Schallplattenaufnahme)
mit Hilde Sochor (Die Dirne), Helmut Qualtinger (Der Soldat), Elfriede Ott (Das Stubenmädchen), Peter Weck (Der junge Herr), Eva Kerbler (Die junge Frau), Hans Jaray (Der Ehemann), Christiane Hörbiger (Das süße Mädel), Helmut Lohner (Der Dichter), Blanche Aubry (Die Schauspielerin), Robert Lindner (Der Graf)
26. April, 2.–3. & 23.–27. Mai 1966 (Aufnahmedatum)
Preiser Records / Deutsche Grammophon

Im Mai 1955 kommt Arthur Schnitzler Alterswerk „Komödie der Verführung" über Verführer und Verführte kurz vor Ausbruch des ersten Weltkriegs in Mankers Regie zur Aufführung. Als Hoteliersochter Gilda debütiert Kitty Speiser am Volkstheater.

Arthur Schnitzler
◆ KOMÖDIE DER VERFÜHRUNG
Regie GM / BB & K: Maxi Tschunko
mit Helga David (Aurelie), Paola Loew (Judith), Hilde Sochor (Seraphine), Eugen Stark (Max von Reisenberg), Joseph Hendrichs (Falkenir), Wolfgang Hübsch (Ambros Doehl), Willy Pokorny (Arduin, Prinz von Perosa), Hans Olden (Eligius Fenz, Kammersänger), Hans Rüdgers (Bankier Westerhaus), Elisabeth Epp (Julia), Erika Mottl (Elisabeth), Bernhard Hall (Gysar), Dolores Schmidinger (Ida), Friedrich Haupt (Leutnant Leindorf), Traute Wassler (Fürstin), Gerti Gunsam (Albine), Aladar Kunrad (Staatsanwalt Braunigl), Viktor Gschmeidler (Skodny), E. A. Georges (Heyskal), Oskar Willner (Hoteldirektor Hansen), Kitty Speiser (Gilda)
20. Mai 1966, Volkstheater (Wiener Festwochen)

Reigen (1966, Schallplattenaufnahme)

oben:
Elfriede Ott (Stubenmädchen)
Hilde Sochor (Dirne)
Christiane Hörbiger (süßes Mädel)

links:
Eva Kerbler (junge Frau) und Hans Jaray (Ehemann)

unten:
Robert Lindner (Graf)
Blanche Aubry (Schauspielerin)
Peter Weck (junger Herr)

linke Seite oben:
Christiane Hörbiger (süßes Mädel) und
Helmuth Lohner (Dichter)

linke Seite unten:
Gustav Manker mit Helmut Qualtinger (Soldat)
und Elfriede Ott (Stubenmädchen)

unten:
Der Marquis von Keith (1968)
Walter Langer als Ernst Scholz und Herbert Propst als Keith.

rechte Seite:
Fährten (1966)
Ingrid Fröhlich als einfältige Magd Lene, die vor Gericht gegen ihren Liebhaber, von dem sie ein Kind erwartet, falsch aussagt und dafür ins Gefängnis muss: „Ein Kind und seine Mutter, das ist ewig."

Ferdinand Raimund
♦ **DER BAUER ALS MILLIONÄR**
Regie GM / BB: Hans Joachim Weigold / ML: Heinz Schürer
mit Karl Friedrich (Wurzel), Walter Langer (Lorenz), Renate Bernhard (Lottchen), Rudolf Buczolich (Fischer Karl), Susanne Huber (Jugend), Karl Sladek (Hohes Alter), Friederike Dorff (Fee Lacrimosa), Heinz Winter (Haß), Günther Baake (Neid) Robert Werner (Bustorius), Rainer Böse (Ajaxerle)
25. Juni 1966, Luisenburg Festspiele Wunsiedel

SAISON 1966/1967

Als letzter Abend des Wedekind-Zyklus kommt am Volkstheater zur Spielzeiteröffnung 1966 „Der Marquis von Keith" zur Aufführung. Manker äussert sich zum Stück: *„Aus scheinbarem Realismus wächst die schwarze Groteske und absurde Dichtung, als deren Erzvater sich Wedekind in seinem Gesamtwerk legitimiert. Daraus ergibt sich auch die Schwierigkeit der Darstellung. Nur ereignet sich da etwas Seltsames: Sätze und ganze Stellen, die bei der Lektüre Kopfzerbrechen verursachten und lange Diskussionen veranlassten, bezogen bei den Bühnenproben auf magische Weise absolute Klarheit und Selbstverständlichkeit aus der dritten, ja vierten Dimension der Bühne, als würde nun erst, nicht zuletzt dank der sich erst im Bühnenraum voll entfaltenden Wedekindschen Sprachkunst, das Bild entzerrt und glühte nunmehr in all seinen Facetten auf!"*

Frank Wedekind
♦ **DER MARQUIS VON KEITH**
Regie GM / BB & K: Maxi Tschunko
mit Herbert Propst (Keith), Walter Langer (Ernst Scholz), Hilde Sochor (Anna von Werdenfels), Maria Urban (Molly), Egon Jordan (Konsul Kasimir), Wolfgang Hübsch (Hermann Casimir), Albert Rolant (Raspe), Oskar Wegrostek (Ostermeier), Christine Buchegger (Sascha), Dolores Schmidinger (Simba), Helmuth Lex (Saranieff), Wolfgang Dauscha (Sommersberg), Herbert Prodinger (Krenzl), Helene Lauterböck (Frau Krenzl), Hans Weicke (Zamrjaki), Friedrich Jores (Metzgerknecht)
31. August 1966, Volkstheater

Ferdinand Bruckner
♦ **FÄHRTEN**
Regie GM / BB & K: Brigitte Brunmayr
mit Ingrid Fröhlich (Lene), Jutta Schwarz (Dora), Rudolf Strobl (Pless), Helmi Mareich (Frau Pless), Bernhard Hall (Bruder von Frau Pless), Friedrich Haupt (Lorenz), Friederike Dorff (Reiche Witwe), Oskar Reinhardt (Kriminalbeamter)
1. Oktober 1966, Volkstheater (Außenbezirke)

Johann Nestroy
♦ **DIE VERBANNUNG AUS DEM ZAUBERREICHE oder DREISSIG JAHRE AUS DEM LEBEN EINES LUMPEN**
Regie GM / BB & K: Maxi Tschunko / Musik (nach Adolf Müller) & ML: Kurt Werner
mit Harry Fuss (Apollinaris), Heinz Petters (Heinrich Pfiff), Hilde Sochor (Emma), Rudolf Strobl (Jakob), Egon Jordan (Nocturnus), Helene Lauterböck (Bisgurnia), Walter Langer (Crepontes), Christine Buchegger (Urania), Else Rambausek (Frau Bretnagel), Dolores Schmidinger (Therese), Ludwig Blaha (Eisenkopf), Maria Urban (Albertine), Susi Peter (Lisette), Oskar Wegrostek (Pumpf), Joseph Hendrichs (Wallner), Herbet Prodinger (Speer), Melanie Horeschovsky (Mme Speer), Gustav Dieffenbacher (Schneller), Lizzi Steiner (Julerl), E. A. Georges, Wolfgang Dauscha (Traumgestalten)
12. November 1966, Volkstheater

Friedrich Schiller
♦ **MARIA STUART**
Regie & Bühnenbild GM / K: Birgit Hutter
mit Elisabeth Epp (Elisabeth), Traute Wassler (Maria), Aladar Kunrad (Leicester), Bernhard Hall (Mortimer), Ernst Meister (Burleigh), Joseph Hendrichs (Talbot), Friedrich Haupt (Davison), Hans Hais (Paulet), Ludwig Blaha (Melvil)
Übernahme der Volkstheater-Produktion von 1965
3. Januar 1967, Volkstheater (Außenbezirke)

Im Februar 1967 debütiert die 21jährige Dolores Schmidinger in Mankers Inszenierung von Franz Grillparzers „Weh dem, der lügt" als Edrita. Mit Heinz Petters als Küchenjunge Leon (in einem dem Hanswurst angelehnten Kostüm), Herbert Propst als Graf Kattwald und Rudolf Strobl als schwachsinniger Galomir betont Manker die Bezüge Grillparzers zur Alt-Wiener Volkskomödie und lässt das Stück auf einer hölzernen Pawlatschen spielen.

1967

Franz Grillparzer
◆ WEH DEM, DER LÜGT
Regie GM / BB: Georg Schmid / K: Epi Schlüsselberger
mit Heinz Petters (Leon, Küchenjunge), Dolores Schmidinger (Edrita), Rudolf Strobl (Galomir), Herbert Propst (Kattwald), Gustav Dieffenbacher (Bischof), Albert Rolant (Attalus, Neffe), Herbert Prodinger (Schaffer), Oskar Wegrostek (Fischer)
19. Februar 1967, Volkstheater

Im April 1967 entwirft Gustav Manker bei „Die Teufel" sein letztes Bühnenbild für einen anderen Regisseur.

John Whiting
◆ DIE TEUFEL (ÖEA)
Bühnenbild GM / Regie: Gert Omar Leutner
mit Ingrid Fröhlich (Jeanne des Anges), Herbert Propst (Chirurg), Aladar Kunrad (Grandier), Klaus Höring (Sprecher)
1. April 1967, Volkstheater (Sonderabonnement)

Jean-Paul Sartre (nach Euripides)
◆ DIE TROERINNEN DES EURIPIDES (ÖEA)
Regie GM / BB: Ernst Bruzek / K: Maxi Tschunko
mit Elisabeth Epp (Hekuba), Margarete Fries (Pallas Athene), Ingrid Fröhlich (Andromache), Tatjana von Radetzky (Helena), Maria Urban (Kassandra), Aladar Kunrad (Menelaos), Herbert Propst (Poseidon), Albert Rolant (Talthybios), Luise Prasser (Chorführerin), Inge Altenburger, Eva Gaigg, Gerti Gunsam, Helene Lauterböck, Gerda Prott, Erika Puch (Troerinnen)
19. Mai 1967, Volkstheater

Am 2. Juni 1967 wird in Westberlin der Student Benno Ohnesorg während einer Demonstration gegen den Schah von Persien von einem Polizisten erschossen. Dies trägt zur weiteren Ausbreitung und Radikalisierung der Studentenbewegung bei.

Am 23. Juni 1967 wird Gustav Mankers zweite Tochter, Anna Maria Magdalena, geboren.

SAISON 1967/1968

Henrik Ibsen
◆ ROSMERSHOLM
Regie GM / BB: Georg Schmid / K: Maxi Tschunko
mit Hilde Sochor (Rebekka West), Hanns Krassnitzer (Pastor Rosmer), Herbert Propst (Kroll), Ernst Meister (Mortensgord), Egon Jordan (Brendel), Maria Englstorfer (Frau Helseth)
3. September 1967, Volkstheater

Friedrich Schiller
◆◆ KABALE UND LIEBE
Regie & Bühnenbild GM / K: Maxi Tschunko
mit Ingrid Fröhlich (Luise), Klaus Höring (Ferdinand), Viktor Gschmeidler (Präsident), Jutta Schwarz (Milford), Oskar Wegrostek (Miller), Marianne Gerzner (Millerin), Wolfgang Hübsch (Wurm), Albert Rolant (Kalb), Joseph Hendrichs (Kammerdiener), Karl Schuster, Franz Tiefenbacher
30. September 1967, Volkstheater (Außenbezirke)

Arthur Schnitzler
◆ PROFESSOR BERNHARDI
Regie GM / BB: Sigurd Zahner / K: Elfriede Michael
mit Heinrich Trimbur (Bernhardi), Buddy Elias (Löwenstein), Kurt Fischer-Fehling (Ebenwald), Egon Waldmann (Cyprian), Maximilian Wolters (Pflugfelder), Wolfgang Hessler (Filitz), Friedrich Kutschera (Flint), Uli Eichenberger (Tugendvetter), Helmuth Ebbs (Dr. Winkler), Dieter Mainka (Dr. Wenger), Elmar Schulte, Sigrun Burger, Werner Balmer, Robert Messerli, Georg Trenkwitz (Feuermann), Rick Parsé (Pfarrer)
23. Oktober 1967, Komödie Basel

Rosmersholm (1967)
Hanns Krassnitzer (Rosmer), Egon Jordan (Brendel), Hilde Sochor (Rebekka West) und Herbert Propst (Rektor Kroll).

Zu ebener Erde und erster Stock oder Die Launen des Glücks (1967)

Erster Stock: Bernhard Hall und Heinz Petters als Diener Friedrich und Johann (links und rechts außen), in der Mitte Regine Felden (Emilie) zwischen Albert Roland (Monsieur Bonbon) und Herbert Propst (Goldfuchs). Zu ebener Erde: Rudolf Strobl (Damian), Hilde Sochor (Salerl), Gustav Dieffenbacher (Schlucker), Maria Engelstorfer (Sepherl) und Kinder.

Chor der Gäste (im ersten Stock): „Vernehme Bräutigam und Braut Die Wünsche unsers Herzens laut!"
Zu ebener Erde: (zugleich): „Wenn man für uns kein Brot mehr bacht, Dann ist's mit uns erst gute Nacht!"

Im Winter 1967 inszeniert Gustav Manker am Max Reinhardt Seminar anlässlich des 150. Bestandsjahres der Akademie im Schönbrunner Schlosstheater Nestroys „Die Träume von Schale und Kern". Unter den Studierenden befinden sich Heinz Marecek, Franz Morak, Sylvia Manas, Peter Gruber, Ernst Konarek und Liliana Niesielska.

Johann Nestroy
♦ DIE TRÄUME VON SCHALE UND KERN oder MÜLLER, KOHLENBRENNER UND SESSELTRAGER
Regie GM
mit (den Studenten) Florian Liewehr (Müller), Peter Gruber (Sesselträger), Ernst Konarek (Kohlenbrenner), Franz Morak, Heinz Marecek, Sylvia Manas, Liliana Niesielska, Wolfgang Quetes, Gunther Lämmert, Roger Murbach, Fritz Sattler, Irene List, Rudolf Otahal, Elga Weinberger
23. November 1967, Schönbrunner Schlosstheater

Mit Nestroys wenig gespielter Lokalposse „Zu ebener Erde und erster Stock" gelingt Manker zu Weihnachten 1967 ein spektakulärer Höhepunkt seiner Nestroy-Interpretation. Es spielen jene Schauspieler, die bald als Mankers „Nestroyaner" bekannt werden: Heinz Petters, Hilde Sochor, Rudolf Strobl, Dolores Schmidinger und Herbert Propst.

Johann Nestroy
♦● ZU EBENER ERDE UND ERSTER STOCK oder DIE LAUNEN DES GLÜCKS

Regie & Bühnenbild GM / K: Maxi Tschunko / M: Adolf Müller, ergänzt und eingerichtet von Norbert Pawlicki / Zusatzstrophen: Oskar Willner
mit Herbert Propst (Goldfuchs, Spekulant), Regine Felden (Emilie, seine Tochter), Heinz Petters (Johann, Bedienter), Dolores Schmidinger (Fanny, Kammermädchen), Gustav Dieffenbacher (Schlucker, armer Tandler), Maria Englstorfer (Sepherl), Rudolf Strobl (Damian), Hilde Sochor (Salerl), Wolfgang Hübsch (Adolf), Tatjana Schneider (Christoph), Ludwig Blaha (Zins), Albert Rolant (Monsieur Bonbon), Oskar Willner (Sekretär Wilm / Wermuth / Gerichtsbeamter / Stafette aus Marseille), Friedrich Jores (Zuwag, Aufhackknecht), Oskar Reinhardt (Plutzerkern), Edgar Melhardt (Zech, Kellner), Herbert Prodinger (Grob), Bernhard Hall (Friedrich, Bedienter), Karl Schuster (Anton), Mario Kranz (Steinfels)
10. Dezember 1967, Volkstheater

Ganz Wien steht im Dezember 1967 im Zeichen Nestroys, fast jedes Theater bringt zu Weihnachten eine Neuinszenierung heraus. Neben einem biedermeierlich-verharmlosenden „Jux" am Burgtheater mit Josef Meinrad und Inge Konradi und dem „Zerrissenen" mit Leopold Rudolf am Theater in der Josefstadt zeigt das Theater der Jugend

1968

Zu ebener Erde und erster Stock oder Die Launen des Glücks (1967)

oben:
Heinz Petters als Diener Johann, Hilde Sochor als Salerl.

rechte Seite:
Die Nestroyaner Hilde Sochor (Salerl), Heinz Petters (Johann), Dolores Schmidinger (Fanny) und Rudolf Strobl (Damian Stutzel).

„Theaterg'schichten", das Reinhardt-Seminar „Die Träume von Schale und Kern" und die Volksoper bereitet „Der Zerrissene" vor, in der Opernfassung von Gottfried von Einem. Den Vogel aber schießt das Volkstheater ab, Gustav Manker steigt *„als Sieger aus dem Bühnen-Ring"* (Express) und feiert *„einen der größten Erfolge der Saison"* (Neue Front) *„auf dem wienerischen Feld, wo er wie kein anderer zu Hause ist"* (Wiener Zeitung). Die Aufführung ist *„mätzchenlos"*, *„hart, scharf, dynamisch"*, ausgestattet mit *„revolutionär-melancholischem Witz"* (Piero Rismondo), ein *„Nestroy par excellence"* und *„einfach grandios"* (Neue Zeitung). Das *„Publikum klatscht mit einer Begeisterung, die selten ist"*. Friedrich Torberg bezeichnet die Aufführung nach der Premiere als *„Theatergeschichte"*.

Heinz Petters spielt *„den windigsten aller Nestroy-Schufte"*, den Diener Johann, *„rasant, zynisch und im Expresstempo"* (Die Presse), *„er hascht nicht nach der Sympathie der Zuschauer, sondern spielt den gemeinen Kerl ohne Rücksicht auf Charmeverluste"* (Express). Hilde Sochors wienerisches Temperament wirkt in der Rolle der Salerl *„wie ein elektrischer Strom, mit dem sie bis in die Fingerspitzen geladen ist"*, ihre Partnerschaft mit dem einfältigen Tandler Damian Rudolf Strobls ist *„bemerkenswert antiidyllisch"*. Wolfgang Hübsch fällt in der Nebenrolle des Tagschreibers Adolf auf, den er leicht satirisch anlegt und in der er sich immerhin mit Vorgängern wie O. W. Fischer und Walter Kohut messen muss. *„Man muss ihn im Auge behalten"*, urteilt „Die Presse" – und Hübsch wird in seiner Rolle für Dostojewskis Raskolikoff entdeckt. Wie schon 20 Jahre zuvor wählt Manker den Schauspieler Oskar Willner als ironischen Angelpunkt der Handlung und lässt ihn als wienerischen *Deus ex Machina* in Englisch und Französisch sämtliche Unglücks- und Glücksboten spielen, die mystisch-parodistisch den Lauf der Handlung und Schicksale bestimmen. In Ferdinand Raimunds Stücken ist die Geister- und Feenwelt noch sichtbar, in Nestroys Stücken nicht mehr, bei ihm waltet sie unsichtbar und irrational und macht die Menschen zu ihrem Spielball. „Das Glück bleibt halt stets kugelrund" heißt daher auch der Schlussrefrain in Nestroys Posse.

Julius Edlis
* **ABEL, WO IST DEIN BRUDER?** (ÖEA)
Regie GM / BB: Brigitte Brunmayr / K: Maxi Tschunko
mit Heinrich Trimbur (Ich), Herbert Propst (Er), Regine Felden (Sie)
19. Januar 1968, Volkstheater (Sonderabonnement)

Gotthold Ephraim Lessing
* **PHILOTAS**
Regie GM / BB: Brigitte Brunmayr / K: Maxi Tschunko
mit Klaus Höring (Philotas), Hanns Krassnitzer (Aridäus, König), Rudolf Strobl (Parmenio), Bernhard Hall (Strato)
19. Januar 1968, Volkstheater (Sonderabonnement)

Für die Tourneegesellschaft von Jürg Medicus, Will Quadflieg und Elisabeth Flickenschild inszeniert Gustav Manker 1968 „Frauen, die man umarmt". Die Proben finden in Hamburg statt, Premiere ist in Bregenz.

Henri de Montherlant
* **FRAUEN, DIE MAN UMARMT**
Regie GM / BB: Fritz Butz
mit Elisabeth Flickenschild (Mademoiselle Andriot), Will Quadflieg (Ravier), Lis Verhoeven (Christine), Josef Wichart (Le Vardey), Karl Heinz Staudemayer (Jean)
Tournee der Zürcher Tourneegesellschaft
17. Februar 1968, Kornmarkttheater Bregenz

Geschichten aus dem Wiener Wald (1968)
An der schönen blauen Donau. (stehend:) Maria Englstorfer (erste Tante), Jutta Schwarz (Marianne), Helmut Qualtinger (Zauberkönig), Herbert Propst (Oskar), Lizzi Steiner (zweite Tante), Friedl Czepa (Valerie). (sitzend:) Bernhard Hall (Alfred), Klaus Höring (Erich) und „kleine weißgekleidete häßliche Kinder".

Helmut Qualtinger spielt im April 1968 in Ödön von Horváths „Geschichten aus dem Wiener Wald" am Volkstheater den Zauberkönig, nachdem er zuvor schon in Erich Neubergs legendärem Fernsehfilm von 1961 den Fleischhauer Oskar gespielt hat.

Ödön von Horváth
♦ **GESCHICHTEN AUS DEM WIENER WALD**
Regie GM / BB: Gerhard Hruby / K: Maxi Tschunko / ME & ML: Norbert Pawlicki / Choreographie: Rudy Bachheimer-Tüchler
mit Helmut Qualtinger (Zauberkönig), Jutta Schwarz (Marianne), Bernhard Hall (Alfred), Friedl Czepa (Valerie), Egon Jordan (Rittmeister), Alice Lach (Großmutter), Erna Schickel (Mutter), Herbert Propst (Oskar), Rudolf Strobl (Havlitschek), Klaus Höring (Erich), Dolores Schmidinger (Emma), Ernst Meister (Beichtvater), Louis Soldan (Der Hierlinger Ferdinand), Helene Lauterböck (Baronin), Regine Felden (Helene), Christine Buchegger (Gnädige Frau), Wolfgang Dauscha (Conferencier), Gaby Eder (Ida), Inge Altenburger (Dienstbot), Maria Englstorfer (erste Tante), Lizzi Steiner (zweite Tante), Oskar Wegrostek (Der Mister), Monika Burg, Erni Michel, Rosita Strobel (Tänzerinnen)
26. April 1968, Volkstheater

Studenten-Unruhen in Frankreich, die von Protesten gegen die Räumung einer Fakultät der Universität Sorbonne im Mai 1968 in Paris ausgelöst werden, führen zu einem wochenlangen Generalstreik, der ganz Frankreich lahmlegt und an dem neben den Studenten auch die Arbeiterschaft teilnimmt. Langfristig zieht diese Revolte kulturelle, politische und ökonomische Reformen nach sich.

In Wien findet am 7. Juni 1968 im Hörsaal 1 der Universität unter dem Titel „Kunst und Revolution" eine Veranstaltung der Wiener Aktionisten statt. Oswald Wiener trägt Texte vor, während Günther Brus auf dem Vortragspult vor ca. 300 Personen uriniert, erbricht, onaniert und dazu die österreichische Nationalhymne singt. Die Akteure der „Uni-Ferkelei" werden mit Haftstrafen von 2–6 Monaten belegt.

Anlässlich der Lotte Ingrisch-Uraufführung „Die Wirklichkeit und was man dagegen tut" 1968 am Akademietheater arbeitet Manker mit dem Maler Ernst Fuchs zusammen, der Bühnenbild und Kostüme entwirft. Es spielen Käthe Gold, Fred Liewehr, Susi Nicoletti und Hugo Gottschlich.

Geschichten aus dem Wiener Wald (1968)

oben:
Helmut Qualtinger als Zauberkönig im letzten Bild, in der Wachau, in der Hand das Kinderspielzeug für sein totes Enkelkind.

rechts:
Rudolf Strobl als Havlitschek und Herbert Propst als Oskar vor der Fleischhauerei im achten Bezirk.

1968

oben:
Geschichten aus dem Wiener Wald (1968)
Jutta Schwarz (Marianne) und Bernhard Hall (Alfred).

Die Ratten (1968)
rechte Seite oben:
Ingrid Fröhlich als Pauline Piperkarcka und Hilde Sochor als Frau John.

rechte Seite unten:
Bühnenbild zum Dachboden mit dem Fundus des Theaterdirektors Hassenreuter und den Rüstungen der Pappenheimer Kürassiere aus Friedrich Schillers „Wallenstein".

Lotte Ingrisch
♦ **DIE WIRKLICHKEIT UND WAS MAN DAGEGEN TUT** (UA)
Regie GM / BB & K: Ernst Fuchs
mit Käthe Gold (Mascha, Drehorgelfrau), Hanns Obonya (Krk, Flickschneider), Fred Liewehr (Heinrich, Zauberer), Susi Nicoletti (Valerie, Witwe), Philipp Zeska (Kasimir, Ausrufer), Ulli Fessl (Ariane), Hugo Gottschlich (Schmähtandler)
9. Juni 1968, Akademietheater (Wiener Festwochen)

Johann Nestroy
♦ **DAS MÄDL AUS DER VORSTADT**
Regie GM / BB: Hans-Joachim Weygold
mit Harry Fuss (Schnoferl), Klaus Rott (Herr von Gigl), Renate Bernhard (Thekla), Trude Hajek (Frau von Erbsenstein), Egon Waldmann (Kauz), Otto Mrazek (Knöpfl), Manuela Alphons (Peppi), Lotte Neumayer (Madame Storch), Margot Philipp, Barbara Lund, Rita Gallen, Hans Peters
23. Juni 1968, Luisenburg Festspiele Wunsiedel

SAISON 1968/1969

George Bernard Shaw
♦ **DER ARZT AM SCHEIDEWEG**
Regie GM / BB & K: Maxi Tschunko
mit Wolfgang Hübsch (Louis Dubedat), Helga David (Jennifer), Hanns Krassnitzer (Ridgeon), Herbert Propst (Cullen), Joseph Hendrichs (Bennington), Albert Rolant (Redpenny), Adolf Lukan (Dr. Walpole), Gustav Dieffenbacher (Dr. Blenkinsop), Ernst Meister (Dr. Schutzmacher), Maria Englstorfer (Witschafterin)
7. September 1968, Volkstheater

Mit G. B. Shaws „Helden" endet 1968 Mankers Arbeit als Bühnenbildner. Mit zwei Ausnahmen, 1971 und 1982, wird er keine Bühnenbilder mehr entwerfen. Seit 1938 hat er am Volkstheater für 187 Inszenierungen das Bühnenbild entworfen, an anderen Theatern für weitere 167 Stücke, darunter am Burg- und Akademietheater, Theater in der Josefstadt, Kammerspiele, Bürgertheater, Die Insel in der Komödie, für die Exl-Bühne und bei den Salzburger Festspielen. Bei 47 Produktionen war Gustav Manker dabei auch sein eigener Regisseur.

George Bernard Shaw
♦• **HELDEN**
Regie & Bühnenbild GM / K: Maxi Tschunko
mit Harry Fuss (Bluntschli), Christine Buchegger (Raina), Hans Rüdgers (Petkoff), Margarete Fries (Katharina), Traute Wassler (Louka), Friedrich Haupt (Sergius), Walter Langer (Nicola), Hermann Laforét (russischer Offizier)
29. September 1968, Volkstheater (Außenbezirke)

Gerhart Hauptmann
♦• **DIE RATTEN**
Regie & Bühnenbild GM / K: Maxi Tschunko
mit Hilde Sochor (Frau John), Herbert Propst (John), Ingrid Fröhlich (Pauline Piperkarcka), Heinrich Trimbur (Direktor Hassenreuter), Julia Gschnitzer (Frau Hassenreuter), Erika Mottl (Walburga), Oskar Willner (Pastor Spitta), Wolfgang Hübsch (Erich Spitta), Margarete Fries (Sidonie Knobbe), Silvia Fenz (Selma Knobbe), Inge Toifl (Alice Rütterbusch), Harry Fuss (Bruno Mechelke), Ludwig Blaha (Quaquaro)
8. November 1968, Volkstheater

1968 | 1969

Der gute Mensch von Sezuan (1968)
Shui Ta's Tabakfabrik mit Bernhard Hall als Aufseher Sun Yang. Bühnenbild von Georg Schmid.

Am 6. Dezember 1968 wird Gustav Manker für Inszenierung und Bühnenbild von Nestroys „Zu ebener Erde und erster Stock" im Presseclub Concordia der neu gestiftete „Karl-Skraup-Preis" verliehen, der im Angedenken an den 1958 verstorbenen Schauspieler von da an jährlich vergeben wird. Mit ihm wird Herbert Propst für den Oskar in Horváths „Geschichten aus dem Wiener Wald" ausgezeichnet, die Nachwuchspreise gehen an Dolores Schmidinger und Dieter Berner.

Bertolt Brecht / Paul Dessau
♦ DER GUTE MENSCH VON SEZUAN
Regie GM / BB: Georg Schmid / K: Maxi Tschunko / ME & ML: Norbert Pawlicki
mit Jutta Schwarz (Shen Te/Shui Ta), Eugen Stark (Wang), Hilde Sochor (Hausbesitzerin Mi Tsü), Erika Ziha (Witwe Shin), Bernhard Hall (Sun), Wolfgang Hübsch (Schreiner), Walter Langer (Barbier), Adolf Lukan (Der Arbeitslose), Joseph Hendrichs (Ma Fu), Silvia Fenz (seine Frau), Egon Jordan (1. Gott), Herbert Propst (2. Gott), Friedrich Haupt (3. Gott), Wolfgang Dauscha (Neffe), Traute Wassler (Frau Yang), Erika Mottl (Nichte), Tatjana Schneider (Schwangere), Ludwig Blaha (Polizist), E. A. Georges (Alter Mann), Friedrich Jores (Der Herr), Gerti Gunsam, Renata Olárovà (Prostituierte)
13. Dezember 1968, Volkstheater

Im Dezember 1968 hat Direktor Leon Epp in der Nähe seines Hauses in St. Andrä im Burgenland einen Autounfall. Am 21. Dezember erleidet er einen Kreislaufkollaps und stirbt an einer Lungenembolie. Gustav Manker schreibt im Programmheft des Volkstheaters den Nachruf:

„Das Volkstheater in seiner Gesamtheit, Schauspieler, Techniker und alle anderen, die ihm angehören, sind sich des schweren Verlustes, den wir erlitten haben, tief bewusst. 16 Jahre durften wir Seite an Seite mit Leon Epp an seinem imponierenden künstlerischen Aufbau unseres Hauses mitarbeiten. Niemals hat Leon Epp seine idealen künstlerischen Ziele aus dem Auge verloren, konsequent und jeden Widerstand überwindend hat er bis zur Verwirklichung seiner Ideen gekämpft. Wir werden diese, man kann fast sagen ‚heroische Zeit' unseres Hauses, für die er sein Leben eingesetzt hat, nie vergessen können und bestrebt sein, auf seinen Wegen und in seinem Geiste unser Volkstheater weiterzuführen."

Noch im Dezember 1968 übernimmt der 55jährige Gustav Manker die Geschäfte Leon Epps als Direktor des Wiener Volkstheaters. Als Manker nach Hause kommt und die Neuigkeit verkündet, freut sich der 10jährige Sohn über die Ernennung zum Direktor. Der Vater gibt zu Bedenken: *„Jetzt wird es schwer sein, einen guten Charakter zu behalten…"*

Jean Cocteau
♦ DIE TEUFLISCHE MASCHINE (DIE HÖLLENMASCHINE)
Regie GM / BB: Wolfgang Vollhard / K: Maxi Tschunko
mit Wolfgang Hübsch (Ödipus), Elisabeth Epp (Jokaste), Egon Jordan (Teiresias), Viktor Gschmeidler (Kreon), Elga Weinberger

(Antigone), Dorothea Neff (Matrone), Maria Urban (Sphinx), Hans Rüdgers (Gespenst des Laios), Dieter Berner (Bote), Hans Gratzer (junger Soldat), E. A. Georges (Hirte), Ernst Meister (Die Stimme), Bernhard Hall (Hauptmann), Albert Rolant (Anubis), Adolf Lukan (Soldat)
7. März 1969, Volkstheater

Am 22. April 1969 wird Gustav Manker für seine Verdienste um die Pflege des österreichischen Volksstücks im Presseclub Concordia der Girardi-Ring überreicht, ein Wanderpreis, den er nach Anna Exl verliehen bekommt. In seiner Dankesrede propagiert er die „*Pflege des österreichischen Volksstücks*" und beklagt die mangelnde Produktion der Gegenwart – dies allerdings nur wenige Monate, bevor er als Theaterdirektor Wolfgang Bauer und Peter Turrini fürs Theater entdecken wird:

„Meine konstante, über dreißigjährige Tätigkeit im Volkstheater hat mich ganz von selbst auf ein Lieblingsanlegen gebracht, nämlich die Pflege und Interpretation des österreichischen Volksstückes. Man sollte meinen, dass nichts leichter in Österreich wäre, als das österreichische Theater an die Österreicher heran zu bringen. Aber ich habe im Laufe der Jahre erkennen müssen, dass die Werke, die bei ihrem Entstehen ganz unmittelbar und direkt zum Publikum zu sprechen vermochten, heute nicht mehr so leicht eine solche Wirkung ausüben wie früher. Wir sind aber im hohen Maße auf die Darstellung älterer Werke angewiesen, die Produktion in der Gegenwart ist so gut wie erloschen. Es macht sich, meiner Meinung nach, vorwiegend in intellektuellen Kreisen eine merkwürdige Verlegenheit und Unsicherheit bemerkbar, wenn von Volksstücken – ein Wort, das fast einen herabsetzenden Beiklang bekommen hat – die Rede ist, und zugegeben werden soll, dass sie Werke großer Dichter sind und tief in der Mentalität unseres Volkes ihren Ursprung haben. Ich glaube, dass wir im hohen Maße das Gefühl für die Qualität eines Kunstwerkes verloren haben und dass es unsere Aufgabe sein muss, dieses Gefühl wieder zu wecken, immer wieder auf diese Werke hinzuweisen und sie aufzuführen. Theater ist eine nationale Angelegenheit, verstehen Sie den Ausdruck bitte nicht falsch, sogar Brecht hat gesagt, auf Deutschland bezüglich, wir werden ein ‚nationales Theater' haben – oder gar keines. Soweit es in meinen Kräften steht, werde ich dies neben unseren übrigen Spielplan-aufgaben im Volkstheater weiterhin durchzuführen versuchen, um das Theater wieder unmittelbarer und direkter an sein Publikum heranzubringen, das Spiegel und Abbild seiner selbst auf der Bühne zu sehen berechtigt ist."

Fedor M. Dostojewski (Dramatisierung: Walter Lieblein)
◆ **RASKOLNIKOFF** (UA)
Regie GM / BB: Sigurd Zahner / K: Maxi Tschunko
mit Wolfgang Hübsch (Raskolnikoff), Helmut Qualtinger (Untersuchungsrichter Porfiri), Christine Buchegger (Dunja), Jutta Schwarz (Sonja), Eugen Stark (Rasumichin), Heinrich Trimbur (Marmeladoff), Julia Gschnitzer (Katerina), Aladar Kunrad (Bräutigam), Margarete Fries (Mutter), Rudolf Strobl (Sametoff), Melanie Horeschovsky (Pfandleiherin), Silvia Fenz (Nastasja), Albert Rolant (Arzt), Maria Englstorfer (Weib), Renate Olárová (Dame in Blau), Bernhard Hall (Ilja), Oskar Wegrostek (Kutscher), Ludwig Blaha (Kleinbürger), Bernd Spitzer (Anstreicher), Dieter Berner (Arbeiter)
31. Mai 1969, Volkstheater (Wiener Festwochen)

Raskolnikoff (1969)

unten:
Rudolf Strobl als Sametoff und Wolfgang Hübsch als Raskolnikoff.

nächste Doppelseite:
Helmut Qualtinger als Porfiri Petrowitsch und Wolfgang Hübsch als Rodion Raskolnikoff.

Das Haus der Temperamente (1969)

oben links:
Sigrun Burger (Walburga), Karl Merkatz (Edmund) und Manfred Steffen (Braus)

oben rechts:
Robert Tessen (Fad), Rainer Delventhal (Robert) und Silvia Fenz (Agnes)

unten links:
Heinz Trixner (Felix), Hans Paetsch (Trüb) und Ursela Monn (Irene)

unten Mitte:
Kurt Sobotka (Hutzibutz) und Vera Borek (Isabella)

unten rechts:
Jörg Liebenfels (Froh), Eleonore Schroth (Frau von Korbheim), Ulla Purr (Marie) und Ralf Schermuly (Guido)

„ER WAR EINE MERKWÜRDIGE MISCHUNG"

Peter Turrini über Gustav Manker

1969–1979

1969–1979
ER WAR EINE MERKWÜRDIGE MISCHUNG
GUSTAV MANKERS DIREKTION

oben:
Gustav Manker (1969) als Volkstheaterdirektor.

rechte Seite:
Gustav Manker und Hilde Sochor (1971) während eines Gastspiels in Budapest.

„Eine merkwürdige Mischung zwischen einem Repräsentanten des öffentlichen Theaters und einem Stierler und Aufmüpfer und Störer" nennt der Autor Peter Turrini den Theaterdirektor Manker, der 1971 sein erstes Stück, „Rozznjogd", zur Uraufführung bringt. Die Entdeckung junger österreichischer Dramatiker gehört zu den Marksteinen von Mankers Direktion. Bereits in der ersten Saison kommt Wolfgang Bauers „Change" zur Uraufführung, gefolgt von „Silvester oder das Massaker im Hotel Sacher", und von Turrini „Sauschlachten", „Der tollste Tag" und „Die Wirtin". Manker bringt Stücke vom späteren Kottan-Erfinder Helmut Zenker, vom „Alpensaga"-Autor Wilhelm Pevny, von Harald Sommer, Helmut Korherr und Wilhelm Pellert, Winfried Bruckner und Gerhard Roth.

Auf den Direktor des Volkstheaters warten große Probleme: Mankers Gesamtbudget beläuft sich auf 55 Millionen Schilling, gerade ein Viertel dessen, was dem Burgtheater zur Verfügung steht, obwohl dieses um 340 Plätze kleiner ist. Sogar das Theater in der Josefstadt mit seinen nur 610 Sitzplätzen erhält 15 Millionen mehr als das Volkstheater. 1979 liegt die Spitzengage am Burgtheater bei 46.000 Schilling, am Volkstheater aber nur bei 18.000 Schilling. Diese extremen Gagenunterschiede führen immer wieder zu Abwanderungen. Ausserdem ist das Gebäude sanierungsbedürftig und die Technik mangelhaft, das meiste stammt noch aus dem Gründungsjahr 1889. Das Volkstheater besitzt keine Seitenbühnen und die Drehbühne ist ein Relikt aus uralten Zeiten, sie ist die letzte in Europa, die noch mit Hand betrieben wird. Dabei stützen sich die Bühnenarbeiter mit Krücken am Boden ab und bewegen durch ihr Gehen die Scheibe. Mankers Traum, die Rekonstruktion der großen Kuppel über dem Haupteingang, die im Krieg zerstört wurde, wird sich erst 1980, nach seinem Weggang, erfüllen.

Mankers Leidenschaft für die österreichische Literatur spiegelt sich in seinem Spielplan wider: Von Raimund bis Anzengruber, von Horváth, Csokor, Bruckner und Schönherr bis Molnár, Lernet-Holenia und Bahr reicht die Palette. Und natürlich Nestroy, von dem Manker viele vergessene Stücke wiederentdeckt. Bei Schnitzler wählt er die selten gespielten Frühwerke und sogar eine Uraufführung, das Nachlassdrama „Zug der Schatten". Neben Canettis skandalumwitterter „Hochzeit", bei der das Theater 1970 durch die Polizei geschützt werden muss, und der Erstaufführung von Ionescos „Welch gigantischer Schwindel" (1975) in der Regie von Karlheinz Stroux erleben die Dramen des kroatischen Dichters Miroslav Krleža ihre Erstaufführung ebenso wie Dieter Fortes „Martin Luther & Thomas Münzer", „Hölderlin" von Peter Weiss und Witold Gombrowiczs „Operette". Wichtige Akzente setzen Günter Grass, Friedrich Dürrenmatt, Max Frisch, Peter Hacks, Hartmut Lange sowie die neuen Briten John Osborne, Peter Barnes, Joe Orton, Jack Nichols, Ronald Millar, Christopher Hampton und Brian Freel. Mankers Klassikerpflege umfasst Shakespeare (die Frühfassung „Hamlet 1603" wird sogar erstaufgeführt), Büchner und Grillparzer und gipfelt 1975 in Mankers Inszenierung von Goethes Faust I und II an einem Abend. Er bringt auch die Erstaufführung von Carl Zuckmayers „Der Rattenfänger" und macht das Wiener Publikum erstmals mit Majakowskis „Die Wanze" und Marieluise Fleißers „Der starke Stamm" bekannt.

Bernd Fischerauer ist neben Gustav Manker der maßgebliche Regisseur am Haus. Neben ihnen arbeiten der Tscheche Václav Hudeček und der Grieche Spyros A. Evangelatos kontinuierlich am Volkstheater.

1969

Das Haus der Temperamente (1969)

oben:
Gustav Manker während der Proben am Hamburger Thalia Theater mit Hauptdarsteller Hans Putz (links), Kostümbildnerin Maxi Tschunko und (ganz rechts) seinem Regieassistenten, dem 21jährigen Luc Bondy, der bei diesem Stück seine ersten Theatererfahrungen sammelt.

rechte Seite:
Vera Borek als Stubenmädchen Isabella.

1. SAISON 1969/1970

In der ersten Saison programmiert Gustav Manker von 14 Premieren gleich acht österreichische und deutsche Erstaufführungen sowie als Uraufführung „Change" von Wolfgang Bauer. Die Premieren sind: „Woyzeck" und „Leonce und Lena" von Georg Büchner, „Italienische Nacht" von Ödön von Horváth, „Change" (UA) von Wolfgang Bauer, „Die fünfte Kolonne" (ÖEA) von Ernest Hemingway, „Der Talisman" von Johann Nestroy, „Der Mann, das Tier und die Tugend" von Luigi Pirandello, „Margarete in Aix" (ÖEA) von Peter Hacks, „Davor" (ÖEA) von Günther Grass, „Hamlet 1603" (ÖEA) von Shakespeare, „Ein Freund der Wahrheit" (ÖEA) von William Wycherley, „Ein Tag im Sterben von Joe Egg" (ÖEA) von Peter Nichols, „Ein Patriot für mich" (ÖEA) von John Osborne, „Das vierte Gebot" von Ludwig Anzengruber und „Zugvögel" (ÖEA) von Peter Yeldham.

Die Spielzeit eröffnet am 30. August 1969 mit Georg Büchners „Woyzeck" und „Leonce und Lena" in der Regie von Rudolf Kautek. Manker selbst kann bei seiner ersten Premiere gar nicht dabei sein, er inszeniert als Eröffnungspremiere der Intendanz Boy Gobert am Hamburger Thalia Theater Nestroys „Das Haus der Temperamente". Hans Putz spielt den Friseur, die junge Vera Borek das Stubenmädchen Isabella, Silvia Fenz die Agnes und Karl Merkatz den „faden" Sohn Edmund.

Johann Nestroy
♦• **DAS HAUS DER TEMPERAMENTE**
Regie & Bühnenbild GM / K: Maxi Tschunko
mit Hans Putz (Schlankel), Kurt Sobotka (Hutzibutz), Vera Borek (Isabella), Manfred Steffen (Braus), Rainer Delventhal (Robert), Sigrun Burger (Walburga), Robert Tessen (Fad), Karl Merkatz (Edmund), Silvia Fenz (Agnes), Hans Paetsch (Trüb), Ralf Schermuly (Guido), Ursela Monn (Irene), Jörg Liebenfels (Froh), Heinz Trixner (Felix), Ulla Purr (Marie)
1. September 1969, Thalia Theater Hamburg

Den Spielplan der Außenbezirke stellt Manker im Jubiläumsjahr „80 Jahre Volkstheater" unter die Devise „Österreichische Autoren seit 1900" und programmiert die Saison ausschließlich mit heimischen Autoren. Er selbst inszeniert als Eröffnung Alexander Lernet-Holenias „Das Finanzamt", es folgen „Die Fuchsfalle" von Richard Billinger, „Heroische Komödie" von Ferdinand Bruckner, „Zerbinettas Befreiung" von Fritz von Herzmanovsky-Orlando, „Die Kinder" von Hermann Bahr, „Hin und Her" von Ödön von Horváth, „Der Unbestechliche" von Hugo von Hofmannsthal, „Ein Inserat", eine Uraufführung von Anton Wildgans, zusammen mit „Literatur" von Arthur Schnitzler und „Schöne Seelen" von Felix Salten.

Alexander Lernet-Holenia
♦ **DAS FINANZAMT** (UA)
Regie GM / BB & K: Maxi Tschunko
mit Friedrich Haupt (Finanzminister), Peter Hey (Hofrat), Harry Fuss (Ortlieb), Heinz Petters (Janotta), Hermann Laforét (Vorsitzender des Industriellenverbandes), Wolfgang Dauscha (Amtsarzt), Oskar Reinhardt (Sektionschef), Relly Gmeiner (Hofrätin), Adolf Böhmer (Sektionsrat), Erika Santner
28. September 1969, Volkstheater (Außenbezirke)

Am 26. September 1969 erfolgt mit der Uraufführung von Wolfgang Bauers „Change" der erste Paukenschlag der Direktion Manker. Die Inszenierung des jungen Bernd Fischerauer, die mit Herwig Seeböck und Bernd Spitzer in den Hauptrollen im Sonderabonnement „Konfrontationen" läuft, wird eine Sensation, die sogar zum Berliner Theatertreffen eingeladen wird und den internationalen Ruhm des 28jährigen Grazer Autors begründet.

1969

Mit der Besetzung Helmut Qualtingers als Titus und der durch Wolfgang Bauers "Magic Afternoon" am Wiener Ateliertheater bekannt gewordenen 26jährigen Brigitte Swoboda als Gänsehirtin Salome Pockerl erzeugt Gustav Manker im Winter 1969 mit seiner Inszenierung von Nestroys "Der Talisman" einen veritablen Skandal, indem er die Sehgewohnheiten des Wiener Publikums auf die beiden Rollen gründlich zerstört und die zwei rothaarigen Protagonisten in einer *„radikalen Umfunktion der Schablone"*, als unsentimentale, aufbegehrende Außenseiter zeigt.

Qualtingers Darstellung verlässt völlig die gewohnte Schiene dieser Rolle, seine physische Massigkeit und behäbige Gefährlichkeit ist weit entfernt von der *„alerten, figarohaften Quecksilbrigkeit"* des charmanten Hallodris. Er wuchtet stattdessen einen gefährlichen Anarchisten auf die Bühne und steigt gegen all die agilen Leptosomen in den Ring, die man in dieser Rolle bisher kennt: Putz, Paryla, Kohut, Conrads, Lohner, Weck. Auch Swoboda ist keineswegs das niedliche Geschöpf aus einer Rousseau'schen Landschaft. Sie entbehrt völlig jener wehleidigen Larmoyanz, mit der die Rolle in Wien jahrzehntelang malträtiert wurde. Sie ist stattdessen eine verschlampte Proletarierin von höchst ungemütlichem Zuschnitt, *„ein Schattengewächs aus dem Nachtasyl, dem Wechselbalg eines in den Gänsestall abgelegten Großstadtteenagers"*. Das berühmte Couplet „Ja, die Männer hab'n 's gut!" gerät in Swobodas Interpretation zu einer wilden Anklage, aufmüpfig ins Publikum geschleudert. Und wenn sie ihren Refrain jodelnd mit „duliöh" beschließt, *„so klingt das so gefährlich, als sei es mit einem rostigen Messer geritzt, bar jeder femininen Anziehungskraft"*. (Süddeutsche Zeitung)

Manker hat außerdem mit Hilde Sochor (Flora), Elisabeth Epp (Cypressenburg) und Trude Hajek (Constantia) *„drei beklemmend böse Frauenzimmer und rundherum ein reichlich giftiges Nestroy-Ensemble aufzubieten"*. Ebenfalls völlig untypisch ist die Besetzung Ossy Kolmanns als Plutzerkern. Waren hier immer beleibte Wenzel Scholz-Typen zum Zug gekommen, so ist er figürlich schmächtig und balanciert den faulen Knecht tückisch auf dem schmalen Grat gefährlicher Dummheit, der sich Ödön von Horváths Motto zum Vorbild genommen zu haben scheint: „Nichts gibt so sehr das Gefühl der Unendlichkeit als wie die Dummheit."

Johann Nestroy
♦ DER TALISMAN
Regie GM / BB & K: Maxi Tschunko / M: Adolf Müller / ME & ML: Norbert Pawlicki
mit Helmut Qualtinger (Titus Feuerfuchs), Brigitte Swoboda (Salome Pockerl), Hilde Sochor (Flora Baumscher), Ossy Kolmann (Plutzerkern), Trude Hajek (Constantia), Elisabeth Epp (Frau von Cypressenburg), Erika Mottl (Emma), Albert Rolant (Monsieur Marquis, Friseur), Oskar Wegrostek (Spund), Ludwig Blaha (Platt), Wolfgang Dauscha (Christoph), Walter Langer (Georg), Herbert Prodinger (Hans)
7. November 1969, Volkstheater

Der Talisman (1969)

oben:
Hilde Sochor als Gärtnerin Flora Baumscher, Helmut Qualtinger als Titus Feuerfuchs) und Brigitte Swoboda als Salome Pockerl beim Quodlibet im letzten Akt.

rechte Seite:
Helmut Qualtingers physische Massigkeit steigt gegen all die agilen Leptosome in den Ring, die man in der Rolle des Titus Feuerfuchs bisher gewohnt war.

Der Talisman (1969)

rechts:
Brigitte Swoboda als rothaarige Gänsehirtin Salome Pockerl bei ihrem Couplet, „Ja, die Männer hab'n 's gut!". Wenn sie ihren Refrain mit einem Jodler beschließt, „so klingt das so gefährlich als sei es mit einem rostigen Messer geritzt".

linke Seite:
Helmut Qualtiner als Titus. Weit ist er entfernt von der „alerten Quecksilbrigkeit" eines charmanten Hallodris. Er wuchtet in Nestroys Posse stattdessen einen gefährlichen Anarchisten auf die Bühne.

1979 | 1970

Peter Hacks
♦ MARGARETE IN AIX (ÖEA)
Regie GM / BB & K: Georg Schmid / M: Ernst Kölz
mit Ursula Lingen (Margarete), Ernst Meister (Ludwig XI.), Herbert Propst (René I.), Eugen Stark (Vaudemont), Heinz Petters (Trobador), Elisabeth Epp (Mutter Agatha), Regine Felden (Auriane), Heinrich Trimbur (Adheaume), Wolfgang Dauscha (Spielmann), Viktor Gschmeidler (Graf Oxford)
20. Dezember 1969, Volkstheater

Am 12. Januar 1970 erhält Gustav Manker für seine besonderen Verdienste um das Werk Franz Grillparzers den Grillparzer-Ring.

Am 20. Februar 1970 kommt es zur Erstaufführung von „Hamlet 1603", Shakespeares erst 1821 entdeckter Urfassung, mit Michael Heltau in der Titelrolle. In ihr finden sich Abweichungen zum Original: die Totengräber sind als „Clowns" bezeichnet, Polonius heißt hier Corambis und Hamlets Mutter weiß nichts vom Mord. Für Schlagzeilen sorgt die Fechtszene der österreichischen Fecht-Olympiasiegerin von 1932, Ellen Müller-Preis, die als „zu gefährlich" für das Publikum fast der Zensur zum Opfer fällt. Ein roter Streifen am Bühnenboden muss eingezogen und darf beim Gefecht nicht überschritten werden.

William Shakespeare
♦ HAMLET 1603 (ÖEA)
Regie GM / BB & K: Hubert Aratym / Fechtszene: Ellen Müller-Preis / Pantomime: Rudy Bachheimer / Fassung von 1603, Übertragung & Einrichtung: Ludwig Berger
mit Michael Heltau (Hamlet), Kitty Speiser (Ophelia), Aladar Kunrad (Claudius), Elisabeth Epp (Königin), Egon Jordan (Corambis), Eugen Stark (Laertes), Friedrich Haupt (Horatio), Adolf Lukan (Rosenkraft), Michael Herbe (Güldenstein), Hanns Krassnitzer (Geist), Herbert Propst (1. Schauspieler), Walter Langer (Erster Clown), Heimo Steinhauser (Zweiter Clown), Albert Rolant (Höfling), Bernhard Hall (Marcellus), Wolfgang Beigel (Fortinbras), Mario Kranz (Voltemar), Helmuth Lex (Wache), Fritz Widhalm-Windegg (Montano), Theo Schenk (Priester), Franz Ral, Josef Tesar, Erwin Piplits (Pantomimen)
20. Februar 1970, Volkstheater

Marin Držić
♦ SKUP, DER GEIZIGE VON DUBROVNIK
Regie GM (Rundfunkfassung)
mit Fritz Muliar, Richard Eybner, Erik Frey, Ernst Meister, Gerhard Zeman, Elfriede Ramhapp, Hilde Sochor, Traute Wassler, Brigitte Swoboda, Herbert Propst, Viktor Braun
6. April 1970 (Sendedatum), ORF-Burgenland

Am 20. April 1970 kommt es zur Alleinregierung der SPÖ unter Bruno Kreisky, was eine Öffnung der Kulturpolitik und eine deutliche Veränderung des kulturellen Klimas zur Folge hat und 30 Jahre Dominanz der Sozialdemokratie einleitet.

Als Abschluss seiner ersten Spielzeit wählt Manker zum 80. Geburtstag des Volkstheaters „Das vierte Gebot" von Ludwig Anzengruber, einem der Gründungsväter des Theaters. Eine Krankheit Helmut Qualtingers verhindert dessen Darstellung des alten Schalanter. Die Familie Schalanter spielen Herbert Propst, Hilde Sochor, Wolfgang Hübsch und Brigitte Swoboda, Kitty Speiser ist die Hedwig Hutterer. Die Aufführung wird ein grandioser Erfolg, als *„wahr, krass, treffend"* bezeichnet und zur *„Krönung einer an Höhepunkten gewiss nicht armen Spielzeit"* erklärt.

Ludwig Anzengruber
♦ DAS VIERTE GEBOT
Regie GM / BB: Georg Schmid / K: Maxi Tschunko
mit Herbert Propst (Schalanter), Hilde Sochor (Barbara), Wolfgang Hübsch (Martin), Brigitte Swoboda (Josepha), Friedl Czepa (Großmutter), Margarete Fries (Sidonie), Kitty Speiser (Hedwig), Harry Fuss (Stolzenthaler), Friedrich Haupt (Eduard), Egon Jordan (Hutterer), Gustav Dieffenbacher (Jakob Schön), Maria Engelstorfer (Anna), Aladar Kunrad (Johann), Benno Smytt (Profoß), Eugen Stark (Robert Frey), Oskar Wegrostek (Mostinger), Gerti Gunsam, Bernhard Hall
22. Mai 1970, Volkstheater (Wiener Festwochen)

In der Presse beantwortet Manker die Frage *„Hat der österreichische Dramatiker in seiner Heimat eine Chance?"*: *„Das ist einfach zu beantworten: Bei uns ja, und zwar in allergrößtem Ausmaß. Unsere Spielplangestaltung stellt sich in immer stärkerem Maße auf die österreichischen Autoren ein. Wir haben nicht nur z. B. seit Kriegsende 27 verschiedene Nestroy-Stücke inszeniert; wir haben Grillparzer gespielt, soweit es unseren Kräften entspricht, wir haben Raimund gespielt. Mein Interesse gilt aber ganz besonders den heutigen Österreichern, allerdings solchen, die für eine große Bühne geeignete Stücke schreiben. Wir haben bereits zu Saisonbeginn die Uraufführung von ,Change' von Wolfgang Bauer mit außerordentlich zahlreichem Besuch herausgebracht und suchen weiter!"*

Hamlet 1603 (1970)

unten:
Gustav Manker mit Kitty Speiser und Michael Heltau auf der Probe.

rechte Seite:
Michael Heltau als Hamlet und Kitty Speiser als Ophelia.

Das vierte Gebot (1970)
mit Brigitte Swoboda (Josepha), Herbert Propst (Schalanter), Hilde Sochor (Barbara) und Wolfgang Hübsch (Martin), im Bühnenbild von Georg Schmid: Verwahrlostes Zimmer, halb Werkstätte, halb Wohnraum, im Haus der Familie Schalanter.

wohlergehe auf Erden

2. SAISON 1970/1971

Die zweite Saison Gustav Mankers als Direktor des Volkstheaters bringt vier Erstaufführungen und zwei Uraufführungen (von Peter Turrini und Herwig Seeböck). Die Premieren sind: „Ein Wintermärchen" von William Shakespeare, „Was der Butler sah" (ÖEA) von Joe Orton, „Hochzeit" von Elias Canetti, „Die Unbekannte aus der Seine" von Ödön von Horváth, „König Johann" von Friedrich Dürrenmatt (nach Shakespeare), „Guerillas" (ÖEA) von Rolf Hochhuth, „Der Gemeine" von Felix Salten, „Rozznjogd" (UA) von Peter Turrini und „Sprintorgasmik" (DEA) von Wilhelm Pevny, „Romeo und Julia" von William Shakespeare, „Die Dreigroschenoper" von Bertolt Brecht und Kurt Weill, „Haushalt oder die Sandhasen" (UA) von Herwig Seeböck, „Das Konzert" von Hermann Bahr, „Moral" von Ludwig Thoma und „Planung ist alles" (DEA) von Jacques Deval.

Neben Manker ist Bernd Fischerauer der maßgebliche Regisseur am Haus, er prägt mit Elias Canettis „Hochzeit", Turrinis „Rozznjogd" und Seeböcks „Haushalt" die zweite Spielzeit. Manker selbst inszeniert Horváths „Die Unbekannte aus der Seine" mit Kitty Speiser sowie Hermann Bahrs „Das Konzert" in Starbesetzung mit Hans Jaray, Susanne von Almassy und Michael Heltau, danach die Erstaufführung von Rolf Hochhuths „Guerillas" mit Kurt Meisel und Shakespeares „Romeo und Julia", erneut mit Michael Heltau und Kitty Speiser in den Hauptrollen. Dazu kommt noch als Adaption einer Inszenierung aus den Außenbezirken Bertolt Brechts „Die Dreigroschenoper" und schließlich muss Manker als Direktor auch noch die Regie von Ludwig Thomas „Moral" übernehmen, da die Schauspieler gegen den ursprünglichen Regisseur rebellieren. Einen starken Akzent setzt der Tscheche Václav Hudeček mit seiner Einstandsinszenierung von Shakespeares „König Johann" in der Bearbeitung von Friedrich Dürrenmatt mit Helmut Qualtinger in der Titelrolle.

Ende Oktober 1970 kommt in Mankers Regie „Die Unbekannte aus der Seine" von Ödön von Horváth mit der fulminanten Kitty Speiser als Unbekannte heraus. Eugen Stark spielt den arbeitslosen Albert, Hilde Sochor die Blumenverkäuferin Irene und Heinz Petters deren Bräutigam Heinz.

Ödön von Horváth
♦ DIE UNBEKANNTE AUS DER SEINE
Regie GM / BB: Rudolf Schneider-Manns Au / K: Brigitte Brunmayr
mit Kitty Speiser (Unbekannte), Eugen Stark (Albert), Heinz Petters (Ernst), Hilde Sochor (Irene), Gustav Dieffenbacher (Silberling), Carlo Böhm (Nicolo), Adolf Lukan (Emil, ein Bräutigam), Maria Engelstorfer (Hausmeisterin), Brigitte Swoboda (Klara, Hausmeisterstochter), Marianne Gerzner (Zimmervermieterin), Michael Herbe (Student), Renate Olárová (Gattin des Ingenieurs), Brigitte Slezak (Lilly, ein Mädchen), Bernhard Hall (Theodor, der Leidtragende), Willi Krippner (Uhrmacher), Ludwig Blaha (Polizist), Wolfgang Dauscha (Der Herr im Frack), Herbert Prodinger (Der Doktor), Karl Krittl (Der Kommissar), Edith Picha (Lucille)
24. Oktober 1970, Volkstheater

Die Unbekannte aus der Seine (1970)
oben und rechte Seite:
Kitty Speiser als Unbekannte und Eugen Stark als Albert.

nächste Doppelseite:
Die Programme der Direktion Manker (1969–1979)
In der Direktion Manker kommen neu gestaltete Programme in Form eines „Theaterzettels" zum Einsatz, alle in unterschiedlicher Schrift und Farbe und auch jeweils auf anderem Papier, die vom Grafiker und Bühnenbildner Georg Schmid gestaltet werden.

1970 1971

Anlässlich der Premiere von Bernd Fischerauers Inszenierung von „Hochzeit" des späteren Nobelpreisträgers Elias Canetti kommt es im Herbst 1970 zu Protesten rechtsgerichteter Kreise. Das Theater muss von der Polizei umstellt und gegen Störaktionen geschützt werden.

Bei den Nationalratswahlen am 10. Oktober erlangt die SPÖ unter Bruno Kreisky die absolute Mehrheit.

Kurt Meisel, Mankers Freund aus alten Tagen, spielt im Dezember 1970 unter Mankers Regie den Senator Nicolson in der Erstaufführung von Rolf Hochhuths „Guerillas". Christine Buchegger spielt Maria Amanda, die Meisel kurz darauf nach München engagiert, wo er ab 1972 Intendant am Residenztheater wird.

Rolf Hochhuth
• **GUERILLAS** (ÖEA)
Regie GM / BB: Heinz Ludwig / K: Traude Lutz
mit Kurt Meisel (Senator), Christine Buchegger (Maria Amanda), Heinrich Trimbur (Prof. Wiener), Ernst Meister (Anwalt), Rudolf Strobl (CIA-Beamter), Elisabeth Epp (Mutter des Senators), Joseph Hendrichs (Major der Green Berets), Aladar Kunrad (Kapitän), Hanns Krassnitzer (Konteradmiral), Bernhard Hall (Häftling), Eugen Stark (Pilot), Anton Duschek (Padre Martinez)
12. Dezember 1970, Volkstheater

Am 22. Januar 1971 kommt Peter Turrinis Erstlingswerk „Rozznjogd" am Volkstheater zur Uraufführung. Es spielen Franz Morak und Dolores Schmidinger in der Regie von Bernd Fischerauer, dem Manker kontinuierlich die Inszenierungen der jungen österreichischen Autoren anvertraut. In Mankers Direktionszeit werden von Turrini noch „Sauschlachten" (1972), „Der tollste Tag" (1973) und „Die Wirtin" (1976) am Volkstheater gezeigt.

Nach dem Erfolg von „Hamlet" inszeniert Manker im Winter 1971 Shakespeares „Romeo und Julia", wieder mit Michael Heltau und Kitty Speiser in den Hauptrollen. Es ist das letzte Mal, dass er am Volkstheater ein Bühnebild entwirft.

William Shakespeare
•• **ROMEO UND JULIA**
Regie & Bühnenbild GM / Bühnenbildmitarbeit: Gerhard Janda / K: Maxi Tschunko
mit Michael Heltau (Romeo), Kitty Speiser (Julia), Herwig Seeböck (Mercutio), Aladar Kunrad (Tybalt), Herbert Propst (Pater Lorenzo), Hilde Sochor (Amme), Heinz Petters (Peter), Eugen Stark (Benvolio), Elisabeth Epp (Lady Montague), Margarete Fries (Lady Capulet), Joseph Hendrichs (Escalus), Egon Jordan (Capulet), Ludwig Blaha (Bruder), Albert Rolant (Paris), Hans Rüdgers (Montague), Walter Langer (Apotheker)
26. Februar 1971, Volkstheater

In Mankers Adaption einer Inszenierung aus den Außenbezirken, Bertolt Brechts „Dreigroschenoper", stammt die sehr poppige Ausstattung vom jungen schwulen Engländer Harold Waistnage, der nach einigen spektakulären Bühnenbildern spurlos von der Bildfläche verschwindet und nur mehr 1980 in Robert van Ackerens Schlüsselloch-Reportage „Deutschland privat" noch einmal kurz auftaucht.

Bertolt Brecht / Kurt Weill
• **DIE DREIGROSCHENOPER**
Regie GM (nach einer Inszenierung von Oskar Willner aus den Außenbezirken) / BB & K: Harold Waistnage / ME & ML: Norbert Pawlicki
mit Bernhard Hall (Mackie Messer), Dolores Schmidinger (Polly), Christine Jirku (Jenny), Joseph Hendrichs (Peachum), Marianne Gerzner (Mrs. Peachum), Robert Werner (Brown), Ludwig Blaha (Smith), Wolfgang Fassler (Moritatensänger),

Guerillas (1970)
oben:
Christine Buchegger als Maria Amanda de Nicolson und Benno Smytt als Bischof.

rechte Seite:
Kurt Meisel als amerikanischer Senator David L. Nicolson.

1971

Arnfried Hanke (Filch), Mario Kranz (Konstabler), Karl Krittl (Pastor Kimball), Walter Langer (Hakenfingerjakob), Adolf Lukan (Münzmatthias), Franz Morak (Sägerobert), Wolfgang Dauscha (Trauerweidenwalter), Stefan Paryla (Ede)
6. März 1971, Volkstheater

Für die Inszenierung von „Das Konzert", die der Autor Hermann Bahr „eine Komödie von verhinderten Ehebrüchen" nennt, bieter Manker im April 1971 Starbesetzung auf: Hans Jaray ist der Pianist Gustav Heink, Susanne von Almassy seine Frau Marie und Michael Heltau der Dr. Jura (der für die Rolle mit der Kainz-Medaille ausgezeichnet wird). Manker gelingt ein spektakulärer Publikumserfolg.

Liliom (1971)
Heinz Petters als Fiscur und Hans Putz als Liliom im Gespräch über das Jenseits.

Hermann Bahr
♦ DAS KONZERT
Regie GM / BB: Karl Eugen Spurny / K: Maxi Tschunko
mit Hans Jaray (Gustav Heink), Susanne Almassy (Marie), Michael Heltau (Jura), Kitty Speiser (Delfine), Dolores Schmidinger (Eva Gerndl), Gustav Dieffenbacher (Pollinger), Maria Engelstorfer (Frau Pollinger), Regine Felden (Miss Garden), Julia Gschnitzer (Frl. Wehner), Renate Olárová (Fr. Dr. Kann), Gerda Prott (Claire), Brigitte Slezak, Heidi Thimig
24. April 1971, Volkstheater

Ödön von Horváth
♦ DIE UNBEKANNTE AUS DER SEINE
Regie GM / BB: Rudolf Schneider-Manns Au
Gastspiel mit der Besetzung des Volkstheaters von 1970
21. Juli 1971, Bregenzer Festspiele (Kornmarkttheater)

Im Sommer 1971 inszeniert Gustav Manker bei den Salzburger Festspielen Hofmannsthals „Der Unbestechliche" mit Romuald Pekny als Theodor und Helene Thimig, der Witwe Max Reinhardts, des Begründers der Festspiele, als Baronin. Das Bühnenbild im kleinen Festspielhaus stammt von Mankers ehemaligem Lehrer Otto Niedermoser.

Hugo von Hofmannsthal
♦ DER UNBESTECHLICHE
Regie GM / BB: Otto Niedermoser / K: Maxi Tschunko
mit Romuald Pekny (Theodor), Helene Thimig (Baronin), Michael Heltau (Jaromir), Johanna Matz (Anna), Blanche Aubry (Melanie Galattis), Maresa Hörbiger (Marie am Rain), Egon Jordan (General), Vera Borek (Hermine), Roswitha Posselt (Beschließerin), Uli Fessl (Jungfer), Richard Tomaselli (Kutscher), Adolf Lukan (Gärtner)
25. Juli 1971, Salzburger Festspiele (Kleines Festspielhaus)

3. SAISON 1971/1972

Die 13 Premieren der dritten Saison Mankers sind: „Liliom" von Franz Molnár, „Mummenschanz" von Lev Berinskij, „Silvester oder Das Massaker im Hotel Sacher" (UA) von Wolfgang Bauer, „Der Teufelsschüler" von G. B. Shaw, „Die schöne Helena" von Peter Hacks / Jacques Offenbach, „Der zerbrochene Krug" von Heinrich von Kleist, „Zug der Schatten" (UA) von Arthur Schnitzler, „Martin Luther & Thomas Münzer" (ÖEA) von Dieter Forte, „Die herrschende Klasse" von Peter Barnes, „Sauschlachten" von Peter Turrini, „Heimliches Geld, heimliche Liebe" von Johann Nestroy, „Maß für Maß" von William Shakespeare und „Die Transaktion" (UA) von Alexander Lernet-Holenia sowie ein Gastspiel des „Vigszinház" aus Budapest.

Gustav Manker eröffnet die Spielzeit mit Franz Molnárs „Liliom" mit Hans Putz in der Titelrolle, der diese Rolle schon 1953 am Volkstheater gespielt hat. Als Gast vom Theater in der Josefstadt spielt Elfriede Ramhapp die Julie. Hilde Sochor ist die Frau Muskat, die in der Aufführung von 1953 Julies Freundin, das Dienstmädchen Marie gespielt hat.

Franz Molnár
♦ LILIOM
Regie GM / BB: Georg Schmid / K: Maxi Tschunko
mit Hans Putz (Liliom), Elfriede Ramhapp (Julie), Hilde Sochor (Frau Muskat), Heinz Petters (Fiscur), Brigitte Swoboda (Marie), Gustav Dieffenbacher (Polizeikonzipist), Maria Engelstorfer (Frau Hollunder), Franz Morak (Der junge Hollunder), Wolfgang Dauscha (Wolf Beifeld), Karl Krittl (Arzt), Herbert Prodinger (Drechsler), Ludwig Blaha (Der Stadthauptmann), Helmuth Lex (Berkovics), Robert Werner (Linzmann), Albert Rolant (Dr. Reich), Carlo Böhm (Stefan Kadar), Susanne Granzer (Luise)
31. August 1971, Volkstheater

Mit der Uraufführung des nachgelassenen Stückes „Zug der Schatten", die er gegen das zögernde Theater in der Josefstadt durchsetzt, startet Gustav Manker 1971 einen Schnitzler-Zyklus, zu dem

Zug der Schatten (1971)
Gustav Dieffenbacher als Schauspieler Dregulein, Eugen Stark (links im Hintergrund) als Schriftsteller Karl Bern und Ferdinand Kaup als Schauspieler John in der Uraufführung von Arthur Schnitzlers nachgelassenem Stück.

auch die wenig gespielten Frühwerke „Freiwild" und „Das Märchen" gehören. Kitty Speiser ist die Protagonistin. Vom Theater in der Josefstadt kommend stellt sie sich 1969 als Büchners Lena vor, spielt Shakespeares Ophelia, Julia und Isabella, Shaws Eliza Doolittle und Horváths rätselhafte Unbekannte, sie ist Nestroys Christopherl, Brechts „Der gute Mensch von Sezuan" und die Jugend in Raimunds „Der Bauer als Millionär".

Arthur Schnitzler
♦ ZUG DER SCHATTEN (UA)
Regie GM / BB: Georg Schmid / K: Maxi Tschunko
mit Kitty Speiser (Franzi Friesel), Eugen Stark (Karl Bern), Viktor Gschmeidler (Intendant), Hanns Krassnitzer (Fricke), Albert Rolant (Dr. Gerold, Arzt), Hans Rüdgers (Sidon), Regine Felden (Antoinette, seine Tochter), Heinrich Trimbur (Löblein, Regisseur), Dolores Schmidinger (Roveda), Heinz Petters (Dögelmann), Gustav Dieffenbacher (Dregulein), Hilde Sochor (Fr. Eiderhof), Maria Andergast (Fr. Friesel), Christine Buchegger (Helene), Elisabeth Epp (Fr. Veith), Maria Englstorfer (Garderobière), Helene Lauterböck (Baronin), Elisabeth Masek (Mathilde), Rick Parsé (Richard, Arzt), Bernhard Hall (Gregor), Karl Krittl (Portier), Karl Schuster (Inspizient), Walter Heidrich (Pianist)
19. Dezember 1971, Volkstheater

Mit Dieter Fortes „Martin Luther und Thomas Münzer" erzeugt Vaclav Hudeček im Winter 1971 einen Skandal, der sich nicht am Text des Stückes entzündet, sondern an einem Bild: Bei der Premiere kommt es zu einem Riesentumult, als der Geldhändler Fugger beim Gebet an das Kapital mit seinen Gästen plötzlich im Arrangement von Leonardos letztem Abendmahls dasitzt. Mit den Protagonisten des Nestroy-Ensembles des Volkstheaters inszeniert Hudeček davor noch Jacques Offenbachs Antiken-Travestie „Die schöne Helena".

Im Januar 1972 unternimmt Manker wieder einen Ausflug an Boy Goberts Hamburger Thalia Theater und inszeniert dort Henrik Ibsens „Ein Volksfeind" mit Ulrich Haupt als Stockmann und dem ehemaligen Ufa-Star Ilse Werner als dessen Frau.

1972

Henrik Ibsen
♦ EIN FEIND DES VOLKES (VOLKSFEIND)
Regie GM / BB & K: Harold Waistnage
mit Ulrich Haupt (Stockmann), Ilse Werner (Frau Stockmann), Ulrich Mattschoss (Stadtdirektor), Marlies Engel (Tochter Petra), Kurt Beck (Hovstad), Manfred Steffen (Aslaksen), Host Dieter Sievers (Billing), Robert Tessen (Morten Kiil)
29. Januar 1972, Thalia Theater Hamburg

Bis zum Jahr 1968/69 hat es auf österreichischen Bühnen praktisch keine neue österreichische Dramatik gegeben. Für junge Autoren bieten sich innerhalb der restaurativen Theaterkultur auch kaum Möglichkeiten, ihre Werke der Öffentlichkeit vorzustellen. Neben den arrivierten Bühnen gibt es nur Kellertheater, Privaträume – und die Straße. Seit Beginn der 2. Republik steht die literarische Öffentlichkeit in Österreich unter der Oberhoheit restaurativer kulturpolitischer Vorstellungen und Kräfte. Wie bereits im „Ständestaat" soll ein Rückgriff auf verklärte Traditionen, vor allem auf Barock und Katholizismus, ein positives Image Österreichs schaffen. Noch während der ÖVP-Alleinregierung 1966 bis 1970 wird die Kunst dafür in den Dienst genommen, *„zum Schutz der religiösen, sittlichen, geistigen und sachlichen Kulturwerte des Volkes gegen Zerstörung von außen und Zersetzung von innen"*, wie es 1968 über die „Kulturpolitik der ÖVP" heißt.

Seit Beginn des Vietnamkriegs im Jahr 1965 haben in den USA und in Westeuropa vehemente Proteste eingesetzt, die zu einem Hauptanliegen der späteren Studentenbewegungen werden. Erstmals nach dem Krieg gewinnt eine Anti-Kriegsbewegung breite gesellschaftliche Relevanz. Mit diesen Protesten und den revolutionären Erhebungen gegen die faschistischen Diktaturen in Portugal und Spanien befindet sich die Linke in Europa auf dem Vormarsch. In Österreich manifestiert sich die Studentenrevolte von 1968, anders als in Frankreich oder Deutschland, weniger auf der Straße, sondern findet verstärkt in der Kunst ihren Niederschlag. Im Zuge von Studentenunruhen wird manche politische Protestaktion zum aktionistischen Happening. Höhepunkt ist im Juni 1968 die „Uniferkelei" der Wiener Aktionisten im Hörsaal 1 der Universität.

Nach der kulturpolitischen Grabesstille der 50er und 60er Jahre ist nun auch in Österreich eine Aufbruchsstimmung zu spüren, die nachhaltig von den Wahlerfolgen Bruno Kreiskys und der SPÖ unterstützt wird, die reaktionäre Zustände und Gesetze beseitigt. Ab 1970 gibt die Alleinregierung unter Kreisky den Kulturschaffenden Anlass zur Hoffnung. Der neue Kanzler schlägt völlig neue Töne für eine „kulturelle Aufrüstung" an: *„Der moderne Staat bedarf dringendst einer politisch wachen und mobilen Jugend, der gegenüber man sich nicht nur vor einer Wahl als modern und fortschrittlich gebärden darf, sondern der man auch nachher verpflichtet bleiben muss, und die sich mit ganzer Respektlosigkeit gegen das Bestehende, gegen das Etablierte wendet."*

In diesem Klima des kulturpolitischen Aufbruchs wird auch die literarische Praxis in Österreich umgekrempelt, eine sprachgewaltige Erneuerung des Volks- und Dialektstücks in der Nachfolge von Johann Nestroy, Ödön von Horváth und Jura Soyfer setzt ein. Autoren wie Wolfgang Bauer und Peter Turrini sind die Protagonsten dieser neuen Literatur.

oben:
Der Unbestechliche (1971)
Gustav Manker inszeniert Helene Thimig als Baronin in Hugo von Hofmannsthal Komödie bei den Salzburger Festspielen. 51 Jahre zuvor waren Thimigs Mann Max Reinhardt und Hofmannsthal die Begründer der Festspiele.

rechte Seite:
Wolfgang Bauer (1972)
Der neue Stern am österreichischen Dramatikerhimmel, dichtend in seiner Grazer Wohnung.

Gustav Manker (1973)
während eines Gastspiels in Budapest, die Hand am „seelischen Geländer" seiner geliebten Virginier.

Als Manker Anfang der 70er Jahre in die Nachfolgediskussion für die Direktion des Burgtheaters miteinbezogen wird, lehnt er ab und bleibt dem Volkstheater treu. Der Schauspieler Manfred Jaksch entgegnet auf die Feststellung „Der Manker kann doch das Burgtheater mit dem kleinen Finger haben!" lakonisch: „Das geht nicht, da fällt ihm ja die Virginier aus der Hand!"

Mit Wolfgang Bauer und Peter Turrini wächst Ende der 60er Jahre eine neue Generation österreichischer Dramatiker heran, die unter Gustav Mankers Direktion erstmals an einem großen Wiener Theater eine Heimstadt findet und spektakuläre Erfolge feiert. Turrini bezeichnet die Lebensleistung Mankers als Theaterdirektor im Ermöglichen dieser Entwicklung:

„Manker war ein Mensch, der sowohl von den Texten als auch von den Inszenierungen her etwas zuließ, was eigentlich das Gegenteil von dem war, was er ein Leben lang gemacht hat. Sie wissen ja, dass er immer mit seiner Virginier wie ein Onkel dagesessen ist. Aber hinter dieser Veronkelung muss sich wohl ein aufmüpfiger Mensch befunden haben. Ich glaube, er war schon ein großer Störenfried. Der andere stören ließ. Oder der die Störerei zuließ. Aber sein ästhetisches Credo war das ganz sicher nicht, was wir damals darstellten. Woran ich mich erinnern kann bei unseren Gesprächen, war eine aufmüpfige, wilde Lust. Wir saßen öfter im Konversationszimmer zusammen, und da hat er immer gesagt: ‚Na, haben's wieder was, womit Sie meine Abonnenten fertig machen können, haben's schon was Neues, Peter?' Da hat er dann so glitzernde, diabolische Augen gekriegt und gekichert. Er war eine merkwürdige Mischung zwischen einem Repräsentanten des öffentlichen Theaters und einem Stierler und Aufmüpfer und Störer. Eine seltsame Kombination."

Mit seiner Neugier für die wilde zeitgenössische österreichische Dramatik drückt Manker den ersten Jahren seiner Direktion den entscheidenden Stempel auf. Er schafft ein Umdenken und eine neue Definition für den Begriff „Volkstheater" und verhilft damit dem Namen seines Traditionshauses zu einer erweiterten und aktuellen Bedeutung. Dadurch gelingt ihm auch die Gewinnung neuer, junger Publikumsschichten. Manker inszeniert die krassen, gewalttätigen Theaterzertrümmerungen jedoch nicht selbst, sondern legt sie in die Hände des 30jährigen Grazers Bernd Fischerauer – und genießt als Direktor die Skandale und Erfolge, die diese Aufführungen seinem Haus bescheren. Als er einmal neben Peter Turrini bei einer Hauptprobe im Zuschauerraum sitzt, gesteht er: „Ich könnte das nie machen, aber es fasziniert mich!"

„Manker war ein großer Zulasser", erinnert sich Turrini, *„und das ist ein enormes Kompliment an einen Intendanten, die selten etwas zulassen, was über sie hinausgeht. Das spricht enorm für ihn, weil in der Regel die Theaterdirektoren nur das spielen lassen, auch von anderen, was sie selbst inszenieren können. Weil sie da einfach zu engstirnig dazu sind oder glauben, das Theater würde dort enden. Meistens stirbt das Bewusstsein der Leute mit ihrem eigenen ästhetischen Credo. Und dass Leute an das Ende ihrer Möglichkeiten gelangen, aber ein offenes Auge dafür haben, was die anderen für Möglichkeiten haben, und das auch noch fördern, das halte ich für etwas ganz Großes am Theater!"*

Es gehört wohl zu den mutigsten Leistungen österreichischer Kulturpolitik – oder zu ihren größten Missverständnissen –, dass man einen Mann wie Gustav Manker, dessen bekannt konservative, ja monarchistische Gesinnung kein Geheimnis war, so ungehemmt sein „Unwesen" an einem ausgewiesen roten Gewerkschaftstheater hat treiben lassen, nur weil er in den Augen der Verantwortlichen ein guter Theatermann war. Solch künstlerische Weitsicht wäre im heutigen Sumpf willfähriger Parteizugehörigkeit wohl nicht mehr möglich.

Der Aufbruch der österreichischen Literatur durch Wolfgang Bauer, Peter Turrini, Helmut Zenker, Wilhelm Pevny, Herwig Seeböck, Hermut Korherr, Wilhelm Pellert und Harald Sommer lässt leider bereits nach drei Spielzeiten stark nach. Bauers neue Stücke lassen immer länger auf sich warten und die neuen Werke von Turrini muss Manker sich bald mit deutschen Bühnen teilen. Andere Autoren können sich der Aufbruchsstimmung in der österreichischen Literatur nur vereinzelt anschließen und so versiegt der Strom neuer, interessanter Stücke für Gustav Mankers Volkstheater bald wieder.

Peter Turrini (1971)
zur Zeit der Uraufführung seines ersten Stückes „Rozznjogd" am Volkstheater.

oben:
Rozznjogd (1971)
Dolores Schmidinger und Franz Morak

unten:
Alexander Grill („Sauschlachten", 1971)
Karlheinz Hackl („Wahnsinnig glücklich", 1976)
Franz Morak („Jesus von Ottakring", 1972)
Brigitte Swoboda („Was haben vom Leben", 1976)

rechte Seite oben:
Wolfgang Bauer (1972)

rechte Seite unten:
Change (1969)
Elisabeth Masek (Guggi)
Herwig Seeböck (Blasi)
Regisseur Bernd Fischerauer
Bernd Spitzer (Fery)

„ICH KÖNNTE DAS NIE MACHEN, ABER ES FASZINIERT MICH!"
Die neuen jungen österreichischen Autoren am Volkstheater

Bereits zu Beginn seiner ersten Saison setzt Manker „Change" des 28jährigen Grazers Wolfgang Bauer zur Uraufführung an, dessen Premiere am 26. September 1969 eine neue Epoche in der österreichischen Literatur einläutet. Bauer hat zuvor mit seinem Erstlingswerk „Magic Afternoon" enormes Aufsehen erregt, Manker engagiert Regisseur und Hauptdarsteller der Grazer Erstaufführung, Bernd Fischerauer und Herwig Seeböck, sowie Brigitte Swoboda und Bernd Spitzer von der Wiener Aufführung am Ateliertheater am Naschmarkt. Sie bilden den Kern von Bauers neuem Stück, der Geschichte einer skrupellosen Manipulation im Kunstbetrieb, in der der Manipulator zum Manipulierten wird und sich erhängt. Die Aufführung schlägt wie eine Bombe ein: *„Bauer hat sich mit diesem Stück in die inoffizielle österreichische Klassik geschrieben"*, *„Österreich hat einen neuen Dramatiker der jungen Generation"*, *„Habemus… nämlich einen neuen österreichischen Dramatiker"*, schreiben die Zeitungen und „Change" läuft, obwohl nur im Sonderzyklus „Konfrontationen" angesetzt, 25-mal vor ausverkauftem Haus. Fischerauer gelingt es, den Darstellern *„jene Hemmungslosigkeit zu suggerieren, die braucht, wer die Schamschwelle zu Bauers Stück überschreiten will"*. Bauer lässt in dieser *La Bohème '69* Gunstgewerblerinnen, Haschischorgien, Prügelszenen und Sauereien sowie zwei Maler und einen wahnsinnigen Hofrat, dessen geile Gattin und deren geschwängerte Tochter auf das Publikum los. Die Aufführung wird sogar zum Berliner Theatertreffen als eine der zehn besten deutschsprachigen Aufführungen der Saison eingeladen. Unmissverständlich fordert Direktor Gustav Manker Wolfgang Bauer daraufhin auf, auch weiterhin für sein Volkstheater zu schreiben: „Johann Wolfgang, das ist ihr Weimar!"

Ermutigt von dieser *„größten österreichischen Theatersensation der letzten Jahre"* (Hörzu) setzt Manker in seiner zweiten Saison gleich drei weitere junge österreichische Autoren zur Ur- und Erstaufführung an: Den Beginn macht am 27. Januar 1971 die Doppelpremiere des späteren „Alpensaga"-Duos Peter Turrini (26) und Wilhelm Pevny (27), ehemaliger Werbetexter und Arbeiter am Bau der eine, Avantgardekünstler und Bürgerschreck der andere. Turrinis neues Credo sind am Volkstheater noch nicht gehörte Töne: „Der Ursprung des Theaters kommt von Blut und Sperma. Die sollten ruhig wieder ihren richtigen Platz kriegen, denn im Grunde haben die Leute diese Säfte ja gern!" Und wieder gelingt eine Sensation: Mit „Rozznjogd" startet eine der spektakulärsten österreichischen Autorenkarrieren der Nachkriegszeit. Die Premiere wird noch mit Bangen erwartet, denn Manker befürchtet einen Skandal um Turrinis Einakter über die denaturierten Lebensbedingungen der Gesellschaft, ausgetragen zwischen einem Liebespaar auf der Müllhalde einer Großstadt, deren Körper- und Seelenstriptease in *„saftigem Vulgärdialog mit hymnisch gesteigerten Fäkalausdrücken"* beweist, dass der Mensch nicht viel mehr ist als ein Haufen Abfall.

  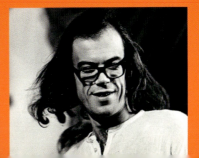 

Prompt wird das Pärchen abgeschossen wie die Ratten, die sie umgeben. Doch der Skandal bleibt aus – einhellig ist der Jubel um Peter Turrini, Regisseur Bernd Fischerauer und die Darsteller Franz Morak und Dolores Schmidinger. Erleichtert zieht sich Gustav Manker in seine Direktion zurück und zündet sich eine Virginier an.

Der Abend bietet jedoch noch eine zweite, ganz und gar unterschiedliche Produktion, deren Provokationsgrad mit Turrinis Zivilisations-Schocker aber nicht zu konkurrieren scheint: nach der Pause der Doppelpremiere ist noch Wilhelm Pevnys experimentelle Orgasmus-Skala „Sprintorgasmik" angesetzt, ein avantgardistisches Körpertheater, das Regisseur Götz Fritsch schon am La MaMa Theater in New York inszeniert hat. Der 26jährige Pevny hat sich rund um das Wiener Cafétheater einen Namen gemacht, dessen Truppe auch die Besetzung stellt. Während Manker genüsslich an seiner Zigarre nuckelt, bricht im Zuschauerraum plötzlich ein ungeheurer Tumult los, das Publikum – angeführt vom Krücken schwingenden ORF-Fernsehspielchef und späteren Kottan-Kieberer Walter Davy – verlässt scharenweise das Theater oder steigt über die Sitzreihen und beginnt sich gegenseitig abzuwatschen. Die ungewohnte Rhythmik auf einer Bühne aus Klettergestängen und Metalltonnen, begleitet von „zermürbenden Licht- und Klangeffekten", ist zu viel für das enervierte Wiener Premierenpublikum.

Der Skandal um Pevnys „Sprintorgasmik" und der Erfolg von Turrinis „Rozznjogd" stellen Mankers Volkstheater erneut ins Zentrum aktuellen Theatergeschehens und sorgen wochenlang für ausverkaufte Häuser.

Im März 1971 erhält noch Herwig Seeböck, der 32jährige Protagonist aus „Change", der bereits 1965 mit seinem Gefängnis-Kabarett „Häfenelegie" als Autor in Erscheinung getreten ist, seine Chance, Manker bringt dessen Dialektstück „Haushalt oder die Sandhasen" zur Uraufführung. Seeböcks Wohnküchenschlacht (bereits etliche Jahre vor Bauer und Turrini geschrieben) rückt mit starken Sprüchen bereits an den Rand des Boulevards und entlockt dem Publikum Lacher und Ovationen. Jetzt sprechen Gegner bereits von einer „grassierenden Dialekt-Konfektion, die sexualisierend, brutalisierend und überforciert" einem „Neo-Naturalismus" huldigt.

Am 24. September 1971 endlich kommt Wolfgang Bauers neuestes Werk „Silvester oder Das Massaker im Hotel Sacher" zur Uraufführung. Nach zwei Jahren Schreibpause ist die Erwartung nach „Change" groß und die Belastung für den Autor enorm. „Man dichtet ja oft wie ein Irrer dahin", entschuldigt sich „Magic Wolfi", mittlerweile 30 und von der deutschen „Welt" als „Horváth unserer Tage" gefeiert. Aber „die Nonchalance, die Lockerheit" der Anfangsjahre ist dahin – und entsprechend ahnungsvoll ist Bauers Hauptfigur: ein Schriftsteller, dem nichts mehr einfällt. Dieser lädt zur Silvester-Party ins Hotel Sacher, um dem Intendanten sein neues Stück zu überreichen, von dem er aber noch keine Zeile geschrieben hat. Er plant, aus der Not „ein Happening" zu machen, und die Party auf Tonband aufzunehmen. Trotz Riesieneinsatz des Ensembles und Helmut Qualtingers halbirrem Robespierre, der sich nach einem spektakulären Berserkermonolog erschießt, bleibt eine erneute Sensation aus.

Das Duo Qualtinger/Fischerauer wagt sich gleich darauf noch an Kleists „Der zerbrochene Krug" und will auch Peter Barnes' Aristo-Satire „Die herrschende Klasse" und Franz Xaver Kroetz' „Stallerhof" gemeinsam am Volkstheater herausbringen, dies wird jedoch von Qualtingers Gesundheitszustand verhindert. Er wird in der Folge kaum noch am Theater auftreten.

oben:
Sauschlachten (1972)
Herbert Propst, Erna Schickel, Arnfried Hanke, Alexander Grill, Ernst Meister

rechts:
Silvester oder das Massaker im Hotel Sacher (1971)
Helmut Qualtinger als Robespierre

linke Seite (von oben nach unten):
Haushalt oder die Sandhasen (1971)
Herwig Seeböck, Alfred Pfeifer, Brigitte Swoboda, Dolores Schmidinger

Silvester (1971) Elisabeth Masek

Sauschlachten (1972) Arnfried Hanke

Sprintorgasmik (1971) Gail Curtis

Silvester (1971) Herta Block, Walter Langer, Johanna Thimig, Hermann Schmid

Bernd Fischerauer inszeniert noch im selben Jahr den neuen Schocker von Peter Turrini, der nach „Rozznjogd" ein Star am Theaterhimmel geworden ist. „Sauschlachten", die im bäuerlichen Milieu angesiedelte Vermarterung eines willentlich Sprachlosen erneuert das Genre „Volksstück" von Grund auf. Die Peinigung und Schlachtung des Außenseiters schockiert des Publikum. Als das „Schwein Volte" vom Knecht in einen Kübel mit Saufutter getaucht wird, um ihn zum Sprechen zu zwingen, müssen wiederholt Zuschauer hinausgeführt werden, weil ihnen schlecht wird. Manch einer kehrt allerdings danach unverdrossen wieder an seinen Platz zurück. Turrini lässt die Hinrichtung des Opfers von „urgemütlicher, ländlicher Musik" begleiten und kommentiert die Abfolge physischer und geistiger Brutalitäten so: „Natürlich haben wir Österreicher die Gewalt nicht erfunden, wir führen sie nur etwas unterhaltender aus."

Im März 1973 inszeniert Fischerauer noch Turrinis „Der tollste Tag", eine Paraphrase auf Beaumarchais' Revolutionsahnung, und beendet dann seine Zeit am Volkstheater mit Hartmut Langes Romantikthriller „Die Gräfin von Rathenow" nach Heinrich von Kleists Novelle „Die Marquise von O.". Dann geht er nach München und genießt dort neue Freiheiten.

Der 38jährige steirische Autor Harald Sommer, der durch sein Dialektstück „A unhamlich schtorka Obgaung" bekannt geworden ist, inszeniert 1973 sein Stück „Ich betone, daß ich nicht das geringste an der Regierung auszusetzen habe" über Sympathisanten des terroristischen Untergrunds. Im Jahr darauf kommt auch sein Einakter „Die Leut" zur Aufführung. Dann liegt 1974 „Jesus von Ottakring" von Helmut Korherr und Wilhelm Pellert, ein Wiener Volksstück in 20 Szenen und 11 Songs über den Realfall eines erschlagenen Gastarbeiters, in den Händen des Hausregisseurs Rudolf Kautek und wird danach unter Pellerts Regie zu einem der ersten Erfolge des „Neuen Österreichischen Films".

Danach gehen die Inszenierungen neuer junger Autoren in die Hände von Rudolf Jusits über (1975 die Erstaufführung von Turrinis Goldoni-Nachdichtung „Die Wirtin" und 1976 die Uraufführung von „Wahnsinnig glücklich" des späteren Kottan-Erfinders Helmut Zenker), sowie anderer Protagonisten der Wiener Kellertheater-Szene wie Wolfgang Quetes („Lichtenberg" von Gerhard Roth, 1974) und Peter Gruber („Was haben vom Leben" des Oberösterreichers Walter Wippersberg, mit dem jungen Karlheinz Hackl, 1976). Danach versiegt der Strom neuer österreichischer Stücke. Nur noch 1978 inszeniert der Schauspieler Peter Hey „Vergewaltigt am Abend" des Kremser Autors Winfried Bruckner über die Geiselnahme in einem TV-Studio.

Thomas Bernhards erstes Stück „Ein Fest für Boris" ist Gustav Manker zwar Ende der 60er Jahre noch zur Aufführung angeboten worden und sicher reizt ihn die Vorstellung, sein Volkstheater-Publikum mit einer Armee beinloser Krüppel in einem „Anti-Jedermann" zu konfrontieren, doch nimmt er das Stück nicht an, er sieht Bernhard als Prosa-Autor.

So kometenhaft der Stern der neuen jungen Wilden am Theaterhimmel aufgegangen ist, so schnell ist er nach wenigen Jahren auch wieder verschwunden. Manker und dem Volkstheater aber hat er er einige der wichtigsten Aufführungen dieser Zeit beschert.

links:
Change (1969)
Elisabeth Masek und Herwig Seeböck

Wahnsinnig glücklich (1976)
Ilse Harzfeld und Karlheinz Hackl

oben:
Lichtenberg (1974) Emanuel Schmied, Bernd Spitzer
Der tollste Tag (1973)
Haushalt oder die Sandhasen (1971) Peter Hey
Haushalt oder die Sandhasen (1971)
Herwig Seeböck, Dolores Schmidinger
Sprintorgasmik (1971)

rechts:
Silvester (1971) Helmut Qualtinger
Rozznjogd (1971) Dolores Schmidinger, Franz Morak

oben:
Heimliches Geld, heimliche Liebe (1972)
Walter Langer als Bittmann und Herbert Propst als Peter Dickkopf.

rechte Seite:
Maß für Maß (1972)
Kitty Speiser als Isabella und Ernst Meister als Angelo.

Mit Johann Nestroys seit seiner Uraufführung nicht mehr gespielter Posse „Heimliches Geld, heimliche Liebe" eröffnet Manker im Frühjahr 1972 einen höchst erfolgreichen Zyklus unbekannter Nestroy-Stücke am Volkstheater. Heinz Petters spielt die Nestroy-Rolle, Kasimir Dachl, Herbert Probst den Winkelschreiber Peter Dickkopf, „der einen Hamur hat, als wie a Kreuzspinnerin, wenn g'weissingt wird". An ihrer Seite brilliert die gesamte Garde der „Nestroyaner": Brigitte Swoboda, Hilde Sochor, Dolores Schmidinger, Rudolf Strobl und Walter Langer. Die Premiere wird zu einem ungeheuren Erfolg, die Zeitschrift „Theater Heute" zählt „Heimliches Geld, heimliche Liebe" zu den „nachhaltigsten Inszenierungen das Jahres."

Johann Nestroy
♦ **HEIMLICHES GELD, HEIMLICHE LIEBE**
Regie GM / BB & K: Maxi Tschunko / M: Carl Binder und Adolf Müller / ME & ML: Walter Heidrich
mit Heinz Petters (Kasimir Dachl), Herbert Propst (Peter Dickkopf), Walter Langer (Bittmann, ein Hausarmer), Rudolf Strobl (Pemperer, Werckführer), Hilde Sochor (Frau von Lärminger), Brigitte Swoboda (Leni), Dolores Schmidinger (Marie), Gustav Dieffenbacher (Pfanzer), Maria Englstorfer (Regerl), Peter Hey (Makler), Helmi Mareich (Hortensia), Wolfgang Dauscha (Herr von Flau), Alfred Pfeifer (Glimmer), Marianne Gerzner (Frau Körbl), Peter Dörre (Gottfriedl), Erika Mottl (Natzl), Brigitte Slezak (Nettl), Helmuth Lex (Jakob), Luwig Blaha (Staub), Fritz Widhalm-Windegg (Niklas), Inge Altenburger, Isabella Lucke (Köchinnen)
28. April 1972, Volkstheater

„Ein Haupttreffer" in „brillianter Inszenierung" befindet die Presse, und „die Schatzgräberei lohnte sich". Es folgen in den nächsten Jahren Nestroys unbekannte Werke „Das Gewürzkrämerkleeblatt" (1972), „Gegen Torheit gibt es kein Mittel" (1973) und „Umsonst" (1974), allesamt Stücke, die bei ihrer Uraufführung durchgefallen sind oder lange nicht mehr gespielt wurden und die am Volkstheater zu Publikumsrennern werden.

William Shakespeare
♦ **MASS FÜR MASS**
Regie GM / BB: Rudolf Schneider-Manns Au / K: Maxi Tschunko
mit Kitty Speiser (Isabella), Ernst Meister (Angelo), Hans Jaray (Herzog von Wien), Franz Morak (Claudio), Maria Urban (Marianne), Rudolf Strobl (Ellbogen), Egon Jordan (Escalus), Heinz Petters (Lucio), Gustav Dieffenbacher (Kerkermeister), Maria Englstorfer (Francisca), Alfred Pfeifer (Schaum), Adolf Lukan (Spund), Brigitte Swoboda (Julia), Marianne Gerzner (Obendrauf), Ludwig Blaha (Scharfrichter)
26. Mai 1972, Volkstheater (Wiener Festwochen)

Alexander Lernet-Holenia / Paul Frank
♦ **DIE TRANSAKTION** (UA der Neufassung)
Regie GM / BB: Maxi Tschunko / K: Maria Peyerl
mit Hans Rüdgers (Fechner), Christine Buchegger (Stefanie), Alfred Pfeifer (Tieffenbach), Rudolf Strobl (Kuhn), Dolores Schmidinger (Lili), Harry Fuss (Baudisch), Benno Smytt, Erna Schickel, Adolf Lukan, Herbert Prodinger, Oskar Willner
23. Juni 1972, Volkstheater

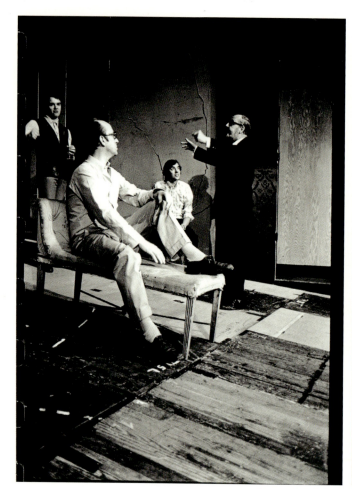 

Der Zerrissene (1972)
Gustav Manker inszeniert Walter Schmidinger (sitzend) als Herr von Lips in der Eröffnungssaison der Intendanz Kurt Meisel am Bayerischen Staatsschauspiel.

In Kurt Meisels Eröffnungssaison am Bayerischen Staatsschauspiel in München inszeniert Gustav Manker im Jahr der Olympiade 1972 Johann Nestroys „Der Zerrissene" mit Walter Schmidinger in der Titelrolle im barocken Cuvilliés-Theater. Gaby Dohm spielt die Kathi, Toni Berger den Krautkopf. Walter Schmidinger schreibt Manker zur Premiere: *„Con brio et d'eleganca / so sagte sich einstens die Duse / Ich hoffe, mich küsst heut die Muse / damit ich für sie keine Schand bin. / Vermitteln will ich die Visionen / Verdien dabei keine Millionen / Jedes Lachen der Leut heut / sei ein Dank an Sie für die Probenzeit / Und wird's ein Erfolg gar – / So singen wir beide gemeinsam / Verbunden und auch aber einsam / Inmitten der Premierengefahr: / Es ist alles net wahr – und ist alles net wahr!"*

Johann Nestroy
◆ **DER ZERRISSENE**
Regie GM / BB: Harold Waistnage
mit Walter Schmidinger (Lips), Gaby Dohm (Kathi), Toni Berger (Krautkopf), Franz Kutschera (Gluthammer), Solveig Thomas (Madame Schleyer), Erland Erlandsen (Stifter), Klaus Seidel (Sporner), Josef Schwarz (Wixer)
29. Juli 1972, Bayerisches Staatsschauspiel München (Cuvilliés-Theater)

4. SAISON 1972/1973

Die Premieren der vierter Saison am Volkstheater sind: „Tartuffe" von Molière, „Kean" von Jean-Paul Sartre nach Alexandre Dumas d. Ä., „Agnes und Johanna" (UA) von György Sebestyén, „Gewitter" von Alexander N. Ostrowski, „Die Hebamme" (ÖEA) von Rolf Hochhuth, „Timon von Athen" von William Shakespeare in der freien Nachdichtung von Manfred Vogel (UA), „Das Gewürzkrämerkleeblatt" von Johann Nestroy, „Die Gräfin von Rathenow" (ÖEA) von Hartmut Lange, „Die natürliche Tochter" von Goethe, „Der tollste Tag" von Peter Turrini nach Beaumarchais, „Hölderlin" (ÖEA) von Peter Weiss, „Spiel im Schloss" von Franz Molnár, „Der Bauer als Millionär" von Ferdinand Raimund und „Sendestörung" (DEA) von Károly Szakonyi.

György Sebestyén
◆ **AGNES UND JOHANNA** (UA)
Regie GM / BB & K: Hubert Aratym
mit Renate Bernhard (Agnes Sorel), Isolde Rektenwald (Johanna), Elisabeth Epp (Isabeau von Bayern), Franz Morak (Karl), Walter Langer (Musikant), Maria Urban (Maria von Anjou), Helmi Mareich (Isabella), Renate Olárová, Linda Koch
24. September 1972, Volkstheater

Das Gewürzkrämerkleeblatt (1973)

oben links:
Die drei Gewürzhändler Schwefel (Peter Hey), Zichori (Herbert Propst) und Baumöl (Rudolf Strobl) beim berühmten Quodlibet im dritten Akt.

oben rechts:
Franz Morak als Kommis Viktor und Walter Langer als Diener Peter.

Rolf Hochhuth
♦ DIE HEBAMME (ÖEA)
Regie GM / BB: Kurt Konrad Loew / K: Maxi Tschunko
mit Hilde Sochor (Sophie), Peter Hey (Oberst Senkblei), Egon Jordan (Rosentreter), Adolf Lukan (Staatsanwalt), Albert Rolant (Kreispfarrer), Rudolf Strobl (Oberstadtdirektor), Maria Englstorfer (Haushälterin), Ludwig Blaha (Landgerichtsdirektor), Viktor Gschmeidler (Chefarzt), Heinrich Trimbur (Bankdirektor), Bernhard Hall (Autogroßhändler), Herbert Prodinger (Polizist Huppel), Wolfgang Graczol (Slum-Insasse), Inge Altenburger
28. Oktober 1972, Volkstheater

Als Weihnachtspremiere kommt am 22. Dezember 1972 Nestroys „Das Gewürzkrämerrkleeblatt" am Volkstheater zur Aufführung, ein „Uraufführungsdurchfall" von 1845, der von der Kritik nicht nur „verrissen", sondern geradezu „niedergemetzelt" wurde. Hans Weigel hat seinem Freund Manker das Stück empfohlen, in seiner eigenen Bearbeitung. Manker nimmt den Vorschlag auf, verzichtet aber auf Weigels Bearbeitung und spielt das Stück so, wie Nestroy es geschrieben hat, ohne Zusatz und ohne Striche. Er rehabilitiert „glanzvoll" die vergessene Posse. Hebert Propst, Rudolf Strobl und Peter Hey spielen die eifersüchtige „Othellokleeblatt" von Gewürzkrämern, die der eigenen Frau blindlings vertrauen, den Frauen der Freunde aber nicht. Alle drei sind „starke Fünfziger und haben schwache Zwanzigerinnen zu Frauen". Diese heißen Amalie, Euphrosyne und Porzunkula, sind drei durchtriebene Luder und werden von Hilde Sochor, Brigitte Swoboda und Renate Bernhard gespielt. An ihrer Seite brilliert Walter Langer als grandioser Episodist in der Rolle des Dieners Peter. Manker teilt zwar Nestroys Pessimismus in Bezug auf das weibliche Geschlecht, nicht jedoch seine Resignation. Seine Manie und das sichere Gefühl für die hintergründige Bösartigkeit von Nestroys Satire beschert Wien „einen der köstlichsten Theaterabende der Saison".

Johann Nestroy
♦ DAS GEWÜRZKRÄMERKLEEBLATT oder DIE UNSCHULDIGEN SCHULDIGEN
Regie GM / BB: Heinz Ludwig / K: Maxi Tschunko / M: Adolf Müller / ML: Norbert Pawlicki
mit Herbert Propst (Zichori), Rudolf Strobl (Baumöl), Peter Hey (Schwefel), Hilde Sochor (Madame Zichori), Brigitte Swoboda (Madame Baumöl), Renate Bernhard (Madame Schwefel), Walter Langer (Peter), Franz Morak (Viktor), Heidi Picha (Luise), Maria Englstorfer (Frau Schnupf), Robert Werner (Brumm), Karl Krittl (Chevalier Donnersturm), Erna Schickel (Köchin), Benno Smytt (Hausmeister), Gerti Gunsam (Regerl), Peter Dörre (Schusterjunge)
22. Dezember 1972, Volkstheater

Das Gewürzkrämerkleeblatt (1973)

oben:
Die Gewürzkrämer Rudolf Strobl (Baumöl), Peter Hey (Schwefel) und Herbert Propst (Zichori) nach der Entdeckung der verräterischen Liebesbotschaften an ihre Ehefrauen.

rechts:
Hilde Sochor als Madame Zichori und (im Hintergrund) die drei misstrauischen Ehemänner Peter Hey, Rudolf Strobl und Herbert Propst.

1973

1973 wird die Internationale Nestroy-Gesellschaft in Wien gegründet. Gustav Manker ist ihr Gründungspräsident, ihr Sitz ist das Volkstheater.

Eine künstlerische Persönlichkeit erkennt man manchmal auch im Scheitern. Dies geschieht, als Manker im Winter 1973 Goethes Trauerspiel „Die natürliche Tochter" inszeniert. Als man ihn in einem Interview nach seiner Auffassung des Stückes fragt, antwortet er lapidar: „Es ist ein Theaterstück." Manker unterschätzt in seiner Begeisterung für Goethe aber die dünne Höhenluft der spröden Dichtung, der das Ensemble nicht gewachsen ist. Die Inszenierung ist Mankers erstes „Alterswerk".

Johann Wolfgang von Goethe
• DIE NATÜRLICHE TOCHTER
Regie GM / BB: Georg Schmid / K: Epi Schlüsselberger
mit Dietlinde Haug (Eugenie), Viktor Gschmeidler (Graf), Bernhard Hall (Sekretär), Joseph Hendrichs (Gouverneur), Egon Jordan (Herzog), Hanns Krassnitzer (Mönch), Ernst Meister (Weltgeistlicher), Albert Rolant (König), Eugen Stark (Gerichtsrat), Margarete Fries (Hofmeisterin), Maria Urban
23. Februar 1973, Volkstheater

Im Frühjahr 1973 bringt Mankers Inszenierung von Ferdinand Raimunds „Der Bauer als Millionär" ein Wiedersehen mit seinem langjährigen Freund Karl Paryla, der den Fortunatus Wurzel spielt. An seiner Seite gelingt es Kitty Speiser als Jugend, dieser berühmten Rolle neue Dimensionen abzugewinnen.

Ferdinand Raimund
• DER BAUER ALS MILLIONÄR
Regie GM / BB & K: Maxi Tschunko / M: Joseph Drechsler / ML: Norbert Pawlicki / Zusatzstrophen: Hugo Wiener
mit Karl Paryla (Fortunatus Wurzel), Kitty Speiser (Jugend), Gustav Dieffenbacher (Hohes Alter), Hilde Sochor (Zufriedenheit), Heinz Petters (Ajaxerle), Heidi Picha (Lottchen), Alfred Pfeifer (Schilf), Rudolf Strobl (Lorenz), Margarete Fries (Lacrimosa), Marianne Gerzner (Antimonia), Dolores Schmidinger (Illi), Adolf Lukan (Neid), Uwe Falkenbach (Haß), Karl Krittl (Nigowitz), Bernhard Hall (Bustorius), Michael Herbe (Tophan), Helmuth Lex (Habakuk), Oskar Willner (Zenobius)
26. Mai 1973, Volkstheater (Wiener Festwochen)

Ronald Millar
• DIE GESCHICHTE VON ABAELARD UND HELOISE
Regie GM / BB: Lois Egg / K: Maxi Tschunko
mit Jürgen Wilke (Abaelard), Kitty Speiser (Heloise), Herbert Propst (Domherr), Eugen Stark (Novize), Rudolf Strobl, Hilde Sochor (Äbtissin), Helene Lauterböck (Schwester Godric), Renate Olárová (Belle Alys), Joseph Hendrichs (Domherr), Michael Herbe (Alain), Adolf Lukan (Guilberg), Oskar Willner
21. Juli 1973, Bregenzer Festspiele (Kornmarkttheater)

5. SAISON 1973/1974

Die Premieren der Saison 1973/74 am Volkstheater sind: „Doppelselbstmord" von Ludwig Anzengruber, „Die Geschichte von Abaelard und Heloise" von Ronald Millar, „Ich betone, daß ich nicht das geringste an der Regierung auszusetzen habe" (UA) von Harald Sommer, „De Waber" (UA der Originalfassung) von Gerhart Hauptmann, „Die Geschichten der Agnes Pollinger" (UA) von Traugott Krischke nach Ödön von Horváth, „Gegen Torheit gibt es kein Mittel" von Johann Nestroy, „Jagdszenen aus Niederbayern" (ÖEA) von Martin Sperr, „Jesus von Ottakring" (UA) von Helmut Korherr und Wilhelm Pellert, „Lysistrate" (UA) von Rolf Hochhuth, „Pygmalion" von G. B. Shaw, „Lichtenberg" von Gerhard Roth, „Reise um die Erde in 80 Tagen" von Pavel Kohout nach Jules Verne, „Freiwild" von Arthur Schnitzler und „Freut euch des Lebens" von Moss Hart und George Kaufman.

Der Bauer als Millionär (1973)
Karl Paryla als Fortunatus Wurzel.

1973 1974

Ronald Millar
- **DIE GESCHICHTE VON ABAELARD UND HELOISE**
Regie GM
Übernahme der Produktion der Bregenzer Festspiele 1973
9. September 1973, Volkstheater

Am 14. November 1973 erhält Gustav Manker für die Inszenierung von Johann Nestroys „Das Gewürzkrämerkleeblatt" zum zweiten Mal den Karl-Skraup-Preis.

Johann Nestroy
- **DAS GEWÜRZKRÄMERKLEEBLATT**
Regie GM
Gastspiel des Volkstheaters mit der Besetzung von 1972
24.–25. November 1973, Vigszinház Budapest

Johann Nestroy
- **WEDER LORBEERBAUM NOCH BETTELSTAB**
Regie GM (Rundfunkfassung)
mit Herbert Propst (Chrysostomos Überall), Ernst Anders (Leicht, Dichter, unter dem Namen der damische Hansel), Hilde Sochor (Therese, seine Frau), Rudolf Strobl (Grundl), Kurt Sobotka (Blasius), Sylvia Lukan (Agnes), Ludwig Blaha (Steinrötl), Erich Schwanda (Theaterdirektor), Erna Schickel (Fräulein Putz), Renate Bernhard (Charlotte), Heinz Zuber (Johann), Erika Mottl (Julie), Friedrich Haupt (Druck), Carlo Böhm (Cichori), Oskar Willner (Scharf), Peter Frick (Billig), Karl Krittl, Adolf Lukan, Peter Göller, Wolfgang Dauscha
25. November 1973 (Sendedatum), ORF-Niederösterreich

Johann Nestroy
- **GEGEN TORHEIT GIBT ES KEIN MITTEL**
Regie GM / BB & K: Maxi Tschunko / M: Adolf Müller / ML: Norbert Pawlicki
mit Herbert Propst (Simplicius Berg), Heinz Petters (Anselm), Brigitte Swoboda (Aglaja), Rudolf Strobl (Patschiparoli, früher Seiltänzer, jetzt Croupier), Hilde Sochor (Kathi, Oberkellnerin), Walter Langer (Schierling), Eugen Stark (Richard Berg), Albert Rolant (Florfeld), Franz Morak (Balance), Renate Bernhard (Blandine), Helmuth Lex (Wernau), Erna Schickel (Perlthau), Berhard Hall (Monsieur Narciß), Maria Engelsdorfer (Mme Foulard), Karl Krittl (Christoph), Fritz Widhalm-Windegg (Anton), Vera Gassler (Gabriel), Michael Herbe (Schnapp), Friedrich Jores (Kommis), Alfred Kerschbaumer (Filou), Mario Kranz (Kutscher), Herbert Prodinger (Gerichtsdiener), Felix Hassler (Fitzliputzli), Inge Altenburger (Mlle Sophie)
21. Dezember 1973, Volkstheater

Am 24. Januar 1974 erhält Gustav Manker im Wiener Rathaus von Bürgermeister Leopold Gratz die Ehrenmedaille der Stadt Wien in Gold.

Caron de Beaumarchais (Bearbeitung: Max Ophüls)
- **EIN TOLLER TAG (FIGAROS HOCHZEIT)**
Regie GM
mit Ekkart Dux (Figaro), Lis Verhoeven (Susanne), Anna Smolik (Gräfin), Friedrich Schönfelder (Almaviva), Sven Dahlem (Cherubin), Tatjana Schneider (Marzelline), Ernst Essel (Antonio), Gert Wiedenhofen (Basilio), Mario Kranz (Bartholo), Rudy Bachheimer (Fanchette)
16. März 1974, Remscheid (Tournee Grüner Wagen)

Arthur Schnitzler
- **FREIWILD**
Regie GM / BB: Georg Schmid / K: Maxi Tschunko
mit Kitty Speiser (Anna Riedel, Naive), Eugen Stark (Dr. Albert Wellner, Arzt), Peter Wolsdorff (Paul Rönning), Rudolf Strobl (Direktor des Sommertheaters), Brigitte Swoboda (Pepi Fischer, Soubrette), Heinz Petters (Poldi Grehlinger), Wolfgang Dauscha (Finke, Regisseur), Renate Olárová (Käthchen Schütz, 2. Liebhaberin), Walter Langer (Enderle, Komiker), Wolfgang Klivana (Balduin, Liebhaber), Bernhard Hall (Oberleutnant Karinski), Manfred Jaksch (Oberleutnant Rohnstedt), Adolf Lukan (Vogel, Husarenleutnant), Karl Krittl (Kellner), Fritz Widhalm-Windegg (Kohn, Kassierer)
24. Mai 1974, Volkstheater (Wiener Festwochen)

Julius Hay
- **DAS PFERD**
Regie GM / Kostümbetreuung: Marga Bauer
mit Louis Ries (Caligula), Günther Jerschke (Egnatius), Bernd Kaftan (Macro), Renate Bernhard (Ameana), Ruth Kähler (Valeria), Hannelore Kremer, Wolfgang Düring, Karl Menrad
19. Juli 1974, Burgfestspiele Jagsthausen

6. SAISON 1974/1975

Die Premieren in Gustav Mankers sechster Saison sind: „Armer Mörder" (ÖEA) von Pavel Kohout, „Man kann nie wissen" von G. B. Shaw, „Die Wilden" (ÖEA) von Christopher Hampton, „Der öffentliche Ankläger" von Fritz Hochwälder, „Hanneles Himmelfahrt" von Gerhart Hauptmann und „Die Leut" von Harald Sommer, „Welch gigantischer Schwindel" (ÖEA) von Eugène Ionesco, „Umsonst" von Johann Nestroy, „Die Glembays" von Miroslav Krleža, „Der Alpenkönig und der Menschenfeind" von Ferdinand Raimund, „Adam und Eva" von Peter Hacks, „Faust I & II" von Johann Wolfgang von Goethe, „Winslow Boy" von Terence Rattigan, „Ein Hof voll Sonne" (ÖEA) von Christopher Fry, „Zwei zu Roß und einer auf dem Esel" (ÖEA) von Oldřich Daněk und „Das Mandat" (ÖEA) von Nikolaj Erdmann.

George Bernard Shaw
- **DIE MILLIONÄRIN**
Regie GM / BB: Peter Manhardt / K: Maxi Tschunko
mit Hilde Sochor (Epifania), Friedrich Haupt (Sagamore), Rudolf Strobl (Alastair), Hanns Krassnitzer (Adrian), Carlo Böhm (Joe), Adolf Lukan (Hoteldirektor), Albert Rolant (Arzt)
29. September 1974, Volkstheater (Außenbezirke)

Kurt Meisel, langjähriger Freund Gustav Mankers und Intendant des Bayerischen Staatsschauspiels in München, fragt im September 1974 an, ob Manker für seine Inszenierung von Raimunds „Der Verschwender" in München das Bühnenbild machen könnte. Manker antwortet am 5. Oktober:
„Ich danke Dir für deinen lieben herzlichen Brief. Ich habe sehr gelacht. Du wirst doch um Gottes Willen nicht von mir Bühnenbilder verlangen. Ich kann das ja gar nicht mehr. Ich bin auf diesem Gebiet völlig frustriert. Ich würde nur Euer nicht Würdiges zustandebringen."

Freiwild (1974)

rechte Seite oben:
Berhard Hall als Oberleutnant Karinski mit Manfred Jaksch und Adolf Lukan im Streit mit Peter Wolsdorff als Paul Rönning.

rechte Seite unten:
Brigitte Swoboda als Soubrette Pepi Fischer.

Der Terminus „Freiwild" steht in Arthur Schnitzlers Stück sowohl für Duellverweigerer als auch für Schauspielerinnen.

1974

unten:
Umsonst (1974)
Heinz Petters als Arthur und Walter Langer als Pitzl mit Friedl Stasny und Karl Krittl als Provinz-Schauspieltruppe in Stadt Steyr.

rechte Seite:
Der Diamant des Geisterkönigs (1976)
Heinz Petters als Diener Florian Waschblau im Lande der Wahrheit, in dem er körperliche Schmerzen leidet, sobald jemand lügt.

Gerhart Hauptmann
♦ HANNELES HIMMELFAHRT
Regie GM / BB: Georg Schmid / K: Erika Thomasberger
mit Susanne Granzer (Hannele), Peter Wolsdorff (Gottwald), Aladar Kunrad (Maurer Mattern), Maria Urban (Schwester Martha), Gustav Dieffenbacher (Armenhäusler), Arnfried Hanke (Hanke), Maria Englstorfer (Tulpe), Friedrich Haupt (Doktor), Albert Rolant (Amtsvorsteher), Mirjam Gentner (Mutter), Oskar Willner (Waldarbeiter)
25. Oktober 1974, Volkstheater

Johann Nestroy
♦ UMSONST
Regie GM / BB: Heinz Ludwig / K: Maxi Tschunko / M: Carl Binder / ML: Norbert Pawlicki
mit Heinz Petters (Arthur), Walter Langer (Pitzl), Rudolf Strobl (Sauerfaß), Brigitte Swoboda (Sali), Peter Hey (Finster), Trude Hajek (Anastasia Mispl), Heidi Picha (Emma), Erna Schickel (Margaret), Ludwig Blaha (Maushuber), Uwe Falkenbach (Ignaz), Franz Hiller (Gschlader, Kaffeesieder), Helmuth Lex (Wildner), Maria Englstorfer (Frau Zepplmeyr), Arnfried Hanke (Müller), Karl Krittl (Meyr), Alfred Rupprecht (Georg), Fritz Widhalm-Windegg (Knapp, Theaterkassier)
13. Dezember 1974, Volkstheater

Für die Zeitung „Die Neue" stellt sich Gustav Manker der Frage *„Ist der Wiener noch ein Theatergeher?"* und äußert sich zur Situation an den Wiener Bühnen, über deren Publikum und über die Provinz:

*„Das Verhältnis des Wieners zu seinen Theatern ist von einer starken Bindung an den Schauspieler geprägt, ein Phänomen, das sich in dieser Intensität kaum anderswo nachweisen lässt. Obwohl das Publikum prinzipiell als amorph anzusprechen ist, kann man eine Charakteristik des Wieners hervorkehren: Er geht vor allem seiner Lieblinge wegen ins Theater. Von ihnen lässt er sich manches schwer verdauliche Stück servieren – ein wesentlicher Unterschied unseres Theaters zum deutschen. Ich werte dies durchaus positiv als echte Theaterbegeisterung und -liebe. Der Wiener will die Bühne nicht zum politischen Debattierklub umfunktioniert wissen, wo man in der Pause oder am Schluss mit Diskussionen belästigt wird, die kein Mensch führen kann und die bei allen bisherigen Versuchen in Wien jämmerlich zusammengebrochen sind. Dennoch sind Kellertheater notwendig, weil sie für den Schauspieler eine Basis sind, zu größeren Aufgaben vorzustoßen, sich zu entwickeln. Vor dem Zweiten Weltkrieg gab es im böhmischen Raum 15 bis 20 Bühnen, die als Exerzierfeld für junge Talente dienten. Man fuhr hinaus, sah sich die Leute an und engagierte sie. Die Aufgabe der klassischen Provinz haben heute Kellerbühnen übernommen, als Reservoir für neue Kräfte. Es ist nämlich bei den großen Theatern keineswegs Usus, ihre Schauspieler, direkt von den Schulen weg aufzunehmen. Die Schule kann wohl Handwerkszeug vermitteln, aber keine Praxis. Wir stehen nach wie vor auf dem Standpunkt, im Schauspieler den tragenden Pfeiler des Theaters zu sehen, und neigen nicht dazu – wie etwa in Deutschland –, den Regisseur und seine Arbeit über zu bewerten. Deutschland strotzt vor Provinztheatern, die sich keine erste Schauspielergarnitur leisten können und daher versuchen, durch so genannte ‚progressive' Spielplangestaltung und ‚revolutionäre' Inszenierungen aufzufallen. An diesem Komplex leiden wir in Wien nicht. Zwar haben die Theater derzeit mit etlichen Problemen zu kämpfen – die Bundestheater wie die privaten, die ja auch subventioniert werden –, doch besteht keinerlei Ursache, von einer Krise oder gar dem Untergang des Theaters zu sprechen.
Eine Frage nach der Zukunft des Theaters ist Jahrhunderte alt und bislang noch nicht zufrieden stellend beantwortet worden. Wenn wir einen Vergleich mit anderen Zeiten anstellen, erscheint die heutige Situation eigentlich sehr günstig. Wann wurden von öffentlicher Seite je solche Riesensummen für kulturelle Zwecke zur Verfügung gestellt? In Sachen Spielplan liegt die Zukunft des Theaters zweifellos in der richtigen Mischung zwischen Unterhaltung und Engagement. Das ist nicht zuletzt auch ein Problem der öffentlichen Hand, die kaum für ein reines Unterhaltungstheater den Geldbeutel öffnen würde. Man muss dem Menschen gehobene kulturelle Leistung nahe bringen, selbst auf die Gefahr hin, dass der Publikumsandrang nicht so groß ist. Dabei ist die gesellschaftliche Umstrukturierung des Publikums zu bedenken. Ein Publikum schlechthin – wie es etwa das Burgtheater um die Jahrhundertwende gehabt hat, als die High Society – existiert heute nicht mehr, wir sind mit ‚Publikümern' konfrontiert. Ein Problemstück interessiert eben gewisse Gruppen mehr als ein Klassiker und vice versa."*

rechts:
Freiwild (1974)
Walter Langer als Schauspieler Enderle: „Ich halt's überhaupt nimmer aus in dem ‚Kunstinstitut' – ja, Schnecken, das ist ein ganz anderes Institut…"

linke Seite:
Gegen Torheit gibt es kein Mittel (1973)
Herbert Probst als Simplicius. „Verhöhnt, verlacht, verspottet, verraten, verkauft, vernichtet! Mein Nervensystem wackelt – die Sinne tanzen – ich erliege!"

Faust (1975)
Gustav Manker mit Hilde Sochor (Marthe Schwertlein), Manfred Jaksch (Valentin) und Peter Wolsdorff (Faust).

Anfang 1975 inszeniert Gustav Manker Goethes „Faust I und II" in der Fassung beider Teile für einen Abend von Richard Beer-Hofmann am Volkstheater und erfüllt sich damit einen Lebenswunsch. Diese Einrichtung wurde für eine Burgtheater-Aufführung zu Goethes 100. Todestag 1932 hergestellt, die Manker als begeisterter Schüler mit Ewald Balser als Faust und Raoul Aslan als Mephisto gesehen hat. Die erklärte Absicht Beer-Hofmanns, der 1932 selbst inszeniert hat, ist es, dem Publikum „den steifen Musealrespekt" zu nehmen.

Manker kürzt Beer-Hoffmanns Fassung um weitere 90 Minuten, konzentriert seine Fassung auf die reine Faust-Geschichte und zeigt in insgesamt 34 Szenen den Prolog im Himmel, den Pakt mit dem Teufel, die Gretchen-Tragödie, den Kaiserhof und das Helena-Drama. Gestrichen ist im ersten Teil das Volk beim Osterspaziergang, Fausts Verjüngung in der Hexenküche, Auerbachs Keller, die Walpurgisnacht, und im zweiten der Mummenschanz, Fausts Heimkehr ins Labor, der Homunculus, die klassische Walpurgisnacht und Euphorion, der Sohn von Faust und Helena.

Johann Wolfgang von Goethe
♦ FAUST I UND II

Regie GM (Fassung beider Teile für einen Abend von Richard Beer-Hofmann) / BB: Georg Schmid / K: Maxi Tschunko / Choreografische Mitarbeit: Rudy Bachheimer mit Peter Wolsdorff (Faust), Eugen Stark (Mephisto), Heidi Picha (Gretchen), Hilde Sochor (Marthe Schwertlein), Ernst Meister, (Dichter), Herbert Propst (Direktor), Harry Fuss (Lustige Person), Hanns Krassnitzer (Der Herr), Karlheinz Hackl (Raphael/Lynceus), Bernhard Hall (Gabriel), Helmuth Lex (Michael), Aladar Kunrad (Erdgeist), Stefan Paryla (Schüler), Manfred Jaksch (Valentin), Dolores Schmidinger (Lieschen), Elisabeth Epp (Böser Geist), Marianne Gerzner (Hexe), Albert Rolant (Kaiser), Viktor Gschmeidler (Kanzler), Ilse Lafka (Helena), Margarete Fries (Sorge), Renate Olárová (Not), Gustav Dieffenbacher (Philemon), Helene Lauterböck (Baucis), Gerti Gunsam, Almut Zilcher (Choretide)
21. Februar 1975, Volkstheater

Manker scheint sich den Satz „Den lieb' ich, der Unmögliches begehrt" der antiken Manto in der klassischen Walpurgisnacht zu Herzen genommen zu haben und erklärt: „Meine radikalen Eingriffe sind nur gerechtfertigt, wenn ich dadurch eine Totalität

Faust (1975)

oben:
Eugen Stark (Mephisto) und Peter Wolsdorff (Faust) auf der Pawlatschenbühne von Georg Schmid.

rechts:
Peter Wolsdorff als Faust und Heidi Picha als Gretchen in der Fassung beider Teile für einen Abend von Richard Beer-Hofmann.

erziele, eine künstlerische Einheit, die die Wirkung beider Teile erhöht, die dem Zuschauer das Gefühl gibt: hier ist das ganze Leben des Doktor Faust, hier wird die Wette abgeschlossen, hier ausgetragen, hier wird sie gewonnen. An diesem Gefühl einer geschlossenen Einheit liegt alles, nur durch sie wird jene Stimmung erzeugt, die den Zuschauer durch viele Stunden willig ausharren lässt."

Der Satz des Theaterdirektors aus Goethes „Vorspiel auf dem Theater", *„Die Pfosten sind, die Bretter aufgeschlagen"*, wird im Bühnenbild von Mankers langjährigem Mitarbeiter Georg Schmid wörtlich genommen, es besteht nur aus einem einfachen Gerüst, das mit ein paar Pfosten und Brettern der Bühne einer Jahrmarktstruppe gleicht.

Manker betont alles Volksstückhafte am Drama Goethes, teilweise sogar mit Figuren des Alt-Wiener Volkstheaters. Der Teufel hat im Vorspiel rote Hörner und einen Zottelschwanz, auch Bezüge zum Urfaust werden hergestellt. Wenn das *„vergnügt beeindruckte"* Publikum (Joachim Kaiser) auch naiv den Abend genießt und *„jubelt"*, ohne sich von negativen Kritiken beinflussen zu lassen, mischen sich bei der Premiere Buhs in den Applaus. Dies ist für den verletzten Gustav Manker Grund genug, sich von da an bei Premieren nicht mehr zu verbeugen.

Gustav Freytag
◆ DIE JOURNALISTEN
Regie GM (Rundfunkfassung)
mit Erik Frey (Oberst Berg), Christine Ostermayer (Adelheid Runeck), Walther Reyer (Bolz), Hilke Ruthner (Ida), Christian Futterknecht (Bellmaus), Friedrich Haupt (Senden), Alfred Rupprecht (Oldendorf), Helmuth Lex (Kämpe), Bernhard Hall (Körner), Oskar Willner (Blumenberg), Gerhard Steffen (Schmock), Herbert Propst (Piepenbrink), Hilde Sochor (Lotte)
12. April 1975 (Sendedatum), ORF-Niederösterreich

Johann Nestroy
◆ UMSONST
Regie GM (Rundfunkfassung)
mit der Besetzung der Volkstheater-Produktion von 1974
14. Juni 1975 (Sendedatum), ORF-Niederösterreich

Im Sommer 1975 inszeniert Manker erneut in Jagsthausen, vor der Burg Götz von Berlichingens, Julius Hays Groteske „Das Pferd", in der Kaiser Caligula den Hengst Incitatus zum Konsul macht.

Julius Hay
◆ DAS PFERD
Regie GM / Kostümbetreuung: Marga Bauer
mit Louis Ries (Caligula), Günther Jerschke (Egnatius), Bernd Kaftan (Macro), Renate Bernhard (Ameana), Karl Menrad
Wiederaufnahme der Produktion von 1974
22. Juni 1975, Burgfestspiele Jagsthausen

unten:
Das Pferd (1974)
Gustav Manker während der Proben im Zuschauerraum der Freilichtbühne der Burgfestspiele Jagsthausen in Baden-Württemberg.

linke Seite:
Das Märchen (1975)
Karlheinz Hackl als August Witte.

DIE NESTROYANER
MANKERS LEGENDÄRES NESTROY-ENSEMBLE

Mit seinen Nestroy-Inszenierungen gelingt es Gustav Manker in den 60er und 70er Jahren am Wiener Volkstheater einen neuen Aufführungsstil für diesen Autor zu entwickeln, der als „Nestroy pur" bekannt wird und der Nestroy, wie seine Frau Hilde Sochor es bei der Verleihung des „Nestroy" für ihr Lebenswerk 2007 ausdrückt, *„aus dem Genre des Possenschreibers befreit, um ihn zu dem zu machen, was er ist: ein großer österreichischer Dichter"*.

Bei Manker werden Nestroys Stücke nur in der Originalfassung gespielt. Der Text bleibt unangetastet, die Diktion ist glasklar, es fehlt kein Ton und kein Strich. Seine Inszenierungen zeichnen sich durch eine besondere Genauigkeit des Wortes aus, an der Sprache wird nicht herumexperimentiert. Sogar ungebräuchliche Dialektjuwelen werden beibehalten: ein altes Kipferl schmeckt wie „miechtlets Mehl oder streblets Ei".

Manker will den unverspielten, den sarkastisch-satirischen Nestroy, er will wahrhaftiges Theater ohne Verlogenheit und Eitelkeiten. Den Stücken wird jede biedermeierliche Färbung genommen, sie werden intellektuell zugespitzt präsentiert. Denn mannigfaltig sind Traditionen und Unsitten, die es am Wiener Theater in Bezug auf diesen Autor zu bekämpfen gilt: Zuckerguss und Schlagobers, mit Rüschchen und Spitzchen, putzig und gefällig galt lange als Devise. Manker besteht auf einen kargen, unkitschigen, realistischen Nestroy, er will die *„parabolische, doppelbödige, harte und gallige sozialkritisch-proletarische Posse"* (Kurier). Nicht bunt, nicht putzig, nicht Klamauk – und plötzlich, wie Otto Schenk bereits Mitte der 50er Jahre erkennt, *„wird ein Stück böse und karg und stellenweise sogar armselig – und dann trotzdem wahnsinnig lustig!"*

Die „Nestroyaner" sind eine Gruppe von Schauspielern, die durch jahrelange Zusammenarbeit mit Gustav Manker dem Geiste Nestroys und Mankers Intentionen eng verbunden sind. Mit ihm gemeinsam kreieren sie einen Stil – fast möchte man sagen eine Strategie –, die konsequent bekämpft, was Schauspieler an anderen Wiener Theatern glauben hervorheben zu müssen: immer heiter, immer aufgeweckt, stundenlang am Schoß des Publikums sitzend und dort um Zuwendung bettelnd. Aber gefahr- und risikolos, wahrheitsfremd und oberflächlich. Im Gegensatz zu infantiler Pointensuche und selbstgefälliger Schlamperei beschreiben Mankers Nestroy-Spieler eine erbarmungslose, unsentimentale, oft verzweifelte Wahrheit. Sogar den bequemen Rückzug in den Wiener Dialekt lässt Manker nicht gelten, seine Anweisung lautet: *„Redet's so hochdeutsch wie's nur geht, wir sind eh wienerisch genug."*

Manker züchtet sich dieses spezielle Ensemble geradezu heran, es wächst von Aufführung zu Aufführung an dieser

Walter Langer / Brigitte Swoboda / Rudolf Strobl

Aufgabe, wird besser und treffender in Rhythmus und Sprache, in Bewegung und Zusammenspiel. Es wirkt so stark und stilprägend, dass es auch die übrigen Rollen, die weniger profilierten, dabei mitreißt. Dies erkennt 1977 auch die Kärntner Tageszeitung: „Niemand spielt niemanden an die Wand".

Ein Nestoy am Volkstheater und unter Mankers Regie tritt immer vehement gegen alle Unsitten und Missverständnisse an, mit denen dieser Autor in Wien malträtiert wird. Entweder man sieht ihn „staatstheaterlich" am Burgtheater, wo eine authentische vorstädtische Darstellung nicht gut gelitten ist, oder, was noch schlimmer ist, als „Finger im Popo-Theater" am Theater in der Josefstadt. Manker pflegt diesen Ausdruck zu gebrauchen, wenn es um übertriebene Herzigkeit und putzigen Liebreiz geht, eine Beschreibung, die auf fast alle Josefstadt-Aufführungen zutrifft, die noch dazu nie im Original, sondern in Bearbeitungen gespielt werden, meist leider in denen von Mankers Freund Hans Weigel.

Entscheidend ist auch die Ausstattung. Die Bühne ist karg, einfach, anti-naturalistisch, alles Biedermeierlich-Gemütliche wird eliminiert. Es dominieren klare Formen, klare Farben, die sich im Laufe der Zeit immer noch weiter reduzieren. Mankers Inszenierungen werden mit jedem Mal karger und kühler.

Auch die Kostüme Maxi Tschunkos, einer langjährigen Mitstreiterin Mankers, sind nicht mehr die Rüschchen und Spitzen des süßlichen Biedermeier, sie sind nicht einmal in der Entstehungszeit der Stücke angesiedelt, sondern in den späten Lebensjahren Nestroys, in der Gründerzeit des 19. Jahrhunderts, bis in die späten 80er/90er Jahre, manche zeigen sogar schon eine Anflug von Jugendstil. Und um die Figuren so realistisch wie möglich zu bekommen, wird gänzlich auf den bunten Männerfrack des Biedermeier verzichtet. Die Salzburger Nachrichten bezeichnen Mankers und Tschunkos Stil als das „ungemütliche Biedermeier".

Zu formieren beginnt sich Mankers Nestroy-Ensemble 1964 bei der Posse „Liebesg'schichten und Heiratssachen". Der neu engagierte Heinz Petters sticht hier erstmals als Protagonist hervor und spielt den Lebenskünstler und Tunichtgut Nebel, Herbert Propst die Wenzel Scholz-Rolle des Florian Fett. Rudolf Strobl als Buchner, Hilde Sochor als Luzia Distel, Silvia Fenz als Fanny und Paula Pfluger als Wirtin komplettieren das Ensemble. Manker, dessen „Röntgenaugen für Talente" berühmt sind, hat Petters im kleinen „Theater die Tribüne" gesehen und hat ihn gleich darauf im Sommer 1964 bei den Festspielen in Wunsiedel mit seiner ersten Nestroy-Rolle als Weinberl in „Einen Jux will er sich machen" besetzt. Petters wird in der Folge zur Gallionsfigur des Nestroy-Ensembles, zwei Jahre später spielt er in „30 Jahre aus dem Leben eines Lumpen" den Diener Heinrich Pfiff. Neben Rudolf Strobl und Hilde Sochor treten hier auch erstmals die junge Dolores Schmidinger und Walter Langer als Diener Crepontes in Erscheinung.

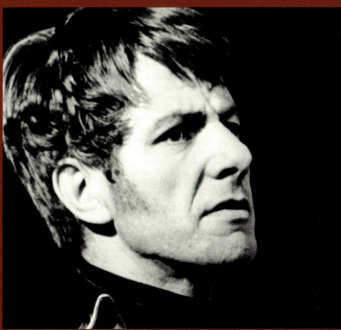

Herbert Propst / Heinz Petters / Hilde Sochor

Ihr erstes großes Meisterstück liefern Gustav Manker und die Nestroyaner zu Weihnachten 1967 mit der Posse „Zu ebener Erde und erster Stock", in Mankers Simultanbühnenbild, eine Aufführung, die, in nur vier Wochen Probenzeit entstanden, von Friedrich Torberg nach der Premiere als *„Theatergeschichte"* bezeichnet wird. Die Besetzung vereint die Protagonisten aller späteren Nestroy-Erfolge: Herbert Propst als reicher Spekulant Goldfuchs prasst im ersten Stock, an seiner Seite brilliert Heinz Petters als sein mit enormer krimineller Energie ausgestatteter Diener Johann und Dolores Schmidinger als Kammerfräulein Fanny, zu ebener Erde fristet die arme Kleidertandler-Sippe Schlucker ihr Dasein, Gustav Dieffenbacher und Maria Engelstorfer sind die Eltern, Hilde Sochor die resolute Salerl und Rudolf Strobl der einfältige Damian. Manker zeichnet die Charaktere jeglicher Sentimentalität entkleidet mit messerscharfem Zuschnitt und in einen Existenzkampf verwickelt, der über Leichen geht. Die kommunistische Volksstimme erkennt in Nestroys Stück eine *„monströse Etagenordnung"* und sieht schon die Revolution von 1848 heraufdämmern.

Entscheidend: Heinz Petters spielt den gemeinen Kerl Johann *„ohne Rücksicht auf Charmeverluste, rasant, zynisch und gemein im Expresstempo"* und giert nicht nach der Sympathie der Zuschauer, etwas, was an keiner anderen Wiener Bühne denkbar wäre. Am Dirigentenpult debütiert mit denselben Eigenschaften ein weiterer unverzichtbarer Mitstreiter von Mankers Nestroy-Inszenierungen: der Dirigent Norbert Pawlicki, der die Aufführungen von da an musikalisch betreut und dessen rasche, aggressive Auffassung der Originalmusiken einen entscheidenden Anteil an deren Wirkung hat. Die subversiven Tendenzen der Alt-Wiener Volkskomödie scheinen Manker sehr nahe: bei ihm kotzen die Figuren schon lange vor Turrini und Bauer. Dies äußert sich in der Völlerei der Tandlerfamilie, die, der Belastung ihres plötzlichen Wohlstands nicht gewachsen, sofort nach dem ersten Heurigenbesuch in die Ecke speibt.

Mankers nächste Inszenierung „Der Talisman" (1969) ist fast so etwas wie Programm. Mit der Besetzung Helmut Qualtingers als Titus Feuerfuchs und Brigitte Swobodas als Salome Pockerl entscheidet sich Manker für eine *„radikale Umfunktion der Schablone"* und irritiert die Sehgewohnheiten des Wiener Publikums gründlich, indem er die zwei rothaarigen Protagonisten als aufbegehrende Außenseiter zeigt. Qualtingers Titus verlässt völlig die ausgetretenen Bahnen dieser Rolle, seine physische Massigkeit und behäbige Gefährlichkeit steigen gegen all die agilen Leptosomen in den Ring, die man in dieser Rolle bisher kannte: Putz, Paryla, Kohut, Conrads, Lohner, Weck. Weit ist er entfernt von der *„alerten, figarohaften Quecksilbrigkeit"* des charmanten Hallodris, er wuchtet stattdessen einen gefährlichen Anarchisten auf die Bühne. Zur allgemeinen Überraschung besetzt Manker neben ihm die unbekannte Brigitte Swoboda als Gänsehirtin Salome, die dieser von unzähligen Sentimentalitäten verunstalteten Rolle jenen Hass und jene Aggressivität verleiht, der ihr innewohnt. Swoboda, durch Wolfgang Bauers „Magic Afternoon" am Wiener Ateliertheater bekannt geworden, ist keineswegs das niedliche Geschöpf aus einer Rousseau'schen Landschaft, sondern eine verschlampte Proletarierin von höchst ungemütlichem Zuschnitt, *„ein Schattengewächs aus dem Nachtasyl, der Wechselbalg eines in den Gänsestall abgelegten Großstadtteenagers"* (Süddeutsche Zeitung). Das berühmte Couplet „Ja, die Männer hab'n 's gut!" gerät in ihrer Darstellung zu einer wilden Anklage, aufmüpfig ins Publikum geschleudert. Auf Swobodas Zunge ist es nicht larmoyantes Resignieren, sondern der Aufschrei einer getretenen Kreatur. Wenn sie ihren Refrain jodelnd mit „duliöh" beschließt, *„so klingt das so gefährlich, als sei es mit einem rostigen Messer geritzt, bar jeder femininen Anziehungskraft"*.

Manker hat außerdem mit Hilde Sochor (Flora Baumscher), Trude Hajek (Constantia) und Elisabeth Epp (Cypressenburg) *„drei beklemmend böse Frauenzimmer und rundherum ein reichlich giftiges Nestroy-Ensemble aufzubieten"*. Herbert Propst ist der reiche Bierversilberer Spund, Walter Langer immerhin ein Bauernbursch. Ossy Kolmann, ebenfalls völlig untypisch, spielt als Gast den einfältigen Knecht Plutzerkern. Waren hier immer beleibte Wenzel Scholz-Typen zum Zug gekommen, so ist er schmächtig und siedelt seine Figur auf dem schmalen Grat gefährlicher Dummheit an, die sich Ödön von Horváths Motto „Nichts gibt so sehr das Gefühl der Unendlichkeit als wie die Dummheit" zum Vorbild genommen zu haben scheint. Horváth schätzte ja Nestroy sehr und meinte: „Man müsste ein Nestroy sein, um all das definieren zu können, was einem undefiniert im Wege steht!"

Vielleicht ist das Befremden, das Gustav Mankers Talisman-Besetzung 1969 auslöst, Gradmesser für seine Ambitionen in Bezug auf diesen Autor: *„Sie haben den richtigen Ton und vor allem die nötige Schärfe, denn wir Wiener sind ja viel böser als allgemein angenommen wird"*, charakterisiert Manker 1964 in einer deutschen Zeitung seine Schauspieler, und zu seinem Nestroy-Stil meint er: *„Dieser spezielle Stil besteht einfach darin, dass ich Nestroy spiele, und zwar unverfälscht und authentisch, bis in jedes Couplet hinein."*

Manker hat bei seinen Nestroy-Inszenierungen schon früh mit großen Namen aufwarten können: der Protagonist seiner allerersten Nestroy-Inszenierung, „Kampl", ist 1947 Karl Skraup, ab 1948 ist es dann für viele Jahre Hans Putz, in „Zu ebener Erde und erster Stock" (1948), „Der Talisman" (1951 und 1952), „Der Schützling" und „Das Haus der Temperamente" (beide 1953). Mit ihm prägen Walter Kohut, Hugo Gottschlich, Kurt Sowinetz, Theodor Grieg sowie Inge Konradi, Paula Pfluger und Hilde Sochor Mankers Nestroy-Aufführungen. In den 60er Jahren sind dann Karl Paryla, Fritz Muliar und Helmut Qualtinger Mankers Hauptdarsteller.

Die letztendliche Konsolidierung des Nestroy-Ensembles fällt mit dem Beginn jenes Zyklus zusammen, mit dem Manker ab 1972 bis dahin wenig oder seit ihrer Uraufführung überhaupt nicht mehr gespielte Nestroy-Werke ausgräbt und sie jährlich am Volkstheater zu wahren Triumphen führt.

Den Beginn macht im April 1972 Nestroys Posse „Heimliches Geld, heimliche Liebe", bei der Petters, Propst und Langer sowie Sochor, Swoboda und Schmidinger mitwirken, also die komplette Garde der Nestroyaner. Petters spielt die Nestroy-Rolle des Kasimir Dachl, Herbert Propst den von Geldgier, Eigenliebe und Rachsucht besessenen Winkelschreiber Dickkopf, der Abschiedsbriefe fälscht und „einen Hamur hat, als wie a Kreuzspinnerin, wenn g'weissingt wird". Neben ihnen brillieren Brigitte Swoboda als analphabetische Köchin Leni, Hilde Sochor als anlassige Bürgersfrau Frau von Lärminger, Rudolf Strobl als Werckführer Pemperer, der in wilder Cholerik um die Ehre seiner Tochter kämpft, und Walter Langer in einem brillianten Auftritt als versoffener Schnorrer Bittmann. *„Da gibt es keinen schwachen Punkt im Ensemble, jede Rolle hat ihre kleineren oder größeren Glanzlichter"*, schreibt Karin Kathrein in der „Presse". Die Zeitschrift „Theater Heute" zählt „Heimliches Geld, heimliche Liebe" zu den *„nachhaltigsten Inszenierungen das Jahres"*

Ermutigt vom Erfolg wagt sich Manker 1973 an ein beim Lesen „völlig unkomisches" Stück, die Posse „Das Gewürzkrämerkleeblatt", das in scheinbar konfuser Handlung drei eifersüchtige Gewürzhändler beim Einmischen in die Eheprobleme der jeweils anderen zeigt: „Alle drei sind starke Fünfziger und haben schwache Zwanzigerinnen zu Frauen. Und das Schönste ist das: keiner ist misstrauisch und eifersüchtig auf die seinige, aber jeder bewacht mit Argusaugen die Frauen von seine zwei Freund'." Als Siemandl Zichori rührt Herbert Propst an der Seite von Hilde Sochor, die seine resolute Frau Porzunkula spielt, Rudolf Strobl ergibt sich als Baumöl der herrschsüchtigen Euphrosyne Brigitte Swobodas und Peter Hey (vom Kabarett kommend) ist an der Seite von Renate Bernhard Schwefel, der Dritte im Bunde.

Manker teilt zwar Nestroys Pessimismus in Bezug auf das weibliche Geschlecht, nicht jedoch dessen Resignation, er inszeniert Satire und Posse gleichberechtigt. Von Eifersucht versteht der Regisseur etwas, er kniet sich in die Sache hinein als wäre es seine eigene, dynamisch fast bis ins Groteske – was zumindest bei Nestroy die Erkenntnis bringt: „S'ist ein starkes Geschlecht – aber schwach, aber schwach." Manker weidet sich an Nestroys Unmoral, dass die drei Frauen ihren saturierten Ehemännern weg- und einem jungen Ladenschwengel hinterherrennen. Dieser windige Kommis wird zunächst von Franz Morak gespielt (viele Jahre später Kulturminister der ÖVP, damals aber noch strammer Links-Außen), bei der Wiederaufnahme des Stückes für die Bregenzer Festspiele 1977 übernimmt aber Heinz Petters die Rolle und gleicht die Besetzungsschwäche aus.

In dieser Aufführung zeigt sich, was ein Ensemble vermag, bei dem es keine Eitelkeiten und Hierarchien gibt: Walter Langer ist als Diener Peter besetzt, eine auf den ersten Blick unbedeutende Rolle, die Langer aber, von Manker ermuntert, zu einem zentralen Erlebnis des Abends macht. Sein Bestreben, den Ehemännern nach Entdecken der verräterischen *Billets doux* doch noch zitternd seine kostbare Suppe zu kredenzen („Is' jetzt vielleicht die Suppen g'fällig?"), ist von allergrößter Komödiantik.

Unvergesslich aber wird jedem, der bei der Premiere dabei war, das Quodlibet im dritten Akt sein, in dessen Verlauf die drei Ehemänner auf der Suche nach ihren betrügerischen

Ehefrauen statt der vermuteten eigenen die Gemahlin des Freundes hinter der aufgerissenen Tür entdecken, worauf die drei Spießer glücklich das himmlische Terzett der drei Knaben aus Mozarts Zauberflöte anstimmen: „Gott sei Dank, es war net die Meine!" Wenngleich ein Quodlibet per se gar kein Dacapo zulässt, da es ja, anders als das Couplet, eine Fortsetzung der Handlung darstellt, muss der letzte Teil des Quodlibets bei der Premiere gleich zweimal (!) wiederholt werden, da dies vom tobenden Publikum geradezu erzwungen wird. Die Wochenpresse nennt es *„das Beste, was man seit sehr vielen Jahren an Wiener Bühnen zu hören bekam"* – es lässt das Premierenpublikum *„in Ekstase geraten"*.

In der nächsten Saison ist der obligatorische Nestroy am Volkstheater ein „lustiges Trauerspiel mit Gesang", das Manker mit Petters, Propst, Strobl, Langer, Swoboda und Sochor fast als Slapstick inszeniert, mit krassen Masken und einer Tortenschlacht: „Gegen Torheit gibt es kein Mittel".

Zu Weihnachten 1974 kommt ein Spätwerk Nestroys, die wilde Posse „Umsonst" mit dem Triumvirat Heinz Petters, Walter Langer und Rudolf Strobl heraus, angesiedelt im Theatermilieu. Petters spielt den Provinzschauspieler Arthur, Walter Langer die Nestroy-Rolle Pitzl („Ich werde mich jetzt eine Stunde räuberisch mit dem Moor befranzen!") und

Rudolf Strobl den hinterfotzigen Wirt eines Landgasthofs sowie Brigitte Swoboda seine Tochter Sali. Die Presse nennt sie *„eine Schar entfesselter Komödianten"*, urteilt *„dieses Ensemble ist unter diesem Regisseur mit diesem Dichter unschlagbar!"* und wundert sich, *„dass Manker nicht längst Burgtheaterdirektor"* ist. Petters nutzt seine Rolle, die das Stück dominiert wie kaum eine andere Nestroy-Rolle, für eine *Tour de Force*, in der er atemlos alle Möglichkeiten ausschöpft. Um seine Angebetete zu erobern, verwandelt er sich in einen spanischen Granden, einen französischen Marquis, einen blasierten Hoteliersohn und einen unverschämten Kellner mit wild gelocktem Blondhaar und Polypen. Petters lispelt und tänzelt (war er doch anfangs Tänzer in Graz), zieht alle Register seines Könnens – und wird dafür mit der Kainz-Medaille ausgezeichnet. An seiner Seite liefert Walter Langer in windschiefer Gestalt und mit *„perfektem Instinkt für die Grenzen der Skurrilität"* das umwerfende Bild eines Schmierenkomödianten, der über seine Kündigung räsoniert, indem er seine miserable Schauspielkunst zu rechtfertigen trachtet: „Die Kunst darf keine Apotheose der Halunkerei sein. Das Laster muß abschrecken, und von mir zur Anschauung gebracht, kriegt es noch eine extra Widerwärtigkeit!"

Ludwig Plakolb charakterisiert nach der Wiederaufnahme des Stückes, das wegen der Erkrankung von Petters bereits nach der zweiten Vorstellung abgesetzt werden muss, die drei in Wien vorherrschenden Nestroy-Stile: *„Während der letzte Burgtheater-Nestroy im duftigsten Sinn des Wortes am Misthaufen landete, eine Pseudooperette zwischen Löwingerei und Meiningerei, die Josefstadt eben ein Kostümspektakel von träger Turbulenz und ohne sprachlicher Prägnanz im Nestroy-Niemandsland eines Nobelmezzanin ansiedelte, zeigt das Volkstheater eine Aufführung, die Modellgültigkeit für die Inszenierungs-, Ausstattungs- und Spielpraxis unserer 70er Jahre beanspruchen kann."*

1976 erlebt dann eines der populärsten Stücke Nestroys seine Aufführung im Volkstheater: „Einen Jux will er sich machen", die Verwechslungskomödie um die Abenteuer eines Gemischtwaren-Kommis und seines halbwüchsigen Lehrlings. Und erneut wartet Manker mit einem „Besetzungs-Coup" auf: Nicht Dolores Schmidinger oder Brigitte Swoboda spielt den quirligen Lehrjungen, sondern Kitty Speiser, die bis dahin auf Schnitzler, Shakespeare und – da allerdings unvergesslich – Ferdinand Raimunds „Jugend" in „Der Bauer als Millionär" spezialisiert zu sein schien. Sie bricht die Darstellungsroutine der Rolle und gibt dem Rotzbuben Christopherl etwas, das aus dem geschlechtslosen Filou einen wirklichen Menschen macht: aufmüpfige Frechheit und adoleszenten Sex. Neben ihr spielt Heinz Petters den Weinberl, Rudolf Strobl den Gewürzkrämer Zangler, Hilde Sochor die Frau von Fischer und Walter Langer den Hausknecht Melchior („Des is klassisch!").

1977 kommt „Höllenangst" zur Aufführung, auch das ein Stück, das bei der Uraufführung 1849 durchgefallen ist, aber zumindest mit einer Josefstadt-Aufführung assoziiert wird, in der Hans Moser und Mankers langjähriger Nestroy-Protagonist Hans Putz 1961 gespielt haben. Putz ist der Einzige von Mankers ehemaligen Nestroy-Spielern, der Mankers Nestroy-Stil in ein anderes Haus hinüberzuretten imstande ist. Weder Fritz Muliar noch Kurt Sowinetz gelingt das am Theater in der Josefstadt, noch Hugo Gottschlich und schon gar nicht Inge Konradi am Burgtheater, die dort ihre Rollen auf dem Schoß des Publikums verbringt und dafür abgebusselt wird.

Am Volkstheater gibt Heinz Petters den Wendelin Pfrim und bietet gemeinsam mit Herbert Propst als sein versoffener Vater ein fulminantes Duo. Rudolf Strobl ist der grimmige Portier („Überhaupt auffallende Sachen muß man vermeiden!") und Dolores Schmidinger dessen Tochter Leni. Ein Abend *aus einem Guss"* bis in die kleinsten Rollen. Manker verzichtet diesmal sogar auf die aktuellen Zusatzstrophen in den Couplets. Im Jahr davor hat Manker das Stück bereits am Linzer Landestheater inszeniert und die Darsteller Kurt Schossmann, Ernst Zeller und Kathrin Brenk stehen dort in ihrer wilden Komödiantik und Boshaftigkeit ihren Wiener Kollegen um nichts nach.

Fast wie ein Abgesang wirkt Mankers letzter Nestroy-Abend im April 1979, der zugleich auch seine letzte Inszenierung am Volkstheater ist: Die Einakter „Frühere Verhältnisse" und „Die schlimmen Buben in der Schule", wo erwachsene Männer Schüler und Lehrer spielen. Noch einmal sieht man Petters, Propst, Langer, Gerhard Steffen, Peter Hey und Carlo Böhm und in „Frühere Verhältnisse" kommt neben Petters, Hilde Sochor und Margarete Fries mit Harry Fuss sogar noch einmal ein Nestroy-Spieler der 60er Jahre zum Zug.

Nicht verschwiegen darf werden, dass sich die Nestroyaner des Volkstheaters kontinuierlich auch an Ferdinand Raimunds Stücken schulen. In dessen Zaubermärchen, den poetischen Vorläufern von Nestroy, spielen sie die Kammerzofen, Diener, Zauberer und allegorischen Figuren mit demselben Duktus und Esprit, mit dem sie ihre Nestroy-Figuren ausstatten. Heinz Petters ist der Valentin im „Verschwender", Florian Waschblau in „Der Diamant des Geisterkönigs", Quecksilber in „Der Barometermacher auf der Zauberinsel" und Ajaxerle in „Der Bauer als Millionär". Aber auch die anderen fassen ihre Figuren in Gustav Mankers Raimund-Inszenierungen als Verwandte und Geschwister ihrer Nestroy-Rollen auf.

Dringend geboten scheint mir noch ein Plädoyer für eine Nestroy-Spezialität, bei der sich Mankers Interpretation von allen anderen Aufführungen unterscheidet: das Quodlibet.

Es gibt in Nestroys Stücken zwei Arten von musikalischen Einlagen: das Couplet und das Quodlibet. Das Couplet ist das Lied einer einzelnen Rolle, oft der Hauptfigur, es unterbricht die Handlung, verlässt das Geschehen und richtet sich direkt ans Publikum, wobei es Reflexionen über verschiedene Themen zum Inhalt hat. Oft werden noch aktuelle Strophen hinzugefügt, die Bezug auf das Tagesgeschehen nehmen, aber keinen Bezug zum Stück selbst haben.

Im Gegensatz dazu steht das Quodlibet, das organisch in die Handlung eingebettet ist und das für mehrere Schauspieler geschrieben ist. In ihm ereignen sich oft entscheidende Handlungsmomente, die für den Fortgang des Stückes und dessen Verständnis unverzichtbar sind, mitunter kommt es zu dramatischen Situationen. Unsinnigerweise wird aber nun das Quodlibet oft als simple „Opernparodie" aufgefasst, nur weil Nestroy und seine Komponisten darin Zitate aus bekannten Opern aufgenommen haben. Viel zu oft wird das Qudlibet auf diesen Umstand reduziert und daher auch so aufgeführt. Mankers Frau, die Nestroyanerin Hilde Sochor, erklärt das so:

„Zu den festen und unverzichtbaren Bestandteilen im Werk Johann Nestroys gehört eine typisch wienerische Kunstform, die in der Tradition der Alt-Wiener Volkskomödie wurzelt und beim Wiener Publikum immer besonders beliebt war: das Quodlibet, ein musikalisches Gustostückerl von besonderer Qualität und Delikatesse. Quodlibet – lateinisch ‚was beliebt' – ist laut Duden eine ‚humoristische musikalische Form, in der verschiedene Lieder gleichzeitig oder in Teilen aneinandergereiht gesungen werden'. Etwas populärer und zugleich wienerischer lautet die Definition: Durcheinander, Mischmasch. Das Quodlibet ist aber kein Fremdkörper oder Anhängsel im Stück, sondern eine Fortführung der Handlung auf einer anderen, musikalischen Ebene. Die handelnden Personen verlassen nie ihre Identität, immer bleiben sie Friseur, Stubenmädel, Hausmeister oder Kleiderputzer.

Sie werden auch nicht zu ‚Walküren' oder ‚Heldentenören', im Gegenteil: Sie drücken sich mit der gleichen Selbstverständlichkeit in den schwierigsten Formen der Musik aus, mit der sie es in ihrer natürlichen Sprache tun und erzielen den besonderen Reiz im Kontrast scheinbar unvereinbarer musikalischer Elemente. Das Quodlibet verzichtet auf Kritik durch Lächerlich-Machen seiner Figuren, lässt den handelnden Personen ihren Charakter, ihr Milieu und ihre Würde und erzielt den komischen Effekt durch den charmanten Kontrast gegensätzlicher Elemente.

Um die Unterscheidung zur Parodie noch zu erleichtern, sei daran erinnert, dass Nestroy sehr wohl auch als Autor von Parodien hervorgetreten ist, den Unterschied also kannte. Der oft erhobene Einwand, die biedermeierliche Opernparodie müsse durch eine zeitgemäße, moderne ersetzt werden, da das Publikum ja die Vorlagen der Parodien gar nicht mehr kenne, wäre in diesem Zusammenhang stichhaltig, denn ohne Kenntnis des Originals ist eine Parodie natürlich wirkungslos. Doch handelt es sich beim Quodlibet eben nicht um eine Parodie, und das Erkennen einer Melodie ist bestenfalls ein zusätzlicher Reiz, keinesfalls aber unverzichtbare Vorbedingung für den komischen oder musikalischen Effekt. Der Witz eines musikalischen Zitates wirkt hier umso mehr, je zarter, schöner und ehrlicher es dargebracht wird."

unten:
Das Gewürzkrämerkleeblatt (1973)
Gastspiel des Volkstheaters am Budapester Vigszinház, mit (von links) Heidi Picha, Rudolf Strobl, Brigitte Swoboda, Herbert Propst, Hilde Sochor, Gustav Manker, Peter Hey, Renate Bernhard, Walter Langer, Erna Schickel und Gerti Gunsam.

1975 | 1976

7. SAISON 1975/1976

Die Premieren der siebten Saison am Volkstheater sind: „Journalisten" von Gustav Freytag, „Roulette" (ÖEA) von Pavel Kohout, „Der Kommandant" (ÖEA) von Borislav Mihajlović, „Das Märchen" von Arthur Schnitzler, „Die Wirtin" (ÖEA) von Peter Turrini, „Der Verschwender" von Ferdinand Raimund, „Der Rattenfänger" (ÖEA) von Carl Zuckmayer, „Wahnsinnig glücklich" (UA) von Helmut Zenker, „Unsere kleine Stadt" von Thornton Wilder, „Herr Puntila und sein Knecht Matti" von Bertolt Brecht, „Schwanenweiß" von August Strindberg, „Onkelchens Traum" (UA) von Herbert Lederer (nach Dostojewski), „Einen Jux will er sich machen" von Johann Nestroy, „Die Jagd nach dem Raben" von Eugène Labiche.

Bei Bekanntgabe seines Jahresspielplans beklagt Manker das Nachlassen neuer österreichischer Produktionen, hält aber einen Termin für allfällige Überraschungen offen – die er mit „Wahnsinnig glücklich", dem Erstlingswerk des 26jährigen späteren „Kottan"-Autors Helmut Zenker, auch findet.

Gustav Freytag
♦ DIE JOURNALISTEN
Regie GM / BB & K: Maxi Tschunko
mit Herbert Propst (Piepenbrink), Harry Fuss (Oberst Berg), Viktor Gschmeidler (Henning), Kitty Speiser (Adelheid), Alfred Rupprecht (Bolz), Gerhard Steffen (Schmock), Petra Maria Antze (Ida), Robert Werner (Blumenbeg), Peter Wolsdorff (Oldendorf), Maria Englstorfer, Helmuth Lex, Adolf Lukan, Claudia Reinisch, Friedrich Haupt, Friedrich Jores
31. August 1975, Volkstheater

unten:
Einen Jux will er sich machen (1976)
Kitty Speiser als Christopherl und Heinz Petters als Weinberl.

rechte Seite:
Die Drehbühne des Volkstheaters
Die auf der Scheibe stehenden Bühnenarbeiter stützen sich mit Krücken gegen den Boden ab und bewegen so die Scheibe. Das Photo stammt vom Schauspieler Adolf Lukan, der nicht nur die Details des alten Volkstheaters vor dem Umbau 1980 mit der Kamera festhält, sondern auch oft seine Kollegen in ihren Rollen fotografiert.

Arthur Schnitzler
♦ DAS MÄRCHEN
Regie GM / BB: Georg Schmid / K: Maxi Tschunko
mit Kitty Speiser (Fanny Theren), Peter Wolsdorff (Fedor Denner), Peter Hey (Adalbert Wandel), Heinz Petters (Robert Well), Rudolf Strobl (Dr. Friedrich Witte), Karlheinz Hackl (August Witte), Harry Fuss (Moritzki), Hilde Sochor (Agathe Müller), Bernhard Hall (Dr. Leo Mildner), Arnfried Hanke (Emerich Berger), Erna Schickel (Frau Theren), Maria Urban (Klara Theren), Vera Gassler (Emmi Werner)
24. Oktober 1975, Volkstheater

Bei Wahlen am 28. Oktober 1975 kommt es zur Regierung Kreisky III, einer SPÖ-Alleinregierung. Kreisky öffnet die SPÖ gegenüber bürgerlichen Wählern und macht sie zur erfolgreichsten sozialdemokratischen Partei Westeuropas.

Ferdinand Raimund
♦ DER VERSCHWENDER
Regie GM / BB & K: Maxi Tschunko / M: Konradin Kreutzer / ML: Norbert Pawlicki
mit Heinz Petters (Valentin), Brigitte Swoboda (Rosa), Louis Ries (Flottwell), Peter Hey (Wolf), Bernhard Hall (Azur), Egon Jordan (Chevalier Dumont), Maria Englstorfer (Holzweiberl), Kitty Speiser (Fee Cheristane), Karlheinz Hackl (Gründling), Robert Werner (Sockel), Hanns Krassnitzer (Präsident von Klugheim), Sylvie Rohrer (Amalie), Manfred Jaksch (Herr von Pralling) Alfred Rupprecht (Herr von Helm), Wolfgang Beigel (Herr von Walter), Albert Rolant (Baron Flitterstein), Karl Krittl (Arzt), Arnfried Hanke (Fritz), Friedrich Jores (Johann)
6. Dezember 1975, Volkstheater

Johann Nestroy
♦ HÖLLENANGST
Regie GM / BB & K: Heinz Köttel / M: Michael Hebenstreit / ML: Johannes Wetzler
mit Kurt Schossmann (Wendelin), Ernst Zeller (Pfrim), Kathrin Brenk (Leni), Albert Messany (Portier), Sylvia von Rehberg (Rosalie), Klaus von Pervulesko (Thurming), Walter Sofka (Stromberg), Liselotte Schmid (Eva), Alf Beinell (Arnstedt), Dietrich Siegl (Bedienter/Rauchfangkehrer), Siegfried Puhl (Reichthal), Franz Josef Csencsits (Offizier)
3. April 1976, Landestheater Linz (Kammerspiele)

In Gustav Mankers Inszenierung von Nestroys „Einen Jux will er sich machen" spielt Heinz Petters im Mai 1973 den Weinberl. Kitty Speiser spielt das Christopherl und verleiht dieser Rolle erstmals etwas, das aus dem geschlechtslosen Filou einen wirklichen Menschen macht: Frechheit und adoleszenten Sex.

Johann Nestroy
♦ EINEN JUX WILL ER SICH MACHEN
Regie GM / BB: Georg Schmid / K: Maxi Tschunko / M: Adolf Müller / ML: Norbert Pawlicki
mit Heinz Petters (Weinberl), Kitty Speiser (Christopherl), Rudolf Strobl (Zangler), Walter Langer (Melchior), Hilde Sochor (Frau von Fischer), Traute Wassler (Mme Knorr), Marianne Gerzner (Fräulein Blumenblatt), Gerhard Steffen (Kraps), Heidi Picha (Marie), Georg Nenning (Sonders), Maria Englstorfer (Frau Gertrud), Ludwig Blaha (Brunninger), Inge Altenburger (Lisette), Petra Maria Antze (Philippine)
21. Mai 1976, Volkstheater (Wiener Festwochen)

1976 1977

8. SAISON 1976/1977

Die Premieren am Volkstheater in der Spielzeit 1976/77 sind: „François, der Henker wartet" (UA) von Helmut Schwarz, „Minna von Barnhelm" von G. E. Lessing, „Was haben vom Leben" (UA) von Walter Wippersberg, „Radetzkymarsch" (UA) nach Joseph Roth eingerichtet von Heinz Gerstinger und Erich Margo, „Frau Suitner" von Karl Schönherr, „Der starke Stamm" (ÖEA) von Marieluise Fleißner, „Der Diamant des Geisterkönigs" von Ferdinand Raimund, „Himmel und Hölle" (DEA) von John Mortimer, „Kolportage" von Georg Kaiser, „Tote Seelen" (DEA) von Václav Hudeček und Jiří Lexa nach Nikolai Gogol, „Die Freiheit der Stadt" (ÖEA) von Brian Friel, „Leda" (DEA) von Miroslav Krleža, „Höllenangst" von Johann Nestroy und „Die Reise des Herrn Perichon" von Eugène Labiche in der Übersetzung von H.C. Artmann.

Zu Beginn der Spielzeit zieht Manker Bilanz über die vergangene Saison und gibt in einem Interview ein Bekenntnis zum österreichischen Volkstheater und zu den Dramen von Bauer und Turrini ab:

„Unsere Leute haben gewusst, wie man fürs Theater schreibt, die besten waren selber Schauspieler. ‚Volkstümlich' nennt man sie milde lächelnd. Natürlich volkstümlich! Theater ist eine nationale Angelegenheit, sagte Brecht – er ist nämlich selbst volkstümlich. Unser Theater heißt Volkstheater, und wenn wir die Besucherzahlen der vergangenen Saison betrachten, so steht weit an der Spitze Raimunds ‚Verschwender', gefolgt von Nestroy, gleich darauf Brecht mit ‚Herr Puntila und sein Knecht Matti'. Aber gleich darauf ‚Das Märchen' von Schnitzler und ‚Unsere kleine Stadt' von Wilder und im Sonderabonnement ‚Wahnsinnig glücklich' von Helmut Zenker. Zufall? Nein. Noch so perfekte Wiederholung fremdsprachiger Erfolge hilft nicht viel. Entweder aus uns selbst kommt etwas, oder es kommt gar nichts – wir werden Provinz. Das Wichtigste dabei: die junge Generation. Wir tun für sie, was wir können, und spielen auch nicht perfekte Stücke, und wir sind gut damit gefahren. Die Uraufführungen von Bauer und Turrini haben das Gesicht unseres Theaters wesentlich mitbestimmt."

Gotthold Ephraim Lessing
◆ MINNA VON BARNHELM
Regie GM / BB & K: Maxi Tschunko
mit Anne Stegmann (Minna), Ernst Cohen (Tellheim), Dolores Schmidinger (Franziska), Rudolf Strobl (Werner), Harry Fuss (Wirt), Manfred Jaksch (Just), Egon Jordan (Riccaut), Margarete Fries (Dame in Trauer), Hanns Krassnitzer (Graf Bruchsall)
11. September 1976, Volkstheater

In den Außenbezirken wiederholt Manker anlässlich des 1000jährigen Bestehens Österreichs die Idee der ersten Saison, nur österreichische Autoren zu spielen, und inszeniert selbst als Eröffnungspremiere Arthur Schnitzlers „Anatol".

Die weiteren Premieren dieses „österreichischen Jahres" sind: „Der Meister" von Hermann Bahr, „Der Furchtsame" von Philipp Hafner, „Liliom" von Franz Molnár, „Der G'wissenswurm" von Ludwig Anzengruber, „Flagranti" und ‚Ollapotrida" von Alexander Lernet-Holenia sowie Johann Nestroys „Lumpazivagabundus", erneut in Mankers Regie.

Arthur Schnitzler
◆ ANATOL
Regie GM / BB & K: Maxi Tschunko
mit Adolf Lukan (Anatol), Friedrich Haupt (Max), Hilde Sochor (Gabriele), Gabriele Jacoby (Annie), Ute Lasch (Bianca), Edith Molik (Cora), Renate Olárová (Ilona)
2. Oktober 1976, Volkstheater (Außenbezirke)

Im November 1976 inszeniert Manker das Volksstück „Frau Suitner" des Tiroler Autors Karl Schönherr über das kinderlose Leben einer unfruchtbaren Krämerin. Hilde Sochor spielt die Titelrolle, Heidi Picha die junge, lebenstüchtige Magd Gretl, für die sie den Platz räumt, indem sie einen Unfall bei ihrem Selbstmord vortäuscht. Manker hat das Stück bereits 1961 am Volkstheater mit Dorothea Neff inszeniert, Hilde Sochor war damals die Gretl.

Karl Schönherr
◆ FRAU SUITNER
Regie GM / BB: Georg Schmid / K: Birgit Hutter
mit Hilde Sochor (Frau Suitner), Heidi Picha (Gretl), Joseph Hendrichs (Kaspar), Inge Altenburger (Latschenbötin), Gerti Gunsam (Zipfl-Moidl), Trude Hajek (Bruggmüller), Aladar Kunrad (Gemeindevorsteher), Karl Krittl (Nachbar), Ludwig Blaha (Doktor), Doris Weiner (Doktorsmagd), Arnfried Hanke (Rekrut), Herbert Prodinger (Fuhrknecht), Erna Schickel
5. November 1976, Volkstheater

Ferdinand Raimund
◆ DER DIAMANT DES GEISTERKÖNIGS
Regie GM / BB & K: Rolf Langenfass / M: Josef Drechsler / ME & ML: Norbert Pawlicki
mit Heinz Petters (Florian Waschblau), Kitty Speiser (Mariandl), Herbert Propst (Longimanus), Michael Herbe (Eduard), Ludwig Blaha (Zephises), Friedrich Haupt (Pamphilius), Heidi Picha (Hoffnung), Doris Weiner (Kolibri), Bernhard Hall (Feuergeist), Hermann Laforét (Winter), Stefan Paryla (Sommer), Helmuth Lex (Herbst), Gabriele Beck-Beren (Frühling), Alfred Rupprecht (Zauberer), Mario Kranz (Koliphonius), Oskar Willner (Veritatius), Renate Olárová (Modestina), Olga Wostry (singender Baum), Stephan Paryla (Aladin, Höfling), Helene Lauterböck (Drude), Inge Altenburger (Fee Aprikosa), Karl Krittl (Nachbar/Herold)
19. Dezember 1976, Volkstheater

Johann Nestroy
◆ DER BÖSE GEIST LUMPAZIVAGABUNDUS
Regie GM / BB: Maxi Tschunko / K: Maria Peyerl / M: Adolf Müller / ME & aktuelle Strophen: Norbert Pawlicki
mit Rudolf Strobl (Knieriem), Ernst Cohen (Zwirn), Arnfried Hanke (Leim), Ludwig Blaha (Hobelmann), Vera Gassler (Pepi), Adolf Lukan (Lumpazivagabundus), Albert Rolant (Stellaris), Gerda Prott (Palpiti), Gabi Bischof (Camilla), Hermann Laforét (Mystifax), Helmi Mareich (Fortuna)
30. März 1977, Volkstheater (Außenbezirke)

rechte Seite:
Frau Suitner (1978)
Hilde Sochor als Frau Suitner und Joseph Hendrichs als Kaspar.

1977

oben:
Das Gewürzkrämerkleeblatt (1973)
Gastspiel des Volkstheaters am Budapester Vigszinház, mit (von links) Herbert Propst, Brigitte Swoboda, die ungarischen Gastgeber, Renate Bernhard, Hilde Sochor und Gustav Manker.

rechte Seite:
Höllenangst (1977)
Herbert Propst als Schuster Pfrim.

Johann Nestroy
♦ **HÖLLENANGST**
Regie GM / BB & K: Maxi Tschunko / M: Michael Hebenstreit / ME: Norbert Pawlicki
mit Heinz Petters (Wendelin Pfrim), Herbert Propst (Pfrim), Rudolf Strobl (Portier), Dolores Schmidinger (Leni), Georg Trenkwitz (von Thurming), Viktor Gschmeidler (Stromberg), Hanns Krassnitzer (Reichenthal), Albert Rolant (Arnstedt), Karl Schmid-Werter (Johann), Maria Englstorfer (Eva), Barbara Klein (Adele), Angelika Raubek (Rosalie)
20. Mai 1977, Volkstheater (Wiener Festwochen)

Johann Nestroy
♦ **DAS GEWÜRZKRÄMERKLEEBLATT**
Regie GM / BB: Heinz Ludwig / K: Maxi Tschunko / M: Adolf Müller / ML: Norbert Pawlicki
mit Herbert Propst (Zichori), Rudolf Strobl (Baumöl), Peter Hey (Schwefel), Hilde Sochor (Madame Zichori), Brigitte Swoboda (Madame Baumöl), Renate Bernhard (Madame Schwefel), Heinz Petters (Viktor), Walter Langer (Peter), Maria Englstorfer (Frau Schnupf), Heidi Picha (Luise), Robert Werner (Brumm), Erna Schickel (Köchin)
Gastspiel der Volkstheater-Aufführung von 1972, mit Heinz Petters statt Franz Morak in der Rolle des Viktor
2. August 1977, Bregenzer Festspiele (Kornmarkttheater)

Johann Nestroy
♦ **DAS GEWÜRZKRÄMERKLEEBLATT**
Regie GM (Rundfunkfassung)
mit der Besetzung der Bregenzer Festspiele 1977
10. September 1977 (Sendedatum), ORF-Vorarlberg

9. SAISON 1977/1978

Die 14 Premieren der neunten Saison Gustav Mankers als Volkstheaterdirektor sind: „Ein Sommernachtstraum" von William Shakespeare, „Im Schatten des Turmes" (UA) von Harald Hauser, „Das Karli" (UA) von Hans Friedrich Kühnelt, „Die Frist" (ÖEA) von Friedrich Dürrenmatt, „Wienerinnen" von Hermann Bahr, „Dantons Tod" von Georg Büchner, „Der Barometermacher auf der Zauberinsel" von Ferdinand Raimund, „Die Wanze" (ÖEA) von Wladimir W. Majakowski, „Gesellschaft" von John Galsworthy, „Madame Sans Gêne" von Victorien Sardou und Emile Moreau, „Vergewaltigt am Abend" (UA) von Winfried Bruckner, „Die Wiesenbraut" (UA) nach Ödön von Horváth von Traugott Krischke, „Freiheit in Krähwinkel" von Johann Nepomuk Nestroy und „Ein Florentinerhut" von Eugène Labiche.

Anlässlich des 25jährigen Bestehens der Tournee des Volkstheaters in den Außenbezirken schreibt Gustav Manker 1977 in der Festschrift:
„Der Versuch, die Kluft zwischen Theater und Volk zu überbrücken, hat bereits eine lange Tradition. Volksbühnen, Theatergemeinden, gemeinsame Besucherfahrten, Einführungsvorträge in Volkshochschulen haben aber – bei aller Anerkennung ihre Bemühungen – nur zu einem geringen Teil die Auffassung des ‚kleinen Mannes' widerlegen können, Theater sei nur eine Sache für die ‚besseren Leut'. Und obwohl diese ‚besseren Leut' längst

1977

historisch geworden sind, existieren die entsprechenden Vorurteile vielfach unterschwellig noch immer in Bezug auf das Theater. Dem politischen und wirtschaftlichen Nachziehen des Arbeitnehmers folgte nur zögernd das kulturelle. Zumal in den deutschsprachigen Ländern die Bühnen noch immer nicht nur als künstlerische, sondern auch als gesellschaftliche Zentren gelten, als repräsentative Treffpunkte einer Society, die nur noch an Premierenabenden, aber nicht mehr in der Wirklichkeit existiert. Die Theater, von kleinen Spezialbühnen abgesehen, erweisen sich somit in sozialer Hinsicht als ein merkwürdiges Überbleibsel des bürgerlichen 19. Jahrhunderts. Dieser Sachverhalt ist auch durch eine besondere Ausrichtung des Spielplans nicht zu ändern. Das bewiesen gerade die letzten Jahre, in denen vor allem in den westdeutschen Theatern Stücke bevorzugt wurden, die eben jenes Bürgertum, das nach wie vor im Parkett saß, als verlogen, morbid und dem Untergang geweiht darstellten. An Anziehungskraft für die Arbeiter und Angestellten gewannen die Bühnen dadurch nicht. Nur die beschimpften Bürger blieben sitzen. Auch gezielte parteipolitische Experimente, wie das kommunistische Agitproptheater oder erst recht die Kraft-durch-Freude-Unternehmen der Nationalsozialisten, brachten keine neuen Publikumsschichten ins Theater. Für sie waren die Bühnen nur Mittel zum Zweck: Man merkte die Absicht und war verstimmt. Die Möglichkeit, ein ‚Theater nebenan' zu besuchen, riss viele Barrieren ein und war eine der wesentlichen Grundvoraussetzungen für ein Unternehmen, das in wenigen Jahren nicht nur aus dem Wiener Kulturleben nicht mehr fortzudenken war, sondern auch in anderen Großstädten Europas mit Erfolg nachgeahmt wurde. Es entsprach der Tradition, dass gerade dieses Theater unter den drei Wiener Sprechbühnen diese Aufgabe übernahm, war es doch – fast ein Jahrhundert zuvor – bewusst im Gegensatz zum höfischen Theater als Theater des Volkes gegründet worden."

Bertolt Brecht / Paul Dessau
♦ DER GUTE MENSCH VON SEZUAN
Regie GM / BB & K: Maxi Tschunko / ME & ML: Norbert Pawlicki
mit Kitty Speiser (Shen Te), Manfred Jaksch (Sun), Hilde Sochor (Hausbesitzerin), Herbert Propst (Wang), Rudolf Strobl (1. Gott), Robert Werner (2. Gott), Aladar Kunrad (3. Gott), Walter Langer (Barbier), Trude Hajek (alte Frau), Mario Kranz (alter Mann), Wolfgang Dauscha (Neffe/Bonze), Helmuth Lex (Ma Fu), Hermann Laforêt (Polizist), Marianne Gerzner (Frau Yang), Julia Gschnitzer (Witwe Shin), Renate Olárová (Schwangere Frau), Felix Hassler (Der Arbeitslose)
1. Oktober 1977, Volkstheater (Außenbezirke)

Mit Hermann Bahrs Komödie „Wienerinnen" gelingt Gustav Manker im Herbst 1977 – wie sechs Jahre zuvor mit Bahrs „Das Konzert" – ein spektakulärer Publikumserfolg eines Sittenbilds des *Fin de Siècle*, in dem Herwig Seeböck den Architekten Ulrich spielt, der Josef Olbrich, dem Erbauer der Sezession, nachempfunden ist, Kitty Speiser ist seine Frau Daisy.

Hermann Bahr
♦ WIENERINNEN
Regie GM / BB & K: Maxi Tschunko
mit Kitty Speiser (Daisy), Herwig Seeböck (Josef Ulrich), Heinz Petters (Max Billitzer), Dolores Schmidinger (Marie Fischl), Peter Wolsdorff (Stöhr), Elisabeth Epp (Emmy), Harry Fuss (Leopold), Maria Urban (Bibus), Doris Weiner (Risa), Malte Berlin (Fritzl), Albert Rolant (Dr. Mohn), Alfred Rupprecht (Pianist), Regine Felden (Seelig), Gerti Gunsam, Trude Hajek, Barbara Klein, Edith Molik, Erika Mottl, Renate Olárová
4. November 1977, Volkstheater

Ferdinand Raimund
♦ DER BAROMETERMACHER AUF DER ZAUBERINSEL
Regie GM / BB & K: Rolf Langenfass / M: Wenzel Müller / ME & ML: Norbert Pawlicki
mit Heinz Petters (Bartholomäus Quecksilber), Herbert Propst (Tutu, Beherrscher einer Zauberinsel), Anne Stegmann (Zoraide, seine Tochter), Brigitte Swoboda (Linda, ihre Kammerzofe), Walter Langer (Zadi, Waldbewohner), Doris Weiner (Lidi, Nymphe), Helmi Mareich (Fee Rosalinde), Hermann Laforêt (Leibarzt), Bernhard Hall (Hassan, Tutus Leibdiener), Adolf Lukan (Matrose), Friedrich Jores (Wache)
30. Dezember 1977, Volkstheater

Wladimir W. Majakowski
♦ DIE WANZE (ÖEA)
Regie GM / BB: Georg Schmid / K: Epi Schlüsselberger
mit Uwe Falkenbach (Bratfisch), Brigitte Swoboda (Braut), Hilde Sochor (Brautmutter), Herbert Propst (Professor), Manfred Jaksch (Knopfhändler), Bernhard Hall (Trombon), Ernst Cohen (Bücherhändler), Walter Langer (Heringhändler), Viktor Gschmeidler (Erfinder), Gerhard Steffen (Ein Gast)
27. Januar 1978, Volkstheater

Am 11. April 1978 bekommt Gustav Manker den Nestroy-Ring verliehen, der jährlich für die „*satirisch-kritische Darstellung der österreichischen, vornehmlich Wiener Eigenarten im Sinne Nestroys*" verliehen wird. Mit ihm gemeinsam erhält ihn sein langjähriger Freund, der Schriftsteller und Theaterkritiker Hans Weigel.

unten:
3. November 1918 (1978)
mit Harry Fuss (Regimentsarzt Dr. Grün), Helmuth Lex (Geitinger, Markthelfer), Hanns Krassnitzer (Oberst von Radosin), Friedrich Haupt (Orvanyi, Ungar), Manfred Jaksch (Zierowitz, Laibach), Adolf Lukan (Kaminski, Krakau), Bernhard Hall (Maschinenmaat Kacziuk).

rechte Seite:
Der gute Mensch von Sezuan (1977)
Kitty Speiser als Shen Te mit den drei Göttern Aladar Kunrad, Rudolf Strobl und Robert Werner.

10. SAISON 1978/1979

Die Premieren der zehnten und letzten Saison Gustav Mankers als Direktor des Wiener Volkstheaters sind: „Don Juan oder Die Liebe zur Geometrie" von Max Frisch, „Wassa Schelesnowa" von Maxim Gorki, „Amerika" (ÖEA) von Pavel Kohout und Ivan Klima nach Franz Kafka, „3. November 1918" von Franz Theodor Csokor, „Zur schönen Aussicht" von Ödön von Horváth, „Meine Nichte Susanne" von Hans Adler nach Labiche, „König Heinrich IV." von William Shakespeare/Peter Hacks, „Draußen vor der Tür" von Wolfgang Borchert, „Olympia" von Franz Molnár, „Die schmutzigen Hände" von Jean-Paul Sartre, „Operette" von Witold Gombrowicz, „Frühere Verhältnisse" und „Die schlimmen Buben in der Schule" von Johann Nestroy, „Kaiser Franz Josef I. von Österreich" von Richard Duschinsky und „Das kleine Café" von Ralph Benatzky.

oben:
Gustav Manker (1979)
in seinem letzten Direktionsjahr.

rechte Seite:
Der Barometermacher auf der Zauberinsel (1977)
Walter Langer als Waldbewohner Zadi.

Zu Saisonbeginn 1978 hat Franz Theodor Csokors Allerseelentragödie „3. November 1918" über den Zerfall der Monarchie zum 60. Jahrestag des historischen Ereignisses in Mankers Regie Premiere.

Franz Theodor Csokor
♦ 3. NOVEMBER 1918
Regie GM / BB: Georg Schmid / K: Epi Schlüsselberger
mit Hanns Krassnitzer (Oberst von Radosin), Friedrich Haupt (Orvanyi, Ungar), Rudolf Strobl (Ludoltz, Kärntner), Adolf Lukan (Kaminski, Krakau), Manfred Jaksch (Zierowitz, Laibach), Carlo Böhm (Josip, Bursche), Wolfgang Dauscha (Vanini, Italiener), Peter Wolsdorff (Sokal, Böhme), Harry Fuss (Regimentsarzt Dr. Grün, Jude), Helmuth Lex (Geitinger, Markthelfer), Bernhard Hall (Maschinenmaat Kacziuk), Maria Urban (Schwester Christina)
1. Oktober 1978, Volkstheater (Außenbezirke)

Am 14. Dezember 1978 findet anlässlich der 40jährigen Zugehörigkeit Gustav Mankers zum Volkstheater eine große Jubiläumsfeier statt.

Eugène Ionesco
♦ DIE NASHÖRNER
Regie GM / BB & K: Waltraud Grüner
mit Ernst Meister (Behringer), Friedrich Haupt (Hans), Hanns Krassnitzer (Der Logiker), Brigitte Swoboda (Kellnerin), Heidi Picha (Daisy), Wolfgang Dauscha (Stech), Maria Urban
3. Januar 1979, Volkstheater (Außenbezirke)

Am 17. Januar 1979 wird Gustav Manker nach einem Schlaganfall in eine Klinik eingeliefert. Anfang Februar verabschiedet die Vollversammlung des künstlerischen und des Verwaltungspersonals als Reaktion auf Attacken gegen die Strukturen des Volkstheaters und den Führungsstil Mankers eine Resolution, in der sie sich zu Manker als Direktor bekennt. Eine solche Adresse verfasst auch der technische Betriebsrat. Mankers Meinung lautet: *„Ein ganz anderer soll das Theater führen. Jung soll er sein, kein Mann mit Pseudonamen, sondern einer mit Courage und Ideen, einer, der über vieles hinweggaloppiert wie der junge Gründgens!"*

Ende Februar 1979 bittet Gustav Manker nach Krankheit und Kontroversen um seinen Rücktritt.

Jean-Paul Sartre
♦ DIE SCHMUTZIGEN HÄNDE
Regie GM / BB: Georg Schmid / K: Maria Peyerl
mit Heribert Sasse (Hugo), Vera Borek (Olga), Ernst Meister (Hoederer), Elisabeth Gassner (Jessica), Georg Trenkwitz (Karsky), Bernhard Hall (Louis), Friedrich Haupt (Prinz Paul)
3. März 1979, Volkstheater

Als letzte Inszenierung Mankers am Volkstheater kommen im April 1979 Johann Nestroys Einakter „Frühere Verhältnisse" und „Die schlimmen Buben in der Schule" zur Aufführung. Als Nettchen debütiert dabei die junge Schauspielerin Nicoline Kunz.

Johann Nestroy
♦ FRÜHERE VERHÄLTNISSE
Regie GM / BB & K: Maxi Tschunko / M: Michael Hebenstreit / ME & ML: Norbert Pawlicki
mit Harry Fuss (Scheitermann), Heinz Petters (Muffl), Hilde Sochor (Peppi Amsel), Margarete Fries (Josephine)
21. April 1979, Volkstheater

Johann Nestroy
♦ DIE SCHLIMMEN BUBEN IN DER SCHULE
Regie GM / BB & K: Maxi Tschunko / M: Anton Maria Storch / ME & ML: Norbert Pawlicki
mit Heinz Petters (Willibald), Herbert Propst (Wampl), Walter Langer (Stanislaus), Peter Hey (Wichtig), Gerhard Steffen (Ries), Carlo Böhm (Grob), Hilde Sochor (Frau Schnabel), Nicoline Kunz (Nettchen), Viktor Gschmeidler (Wolkenfeld), Bernhard Hall (Petersil), Peter Wolsdorff (Rottmann), Oskar Willner (Sternau), Wolfgang Dauscha (Waldfuchs)
21. April 1979, Volkstheater

Mit 31. August 1979 geht Gustav Manker in Pension. Später erklärt er: *„Man muss als Theaterdirektor eine harte Haut haben – die hab ich nicht."* Manker zieht sich in der Folge fast gänzlich vom Theater zurück.

links:
Gustav Manker (1985)
in seinem Landhaus in Klosterneuburg Weidling.

unten:
Die Regie-Virginier
Eine dünne, 20 Zentimeter lange Zigarre aus dunklem Virginia-Tabak, die Gustav Manker zeitlebens raucht, bis zu drei Schachteln täglich. Das Mundstück ist aus Stroh und auch in ihrem Inneren befindet sich ein Strohhalm, nicht aus Plastik. 2008 wird die Produktion eingestellt.

1980–1988
BRÜDERLEIN FEIN, BRÜDERLEIN FEIN
ALTER UND ABSCHIED

In seiner Pensionszeit besucht Gustav Manker nur noch die Vorstellungen seiner Frau und die seiner beiden Kinder und geht in Wien am liebsten ins non-verbale Serapionstheater von Erwin Piplits und Ulrike Kaufmann. Dreimal inszeniert Manker noch am Theater in der Josefstadt und unternimmt auch vereinzelt Gastspiele nach Deutschland.

Friedrich Schiller
♦ DER PARASIT oder DIE KUNST, SEIN GLÜCK ZU MACHEN
Regie GM / BB: Gottfried Neumann-Spallart / K: Alice-Maria Schlesinger
mit Kurt Heintel (Selicour), Hans Holt (Narbonne), Vilma Degischer (Mme Belmont), Harald Harth (La Roche), Regina Sattler (Charlotte), Kurt Nachmann (Firmin), Karl Krittl
17. April 1980, Theater in der Josefstadt

1982 inszeniert Gustav Manker die tschechischen Dissidenten-Dramen „Arrest" und „Morast" am Deutschen Theater in Göttingen, an dem seine Tochter Katharina als Schauspielerin engagiert ist.

Pavel Kohout
♦ MORAST (UA)
Regie GM / BB: Thomas Richter-Forgách / K: S. Kloiber
mit Manfred Paethe (Vanek, Schriftsteller), Barbara Blume (Maruska), Eberhard Müller-Elmau (Ermittlungsbeamter)
1. März 1982, Deutsches Theater Göttingen

Pavel Landovsky
♦ ARREST (DEA)
Regie GM / BB: Thomas Richter-Forgách / K: S. Kloiber
mit Manfred Paethe (Vanek), Eberhard Müller-Elmau (Offizier), Heinz Hans (Aufseher), Wolfgang Gellert (Zigeuner)
1. März 1982, Deutsches Theater Göttingen

Nach vielen Jahren entwirft Gustav Manker 1982 für seinen Freund und langjährigen Nestroy-Spieler Hans Putz noch einmal ein Bühnenbild, zu dessen Inszenierung von Nestroys „Einen Jux will er sich machen" im rheinischen Mönchengladbach.

Johann Nestroy
• EINEN JUX WILL ER SICH MACHEN
Bühnenbild GM / Regie: Hans Putz
mit Michael Scheidl (Weinberl), Inge Trager (Christopherl), Gerhard Ernst (Melchior), Johanna Lindinger (Mme Knorr)
3. Juni 1982, Städtische Bühnen Krefeld Mönchengladbach

Simon Gray
♦ VERSÄUMTE STUNDEN (ÖEA)
Regie GM / BB: Wolfgang Müller-Karbach / K: Ariane Maino
mit Harald Harth (Winston Quartermaine), Eugen Stark (Mark), Kurt Sobotka (Eddie), Dietrich Siegl (Henry), Siegfried Walther (Derek Meadle), Ingrid Burkhard (Melanie Garth)
9. Juni 1983, Theater in der Josefstadt (Wiener Festwochen)

Johann Nestroy
♦ DER ZERRISSENE
Regie GM / BB & K: Maxi Tschunko / ME: Norbert Pawlicki
mit Erich Padalewski (Lips), Gabriele Jacoby (Schleyer), Petra Liederer (Kathi), Franz Mössmer (Krautkopf), Herbert Pachler
17. September 1983, Tournee Grüner Wagen

Bei Italo Svevos „Kusinen" feiert Manker 1984 ein Wiedersehen mit Sieghardt Rupp, der bei Mankers berühmter Inszenierung von Schillers „Die Räuber" 1959 die Vorrede gesprochen hat.

Italo Svevo
♦ DIE KUSINEN (DEA)
Regie GM / BB: Georg Schmid / K: Elisabeth Urbancic
mit Ursula Schult (Alberta), Marianne Nentwich (Alice), Lotte Lang (Tante), Sieghardt Rupp (Donato Sereni), Ricky May (Clelia), Kurt Nachmann (Carlo Bezzi), Georg Hartmann (Telvi)
2. Februar 1984, Theater in der Josefstadt

Johann Nestroy
♦ DER ZERRISSENE
Regie GM / BB & K: Maxi Tschunko / ME: Norbert Pawlicki
mit Thomas Egg (Herr von Lips), Franz Kratochwil (Krautkopf), Herbert Pachler (Gluthammer), Michaela Mock (Kathi)
1. März 1984, Österreichische Länderbühne (Tournee)

Der österreichische Filmemacher Robert Quitta dreht 1987 einen avantgardistischen Kurzfilm nach Henrik Ibsens Familiendrama „Gespenster". Er besetzt Gustav Manker als Kammerherrn Alving (der im Stück gar nicht auftritt) und Mankers Sohn Paulus als dessen erbgeschädigten Sohn Oswald.

Henrik Ibsen
▶ GESPENSTER
GM Darsteller (Alving) / Regie: Robert Quitta
mit Gustav Manker (Kammerherr Alving), Paulus Manker (Oswald), Heidemarie Baratta (Regine)
1987, Super 8mm Film (in der Reihe „Ibsen kürzen")

Zur Bauprobe der ersten Regie seines Sohnes, „Weiningers Nacht" von Joshua Sobol, betritt Gustav Manker nach fast 10 Jahren Abwesenheit im Juni 1988 erstmals wieder das Volkstheater. Die Premiere am 13. November 1988 wird er nicht mehr erleben.

Am 7. Juli 1988 stirbt Gustav Manker im Alter von 75 Jahren in Wien. Das Begräbnis findet auf dem kleinen Friedhof von Klosterneuburg-Weidling statt, auf dem auch der Dichter Nikolaus Lenau begraben liegt und wo Ferdinand Raimund 1827 sein Märchenstück „Moisasurs Zauberfluch" geschrieben hat. Hans Weigel hält die Grabrede, die Musik unter Kurt Werner spielt „Brüderlein fein" aus Ferdinand Raimunds Zaubermärchen „Der Bauer als Millionär".

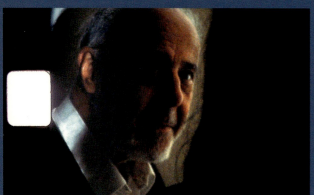

Es fließen ineinander
Traum und Wachen,
Wahrheit und Lüge.
Sicherheit ist nirgends.
Wir wissen nichts vom anderen,
nicht von uns.
Wir spielen immer,
wer es weiß,
ist klug.

Arthur Schnitzler, „Paracelsus", 1899

Gespenster (1987)
Gustav Manker als Kammerherr Alving und
Paulus Manker als sein Sohn Oswald in Robert
Quittas Film nach dem Drama von Henrik Ibsen.

Gustav Manker (1963) mit seinen Kindern Paulus und Katharina

„ES KANN DIE SPUR VON MEINEN ERDENTAGEN"
NACHKOMMEN UND VORFAHREN

Gustav Mankers Vater ist der 1936 in Wien verstorbene Ingenieur Josef Manker von Lerchenstein, seine Mutter die 1954 in Wien verstorbene Ludmilla Flesch von Brunningen, eine Cousine des Schriftstellers Hans von Flesch-Brunningen. Ein Onkel, Vinzenz Gustav Anton Flesch von Brunningen, ist Architekt, dessen erstes Gebäude ist 1904 das Schwarzspanierhaus im 9. Bezirk, der Nachfolgebau von Beethovens Sterbehaus, in dem sich 1903 der jüdische Philosoph Otto Weininger erschossen hat. Luma von Flesch-Brunningen (gestorben 1934) ist Malerin der Wiener und Münchner Schule, Werke ihrer Hand sind 1902 im Münchner Glaspalast ausgestellt und werden vom Kaiser von Österreich erworben.

Gustav Mankers Onkel Hofrat Gustav Ritter von Manker ist bis 1935 Sicherheitsdirektor der Wiener Staatsoper und dadurch Chefdisponent des monatlichen Spielplans und der allabendlichen Besetzungen, die der Genehmingung des Direktors, zunächst Franz Schalk und Richard Strauss, dann Clemens Krauss und Felix Weingartner, unterliegen. Er versorgt den theaterbegeisterten Schüler Gustav Manker regelmäßig mit Freikarten für Burgtheater und Oper.

1865 wird die Familie Manker in Gestalt des k. k. Regierungsrats Johann Manker mit dem Prädikat „von Lerchenstein" in den erblichen Adelsstand erhoben.

Die jüdische Familie Flesch ist aus Prag eingewandert und lässt sich 1530 in Frankfurt im Haus „zur Flasche" nieder, wodurch sie auch ihren Familiennamen erhält. Zunächst betätigen sich die Fleschs als Schulmeister, unter ihnen befindet sich wahrscheinlich der bekannte Lehrmeister Akiwa Frankfurter. Im 18. Jahrhundert kommt die Familie Flesch durch Handelsgeschäfte zu Wohlstand.

Die Schauspielerin Hilde Sochor
Gustav Mankers Ehefrau.

links:
Gustav Manker (1963)
mit seinen beiden Kindern Paulus und Katharina.

Tochter Katharina erinnert sich:
„*Unser Vater hat uns erzählt, dass er ein Nashorn hat, das er in der damals neugebauten Tiefgarage am Hof abstellt, wo es mit einem Schlauch abgespritzt und gereinigt wird. In der Früh holt er es dann von dort ab, besteigt es und reitet über den Kohlmarkt durch die Hofburg zum Volkstheater, wo es dann bei der Sekretärin, Frau Urbanek, ‚geparkt' wird, die immer Heu bereithält, um es zu füttern. Für mich war es immer ein erhebendes Gefühl, einen Vater zu haben, der auf einem Nashorn zur Arbeit reitet, auch wenn ich genau wusste, dass es nicht stimmt.*"

unten:
Gustav Manker (1967)
mit seiner Frau Hilde Sochor und seinen Kindern Katharina, Paulus und Magdalena. Katharina und Paulus gehen zum Theater, Magdalena wird Ärztin.

oben:
Das Familienwappen
der Manker, Ritter von Lerchenstein.

ganz oben und rechts:
Gustav Manker (1963)
mit seinen Kindern Paulus und Katharina.

Weiningers Nacht (1988)
Hilde Sochor und ihr Sohn Paulus Manker in Joshua Sobols Drama über den jüdischen Philosophen und Selbstmörder Otto Weininger im Herbst 1988 am Volkstheater, kurz nach Gustav Mankers Tod.

BÜHNEN
BILD
ENTWÜRFE

unrealisiert

HAMLET I.

oben:
Entwurf für ein Stück von Calderon de la Barca (Reinhardt-Seminar, 1934/35)
rechte Seite:
Rienzi (Richard Wagner) (o. J.)

oben:
Götz von Berlichingen (Reinhardt-Seminar, 1934/35)
Schauspiel von Johann Wolfgang von Goethe

rechte Seite:
Zu ebener Erde und erster Stock (Reinhardt-Seminar, 1934/35)
Posse von Johann Nepomuk Nestroy

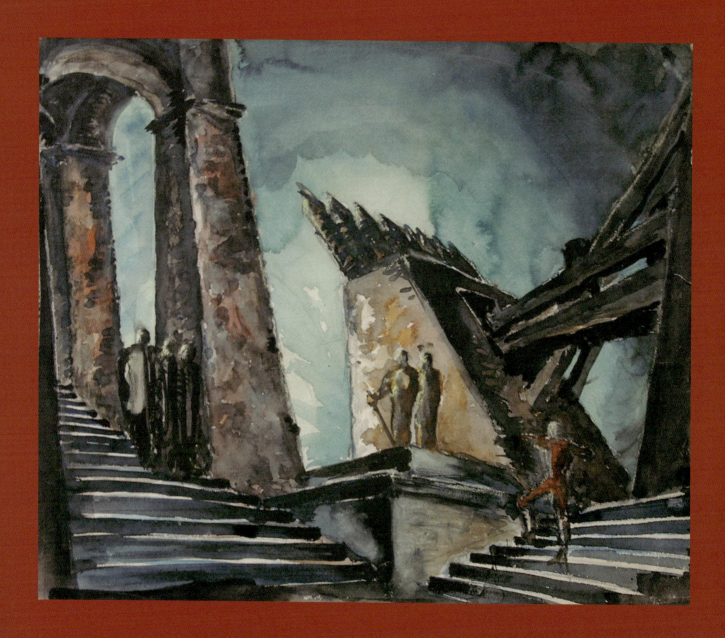

Stück ohne Titel (Reinhardt-Seminar, 1934/35)

Der Arzt wider Willen (1934/35)
Komödie von Molière

DER BAJAZZO I. AKT.

MANKER

DER BAJAZZO — II. AKT

MANKER

oben:
Surrealistische Zeichnung (o. J.)

rechte Seite:
Der getreue Johannes (Boese/Grimm) (o. J.)

3. BILD AUF DEM SCHIFF.

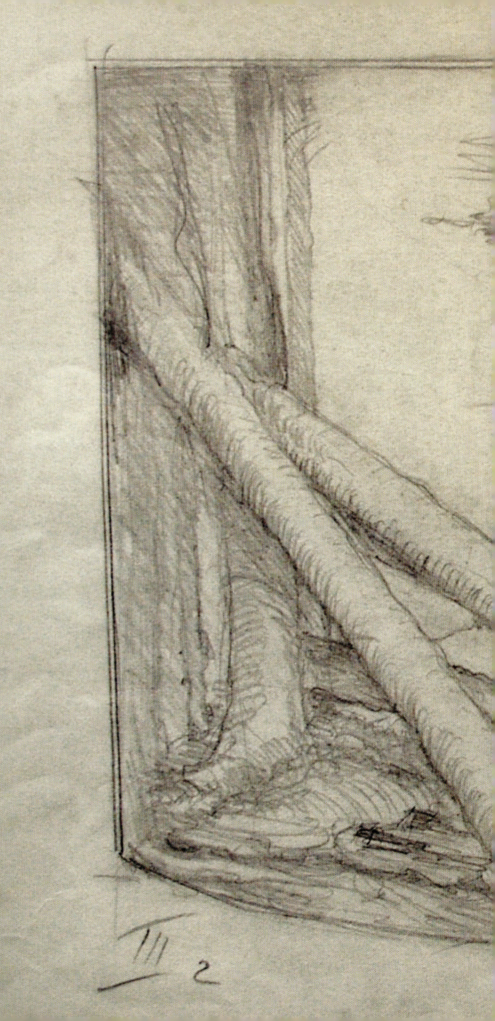

Peer Gynt (Ibsen) (1934/35)
Trollhöhle
Marocco

Peer Gynt (Ibsen) (1934/35)
Wegweiser

Die Prinzessin von Tragant (o. J.)
Tanzspiel von Oscar Straus

„IM GRUNDE SEINES HERZENS WAR ER EIN SCHEUER MENSCH"

Heinz Petters über GM

Erinnerungen an

Gustav Manker

HEINZ PETTERS, Schauspieler

Er war in seiner Begabung unheimlich. Er hat alles gesehen, alles gespürt, alles gewusst. Er hat gar nicht soviel gesagt. Aber dann hat er so einen Satz gesagt – und das war's. Das sind die Außergewöhnlichen. Ich hab mit großen Regisseuren wie Kortner, Lindtberg und Strehler gearbeitet – für mich ist Manker der Größte. Bei der ersten Inszenierung hab ich mir noch schwer getan, bis ich heraus hatte, was der Manker wollte: wahrhaftiges Theater ohne verlogene Eitelkeiten. Bei einem falschen Gefühl ist er narrisch geworden. Die Diktion war für ihn glasklar: „Redet's so hochdeutsch wie es nur geht – wir sind eh wienerisch genug!".
Er war der absolute Boss und hat genaue Vorstellungen von den Figuren gehabt. Als großer Psychologe konnte er mit kurzen Sätzen genau den Punkt beim Schauspieler treffen, womit der etwas anfangen konnte und in der Lage war, das umzusetzen, was er von ihm wollte. Und man hat gar nicht so schnell schauen können, was und wieviel er von einem verlangt hat! Die Schauspieler haben aufgesaugt, was er gesagt hat.
Viel Humor hat er gehabt. Nach außen hat er den bösen Onkel gespielt, aber im Grunde war er eine Seele von einem Menschen, der seine Güte verheimlicht hat. Aus Zorn hab' ich einmal auf der Probe einen Sessel geschmissen. Jahrelang hat er mir immer zu Probenbeginn einen Sessel hingestellt und gesagt: „Bitte Heinz, da ist dein Sessel."
Ich glaube, im Grunde seines Herzens war er ein scheuer Mensch. Aber das hat er natürlich nie gezeigt, er war immer der Zampano, der Despot. Aber er war ein sehr feinfühliger und ein sehr gutmütiger Mensch. In den ersten Jahren habe ich ihn für sehr brutal und sehr hart gehalten, aber das war nicht sein Naturell. Er hat einfach gewusst: verschiedene Dinge muss man erzwingen. Mit Brutalität, da hat er gar nichts gekannt. Er war hart. Er konnte Leute zu Leistungen bringen, wie ich das bei keinem anderen Regisseur erlebt habe.

ULRICH WILDGRUBER, Schauspieler

Er sagte: „Lassen sie sich nicht beirren von dem, was der oder der macht, sondern versuchen Sie, Ihren Weg zu gehen."
Er war erfreulich lapidar. Ich mag das eben sehr, habe das wohl auch gelernt bei ihm, weil er hatte eine große Sachlichkeit. Weil er kein großes Brimborium machte um seine Sachen. Sondern Theater war für ihn etwas Selbstverständliches, das man immer wieder erarbeitet. Er hat ja nichts anderes gemacht. Und das war einfach toll. Ein richtiger Meister.
Er hatte ein sehr feines Ohr. Er arbeitete sehr schnell und er arbeitete sehr viel. Ihm ging es sehr darum, Stücke auch zu vermitteln. Er war begeistert von Stücken, hat die auch schnell analysiert. Er war sehr klug, schien mir, und machte die dann gerne, weil er die Stücke liebte. Und konnte mit den Schauspielern sehr gut arbeiten, da, wo ich es beobachtet habe.
Er wollte mich dann auch fest engagieren, der Epp war damals, glaube ich, Direktor – aber der Manker hatte großen Einfluss. Er war ein ernstzunehmender Mann, als Oberspielleiter. Und das war alles sehr profund, was er zu sagen hatte. Ich hatte sehr viel Spaß mit ihm. Also wenn der jemanden vorschlägt, wäre das auch ohne weiteres gegangen. Ich war aber schon engagiert an die Komödie Basel. Da hat er auch inszeniert. Und da sah ich ihn dann wieder. War aber in den Stücken nicht drin, weil er machte meistens Nestroy, und das ist dann als Nicht-Wiener… Aber da habe ich dann immer, wenn es ging, zugeschaut bei den Proben. Und abends hatten wir dann immer ein Bier getrunken, und da haben wir uns unterhalten. Das war mir damals auch eine große Hilfe.
Weil wenn man einen Menschen hat, den man sehr schätzt, der älter ist und sehr viel weiß und sehr viel kann, und man kann dann mit ihm sprechen, das ist nicht so die Regel in jungen Jahren.

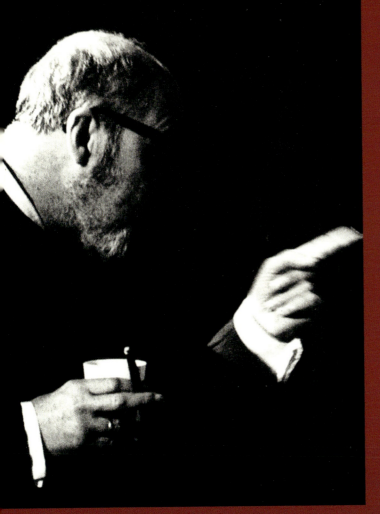

OTTO SCHENK, Schauspieler & Regisseur

Ich bin an ein Theater engagiert worden, das Volkstheater, das ich nicht leiden konnte. Ich war neidig, weil andere dort die Rollen gespielt haben, die ich gerne gespielt hätte. Ich war dort zutiefst unglücklich. Und der einzige Mensch, der vom Haus war und zu mir so väterlich liebenwürdig war, war der Gustav Manker. Für mich war er eine väterliche Freundesfigur. Wobei er einen Ruf hatte als strenger, fast zynisch-böser Mensch. Also nicht „böser" Mensch, aber er konnte zynisch und streng und ekelhaft sein – und war das zu mir so gar nicht. Und das habe ich als erste große Bevorzugung am Theater empfunden – denn ich war ja nix.

Er hatte eine dramaturgische Genialität. Er wusste genau, was ein Stück soll, wo ein Stück falsch ist, wo ein Stück Schwächen hat, was man machen könnte und was man herausarbeiten muss. Und außerdem war er ein grandioser Bühnenbildner. Das vergisst man ja! Er hat mein erstes Nestroy-Bühnenbild gemacht, mir zuliebe, weil ich ihn damals sehr darum gebeten habe, das war „Umsonst" an der Josefstadt. Weil ich mir ein solches unkitschiges Bühnenbild gewünscht hab, wie nur er das damals konnte.

Man hat ihn immer die graue Eminenz genannt, auch in Epps Zeiten. Er war von Haus aus ein Leader, wie man sagt, eine Respektsperson. Man konnte den Manker nicht anschreien. Man konnte eventuell gerade noch streiten. Er war schon eine große Autorität – und blieb das auch. Wenn der Manker etwas gut gefunden hat, hat er knurrend und fast etwas unfreundlich mit listigen Augen gesagt: „Sehr gut." Und da ist man natürlich zwei Tage stolz herumgegangen. Oder wenn er nach der Premiere von irgendeinem Sommerstück gekommen ist und gesagt hat: „Der einzig Gute ist der Schenk in dem ganzen Blödsinn." Solche Sätze waren wie ein Orden, mit Stolz getragen: Das hat sogar dem Manker gefallen!

PETER TURRINI, Schriftsteller

Unterm Strich gesagt, war er der erste Intendant, der überhaupt ein Stück von mir herausgebracht hat, und das gleich ganz groß, am Volkstheater. Ungeheuer, dass ein Intendant das gegenüber einem unbekannten Autor macht. Er hat sozusagen auf nichts und niemanden gesetzt. Und das ist ja irre. Das muss man sich vorstellen heute. Und ganz ohne Zweifel ist es so, dass es mich als Dramatiker – nicht gegeben, ist zuviel gesagt –, aber wesentlich später erst gegeben hätte, wenn nicht diese Uraufführung im Volkstheater stattgefunden hätte. Ich war vorher nix, und nach dieser Uraufführung das, was ich auch heute bin. Das Entscheidende war, dass es bis zum Jahre 1968/69 diese neue Österreichische Dramatik, zu der ich auch gehöre, wie der Wolfgang Bauer und der Handke, auf österreichischen Bühnen eigentlich überhaupt nicht gab. Der erste, der versucht hat, das in Ansätzen aufzubrechen, war der Epp. Und der, der es dann massiv fortgesetzt hat, mit Aufführungen von Bauers „Change", vor allem aber mit „Rozznjogd" von mir und „Sprintorgasmik" von Pevny, war der Manker.

Was ich nicht ganz genau beantworten kann, ist, ob der Manker, mit dem ich sehr viel Kontakt hatte in dieser verrückten Zeit, einer war, der zugelassen hat oder der initiiert hat. Und das ist ein enormes Kompliment an einen Intendanten, die selten etwas zulassen, was über sie hinausgeht. Warum hat Manker bei diesen Stücken nicht Regie geführt? Es gab einen Grund dafür: diese Grenzüberschreitung zur Nacktheit, zum Dreck, die hat er irgendwie nicht geschafft. Das waren ja Theaterzertrümmerungen.

LUC BONDY, Regisseur

Gustav Manker war der erste Regisseur, dem ich assistiert habe. Das Stück hieß „Das Haus der Temperamente" von Nestroy, 1970. Ich erinnere mich, wie Manker Zigarren kauend im Dunkel saß, nicht sehr viel sagte, aber sarkastisch schaute. Einmal wollte ich einen Vorschlag machen – ich glaube, es sollte eine Schauspielerin auf einen Stuhl hüpfen, anstatt zu steigen – worauf er sich erstaunt zu mir wendete und sagte: „Bondy, bitte keinen Gombrowicz!"

SILVIA FENZ, Schauspielerin

Ich habe Gustav Manker alles zu verdanken, er hat künstlerisch an mich geglaubt. Ich wurde von ihm in Köln-Oberhausen entdeckt und dann für Wunsiedel engagiert. Er hat mich nach Wien geholt und dann Boy Gobert in Hamburg empfohlen. Ich habe mit ihm auch bei seiner Hamburger Inszenierung vom „Haus der Temperamente" gearbeitet. Er war der wichtigste Regisseur für mich, später waren das dann Jürgen Flimm und George Tabori.
Er war als Regisseur sehr genau und sehr humorvoll. Er war ein hervorragender Oberspielleiter, auch als Widerpart gegen den Intendanten Epp. Ihn zeichnete eine ungeheure Präzision, fast Musikalität der Sprachbehandlung aus und er hatte ein bildhaftes Denken. Er hatte ein soziales Empfinden, unterschied immer oben und unten und hat daher sicher kein „bürgerliches" Theater gemacht.

BRIGITTE SWOBODA, Schauspielerin

Er war für mich ein richtiger Theater-Vater. Ich habe auch bis jetzt noch sein Photo stehen am Nachtkastl. Er hat mich geholt vom Keller, da war er gerade Direktor. Und das erste Stück war „Change" von Wolfgang Bauer, da habe ich aber nur eine kleine Rolle gespielt. Und dann ist er plötzlich gekommen mit der Salome Pockerl im „Talisman" – was mich irrsinnig überrascht hat, weil das war ein Wahnsinn, wenn du vom Keller kommst! Das war ein ziemlicher Aufruhr in Wien, mit dem Qualtinger als Titus Feuerfuchs und eine „Frischg'fangte" als Salome Pockerl. Dazu muss man sagen, da war ja die Schmidinger im Ensemble und die Kitty Speiser, die hat mir ja dann nachher gesagt: Natürlich haben sie sich erwartet, dass die Schmidinger das spielt. Und dann holt er einfach ganz wen Neuen! Und das war äußerst mutig. Ich bin ja dann
auch gehängt bei der Premiere. Wir haben eigentlich die Premiere ziemlich geschmissen, der Qualtinger und ich, weil er auch so nervös war. Und dann war es aber so ein Erfolg!
Er war sehr genau mit dem Text, da hat man nicht ausweichen können. Er hat in sein Textbuch geschaut – und es ging um jedes Wort. Das war eine Partitur, der Text. So gesehen, war er ein Dirigent. Er hat sehr gut führen können. Er hat nur angetupft, und dann hat er den „Gatsch", den „Gicks" drüber gegeben, damit das nicht in einer Richtung gerannt ist, hat er dir immer noch so ein Punkterl aufgesetzt. Zum Beispiel beim „Talisman", da war immer die Salome Pockerl so eine Armselige. Und er hat mich dorthin geführt, dass die eine Zornige, eine Böse ist. Was ja auch stimmt, weil alle geschundenen Kreaturen sind nicht lieb und arm – sondern die werden dann böse. Das sind dann diese Tipferln, die er noch rausgeholt hat.

FRITZ MULIAR, Schauspieler

Der Manker war die prägende Figur des Jahrzehnts. Wenn ich von jemand gelernt habe, Nestroy zu spielen, dann habe ich es von Manker gelernt. Wenn ich von jemand gelernt habe, ein Stück, ein Brecht-Stück ohne Hass und ohne Propaganda zu begreifen, dann habe ich es von Manker gelernt. Und wenn ich gewusst habe, wie man Volkstheater spielt, damit das nicht nur dem einfachen, sondern auch dem akademisch gebildeten, intellektuellen Teil der Bevölkerung gefällt, dann habe ich das vom Manker.
Er hat sich etwas getraut, was damals niemand gewagt hat – er hat Zyklen gespielt: Er hat einen Anzengruber–Zyklus gemacht, der den Leuten irrsinnig gefallen hat. Er hat einen Wedekind–Zyklus gemacht. Und was ihn unsterblich machen wird in Wien, ist der Mut, Nestroy auszupacken und auszugraben. Wir haben gespielt mit einem Ensemble, wie es sehr selten heute aufgeboten wird: Ich war damals nicht sehr populär, aber es war der Harry Fuss da, und es war der Qualtinger da, und es war die Hilde Sochor da, es war der Rudolf Strobl da, und es war vor allem der Kurt Sowinetz da. Und wir haben keinen neuen Stil erfunden, sondern wir haben einen sehr zeitgemäßen Nestroy gemacht und einen sehr zeitgemäßen Brecht.
Manker war einer der gediegensten und gescheitesten, er war ein strenger Regisseur. Er hat auch alles durchschaut. Ich bin immer gekommen auf die erste Probe nach dem Sommer und habe ein bisschen Text können, sonst haben wir den Text immer erst auf der Probe gelernt. Und der Manker hat mich immer, wenn wir die ersten fünf Seiten durchgestellt haben, angeschaut und gesagt: „So, die Alibizeit ist vorbei, jetzt lernst aber den Text." Er hat das alles gewusst!

DOLORES SCHMIDINGER, Schauspielerin

Ich habe ihn ja wahnsinnig gerne gehabt. Er war ja so gescheit. Er war ja so ein zynischer Gnom. Wenn er so gekichert hat mit seiner Virginier. Er konnte so gut böse Stücke machen. In seiner Hochblüte, Mitte der 60er, da war er ein Teufel, bitte.
Er konnte Horváth und Nestroy am allerbesten. Weil, er war ein großer Zyniker. Er war ein wichtiger Regisseur. Er war ja hochintelligent. Und er war nicht überzuckert. Und im Gegensatz zu diesen schrecklichen Nestroys in der Josefstadt, war er auch so sparsam. Er war auch in seinen Bühnenbildern sparsam.
Für Wien war er schon voraus.
Ich habe bei meiner ersten großen Rolle furchtbar unter ihm gelitten. Das war „Weh dem, der lügt" von Grillparzer. Da war ich natürlich mit 18 Jahren überfordert und hätte eine sanfte Regie gebraucht. Und da hat er mich fertig gemacht, vier Wochen. Muss ich sagen. Ich habe dann einen Horváth mit ihm gemacht, eine kleine Rolle in „Geschichten aus dem Wiener Wald". Da hat er mich nicht mehr als schwach, als Opfer empfunden, sondern das hat ihm gefallen.
Er war für mich auch eine Vaterfigur. Aber die Väter waren damals autoritär. Ich bin nichts anderes gewöhnt gewesen. Ich habe ihn wahnsinnig gerne gehabt, und er, glaube ich, mich auch. Wie ich dann gekündigt habe, hat er gezittert vor Wut, vor Kränkung eigentlich. Wie ich gesagt habe: „Du, der Haeussermann hat mir die Anni im ‚Abschiedssouper' angeboten. Und es tut mir leid, die geben mir auch mehr Gage. Ich gehe an die Josefstadt, weil du bist ja eh nicht mehr da …" Das hat ihn tief getroffen. Er ist hinausgegangen und hat, ohne ein Wort zu sagen, die Direktion verlassen.

MAXI TSCHUNKO, Bühnen- & Kostümbildnerin

Gustav Mankers Inszenierungsstil, die Genauigkeit des Wortes und die karge Ausstattung traf sich genau mit meinen künstlerischen Vorstellungen. Auch ich wollte aufs Einfachste reduzieren, klare Formen und Farben. Er hat Inszenierungen gemacht, die er selber als Bühnenbildner ausgestattet hat, wie sie moderner nicht sein könnten für heutige Begriffe. Er war einfach ungeheuer klar und streng in der Form.
Damals gab es noch Kitschorgien bei den Nestroy-Aufführungen, alles war „lieb" und „lustig", Biedermeier im Konditorei-Stil. Das haben wir überwunden, da waren wir bahnbrechend. Um die Figuren dem heutigen Publikum näher zu bringen, mussten wir die Figuren so realistisch wie möglich bekommen. Vor allem musste der süßliche, bunte Frack des frühen Biedermeier weg. Die bunten Biedermeierfräcke sind unserem heutigen Männerbild sehr entfernt. Und indem wir die Stücke so spät wie möglich ansiedelten – gespielt in den letzten Lebensjahren von Nestroy, haben wir gesagt – konnten wir aus dem Kostümklischee ausbrechen. Die Figuren waren Menschen geworden – und keine Kostümträger.
Er war der Erfinder des ordentlichen Nestroy-Stiles. Vorher waren Konditorei und Zuckerlgeschäft und Demel en vogue und es waren immer Rüscherln und Spitzerln und Süßigkeiten – nichts hat mich so nervös gemacht wie Rüscherlkostüme! Und er hat das alles entfernt. Und mit jeder Nestroy-Inszenierung wurde er karger und kühler in der Ausstattung, um mehr den Nestroy hervorzubringen. Und das war richtunggebend. Und das ist aus jetzt. Er ist weg – und es wird schon wieder picksüß …
Ich habe soviel gelernt von ihm, das ist unglaublich.

WALTER LANGER, Schauspieler

Manker konnte den großen Bogen inszenieren – das Dazwischen kommt eh alles von selber, wenn man weiß, wohin man will. Das gewisse Tempo, wo alles wegfällt, was zuviel ist und trotzdem nichts verloren geht – das hat er genau im Gespür gehabt!
Wir Schauspieler haben aus uns heraus entwickeln können, er hat alles aufgenommen, uns nie vergewaltigt.
Zu Probenbeginn war er immer gut vorbereitet. Er hat – was wir Schauspieler uns so wünschen – ein Werk nicht verändert. Gute Striche hat er gehabt und die Schärfe herausgearbeitet, ohne die Komödiantik zu vernachlässigen. Bei Nestroy war es die Schärfe, die ihn gereizt hat. Das hatte mit seinem schwarzen Humor zu tun; mein Humor geht in dieselbe Richtung. Er hat Nestroy so inszeniert, wie ich mir das vorstellte. Er hatte auch ein Gespür, wo gerade noch der Grat war zwischen Umkippen und am Stil sein. Recht bald sind wir zu einem Durchlauf gekommen, um zu sehen, wo es noch fehlt; damit der Bogen stimmt. Zum Schluss hat er „gebitzelt". Wortregie war eigentlich selten nötig, wenn's gestimmt hat. Und bei den „Nestroyanern" hat es meistens gestimmt. Er wusste genau, wann die Zuschauer müde werden und man ein neues Tempo anschlagen muss. Im Lauf der vielen Vorstellungen waren wir immer gut daran, wenn wir uns daran gehalten haben.
Wir „Nestroyaner" waren eine Gruppe von Schauspielern, die durch jahrelange Zusammenarbeit miteinander und mit Manker sehr verbunden waren. Durch ihn sind wir erst zu den „Nestroyanern" geworden, und am Volkstheater sind wir geblieben, weil es eben „gestimmt" hat.

KARLHEINZ HACKL, Schauspieler

Entscheidend für mich war, dass der Manker nach vorne zur Bühne gelaufen ist, mit seiner Virginier, gefragt hat, wer ich bin – und mich vom Fleck weg engagiert hat. Wahrscheinlich das Allerwichtigste, was mir hätte passieren können. Damit war man am großen Theater, auf einer großen Bühne, war im Scheinwerferlicht in Wien. Wenn er nicht gewesen wäre, kann man gar nicht sagen, was ich dann gemacht hätte. Da wäre alles ganz anders gekommen … Schön war die Arbeit bei Arthur Schnitzlers „Das Märchen". Da hatte ich nämlich eine durchgehende Rolle. Und das hat ihm gefallen, dieser Schnösel. Denn er hat mich ins Charakterfach gesteckt, wofür ich ihm dankbar bin. Er hat mich eigentlich nie die jungen Liebhaber spielen lassen – oder wenig –, sondern ich habe eigentlich das schwere Charakterfach gespielt. Das war für mich damals sehr wichtig, weil ich mehr gelernt habe als bei den Liebhaberrollen. Die waren ja immer das Fade. Und damit habe ich in ihm einen guten Förderer gehabt.
Manker war ein richtiger Theaterpraktiker. Seine besonderen Stärken waren die Nestroys. Das war damals einfach bei ihm in besseren Händen als am Burgtheater. Schmutziger und praller und echter, authentischer.

OTTO SCHENK, Schauspieler & Regisseur

Was ich vom Manker gelernt hab, ist sein total ernsthafter Zugang zu Nestroy. Die Art, wie der Manker Nestroy wörtlich genommen hat – das war in der Zeit der grauenhaften Bearbeitungen und Umgestaltungen und Umschreibereien –, wo Manker den wirklich wie einen Klassiker behandelt hat! Früher war Nestroy nur so ein Vorwand, um ein paar Tantiemen zu verdienen, zu bearbeiten und jeder hat sein Lied'l hineingekriegt und man hat umgeschrieben und aktualisiert. Und das war das Schreckliche. Das wird ja heute noch vielfach so gemacht. Und das noch Schrecklichere war, man hat Nestroy-Szenen hinzuerfunden, in der Sprache Nestroys „weitergedichtet". Was man ja sehr bald kann, wenn man es nur oberflächlich macht.
Da war der Manker einer, der zum ersten Mal sogar das Quodlibet – wo eine Freiheit meiner Ansicht nach passieren könnte – so gemacht und gespielt hat, wie es drinnen stand. Mit einer Ausnahme: im „Haus der Temperamente", im zweiten Teil, hat er damals die vier Neuankömmlinge zu den vier Alliierten gemacht. Das ist wie eine Bombe angekommen damals! Da war er dann auch frei, er war ja nicht stur.
Aber dass er darauf bestanden hat, auf einen kargen, unkitschigen, realistischen Nestroy, das war für mich neu. Für mich war Nestroy bunt und putzig und witzig und lustig – und auf einmal wurde er bös und karg und stellenweise armselig! Und dann trotzdem wahnsinnig lustig.
Und er hat auch selber die phantastischsten, kargen, die großartigsten Bühnenbilder dazu gemacht.

WOLFGANG BAUER, Schriftsteller

Ich habe den Manker immer sehr geliebt, weil er ganz ein zauberhafter Mensch war. Ich kann ihn nur als positiven, freundlichen und intelligenten Menschen beschreiben. Ich habe ihm ja sehr viel zu verdanken. Und er war sehr aufgeregt während der Premiere von „Change". Das war lustig, da ist einmal er und einmal ich vom Theater ins Café Raimund und vom Café Raimund zum Theater zurück und unterwegs haben wir uns immer getroffen: „Wie geht's?" – und was weiß ich... Und er war höchst aufgeregt, dass da irgendwas passieren könnte. Aber das war am Schluss ein einhelliger Erfolg. Und von da an haben wir uns immer sehr gut verstanden.
Er hat dann noch das „Massaker im Hotel Sacher" gemacht. Und das ist gerade noch gegangen. Und was sich da abgespielt hat, ist mit ihm nicht in Zusammenhang gewesen. „Change" haben sie ja gespielt, fünfundzwanzig Mal ausverkauft. Und das ist ausverkauft abgesetzt worden, das ist üblich in Österreich.
Und das „Massaker" ist nach dem sechsten Mal schon ausverkauft abgesetzt worden. Auch bis auf den letzten Platz ausverkauft. Und das hat mich dann geärgert. Weil es war immerhin der Qualtinger in der Hauptrolle. Das war zwar ein Mords-Buh und Trara und alles Mögliche, so eine Art Skandal, aber die Leute sind rein und haben da zwanzig Mal dazwischen Applaus gespendet. Und es war jedes Mal eine Mordsstimmung. Und das wurde dann abgebrochen. Aber das hängt, glaube ich, eher nicht mit dem Manker zusammen.

BRIGITTE SWOBODA, Schauspielerin

Der Manker ist ja gestanden wie ein kleiner Giftzwerg mit seiner Virginier und hat sich irrsinnig gefreut, wenn was los war! Heute fürchten sich alle vor irgendeinem Skandal, der auf der Bühne passiert. Das war damals so, dass du eine Hauptrolle spielst und dann im nächsten Stück halt eine kleine, was ich in einem Ensemble auch richtig finde. Ich wollte – man sieht sich ja anders – immer die Rollen von der Kitty Speiser spielen, und die Kitty meine. Es ist Größenwahnsinn, aber man kränkt sich trotzdem, weil man glaubt, man muss immer alles spielen. Da war ich natürlich gekränkt, wie sie im „Jux" das Christopherl gekriegt hat, und da habe ich mir natürlich gedacht: das muss doch ich spielen! Und sie war hinreißend! Aber es kränkt. Und heute weiß ich natürlich, dass er das Richtige gemacht hat.
Manker war sehr gekränkt, wenn man weggegangen ist.
Es hätte mich dann einmal der Boy Gobert geholt nach Hamburg – hat er verweigert. Ich war ja am Anfang nur Gast, habe Stückverträge gehabt. Und dann kam der Everding und wollte mich. Und dann war ich bei ihm, das hat sich im Café Raimund gegenüber vom Theater abgespielt, er saß ja auch immer dort. Man konnte ja immer zu ihm, im Grunde genommen. Da ist er gesessen im Eck, mit seiner Zeitung, und da stand in der Zeitung das neue Ensemble vom Everding, und der hat mich hineingeschrieben, obwohl ich ihm noch gar nicht zugesagt hatte. Und er hat da die Zeitung gelesen, und hat so hinaufgeschaut. Und hat gesagt: „Das kommt überhaupt nicht in Frage, du gehörst nach Wien. Aus." Und dann ging er mit mir rauf in die Direktion und hat mir einen Jahresvertrag gegeben.

ULRICH WILDGRUBER, Schauspieler

Er sagte einen sehr schönen Satz, den ich behalten habe: „Stellen sie sich zur Diskussion." Damals hat mir das sehr geholfen. Das war gut. Das klingt mir noch immer in den Ohren. Der Manker war einer von denen, die einem vermitteln, dass es auf einen selbst ankommt. Und das war sehr wichtig. Er nahm Persönlichkeiten sehr ernst und er liebte Persönlichkeiten. Und versuchte, da, wo er einen Keim sah, das zu fördern. Und einen zu bestärken. Ich fühlte mich da sehr aufgehoben. Und so habe ich gelernt, weil für die damaligen Verhältnisse schien er mir ein sehr moderner Regisseur. Der dieses ganze Pathos, das da gelegentlich herumgeisterte, gar nicht mochte. Ich würde sagen, er hat mich eigentlich entdeckt. Ich war im Max Reinhardt Seminar, der Manker kam da immer als Gastlehrer. Und der hat mir unheimlich Mut gemacht. Und dann hat er mich für die „Mutter Courage" engagiert. Und ich hatte sonst sehr große Probleme im Seminar. Das lag aber nicht am Seminar, sondern an mir, weil ich ein bisschen verwahrlost war zu der Zeit. Bin dann auch geflogen, zwischenzeitlich, weil ich mich da irgendwie ein bisschen blöde aufgeführt habe. Dann war ich auch verschwunden. Und dann hat der Manker gesagt: „Ja wo ist denn der, ich brauch den doch für dieses Stück!" Da war ich natürlich hocherfreut, dass er sich auch nichts draus machte, dass ich da geflogen war. Und dann haben wir diese „Mutter Courage" gemacht. Das war damals für Wien sehr spannend, weil es das erste größere Theater war, das sich für Brecht einsetzte. Und das war mutig von dem Manker und hat mich natürlich sehr gefreut. Das hat natürlich sehr viel Selbstbewusstsein gegeben. Leider haben wir nie wieder zusammengearbeitet. Ich habe dann mit Neuenfels, mit Peymann gearbeitet, später kam dann der Zadek. Aber es ist lustig, dass man jetzt in der zweiten Generation wieder zusammengeht, weil mit dem Paulus habe ich gespielt. Und der Paulus ist eben auch ein vom Zadek sehr bevorzugter Schauspieler. Insofern ist es ganz schön, da schließt sich wieder ein Kreis.

HEINZ PETTERS, Schauspieler

Er war ein Mann, der überhaupt nichts aus sich gemacht hat. Aber null. Sein Leben hat sich abgespielt zwischen Cafe Raimund und Volkstheater. Wenn er auf einem Empfang war, ist er irgendwo gestanden, unbemerkt. Publicity null. Er ist ins Cafe Raimund gegangen, hat immer den Grantscherben gespielt. Das war eine Waffe von ihm, dass er immer so grantig war, dass ihn die Leute nicht zuviel angeredet haben. Er hat aus sich null gemacht. Er wäre ja der idealste Theaterleiter gewesen, den es gegeben hat, aber er war ja viel zu gutmütig. Künstlerisch war er die ideale Person für einen Theaterleiter, aber im Management – er hat auch nicht so lügen können, wie die alle lügen. Er war viel zu gutmütig für einen Theaterdirektor. Und die Leute haben ihm dann leid getan. Und das geht nicht. Ein Theaterdirektor muss auch grausam sein können. Das war er nicht, als Direktor. Als Regisseur war er schon grausam. Da hat er gesagt: „Das will ich haben – und aus." Und er hat auch nicht nachgegeben.

MARIA URBAN, Schauspielerin

Was mir auch sehr gefallen hat, er hat versucht bis zuletzt das Beste, und möglichst viel herauszuholen. Wenn er dann kurz vor der letzten Probe gesehen hat, man bringt es nicht, dann hat er gesagt: „Jetzt müssen wir es unschädlich machen." Er hat dann die Dinge, die man nicht umsetzen konnte, eliminiert. Damit man nicht merkt, dass man etwas nicht kann, und nur das über die Bühne kommt, was man wirklich umsetzen kann.

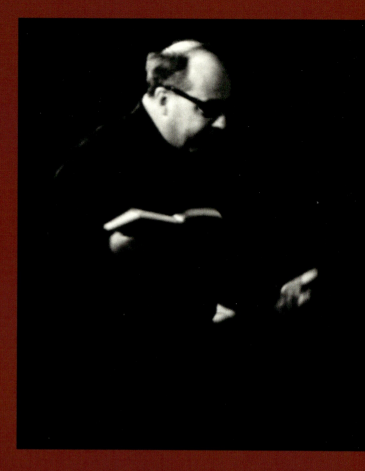

HILDE SOCHOR, Schauspielerin

Wir hatten halt in Wien einfach unseren Sitz und wir sind beide, auch mein Mann war ein eingefleischter Österreicher und Wiener, und wir hatten da unsere Wohnung wir hatten hier unsere Kinder und wir sind auch im Beruf immer zusammen gewesen. Und wir hatten die Möglichkeit, nicht nur in derselben Stadt sondern sogar am selben Theater zu arbeiten. Und wir haben uns in der Hinsicht völlig verstanden und ich habe mich auf ihn verlassen, also wenn er gesagt hat „das is' schlecht" oder „das is' gut".

Natürlich sind auch öfters die Fetzen geflogen. Wenn ein Besetzungszettel herausgekommen ist (damals war das ja noch so, dass man nicht gewusst hat, spielt man oder spielt man nicht, heute wird man ja mehr gefragt) haben die Kollegen geschaut: „spielt die Guggi mit?" (das ist mein Freundschafts- oder Spitzname) und wenn sie gesehen haben sie spielt mit waren sie glücklich, denn sie haben gewusst, an wen es ausgeht, wenn etwas passiert. Und wenn ich nicht mitgespielt habe wurde gerätselt: „Wer wird es sein?" Und immer war ich diejenige, und ich habe immer gefragt: „Warum immer ich? Ich will doch nur behandelt werden wie alle anderen!" Und er hat gesagt, er weiß, bei den anderen ist Schluss, da kann ich nicht mehr verlangen und er hat auch immer gesagt: „Die Begabung eines Regisseurs liegt daran die Stärken aus einem Schauspieler herauszuholen und die Schwächen zu verdecken. – Aber bei dir will ich halt, dass es immer noch besser wird, bei dir will ich eben das Äußerste erreichen."

Ich würde heute niemandem raten, so lang an einem Theater zu bleiben und sich so zu binden und nicht wegzugehen. Aber es war halt so eine besonders glückliche Situation, dass wir uns so verstanden haben, auch im Beruf, also auch im Künstlerischen. Ich hab mich ihm 150-prozentig ausgeliefert, auch bei allen Experimenten, die er dann später gemacht hat.

MICHAEL HELTAU, Schauspieler

Können und Vision, würde ich sagen. Unendliches handwerkliches Können. Ich kenne nach Giorgio Strehler keinen, der ein Arrangement machen konnte, ein szenisch-choreographisches Arrangement, das so funktionierte wie bei Manker. Ich habe immer gesagt: die wichtigsten Personen, die mir begegnet sind, das waren der Giorgio Strehler und der Gustav Manker. Das ist gar keine Frage. Und da waren immerhin Piscator und Lindtberg und eigentlich alle in der Zeit dabei, die man nur haben konnte. Aus der Distanz, die wir jetzt haben, müssen wir vieles korrigieren, was einfach in der Zeit, wie er da war, nicht auf jenen Platz gestellt wurde, wo es meines Erachtens hingehört. Zu seiner Zeit wurde – aus welchen Gründen auch immer – das Volkstheater und auch die Arbeit Mankers zwar sehr oft von der Presse positiv bewertet, aber immer unter dem Aspekt „Volkstheater". Ich habe an allen Wiener Theatern gespielt, und zwar mehr oder weniger gleichzeitig. Und da habe ich immer wieder gesehen, wie leicht man es sich macht mit der Einteilung: Burgtheater, Josefstadt, Volkstheater.
Während der Manker absolut die wichtigste Regiepersönlichkeit war, die es in der Zeit gegeben hat in Wien. Das war noch in der Ära Epp. Als Theatermann in Kontinuität an einem Haus arbeitend, und mit Mitteln und unter Bedingungen, die man ja gar nicht vergleichen konnte mit den Möglichkeiten des Burgtheaters oder der Josefstadt, ist dort so viel mehr geschehen. Und zwar nur durch den Manker.
Vorstellungen wie „Troilus und Cressida" oder „Hamlet" – da war nicht nur ein Gast Heltau oder die phänomenale Kitty Speiser, sondern dass das Ganze auf einer Höhe war, das war die Außergewöhnlichkeit dieses Regisseurs.

KITTY SPEISER, Schauspielerin

Bei ihm als Regisseur hatte man einen ganz großen Freiheitsraum. Er hat dich auch nie zu etwas gezwungen. Er hat diese Begabung gehabt, die Menschen sanft hinzuleiten. Dass dann doch das rauskommt, was er sich vorgestellt hat. Er hat einfach auf einen geschaut. Wie weit deine Begabung, wie weit dein Können ist. Er hat einen nicht ins Messer laufen lassen, weil du halt jetzt 25 Jahre alt bist, und kannst jetzt was weiß ich spielen – und dann geht es sich nicht aus. Sondern er hat ganz genau aufgepasst.
Sehr schön für mich war das Christopherl, im „Jux". Das hat mich sehr gefreut. Weil das hätte ich normalerweise eben nicht gespielt. Man würde sofort denken Nestroy: Swoboda, Schmidinger. Das war schön, dass er das auch probiert hat. Was auch schön war, man konnte immer bei der Direktion klopfen und sagen: „Ich muss den Direktor sprechen!" Und er war immer da. – „Wieso spiele ich das nicht?" – „Nein, das ist jetzt noch zu früh für dich." – Eine väterliche Strenge, aber sehr behutsam. Wenn irgendwas nicht so war, wie er sich das vorgestellt hat, dann konnte er auch sehr ungeduldig werden. Hat dann manchmal auch gebrüllt: „Was ist jetzt los? Was fällt euch ein?" Aber alles immer in einer Form, dass man einfach wusste, er liebt einen, er liebt die Schauspieler.
Wichtig war für mich der Schnitzler-Zyklus. Beim 2. Akt im ‚Märchen', das ist so eine intime Geschichte bei ihm im Hause, hat der Manker während der Probe gesagt: „Was ist denn da…?!" Und eigentlich hat er uns sehr getriezt. Und dann habe ich gesagt: „Ich weiß, was das ist. Die Bühne ist zu groß. Das ist alles wie ein Reitsaal, es kann keine Intimität entstehen." Und er hat das dann auch mit dem Bühnenbildner so umgeändert, dass das dann doch intimer geworden ist. Solche Sachen konnte man immer mit ihm austragen. Das war alles kein Problem, weil es für die Sache gewesen ist. Nie ohne Zuneigung war.

PAUL BLAHA, Theaterkritiker und Direktor

War Gustav Manker politisch ein konservativer Mensch? Ich kann mir vorstellen, dass er als Antinazi, Antifaschist, das dürfte er wohl wirklich gewesen sein, dass er da aus dieser Zeit, also noch vor 1945, den Kommunismus als Kombattanten akzeptiert hat im Kampf gegen die Nazis, auch einzelne Kommunisten. Er war sicher 1945 als Gründungsmitglied der Scala mit dem Kommunismus in einer Beziehung. Sein Intellekt hat es ihm möglich gemacht, sich mit dem Kommunismus nicht zu identifizieren, aber auseinanderzusetzen. Das ist aber irgendeinmal verschwunden. Ab wann weiß ich nicht. Am Anfang galt er wie der Haenel als Freund der Scala und daher als Kommunist, was er vielleicht als junger Mensch eher war als später. Später war er sicher konservativ.
Er war ein fanatischer Theaterregisseur, der auch als Antikommunist die ‚Mutter Courage' gemacht hat. Das hat ihm dann gefallen. Die Ideologie war ihm völlig wurscht. Diese Politikverweigerung ist ja auch ein politischer Akt. Als konservativ denkender Mensch hat er Politik verweigert. Was eine politische Äußerung ist. Gerade er, der den Nestroy so scharf, so politisch gemacht hat. Er hat es getan, des Stückes wegen, des Textes wegen, der Texttreue wegen. Er hat den Leuten gerne Paprika gegeben, er hat gerne provoziert. Aber es war ihm kein politisches Anliegen. Ganz im Gegenteil. Das hat er verabscheut.
Manker war als Nestroy-Inszenator unumstritten. Es gab damals ja drei Nestroymöglichkeiten in Wien. Die eine war die Burgtheaterversion, die der Leopold Lindtberg gemacht hat, die viel zu verspielt und verhübscht war. Und die zweite Version war Nestroy in der Josefstadt. Das waren Zuckerlveranstaltungen. Und der Volkstheater-Nestroy, das war Manker. Der war realistisch, spröde, ungeschminkt.

VERA BOREK, Schauspielerin

Mein Mann, Helmut Qualtinger, und ich haben Manker ausgesprochen geliebt. Qualtinger fand den Manker sehr anregend, es war auch so eine „literarische Begegnung" zwischen den beiden. Die konnten natürlich über alles reden. Sie kannten sich schon in ganz jungen Jahren, in Kriegszeiten. Da war ihre erste Begegnung, ich glaube in einem Bunker. Für uns war der Manker so eine feste Komponente. Der Manker war ja auch unendlich gebildet und belesen. Wenn der gesagt hat, das ihm etwas gefallen hat, da konnte man sich was einbilden. Er konnte bösartig sein, überaus ironisch, aber mit Charme und wirklich witzig und treffend.
Manker war ein wunderbarer Direktor. Diese Pflege von Nestroy und den österreichischen Autoren habe ich nie mehr so schön und wunderbar gesehen. Und wie er sich gekümmert hat um die Leute, wie er sie begleitet und aufgebaut hat. Das ist jetzt nicht mehr so üblich. Und man konnte von ihm lernen, das ist das Wichtigste. Man konnte ihm vertrauen. Wenn er was gesagt hat, dann hatte das Hand und Fuß. Dazu kommt, dass der Manker sehr musikalisch war. Ich sehe ihn noch mit dem jungen Orchester in Hamburg, da hat er Wiener Schwung reinzubringen versucht. „Das Haus der Temperamente" war das und ist in Hamburg phänomenal angenommen worden. Zwei Jahre, zwei Spielzeiten ist keine Karte zurückgekommen. Das hat wie eine Bombe eingeschlagen!
Er verschwand manchmal bei den Proben und wieselte in Hamburg herum. Und ich habe mich gewundert. Und dann hat sich herausgestellt, dass er andauernd für seine Familie eingekauft hat in den Kaufhäusern. Berge von Klamotten. Er war so süß mit seinen Kindern. Ganz zauberhaft fand ich das.

WOLFGANG HÜBSCH, Schauspieler

Sie werden kaum einen Schauspieler treffen, der mit ihm gearbeitet hat, der sagt, der Manker hätte ihn nicht geprägt. Für mich ist das, was er von den Schauspielern verlangt hat, nämlich die Genauigkeit in den Text hinein, in die Szene hinein, und weg von allen Mätzchen, das ist für mich bis heute verbindlich. Er war ein Feind aller Mätzchen. Und er hat keine große Mühe gebraucht, mich dahingehend zu erziehen, weil ich selber nicht die Veranlagung habe zu Mätzchen. Ich habe mich total an dem orientiert, was er verlangt und empfohlen hat. Es war dann so einfach. Manker war etwas, was ich besonders geschätzt habe: er war unverschmockt. Er hat eine Szene ganz genau analysiert – und hat dann nichts anderes gemacht, als diese Szene inszeniert, wie sie gehört. Ohne Kinkerlitzchen. Er hat die Leute nicht bedient. Seine Wirkung war nicht so sehr nach außen, sondern er war einer, der wirksam wurde auf den Einzelnen.

Manker hat sich nicht selber inszeniert. Darum ist er für die, die mit ihm gearbeitet haben, wichtig gewesen. Und für Zuschauer, für Leute, die genau hingeschaut haben und gesagt haben: „So gefällt es mir besser, wie dieses Stück erzählt wird." Bei der Sprache war er sehr genau und sehr streng. Und sehr intelligent. Es war wunderbar, mit ihm zu arbeiten. Man hat sich ihm total anvertraut. Er konnte einen ja auch so glücklich machen als Schauspieler. Wenn er einen dann gelobt hat, dann war das was ganz Besonderes. Für mich war er der wichtigste Regisseur. Ich habe wirklich sentimental an ihm gehangen. Ich habe z.B. den Paulus, der war damals 10 oder 11 Jahre, immer so beneidet, weil der Manker mit ihm immer so nett war. Wenn sie miteinander gegangen sind, hat der Manker immer so seinen Arm um den Paulus gelegt. Da habe ich mir gedacht: so einen Vater hätte ich auch gerne.

GUSTAV MANKER

Es ist das Höchste, was es gibt, großartiges Theater zu machen. Das Jämmerlichste, wenn es schlecht ist.

Theater ist ein einmaliges, künstlerisch großartiges, fabelhaftes, aber nicht rekonstruierbares Ereignis, das nur für den einen Abend lebt, wo es gespielt wird. Und alles andere ist halt nur kleine Reminiszenz. Vor allem meistens für die, die es gesehen haben. Die erinnern sich dann und sagen: „Jaja, das war fabelhaft!" Aber der, der nicht drinnen war, der sagt: „Naja, das ist halt so ein Photo. Was ist denn das für ein Schauspieler…?" Weiß man ja nicht.

Hat auch für Sie als Regisseur dieses einmalige Erlebnis jeden Abend neu stattgefunden?
Natürlich ist man keine Maschine, die Aufführung ist nicht immer gleich. Es gibt Abende, wo das viel weniger gut ist – weil einer nicht einsteigt, weil einer zerstreut ist oder weil er Kopfweh hat, oder was weiß ich. Das ist nicht haargenau rekonstruierbar. Man kann sagen, einmal war die Aufführung fabelhaft – jetzt ist sie mittelmäßig.

Wenn man den Bühnenbildner hernimmt ist das ja noch distanzierter. Denn Sie haben ja nur an einem Prozess zu diesem einmaligen Erlebnis mitgearbeitet.
Assistiert. Als Bühnenbildner habe ich assistiert. Ich habe ein bisschen mitgeholfen, was das Optische betrifft, dem Schauspieler das richtige Milieu zu schaffen.

Und als Regisseur?
Die Schauspieler auf einen Weg zu weisen, der dem Autor entspricht.

Was ist Regie führen?
Dass sie dieses Stück, das sie gelesen haben, und das sie verteilt haben in seinen Rollen, auf die Bühne stellen, indem sie den Leuten sagen, wie sie es spielen sollen. Das genügt schon. Ist schon mehr als genug.

Und wie geht es dabei dem Regisseur?
Der distanziert sich dann natürlich, wenn er fertig ist. Schaut es sich dann noch an, bei der Generalprobe. Und schaut sich das an, was er erreicht hat oder was er nicht erreicht hat. Das gibt es ja auch, dass man sagt: das ist misslungen. Oder: das ist eine schlechte Besetzung. Und das hat nicht den Schwung, den es haben soll. Man kann dann immer noch, sogar am Schluss, ein bisschen korrigieren. Das hat auch der Max Reinhardt gemacht, der hat noch bis zur Premiere gearbeitet. Da sind die Leute schon zur Premiere herein gekommen und haben sich hineingesetzt, und er hat immer noch probiert.

Haben Sie sich die Stücke, wenn sie gelaufen sind, noch öfters angesehen?
Als Direktor ja, als Regisseur nicht. Wenn man dann hineinschaut, sagt man sich: das ist ja gar nicht gut. Man ist ernüchtert. Obwohl es vielleicht gar nicht stimmt. Aber man soll nicht. Ich halt nicht, andere vielleicht schon. Es gibt Leute, die beten sich selber so an, dass sie jeden Tag hineingehen.

Aber wenn dann an dem Punkt die große Ernüchterung kommt, an dem für das Publikum das emotionale Erlebnis stattfinden soll, wo ist dann das Glücksgefühl?
Das Glücksgefühl ist da, wenn der Abend aussergewöhnlich ist. Wenn es ein normaler Abend ist, dann nicht. Aber wenn es ein ungeheures Erlebnis ist, von den Schauspielern kommend, dann bleibt das auch zum Großteil, dann kann man hineingehen. Dann habe ich es mir schon angeschaut. Und dann ist es auch geblieben. Nicht immer gleich.

Aber was war für Sie dann dabei das Erlebnis?
Ich meine jetzt nur den Zuschauer. Nicht den Regisseur. Jeder Zuschauer hat das Erlebnis.

Was haben Sie eigentlich für ein Verhältnis zur Kritik?
Gar keines.

Wenn ich Sie jetzt frage, warum Sie etwas gut finden, und das ist für Sie etwas, was intuitiv stattfindet, dann muss ja das, was nachher durch die Kritiker passiert, etwas sein, was sie überhaupt nicht annehmen können?
Sie müssen sich jetzt einmal informieren und feststellen, dass es überhaupt keine Kritiker gibt. Das sind doch lauter Buben. Das sind doch nur Stammler, die sich Verrisse leisten. Aber es gibt Kritiker, die in die Theatergeschichte eingegangen sind. Große Leute, die müssen Sie lesen! Lesen Sie den Kerr, lesen Sie Herrn Polgar oder lesen Sie den Hermann Bahr. Lesen Sie die mal durch und dann lesen Sie die Tageskritiken – dann wissen Sie, was los ist.

Was ist für Sie der Unterschied?
Dass der eine ein blinder Nebochant ist, wenn ich das sagen darf, und die anderen ihr Metier verstehen.

Worin drückt sich das aus?
Dass sie sich ausdrücken können. Und das sagen können, was sie empfinden, wenn sie drinnen sitzen. Und weil man dadurch viel lernen kann. Früher konnte man von einer Kritik sagen: Der hat recht! Wunderbar – habe ich nicht gesehen, sehr gut, großartig. Der ist dann besser als der Regisseur. Und der weiß auch: das ist ein guter Schauspieler – und das ist ein schlechter. Und das können sie heute überhaupt nicht. Sind lauter Dilettanten, die das machen.

STÜCKE

Abel, wo ist Dein Bruder? (Edlis) 414
Abenteuer des braven Soldaten Schwejk, Die (Hašek/Brod) 286
1848 (Saßmann) 29
Agnes und Johanna (Sebestyén) 460
Alles um Geld (Jonson), *siehe* Volpone
Alpenkönig und der Menschenfeind, Der (Raimund) 316, 318, 319, 346, 466
Amerika (Kohout/Kafka) 490
Anatol (Schnitzler) 484
Andacht zum Kreuze, Die (Calderon) 47
Androklus und der Löwe (Shaw) 314
Antigone (Anouilh) 11, 178, 230, 238, 421
Anuschka, Die (Fraser/Brandt) 229
Aphrodite ist meine Frau (Menzel) 168
Arrest (Landovsky) 493
Arzt am Scheideweg, Der (Shaw) 418
Aschenbrödel (Bürkner) 84, 100
Aufruhr im Damenstift (Breidhal) 308
Ausgangstag, Ein (Fischer) 342
Axel an der Himmelstür (Benatzky) 76, 82
Bacchus (Cocteau) 316, 317
Bajazzo, Der (Leoncavallo) 517
Barometermacher auf der Zauberinsel, Der (Raimund) 223, 233, 242, 469, 486, 488
Baron Trenck der Pandur (Groh) 150, 154, 155
Bauer als Millionär, Der (Raimund) 144, 145, 268, 269, 272, 346, 356, 410, 447, 460, 464, 493
Baumeister Solness (Ibsen) 238, 239
Bäume sterben aufrecht (Casona), *siehe* Illusionen
befreite Don Quijote, Der (Lunatscharski) 230
Bei Anruf – Mord (Knott) 246, 316
beiden Nachtwandler, Die (Nestroy) 384
beiden Veroneser, Die (Shakespeare) 52, 53
Belagerungszustand, Der (Camus) 304
Bessie, Bob & Co. (Huxley) 84
Besuch der alten Dame, Der (Dürrenmatt) 330
Biberpelz, Der (Hauptmann) 314
Biedermann und die Brandstifter (Frisch) 372, 373
Blanka von Kastilien (Grillparzer) 346
Blaufuchs, Der (Herczeg) 84
Blick zurück im Zorn (Osborne) 346, 347
Bogen des Odysseus, Der (Hauptmann) 276
böse Geist Lumpazivagabundus, Der (Nestroy) 244, 324, 340, 341, 356, 404, 484
Brave Leut' vom Grund (Anzengruber) 394
Brücke von Mantible, Die (Calderon) 46
Büchse der Pandora, Die (Wedekind) 298, 370, 371, 376
Bunbury oder Eine triviale Komödie (Wilde) 32, 58
Camino Real (Williams) 326, 328
Change (Bauer) 13, 428, 430, 456, 535, 536, 540
charmante Frau, Eine (Lonsdale) 278
Chauffeur der gnädigen Frau, Der (Lenz) 76
chinesische Mauer, Die (Frisch) 330, 331
Christinas Heimreise (Hofmannsthal) 288
Clavigo (Goethe) 228, 330
Cocktail Party, Die (Eliot) 284, 295
Cyrano von Bergerac (Rostand) 29
Dantons Tod (Büchner) 368, 369, 486

Delila (Molnár) 84, 100
Demetrius (Hebbel) 128, 180, 182–189
deutsche große Welttheater, Das (Scholz) 210, 212, 213
deutschen Kleinstädter, Die (Kotzebue) 34, 58
deutsches Weihnachtsspiel, Ein (Falckenberg) 40, 58 Siehe
Diamant, Der (Hebbel) 182
Diamant des Geisterkönigs, Der (Raimund) 11, 178, 181, 218–222, 242, 484
Doktor und die Teufel, Der (Thomas) 368
Don Carlos (Schiller) 76, 78, 79, 80, 81, 83, 84, 100, 240, 290, 384, 406, 407
Don Juan oder Die Liebe zur Geometrie (Frisch) 490
Don Juans Regenmantel (Schmitt) 76
Dorf ohne Männer, Ein (Horváth) 316
Dorf und die Menschheit, Das (Kay) 172
Draußen vor der Tür (Borchert) 490
Dreigroschenoper, Die (Brecht/Weill) 64, 290, 440, 444
dreimal tote Peter, Der (Sling) 58
Drei Paar Schuhe (Bin/Friese) 142, 143
Dreißig Jahre aus dem Leben eines Lumpen (Nestroy) 410
3. November 1918 (Csokor) 488, 490
Dr. med. Hiob Prätorius (Goetz) 84, 100
Dr. Stieglitz (Friedmann/Nerz) 63
Egmont (Goethe) 29
Ehe des Herrn Mississippi, Die (Dürrenmatt) 312, 313
Eiche und Angora (Walser) 382
Eisheiligen, Die (Pohl), *siehe* Schach der Eva
Eismann kommt, Der (O'Neill) 320, 322
Elfenbeinturm, Der (Behrmann), *siehe* Lustspiel in Moll
Elfte aus der Reihe, Der (Corra/Achille) 172
elfte Juni, Der (Holberg) 36, 58
Elisabeth von England (Bruckner) 210, 320, 326
Entführung aus dem Serail, Die (Mozart) 366, 368
Erde (Schönherr) 76, 83, 172
Es gibt keine Zufälle (Solt) 246
Fährten (Bruckner) 410, 411
Fall Mary Dugan, Der (Veiller) 282
Familie Schimek (Kadelburg) 84
Faust (Goethe) 13, 17, 18, 23, 28, 29, 31, 38, 69, 70, 76, 227, 332, 334, 336, 352, 404, 428, 466, 472, 473
Faust in ursprünglicher Gestalt (Goethe), *siehe* Urfaust
Favoritin, Die (Groh) 330
Feenball, Der (Nestroy) 340
Feind des Volkes, Ein (Ibsen), *siehe* Volksfeind, Ein
Feuerwasser (Becher) 246, 316
Figaros Hochzeit (Beaumarchais/Ophüls), *siehe* toller Tag, Ein
Finanzamt, Das (Lernet-Holenia) 430
Finden Sie, daß Constanze sich richtig verhält? (Somerset-Maugham) 281
Firma (Hemar) 76
Flagranti (Lernet-Holenia) 484
Fleck auf der Ehr', Der (Anzengruber) 368
Fliegen, Die (Sartre) 260, 261
Flitterwochen (Helwig) 134
Floh im Ohr, Der (Hedler) 172
Florentinerhut, Ein (Labiche) 486
florentinische Tragödie, Eine (Wilde) 36
Fluglegende (Ander) 196, 196–199, 197, 198, 199, 201

François, der Henker wartet (Schwarz) 484
Frankie und die Hochzeit (McCullers) 283, 295
Frau des Potiphar, Die (Lernet-Holenia) 247
Frauen, die man umarmt (Montherlant) 414
Frau Suitner (Schönherr) 208, 374, 484, 485
Frau Warrens Gewerbe (Shaw) 172, 204, 300, 320, 336, 356
Frau Wirtin (Goldoni), siehe Mirandolina
Freie Bahn dem Tüchtigen (Hinrichs) 76, 82
Freiheit der Stadt, Die (Friel) 484
Freiheit in Krähwinkel (Nestroy) 486
Freiwild (Schnitzler) 447, 464, 466
Frist, Die (Dürrenmatt) 486
Frühere Verhältnisse (Nestroy) 480, 490
Frühlings Erwachen (Wedekind) 298, 368, 370, 374, 375
Frühlingswind (Botay) 178
Fuhrmann Henschel (Hauptmann) 326
fünf Karnickel, Die (Pohl) 174
Furchtsame, Der (Hafner) 484
Gangster, Der (Shaw) 282
Garten der Jugend (Rittner) 84, 100
Garten Eden, Der (Oesterreicher/Bernauer) 320
Gefährliche Wahrheit (Priestley) 230, 234
gefesselte Phantasie, Die (Raimund) 242
Gegen Torheit gibt es kein Mittel (Nestroy) 458, 464, 466
Geizige, Der (Molière) 374
gelehrten Frauen, Die (Molière) 36, 58
George und Margaret (Savory) 84
Georg Forster (Luitpold) 348
Gerechten, Die (Camus) 286
Geschäft mit Amerika (Frank) 84
Geschichten aus dem Wiener Wald (Horváth) 270–277, 310, 416, 416–418, 537
Geschichte von Abaelard und Heloise, Die (Miller) 464, 466
Gesellschaft (Galsworthy) 486
Gespenster (Ibsen) 10, 238, 240, 257, 384, 493
Gestiefelte Kater, Der (Bauer) 76, 83
gestrige Tag, Der (Huttner) 303, 304
getreue Johannes, Der (Boese/Grimm) 192, 194, 518
Gewürzkrämerkleeblatt, Das (Nestroy) 458, 460, 462, 463, 466, 479, 481, 486
Gigant, Der (Billinger) 164
gläserne Pantoffel, Der (Molnár) 234, 238, 239, 244, 245
Glasmenagerie, Die (Williams) 342
Glas Wasser, Das (Scribe) 376
Glaube und Heimat (Schönherr) 134, 280
Glück fällt vom Himmel, Das (Walfried) 134, 181
Glück im Winkel, Das (Sudermann) 76
Glückliche Tage (Beckett) 364, 376, 382
Glück und Glas (Steguweit) 134
Glück wohnt nebenan, Das (Gribitz) 76, 82
goldene Anker, Der (Pagnol) 282
goldene Vliess, Das (Grillparzer) 160, 180
Goldene Wolken (Gottwald) 136

Gomez Arias Liebchen, Des (Calderon) 46
Götz von Berlichingen (Goethe) 20, 512
Grasharfe, Die (Capote) 334
Groß-Cophta, Der (Goethe) 372
große Gast, Der (Hansen) 286
große Welttheater, Das (Calderon) 18, 210, 312
grüne Kleid, Das (Jope-Slade) 84
G'spenst auf der Bastei, Das (Nachmann) 238–241
Gudruns Tod (Schumann) 218
Guerillas (Hochhuth) 246, 440, 444
gute Mensch von Sezuan, Der (Brecht) 299, 420, 488, 489
G'wissenswurm, Der (Anzengruber) 262, 336
Gyges und sein Ring (Hebbel) 29
Haben (Hay) 11, 178, 227, 228, 229, 257
Haben Sie nichts zu verzollen? (Hennequin/Veber) 282
Hamlet (Shakespeare) 29, 68, 215, 216, 384, 430, 436, 506–509, 543
Hamlet 1603 (Shakespeare) 430, 436
Hamlet in Wittenberg (Hauptmann) 380
Hanneles Himmelfahrt (Hauptmann) 84, 100, 466, 468
Hannibal (Grabbe) 33, 39, 525, 527, 529
Hauptmann von Köpenick, Der (Braunshoff) 21, 22
Haus der Temperamente, Das (Nestroy) 244, 306, 307, 308, 348, 398, 400–403, 430, 558
Haus in Montevideo, Das (Goetz) 242
häusliche Friede, Der (Courteline) 36, 58
Hebamme, Die (Hochhuth) 460, 462
heilige Johanna, Die (Shaw) 204–207, 214, 283, 404
heilige Johanna der Schlachthöfe, Die (Brecht) 299, 404, 405
Heimkehr des Matthias Bruck, Die (Graff) 76, 83
Heimliches Geld, heimliche Liebe (Nestroy) 308, 397, 446, 458, 479
Helden (Shaw) 418
Helfer Gottes, Der (Müller-Einingen) 258
Heller Wahnsinn (Miau) (Fodor) 314
Helm (Michelsen) 404
Herdfeuer (Rabdan nach Mile-Budak) 194, 196, 220, 221
Hermannsschlacht, Die (Grabbe) 116
Heroische Komödie (Bruckner) 238, 430
Herr Hofrat, Der (Rismondo) 250
Herr Puntila und sein Knecht Matti (Brecht) 482, 484
herrschende Klasse, Die (Barnes) 446, 454
Herr Schlögl, Der (Farago), siehe Hunderttausend Schilling
Hilde und die Million (Ertl) 84
Himmel und Hölle (Mortimer) 484
Himmel wartet, Der (Osborn) 238, 239
Hinrichtung, Die (Qualtinger/Merz) 298, 310
Hochverräter, Der (Langenbeck) 128
Hochzeit (Canetti) 428, 440
Höllenangst (Nestroy) 397, 480, 482, 484, 486
Höllenmaschine, Die (Cocteau), siehe teuflische Maschine, Die
Hoppla, wir leben! (Toller) 27
Hotel der Emigration, Das (Bratt) 229
Hotel du Commerce (Hochwälder/Maupassant) 247
Hunderttausend Schilling (Farago) 264

Ich kenne dich nicht mehr (Benedetti) 258
Ich liebe dich (Niewiarowicz) 84
Ihr 106. Geburtstag (Sarment/Loos) 32, 40, 330
Illusionen (Casona) 288
Im Schatten des Turmes (Hauser) 486
Im sechsten Stock (Gehri/Nachmann) 228
Im weißen Rößl (Benatzky) 234, 242
In Ewigkeit Amen (Wildgans) 36, 58, 226
Insel des Friedens, Die (Petrow) 248
Iphigenie (Hauptmann) 276
Iphigenie auf Tauris (Goethe) 276
Jagd nach dem Raben, Die (Labiche) 482
Jakob Leisler, siehe Hochverräter, Der
Jakobowsky und der Oberst (Werfel) 232, 233, 549
Jedermann (Hofmannsthal) 38, 69, 76, 84, 100
Joel Brand (Kipphardt) 404
Johannisfeuer (Sudermann) 84
Johannisnacht (Barrie) 321
Joseph – Der Revolutionär (Weinberger/Makarius) 350
Josephine (Bahr) 350, 351
Journalisten, Die (Freytag) 304, 475, 482
Juarez und Maximilian (Werfel) 29, 292
Jüdin von Toledo, Die (Grillparzer) 376
Jugendfreunde (Fulda) 84
junge Baron Neuhaus, Der (Kamare) 42, 332
junge Medardus, Der (Schnitzler) 281
junger Mann macht Karriere, Ein (Ostrowski) 242
Jungfern vom Bischofsberg, Die (Hauptmann) 192
Jungfrau von Orleans, Die (Schiller) 174–177
Jux will er sich machen, Einen (Nestroy) 281, 392, 397, 477, 482, 493
Kabale und Liebe (Schiller) 40, 58, 62, 64, 65, 264, 266, 284
Kain (Lord Byron) 368
Kaiser Franz Josef I. von Österreich (Duschinsky) 490
Kampf um Neuyork, Der (Langenbeck), siehe Hochverräter, Der
Kampl (Nestroy) 231, 244, 245, 356
Kapellmeister seiner Durchlaucht, Der (Lessen) 220
Karli, Das (Kühnelt) 486
Kasimir und Karoline (Horváth) 63, 64
Katakomben (Davis), siehe Protektionskind, Das
Katharina Knie (Zuckmayer) 286
Käthchen von Heilbronn (Kleist) 29
kaukasische Kreidekreis, Der (Brecht/Dessau) 299, 389, 390
Kean oder Die Unordnung der Dinge (Sartre) 326
Kinder, Die (Bahr) 142, 430
Kind im Kampf (Wegener) 76
Kindsmörderin, Die (Wagner) 404
Kirschblütenfest, Das (Klabund) 32
kleine Café, Das (Benatzky) 490
kleine Hofkonzert, Das (Nick) 68
kleine Liebelei, Eine (Iberer/Hardt-Warden) 182
kleine Muck, Der (Burggraf) 84, 100
Kleines Bezirksgericht (Bielen) 84, 100
Kleines Genie (Bielen) 326
kluge Mann, Der (Sarauw) 196
Kolportage (Kaiser) 278, 321, 484

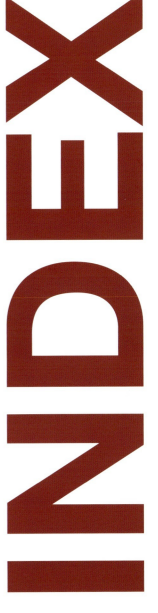

INDEX – STÜCKE

Komet, Der (Kremser) 136–141
Komische Leute (Patrick) 290
Kommandant, Der (Mihajlovic) 482
Komödie der Verführung (Schnitzler) 406
König Heinrich IV. (Shakespeare/Hacks) 490
Königin für tausend Tage (Anderson) 386
Königin Isabella, Die (Rehberg) 168–173
König Lear (Shakespeare) 310
König mit dem Regenschirm, Der (Benatzky) 74, 76, 78, 82
König Nicolo (Wedekind) 298, 370, 392
König Ottokars Glück und Ende (Grillparzer) 147, 154
Konzert, Das (Bahr) 250, 384, 440, 446, 488
Kreuzelschreiber, Die (Anzengruber) 348
Kronprinz Rudolf (Duschinsky) 276
Kuckucksei, Das (Firner) 242, 247, 258
Kühe am Bach (Kamare) 161
Kusinen, Die (Svevo) 493
langen Tages Reise in die Nacht, Eines (O'Neill) 372
Lauter Lügen (Schweikart) 84, 100
Lavendel (Burger) 216
lebenslängliche Kind, Das (Neuner) 76, 83
Leda (Krleža) 484
ledige Hof, Der (Anzengruber) 174
letzte Nacht, Die (Kraus) 225, 226
letzten Tage der Menschheit, Die (Kraus) 11, 178, 225
Leut, Die (Sommer) 456, 466
Libussa (Grillparzer) 372
Lichtenberg (Roth) 464
Liebe ist nicht so einfach (Fodor) 76, 82
Liebe – nicht genügend (Bus-Fekete) 84, 100
lieben Nachbarn und ein Mädchen, Die (Schwarkin) 234
Lieber reich aber glücklich (Arnold & Bach) 76
Liebesg'schichten und Heiratssachen (Nestroy) 396, 397, 402, 477
Lied aus der Vorstadt (Brand/Fraser) 258, 259
Lied der Stummen, Das (Buxbaum) 330
Liliom (Molnár) 64, 308, 310, 311, 446
Lilofee (Hausmann) 136, 181
Lügner und die Nonne, Der (Goetz) 76, 82
Lulu (Wedekind) 370, 376
Lumpazivagabundus (Nestroy), siehe böse Geist Lumpazivagabundus, Der
Lustspiel in Moll (Behrmann) 284, 288
Lysistrata (Aristophanes) 316
Madame Sans Gêne (Sardou) 242, 250, 486
Mädchen Thérèse, Das (Anouilh) 230, 233
Mädchen träumt, Ein (Rice) 268
Mädchen vom Lande, Ein (Odets) 302
Mädl aus der Vorstadt, Das (Nestroy) 392, 484
Maler seiner Schmach, Der (Calderon) 46
Mann, Frau, Kind (Nestroy) 370
Mann mit dem Zylinder, Der (Nebhut) 292
Märchen, Das (Schnitzler) 396, 447, 474, 475, 482, 484, 539
Margarete in Aix (Hacks) 430, 436
Maria Stuart (Schiller) 29, 32, 76, 84, 100, 180, 208, 214, 215, 398, 404
Marquis von Keith, Der (Wedekind) 298, 370, 410
Mascottchen (Bromme/Okonkowski/Steinberg) 76

Maß für Maß (Shakespeare) 29, 446, 447, 458, 459
Matura (Fodor) 76
Medea (Grillparzer) 160, 180, 230
Meeres und der Liebe Wellen, Des (Grillparzer) 225
Meier Helmbrecht (Hochwälder) 247
Mein Bruder Jacques (Gillois) 342, 349
Meine Cousine aus Warschau (Verneuil) 286
Meineidbauer, Der (Anzengruber) 165, 166, 167
Meine Nichte Susanne (Labiche/Adler) 490
Mein Freund (Nestroy) 324, 356
Mein Sohn, der Minister (Birabeau) 76, 292, 293
Meister, Der (Bahr) 484
Melusine (Billinger) 192
Menschen im Hotel (Baum) 288, 356
Menschen in Weiß (Kingsley) 304
menschliche Antlitz, Das (Wildgans/Kraus) 226
Mensch und Übermensch (Shaw) 258, 326
Miau (Fodor), siehe Heller Wahnsinn
Michael Kramer (Hauptmann) 76, 83
Michael Servetus (Luitpold) 302
Millionärin, Die (Shaw) 466
Minna von Barnhelm (Lessing) 29, 40, 58, 192, 484
Mirandolina (Goldoni) 13, 190, 195, 196, 215, 302, 428
Miss Sara Sampson (Lessing) 344, 352
Moisasurs Zauberfluch (Raimund) 144, 493
Moldau-Schiffer, Die (Hašek) 62
Morast (Kohout) 493
Mörder, Der (Goetz) 58
Musik (Wedekind) 298, 381
Mutter Courage und ihre Kinder (Brecht/Dessau) 299, 380, 382, 383
Mutterliebe, Die (Strindberg) 36, 58
Mysterienspiel (Weismantel) 37, 50, 51
Nächtliche Einkehr (Hauptmann) 134
Napoleon in New Orleans (Kaiser) 282, 284, 286, 287, 292
Nashörner, Die (Ionesco) 490
natürliche Tochter, Die (Goethe) 460, 464
Neun Offiziere (Fraser) 74, 76, 82
1913 (Sternheim) 374
Nobelpreis, Der (Bergmann) 68
Nora (Ibsen) 282
Odysseus muß wieder reisen (Klinger) 320
Ollapotrida (Lernet-Holenia) 484
Olly-Polly (Arnold & Bach) 76
Olympia (Molnár) 490
Onkelchens Traum (Lederer/Dostojewski) 482
Onkel Emil, Onkel Kuno und der Onkel Hannibal (Braun) 64
Onkel Wanja (Tschechow) 154, 230
Operette (Gombrowicz) 428, 490
Othello (Shakespeare) 332
Panamaskandal (Möller) 106–113
Parasit, Der (Schiller) 310, 312, 313, 314, 493
Parforce (Lernet-Holenia) 266, 267
Pariserinnen (Benatzky) 84
Parkstraße 13 (Ivers) 84
Parsifal (Wagner) 26, 29
Passagier ohne Gepäck, Der (Anouilh) 334
Patriot, Der (Neumann) 334, 335

Peer Gynt (Ibsen) 29, 376, 394, 524, 525, 526
Pension Schöller (Laufs) 208
Peter und der Wolf (Prokofjew) 278
Pfarrer von Kirchfeld, Der (Anzengruber) 276
Pfeifer von Wien, Der (Becher/Preses) 283
Pferd, Das (Hay) 466, 475
Philotas (Lessing) 414
Preispokal, Der (O´Casey) 314
Prinzessin von Tragant, Die (Straus) 530
Professor Bernhardi (Schnitzler) 396, 412
Prometheus (Goethe) 20
Protektionskind, Das (Davis) 196, 224
Prozess, Der (Kafka/Gide/Barrault) 282, 300
Pygmalion (Shaw) 280, 464
Querulant, Der (Bahr) 278
Radetzkymarsch (Roth) 484
Raskolnikoff (Dostojewski/Lieblein) 310, 421, 430
Ratten, Die (Hauptmann) 295, 300, 418, 419
Rattenfänger, Der (Zuckmayer) 482
Raub der Sabinerinnen, Der (Schönthan) 29, 204, 264, 278, 292
Räuber, Die (Schiller) 13, 24, 118, 118–125, 210, 354–359
Räuber, Die (Verdi) 386, 387
Rebecca (du Maurier) 290
Regenmacher, Der (Nash) 326
Regen und Wind (Hodge/Sierck) 76, 82
Reichsein ist alles (Fodor) 320
Reigen (Schnitzler) 310, 406
Reise des Herrn Perichon, Die (Labiche) 484
Reiter, Der (Zerkaulen) 144, 181
reizende Wirtin, Die (Goldoni), siehe Mirandolina
Reporter, Der (Hecht) 58
Requiem für eine Nonne (Faulkner) 330
Revisor, Der (Gogol) 76, 78, 82, 83, 248, 249
Richard II. (Shakespeare) 29
Richter von Zalamea, Der (Calderon) 101, 150–153, 180, 210
Rienzi (Wagner) 511
Ringstrassen-Melodie (Weys/Schott-Schöbinger) 178, 181
Robinson soll nicht sterben (Forster) 128
Romeo und Julia (Shakespeare) 29, 362, 440, 444
Romulus der Große (Dürrenmatt) 397
Rose Bernd (Hauptmann) 76, 190, 191, 320
Rosmersholm (Ibsen) 412
rote Salon, Der (Kremser) 218
Rothschild siegt bei Waterloo (Möller) 68
Roulette (Kohout) 482
Rozznjogd (Turrini) 13, 428, 440, 444, 451, 452, 457, 535
Saat ist grün, Die (Williams) 277
Salzburger große Welttheater, Das (Hofmannsthal) 29
Samurai (Jelusich) 196, 202, 203
Sappho (Grillparzer) 376, 528
Sauschlachten (Turrini) 13, 428, 444, 446, 452, 455
Schach der Eva (Pohl) 144, 161
Schelm von Limburg, Der (Berger) 292
Schieber des Ruhms (Pagnol/Nivoix) 312
Schiffer nächst Gott (Hartog) 277
Schlageter, ein deutscher Held (Eckerskorn) 22

schlimmen Buben in der Schule, Die (Nestroy) 397, 480, 490
schmutzigen Hände, Die (Sartre) 490
Schneewittchen (Görner) 84, 100
Schneider im Schloss, Der (Armont/Marchant) 76, 82
Schneider Wippl (Müller-Schlösser) 284
schöne Helena, Die (Offenbach) 277, 346, 446
schönste Tag, Der (Morucchio) 342, 344
Schützling, Der (Nestroy) 244, 314, 315
Schwan, Der (Molnár) 282, 382
Schwanenweiß (Strindberg) 482
Schwarzrote Kirschen (Hunyadi) 84, 100
Schwarzwaldmädel (Neidhart/Jessel) 76, 82
Schwierige, Der (Hofmannsthal) 382
Sechs Personen suchen einen Autor (Pirandello) 32
Sehnsucht nach Henry (Lantz) 62
Seltsames Zwischenspiel (O´Neill) 344
Sensationsprozess (Wool) 58
sieben Todsünden, Die (Kranewitter) 168, 181
Silvester oder Das Massaker im Hotel Sacher (Bauer) 13, 428, 446, 454, 455, 457
Skup, der Geizige von Dubrovnik (Držic) 436
Sommernachtstraum, Ein (Shakespeare) 29, 128–133, 180, 486
Sonnenfinsternis (Kingsley/Koestler) 342, 344
Spiel ist aus, Das (Sartre) 356
Spiel mit dem Feuer (Kremser) 168
Spiel vom lieben Augustin, Das (Stolz/Becher/Preses) 308
Sprintorgasmik (Pevny) 440, 535, 558
Sprung aus dem Alltag, Der (Zerkaulen) 196
Spuk im Hause Condomine (Coward/Goetz) 260
Stadtpark (Schubert) 282
Stallerhof (Kroetz) 454
Stellvertreter, Der (Hochhuth) 299
Sturm, Der (Shakespeare) 68
Sturm im Wasserglas (Frank) 282
Stützen der Gesellschaft, Die (Ibsen) 283
Suezkanal (Rehberg) 154, 158–161
Talisman, Der (Nestroy) 244, 268, 290, 291, 302, 310, 356, 370, 430, 432, 433, 434, 435, 478, 536
tapfere Schneiderlein, Das (Bauer) 76, 82
Tartuffe (Molière) 316, 460
Teufel, Die (Whiting) 412
Teufel und der liebe Gott, Der (Sartre) 344
teuflische Maschine, Die (Cocteau) 420
Timon (Bruckner) 262, 263
Timon von Athen (Shakespeare) 460
Tochter der Luft, Die (Calderon) 44
toller Tag, Ein (Beaumarchais) 466
tollste Tag, Der (Turrini) 13, 428, 444, 455, 456, 460
Tote Seelen (Hudecek/Lexa) 484
Transaktion, Die (Lernet-Holenia) 446, 458
Traube in der Kelter (Billinger) 286, 295
Traum, ein Leben, Der (Grillparzer) 247
Träume von Schale und Kern, Die (Nestroy) 413
Trenck der Pandur (Groh), siehe Baron Trenck der Pandur

treuer Diener seines Herrn, Ein (Grillparzer) 160, 163
Troerinnen des Euripides, Die (Sartre/Euripides) 412
Troilus und Cressida (Shakespeare) 384, 385, 397, 543
Tropen (Herbert) 36, 58
Tross und Tobby (Garai/Arvay) 64
Turm, Der (Hofmannsthal) 352, 353
Über allen Zauber Liebe (Calderon) 45
Ulla Winblad oder Musik und Leben des Carl Michael Bellmann (Zuckmayer) 324
Umsonst (Nestroy) 324, 397, 458, 466, 468, 475, 479
Unbekannte aus der Seine, Die (Horváth) 438, 440, 441, 446
Unbestechliche, Der (Hofmannsthal) 430, 446
unentschuldigte Stunde, Die (Nachmann) 225
Unsere kleine Stadt (Wilder) 320, 482, 484
Unter dem Milchwald (Thomas) 344
Unverhofft (Nestroy) 316
Urfaust (Goethe) 332, 475
Verbannung aus dem Zauberreiche, Die (Nestroy), *siehe* Dreissig Jahre aus dem Leben eines Lumpen
Verbrecher, Die (Bruckner) 386
Vergeltung, Die (Jollos) 83
Vergewaltigt am Abend (Bruckner) 456, 486
verkaufte Großvater, Der (Hamik) 172
Verliebtes Dreieck (Füssel/Lang) 216
Versäumte Stunden (Gray) 493
Verschwender, Der (Raimund) 280, 326, 352, 356, 378, 482
Verschwörung des Fiesco zu Genua, Die (Schiller) 18, 29
Versprich mir nichts (Rissmann) 84, 100
Verwirrung der Jugend (O'Neill) 246
Via Mala (Knittel) 84, 164
Viel Lärm um nichts (Shakespeare) 142, 376
vier Gesellen, Die (Huth) 142
vierte Gebot, Das (Anzengruber) 78, 286, 299, 300, 430, 436
Vier Temperamente (Hindemith) 278
Viktoria (Somerset-Maugham) 286
Volksfeind, Ein (Ibsen) 250, 251, 448
vollkommene Ehe, Die (Raphaelson) 250
Volpone (Jonson) 192, 194, 230, 231
Vor der Entscheidung (Hellman) 240, 241
Vor Sonnenaufgang (Hauptmann) 24
Vroni Mareiter (Franchy) 161
Waber, De (Hauptmann), *siehe* Weber, Die
Wahnsinnig glücklich (Zenker) 482, 484
Wallenstein (Schiller) 23, 28, 29
Wanze, Die (Majakowski) 486, 488
Warum lügst Du, Cherie? (Lengsfelder/Tisch) 76, 83
Was haben vom Leben (Wippersberg) 452, 456, 484, 551
Was Ihr wollt (Shakespeare) 264, 265, 334
Wassa Schelesnowa (Gorki) 490
Wauwau, Der (Hodges/Percyval) 246
Weber, Die (Hauptmann) 24, 464
Weder Lorbeerbaum noch Bettelstab (Nestroy) 466
Weh dem, der lügt (Grillparzer) 234, 412, 551
Weiningers Nacht (Sobol) 14, 493, 500, 551

weiße Heiland, Der (Hauptmann) 302
weite Land, Das (Schnitzler) 396
Wenn der Hahn kräht (Hinrichs) 84, 100
Wer will unter die Soldaten ...? (Levin) 330
Widerspenstigen Zähmung, Der (Shakespeare) 68
Wienerinnen (Bahr) 366, 486, 488
Wiesenbraut, Die (Horváth) 486
Wildente, Die (Ibsen) 84, 100, 280
Wilhelm Tell (Schiller) 390
Winterballade (Hauptmann) 20
Wintermärchen, Ein (Shakespeare) 268, 440
Winterwende (Anderson) 326
Wirklichkeit und was man dagegen tut, Die (Ingrisch) 295, 416, 418
Wohnung ist zu vermieten in der Stadt, eine Wohnung ist zu verlassen in der Vorstadt, eine Wohnung mit Garten ist zu haben in Hietzing, Eine (Nestroy) 310, 378
Wunder des Marco d'Aviano, Die (Gregor) 58, 67
wundertätige Magus, Der (Calderon) 46, 48
X Y Z (Klabund) 84
Zaun, Der (Holt) 286
zerbrochene Krug, Der (Kleist) 196, 446, 454
Zerrissene, Der (Nestroy) 178, 179, 246, 376, 460, 493
Zoo oder Der menschenfreundliche Mörder (Vercors/Bruller) 397, 404
Zu ebener Erde und erster Stock (Nestroy) 231, 244, 254, 360, 361, 397, 413, 414, 415, 420, 478, 513
Zug der Schatten (Schnitzler) 396, 446, 447
Zur schönen Aussicht (Horváth) 490
Zwangseinquartierung (Arnold & Bach) 76, 83
Zwei Dutzend rote Rosen (Benedetti) 84
Zwei glückliche Tage (Schönthan/Kadelburg) 76, 83
Zwei zu dritt (Wolf) 283
Zwillingsbrüder, Die (Maass) 346
Zwischenspiel (Schnitzler) 238, 344
Zwölftausend (Frank) 76, 83

AUTOREN

Achille, Giuseppe 172
Adler, Hans 490
Anderson, Maxwell 326, 386
Anouilh, Jean 11, 178, 233, 238, 334
Anzengruber, Ludwig 13, 78, 134, 165, 166, 167, 174, 211, 260, 262, 276, 299, 324, 336, 348, 368, 394, 428, 430, 436, 464, 484, 537, 558, 561
Aristophanes 316
Aristoteles 26
Armont, Paul 76
Arnold & Bach 60, 76, 277, 316
Artmann, H.C. 484
Arvay, Richard 64
Arx, Cäsar von 20
Bahr, Hermann 142, 250, 278, 350, 366, 384, 428, 430, 440, 446, 484, 486, 488, 561
Baldwin, James 298
Barnes, Peter 428, 446, 454
Barrault, Jean-Louis 300, 304
Barrie, James Matthew 321
Bauer, Albin 76

Bauer, Wolfgang 430, 432, 446, 484, 536, 540
Baum, Vicki 288
Beaumarchais, Caron de 460, 466
Becher, Ulrich 283, 308, 316
Beckett, Samuel 376
Beer-Hofmann, Richard 34, 66, 428, 472, 473
Behrmann, Samuel Nathaniel 284
Bekeffi, Stefan 225
Benedetti, Aldo de 84, 258
Berinskij, Lev 446
Bernauer, Rudolf 320
Bielen, Otto 84, 326
Billinger, Richard 13, 164, 192, 286, 430
Binder, Tilde 142
Birabeau, André 76, 292
Blumenthal, Oskar 234
Boese, Walter Hans 192, 194
Bokay, Johann von 178
Borchert, Wolfgang 490
Brandt, Dora Maria 229, 258
Bratt, Harald (August C. Riekel) 229
Braun, Kurt 64
Braunshoff, Paul 22
Brecht, Bertolt 260, 290, 299, 326, 361, 380, 382, 390, 392, 404, 420, 421, 440, 444, 482, 484, 488, 537, 541, 561
Breidhal, Axel 308
Brod, Max 286
Bruckner, Ferdinand (Theodor Tagger) 13, 210, 231, 238, 262, 263, 298, 320, 326, 362, 386, 397, 410, 411, 428, 430, 486, 561
Bruller, Jean Marcel, *siehe* Vercors
Büchner, Georg 368, 428, 430, 486
Budak, Mile 196
Burggraf, Waldfried 84
Bürkner, Robert 84
Bus-Fekete, Ladislaus 84
Buxbaum, Günther 330
Byron, Lord George Gordon 368
Calderon de la Barca, Pedro 18, 46, 47, 48, 50, 150, 151, 152, 153, 180, 312, 510, 558
Camus, Albert 286, 304
Canetti, Elias 440
Casona, Alejandro 288
Cocteau, Jean 316, 420
Corra, Bruno 172
Courtline, Georges 36, 58
Csokor, Franz Theodor 62, 100, 490
Daněk, Oldřich 466
Davis, Gustav 196, 224
Deval, Jacques 440
Dostojewski, Fedor M. 421, 482
Držić, Marin 436
Dürrenmatt, Friedrich 312, 313, 330, 397, 428, 440, 486
Duschinsky, Richard 276, 490
Eckerskorn, Josef 23
Edlis, Julius 414
Eichendorff, Joseph von 312
Eliot, T. S. 284
Erdmann, Nikolaj 466
Ertl, Herbert 84
Falckenberg, Otto 40, 58, 68, 103
Farkas, Karl 228, 400
Faulkner, William 330
Firner, Walter und Irma 247, 258
Fischer, Otto Leck 342
Fleißner, Marieluise 484
Fodor, Ladislaus 76, 314, 320
Forster, Friedrich 128

Forte, Dieter 428, 446
Franchy, Franz Karl 161
Frank, Bruno 76
Frank, Paul 84, 458
Fraser, Georg (August Hermann Zeiz) 74, 76, 229, 258, 259
Freytag, Gustav 304, 475, 482
Fried, Erich 344
Friedmann, Armin 63
Friel, Brian 484
Friese, Ernst 142
Frisch, Max 298, 330, 372, 428, 490
Fry, Christopher 466
Fulda, Ludwig 84
Füssel, Franz 216
Galsworthy, John 486
Garai, Norbert 64
Gehri, Alfred 228
Gide, André 62, 300
Gillois, André (Maurice Diamant-Berger) 342, 349
Goethe, Johann Wolfgang von 13, 18, 20, 23, 29, 31, 38, 69, 76, 84, 98, 100, 105, 228, 276, 330, 332, 336, 340, 352, 372, 404, 427, 428, 460, 464, 466, 472, 475, 512, 558, 561
Goetz, Curt 58, 76, 84, 242, 260
Gogol, Nikolai 76, 248, 249, 484
Goldoni, Carlo 178, 190, 195, 302, 558
Gombrowicz, Witold 428, 490, 536
Gorki, Maxim 490
Görner, E. A. 84
Gottwald, Fritz 136
Grabbe, Christian Dietrich 33, 39, 43, 525, 527, 529
Gray, Simon 493
Gregor, Joseph 58, 144
Gribitz, Franz 76
Grillparzer, Franz 11, 144, 147, 149, 160, 163, 180, 225, 230, 231, 234, 247, 250, 346, 348, 372, 376, 410, 412, 436, 528, 561
Grimm, Jakob und Wilhelm 192, 194, 518
Groh, Otto-Emmerich 150, 154, 155, 190, 192, 195, 330
Hacks, Peter 428, 430, 436, 446, 466
Hafner, Philipp 484
Halevy, Ludwig 277
Hamik, Anton 172
Hampton, Christopher 428, 466
Hansen, Peter 286
Hardt-Warden, Bruno 182
Hart, Moss 464
Hartog, Jan de 277
Hašek, Jaroslav 62, 286
Hauptmann, Franz 134
Hauptmann, Gerhart 20, 21, 22, 24, 76, 84, 190, 192, 215, 216, 276, 295, 300, 302, 314, 320, 326, 380, 418, 464, 466, 468
Hauser, Harald 486
Hausmann, Manfred 136, 181
Havel, Vaclav 298
Hay, Julius 11, 178, 227, 228, 466, 475
Hebbel, Friedrich 182, 183, 184, 185, 186, 187, 189
Hecht, Ben 40, 58
Hedler, Friedrich 172
Hellman, Lillian 240, 241
Helwig, Paul 134
Hemar, Marian 76
Hemingway, Ernest 430
Hennequin, Maurice 282
Herbert, Hans 36, 40, 58
Herczeg, Franz 84
Hinrichs, August 76, 84

552 | INDEX – AUTOREN, KOMPONISTEN

Hochhuth, Rolf 246, 299, 440, 444, 460, 462, 464
Hochwälder, Fritz 83, 246, 247, 466
Hodge, Merton 76
Hodges, Horace 246
Hofmannsthal, Hugo von 29, 38, 42, 66, 67, 69, 76, 84, 100, 288, 312, 352, 366, 382, 430, 446
Holberg, Ludwig 36, 58
Holt, Hans 284
Horváth, Ödön von 62, 63, 64, 67, 258, 270, 298, 316, 416, 430, 440, 446, 464, 486, 490, 537, 558, 561
Hunyadi, Alex 84
Huth, Jochen 142
Huttner, Georg 304
Huxley, Lawrence E. 84
Iberer, E. A. 182
Ibsen, Henrik 10, 24, 35, 48, 49, 84, 100, 238, 239, 240, 250, 251, 257, 280, 282, 283, 376, 384, 394, 412, 447, 448, 493, 494, 524, 525, 526
Ingrisch, Lotte 295, 416, 418
Ionesco, Eugène 466, 490
Ivers, Axel 84
Jelusich, Mirko 154, 196, 202
Jollos, Waldemar 83
Jonson, Ben 230, 231
Jope-Slade, Christine 84
Kadelburg, Gustav 76, 84, 234
Kafka, Franz 300, 398, 490
Kaiser, Georg 278, 284, 321, 484
Kamare, Stefan 42, 161, 332
Kaufman, George 464
Kay, Juliane 172
Kingsley, Sidney 304, 342, 344
Kipphardt, Heinar 404
Klabund (Alfred Henschke) 32, 84
Kleist, Heinrich von 196, 446, 454
Klima, Ivan 490
Klinger, Kurt 320
Knittel, John 84, 164
Knott, Frederick 316
Koestler, Arthur 342, 344
Kohout, Pavel 464, 466, 482, 490, 493
Korherr, Helmut 13, 428, 464
Kotzebue, August von 34
Kranewitter, Franz 168, 181
Kraus, Karl 11, 225, 226, 378
Kremser, Rudolf 136, 137, 138, 139, 140, 141, 168
Krischke, Traugott 464
Krleža, Miroslav 428, 484
Kühnelt, Hans Friedrich 486
Labiche, Eugène 482, 484, 486, 490
Landovsky, Pavel 493
Lange, Hartmut 428, 460
Langenbeck, Curt 128
Langer, František 62
Laufs, Carl 208
Lederer, Herbert 482
Lenau, Nikolaus 493
Lengsfelder, Hans 76
Lengsfelder,Hans 76
Lenz, Leo 76
Lernet-Holenia, Alexander 13, 247, 266, 428, 430, 446, 458, 484
Lessen, Kurt 218
Lessing, Gotthold Ephraim 40, 192, 344, 352, 414, 484
Levin, Ira 330
Lexa, Jiří 484
Ionesco, Eugène 298
Lonsdale, Frederick 278
Loos, Peter 272, 330
Luitpold, Josef 302, 348

Lunatscharski, Anatoli 230
Maass, Joachim 370
Majakowski, Wladimir W. 486, 488
Marchant, Leopold 76
Maurier, Daphne du 290
Mauthe, Jörg 314
McCullers, Carson 283
Meilhac, Henri 277
Meisl, Karl 234, 235, 237
Menzel, Hanns 168
Merz, Carl (Carl Czell) 63, 306, 308, 310, 340, 398, 400
Mihhajlović, Boris 482
Millar, Ronald 428, 464, 466
Molière (Jean Baptiste Poquelin) 36, 374, 460
Möller, Eberhard Wolfgang 68, 106, 107, 108, 109
Molnár, Franz 84, 231, 239, 282, 310, 311, 382, 446, 460, 484, 490
Montherlant, Henri de 414
Moreau, Emile 486
Mortimer, John 484
Morucchio, Umberto 342
Müller, Hans 234, 258, 284
Nachmann, Kurt 228, 234
Nash, Aiden 326
Nebhut, Ernst 292
Neidhart, August 76
Nerz, Ludwig 63
Nestroy, Johann Nepomuk 6, 13, 178, 179, 190, 230, 231, 233, 242, 244, 245, 254, 268, 281, 290, 298, 302, 306, 307, 308, 310, 314, 316, 324, 325, 340, 341, 348, 356, 360, 370, 376, 378, 382, 384, 392, 396, 397, 398, 400, 402, 404, 410, 413, 414, 418, 420, 428, 430, 432, 436, 446, 447, 458, 460, 461, 462, 466, 468, 475, 482, 484, 486, 488, 490, 493, 513, 534, 535, 536, 537, 538, 539, 543, 544, 558, 561
Neumann, Alfred 334
Neuner, Robert 76
Nichols, Jack 428
Nichols, Peter 430
Nivoix, Paul 312
O'Casey, Sean 314
Oesterreicher, Rudolf 320
O'Neill, Eugene 246, 320, 321, 344, 372
Odets, Clifford 302
Ophüls, Max 466
Orton, Joe 428, 440
Osborne, John 346, 428, 430
Osborn, Paul 239
Ostrowski, Alexander N. 242, 460
Pagnol, Marcel 282, 312
Patrick, John 290
Pellert, Wilhelm 13, 428, 464
Petrow, Jewgenij 248
Pevny, Wilhelm 13, 428, 440
Pirandello, Luigi 32, 430
Pohl, Julius 144, 161, 174
Preses, Peter 283, 308
Priestley, J. B. (John Boynton) 230, 234
Qualtinger, Helmut 62, 298, 308, 340, 398, 400
Rabdan, Vojmil 196
Racine, Jean 26
Raimund, Ferdinand 13, 116, 144, 145, 178, 181, 204, 217, 223, 233, 242, 268, 280, 292, 298, 316, 318, 319, 324, 326, 346, 352, 356, 378, 410, 428, 460, 464, 466, 469, 482, 484, 486, 488, 493, 540, 561

Raphaelson, Samson 250
Rattigan, Terence 466
Rehberg, Hans 154, 156, 157, 158, 159, 168, 169, 170, 171, 181
Reimann, Hans 286
Rice, Elmer 268
Rismondo, Piero 250, 414, 558
Rissmann, Charlotte 84
Rittner, Thaddäus 84
Roth, Gerhard 13, 428, 464
Roth, Joseph 484
Salten, Felix 430, 440
Sarauw, Paul 196
Sardou, Victorien 250, 486
Sarment, Jean 330
Sartre, Jean-Paul 260, 326, 344, 356, 412, 460, 490, 561
Savory, Gerald 84
Schiller, Friedrich 11, 13, 18, 26, 32, 40, 62, 66, 76, 78, 79, 80, 81, 84, 118, 119, 121, 123, 125, 174, 175, 176, 177, 180, 208, 210, 240, 264, 266, 284, 290, 310, 354, 358, 359, 361, 362, 384, 390, 398, 404, 406, 410, 412, 418, 419, 493
Schmitt, Gregor 76
Schnitzler, Arthur 13, 29, 100, 238, 256, 281, 298, 310, 350, 396, 406, 412, 428, 430, 446, 447, 464, 466, 482, 484, 539, 561
Scholz, Wilhelm von 150, 151, 152, 153, 180, 210, 213
Schönherr, Karl 13, 76, 134, 172, 208, 211, 280, 362, 374, 484
Schönthan, Franz und Paul von 76, 204, 264, 278
Schott-Schöbinger, Hanns 178, 181
Schubert, Hans 282
Schumann, Gerhard 218
Schuppler, Bruno 216
Schwarkin, Wassili 234
Schwarz, Helmut 484, 558
Schweikart, Hans 68, 84
Scribe, Eugène 376
Sebestyén, György 460
Seeböck, Herwig 440
Shakespeare, William 68, 128, 129, 130, 131, 132, 133, 142, 143, 180, 215, 216, 264, 268, 310, 332, 334, 340, 362, 376, 384, 397, 428, 430, 436, 440, 444, 446, 447, 458, 460, 480, 486, 490, 506, 507, 508, 509
Shaw, George Bernard 172, 204, 205, 207, 215, 258, 280, 283, 290, 300, 314, 320, 326, 418, 446, 447, 464, 466
Shaw, Irwin 282
Sling (Paul Schlesinger) 32, 58
Solt, Andreas 246
Somerset-Maugham, William 281, 286
Sommer, Harald 464, 466
Soyfer, Jura 103, 448
Sperr, Martin 378, 464
Steguweit, Heinz 134
Sternheim, Carl 374
Strindberg, August 36, 43, 58, 482
Sudermann, Hermann 76, 84
Svevo, Italo 493
Szakonyi, Károly 460
Thoma, Ludwig 440
Thomas, Dylan 344, 368
Tisch, Siegfried (Salo) 76
Tschechow, Anton 192, 230
Turrini, Peter 7, 9, 427, 428, 440, 444, 446, 451, 460, 478, 482, 484, 535, 562

Veber, Pierre 282
Veiller, Bayard 282
Vercors (Jean Marcel Bruller) 397, 404
Verne, Jules 464
Verneuil, Louis 286
Vogel, Manfred 460
Wagner, Heinrich Leopold 404
Walfried, Ridi 134, 181
Walser, Martin 382
Watkin, Lawrence Edward 239
Wedekind, Frank 298, 368, 370, 371, 374, 375, 376, 380, 381, 392, 410, 537
Weigel, Hans 76, 250, 378
Weinberger, Guido (Ennesidemus Makarius) 350
Weismantel, Leo 37, 50, 51
Weiss, Peter 428, 460
Werfel, Franz 232, 233, 292
Weys, Rudolf 181
Whiting, John 412
Wiener, Hugo 464
Wilde, Oscar 23, 25, 32, 36
Wilder, Thornton 320, 482, 484
Wildgans, Anton 36, 58, 226, 430
Williams, Emlyn 277, 278
Williams, Tennessee 298, 326, 342
Wippersberg, Walter 484
Wolf, Edmund 283
Wool, Edward 76
Wycherley, William 430
Yeldham, Peter 430
Zenker, Helmut 13, 428, 482, 484
Zerkaulen, Heinrich 144, 181, 196
Zuckmayer, Carl 64, 164, 286, 324, 428, 482
Zweig, Stefan 20, 230, 231

KOMPONISTEN

Benatzky, Ralph 76, 77, 84, 490
Binder, Carl 458, 468
Dessau, Paul 382, 390, 420, 488
Drechsler, Joseph 346, 464
Einem, Gottfried von 414
Hebenstreit, Michael 396, 482, 486
Hindemith, Paul 278
Honegger, Arthur 304
Knaflitsch, Josef Carl 63, 64, 178, 181
Kölz, Ernst 436
Kont, Paul 316, 356
Kreutzer, Konradin 482
Lang, Hans 178, 181, 216
Leoncavallo, Ruggiero 517
Maerker, Leonhard K. 76
Mahler, Gustav 42
Moser, Johann Baptist 340
Mozart, Wolfgang Amadeus 42, 340, 368, 386
Müller, Adolf 254, 290, 302, 306, 314, 316, 336, 340, 348, 378, 392, 400, 413, 432, 458, 462, 466, 482, 484, 486
Müller, Wenzel 488
Offenbach, Jacques 277, 446
Prokofjew, Sergei 278
Schubert, Franz 376
Steinbrecher, Alexander 76, 178, 181
Stolz, Robert 258, 259, 308
Strauss, Oscar 530
Strauss, Richard 42, 83
Verdi, Giuseppe 386
Wagner, Richard 42, 83, 511
Weill, Kurt 290, 440, 444
Zelibor, Gustav 370

THEATER

Akademietheater 283, 284, 366, 418
Ateliertheater am Naschmarkt 364, 376, 382, 432
Bayerisches Staatsschauspiel, *siehe* Residenztheater München
Bregenzer Festspiele 282, 446, 464, 466, 486
Bürgertheater 128, 178, 181, 228, 238, 302, 304
Burgfestspiele Jagsthausen 466, 475
Burgtheater 18, 23, 29, 64, 74, 154, 224, 264, 286, 295, 300, 320, 342, 390, 398, 402, 539, 543, 558
Burgtheater (im Ronacher) 286, 295, 300
Cuvilliés-Theater München 460, 461
Deutsches Stadttheater Bielitz 10, 68, 69, 72–92, 144, 164, 227, 248
Deutsches Theater Göttingen 493
Deutsches Theater Wien (in den Kunstspielen) 62
Deutsches Volkstheater (1938–1945), *siehe* Volkstheater
Deutsches Volkstheater in der Komödie, *siehe* Volkstheater in der Komödie
Exl-Bühne 128, 134, 161, 164, 168, 172, 174, 181, 182, 196, 204, 208, 211, 228, 229
Insel, Die (Parkring 6) 136
Insel in der Komödie, Die (Johannesgasse) 230, 258, 264, 266, 277, 280, 283
Kammerspiele 128, 142, 181, 233, 247, 250, 258, 260, 264, 266, 268, 278, 284, 286, 314, 316, 368, 482
Kleines Theater in der Praterstraße 62, 63, 64
Komödie Basel 376, 382, 392, 412
Komödie in der Johannesgasse, Die 128, 136, 144, 160, 164, 180, 277
Kornmarkttheater Bregenz 414, 446, 464, 486
Kunstspiele (Riemergasse 11) 62
Linzer Landestheater 368, 482
Luisenburg Festspiele Wunsiedel 324, 336, 346, 352, 370, 376, 384, 392, 404, 410, 418
Max Reinhardt Seminar 7, 10, 32–59, 227, 368, 378, 380, 413, 506-529, 541
Neues Theater in der Scala, *siehe* Scala
Opernhaus Graz 402
Preußisches Staatstheater am Gendarmenmarkt Berlin 68
Raimund-Theater 103, 378, 553
Renaissancetheater 128, 216, 248
Residenztheater München 68, 444
Ronacher, *siehe* Burgtheater (im Ronacher)
Ruhrfestspiele Recklinghausen 308
Salzburger Festspiele 38, 58, 69, 82, 83, 98, 100, 352, 446
Salzburger Landestheater 326, 336, 368
Scala, Neues Theater in der 74, 260, 264, 314, 380
Schauspielhaus Zürich 278, 302, 348
Schönbrunner Schlosstheater 32, 34, 36, 40, 58, 413
Sonderabonnement, *siehe* Volkstheater (Sonderabonnement)
Städtische Bühnen Dortmund 390
Städtische Bühnen Krefeld und Mönchengladbach 493
Städtische Bühnen Münster 344
Thalia Theater Hamburg 396, 430, 448
Theater am Kurfürstendamm Berlin 68, 372
Theater an der Wien 134, 181, 400
Theater der Jugend 374, 378
Theater die Tribüne 477
Theater für 49 (am Schottentor) 67, 83, 553, 558
Theater in der Josefstadt 32, 246, 247, 250, 260, 262, 268, 284, 286, 288, 290, 292, 302, 308, 310, 314, 316, 324, 326, 330, 342, 366, 374, 384, 406, 493
Tourneen 264, 278, 466, 493
Volksoper 386, 387, 414, 558
Volkstheater (1938–1945, Deutsches Volkstheater) 101, 106-223, 264
Volkstheater (ab 1945) 100, 223-490, 493, 535, 537, 538, 543
Volkstheater in den Außenbezirken 142, 314, 316, 320, 321, 330, 332, 334, 342, 352, 366, 376, 384, 410, 412, 418, 430, 466, 484, 488, 490
Volkstheater in der Komödie (Deutsches Volkstheater in der Komödie) 164, 168, 172, 178, 180, 192, 216, 218
Volkstheater in der Werkbühne des Kreises X in Floridsdorf (Vereinshaus in der Brünnerstraße) 142, 144
Volkstheater (Sonderabonnement) 298, 300, 302, 304, 312, 314, 316, 320, 321, 326, 330, 334, 342, 344, 348, 350, 368, 374, 382, 397, 404, 412, 414, 430, 453, 484
Wasserkirche Zürich 312, 558
Wiener Festwochen 286, 292, 306, 308, 316, 324, 330, 368, 372, 376, 392, 398, 400, 406, 418, 421, 436, 458, 464, 466, 482, 486, 493
Wiener Künstlertheater (Praterstrasse 25) 161, 229
Wunsiedel, *siehe* Luisenburg Festspiele
Württembergisches Staatstheater Stuttgart 218, 344, 346, 372, 376, 394, 398

AUFNAHMEN
Rundfunk 308, 436, 466, 475, 486
Schallplatte 406

PERSONEN

Albach-Retty, Rosa 102, 284
Albach-Retty, Wolf 248, 278
Alexander, Georg 172, 180
Almassy, Susanne (von) 247, 250, 264, 276, 278, 281, 286, 446
Altenburger, Inge 392, 404, 410, 412, 416, 458, 466, 482, 484
Andergast, Liesl 228, 238
Anders, Ernst 466
Antonius, Brigitte 334, 348
Aratym, Hubert 436, 460
Aslan, Raoul 18, 28, 29, 472
Aubry, Blanche 350, 406, 409, 446
Auer, Erich 258, 260, 261, 264, 268, 276, 278, 281, 282, 283, 284, 286, 352
Bachheimer, Rudy 290, 340, 416, 466, 472
Balser, Ewald 28, 29, 38, 69, 98, 100, 284, 286, 295, 300, 472
Barnay, Paul 264, 278, 280, 281, 282, 283, 284, 286, 288, 290, 292, 558
Basil, Otto 230, 244, 254
Bassermann, Albert 28, 29, 238, 239, 240, 264
Bassermann, Else 100, 239, 240, 264, 320
Baumgartner, Ulrich 402
Beck, Kurt 348, 448
Beer, Rudolf 74, 101
Benrath, Martin 326
Berger, Toni 460
Berner, Dieter 420, 421
Bernhard, Renate 374, 376, 378, 400, 410, 418, 460, 462, 466, 475, 486, 561
Bertoni, Wander 300, 354
Birgel, Willy 342
Blaha, Ludwig 83, 247, 316, 330, 334, 340, 342, 348, 350, 364, 370, 372, 374, 376, 378, 384, 392, 394, 396, 404, 405, 410, 413, 418, 420, 432, 440, 444, 446, 462, 466, 468, 475, 482, 484
Bleibtreu, Hedwig 29, 286
Blühm, Karl 168, 192, 204, 218, 225, 226, 228, 247, 250, 316, 320, 321, 330, 332, 336, 342, 350
Boddenhuser, Ralph 161, 164, 374, 378, 382, 386, 390
Böheim, Franz 262, 284, 288
Böhm, Alfred 400
Böhm, Carlo 330, 340, 440, 446, 466, 490
Böhm, Karl 100
Böhm, Karlheinz 284
Böhm, Maxi (Max) 264, 265, 268, 278, 398, 400
Bondy, Luc 2, 13, 430, 536
Borek, Günther 340, 342, 348
Borek, Vera 430, 446, 490, 544
Borsody, Hans von 320, 326
Bosse, Carl 234, 238, 239, 240, 244, 250, 258, 264, 270, 274, 276, 277, 278, 280, 281, 282, 284, 286, 288, 290, 292, 299, 306, 310, 316, 321, 330
Brand, Hans 136, 154, 160, 180, 181, 230, 280, 283
Brand, Peter 312, 314, 316, 321, 324, 326, 328, 340
Brenk, Kathrin 480, 482
Breuer, Siegfried 240, 241
Brücklmeier, Inge 248
Brunmayr, Brigitte 398, 410, 414, 440
Buchegger, Christine 410, 412, 416, 418, 421, 444, 447, 458
Buczolich, Rudolf 404, 410
Bukovics, Grete 280, 308
Burger, Otto 180, 192, 196, 208, 218, 225
Burkhard, Ingrid 493
Buschbeck, Erhard 62, 64
Buschbeck, Gandolf 262
Carl, Rudolf 370
Chladek, Rosalia (Rosalie) 217, 220, 277, 278, 280, 286
Christian, Hans 286, 288, 290, 374
Clausen, Claus 302, 310
Cohen, Ernst 484, 488
Conrads, Heinz 324, 330
Corten, Georg 378, 382
Cossovel, Eduard 247, 250, 264, 270, 276, 280, 282
Csencsits, Franz Josef 482
Cudek, Ewin 98
Czepa, Friedl 100, 292, 293, 416, 417, 436, 561
Czerny, Hans 32, 34, 40, 58, 62, 63, 64
Dagover, Lil 326
Dahlke, Paul 334, 335
Dallansky, Bruno 304, 308
Dangl, Martha 230
Darvas, Lily 100
Dauscha, Wolfgang 410, 416, 420, 430, 432, 436, 440, 444, 446, 458, 466, 488, 490
David, Helga 376, 406, 418
David, Otto 368
Degischer, Vilma 58, 69, 250, 268, 284, 493
Deutsch, Ernst 231, 258
Dieffenbacher, Gustav 336, 342, 344, 352, 410, 412, 413, 436, 440, 446, 447, 458, 464, 468, 472, 478
Dohm, Gaby 460
Dollfuß, Engelbert 10, 20, 22, 36, 38, 67, 69, 553
Dörre, Peter 458, 462
Dorsch, Käthe 68, 300, 320, 321, 326
Drimmel, Heinrich 364
Drobilitsch, Fritz (Walden) 246
Durieux, Tilla 100
Düringer, Annemarie 286, 300
Eckhardt, Fritz 229, 304, 312, 316
Edthofer, Anton 304
Loibner, Eduard 262, 306, 314, 316
Egg, Lois 464
Egg, Thomas 493
Eggartner, Richard 98, 100
Ehrenfreund, Heinz 436
Eis, Heiki (Heinrich) 239, 280, 374
Eis, Maria 283, 286, 295, 300
Elias, Buddy 412
Emo, Maria 316, 320, 321, 322, 342
Engelhart, Susanne 146, 239, 244, 247, 278, 280, 282, 314, 370
Engelstorfer, Maria 412, 413, 416, 418, 421, 436, 440, 446, 447, 458, 462, 466, 468, 482, 486, 488
Epp, Elisabeth 136, 144, 230, 280, 283, 316, 320, 326, 332, 334, 342, 344, 350, 370, 372, 380, 384, 386, 404, 406, 410, 412, 420, 432, 436, 444, 447, 472, 488
Epp, Leon 128, 136, 144, 154, 160, 180, 181, 230, 258, 266, 277, 280, 283, 286, 288, 298, 299, 300, 302, 310, 312, 314, 316, 324, 326, 330, 332, 334, 342, 344, 348, 350, 354, 368, 370, 372, 374, 380, 382, 384, 386, 397, 398, 404, 406, 410, 412, 420, 432, 436, 444, 447, 460, 472, 488, 534, 536, 558
Erfurth, Gudrun 384, 386
Erfurth, Ulrich 376, 390, 394
Erhardt, Hermann 264, 268, 280, 283, 290
Erlandsen, Erland 172, 174, 178, 181, 204, 216, 217, 460
Ernst, Gerhard 493
Esterle, Leopold 161, 164, 172, 174, 196, 336, 342, 346, 368, 370, 376, 382, 384
Evangelatos, Spyros A. 428
Exl, Anna 161, 164, 168, 172, 174, 181, 196, 208, 421
Exl, Ferdinand 100, 161
Exl, Ilse 134, 161, 164, 172, 174, 181, 196, 208
Eybner, Richard 38, 69, 400, 436
Falkenbach, Uwe 464, 468, 488
Farkas, Karl 228, 292, 398, 400
Fehling, Jürgen 68
Felden, Regine 413, 414, 416, 436, 446, 447, 488

Fenz, Silvia 392, 394, 396, 397, 404, 418, 420, 421, 424, 430, 536
Ferstl, Hella 244
Fessl, Ulli 382, 418, 446
Firner, Walter 231, 238, 239, 240, 246, 247, 250, 258, 276
Fischer, O. W. (Otto Wilhelm) 32, 118, 121, 128, 134, 136, 142, 144, 150, 154, 160, 161, 168, 174, 180, 182, 192, 193, 228, 414
Fischerauer, Bernd 428, 430, 440, 450, 452, 453
Fischer-Karwin, Heinz 182
Flesch-Brunningen, Hans von 354, 497
Flickenschild, Elisabeth 414
Flora, Paul 300
Fochler, Karl 168, 260, 268, 342, 406
Fontana, Oskar Maurus 103, 558
Forster, Rudolf 250, 320, 326
Fortell (Fortelni), Albert 299, 302, 304, 316, 321, 326
Frank, Hans 118, 128, 134, 136, 144, 154, 160, 164, 168, 170, 174, 180, 182, 192, 196, 208, 210, 218, 220, 225, 226, 228, 229, 230, 231, 234, 238, 239, 240, 242, 247, 250, 258, 264, 268, 270, 276, 278, 280, 282, 283, 284, 286, 288, 290, 292, 299, 300, 304, 306, 310, 312, 321, 330, 332, 334, 340, 348, 352, 354
Frey, Erik 101, 247, 284, 286, 308, 406, 436, 475
Frey, Max 192
Frick, Peter 378, 466
Friedl, Fritz von 392, 396
Friedrich, Karl 376, 384, 392, 410
Fries, Margarete 250, 258, 264, 276, 278, 281, 282, 284, 286, 288, 304, 310, 312, 320, 330, 340, 344, 364, 368, 372, 374, 386, 390, 412, 418, 421, 436, 444, 464, 472, 484, 490, 561
Frisch-Gerlach, Theo 118, 128, 136
Fröbe, Gert 136, 142, 144, 150, 154, 160, 180, 181, 192, 216, 217, 218
Frodl, Helmuth 378
Fröhlich, Ingrid 404, 410, 412, 418
Fronius, Hans 300, 354
Fuchs, Eduard 247, 254, 370
Fuchs, Herbert 276
Fuchs, Ernst 416, 418
Fuss, Harry 216, 229, 270, 272, 274, 275, 282, 284, 286, 290, 292, 300, 302, 304, 306, 320, 324, 325, 340, 341, 344, 354, 356, 357, 364, 366, 370, 380, 394, 397, 398, 404, 410, 418, 430, 436, 458, 460, 472, 482, 484, 488, 490, 537
Futterknecht, Christian 475
Gabler, Maria (Bädi) 233, 306, 314, 330
Gassler, Vera 482, 484
Gassner, Elisabeth 490
Gaugl, Anton 238, 239, 258, 304, 310, 370
George, Heinrich 68
Georges, E. A. 348, 350, 352, 354, 368, 374, 376, 382, 384, 392, 396, 404, 406, 420, 421
Gerhard, Peter 248, 268
Gerhart, Elfe (Elfi) 304, 316, 330, 334
Gerzner, Marianne 32, 62, 63, 64, 66, 67, 230, 231, 233, 234, 239, 242, 254, 262, 278, 281, 283, 284, 286, 290, 310, 314, 316, 320, 321, 322, 324, 330, 368, 396, 412, 440, 444, 458, 464, 482, 488, 490

Gessner, Adrienne 100, 231, 240, 352
Geyer, Emil 36, 40, 58
Ginsberg, Ernst 352, 353
Girardi, Alexander 73, 421
Gliese, Rochus 68
Globocnik, Odilo 118
Glücksmann, Joseph 280, 281, 282, 283, 284, 286, 290, 292, 304
Gobert, Boy 430, 447, 536
Goebbels, Joseph 106, 196, 204, 554
Gold, Käthe 68, 282, 416, 418
Göller, Peter 324, 326, 330, 332, 334, 340, 342, 344, 354, 356, 357, 366, 370, 374, 376, 378, 390, 392, 466
Gottschlich, Hugo 288, 298, 306, 310, 312, 316, 324, 326, 330, 346, 398, 400, 404, 418
Granzer, Susanne 446, 468
Gratz, Leopold 466
Gratzer, Hans 421
Gregor, Joseph 58, 144, 242
Grieg, Theodor 100, 226, 230, 231, 233, 234, 239, 240, 242, 244, 246, 247, 248, 250, 254, 258, 262, 264, 277, 278, 280, 281, 282, 284, 286, 290, 304, 312, 314, 316, 320, 321, 322, 326, 330, 478
Grill, Alexander 452, 455
Groh, Otto Emmerich 144, 150, 154, 190, 192, 195
Gruber, Peter 413, 456
Gründgens, Gustaf 68, 320
Grüner, Waltraud 490
Grünne (Grünhut), Fritz 32, 63
Grützke, Johannes 558
Gschmeidler, Viktor 226, 233, 248, 280, 283, 314, 321, 322, 324, 330, 334, 340, 342, 344, 354, 356, 368, 374, 376, 380, 382, 384, 386, 390, 392, 404, 406, 412, 420, 436, 447, 462, 464, 472, 482, 486, 490, 561
Gschnitzer, Julia 374, 376, 382, 418, 421, 446, 488
Gunsam, Gerti 340, 356, 378, 380, 404, 406, 412, 420, 436, 462, 472, 484, 488
Gütersloh, Albert Paris 136, 300
Guttmann, Karl 40, 78, 82, 98, 100
Gynt, Walter 226, 229, 330
Hackl, Karlheinz 452, 472, 474, 475, 482, 539, 561
Haenel, Günther 11, 128, 178, 181, 190, 192, 204, 208, 217, 218, 219, 225, 226, 228, 230, 231, 233, 234, 238, 239, 240, 242, 246, 248, 250, 258, 260, 262, 264, 302, 304, 310, 312, 314, 316, 320, 321, 326, 330, 334, 342, 558
Haeussermann, Ernst 380
Hajek, Trude 376, 418, 432, 468, 484, 488
Hall, Bernhard 390, 392, 394, 396, 397, 404, 406, 410, 413, 414, 416, 420, 421, 436, 440, 444, 447, 462, 464, 466, 467, 472, 475, 482, 488, 490
Haneke, Fritz 352
Hanel, Ilse 134, 181
Hanke, Arnfried 446, 455, 468, 482, 484, 561
Harbich, Walter 378, 390, 413
Hareiter, Herta 264, 286, 304, 308, 314
Harth, Harald 493
Hartmann, Martha 244, 340, 374, 394
Hartmann, Paul 28, 38
Hatheyer, Heidemarie 394, 395, 396
Haug, Dietlinde 464

Haupt, Friedrich 404, 410, 418, 420, 430, 436, 466, 475, 482, 484, 488, 490
Haupt, Ullrich 352, 448
Haybach, Rudolf 136, 144, 164, 180, 181, 558
Heerdegen, Edith 372, 376, 398
Heesters, Nicole 326
Heesters, Johannes 342, 349
Heger, Grete 239, 258, 264, 302, 348
Heintel, Kurt 290, 302, 304, 310, 316, 317, 493
Heinz, Wolfgang 231, 239, 240, 246, 247, 250, 258, 260
Heltau, Michael 384, 406, 436, 437, 444, 446, 543
Hendrichs, Joseph 283, 284, 286, 288, 290, 292, 299, 300, 304, 310, 314, 316, 320, 330, 334, 344, 350, 368, 374, 376, 380, 384, 386, 390, 392, 394, 398, 404, 406, 410, 412, 418, 420, 444, 464, 484, 485
Herbe, Gottfried 350, 354, 356, 357
Herbe, Michael 436, 440, 464, 484
Hey, Peter 400, 430, 458, 462, 468, 482, 486, 490
Heyduck, Christof 344, 346, 372
Hillinger, Ludwig 180, 196, 208, 210, 226, 231
Hilpert, Heinz 68, 316, 376
Hitler, Adolf 21, 100, 121, 218, 220, 230, 231, 299
Hlawa, Stefan 277
Hoesslin, Walter (von) 32, 34, 36, 40
Hoffmann, Frank 390
Hoffmann, Paul 326, 372, 376, 398
Holt, Hans 286, 314, 382, 398, 400, 493
Holzer, Fritz 324, 330, 344
Holzmann, Olly 128, 134, 142, 180
Holzmeister, Clemens 38, 69, 70, 242
Holzmeister, Judith 174, 176, 177, 180, 192, 208, 210, 216
Hoppe, Marianne 330
Horak, Hanns 204, 260
Hörbiger, Attila 69, 231, 240, 241, 284, 295, 300
Hörbiger, Christiane 409
Hörbiger, Maresa 446
Hörbiger, Paul 18, 100, 220, 268, 269, 280, 308
Horeschovsky, Melanie 250, 308, 410, 421
Höring, Klaus 354, 356, 357, 364, 368, 372, 374, 375, 376, 380, 382, 384, 386, 392, 412, 414, 416
Hübsch, Wolfgang 406, 410, 412, 413, 418, 420, 421, 436, 438, 542
Hubschmid, Paul 118, 121, 128, 134, 180
Hudeček, Václav 428, 440, 447, 484
Hutter, Birgit 404, 410, 484
Hutter, Wolfgang 300, 354
Iltz, Walter Bruno 106, 118, 136, 144, 150, 160, 164, 174, 180, 181, 182, 195, 196, 210, 218
Imhoff, Fritz 277, 308, 330, 346, 370, 372
Inger, Manfred 281, 314
Innitzer, Theodor 58
Irrall, Elfriede 370, 384
Isopp, Rosemarie 312
Jacoby, Gabriele 484, 493
Jaggberg, Kurt 292
Jahn, Rolf 100, 101, 106, 118, 225, 558
Jaksch, Manfred 466, 467, 472, 473, 482, 484, 488, 490

Janatsch, Helmut 136, 258, 266, 277, 280
Janda, Gerhard 444
Jaray, Hans 100, 276, 280, 281, 284, 285, 326, 406, 409, 440, 446, 458, 561
Jené, Edgar 230
Jessner, Leopold 121
Jirku, Christine 444
Jonas, Franz 364, 389
Jordan, Egon (von) 128, 134, 136, 142, 144, 150, 154, 161, 174, 180, 190, 192, 196, 204, 226, 229, 230, 233, 242, 244, 247, 250, 258, 262, 270, 276, 278, 280, 282, 283, 284, 286, 288, 290, 292, 300, 302, 306, 312, 314, 316, 320, 321, 322, 326, 330, 332, 344, 346, 348, 350, 356, 368, 370, 371, 374, 376, 380, 384, 390, 396, 410, 412, 416, 420, 436, 444, 446, 458, 462, 464, 482, 484
Jores, Friedrich 233, 392, 413, 420, 466, 482, 488
Jubal, Elias (Benno Neumann) 83
Judtmann, Fritz 242, 558
Jungbauer, Hans 225, 233, 270, 272
Jürgens, Curd 121, 136, 142
Kalbeck, Paul 32, 34, 36, 40, 58
Kalwoda, Karl 134, 144, 161, 164, 166, 178, 181, 182, 190, 192, 196, 217, 218, 220, 230, 233, 234, 239, 244, 247, 254, 258, 262, 276, 277, 278, 280, 282, 288
Kammil, Norbert 74, 78, 82, 98, 100, 378
Karoly, Lilly 64, 286, 300
Kautek, Rudolf 350, 354, 430
Kemp, Paul 266
Kerbler, Eva 290, 292, 310, 406
Kersten, Herbert 386, 390
Kinast, Lisl 32, 34
Kinateder, Lisl 128, 134, 136, 142, 144, 164
Klitsch, Wilhelm 128, 134, 142, 144, 150, 154, 180
Klöpfer, Eugen 68
Kniepert, Erni 192, 268, 277, 280
Köck, Eduard 134, 168, 172, 174, 181, 182, 196, 208
Kohut, Walter 242, 244, 246, 248, 250, 254, 258, 262, 298, 299, 304, 306, 310, 314, 316, 320, 321, 322, 324, 326, 330, 331, 332, 334, 340, 341, 342, 346, 347, 348, 350, 352, 354, 355, 356, 378, 414, 478
Kolmann, Ossy 432, 478
Konarek, Ernst 413
Konrad, Herta 231, 242, 258, 262
Konradi, Inge 121, 136, 181, 190, 192, 196, 204, 207, 216, 217, 218, 219, 225, 228, 229, 231, 233, 238, 240, 242, 244, 250, 254, 258, 259, 262, 264, 268, 269, 270, 272, 273, 274, 275, 276, 277, 280, 281, 282, 283, 286, 288, 289, 290, 300, 413, 478
Korhel, Erna 234, 238, 240, 246, 258, 299, 304, 348, 376, 406
Kortner, Fritz 100
Krahl, Hilde 372
Kramer-Glöckner, Pepi 238, 280, 286, 299, 308, 314
Kranz, Mario 382, 384, 386, 400, 413, 436, 446, 466, 488
Krassnitzer, Hanns 166, 174, 397, 404, 412, 414, 418, 436, 444, 447, 464, 466, 472, 482, 484, 486, 488, 490

Kreindl, Werner 283
Krittl, Karl 440, 446, 462, 464, 466, 468, 484, 488
Kronlachner, Hubert 336
Kucera, Herbert 384, 386, 396
Kunrad, Aladar 330, 332, 334, 335, 342, 343, 344, 348, 349, 350, 352, 354, 356, 357, 368, 372, 374, 376, 380, 390, 397, 404, 406, 410, 412, 421, 436, 444, 468, 472, 484, 488, 489, 561
Kunz, Nicoline 490
Kurth, Hanns 182, 204, 225, 226, 254
Kutscher, Hermann 330, 342
Kutschera, Franz 460
Kutschera, Rolf 164, 218, 247, 258, 280
Kuzmany, Elfriede 154, 376
Lach, Alice 382, 396, 416
Ladengast, Walter 225, 226, 231
Laforét, Hermann 280, 286, 290, 306, 312, 324, 332, 372, 418, 430, 484, 488
Lang, Lotte 142, 143, 262, 266, 288, 290, 320, 342, 370, 493
Lange, Lia 144, 154, 178, 181, 246, 356, 366
Langenfass, Rolf 484, 488
Langer, Walter 376, 382, 392, 404, 410, 418, 420, 432, 436, 444, 446, 458, 460, 462, 466, 468, 482, 486, 488, 490, 491, 538
Langheim, Götz von 370
Lauterböck, Helene 228, 233, 234, 240, 242, 244, 250, 262, 268, 270, 306, 316, 324, 326, 340, 348, 350, 352, 364, 366, 370, 374, 378, 404, 410, 412, 416, 447, 472
Ledl, Lotte 304, 306, 309, 312, 314, 316, 332
Lehmann, Fritz 128, 348
Lessen, Kurt von 69, 118, 128, 134, 136, 144, 154, 178, 192, 196, 216, 218, 220, 234
Leukauf, Robert 304, 314, 316, 320, 324, 330, 334, 340, 344, 348, 350, 370, 384, 394, 396
Lex, Helmuth 376, 378, 384, 386, 392, 394, 410, 418, 436, 446, 458, 464, 466, 468, 472, 475, 482, 484, 488, 490
Lhotzky, Georg 382
Liebeneiner, Wolfgang 372
Liessem, Wera 234, 247
Liewehr, Florian 413
Liewehr, Fred 38, 58, 69, 416, 418
Liewehr, Otto 234, 239, 300
Lindner, Robert 166, 168, 172, 182, 196, 204, 216, 220, 226, 288, 290, 302, 406, 409
Lingen, Ursula 242, 246, 258, 262, 436
List, Inge 178, 181, 192, 217
Loew, Paola 342, 344, 364, 368, 370, 372, 376, 378, 380, 382, 384, 406
Lohner, Helmuth 406, 408, 561
Lönner, Ernst 62, 63, 64
Lothar, Ernst 297, 352, 390
Lüders, Günther 392, 394
Ludwig, Heinz 444, 462, 468, 486
Lukan, Adolf 418, 420, 421, 436, 440, 446, 458, 462, 464, 466, 467, 482, 484, 488, 490
Lukan, Sylvia 466
Lußnigg, Maria 118, 128, 134, 180
Maier, Anni 277, 280, 290
Manas, Sylvia 413

Mangold, Erni (Erna) 250, 314
Manker, Katharina 330, 496, 498, 499
Manker, Magdalena 412, 498
Manker, Paulus 14, 15, 344, 420, 493, 494, 496, 498, 500, 542
Mardayn, Christl 180, 190, 196, 234, 238, 250, 252, 277
Marecek, Heinz 413
Mareich, Helmi 316, 320, 334, 342, 344, 350, 376, 384, 386, 397, 410, 458, 460, 484, 488
Margo, Erich 342, 368, 484
Martens, Valérie von 242, 260
Martini, Louise 316, 340
Masek, Elisabeth 430, 447, 456
Matejka, Viktor 225, 226, 228, 257, 264
Matic, Peter 400
Matz, Johanna 283, 295, 446
May, Ricky 493
Medelsky, Lotte 69, 231, 336
Medicus, Jürg 260, 264, 414
Meinecke, Max 231, 280, 558
Meinrad, Josef 136, 144, 181, 229, 277, 278, 396, 413
Meisel, Kurt 246, 247, 316, 444, 445, 460, 466
Meister, Ernst 234, 277, 288, 292, 299, 302, 304, 312, 314, 320, 324, 326, 330, 334, 342, 344, 348, 350, 352, 354, 356, 357, 364, 368, 370, 372, 374, 376, 380, 382, 384, 386, 390, 397, 404, 405, 410, 412, 416, 418, 421, 436, 444, 455, 458, 459, 464, 472, 490
Melhardt, Edgar 340, 372, 374, 382, 383, 392, 396, 413
Melichar, Rudolf 390
Melles, Judith 382
Menrad, Karl 466, 475
Merkatz, Karl 424, 430
Merz, Carl (Carl Czell) 62, 63, 64, 66, 67, 306, 308, 310, 340, 398, 400
Messner, Franz 304, 310, 330, 342
Mikulicz, Hilde 283, 398
Minetti, Bernhard 68
Moissi, Alexander 73
Moldovan, Kurt 300, 354
Monn, Ursela 430
Moog, Heinz 300
Morak, Franz 413, 444, 446, 452, 457, 458, 460, 462, 466, 479, 486
Moser, Hans 292, 293
Moskowicz, Imo 326
Mössmer, Franz 493
Mottl, Erika 364, 396, 406, 418, 420, 432, 458, 466, 488
Muliar, Fritz 9, 15, 298, 332, 340, 341, 348, 368, 370, 376, 378, 380, 382, 384, 390, 392, 436, 537
Müller-Elmau, Eberhard 493
Müller-Karbach, Wolfgang 493
Müller-Preis, Ellen 436
Murbach, Roger 413
Müthel, Lothar 68
Nachmann, Kurt 228, 234, 235, 237, 238, 493
Nadherny, Ernst von 238, 316, 350, 368, 378
Neff, Dorothea 136, 144, 150, 154, 160, 161, 164, 168, 174, 176, 180, 182, 187, 196, 208, 209, 210, 220, 221, 225, 226, 228, 230, 234, 239, 240, 247, 248, 250, 258, 260, 270, 277, 278, 280, 281, 282, 283, 286, 290, 310, 312, 314, 316, 320, 321, 326, 330, 332, 334, 344, 350, 356,

364, 368, 374, 376, 377, 380, 382, 390, 392, 421, 484
Nenning, Georg 482
Nenning, Günther 366
Nentwich, Marianne 493
Neubauer, Friedrich 178, 228, 233, 242
Neuber, Wolf 228
Neudecker, Luzi 400
Neuenfels, Hans 378, 541
Neumann (Viertel), Elisabeth 284
Neumann-Spallart, Gottfried 493
Nicoletti, Susi 418, 558
Niedermoser, Otto 32, 238, 242, 244, 290, 350, 446
Nierderführ, Otto 36
Niesielska, Liliana 413
Nova, Paula 78, 82, 144, 160, 180, 390
Obonya, Hanns 128, 225, 295, 418
Olárová, Renate 420, 421, 440, 446, 460, 464, 466, 472, 484, 488
Olden, Hans 178, 181, 216, 244, 248, 266, 281, 398, 400, 406
Ostermayer, Christine 475
Osthoff, Otto 142, 150, 154, 160, 180
Ott, Elfriede 406, 408, 409
Ottenwalter, Emil 182, 290, 324
Otto, Teo 302
Padalewski, Erich 493
Paetsch, Hans 396, 430
Palkovits, Friedrich 320, 321, 322, 324, 326, 330, 332, 334, 368, 372, 390, 392
Pall, Gerti 400
Pallenberg, Max 38, 69
Parsé, Rick 412, 447
Paryla, Karl 100, 231, 233, 242, 250, 260, 262, 380, 398, 400, 401, 402, 464, 561
Paryla, Nikolaus 374
Paryla, Stefan 446, 472, 484
Paulsen, Max 230
Pawlicki, Norbert 392, 400, 413, 416, 420, 432, 444, 462, 464, 466, 468, 482, 484, 486, 488, 490, 493
Pekny, Romuald 446
Pelikowsky, Erika 238, 239, 244
Pemmer, Hans Wolfgang 493
Pernter, Hans 34
Peter, Susi 234, 250, 254, 268, 278, 280, 282, 284, 286, 290, 304, 314, 316, 321, 322, 324, 330, 332, 334, 340, 344, 350, 370, 374, 394, 396, 397, 410
Petrus, Eva 352, 370
Petters, Heinz 364, 392, 396, 397, 404, 410, 412, 413, 414, 415, 430, 436, 440, 444, 446, 447, 458, 464, 466, 468, 469, 477, 479, 480, 482, 484, 486, 488, 490, 534, 544, 546, 561
Peyerl, Maria 458, 484
Peymann, Claus 2, 541
Pfaudler, Franz 247, 248, 250, 262, 266, 290, 312, 316, 317, 324
Pfeifer, Alfred 458, 464
Pfluger, Paula 134, 136, 144, 168, 216, 244, 266, 280, 281, 282, 284, 286, 290, 292, 298, 302, 306, 309, 310, 311, 314, 330, 332, 342, 344, 368, 370, 378, 394, 396, 478
Picha, Heidi 462, 464, 468, 472, 473, 482, 484, 486
Piplits, Erwin 436, 493
Pirchan, Emil 242
Piscator, Erwin 26, 27, 62, 288, 543
Pitoëff, Georges 228
Platzer, Ingold 404

Pohlmann, Erich (Eric) 32
Prasser, Luise 412
Preminger, Otto Ludwig 32
Preses, Peter 262, 284, 286
Prinz, Hansi 204
Prochnow, Dieter 390
Pröckl, Ernst 154, 172, 178, 204
Prodinger, Herbert 316, 317, 321, 322, 330, 340, 342, 344, 350, 354, 356, 357, 368, 370, 372, 374, 376, 378, 380, 382, 383, 384, 390, 392, 394, 397, 404, 410, 412, 413, 432, 440, 446, 458, 468, 484
Propst, Herbert 364, 374, 380, 382, 384, 390, 392, 394, 396, 397, 398, 404, 405, 410, 412, 413, 414, 416, 417, 418, 420, 436, 438, 444, 458, 462, 463, 464, 466, 472, 475, 477, 478, 479, 480, 481, 482, 484, 486, 487, 488, 490, 561
Putz, Hans 228, 230, 231, 234, 238, 239, 242, 244, 246, 250, 254, 258, 259, 262, 284, 286, 287, 290, 291, 292, 298, 299, 302, 306, 308, 309, 310, 311, 312, 314, 315, 320, 321, 322, 324, 430, 446, 493
Quadflieg, Will 414
Qualtinger, Helmut 62, 290, 298, 306, 308, 310, 326, 340, 378, 386, 398, 400, 406, 408, 409, 416, 421, 432, 436, 544
Quetes, Wolfgang 413
Quitta, Robert 10, 493, 494
Radetzky, Tatjana von 412
Radvanyi, Hans 240, 244, 250, 276, 278
Raky, Hortense 32, 34, 250
Rambausek, Else 410
Ramhapp, Elfriede 446
Rau, Liselotte 344, 346
Rebel, Adolf 118, 128, 134, 136, 144, 160, 164, 180
Reinhardt, Max 22, 24, 32, 34, 38, 40, 42, 66, 67, 69, 70, 101, 210, 227, 231, 233, 312, 352, 354, 368, 378, 413, 446, 541, 558
Reinhardt, Oskar 404, 410, 413, 430
Relin, Veit 364, 376, 378, 382
Reyer, Walther 475
Rhomberg, Rudolf 288, 290, 292, 308
Richter, Hanns 168, 180, 208, 210, 216, 225, 230, 242, 368, 376
Riedl, Hugo 144, 168, 172, 181, 304
Riedl, Tonio 144, 160, 180
Ries, Louis 466, 475, 482
Rober, Robert 302, 306
Roggisch, Peter 398
Rolant, Albert 364, 382, 386, 390, 397, 398, 410, 412, 413, 418, 421, 432, 436, 444, 446, 447, 462, 464, 466, 468, 472, 482, 484, 486, 488, 561
Rolf, Elli 181, 217, 234, 244, 254
Roller, Alfred 13, 23, 32, 40, 42, 242
Rom, Hilde 302, 390
Rosar, Annie 134, 136, 164, 166, 172, 182, 218, 228, 231, 242, 258, 278, 281, 282, 288, 342, 366
Rosenberg, Alfred 68
Rösner, Willy 166, 168, 172, 196, 210, 212, 216
Rott, Klaus 392, 418
Rückert, Valerie 128, 134, 144, 154, 168, 172, 180, 196, 216, 218
Rüdgers, Hans 334, 348, 350, 370, 376, 392, 393, 404, 406, 418, 421, 444, 447, 458
Rudolf, Leopold 266, 268, 324, 406, 413

Rupp, Sieghardt 346, 348, 350, 354, 366, 493
Rupprecht, Alfred 468, 475, 482, 484, 488
Ruthner, Hilke 475
Salloker, Angela 262
Sandor, Eva 308, 310, 324
Sandrock, Adele 73
Sasse, Heribert 490
Schanzara, Tana 404
Scheidl, Michael 493
Schell, Maria 268, 282
Schell, Maximilian 352, 353
Schellenberg, Karl 225, 226, 233, 292
Schenk, Otto 288, 290, 292, 304, 306, 308, 312, 314, 316, 324, 535, 539
Schermuly, Ralf 430
Schickel, Erna 306, 366, 370, 374, 400, 416, 455, 458, 462, 466, 468, 482, 486
Schiel, Hannes 283, 314, 344, 348
Schirach, Baldur von 182, 196
Schlesinger, Alice-Maria 493
Schley, Karl Maria 326
Schlüsselberger, Epi 384, 412, 464, 488, 490
Schmid, Georg 344, 356, 368, 370, 374, 376, 384, 390, 392, 404, 412, 418, 420, 436, 446, 447, 464, 466, 468, 472, 482, 484, 488, 490, 493
Schmidinger, Dolores 406, 410, 412, 413, 415, 416, 420, 444, 446, 447, 458, 460, 464, 472, 477, 480, 484, 486, 488, 537
Schmidinger, Walter 460, 461
Schmied, Emanuel 364, 378, 382
Schmiedel, Fritz 228, 231, 233, 234, 239, 240, 242, 244, 246, 247, 250, 264, 268, 270, 276, 278, 406
Schneider, Magda 246, 250
Schneider, Tatjana 404, 413, 466
Schneider-Manns Au, Rudolf 382, 394, 440, 446, 458
Schnitzler, Heinrich 100, 334
Scholz, Wenzel 314, 397, 432, 477, 478
Schönauer (Schifferes bzw. Schifferer), Marianne 32, 38, 69, 82, 100, 226, 227, 228, 230, 233, 239, 240, 242, 258, 316, 317, 326, 378
Schossmann, Kurt 480, 482
Schreyvogl, Friedrich 134
Schult, Ursula 286, 292, 342, 493
Schuschnigg, Kurt 34, 38, 40
Schuster, Karl 372, 412, 413, 420
Schwanda, Erich 466
Schwartzkopff, Helga 392, 396, 397, 404
Schwarz, Elisabeth 392
Schwarz, Jutta 410, 412, 416, 417, 420, 421, 561
Schwarz, Libgart 378
Schwarz, Mimi 254, 270, 276, 278, 281, 326
Schweiger, Heinrich 290, 295, 300, 370
Schweikart, Hans 68, 84
Seder, Erne 266, 370
Seeböck, Herwig 430, 440, 444, 450, 453, 456, 488, 561
Seidler, Alma 29, 284, 295
Servaes, Dagny 38, 69, 248, 268, 270, 271, 272, 274, 280, 281, 282, 299, 300
Servaes, Evi 216, 342, 346
Servi, Traute 270, 281, 288
Siedel, Erhard 128, 134, 136, 144, 180
Siegl, Dietrich 482, 493
Sierck, Detlef (Douglas Sirk) 68, 76
Skala, Klaramaria 142, 144, 146, 147, 160, 164, 166, 172, 178, 190, 192, 193, 204, 218, 230, 266, 277
Sklenka, Johann 292, 304, 330
Skoda, Albin 286, 295, 300

Skodler, Stefan 40, 58, 250, 268
Skraup, Karl 118, 128, 144, 164, 178, 180, 181, 190, 192, 196, 208, 209, 210, 212, 217, 225, 226, 228, 231, 232, 233, 240, 242, 244, 245, 246, 262, 264, 268, 270, 272, 273, 274, 276, 277, 278, 280, 281, 282, 283, 284, 286, 288, 290, 291, 292, 298, 299, 300, 302, 312, 314, 316, 320, 321, 322, 324, 326, 332, 340, 344, 356, 420, 466, 478
Sladek, Karl 324, 384, 392, 404, 410
Slezak, Brigitte 440, 446, 447, 458
Smytt, Benno 118, 128, 134, 136, 144, 154, 160, 161, 168, 172, 180, 181, 196, 208, 217, 220, 225, 228, 231, 238, 239, 240, 242, 244, 246, 247, 250, 254, 258, 262, 268, 270, 276, 278, 280, 282, 286, 288, 290, 299, 306, 312, 316, 321, 322, 324, 326, 330, 332, 344, 348, 354, 370, 374, 436, 444, 458, 462
Sobotka, Kurt 374, 424, 430, 466, 493
Sochor, Hilde (Hildegard) 208, 244, 266, 267, 276, 277, 278, 280, 282, 283, 284, 286, 288, 292, 298, 300, 302, 304, 306, 309, 310, 314, 316, 320, 324, 326, 330, 332, 334, 340, 344, 348, 350, 366, 367, 368, 370, 374, 378, 380, 381, 382, 384, 386, 389, 390, 394, 396, 398, 400, 401, 404, 406, 409, 410, 412, 413, 414, 415, 418, 419, 420, 428, 432, 433, 434, 436, 438, 440, 444, 446, 458, 462, 464, 466, 472, 473, 475, 481, 482, 484, 485, 486, 488, 490, 497
Sofka, Walter 229, 482
Soldan, Louis 288, 290, 292, 374, 416
Sowinetz, Kurt 262, 268, 284, 286, 288, 292, 298, 320, 321, 322, 324, 326, 330, 334, 344, 350, 352, 354, 366, 368, 369, 370, 372, 373, 376, 382, 384, 385, 386, 390, 392, 400, 402, 537
Speiser, Hugo 288, 290, 324, 330
Speiser, Kitty 406, 436, 437, 438, 440, 441, 444, 446, 447, 458, 459, 464, 466, 482, 484, 488, 489, 536, 540, 543, 561
Spengler, Volker 378
Spitzer, Bernd 421, 430, 453, 457
Spurny, Eugen 446
Stahl-Nachbaur, Ernst 326
Stankovski, Ernst 268, 326
Stark, Eugen 406, 420, 421, 436, 440, 444, 447, 464, 466, 472
Stavjanik, Edd 326, 330, 342, 344, 346, 350, 352, 354, 368, 370, 386, 390
Steffen, Gerhard 475, 482, 488, 490
Steffen, Manfred 430, 448
Stegmann, Anne 484, 488
Steinboeck, Rudolf 266, 268
Steiner, Lizzi 410, 416
Stöhr, Emil 238, 240, 242, 244, 248, 262
Stoß, Franz 228, 234, 238, 302, 380
Strahal, Rosemarie 350, 356, 376
Straub, Agnes 68
Strnad, Oskar 10, 13, 32, 42, 83, 118, 242, 332
Strobl, Rudolf 332, 340, 342, 348, 356, 368, 376, 378, 380, 384, 390, 392, 394, 396, 398, 400, 404, 410, 412, 413, 414, 416, 421, 444, 458, 462, 464, 466, 468, 480, 482, 484, 486, 488, 489, 490
Stroux, Karlheinz 210, 320, 326, 428
Sußmann, Heinrich 247
Swoboda, Brigitte 432, 435, 436, 440, 446, 458, 462, 466, 467, 468, 471, 478, 480, 481, 482, 486, 488, 490, 536, 540, 561
Tabor, Günther 268, 276, 278, 280, 283, 286, 292

Taussig, Otto 260
Terwin-Moissi, Johanna 330, 342
Tessen, Robert 430
Thimig, Hans 32, 231, 234, 238, 250, 268, 400
Thimig, Heidi 446
Thimig, Helene 32, 34, 38, 69, 446
Thimig, Hermann 398, 400
Thimig, Hugo 102
Thimig, Johanna 455
Thomas, Dagmar 278, 368
Thomasberger, Erika 246, 258, 366, 368, 374, 382, 390, 468
Tilden, Jane 308
Tiller, Nadja 262
Tobisch, Lotte 276, 280, 290, 314, 332, 400
Togni, Olga 260, 261
Toifl, Inge 418
Tolar, Günter 378
Toost, Michael 304, 316, 317, 406, 407
Torberg, Friedrich 299, 356, 380, 478
Toscanini, Arturo 83
Trenkwitz, Georg 412, 486, 490
Trimbur, Heinrich 258, 266, 277, 280, 316, 326, 330, 332, 333, 344, 348, 350, 356, 368, 376, 384, 397, 398, 404, 412, 414, 418, 421, 436, 444, 462
Trixner, Heinz 384, 424, 430
Truxa, Rolf 192, 239
Tschunko, Maxi 270, 278, 282, 283, 284, 286, 288, 290, 292, 300, 302, 304, 306, 308, 310, 312, 314, 316, 320, 321, 324, 326, 330, 332, 334, 340, 342, 344, 346, 348, 350, 352, 354, 356, 368, 370, 372, 374, 376, 378, 380, 384, 386, 392, 394, 396, 400, 404, 406, 410, 412, 413, 414, 416, 418, 420, 421, 430, 432, 436, 444, 446, 447, 458, 462, 464, 466, 468, 472, 482, 484, 486, 488, 490, 493, 538
Ullmann, Walter 128, 136, 142, 150, 154, 164, 168, 172, 180, 182, 190, 192, 196, 204, 216, 218
Unterkircher, Hans 142, 168, 216, 218
Urban, Maria 308, 342, 346, 350, 356, 366, 378, 380, 386, 390, 410, 412, 421, 458, 460, 464, 468, 482, 488, 490
Urbancic, Elisabeth 493
Valberg, Robert 101, 118, 128, 134, 136, 142, 144, 178, 181, 304
Verhoeven, Lis 414, 466
Viertel, Berthold 283, 284, 300
Vollhard, Wolfgang 370, 386, 420
Wagner, Grete 299, 340, 356, 372, 373, 376, 390, 394
Waistnage, Harold 444, 448, 460
Waldau, Gustav 68, 250, 268
Waldbrunn, Ernst 262, 304, 326
Waldis, Otto 74, 76, 78, 82
Waldner, Maria 134, 154, 178, 204, 216, 229, 239, 334, 350, 378, 404
Wallner, Martha 270, 276, 278, 281, 283, 284, 299, 300, 308, 310, 320, 321, 326, 330, 352
Wandrey, Eduard 144, 150, 160, 161, 196, 201
Wassler, Traute 288, 290, 292, 299, 304, 306, 310, 312, 316, 317, 320, 321, 324, 326, 330, 332, 346, 348, 352, 354, 356, 376, 386, 404, 406, 410, 418, 436, 447, 460, 482
Weck, Peter 406, 409

Wegrostek, Oskar 154, 158, 166, 182, 190, 192, 194, 204, 210, 217, 225, 226, 229, 231, 233, 234, 239, 240, 242, 244, 254, 262, 264, 270, 277, 278, 280, 282, 286, 290, 292, 299, 300, 302, 304, 306, 312, 314, 320, 326, 328, 330, 334, 342, 344, 348, 350, 368, 374, 378, 382, 386, 390, 394, 396, 404, 410, 412, 416, 432, 436
Weicker, Hans 374
Weigel, Hans 76, 276, 286, 292, 299, 314, 320, 340, 356, 380, 488, 493, 561
Weinberger, Elga 413, 421
Weiner, Doris 484, 488
Welten, Auguste 160, 168, 210, 230, 244
Wengraf, Senta 234
Werner, Ilse 448
Werner, Kurt 378, 382, 390, 404, 410, 493
Werner, Oskar 160, 180, 246
Werner, Robert 332, 410, 444, 446, 462, 482, 486, 488, 489
Wessels, Karl 247, 250, 260
Wessely, Adolf 384, 386, 394, 396
Wessely, Paula 38, 68, 69, 100, 302
Wessely, Rudolf 266, 280
Westen, Franz 64, 66, 144, 181
Weygold, Hans Joachim 352, 370, 376, 384, 392, 404
Widhalm-Windegg, Fritz 304, 396, 410, 420, 436, 458, 466, 468
Wieland, Guido 228, 286, 290, 330, 342
Wiemann, Matthias 330, 352
Wildbolz, Klaus 406
Wildgruber, Ulrich 378, 380, 382, 383, 534, 541
Wilke, Jürgen 464
Willner, Oskar 240, 250, 254, 262, 280, 282, 283, 286, 288, 290, 304, 306, 312, 314, 316, 320, 321, 322, 326, 330, 332, 340, 344, 350, 366, 368, 370, 374, 376, 378, 382, 384, 386, 392, 406, 413, 414, 418, 444, 458, 464, 466, 468, 475, 484, 490, 558
Woegerer, Otto 248, 270, 274, 278, 280, 281, 282, 283, 284, 286, 288, 290, 292, 300, 302, 304, 306, 307, 310, 312, 314, 316, 320, 321, 322, 324, 326, 330, 332, 333, 344, 348, 349, 364, 368, 370, 372, 374, 376, 380, 381, 382, 404
Wohlbrück, Adolf 394, 395, 396
Wolf, Gusti 225, 228, 234, 300
Wolff, Andreas 180, 208, 216, 225
Wolff, Lilli 161, 220
Wolsdorff, Peter 466, 467, 468, 472, 473, 482, 488, 490
Zadek, Peter 2, 376, 541
Zankl, Horst 378
Zeller, Bibiana 284, 286, 304, 308
Zeller, Ernst 480, 482
Zeman, Karl 62, 154
Ziegel, Erich 233, 264, 266
Ziegler, Hans 204, 292, 302
Ziha, Erika 246, 250, 264, 268, 364, 382, 390, 420
Zilcher, Almut 472
Zilcher, Eva 225, 228, 233, 266, 277, 295, 321, 344, 348
Zimmer, Grete 247, 264, 268, 276, 281, 282, 284, 290, 304, 314

BILDNACHWEIS

Österreichisches Theatermuseum 27, 104, 119, 128, 136, 142, 147, 155, 160, 161, 164, 168, 170, 172, 176, 177, 178, 183, 192, 193, 194, 201, 209, 210, 221, 225, 226, 227, 228, 229, 231, 232, 234, 238, 239, 240, 241, 242, 245, 249, 255, 256, 257, 258, 259, 261, 264, 268, 271, 273, 274, 275, 277, 278, 281, 283, 285, 286, 287, 289, 291, 300, 302, 303, 307, 309, 311, 312, 313, 315, 316, 317, 321, 323, 325, 327, 329, 330, 331, 341, 342, 347, 349, 351, 368, 369, 371, 372, 373, 375, 376, 377, 380, 381, 383, 385, 390, 392, 393, 397, 398, 399, 404, 405, 410, 411, 415, 416, 417, 418, 420, 421, 423, 431, 433, 434, 439, 440, 441, 444, 445, 446, 452, 454, 455, 456, 458, 462, 463, 464, 465, 468, 469, 470, 471, 473, 474, 482, 487, 488, 489
Wienbibliothek, Handschriften- sammlung (Volkstheater Archiv, ZPH 1344 & 1185) 228, 229, 238, 245, 255, 256, 257, 258, 259, 271, 273, 274, 275, 277, 278, 281, 283, 285, 286, 287, 289, 291, 300, 302, 303, 307, 309, 311, 312, 313, 315, 316, 317, 321, 323, 325, 327, 329, 330, 331, 341, 342, 347, 349, 351, 368, 369, 371, 372, 373, 375, 376, 377, 380, 381, 383, 385, 390, 392, 393, 397, 398, 399, 404, 405, 410, 411, 415, 416, 417, 418, 420, 421, 423, 431, 433, 434, 439, 440, 441, 444, 445, 446, 452, 454, 455, 456, 458, 462, 463, 464, 465, 468, 469, 470, 471, 473, 474, 482, 487, 488, 489, 491
Bildarchiv der österreichischen Nationalbibliothek 62, 114, 115, 116, 117, 127, 142
Institut für Theaterwissenschaft der Freien Universität Berlin (Nachlass Traugott Müller) 27
Theater in der Josefstadt 247, 262, 284, 288, 290, 293, 310, 314, 317, 324, 326, 344, 406, 407
Volkstheater (Christoph Sebastian) 298
Burgtheater Wien 294, 295
Max Reinhardt Seminar 40
Galerie Magnet Klagenfurt 20
Muzeum w Bielsku-Bialej 78
Wolfgang Bauer Foundation 453
Jean Marie Bottequin (Theatermuseum München) 460, 461, 536, 539, 540
Rosemarie Clausen (Hamburger Theatersammlung) 395, 425
Barbara Pflaum (Imagno Brandstätter Images) 349, 451
Franz Hubmann (Imagno Brandstätter Images) 408, 409
Adolf Lukan 459, 467, 471, 474, 476, 483, 485, 505
Manfred Klimek 14, 500
Robert Quitta 500
Nikolaus Scholz 4
Archiv Hilde Sochor 267, 276, 303, 304, 305, 309, 365, 367, 381, 386, 388, 394, 401, 419, 432, 463, 477, 485, 497, 498
Alle anderen Abbildungen: Nachlass Gustav Manker

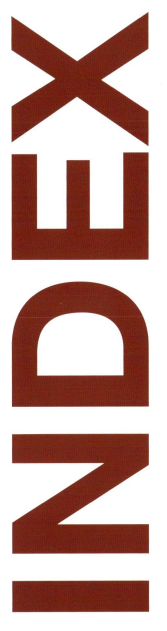

DANKSAGUNG

Dieses Buch wäre nicht, was es ist, wenn nicht so viele Personen sich an seiner Entstehung beteiligt hätten. Viele Recherchen waren notwendig, von Kärnten bis Hamburg, von Zürich bis Polen, bei denen sie mir bereitwillig geholfen haben. Mein herzlicher Dank geht an

Barbara Lipp, die das Projekt durch unermüdliche Recherchen unterstützt und historisch betreut hat,
Beatrix Erber, die in nächtelangen Sitzungen Material gesichtet, transkribiert und geordnet hat,
Haris Balic, Gertrud Fischer, Othmar Barnert und Kurt Ifkovits vom Österreichischen Theatermuseum für zahlreiche Auskünfte, Photos und Programme,
Julia Danielczyk von der Wien Bibliothek im Rathaus, wo das durch die Achtlosigkeit vergangener Direktor-Innen vernachlässigte Volkstheaterarchiv ab 1945 liegt,
Regina Paril vom Theater in der Josefstadt und Rita Czapka vom Archiv des Burgtheaters für ihre Effizienz, beide Theater verwalten ihr Andenken vorbildlich,
Michaela Pfundner vom Bildarchiv der Österreichischen Nationalbibliothek für seltenes Bildmaterial und den überraschenden Hinweis, dass man Photos aus der NS-Zeit besser bei Sympathisanten als in Archiven sucht,
Oliver Rathkolb vom Institut für Zeitgeschichte der Universität Wien für unverzichtbares Material zur Vorgeschichte der Intendanz von Walter Bruno Iltz,
Susanne Gföller und Peter Roessler vom Max Reinhardt Seminar für Material zur Frühzeit der Schule,
Klaus Kastberger im Österreichischen Literaturarchiv, der mir die unveröffentlichte Korrespondenz Ödön von Horváths zur Verfügung gestellt hat,
Gabriele Hofer von der Landesgalerie Linz für Recherchen zur Auftragsliste der Photographin Lucca Chmel,
Anton Thaller vom Österreichischen Filmarchiv für die Daten zur NS-Dilettantenbühne »Deutsches Theater«,
Elisabeth Klamper vom Dokumentationsarchiv des Österreichischen Widerstands für Details um die Widerstandsgruppe »Bellaria« der Frau Hornik,
Felicitas Schönauer, die die Erinnerungen an ihre Mutter sehr offen und bewegend mit mir geteilt hat,
Felix Brachetka von der Wiener Volksoper, Karl Baratta vom Theater Basel, Kerstin Witt vom Theater Dortmund und Barbara Hingsamer von den Bregenzer Festspielen sowie Michaela Giesing von der Hamburger Theatersammlung, Michael Matzigkeit vom Theatermuseum Düsseldorf, Eva-Gabriele Jäckl vom Theatermuseum München und Halina Pichit vom Stadtarchiv Zürich.
Martin Ristl und Manfred Klimek danke ich für Grafik und Bildredaktion, wodurch sie das Aussehen dieses Buches massgeblich mitbestimmt haben.
Peter Kurz von Cyberlab danke ich für die großzügige Digitalisierung der Zeichnungen und Entwürfe,
Manfred Kostal von Pixelstorm für die aufwändige und minutiöse Nachbearbeitung der Photographien,
Robert Pfundner von der Österreichischen Mediathek für historische Tondokumente aus den 70er Jahren und die Zusammenstellung der CD mit Premierenausschnitten, die diesem Buch beigegeben ist.
Andrea Huemer sei gedankt, dass sie meinen Vater in seinen letzten Lebensjahren noch unermüdlich interviewt hat und dass sie sich von seiner spröden Altersmüdigkeit nicht hat abschrecken lassen. Sie hat auch Gustav Mankers Wegbegleiter befragt, die im Anhang zu Wort kommen.
Michael Schottenberg, dem Direktor des Volkstheaters, danke ich sehr herzlich, dass er ein Porträt Gustav Mankers bei Johannes Grützke in Auftrag gegeben hat, das am 8. Dezember 2006 enthüllt und im Pausenfoyer des Volkstheaters aufgehängt wurde.
Prof. Dr. Heinrich Kraus und Karl Zimmel von der Internationalen Nestroy-Gesellschaft möchte ich besonders danken, dass sie die Initiative für dieses Buch gesetzt und sich dann unermüdlich um dessen Zustandekommen gekümmert haben.

LITERATUR

Gustav Manker, Das klassische Drama auf der Bühne des 20. Jahrhunderts. Rück-, An- und Ausblicke. (Deutsche Matura-Hausarbeit, 1933)
Gustav Manker, Briefwechsel mit seiner Mutter Luma (München, Berlin und Bielitz, 1936–1938)
Gustav Manker, zu Goldonis »Die reizende Wirtin« (1942)
Gustav Manker, Zum zeitgenössischen Bühnenbild (Deutsches Volkstheater, Programm 1944)
Gustav Manker, Das moderne Bühnenbild (Mitteilungsblatt der Volkstheaterfreunde 2/1949)
Gustav Manker, zu Calderons »Das große Welttheater« (Wasserkirche Zürich, Programm 1953)
Gustav Manker, Gedanken zu Goethes »Faust«, (Salzburger Landestheater, Programm 1957)
Gustav Manker, Zu unserer »Lumpazivagabundus«-Inszenierung (Volkstheater, Programm 1957)
Gustav Manker, »Wienerinnen« (Korrespondenz 1960)
Gustav Manker, zu Anzengrubers »Brave Leut' vom Grund« (Volkstheater, Programm 1964)
Gustav Manker, zu Nestroys »Das Haus der Temperamente« (Wiener Festwochen, Programm 1965)
Gustav Manker, Nachruf auf Leon Epp (Programm 1968)
Gustav Manker, Rede zum Girardi-Ring (KMfB 1969)
Gustav Manker, Ein Experiment jubiliert, (25 Jahre Volkstheater in den Außenbezirken, Wien 1977)

Andrea Huemer, Gustav Manker. Begleitheft zur Gedächtnisausstellung (Volkstheater 1998)
Margit Konschill, Gustav Manker und das Wiener Volkstheater (Diplomarbeit, Wien 1999)
Renate Wagner, Die Direktion Gustav Manker. Ein durch und durch österreichisches Theater, in: 100 Jahre Volkstheater (Wien/München 1989)
Helmut Schwarz, Gestaltung und Gestalter des modernen Bühnenbildes: Judtmann, Manker, Meinecke (Dissertation, Wien 1950)
Parwis Mamnun, Gustav Manker im Spiegel der Wiener Kritik (Seminararbeit, Wien 1964/65)
Susi Nicoletti und Leo Mazakarini, Der Herr vom Weghuberpark, in: Wege zum Theater (Wien 1979)
Heinz Gerstinger, In memoriam Professor Gustav Manker, in: Nestroyana Heft 3-4 (Wien 1988)

Edith Lackner (Hg.), 100 Jahre Volksteater. Ausstellungskatalog (Volkstheater, Wien 1989)
Evelyn Schreiner (Hg.), 100 Jahre Volkstheater. Theater. Zeit. Geschichte (Wien/München 1989)
Oskar Maurus Fontana, 75 Jahre Volkstheater. Weg und Entwicklung (Wien 1964)
Erwin Rollet, 60 Jahre Volkstheater (Wien 1949)
Karl Glossy: 40 Jahre Deutsches Volkstheater. Ein Beitrag zur deutschen Theatergeschichte (Wien 1924)
Margarete von Stigler-Fuchs, Wie es zur Gründung des Deutschen Volkstheaters kam, in: Wiener Theater vor und hinter den Kulissen (Wien, 1943)
Volkstheater (Hg.), Das neue Volkstheater. Festschrift – aus Anlass der Renovierung 1980/81 (Wien 1981)
Piero Rismondo: Vier Direktionen 1945–1979, in: Das neue Volkstheater. Festschrift (Wien 1981)
Susanne Gruber-Hauk, Das Volkstheater zwischen 1889 und 1987 im gesellschaftlichen Kontext (Diplomarbeit 2008)
Das Volkstheater 1889–1966. Vorwort von Dietrich Hübsch, in: Maske und Kothurn 13 (Wien 1967)
Girid Schlögl, Die Spielpläne des Volkstheaters 1889–1993, in: Paul Blaha als Direktor des Wiener Volkstheaters (Dissertation, Wien 1994)
Alexander Teichgräber, Das Deutsche Volkstheater und sein Publikum (Dissertation, Wien 1964)
Evelyn Schreiner, Das Deutsche Volkstheater wird »Kraft durch Freude«-Theater, in: 100 Jahre Volkstheater
Evelyn Schreiner, Direktion W. B. Iltz. Zwischen Linientreue und stillem Protest, in: 100 Jahre Volkstheater
Petra Rosar, Das Deutsche Volkstheater als NS-Unterhaltungstheater (Diplomarbeit, Wien 2001)

Oliver Rathkolb, Das Deutsche Volkstheater unter Walter Bruno Iltz, in: Führertreu und Gottbegnadet (Wien 1991)
Andrea Huemer, Wiedereröffnung des Volkstheaters. Kurzdirektion Rolf Jahn, in: 100 Jahre Volkstheater
Andrea Huemer, Direktion Günther Haenel. Engagiertes, zeitgemäßes und unbequemes Theater, in: 100 Jahre Volkstheater
Andrea Huemer, Direktion Paul Barnay. Theater des Kompromisses, in: 100 Jahre Volkstheater
Hilde Haider-Pregler, Direktion Leon Epp. »Das tapferste Theater von Wien«, in: 100 Jahre Volkstheater
Karin Breitenecker, Es muss gewagt werden. Die Direktion Leon Epp (Diplomarbeit, Wien 1991)
Elisabeth Epp, Glück auf einer Insel. Leon Epp – Leben und Arbeit (Wien/Stuttgart 1974)
Kammer für Arbeiter und Angestellte (Hg.), 25 Jahre Volkstheater in den Außenbezirken (Wien 1977)
Eva Maria Hanappi, 50 Jahre Volkstheater in den Außenbezirken (Diplomarbeit, Wien 2004)

Heinrich Huesmann, Welttheater Max Reinhardt: Bauten, Spielstätten, Inszenierungen (München 1983)
Festliche Spiele. Ein Gespräch mit Max Reinhardt, in: Salzburg und seine Festspiele (München 1935)
Franz Hadamowsky, Reinhardt und Salzburg (1963)
Peter Roessler, Günter Einbrodt, Susanne Gföller (Hg.), Die vergessenen Jahre. 75 Jahre Max Reinhardt Seminar (Wien 2004)
Hilde Haider-Pregler, Beate Reiterer (Hg.), Verspielte Zeit. Österreichisches Theater der dreißiger Jahre (Wien, 1997)
Brigitte Dalinger, Verloschene Sterne. Geschichte des jüdischen Theaters in Wien (Wien, 1998)
Ulrike Mayer: Theater für 49 in Wien 1934–1938 (Dissertation, Wien 1994)
Anton Thaller, »Arisches Theater«. NS-Theaterprojekte in Wien 1923–1938 (Dissertation, Wien 1992)
Ulrike Oedl, Das Exilland Österreich zwischen 1933 und 1938. in: Österr. Literatur im Exil (Salzburg 2002)
Richard Breyer, Das Deutsche Reich und die Polen 1932–37. Außenpolitik und Volksgruppenfrage (Würzburg 1955)
Otto Heike, Die deutsche Minderheit in Polen bis 1939: ihr Leben und Wirken (Leverkusen 1986)
Pia Nordblom, Die Wochenzeitung »Der Deutsche in Polen« (1934–1939) in der Auseinandersetzung mit dem Nationalsozialismus (Paderborn/München/Wien/Zürich 2000)
Dominika Koscielniak, Die Geschichte der Juden in Bielitz (Diplomarbeit, Krakau 2007)
Helmut Heiber (Hg.), Akten der Parteikanzlei der NSDAP, Teil 1 (München 1992)
Evelyn Deutsch-Schreiner, Theater im Schatten der Gewaltherrschaft, in: Literatur der »Inneren Emigration« in Österreich (Wien, 1998)
Evelyn Deutsch-Schreiner, Theater im Reichskanzleistil, in: Die österreichische NS-Ästhetik (Wien 2003)
Switbert Lobisser, Das Lobisser-Buch (Klagenfurt 1940)
Gerlinde Michels (Hg.), Rudolf Haybach 1886–1983 (Wien/Köln/Weimar 2000)
Helga Thoma, Mahner – Helfer – Patrioten. Porträts aus dem österreichischen Widerstand (Klosterneuburg, 2004)
Gabriele Hofer, Lucca Chmel. Architekturfotografie 1945–1972 (Wien 2006)
Wolfgang Greisenegger, Theaterleben nach 1945, in: Literatur der Nachkriegszeit und der fünfziger Jahre in Österreich (Wien, 1984)
Ulf Birnbaumer, Zwischen Aufbruchsstimmung und Wendekitsch. Anmerkungen zur kulturpolitischen Situation, in: 100 Jahre Volkstheater
Elisabeth Winkelhofer, Wilhelm Pevny. Sprintorgasmik: Wien – New York (Magisterarbeit, Wien, 2008)
Oskar Willner, Ich hab noch nie gefallen (Wien 1989)
Heinrich Flesch, Die Familie Flesch (Brünn 1914)
Hilde Sochor: Quodlibet oder Opernparodie? Plädoyer für die Erhaltung einer Wiener Delikatesse, in: Nestroyana 26. Jahrgang, Heft 3/4 (Wien 2006)